AF569941

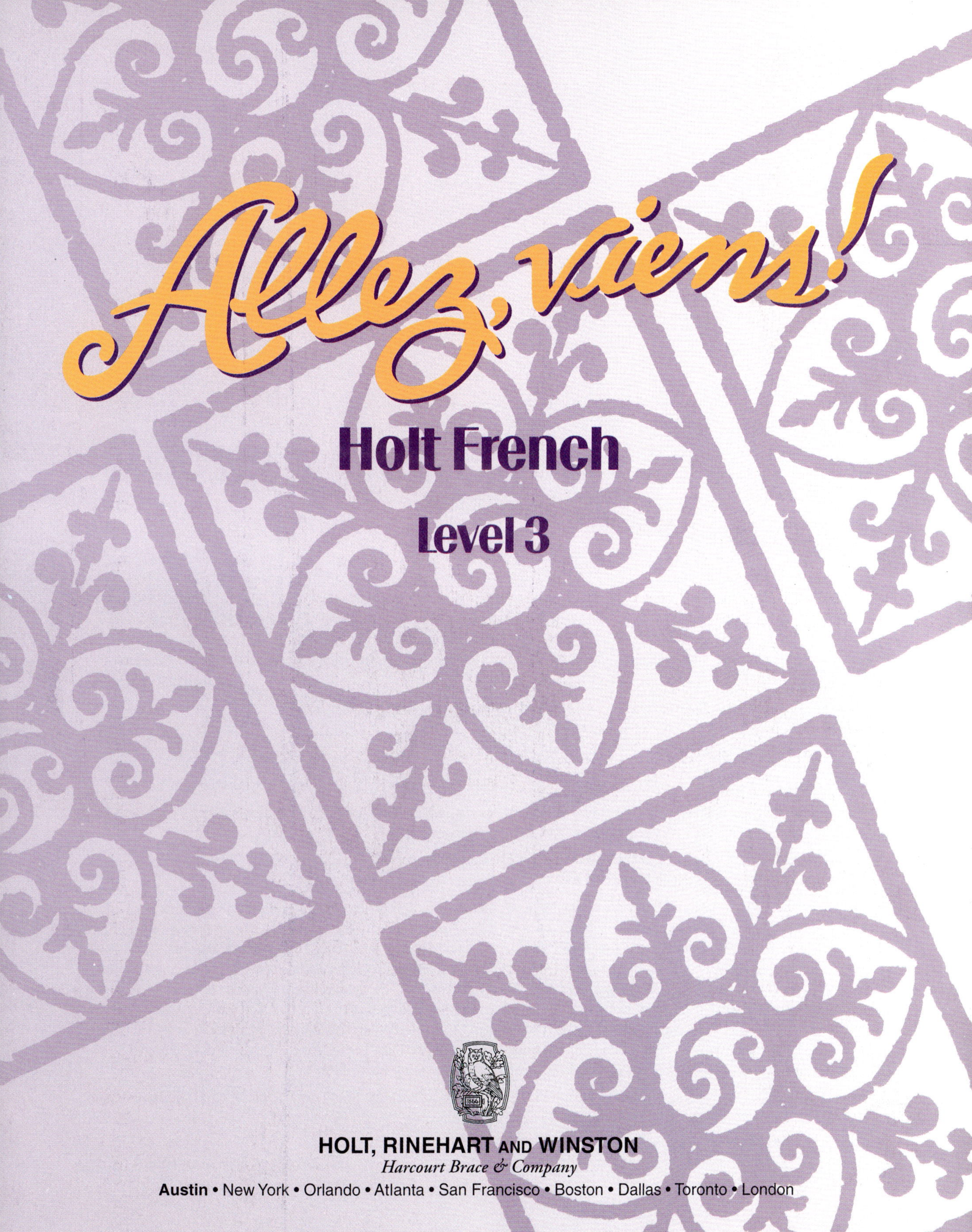

# Allez, viens!

## Holt French

### Level 3

HOLT, RINEHART AND WINSTON
*Harcourt Brace & Company*
**Austin** • New York • Orlando • Atlanta • San Francisco • Boston • Dallas • Toronto • London

Printed in the United States of America

ISBN 0-03-094021-4

3 4 5 6 7 069 99 98 97

***Director*** Lawrence Haley

***Executive Editor*** Robert Didsbury

***Editorial Staff*** Julie Barnett, Marion Bermondy, Priscilla Blanton, Lisa Bruce, Séverine Champeny, Dana Chicchelly, Craig Gilchrist, Jamie Jones, Heidi Miller, Cherie Mitschke, Pamela Pate, Stan Rappaport, Dana Riggs, Dianne Schrader, Kim Smith; Beth Goerner, *Department Secretary*

***Editorial Permissions*** Carrie Jones

***Design, Production, and Photo Research*** Pun Nio, *Senior Art Director;* Candace Moore, Lisa Walston, *Designers;* Lori Male, Lisa Nigro, Jennifer Dix, Sally Bess, Leslie Kell, Greg Geisler, Julie Ray, John Ormberget, *Design Staff;* Bob Bretz, Donna McKennon, Carol Colbath, *Media Designers;* Betty Wong, *Design Secretary;* Shelley Boyd, *Photo Researcher;* Angi Cartwright, *Photo Coordinator;* Gene Rumann, *Production Supervisor;* Amber P. Martin, *Production Assistant;* Carol Martin, *Electronic Publishing Manager;* Kristy Sprott, *Electronic Publishing Supervisor;* David Hernandez, Maria Veres Homic, Mercedes Newman, *Electronic Publishing Staff;* George Prevelige, *Manufacturing Manager;* Jenine Street, *Manufacturing Assistant*

***Video Production*** Video materials produced by Edge Productions, Inc., Aiken, S.C.

## ACKNOWLEDGMENTS

**For permission to reprint copyrighted material, grateful acknowledgment is made to the following sources:**

***ASBL Association de Gestion des Domaines Touristiques du Vallon de la Lambrée:*** Advertisement, "Château Fort de Logne," from *Guide des attractions touristiques & musées, Belgique.*

***asbl: Attractions et Tourisme:*** Advertisements, "Château Fort de Logne," "Musée de la Dentelle," and "Parc de Récréation Mont Mosan" from *Guide des attractions touristiques & musées, Belgique.*

***Bayard Presse:*** From *Albert nez en l'air* by Paul Martin, illustrations by Mario Ramos. Photograph captions from pages 40, 41, 43, 50, and 51 from *Images Doc,* no. 25, January 1991. Copyright © 1991 by Bayard Presse. From "Basket-ball," from "Escrime," from "Gymnastique," and from "Tir à l'arc" from "Sportez-vous bien!" from *Okapi,* October 1–15, 1986. Copyright © 1986 by Bayard Presse. "Béatrice," "Raul," and "Stéphanie" from "Le sport, c'est quoi pour vous?" from *Okapi,* November 15–30, 1986. Copyright © 1986 by Bayard Presse. From "Quel rôle joue la mode dans votre vie?" from *Okapi,* July 15–31, 1989. Copyright © 1989 by Bayard Presse. From "Aimez-vous la BD?" from *Okapi,* no. 534, February 15–28, 1994. Copyright © 1994 by Bayard Presse. "Tous aiment me voir danser," "La musique est un langage universel," "La musique, c'est beau!," and "La musique m'accompagne dans la vie," from "Quelle musique écoutez-vous?" from *Okapi,* no. 548, October 15–22, 1994. Copyright © 1994 by Bayard Presse.

***Jérôme Bonnefroy:*** Photographs of clothing from "Vanessa, Hélène, Charlotte, Shannen... Exploite leurs combines" from *Bravo Girl,* no. 56, April 25–May 8, 1994.

ACKNOWLEDGMENTS continued on page 398, which is an extension of the copyright page.

## AUTHOR

**Emmanuel Rongiéras d'Usseau**
Le Kremlin-Bicêtre, France

Mr. Rongiéras d'Usseau contributed to the development of the scope and sequence for the chapters, created basic material and listening scripts, selected realia, and wrote activities.

## CONTRIBUTING WRITERS

**Jayne Abrate**
The University of Missouri
Rolla Campus
Rolla, MO

**Judith Ryser**
San Marcos High School
San Marcos, TX

## CONSULTANT

**John DeMado**
Washington, CT

## REVIEWERS

**Deana Allert**
U.S. Peace Corps volunteer
Senegal, 1991-1992
Berkeley, CA

**Donna Clementi**
Appleton West High School
Appleton, WI

**Donald Doehla**
Vallejo Senior High School
Vallejo, CA

**Amina Elaisammi**
Embassy of the Kingdom of Morocco
Washington, DC

**Zohra Ben Hamida**
Tunisian Information Office
Washington, DC

**Joseph F. Herney**
Briarcliff High School
Briarcliff Manor, NY

**Sam Leone**
Freehold Township High School
Freehold, NJ

**Patricia Norwood**
University of Texas at Austin
Austin, TX

**Joann K. Pompa**
Mountain Pointe High School
Phoenix, AZ

**Marc Prévost**
Austin Community College
Austin, TX

## FIELD TEST PARTICIPANTS

**Marie Allison**
New Hanover High School
Wilmington, NC

**Gabrielle Applequist**
Capital High School
Boise, ID

**Jana Brinton**
Bingham High School
Riverton, UT

**Nancy J. Cook**
Sam Houston High School
Lake Charles, LA

**Rachael Gray**
Williams High School
Plano, TX

**Priscilla Koch**
Troxell Junior High School
Allentown, PA

**Katherine Kohler**
Nathan Hale Middle School
Norwalk, CT

**Nancy Mirsky**
Museum Junior High School
Yonkers, NY

**Myrna S. Nie**
Whetstone High School
Columbus, OH

**Jacqueline Reid**
Union High School
Tulsa, OK

**Judith Ryser**
San Marcos High School
San Marcos, TX

**Erin Hahn Sass**
Lincoln Southeast High School
Lincoln, NE

**Linda Sherwin**
Sandy Creek High School
Tyrone, GA

**Norma Joplin Sivers**
Arlington Heights High School
Fort Worth, TX

**Lorabeth Stroup**
Lovejoy High School
Lovejoy, GA

**Robert Vizena**
W.W. Lewis Middle School
Sulphur, LA

**Gladys Wade**
New Hanover High School
Wilmington, NC

**Kathy White**
Grimsley High School
Greensboro, NC

# To the Student

*Some people have the opportunity to learn a new language by living in another country. Most of us, however, begin learning another language and getting acquainted with a foreign culture in a classroom with the help of a teacher, classmates, and a book. To use your book effectively, you need to know how it works.*

**Allez, viens!** *(Come along!)* takes you to French-speaking locations on three different continents. Each location is introduced with photos and information in a four-page photo essay.

There are twelve chapters in the book, and each one follows the same pattern.

First, the two Chapter Opener pages announce the chapter theme and list the objectives. These objectives set goals that you can achieve by the end of the chapter.

**Mise en train** *(Getting started)* The next part of the chapter may be a conversation among French-speaking people, a letter, or even a magazine article, involving language you'll be learning in the chapter. You'll also be able to listen to this on audiocassette or CD.

**Première Etape** *(First Part)* This is the first of two sections, or **étapes,** in the chapter. At the beginning of each **étape** there's a reminder of the objective(s) you'll be aiming for in this part. In order to communicate, you'll need the French expressions listed in one or more boxes labeled **Comment dit-on... ?** *(How do you say . . . ?)*. You'll also need vocabulary; look for new words under the heading **Vocabulaire**. You won't have trouble finding grammar, for you're sure to recognize the headings **Grammaire** and **Note de grammaire.** Now, all you need is plenty of practice. In each **étape** there are listening, speaking, reading, and writing activities for you to do individually, with a partner, or in groups. By the end of an **étape,** you'll have achieved your objective(s).

**Remise en train** *(Getting started again)* After practicing the language that was presented in the **Mise en train,** you're ready to continue. In this part of the chapter, additional conversations, letters, or articles introduce a new situation involving the language you'll be learning and using in the next **étape.** You'll hear this material, too, on audiocassette or CD.

**Deuxième Etape** *(Second Part)* As in the first **étape,** there's a reminder of your new objective(s). Look for the same features you became familiar with in the first **étape:** French expressions in **Comment dit-on... ?** boxes, new words under the heading **Vocabulaire,** and any grammar you'll need in boxes labeled **Grammaire** or **Note de grammaire.** Of course, there will be plenty of listening, speaking, reading, and writing practice.

**Allez, viens!** will also help you get to know the cultures of the people who speak French.

**Panorama Culturel** *(Cultural Panorama)* On this page of the chapter you'll read interviews with French-speaking people around the world. They'll talk about themselves and their lives, and you can compare their culture to yours. You'll watch these interviews on video or listen to them on audiocassette or CD.

**Note Culturelle** *(Culture Note)* These notes provide a lot of interesting cultural information.

**Rencontre Culturelle** *(Cultural Encounter)* In nine of the chapters, this page offers you, through photos and interesting information, a firsthand encounter with the French-speaking country where the chapter is set.

**Lisons!** *(Let's read!)* After the second **étape,** one or more reading selections related to the chapter theme will help you to continue developing your reading skills.

**Ecrivons!** *(Let's write!)* Writing is an important means of communication. It takes many forms and has many purposes. It's also a skill that takes practice to develop. In this section, you'll have a chance to develop this skill as you learn to be expressive, creative, informative, and persuasive in your new language.

**Mise en pratique** *(Putting into practice)* A variety of activities gives you opportunities to put into practice what you've learned in the chapter in new situations. You'll improve your listening skills and practice communicating with others orally and in writing.

**Que sais-je?** *(What do I know?)* On this page at the end of the chapter, a series of questions and short activities will help you decide how well you can do on your own.

**Vocabulaire** *(Vocabulary)* On the last page of the chapter, you'll find a list of new words and phrases from the chapter. The words are grouped by **étape** and listed under the objectives they support. Make sure you also know the words and expressions you've already learned that appear in each of the boxes labeled **Comment dit-on... ?** and **Vocabulaire**—You'll need to know all of them for the Chapter Test!

Throughout the book, you'll get a lot of help.

**De bons conseils** *(Good advice)* Check out the helpful hints in these boxes to improve your study habits and your reading and writing.

**Tu te rappelles?** *(Do you remember?)* Along the way, these notes will remind you of things you might have forgotten.

**A la française** *(The French way)* Be on the lookout for these boxes, too. They'll give you additional language tips to help you communicate more like a native speaker.

**Vocabulaire à la carte** *(Your choice of vocabulary)* From these lists, you'll be able to choose extra words and expressions you might want to use when you talk about yourself and your interests.

At the end of your book, you'll find more helpful material, including a list of the communicative expressions you'll need, a summary of the grammar you've studied, supplementary vocabulary, and French-English, English-French vocabulary lists with the words you'll need to know in bold type.

**Allez, viens!** Come along on the next lap of your exciting trip to new cultures.

Bon voyage!

# Contents

## ALLEZ, VIENS en Europe!



## CHAPITRE 1

## France, les régions ....4

## CHAPITRE 2

# Belgique, nous voilà! . . . .28

## Chapitre 3

# Soyons responsables! . . . . 54

## CHAPITRE 4

# Des goûts et des couleurs . . . . . 80

ALLEZ, VIENS

# en Afrique!

**VISIT FRANCOPHONE AFRICA AND—**

Explore plans for the future with young people in Senegal • **CHAPITRE 5**
Read about family life and hospitality in Morocco • **CHAPITRE 6**
Go on a photo safari in the Central African Republic • **CHAPITRE 7**
Find out about Tunisian traditions and modern life • **CHAPITRE 8**

## CHAPITRE 5

# C'est notre avenir . . . . . 110

## CHAPITRE 6

# Ma famille, mes copains et moi . . . . . 136

## CHAPITRE 7

# Un safari-photo . . . . . 162

## Chapitre 8

# La Tunisie, pays de contrastes . . . . . 188

ALLEZ, VIENS

# en Amérique!



**VISIT FRANCOPHONE NORTH AMERICA AND THE CARIBBEAN AND—**

Talk about movies and television shows • **CHAPITRE 9**
Learn about everyday life in Guadeloupe • **CHAPITRE 10**
Read about Cajun food and festivals • **CHAPITRE 11**

## CHAPITRE 9

## C'est l'fun! ..... 218

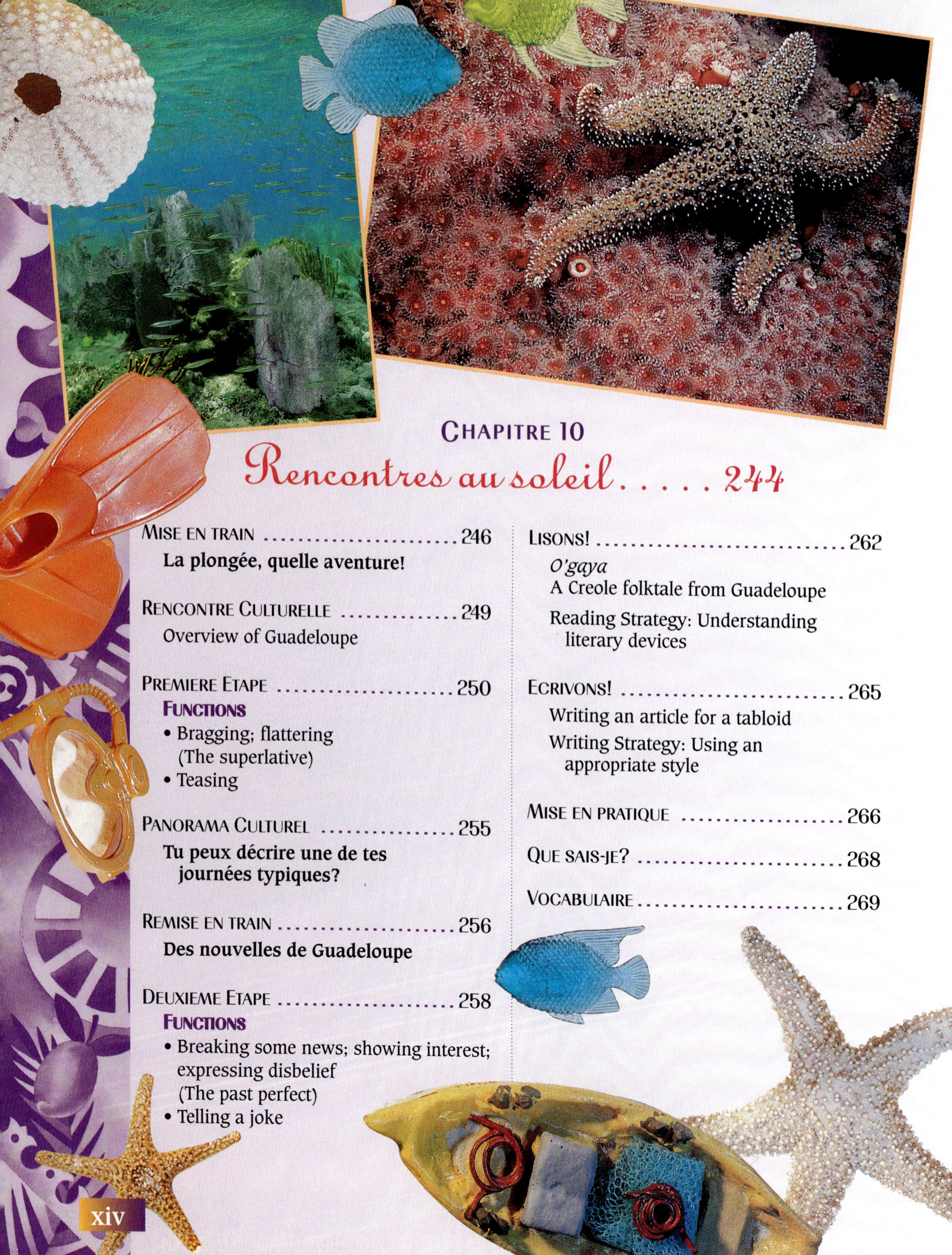

## CHAPITRE 10

# Rencontres au soleil . . . . . 244

CHAPITRE 11

# Laissez les bons temps rouler! . . . . .270

**VISIT A GATHERING OF NATIONS AT THE OLYMPICS AND—**

Meet athletes from around the world
**• CHAPITRE 12**

## CHAPITRE 12

# Echanges sportifs et culturels . . . 296



## REFERENCE SECTION

# Cultural References

## CASTLES AND PALACES



## CINEMA



## CITIES



## CLOTHING



## COMIC STRIPS



## ENVIRONMENT

## FAMILY LIFE



## FOLKLORE



## FOOD



## HISTORY



## JOBS



## LEISURE ACTIVITIES



## MAPS



## MUSIC

## PARKS



## REGIONAL DIFFERENCES



## SHOPPING



## SPORTS



## TECHNOLOGY



## TRAVEL

# L'Europe francophone

# L'Afrique francophone

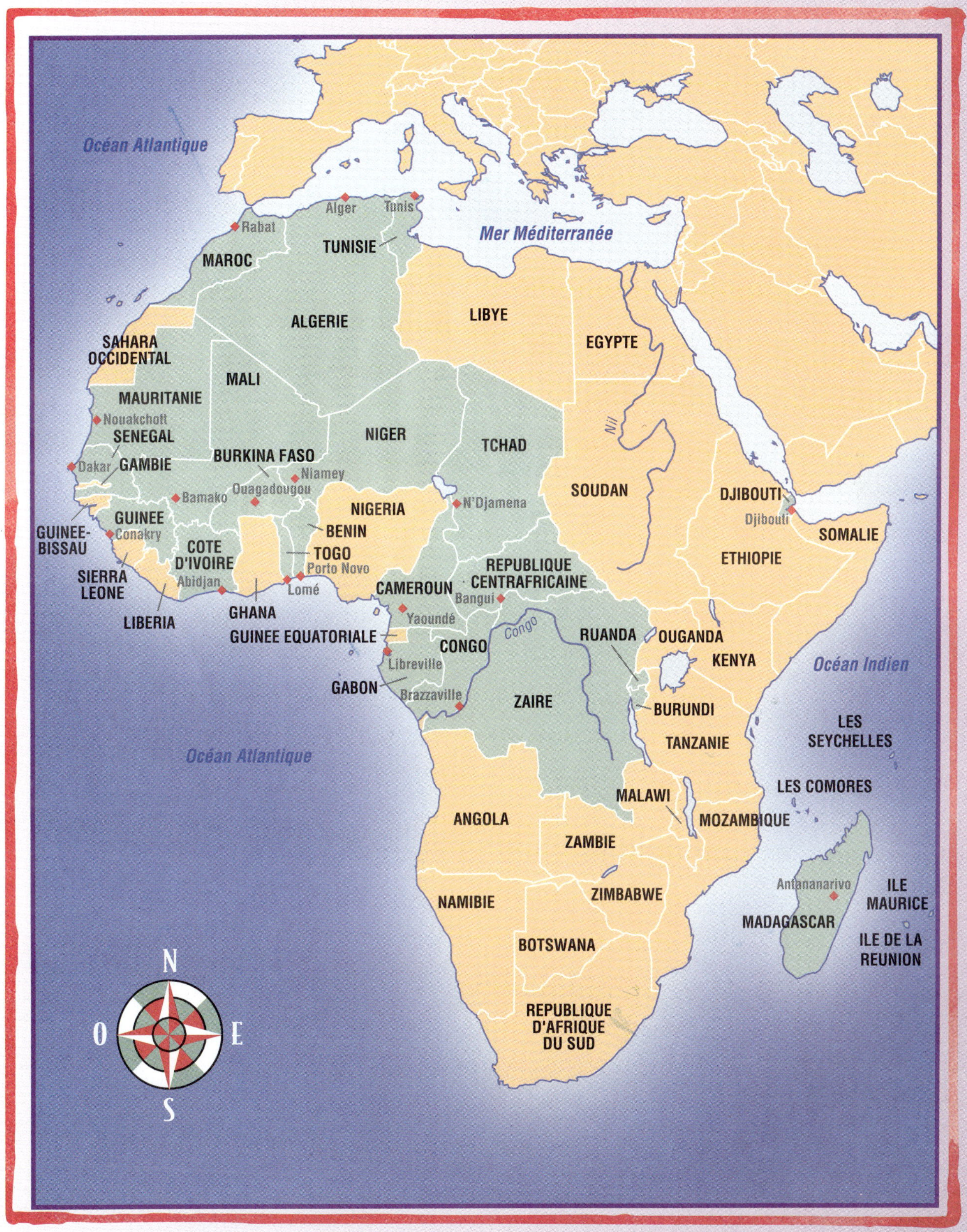

# L'Amérique francophone

# Le Monde francophone

CHAPITRES 1, 2, 3, 4

# Allez, viens en Europe francophone!

La ville de Genève au bord du lac Léman

# L'Europe francophone

| | La Belgique | La France | La Suisse |
|---|---|---|---|
| **Population** | 9.900.000 | 58.000.000 | 6.400.000 |
| **Superficie** (km²) | 30.540 | 549.000 | 41.293 |
| **Capitale** | Bruxelles | Paris | Berne |
| **Autres villes importantes** | Liège<br>Anvers<br>Charleroi<br>Mons<br>Gand | Lyon<br>Marseille<br>Bordeaux<br>Nice<br>Strasbourg | Zurich<br>Genève<br>Lausanne<br>Bâle |

**Autres états francophones :**
Le Luxembourg, La principauté de Monaco

*L'Europe de l'Ouest n'est pas très grande, mais elle présente beaucoup de régions différentes qui ne correspondent pas exactement aux frontières politiques. La langue contribue à accentuer ces différences parce qu'elle correspond à une culture. Par exemple, en Belgique, on parle français dans le sud et flamand dans le nord. En Suisse, on parle français, italien et allemand et au Luxembourg on parle français, luxembourgeois et allemand. Il y a six millions de francophones en Europe qui vivent dans des pays autres que la France.*

① «Matterhorn» est le nom allemand du **Mont Cervin** dans les Alpes suisses. Il domine la célèbre station de sports d'hiver de Zermatt, un village où les automobiles ne sont pas autorisées.

③ Bruxelles est la capitale de la Belgique et sa population est bilingue français-flamand.

② En Normandie, dans le nord-ouest de la France, l'abbaye gothique du **Mont-Saint-Michel** est un grand lieu touristique.

④ La région **des Ardennes** est partagée entre la France, le Luxembourg et la Belgique.

⑤ Les fortifications de **la ville de Carcassonne** sont un bel exemple d'architecture médiévale.

⑦ **La ville de Strasbourg** est la capitale de l'Alsace, à la frontière franco-allemande. Sa culture est partagée entre les deux pays.

⑥ En Europe, le chemin de fer est très développé et permet de passer partout et de visiter un maximum de régions.

CHAPITRE 1

# France, les régions

(1) La belle ville alsacienne de Colmar

Viens avec nous en France, pays connu pour la diversité de ses régions. Chaque région se différencie des autres par son histoire, sa culture et ses traditions. Mais ce n'est pas tout : chaque région est aussi fière de ses spécialités gastronomiques dont la renommée est mondiale.

## In this chapter you will review and practice

- renewing old acquaintances; inquiring; expressing enthusiasm and dissatisfaction; exchanging information
- expressing indecision; making recommendations; ordering and asking for details

## And you will

- listen to French teenagers talk about their vacations and order in a restaurant
- read a short story
- write a travel brochure
- find out about the varied regions of France

② Je suis contente de te revoir!

③ Je n'arrive pas à me décider.

# Mise en train

## Les retrouvailles

A Colmar, de jeunes Alsaciens se réunissent au restaurant pour parler de leurs vacances avant la rentrée.

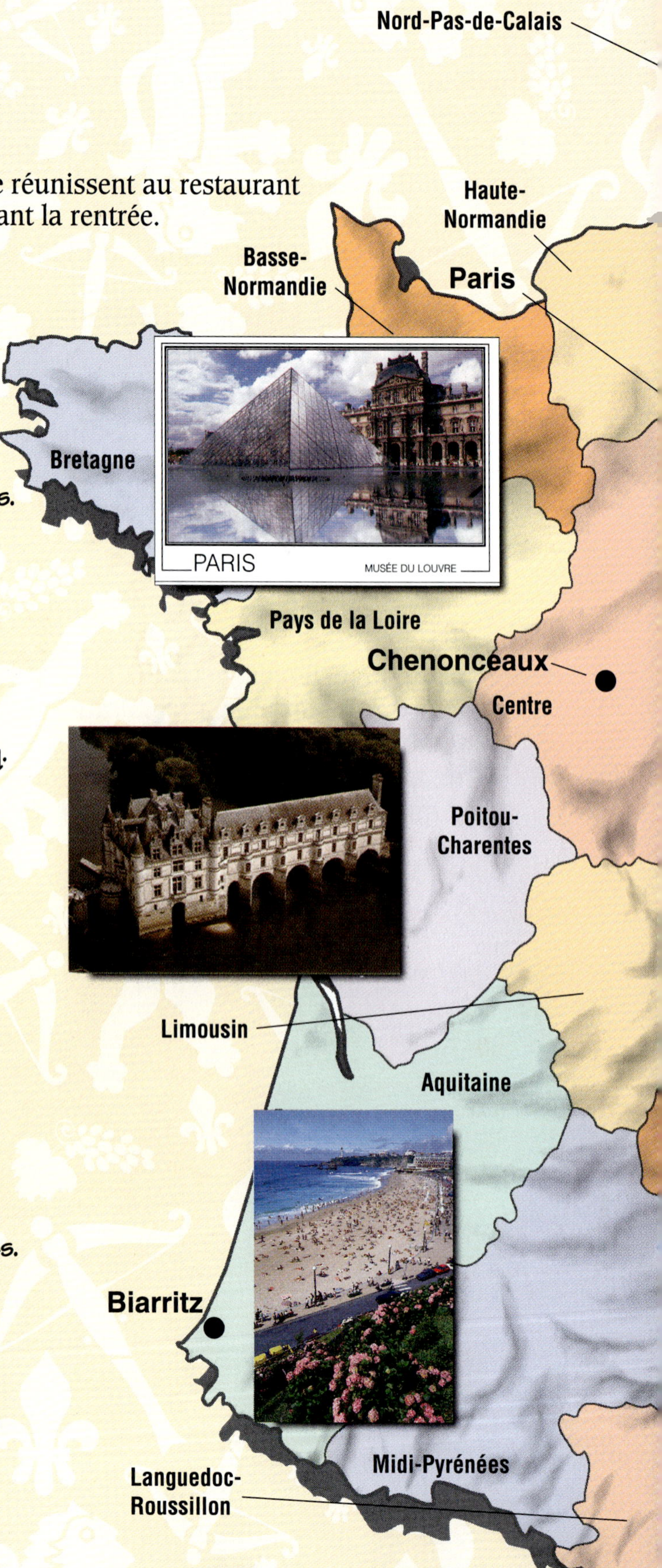

**1** HECTOR Salut, les copains. Ça fait plaisir de vous revoir.

PAULINE Bonjour. J'ai l'impression que ça fait une éternité qu'on ne s'est pas vus.

JULIEN Dis donc, Patricia, tu as l'air en forme. Ça te réussit, les vacances.

PATRICIA Toi aussi, tu es bien bronzé. C'était bien, Biarritz?

JULIEN Oui, super! Il a fait un temps magnifique.

PAULINE Eh, on pourrait aussi bien parler assis.

YASMINE Alors, on se met où?

HECTOR Là, non? Il y a une table pour cinq.

**2** HECTOR Alors, Yasmine, c'était bien, tes vacances?

YASMINE Oui, pas mal. J'ai passé une semaine à Paris avec mes parents. J'ai visité la tour Eiffel, Notre-Dame, le Louvre, bref, tous les monuments parisiens! Il a fait tellement chaud et lourd qu'à la fin, j'en avais marre des visites. Mais je ne connaissais pas Paris et je suis ravie d'y être allée.

Nord-Pas-de-Calais
Haute-Normandie
Basse-Normandie
Paris
Bretagne
PARIS
MUSÉE DU LOUVRE
Pays de la Loire
Chenonceaux
Centre
Poitou-Charentes
Limousin
Aquitaine
Biarritz
Midi-Pyrénées
Languedoc-Roussillon

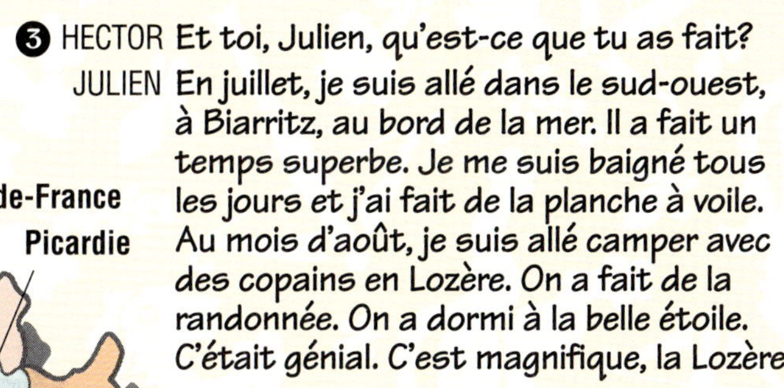

**3** HECTOR **Et toi, Julien, qu'est-ce que tu as fait?**

JULIEN **En juillet, je suis allé dans le sud-ouest, à Biarritz, au bord de la mer. Il a fait un temps superbe. Je me suis baigné tous les jours et j'ai fait de la planche à voile. Au mois d'août, je suis allé camper avec des copains en Lozère. On a fait de la randonnée. On a dormi à la belle étoile. C'était génial. C'est magnifique, la Lozère.**

**4** HECTOR **Et toi, Patricia? Tu as passé de bonnes vacances?**

PATRICIA **Excellentes. Moi, je suis restée à Colmar. Je me suis bien amusée. Une de mes cousines est venue. Nous sommes allées au cinéma. Nous avons fait de l'équitation et nous sommes allées à la piscine. C'était sympa. Fin août, j'ai pris le train pour aller passer quelques jours chez mes grands-parents à Strasbourg.**

**5** HECTOR **Toi aussi, tu es restée ici, Pauline?**

PAULINE **Non, en juillet, je suis allée me promener en voiture avec mes parents. Nous avons visité les châteaux de la Loire, puis nous sommes allés au Futuroscope à Poitiers. C'était pas mal.**

HECTOR **Et au mois d'août?**

PAULINE **Oh là là, c'était l'horreur! Il a plu tout le temps. Tous mes copains étaient partis. Je suis restée à la maison. J'ai lu et j'ai regardé la télé. A part ça, je n'ai rien fait.**

**6** PAULINE **Qu'est-ce que tu as fait, Hector?**

HECTOR **Je suis parti trois semaines en camp de vacances à Morzine, en Savoie. C'était super. Nous avons fait du vélo et du rafting. J'ai adoré. Après, en août, je suis allé chez mon oncle. Il a une ferme à Saint-Quentin, au nord-est de Paris. C'était chouette. Je l'ai aidé pour la moisson. Je me suis occupé des animaux. J'ai repeint le garage. Je ne me suis pas ennuyé une seconde!**

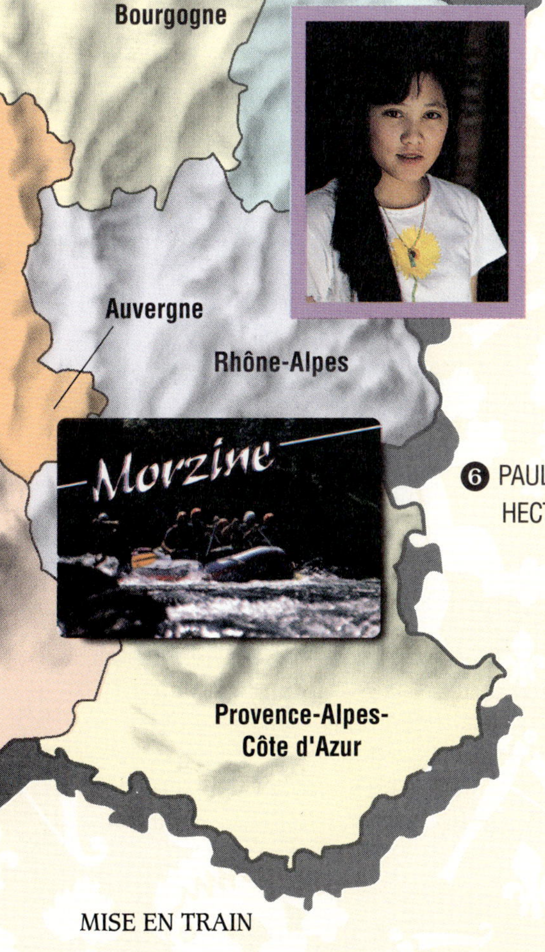

## 1 Tu as compris?

1. Where are these young people meeting?
2. What time of year is it? How do you know?
3. How long has it been since they've seen one another?
4. Where did the teenagers go during their vacations?
5. What sort of activities did they participate in?

## 2 Vrai ou faux?

1. C'était la première fois que Yasmine visitait Paris.
2. Pendant l'été, Julien a fait du camping.
3. Patricia est partie en camp de vacances.
4. Pendant ses vacances, Pauline a voyagé avec ses parents.
5. L'oncle d'Hector habite à Morzine.

## 3 C'est qui?

Parmi les jeunes dans **Les retrouvailles,** qui...

1. ne s'est pas amusé(e) pendant le mois d'août?
2. a visité des monuments pendant ses vacances?
3. est allé(e) dans une ferme pendant ses vacances?
4. aime faire du camping?
5. aime faire de l'équitation?

## 4 Content ou pas content?

Qui est très content(e) de ses vacances? Qui est moins content(e)?

## 5 Qu'est-ce qu'on peut y faire?

D'après **Les retrouvailles,** où est-ce qu'on peut...

1. se baigner dans l'océan?
2. visiter des musées?
3. trouver des rivières avec des torrents?
4. voir de magnifiques châteaux?

## 6 Cherche les expressions

What do the young people in **Les retrouvailles** say to . . .

1. greet one another after a long absence?
2. compliment someone?
3. make a suggestion?
4. express dissatisfaction with a vacation?
5. express enthusiasm for a vacation?

## 7 Et maintenant, à toi

Regarde les cartes postales aux pages 6 et 7. Où est-ce que tu aimerais aller en vacances? Pourquoi?

### Note Culturelle

Every region of France has its own traditions. Some are observed daily while others, such as traditional clothing or folk dances, are reserved for special occasions or festivals. Women's traditional clothing generally includes skirts and blouses or dresses made of regional fabric, with decorated aprons, shawls or lace collars, and headdresses. The most famous of the headdresses are the Breton **coiffes,** which are tall, ornate, lace headpieces. Men's costumes are generally composed of decorated pants, white shirts, and vests. Footwear is usually the **sabot,** or wooden shoe.

# PREMIERE ETAPE

***Renewing old acquaintances; inquiring; expressing enthusiasm and dissatisfaction; exchanging information***

## COMMENT DIT-ON... ?

### Renewing old acquaintances

Les cigognes font partie du paysage alsacien. Dès les premiers froids, elles partent vers l'Afrique et reviennent en Alsace au printemps.

*To greet someone you haven't seen recently:*

**Ça fait longtemps qu'on ne s'est pas vu(e)s.** *It's been a long time since we've seen each other.*

**Je suis content(e) de te revoir.** *I'm glad to see you again.*

**Qu'est-ce que tu deviens?** *What's going on with you?*

**Quoi de neuf?** *What's new?*

*To respond:*

**Ça fait** deux mois. *It's been . . .*

**Depuis** l'hiver. *Since . . .*

**Moi aussi.**

**Toujours la même chose!** *Same old thing!*

**Rien (de spécial).** *Nothing (special).*

### 8 Ecoute!

Ecoute les dialogues et choisis la phrase qui correspond à chaque dialogue.

**a.** Ils ne se sont pas vus depuis trois mois.
**b.** Ils ne se sont pas vus depuis deux ans.
**c.** Ils ne se sont pas vus depuis janvier.
**d.** Ils ne se sont pas vus depuis le mois de juin.

### 9 Il y a belle lurette... ! *It's been ages!*

Ça fait longtemps que tu n'as pas vu un(e) de tes ami(e)s. Qu'est-ce que vous vous dites?

## COMMENT DIT-ON... ?

### Inquiring; expressing enthusiasm and dissatisfaction

*To inquire about someone's trip or vacation:*

**C'était comment, tes vacances?** *How was your vacation?*
**Ça s'est bien passé?**
**Comment ça s'est passé?**
**Tu t'es bien amusé(e)?** *Did you have fun?*

*To express enthusiasm:*

**C'était chouette!**
**Ça s'est très bien passé.**
**Super!**
**Je me suis beaucoup amusé(e).** *I had a lot of fun.*

*To express dissatisfaction:*

**C'était pas terrible.** *It wasn't so great.*
**Ça ne s'est pas très bien passé.**
**Pas trop bien.**
**Je me suis ennuyé(e).** *I was bored.*

### 10 Ecoute!

Ecoute ces dialogues. Est-ce que ces personnes sont contentes ou non?

### 11 Qu'est-ce qu'ils disent?

Christophe téléphone à ses amis dimanche soir pour savoir comment leur week-end s'est passé. Utilise les expressions dans le **Comment dit-on... ?** pour recréer leurs conversations.

a.

b.

c.

d.

## Grammaire The **passé composé** *(Review)*

Do you remember how to form the **passé composé**? It has two parts: a present-tense form of **avoir** or **être**, and the past participle of the main verb.

Elle **a fini** tout le gâteau.
Nous **avons attendu** le train.

Elles **sont parties** en vacances.
Nous **sommes resté(e)s** une semaine.

Elle **s'est ennuyée.**
Nous **nous sommes amusés.**

You use **être** as the helping verb with these verbs: **aller, sortir, partir, retourner, mourir, naître, venir, devenir, arriver, rester, entrer, monter, descendre, tomber, rentrer, revenir.**

- Don't forget to make the past participles of these verbs agree with the subject of the sentence.
- Remember that you use **être** as the helping verb with all reflexive verbs.
- Make the past participle of reflexive verbs agree with the reflexive pronoun, if there is no direct object following the verb.

Some verbs have irregular past participles. You use **avoir** as the helping verb with those listed here.

| | | | | | | | |
|---|---|---|---|---|---|---|---|
| dire | **dit** | prendre | **pris** | voir | **vu** | boire | **bu** |
| écrire | **écrit** | être | **été** | lire | **lu** | pouvoir | **pu** |
| mettre | **mis** | faire | **fait** | avoir | **eu** | vouloir | **voulu** |

### 12 Ecoute!

Au restaurant, tu entends les conversations des gens autour de toi. Est-ce qu'ils parlent au présent ou au passé?

**De bons conseils**

A good way to get ready for this year of French study is to review and practice what you learned before.

1. Use the flashcards you've made to review vocabulary and expressions. Pay close attention to those you use the most.
2. Look at the charts in the back of this book to refresh your memory of important grammar points.
3. With a classmate, practice short conversations on the topics you learned about last year, such as food, clothing, activities, and so on.

## 13 Un petit mot

Choisis une de ces cartes postales. Imagine que c'est là que tu es allé(e) pour tes vacances. Maintenant, écris un petit mot à un(e) ami(e) pour lui dire ce que tu as fait là-bas.

## COMMENT DIT-ON... ?

### Exchanging information

*To ask about someone's vacation:*

**Est-ce que tu es resté(e) ici?**
*Did you stay here?*

**Quand est-ce que tu y es allé(e)?**

**Avec qui est-ce que tu y es allé(e)?**

**Tu es parti(e) comment?**
*How did you get there?*

**Où est-ce que tu as dormi?**
*Where did you stay?*

**Quel temps est-ce qu'il a fait?**
*What was the weather like?*

*To answer:*

**Oui, je suis resté(e) ici tout le temps.** *Yes, I stayed here the whole time.*

**Non, je suis parti(e)** dix jours en août. *No, I went away for . . .*

**J'y suis allé(e) début/fin** juillet. *I went there at the beginning/end of . . .*

**J'y suis allé(e) seul(e)/avec** mes parents. *I went alone/with . . .*

**Je suis parti(e) en** train. *I went by . . .*

**A l'hôtel.** *In a hotel.*

**Chez** des amis. *With . . .*

**Il a fait un temps** magnifique. *The weather was . . .*

**Il a plu tout le temps.** *It rained the whole time.*

## 14 Cherche la réponse

Les copains de Norbert lui posent des questions sur ses vacances. Choisis les bonnes réponses.

1. Où est-ce que tu es allé?
2. Quand est-ce que tu y es allé?
3. Avec qui est-ce que tu y es allé?
4. Vous êtes partis comment?
5. Quel temps est-ce qu'il a fait?

Dans les Alpes.
Du canoë.
Fin août.
En train.
Avec un groupe de jeunes.
Super beau!

## 15 Ecoute!

Ecoute le dialogue entre Amina et son amie Marie-Claire. Mets les dessins dans le bon ordre d'après la conversation.

a.

b.

c.

d.

## 16 Quoi d'autre?

A ton avis, qu'est-ce que Marie-Claire a fait d'autre pendant ses vacances à la plage? Ecris un récit pour raconter tout ce qui lui est arrivé.

## 17 Qu'est-ce que tu as fait?

Demande à ton/ta camarade ce qu'il/elle a fait pendant ses vacances. Puis, changez de rôles.

## 18 Mon journal

Les vacances sont finies. Qu'est-ce que tu as fait? Ecris tes souvenirs d'été—vrais ou imaginaires—dans ton journal.

## 19 Interview

a. Avec un(e) camarade, pense à une personne célèbre. Il/Elle rentre de vacances. Tu es journaliste et tu l'interviewes sur ses vacances. Tu es payé(e) à la ligne, donc pose un maximum de questions pour écrire ton article. Jouez cette scène et puis, changez de rôles.

b. Ecris ton article. Avant publication, tu le soumets à l'éditeur (ton/ta camarade), qui en fait la critique et fait quelques petites corrections, si nécessaire.

# Remise en train

BRASSERIE

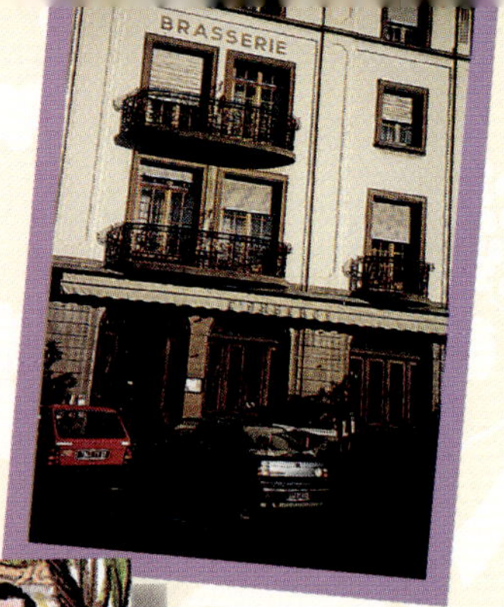

## Bon appétit!

Regarde la carte. Est-ce que tu reconnais certains de ces plats? Lesquels?

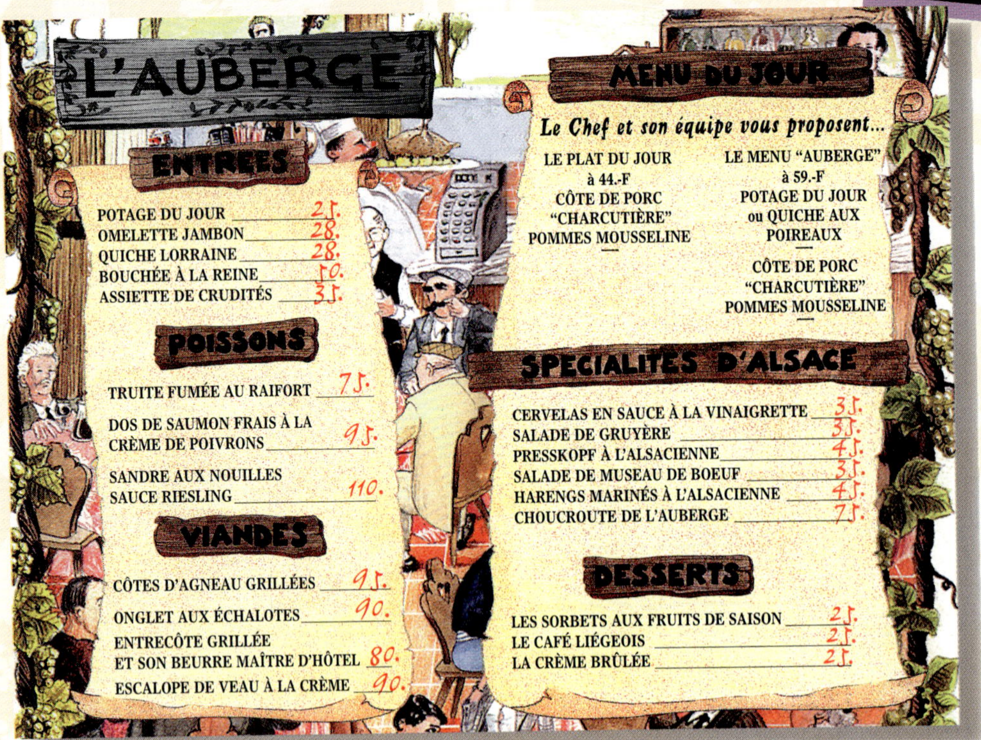

L'AUBERGE
ENTREES
POTAGE DU JOUR 25.
OMELETTE JAMBON 28.
QUICHE LORRAINE 28.
BOUCHÉE À LA REINE 50.
ASSIETTE DE CRUDITÉS 35.
POISSONS
TRUITE FUMÉE AU RAIFORT 75.
DOS DE SAUMON FRAIS À LA CRÈME DE POIVRONS 95.
SANDRE AUX NOUILLES SAUCE RIESLING 110.
VIANDES
CÔTES D'AGNEAU GRILLÉES 95.
ONGLET AUX ÉCHALOTES 90.
ENTRECÔTE GRILLÉE ET SON BEURRE MAÎTRE D'HÔTEL 80.
ESCALOPE DE VEAU À LA CRÈME 90.
MENU DU JOUR
Le Chef et son équipe vous proposent...
LE PLAT DU JOUR
à 44.-F
CÔTE DE PORC
"CHARCUTIÈRE"
POMMES MOUSSELINE
LE MENU "AUBERGE"
à 59.-F
POTAGE DU JOUR
ou QUICHE AUX
POIREAUX
CÔTE DE PORC
"CHARCUTIÈRE"
POMMES MOUSSELINE
SPECIALITES D'ALSACE
CERVELAS EN SAUCE À LA VINAIGRETTE 35.
SALADE DE GRUYÈRE 35.
PRESSKOPF À L'ALSACIENNE 45.
SALADE DE MUSEAU DE BOEUF 35.
HARENGS MARINÉS À L'ALSACIENNE 45.
CHOUCROUTE DE L'AUBERGE 75.
DESSERTS
LES SORBETS AUX FRUITS DE SAISON 25.
LE CAFÉ LIÉGEOIS 25.
LA CRÈME BRÛLÉE 25.

### 20 Tu as compris?

1. What are the teenagers in **Bon appétit!** talking about?
2. Who has difficulty making a decision?
3. What do the teenagers ask the waitress to bring to the table?
4. Why can't they divide the check evenly?

### 21 Vrai ou faux?

1. D'habitude, Yasmine prend du poulet et des frites.
2. Pauline n'a jamais mangé de presskopf.
3. Hector a pris le plat du jour.
4. Tout le monde a pris un dessert.

### 22 Entrée ou fromage?

Regarde encore la carte de L'Auberge et dis si ces plats sont des entrées, des poissons, des viandes ou des desserts.

la quiche lorraine
la truite fumée
le sandre
le café liégeois
les côtes d'agneau
l'escalope de veau
la crème brûlée
le potage
l'entrecôte grillée
l'omelette jambon

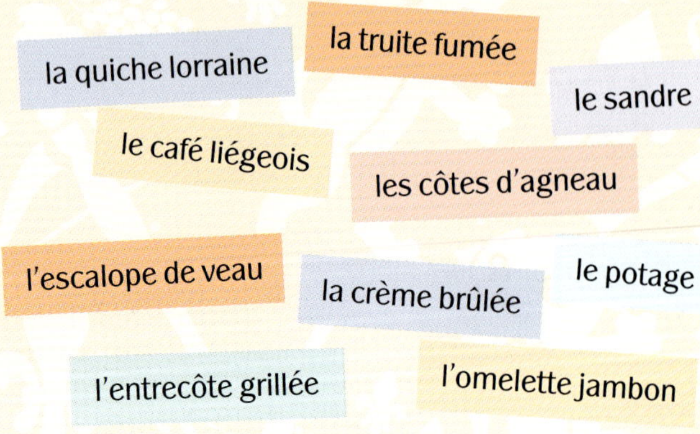

Midi et quart...

PATRICIA Qu'est-ce que vous allez prendre? Je n'arrive pas à me décider.

JULIEN Moi non plus, tout me tente. Comme entrée, j'hésite entre une bouchée à la reine et de la quiche. Et toi, Yasmine?

YASMINE Aucune idée. Je ne sais pas quoi prendre.

JULIEN Toi, évidemment, si tu n'as pas ton poulet rôti et tes frites, tu préfères mourir de faim.

YASMINE Oh, ça suffit, les sarcasmes.

PAULINE Essaie le presskopf. C'est un plat alsacien délicieux.

LA SERVEUSE Vous avez décidé?

HECTOR Non, pas encore. Un instant, s'il vous plaît.

Midi vingt-cinq...

LA SERVEUSE Vous avez choisi, maintenant?

PAULINE Oui, je crois. Comme entrée, je vais prendre l'assiette de crudités. Et ensuite, le plat du jour.

HECTOR Moi aussi, la même chose.

PATRICIA Je voudrais la choucroute... ou, non, donnez-moi plutôt l'entrecôte grillée. Ou bien...

JULIEN Bon, tu te décides!

PATRICIA OK, OK! Je vais prendre... Ah, non! Voilà, j'ai trouvé! La truite!

Une heure...

PAULINE Alors, il est comment, ton presskopf?

YASMINE Pas mal... Euh, passe-moi le sel, s'il te plaît. Et la moutarde.

PATRICIA Madame, est-ce qu'on pourrait avoir du pain, s'il vous plaît? Ah! Et une carafe d'eau!

LA SERVEUSE Oui, tout de suite.

Deux heures et quart...

PATRICIA Bon, on y va?

HECTOR D'accord... Madame? L'addition, s'il vous plaît?

LA SERVEUSE Oui, tout de suite... Voilà.

JULIEN Ça fait combien?

HECTOR 595 F. Divisé par cinq, ça fait... 120 F par personne.

PAULINE Eh, moi, j'ai pas pris de dessert! Et Yasmine non plus!

HECTOR C'est vrai, tu as raison. Bon, eh bien, chacun paie sa part.

## 23 Cherche les expressions

Look back at **Bon appétit!** to find ways to . . .

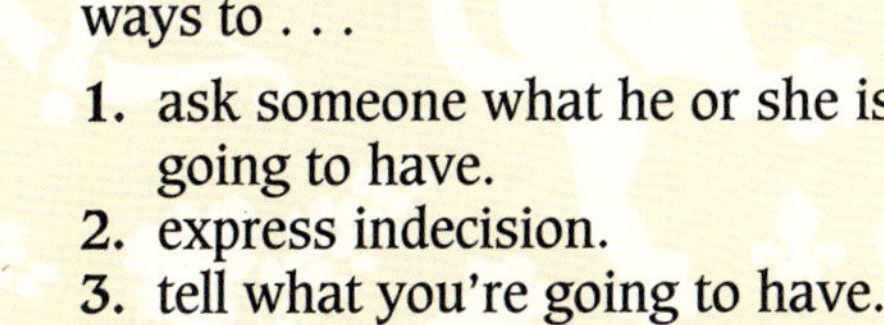

1. ask someone what he or she is going to have.
2. express indecision.
3. tell what you're going to have.
4. ask someone to pass you something.
5. ask a server to bring you something.
6. ask how much the check is.

## 24 Ecoute!

Ecoute le dialogue. Combien est-ce que chaque personne doit payer?

Julien · Pauline · Hector · Yasmine · Patricia

## 25 Et maintenant, à toi

Pense à des plats américains. Qu'est-ce que tu préfères manger comme entrée, poisson, viande et dessert?

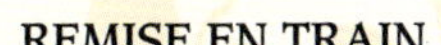

# Panorama Culturel

Marie • France

Christian • France

Célestine • Côte d'Ivoire

We asked some people about the specialties of their regions. Here's what they had to say.

## Quelles sont les spécialités de ta région?

«La bouillabaisse. C'est un plat provençal surtout marseillais... C'est une soupe de poissons... On fait ça avec divers poissons et du pain, des petits croûtons de pain... Voilà.»

-Marie

«Euh... les spécialités [de Cherbourg], ~~elles~~ sont des petits homards que nous appelons «les demoiselles de Cherbourg» et qui sont des grosses crevettes... En Normandie, nous avons du cidre que nous faisons avec des pommes, [de] la crème fraîche, du boudin et du thon.»

-Christian

«En Côte d'Ivoire il y a d'abord l'attiéké, qu'on peut exporter [et] importer du moins d'ailleurs. ~~Et~~ aussi, il y a le foutou. Le foutou, c'est de la banane mélangée [avec] du manioc. On fait cuire et on pile. Ensuite, [il est] accompagné de la sauce graine généralement et ensuite, il y a la sauce arachide accompagnée du riz.»

-Célestine

## Qu'en penses-tu?

1. What are the specialties these people mention?
2. What are the specialties of your area? What are the specialties of other states?
3. Choose a region of France or another francophone country and find out what its specialties are.

# DEUXIEME ETAPE

***Expressing indecision; making recommendations; ordering and asking for details***

## COMMENT DIT-ON... ?

### Expressing indecision; making recommendations

*A server might ask:*

**Qu'est-ce que vous allez prendre?**

*To express indecision:*

**Je ne sais pas.**

**Tout me tente.**

*Everything looks tempting.*

**Je n'arrive pas à me décider.**

*I can't make up my mind.*

**J'hésite entre** le saumon **et** la truite fumée.

*I can't decide between . . . and . . .*

*To make recommendations:*

**Tu devrais prendre** les côtelettes d'agneau.

**Pourquoi tu ne prends pas** l'escalope de veau à la crème?

**Essaie** les tomates farcies.

*Try . . .*

**Prends** le saumon.

**26** **Ecoute!**

Ecoute les phrases suivantes. Est-ce que les personnes hésitent ou recommandent quelque chose?

## VOCABULAIRE

Voici un menu typiquement français :

### Le Routier Sympa

Menu à 59 francs

**LES ENTREES**

*les carottes râpées*
grated carrots with vinaigrette

*la salade de tomates*

*le céleri rémoulade*
grated celery root with mayonnaise and vinaigrette

*l'assiette de crudités*
plate of raw vegetables with vinaigrette

*l'assiette de charcuterie*
plate of pâté, ham, and cold sausage

*le pâté*

**LES PLATS**

*le steak-frites*

*le poulet haricots verts*

*l'escalope de dinde purée*
sliced turkey breast with mashed potatoes

*le filet de sole riz champignons*
filet of sole with rice and mushrooms

*la côtelette de porc pâtes*
porkchop with pasta

**LA SALADE VERTE**

**L'ASSIETTE DE FROMAGES**

*camembert*
*brie*
*roquefort*

*fromage de chèvre*
goat cheese

**LES DESSERTS**

*les glaces: vanille, fraise, chocolat*

*les tartes aux fruits*
fruit pies/tarts

*la crème caramel*
caramel custard

### NOTE CULTURELLE

Quand les Français sortent dîner, ils passent souvent deux ou trois heures à table pour pouvoir apprécier leur repas aussi bien que leur sortie. En principe, les serveurs n'apportent pas l'addition tant que le client ne l'a pas demandée; s'ils le faisaient, les clients auraient l'impression qu'on essaie de les mettre dehors.

## 27 Pas américain, ça!

Regarde la carte à la page 17. A ton avis, quels plats est-ce qu'on ne trouve pas aux Etats-Unis?

## 28 Ecoute!

Ecoute ce dialogue. Le serveur a mélangé les commandes et demande à son client ce qu'il a mangé. Laquelle des commandes suivantes est la bonne?

a.
salade de tomates
poulet frites
salade verte
tarte aux pommes

b.
salade de tomates
poulet haricots verts
assiette de fromages
tarte aux pommes

c.
salade de tomates
poulet haricots verts
salade verte
tarte aux prunes

## 29 Vous désirez?

Et toi, qu'est-ce que tu prends? Regarde la carte du **Routier Sympa** et choisis une entrée, un plat et un dessert. Ensuite, demande à un(e) camarade de classe ce qu'il/elle prend.

## COMMENT DIT-ON...?

### Ordering and asking for details

*A server might ask:*

**Vous avez choisi?** *Have you made your selection?*
**Vous avez décidé?**

**Que voulez-vous comme entrée?** *What would you like for an appetizer?*
**Et comme boisson?** *And to drink?*
**Comment désirez-vous votre viande?** *How do you like your meat cooked?*

*To ask for details:*

**Qu'est-ce que vous avez comme spécialités?** *What kind of . . . do you have?*
**Qu'est-ce que vous me conseillez?** *What do you recommend?*
**Qu'est-ce que c'est,** le presskopf? *What is . . . ?*

*To respond to the server:*

**Non, pas encore.**
**Un instant, s'il vous plaît.**
**Oui, je vais prendre** la soupe à l'oignon.
**Comme entrée, j'aimerais** le pâté de campagne.

**De l'eau, s'il vous plaît.**
**Saignante.** *Rare.*
**A point.** *Medium rare.*
**Bien cuite.** *Well-done.*

### NOTE CULTURELLE

Dans chaque région de France, on peut manger des plats traditionnels variés; par exemple, **la bouillabaisse** en Provence, **le foie gras** dans le Périgord, **les crêpes** en Bretagne, **le cassoulet** dans le Languedoc et **la choucroute** en Alsace.

## 30 Ecoute!

Tu es au restaurant. Le serveur te pose des questions. Choisis la meilleure réponse.

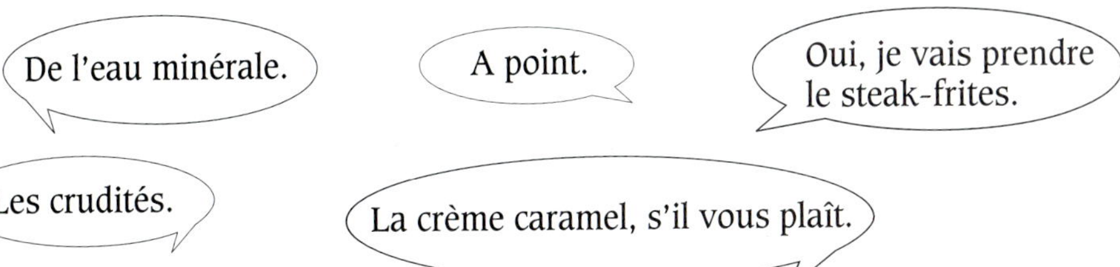


## 31 Méli-mélo!

Mets dans l'ordre ce dialogue entre un serveur et un client. Ensuite, joue la scène avec ton/ta camarade.

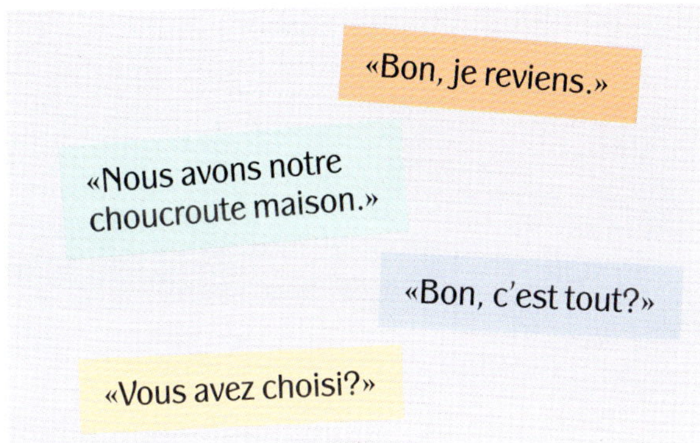


«Non, pas encore... euh... qu'est-ce que vous avez comme spécialités?»

«OK, une choucroute.»

«Ah non, finalement, je vais prendre le poulet haricots verts et une carafe d'eau.»

## 32 De notre cuisine à votre table

Tu travailles dans un restaurant qui livre à domicile *(delivers to customers' homes)*. Crée une carte avec trois entrées, trois plats principaux, trois desserts et trois boissons. Ensuite, au téléphone, un(e) client(e) te demande ce que tu as comme entrée, plat principal, etc. et il/elle passe sa commande. Joue cette scène avec ton/ta camarade. Changez de rôles.

## 33 Mon journal

Où es-tu allé(e) la dernière fois que tu as mangé au restaurant? Tu étais avec qui? Qu'est-ce que tu as mangé? C'était comment?

## 34 Jeu de rôle

You're a server at **L'Auberge.** Your classmates will look at the menu on page 14. They'll ask you questions about the menu and then order. Answer their questions and take down their orders. Change roles.

# LISONS!

## Il faut être raisonnable



Ce qui m'étonne, c'est qu'à la maison on n'a pas encore parlé des vacances ! Les autres années, Papa dit qu'il veut aller quelque part, Maman dit qu'elle veut aller ailleurs, ça fait des tas d'histoires. Papa et Maman disent que puisque c'est comme ça, ils préfèrent rester à la maison, moi je pleure, et puis on va où voulait aller Maman. Mais cette année, rien.

Pourtant, les copains de l'école se préparent tous à partir. Geoffroy, qui a un papa très riche, va passer ses vacances dans la grande maison que son papa a au bord de la mer.

Agnan, qui est le premier de la classe et le chouchou de la maîtresse, s'en va en Angleterre passer ses vacances dans une école où on va lui apprendre à parler l'anglais. Il est fou, Agnan.

Alceste va manger des truffes en Périgord, où son papa a un ami qui a une charcuterie. Et c'est comme ça pour tous : ils vont à la mer, à la montagne ou chez leurs mémés à la campagne. Il n'y a que moi qui ne sais pas encore où je vais aller, et c'est très embêtant, parce qu'une des choses que j'aime le mieux dans les vacances, c'est d'en parler avant et après aux copains.

Alors, je suis allé dans le jardin et j'ai attendu Papa, et quand il est arrivé de son bureau, j'ai couru vers lui ; il m'a pris dans ses bras, m'a fait « Oupla ! » et je lui ai

### DE BONS CONSEILS

Identifying the point of view of the narrator of a story is a key to understanding the story itself. A foreign tourist, a small child, and an eighty-year-old woman would probably relate the same incident very differently. When you read, think about the person who is telling the story. Who is he? Where does he live? What is his age? What kind of person does he seem to be? Answering these kinds of questions will help you to understand the narrator's point of view, and so get more out of the story.

**A.** Scan the first paragraph. From whose point of view is the story told? How old would you say this person is?

**B.** Knowing who the narrator is, what do you think you'll read about in the story?

**C.** What is Nicolas' relationship to . . .

1. Geoffroy, Agnan, and Alceste?
2. Maman and Papa?

**D.** What is Nicolas concerned about at the beginning of the story?

**E.** Match Nicolas' schoolfriends with their vacation destinations and planned activities.

Alceste
Geoffroy
Agnan

apprendre à parler anglais
Périgord
Angleterre
manger des truffes
au bord de la mer

demandé où nous allions partir en vacances. Alors, Papa a cessé de rigoler, il m'a posé par terre et il m'a dit qu'on allait en parler dans la maison, où nous avons trouvé Maman assise dans le salon.

– Je crois que le moment est venu, a dit Papa.

– Oui, a dit Maman, il m'en a parlé tout à l'heure.

– Alors, il faut le lui dire, a dit Papa.

– Eh bien, dis-lui, a dit Maman.

Alors, Papa s'est assis dans le fauteuil, il m'a pris par les mains et il m'a tiré contre ses genoux.

– Mon Nicolas est un grand garçon raisonnable, n'est-ce pas ? a demandé Papa.

Moi, j'aime pas trop quand on me dit que je suis un grand garçon, parce que d'habitude, quand on me dit ça, c'est qu'on va me faire des choses qui ne me plaisent pas.

– Et je suis sûr, a dit Papa, que mon grand garçon aimerait bien aller à la mer !

– Oh ! oui, j'ai dit.

– Aller à la mer, nager, pêcher, jouer sur la plage, se promener dans les bois, a dit Papa.

– Il y a des bois, là où on va ? j'ai demandé. Alors c'est pas là où on a été l'année dernière ?

– Ecoute, a dit Maman à Papa. Je ne peux pas. Je me demande si c'est une si bonne idée que ça. Je préfère y renoncer. Peut-être, l'année prochaine...

– Non ! a dit Papa. Ce qui est décidé est décidé. Un peu de courage, que diable ! Et Nicolas va être très raisonnable ; n'est-ce pas, Nicolas ?

Moi j'ai dit que oui, que j'allais être drôlement raisonnable.

– Et on va aller à l'hôtel ? j'ai demandé.

– Pas exactement, a dit Papa. Je... je crois que tu coucheras sous la tente. C'est très bien, tu sais...

Alors là, j'étais content comme tout.

– Sous la tente, comme les Indiens dans le livre que m'a donné tante Dorothée ? j'ai demandé.

– C'est ça, a dit Papa.

– Chic ! j'ai crié. Tu me laisseras t'aider à monter la tente ? Et à faire du feu pour cuire le manger ? Oh ! ça va être chic, chic, chic !

**F.** How do you know that Nicolas' parents don't want to tell him something? Find five things they say that show you this. Then find three actions or gestures that illustrate their nervousness.

**G.** Which of the following sentences do they say to make him accept the idea?

Ce qui est décidé est décidé.

Ce soir, pour le dessert, il y aura de la tarte.

Tu iras seul, comme un grand.

Mon Nicolas est un grand garçon raisonnable, n'est-ce pas?

C'est la première fois que tu seras séparé de nous…

**H.** Why does Nicolas dislike it when his parents call him **grand garçon**?

**I.** Where do Nicolas' parents plan for him to go on vacation? What will he do there? Where will he sleep?

**J.** Match the words from the story on the left with their synonyms on the right.

| | |
|---|---|
| **a.** cesser de | **1.** leurs grands-mères |
| **b.** des tas de | **2.** s'arrêter de |
| **c.** ce qui m'étonne, c'est que | **3.** autre part |
| | **4.** rire |
| **d.** leurs mémés | **5.** je suis surpris que |
| **e.** puisque | **6.** beaucoup de |
| **f.** ailleurs | **7.** parce que |
| **g.** rigoler | |

Papa s'est essuyé la figure avec son mouchoir, comme s'il avait très chaud, et puis il m'a dit :

– Nicolas, nous devons parler d'homme à homme. Il faut que tu sois très raisonnable.

– Et si tu es bien sage et tu te conduis comme un grand garçon, a dit Maman, ce soir, pour le dessert, il y aura de la tarte.

Alors Papa a toussé un peu dans sa gorge, il m'a mis ses mains sur mes épaules et puis il m'a dit :

– Nicolas, mon petit, nous ne partirons pas avec toi en vacances. Tu iras seul, comme un grand.

– Comment, seul ? j'ai demandé. Vous ne partez pas, vous ?

– Nicolas, a dit Papa, je t'en prie, sois raisonnable. Maman et moi, nous irons faire un petit voyage, et comme nous avons pensé que ça ne t'amuserait pas, nous avons décidé que toi tu irais en colonie de vacances. Ça te fera le plus grand bien, tu seras avec des petits camarades de ton âge et tu t'amuseras beaucoup...

– Bien sûr, c'est la première fois que tu seras séparé de nous, Nicolas, mais c'est pour ton bien, a dit Maman.

– Alors, Nicolas, mon grand... qu'est-ce que tu en dis ? m'a demandé Papa.

– Chouette ! j'ai crié, et je me suis mis à danser dans le salon. Parce que c'est vrai, il paraît que c'est terrible, les colonies de vacances : on se fait des tas de copains, on fait des promenades, des jeux, on chante autour d'un gros feu, et j'étais tellement content que j'ai embrassé Papa et Maman.

Ce qui est drôle, c'est que Papa et Maman me regardaient avec des gros yeux ronds. Ils avaient même l'air un peu fâché.

Pourtant, je ne sais pas, moi, mais je crois que j'ai été raisonnable, non ?

**K.** Look for these words and expressions in the story. Use context to figure out what they mean.

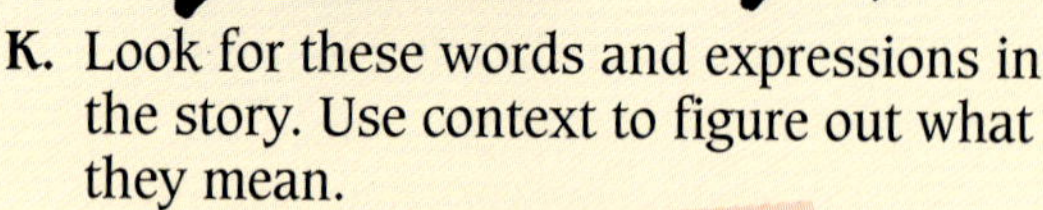

le chouchou de la maîtresse

Il m'a tiré contre ses genoux.

Papa s'est essuyé la figure.

Je préfère y renoncer.

Je me suis mis à danser...

**L.** What is Nicolas' reaction to his parents' news? Why?

**M.** How do Nicolas' parents feel about his reaction? Are they really relieved that he took it so well? How do you know?

**N.** What is the significance of the title **Il faut être raisonnable**? Why is the title ironic, in light of the story?

**O.** Based on what you've read, how would you describe Nicolas? How would you describe his parents?

**P.** This story is told from a child's point of view. Find five examples in the text of language typical of the way a child would express himself.

**Q.** How would you feel if you were in Nicolas' situation?

# ECRIVONS!

*In the story you've just read, Nicolas talks about places all over France where his friends are going for their vacation. America also has many unique regions. In this activity, you'll select a region of America where you would like to take a vacation. Then, you'll write a travel brochure for that region, including anything a vacationer might need to know.*

## Une brochure touristique

Choisis une région des Etats-Unis que tu trouves intéressante. Ecris une brochure pour convaincre des touristes de visiter cette région.

**DE BONS CONSEILS**

You always have a purpose for writing. You may want to explain something to someone, to relate a funny incident, to create, or just to put your thoughts down on paper. Whatever your reason is, it will influence the way you write. You will determine the tone, the language, and even the organization of your writing according to your purpose.

### A. Préparation

1. Connais-tu bien la région que tu as choisie? Commence par écrire ce que tu sais déjà.
2. Si tu as besoin de plus d'informations, renseigne-toi à la bibliothèque. Essaie de trouver des renseignements sur les activités, les points d'intérêt, les spécialités régionales et la géographie de la région que tu vas décrire.
3. Réfléchis un peu. Dans quel but *(purpose)* est-ce que tu écris?
4. Pense à des mots que tu vas utiliser dans ta brochure pour atteindre ton but.
   a. Fais une liste d'adjectifs emphatiques comme «formidable» ou «extraordinaire» pour décrire la région.
   b. Maintenant, fais une liste de mots ou d'expressions qui décrivent les caractéristiques de ta région; par exemple, «montagneux» ou «Il y a beaucoup de soleil».

### B. Rédaction

1. Fais un brouillon *(rough draft)* de ta brochure. N'oublie pas de diviser ta présentation en trois parties :
   a. Une brève introduction où l'on apprend de quelle région tu parles.
   b. Toutes les informations sur les aspects les plus intéressants de la région.
   c. Une partie finale qui puisse convaincre les gens de venir découvrir la région.
2. Pour illustrer ta brochure, trouve des photos dans des magazines ou fais tes propres dessins.

### C. Evaluation

1. Est-ce que ta brochure peut vraiment convaincre quelqu'un de choisir cet endroit pour y passer ses vacances? Montre-la à un(e) camarade de classe et demande-lui son opinion.
2. Vérifie l'orthographe *(spelling)* et la grammaire de ton brouillon. Fais les révisions nécessaires. Mets ta brochure au propre.

# MISE EN PRATIQUE

**1** **a.** Regarde les résultats de ce sondage sur les vacances des jeunes Français. Ensuite, utilise le sondage comme modèle pour préparer un questionnaire sur les vacances des jeunes Américains.

**b.** Pose tes questions aux autres élèves pour savoir où ils sont allés, comment, avec qui, etc. Compare leurs réponses avec le sondage sur les Français.

**LES VACANCES DES 14/19 ANS**

| | Vacances d'été 1990 | Vacances d'hiver 89/90 |
|---|---|---|
| **Taux de départ (en %)** | 61,9 | 28,2 |
| **Nombre moyen de journées** | 25,7 | 11,9 |
| **Nombre de séjours (milliers)** | 4 091 | 1 925 |
| En France (en %) | 76,3 | 80,5 |
| A l'étranger (en %) | 23,7 | 19,5 |
| **Genre de séjour (en %)** | | |
| Circuit | 6,2 | 3,1 |
| Mer | 47,1 | 14,3 |
| Montagne (hors sports d'hiver) | 12,9 | 5,4 |
| Sports d'hiver | - | 31,5 |
| Campagne | 21,0 | 24,4 |
| Ville et autres | 12,8 | 21,3 |
| **Mode d'hébergement (en %)** | | |
| Hôtel | 5,1 | 10,6 |
| Location | 16,8 | 14,1 |
| Résidence secondaire | 8,6 | 13,3 |
| Parents et amis | 39,5 | 45,9 |
| Village de vacances | 5,7 | 4,9 |
| Tente, caravane | 18,5 | 1,5 |
| Autres | 5,8 | 9,7 |

**2** C'est le premier jour d'école. Tu rencontres un(e) ami(e) qui te demande comment tes vacances se sont passées, ce que tu as fait, mangé, etc. Joue cette scène avec ton/ta camarade.

**3** Regarde les menus et fais une liste de deux entrées, trois plats principaux et trois desserts.

*Un petit mot de ta correspondante à Colmar. Je t'envoie les menus scolaires qui sont publiés dans l'Alsace, notre journal régional. Les spécialités comme les spaetzlé (ce sont des pâtes alsaciennes) et la salade au gruyère, c'est typique de chez nous. En général, on a deux heures pour manger. On peut manger à la cantine ou rentrer à la maison. Moi, je préfère manger au lycée. Ecris-moi pour me dire comment ça se passe, les repas du midi chez vous.*

*Salut,*
*Martine*

## A LA SOUPE LES POTACHES

Les menus suivants seront servis mardi à midi dans les cantines scolaires:

**CITÉ TECHNIQUE:** aile de raie, sauce aux câpres, pommes vapeur ou coq au riesling et spaetzlé, entrée au choix, dessert au choix.

**LYCÉE BARTHOLDI:** assiette de charcuterie, filet de poisson sauce nantua, riz, orange.

**LYCÉE CAMILLE SÉE:** spaghetti à la bolognaise ou gratin de ravioli au poulet, entrée et dessert au choix.

**COLLÈGE BERLIOZ:** choux-fleurs ou brocolis en salade, filet de lingue, blettes et pommes de terre à la crème, Danette.

**COLLÈGE MOLIÈRE:** potage, ravioli au gratin, salade verte, cône glacé.

**COLLÈGE SAINT-ANDRÉ:** côte de porc, gratin de choux-fleurs ou émincé de dinde, pâtes, entrée, fromage et dessert au choix.

**INSTITUT DE L'ASSOMPTION:** omelette-frites, entrée, fromage et dessert au choix.

**INSTITUTION SAINT-JEAN:** spaghetti bolognaise ou émincé de veau, petits pois à la française, entrée, fromage et dessert au choix.

**ÉCOLES MATERNELLES:** salade au gruyère, rôti de boeuf, choux-fleurs au gratin, salade de fruits.

**4** Réponds à ta correspondante Martine et explique-lui comment le repas de midi se passe dans ton école. N'oublie pas de donner des exemples de menus typiques.

**5** Ecoute les lycéens suivants. Décide dans quelle école ils vont en t'aidant des menus à la page 24.

## Le Cygne

### Les Entrées

| | |
|---|---|
| Potage du jour | 20,- |
| Salade de crudités | 35,- |
| Escargots maison Dz..72, -1/2 Dz. | 36,- |
| Champignons frais sautés à l'ail | 40,- |
| Salade frisée au chèvre chaud | 45,- |
| Salade de foie de veau | 45,- |

### Les Viandes

| | |
|---|---|
| Faux-filet au poivre | 85,- |
| Filet mignon | 75,- |
| Steak Tartare | 78,- |
Emincé de veau au curry | 85,- |
| Steak de saumon grillé, sauce à l'oseille | 85,- |

### Les Plats Régionaux et les Petits Plats

| | |
|---|---|
| Tarte flambée gratinée | 40,- |
| Tripes au vin blanc | 64,- |
| Tête de veau vinaigrette | 64,- |
| Rognons de porc aux champignons | 64,- |
| Foies de lapins sautés | 68,- |
| Cervelle d'agneau | 72,- |
| Brochette garnie | 72,- |
| Steak foie de veau lyonnaise | 76,- |
| Pâté en croûte garni | 58,- |
| Salade de bœuf garnie | 64,- |

### Les fromages

| | |
|---|---|
| Assortiment de fromages | 32,- |
| Munster | 24,- |
| Camembert | 20,- |
| Gruyère | 20,- |
| Chèvre | 24,- |
| Bleu | 24,- |

### Les desserts

| | |
|---|---|
| Assiette de sorbets | 36,- |
| Gâteau au chocolat, aux deux sauces | 32,- |
| Soupe de kiwis à la sauce menthe | 35,- |
| Pommes Grand-Mère au miel | 32,- |
| Brochette de fruits | 35,- |
| Tarte flambée aux pommes ou bananes | 35,- |

**6** JEU DE ROLE

You're at a restaurant with friends. One of you plays the server. The others, playing the customers, look at the menu but are unsure about what to order. Ask each other questions, make recommendations, and order.

# QUE SAIS-JE?

## Can you use what you've learned in this chapter?

**Can you renew old acquaintances?** p. 9

**1** How would you . . .

1. greet a friend you haven't seen in a while?
2. inquire about your friend's activities?

**2** How would you respond if . . .

1. a friend you haven't seen in a while greeted you?
2. your friend wanted to know what you've been doing?

**Can you inquire and express enthusiasm and dissatisfaction?** p. 10

**3** How would you ask a friend how his or her vacation was?

**4** How would these people describe their vacations?

1.

2.

3.

4.

**Can you exchange information?** p. 12

**5** What questions would you ask to find out . . .

1. where your friend went on vacation?
2. who he or she went with?
3. how he or she got there?
4. where he or she stayed?
5. what the weather was like?

**6** How would you answer the questions in number 5?

**Can you express indecision?** p. 17

**7** What would you say if you were in a restaurant and couldn't decide what to order?

**Can you make recommendations?** p. 17

**8** How would you recommend that someone order a certain dish?

**Can you order and ask for details?** p. 18

**9** How do you ask the server . . .

1. what the restaurant's specialties are?
2. what kinds of appetizers there are?
3. for a recommendation?

**10** How would you order each of the following items?

1. un café  2. du poulet  3. de la glace aux fraises

# VOCABULAIRE

## PREMIERE ETAPE

### Renewing old acquaintances

**Ça fait longtemps qu'on ne s'est pas vu(e)s.** *It's been a long time since we've seen each other.*
**Je suis content(e) de te revoir.** *I'm glad to see you again.*
**Ça fait...** *It's been . . .*
**Depuis...** *Since . . .*
**Qu'est-ce que tu deviens?** *What's going on with you?*
**Quoi de neuf?** *What's new?*
**Toujours la même chose!** *Same old thing!*
**Rien (de spécial).** *Nothing (special).*

### Inquiring; expressing enthusiasm and dissatisfaction

**C'était comment, tes vacances?** *How was your vacation?*
**Tu t'es bien amusé(e)?** *Did you have fun?*
**Je me suis beaucoup amusé(e).** *I had a lot of fun.*
**C'était pas terrible.** *It wasn't so great.*
**Je me suis ennuyé(e).** *I was bored.*

### Exchanging information

**Est-ce que tu es resté(e) ici?** *Did you stay here?*
**Oui, je suis resté(e) ici tout le temps.** *Yes, I stayed here the whole time.*
**Non, je suis parti(e)...** *No, I went away for . . .*
**J'y suis allé(e) début/fin...** *I went at the beginning/end of . . .*
**J'y suis allé(e) seul(e)/avec...** *I went alone/with . . .*
**Tu es parti(e) comment?** *How did you get there?*
**Je suis parti(e) en...** *I went by . . .*
**Où est-ce que tu as dormi?** *Where did you stay?*
**A l'hôtel.** *In a hotel.*
**Chez...** *With . . .*
**Quel temps est-ce qu'il a fait?** *What was the weather like?*
**Il a fait un temps...** *The weather was . . .*
**Il a plu tout le temps.** *It rained the whole time.*

## DEUXIEME ETAPE

### Expressing indecision

**Tout me tente.** *Everything looks tempting.*
**Je n'arrive pas à me décider.** *I can't make up my mind.*
**J'hésite entre... et...** *I can't decide between . . . and . . .*

### Making recommendations

**Tu devrais prendre...** *You should have . . .*
**Essaie...** *Try . . .*

### French menu

**les entrées** (f.) *appetizers*
**l'assiette** (f.) **de charcuterie** *plate of pâté, ham, and cold sausage*
**l'assiette de crudités** (f.) *plate of raw vegetables with vinaigrette*
**les carottes râpées** *grated carrots with vinaigrette dressing*
**le céleri rémoulade** *grated celery root with mayonnaise and vinaigrette*
**les plats principaux** *main dishes*
**la côtelette de porc pâtes** *porkchop with pasta*
**l'escalope** (f.) **de dinde purée** *sliced turkey breast with mashed potatoes*
**le filet de sole riz champignons** *filet of sole with rice and mushrooms*
**le poulet haricots verts** *roasted chicken with green beans*
**le steak-frites** *steak with French fries*
**la salade verte** *salad*
**l'assiette de fromages** *a selection of cheeses*
**le fromage de chèvre** *goat cheese*
**les desserts** (m.) *desserts*
**la crème caramel** *caramel custard*
**les tartes** (f.) **aux fruits** *fruit pies/tarts*

### Ordering and asking for details

**Vous avez choisi?** *Have you made your selection?*
**Que voulez-vous comme entrée?** *What would you like for an appetizer?*
**Comme entrée, j'aimerais...** *For an appetizer, I would like . . .*
**Et comme boisson?** *And to drink?*
**Comment désirez-vous votre viande?** *How do you like your meat cooked?*
**Saignante.** *Rare.*
**A point.** *Medium rare.*
**Bien cuite.** *Well-done.*
**Qu'est-ce que vous avez comme...?** *What kind of . . . do you have?*
**Qu'est-ce que vous me conseillez?** *What do you recommend?*
**Qu'est-ce que c'est,...?** *What is . . .?*

CHAPITRE

# 2

# Belgique, nous voilà!

1 La Grand-Place, cœur de la ville de Bruxelles

Viens visiter la Belgique, pays de la bande dessinée! C'est là que sont nés quelques-uns des personnages de bande dessinée les plus célèbres. A Bruxelles, on peut découvrir une petite merveille, le Centre Belge de la Bande Dessinée.

## In this chapter you will review and practice

- asking for and giving directions; expressing impatience; reassuring someone
- expressing enthusiasm and boredom; asking and telling where things are

## And you will

- listen to two teenagers as they tour a comic book museum
- read a French comic strip
- write your own comic strip
- find out about specialty items produced in Belgium

(2) Vous allez voir un panneau qui indique l'entrée de l'autoroute.

(3) Vous pourriez me dire où se trouve le Palais Royal?

# Mise en train

## En route pour Bruxelles

Dans une station-service à Sedan, juste avant de partir pour la Belgique...

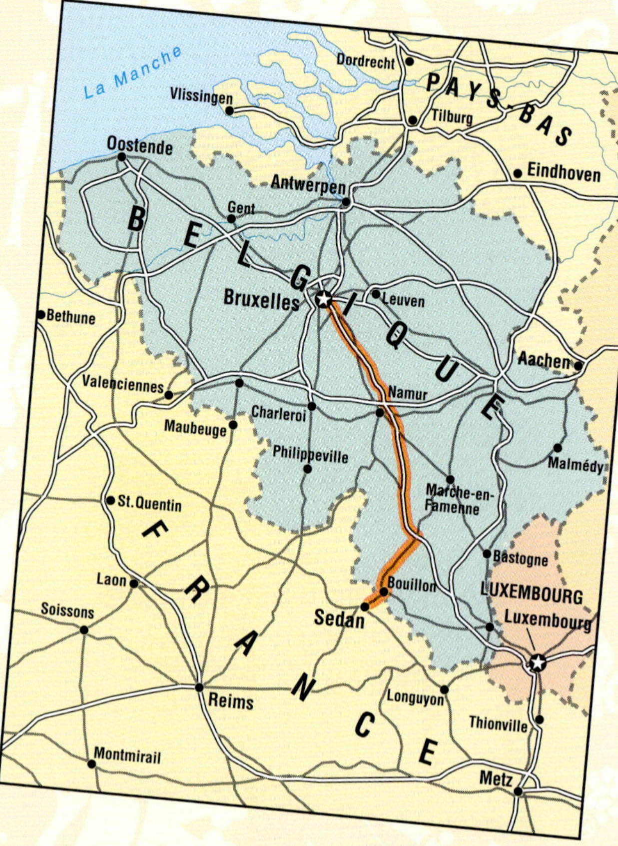


1 LE POMPISTE Bonjour!

STEPHANE Le plein de super, s'il vous plaît.

HERVE A quelle heure tu crois qu'on va arriver à Bruxelles?

STEPHANE Bruxelles, c'est à environ 170 kilomètres d'ici. Donc, ça va nous prendre une heure et demie au plus et le Centre ouvre à dix heures. On a largement le temps.

HERVE Chouette! Je suis vachement content d'aller au Centre de la BD.

LE POMPISTE Voilà. Ce sera tout?

HERVE Euh... Vous pourriez vérifier l'huile, s'il vous plaît? Ah! Et les pneus aussi!

LE POMPISTE Oui, bien sûr.

STEPHANE Qu'est-ce qu'on va faire après la visite du Centre?

HERVE On pourrait aller à la Grand-Place, au palais, au musée de l'Armée...

STEPHANE Hé! N'oublie pas qu'on doit rentrer ce soir.

LE POMPISTE L'huile, ça va. J'ai mis de l'air dans les pneus. Ça fait 125 francs.

STEPHANE Hervé, tu me passes 63 francs?

HERVE Euh... Moi, j'ai juste assez pour Bruxelles...

STEPHANE Oh, tu pousses, quand même! C'est toujours la même chose!

Ils traversent la ville de Bouillon...

**2** STEPHANE Tiens, tu as vu le château? Super! On s'arrête?

HERVE Oh, non, écoute! On n'a pas le temps!

STEPHANE En tout cas, on doit s'arrêter pour demander comment on arrive à l'autoroute.

**3** STEPHANE Pardon, monsieur. La route pour Bruxelles, s'il vous plaît?

LE MONSIEUR Alors, pour Bruxelles... Vous suivez la N. 89 pendant à peu près 12 kilomètres. Là, vous allez voir un panneau qui indique l'entrée de l'autoroute. Prenez la direction de Bruxelles. C'est la E. 411. Elle vous conduira tout droit au centre-ville. Vous ne pouvez pas le manquer.

STEPHANE Ah ben, ça n'a pas l'air compliqué. Merci, monsieur.

Sur la E. 411, près de Namur...

**4** HERVE Je suis vraiment impatient d'arriver! Va plus vite, bon sang! Tu n'avances pas!

STEPHANE Du calme, du calme! Il n'y a pas le feu! Il est seulement neuf heures. Tu es toujours... Oh là là! Qu'est-ce qui se passe?

HERVE On a un pneu crevé! Arrête-toi! Arrête-toi!

STEPHANE Zut, alors!

HERVE Euh, tu sais changer les pneus, toi?

STEPHANE Ouais, mais tu vas m'aider quand même!

HERVE Euh, ouais. Mais je ne sais pas comment on fait, moi.

STEPHANE Tu es vraiment nul comme type! Bon, je vais chercher la roue de secours. Prends la boîte à outils et le cric.

HERVE Grouille-toi! On va être en retard! Je voulais arriver à l'heure d'ouverture pour éviter la foule.

STEPHANE Oh, écoute. Ça ne va pas prendre longtemps.

## 1 Tu as compris?

1. Where are Stéphane and Hervé going?
2. What do they plan to do there?
3. Where do they stop along the way? Why?
4. Who seems to be more impatient? Why?
5. What happens at the end?

## 2 Mets en ordre

Mets ces phrases en ordre d'après **En route pour Bruxelles.**

1. Ils ont un pneu crevé.
2. Stéphane veut visiter le château.
3. Le pompiste vérifie l'huile.
4. Stéphane va chercher la roue de secours.
5. Ils s'arrêtent pour demander la route.
6. Le pompiste fait le plein de super.

## 3 Qui dit quoi?

**Stéphane**

**Hervé**

**le pompiste**

**le monsieur**

Grouille-toi! On va être en retard!

Voilà. Ce sera tout?

Le Centre ouvre à dix heures. On a largement le temps.

Moi, j'ai juste assez pour Bruxelles.

Tu es vraiment nul comme type!

Ah ben, ça n'a pas l'air compliqué.

L'huile, ça va. Ça fait 125 francs.

Vous allez voir un panneau qui indique l'entrée de l'autoroute.

## 4 Comment sont-ils?

Comment est Stéphane? Et Hervé? Choisis les adjectifs qui les décrivent le mieux.

impatient | calme | sûr de lui | grippe-sou *(stingy)* | patient | énervé | embêtant | égoïste

## 5 Cherche les expressions

What do the young people in **En route pour Bruxelles** say to . . .

1. have the gas tank filled?
2. have the oil checked?
3. suggest places they should visit?
4. point out something?
5. express impatience?
6. ask for directions?
7. express annoyance?
8. reassure someone?

## 6 Et maintenant, à toi

Est-ce que tu as déjà fait un long voyage en voiture? Où est-ce que tu es allé(e)? Avec qui? Est-ce que vous vous êtes arrêté(e)s en route? Pourquoi?

# PREMIERE ETAPE

***Asking for and giving directions; expressing impatience; reassuring someone***

## COMMENT DIT-ON... ?

### Asking for and giving directions

*To ask for directions:*

**La route pour** Bruxelles, **s'il vous plaît?**
**Comment on va à** Namur?

*To give directions:*

**Pour (aller à)** Bruxelles, **vous suivez la** N. (Nationale) 89 **pendant à peu près** 35 **kilomètres.** *To get to . . . , follow . . . for about . . . kilometers.*
**Vous allez voir un panneau qui indique l'entrée de l'autoroute.** *You'll see a sign that points out the freeway entrance.*
**Vous traversez** un grand pont. *You cross . . .*
**Après** le pont, **vous allez tomber sur** un petit village. *After . . . , you'll come across . . .*
**Cette route vous conduira au centre-ville.** *This road will lead you into the center of town.*
**Vous continuez tout droit, jusqu'au carrefour.** *You keep going straight ahead, up to the intersection.*

**7 Ecoute!**

Ecoute cette conversation. Est-ce que cette jeune fille va à Spa, Malmédy ou Verviers?

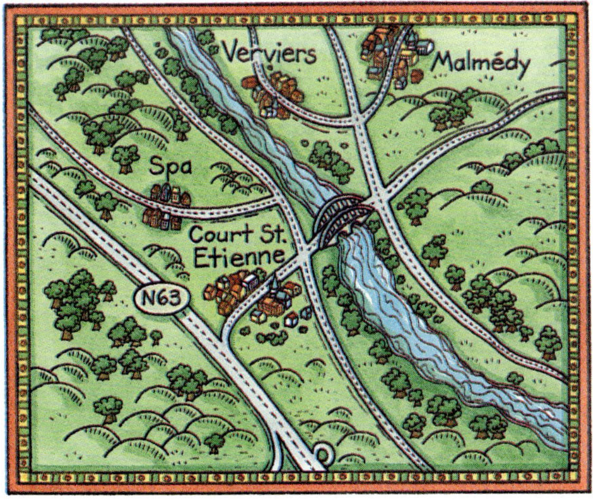


**NOTE CULTURELLE**

Belgium has two official languages, French and Dutch. Flemish, a dialect of Dutch, is spoken in **la Flandre,** the northern half of the country, and French is spoken in **la Wallonie,** the southern half. This division has always been a source of friction between the two language groups. It led to constitutional revisions in 1971 that created the present linguistic regions and made Brussels, the capital, officially bilingual. Travelers to Belgium will notice that maps include both Dutch and French names for many cities, for example **Antwerpen/Anvers** and **Brugge/Bruges.**

## 8 Méli-mélo!

Mets dans l'ordre ce dialogue entre Adrienne et Mme Zidan. Ensuite, joue la scène avec ton/ta camarade.

«Merci, madame.»
«Oui, jusqu'au feu rouge, et...»
«Est-ce que vous pourriez me dire où se trouve la N. 44?»
«Et puis?»
«Pardon, madame.»
«Et c'est là, à environ 10 kilomètres?»
«Je vous en prie.»
«Et puis, vous continuez pendant à peu près 10 kilomètres.»
«Bien sûr. Vous suivez cette route jusqu'au feu rouge.»
«Oui?»
«Au feu rouge, vous tournez à droite.»
«Oui, vous allez tomber sur une vieille église. Juste après l'église, vous allez voir le panneau.»

## 9 La route pour Liège, s'il vous plaît?

Tu voyages en Belgique près de Salmchâteau. Tu t'arrêtes à une station-service pour demander la route pour Liège. Joue cette scène avec ton/ta camarade.

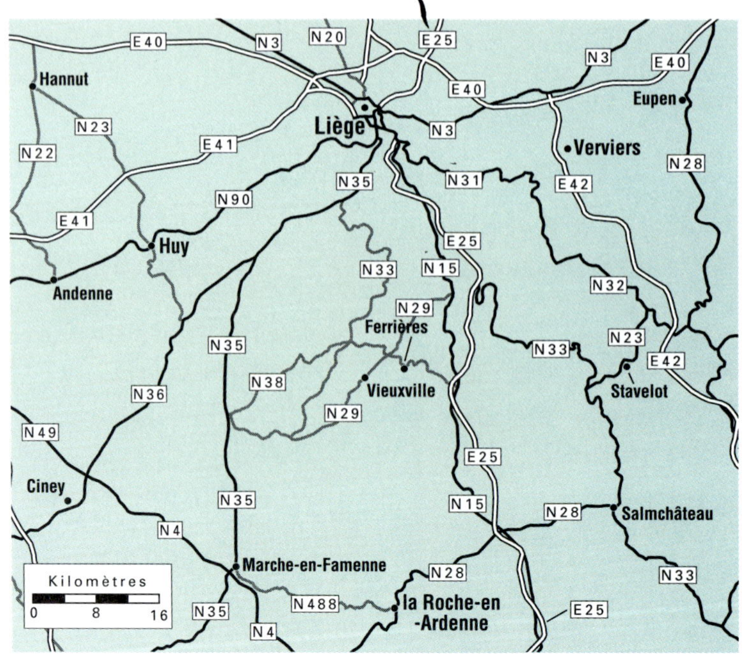


## 10 Devine!

Regarde la carte et choisis une ville. Explique à ton/ta camarade comment y arriver de Liège. Il/Elle doit deviner de quelle ville tu parles. Ensuite, changez de rôles.

## Vocabulaire

On peut bien s'arrêter à une station-service pour demander la route, non?

| | |
|---|---|
| **faire le plein** | *to fill it up* |
| **vérifier ...** | *to check . . .* |
| **l'huile** (f.) | *the oil* |
| **la pression des pneus** | *the tire pressure* |
| **les freins** (m.) | *the brakes* |
| **mettre de l'air dans les pneus** | *to put air in the tires* |
| **mettre de l'huile dans le moteur** | *to put oil in the motor* |
| **faire la vidange** | *to change the oil* |
| **nettoyer le pare-brise** | *to clean the windshield* |
| **tomber en panne (d'essence)** | *to break down (run out of gas)* |
| **avoir un pneu crevé** | *to have a flat tire* |

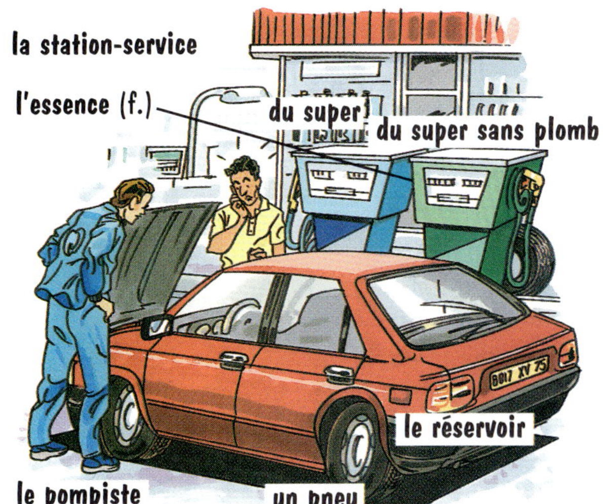


### 11 Ecoute!

Est-ce que c'est le pompiste ou le chauffeur qui parle?

### 12 Qu'est-ce qui se passe?

Qu'est-ce qui se passe sur ces images?

1.

2.

3.

4.

### Grammaire The verb conduire

**Conduire** is an irregular verb. Here are the present tense forms.

**conduire** *(to drive)*

| | |
|---|---|
| Je **conduis** | Nous **conduisons** |
| Tu **conduis** une Peugeot®. | Vous **conduisez** une Citroën®. |
| Il/Elle/On **conduit** | Ils/Elles **conduisent** |

- The past participle of **conduire** is **conduit:** Il **a conduit** trop vite.

## 13 En voiture

Est-ce que ces chauffeurs conduisent bien ou mal?

1. 
2. 
3. 
4. 

## 14 Le code de la route

Pendant ton voyage en Belgique, tu tombes sur les panneaux suivants. Quelle est la phrase qui correspond à chacun de ces panneaux?

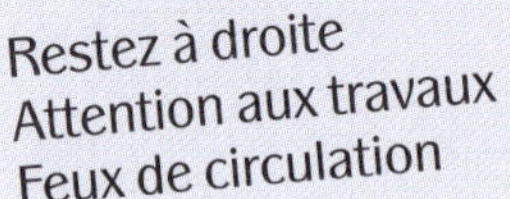


Vitesse limitée
Défense de tourner à gauche

1. 
2. 
3. 
4. 

5. 

## 15 Viens chez moi!

Ton ami(e) habite chez une famille belge à Stavelot. Ecris une lettre et invite-les à passer un week-end chez toi à Hannut. N'oublie pas de leur donner les indications nécessaires pour y venir en voiture. Consulte la carte à la page 34.

## 16 Pour arriver chez nous...

Un(e) ami(e) de ta famille vous téléphone pour annoncer sa visite. Il/Elle ne connaît pas très bien la route. Donne-lui les indications nécessaires pour arriver chez vous. Joue cette scène avec ton/ta camarade.

## COMMENT DIT-ON... ?

### Expressing impatience; reassuring someone

*To express impatience:*

**Mais qu'est-ce que tu fais?**
**Tu peux te dépêcher?** *Can you hurry up?*
**Grouille-toi!** *Get a move on!*
**On n'a pas le temps!**
**Je suis vraiment impatient(e) d'arriver!**

*To reassure someone:*

**Ça ne va pas prendre longtemps!**
**Sois patient(e)!** *Be patient!*
**On a largement le temps!** *We've got plenty of time!*
**Il n'y a pas le feu.** *Where's the fire?*
**Du calme, du calme.**

## 17 Ecoute!

Est-ce que ces personnes sont impatientes ou plutôt calmes?

## 18 Qu'est-ce qu'ils sont énervés!

Rassure ces gens.

1. 

2. 

3. 

4. 

### Tu te rappelles?

Do you remember how to give commands and make suggestions? You use the **tu** and **vous** forms of the verb for commands and the **nous** form for suggestions. When you write the **tu** form of an **-er** verb as a command, you drop the **s.**

**Regarde!**
**Faites** le plein!
**Allons** à Bruxelles!

Remember to place reflexive or object pronouns after a positive command or suggestion. You place a hyphen between the verb and pronoun when writing.

**Grouille-toi!**
**Dépêchons-nous!**

Don't forget to place the pronouns before the verb in negative commands and suggestions, though.

Ne **vous** inquiétez pas!

Almost all verbs follow this pattern. The verb **être** has irregular command forms.

**Sois** gentil!
**Soyez** patients!
**Soyons** à l'heure!

### A la française

Sometimes French speakers communicate their ideas with gestures instead of words. Look at the pictures to the left. Can you find a gesture you might use to tell someone to hurry up?

## 19 Pas encore prêt(e)?!

Tu es venu(e) chercher ton ami(e) pour aller à un concert. Il/Elle n'est pas encore prêt(e) et veut faire les choses suivantes. Qu'est-ce que tu lui dis? Joue cette scène avec ton/ta camarade.

- changer de chaussures
- mettre un pull
- trouver son appareil-photo
- aller aux W.-C.
- téléphoner à un(e) ami(e)
- chercher les billets
- boire quelque chose

## 20 On est en retard!

Vous êtes enfin parti(e)s pour le concert. Tu ne sais pas comment y arriver, donc tu demandes des indications à ton ami(e). En route, vous tombez en panne d'essence. Comme vous êtes déjà en retard, tu es très impatient(e)! Ton ami(e) va te rassurer et proposer une solution.

# Remise en train

## Au Centre de la BD

CENTRE BELGE DE
LA BANDE DESSINEE

ouvert tous les jours (sauf lundi) de 10 à 18 heures
20 rue des Sables - B- 1000 Bruxelles
Tél.: 02/219.19.80
Fax : 02/219.23.76

BELGISCH CENTRUM
VAN HET BEELDVERHAAL

open alle dagen behalve op maandag van 10 tot 18 uur.
Zandstraat 20 - B.1000 Brussel
Tel.: 02/219.19.80
Fax : 02/219.23.76

A l'accueil...

STEPHANE Tu as vu ça? C'est grandiose ici. Je n'imaginais pas ça comme ça. Regarde un peu cet escalier.

HERVE «1905. Art nouveau. Architecte Horta. C'est un ancien magasin qui... »

STEPHANE Arrête, ça suffit. Une vraie encyclopédie, ce garçon. Tu as les billets? Tu viens?

HERVE Attends, je voudrais demander quelque chose. Pardon, mademoiselle, on n'est jamais venus ici. On commence par où?

HOTESSE Vous pouvez commencer où vous voulez, mais surtout ne manquez pas la bédéthèque. C'est là, juste en face.

HERVE Merci, mademoiselle.

STEPHANE Alors, on monte?

### 21 Tu as compris?

1. Where are Hervé and Stéphane? What kind of place is it?
2. What is Hervé's favorite comic book series?
3. What does Stéphane decide to read? Does he like it?
4. What is the **bédéthèque**? Can you guess how the word was formed?*

### 22 Trouve...

1. le nom d'un album de BD.
2. le nom d'un personnage de BD.
3. le nom d'un architecte.

### 23 Vrai ou faux?

1. Stéphane a déjà visité le Centre de la BD.
2. La bédéthèque est au premier étage.
3. Hervé a lu tous les Tintin.
4. D'habitude, Stéphane lit de la science-fiction.
5. *Le Sceptre d'Ottokar* est un album de Tintin.
6. Le Centre est fermé le lundi.
7. Le Centre est ouvert jusqu'à huit heures du soir.

* **Bandes dessinées** are often referred to as **BD** (pronounced **bédé**). The word **bédéthèque** is formed from the abbreviation **bédé** and the ending **-thèque**, as in **bibliothèque**.

STEPHANE Eh, regarde. C'est la fusée de Tintin dans *On a marché sur la lune.* Tu l'as lu?

HERVE Bien sûr. J'ai lu tous les Tintin, sauf *Le Sceptre d'Ottokar.*

A la bédéthèque...

STEPHANE Regarde toutes ces bandes dessinées! Je pourrais passer toute la journée ici.

HERVE Moi, je vais chercher le Tintin que je n'ai pas encore lu. Et toi, qu'est-ce que tu vas lire?

STEPHANE Je ne sais pas. Tu as une idée?

HERVE Tiens, regarde! On est juste devant toute la série des Schtroumpfs, les petits hommes bleus. Tu en as déjà lu?

STEPHANE Non, jamais.

HERVE Tu devrais. C'est rigolo comme tout.

STEPHANE Bon, donne. Ça me changera de la science-fiction.

Plus tard...

STEPHANE Alors, ça t'a plu, ton *Sceptre d'Ottokar?*

HERVE Oui, c'était drôle et plein d'action. Et toi, les Schtroumpfs, qu'est-ce que tu en penses?

STEPHANE J'ai «schtroumpfé» que c'était bien!

## 24 Mets en ordre

Mets les activités de Stéphane et d'Hervé en ordre d'après **Au Centre de la BD.**

1. Hervé cherche le Tintin qu'il n'a pas encore lu.
2. Ils voient la fusée de Tintin.
3. Ils montent au premier étage.
4. Hervé conseille à Stéphane de lire les Schtroumpfs.
5. Ils se trouvent à l'accueil.
6. Hervé demande à l'hôtesse par où commencer la visite.

## 25 Cherche les expressions

What do the people in **Au Centre de la BD** say to . . .

1. point out something?
2. tell where something is?
3. give advice?
4. ask an opinion?
5. express enthusiasm?

## 26 Et maintenant, à toi

Quel est ton personnage de bande dessinée préféré? Pourquoi?

# Panorama Culturel

Olivier • Martinique

Onélia • France

Bosco • Côte d'Ivoire

We asked some French-speaking people about their favorite comic book characters. Here's what they had to say.

## Qui est ton personnage de bande dessinée préféré? Il est comment?

«En général, *Les Aventures de Tintin* sont les bandes dessinées que je lis et que je préfère. Tintin, pour moi, c'est un bon moyen de se distraire, qui trouve des énigmes de façon très loufoque, très drôle. Tintin, [il est] un peu maigrichon, vraiment, par rapport à moi, intelligent et très futé.»

-Olivier

«Mon personnage de bande dessinée préféré, c'est Iznogoud. Le titre de la bande dessinée, c'est *Le Calife qui voulait devenir.* Il est assez méchant, mais très drôle. Il y a beaucoup d'humour dans cette bande dessinée. Et je trouve ça très drôle, même si c'est un peu cynique comme histoire. J'aime beaucoup.»

-Onélia

«Moi, j'adore énormément les bandes dessinées. Mon personnage préféré de bande dessinée est Donald. C'est un canard. Il est toujours dans les bandes dessinées de Walt Disney. Ce qui me plaît beaucoup dans ce personnage-là, c'est que... c'est toujours à lui qu'arrivent les malheurs par rapport à Gontran, et oncle Picsou qui est très avare. J'adore beaucoup celui-là parce que vraiment il est très strict et puis il se met beaucoup en colère et puis, enfin, il est très rigolo, quoi.»

-Bosco

## Qu'en penses-tu?

1. Which of the comic book characters mentioned have you heard of?
2. Which French comic books would you most like to read? Why?

# DEUXIEME ETAPE

*Expressing enthusiasm and boredom; asking and telling where things are*

## VOCABULAIRE

| | | | |
|---|---|---|---|
| **rigolo(te)** | *funny, hysterical* | **rasant(e)** | *boring* |
| **fou (folle)** | *crazy, funny* | **mortel(le)** | *deadly boring* |
| **dingue** | *wild, crazy, funny* | **de mauvais goût** | *in poor taste* |
| **marrant(e)** | *funny* | **bébé** | *childish, stupid* |

### 27 Elles sont comment?

Quels mots du **Vocabulaire** décrivent ces bandes dessinées? Quels autres mots est-ce que tu peux utiliser pour décrire ces personnages?

1. 

2. 

3. 

### A la française

Look at these gestures that French speakers commonly use to express enthusiasm or boredom. Can you tell which is which?

## COMMENT DIT-ON... ?

### Expressing enthusiasm and boredom

*To express enthusiasm:*

**Qu'est-ce que c'est** rigolo! *That is so . . . !*

**Ce que c'est bien!** *Isn't it great!*

**C'est** marrant **comme tout!** *It's as . . . as anything!*

**Ça me branche!** *I'm crazy about that!*

*To express boredom:*

**C'est** mortel!

**Ça me casse les pieds!** *That's so boring!*

**Ça m'embête!** *That bores me!*

**Ça m'ennuie à mourir!** *That bores me to death!*

### 28 Ecoute!

Stéphane et Hervé visitent la bédéthèque. Est-ce qu'ils s'amusent ou s'ennuient?

## 29 Qu'est-ce que tu en penses?

Qu'est-ce que ton/ta camarade pense de ces choses?

—Euh, les maths? Qu'est-ce que tu en penses?
—Oh, c'est rasant, les maths.

les devoirs | les livres | les profs | les films | les examens | la télé | les BD | les musées

## Tu te rappelles?

Do you remember the direct and indirect object pronouns?

| | | | | | |
|---|---|---|---|---|---|
| **me** | *me, to me* | **la** | *her, it* | **vous** | *you, to you* |
| **te** | *you, to you* | **les** | *them* | **lui** | *to him, to her* |
| **le** | *him, it* | **nous** | *us, to us* | **leur** | *to them* |

Remember to place these pronouns before the conjugated verb.

Je **la** regarde. Elle **lui** parle. Ils **m'**attendaient. Je **leur** ai donné de l'argent.

In positive commands and suggestions, put the pronoun after the verb.

Téléphone-**leur**! Cherchons-**la**!

If an infinitive follows the verb, place the pronoun before the infinitive.

Il ne veut pas **le** lire.

Remember, not all French verbs take the same object as English verbs. If you're unsure about which verbs take a direct and an indirect object, study the list on page 351.

## 30 Tu les connais?

Est-ce que tu connais ces personnages de bande dessinée?

—Tu le connais?
—Oui, je le connais. *ou* —Non, je ne le connais pas.
C'est Tintin. Je le trouve...

Milou!... Ici, Milou!... Stop!... Ça suffit.

1.

2.

3.

4.

## 31 Qu'est-ce que c'est?

Pense à une phrase. Remplace le nom par un pronom. Ton/ta camarade va deviner de quoi tu parles suivant le contexte.

—Je vais **la** lire.
—C'est une bande dessinée?
—Oui.

regarder | laver | écouter | conduire | apporter | faire | mettre | oublier | étudier

## 32 Mon journal

Quelles sont les bandes dessinées américaines que tu as lues? Lesquelles préfères-tu? Lesquelles est-ce que tu n'aimes pas? Décris tes personnages préférés.

## COMMENT DIT-ON... ?

### Asking and telling where things are

*To ask where something is:*

**Vous pourriez me dire où il y a** un téléphone?

**Pardon, vous savez où se trouve** l'ascenseur?

**Tu sais où sont** les toilettes?

*To tell where something is:*

**Par là, au bout du couloir.** *Over there, at the end of the hallway.*

**Juste là, à côté de** l'escalier. *Right there, next to . . .*

**En bas.** *Downstairs.*

**En haut.** *Upstairs.*

**Au fond.** *Towards the back.*

**Au rez-de-chaussée.** *On the ground floor.*

**Au premier étage.** *On the second floor.*

**En face du** guichet. *Across from . . .*

**A l'entrée de** la bédéthèque. *At the entrance to . . .*

### 33 Ecoute!

Ecoute ces personnes qui demandent des renseignements à l'accueil du Centre de la BD. Regarde le plan du Centre et choisis la lettre qui correspond à leur destination.

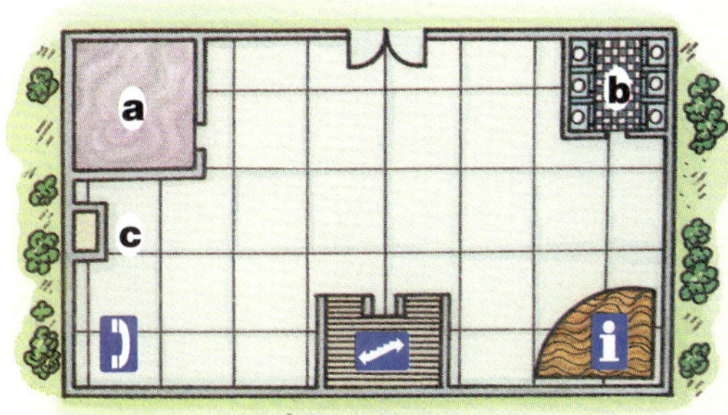


Rez-de-chaussée

Premier étage

### 34 Pardon, vous savez où...

En visitant le Centre Belge de la Bande Dessinée, tu rencontres des gens qui cherchent les téléphones, la boutique de souvenirs et les escaliers. Dis-leur où ils se trouvent. Joue cette scène avec ton/ta camarade.

### 35 Dis-moi où se trouve...

Ton ami(e) belge passe sa première journée dans ton école. Il/Elle te demande où se trouvent les endroits suivants. Tu lui réponds. Joue cette scène avec ton/ta camarade.

la cantine
la salle d'informatique
le gymnase
les toilettes
l'auditorium
la bibliothèque
le laboratoire de chimie

# Rencontre Culturelle

Qu'est-ce que tu sais sur la Belgique? Pour t'en faire une meilleure idée, regarde ces photos.

Quelques produits de Belgique : le chocolat, la dentelle et l'endive

La ville de Bruges

Les deux langues officielles de la Belgique

Le quartier financier à Bruxelles

Les pêcheurs de la mer du Nord

La ville de Liège

## Qu'en penses-tu?

1. What impression do these photos give you of Belgium?
2. How do you think the location of Belgium influences its people and their lifestyles?

## Savais-tu que... ?

Belgium is one of the smallest and most densely populated European countries. Its name comes from the Belgae tribes who settled the area in the second century B.C. Bordered by France, Luxembourg, Germany, and the Netherlands, the country's central location has been a source of both prosperity and hardship, for throughout its history it has served as a battleground for other countries. Today, Belgium has one of the most highly developed economies in the world, and Belgians enjoy a high standard of living. Popular sports include bicycle racing and soccer, and many Belgians enjoy fishing, pigeon racing, and camping in the Ardennes forest in the southeastern part of the country. The country is famous for its chocolates, **gaufres** (thick waffles eaten with whipped cream or other toppings), and **frites,** which are sold at sidewalk stands and eaten with a variety of sauces such as mustard, mayonnaise, and vinegar. Belgian lace, or **dentelle,** has been renowned for its quality since the Middle Ages and is still made by hand in Bruges and Brussels.

## 36 Qu'elle est belle, la ville de Bruxelles!

Tu fais la visite de Bruxelles avec ton ami(e). Regarde les activités sur les photos suivantes et sur le plan en bas de la page. Dis ce que tu veux faire. Ton ami(e) va accepter ou refuser et dire s'il/si elle trouve ces activités amusantes ou ennuyeuses.

Si on allait... ?

### Tu te rappelles?

Do you remember how to make, accept, and refuse suggestions?

*To make a suggestion:*
**Si on allait** à la Grand-Place?
**On pourrait** voir la cathédrale.
**Ça te dit d'**aller à Bruges?

| *To accept:* | *To refuse:* |
|---|---|
| **Bonne idée.** | **Je n'ai pas envie.** |
| **Pourquoi pas?** | **Ça ne me dit rien.** |
| **Je veux bien.** | **Non, je préfère...** |

au théâtre de marionnettes de Toone

acheter de la dentelle

au Palais Royal

goûter du chocolat belge

## 37 Ça se trouve où?

Vous avez trouvé des endroits où vous voulez aller, mais vous ne connaissez pas la ville. Ton ami(e) regarde le plan de Bruxelles et t'explique comment arriver aux endroits que vous avez choisis. Note ses indications.

## 38 Absolument incroyable!

Ecris une lettre à ton/ta camarade de classe. Explique-lui tout ce que tu as vu et fait à Bruxelles. N'oublie pas d'exprimer ton enthousiasme ou ton ennui.

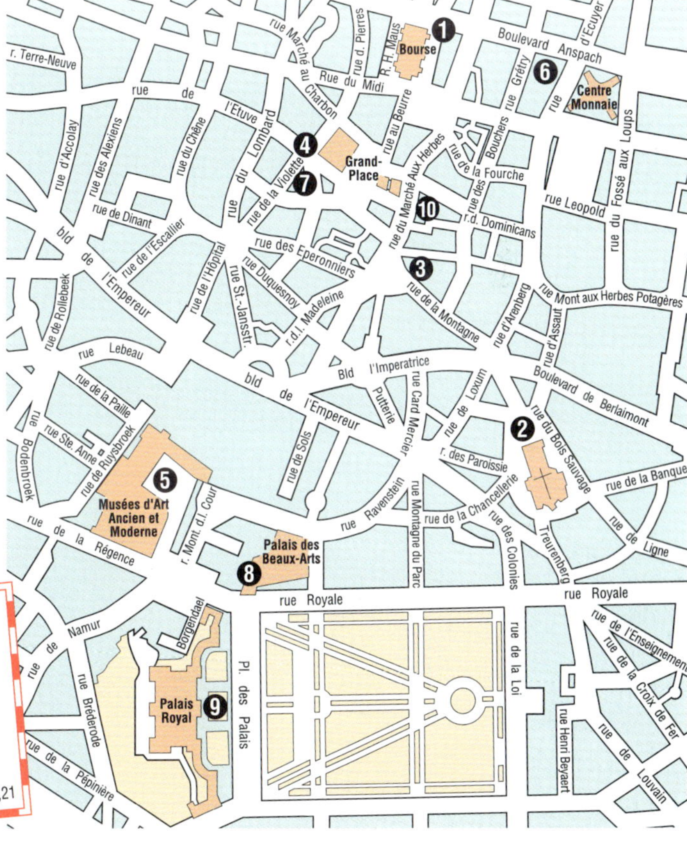


1. **La Bourse,** rue Henri Maus,2
2. **Cathédrale St-Michel,** Parvis Sainte-Gudule
3. **Les Galeries St-Hubert,** rue du Marché-aux-Herbes
4. **La Grand-Place**
5. **Musée d'Art Ancien,** rue de la Régence,3
6. **Musée de Cire,** boulevard Anspach,36
7. **Musée du Costume et de la Dentelle,** rue de la Violette,6
8. **Palais des Beaux-Arts,** rue Ravenstein,23
9. **Palais Royal,** place des Palais
10. **Musée du Théâtre de Toone VII,** Petite rue des Bouchers,21

# LISONS!

## DE BONS CONSEILS

Previewing is a great way to get an idea of what's going to happen before you actually begin to read. When you preview, you take note of such things as the title, subheadings, pictures, captions, charts, and graphs in order to see how the text is organized and what its function is. Once you've done that, you're able to make predictions about what kind of information and vocabulary you will probably encounter. Taking time to preview a text and make predictions will make a new reading easier and more fun.

A. Preview the comic strip before you begin to read and make predictions about what's going to happen.

1. A girl is talking on the phone. Who might she be talking to?
2. Two other girls arrive. What are they carrying? What might the girls be planning?
3. What emotions do the girls display during their discussion? Do the emotions change as the story progresses?
4. What can you predict about the outcome of the story based on the girls' expressions in the last frame?

B. What predictions can you make about the language you'll find in the comic strip?

C. Now, read the dialogue in the first frame.

PAR CONTRE, IL Y A L'AFRIQUE, CHEZ LES NOUBAS... PARAIT QUE CE SONT LES PLUS BEAUX TYPES DU MONDE !
TU VEUX FAIRE LA NOUBA CHEZ LES NOUBAS, QUOI !
ALLEZ ! ASSEZ RI ! ON CONSULTE TOUT ÇA ET ON CONFRONTE NOS AVIS !...

1 HEURE PLUS TARD...
PFFFF !... ENFIN, MOI, J'AI MON IDÉE... ET VOUS ?
MOI AUSSI !
MOI AUSSI !

L'IRLANDE !
L'ESPAGNE !
LA SUISSE !

BON, BEN LÀ, FAUDRA DISCUTER !
Y A PAS À DISCUTER : POUR MOI, C'EST L'ESPAGNE ! Y A DES PLAGES TERRIBLES !
AH NON ! FLÛTE !... LA SUISSE, C'EST MIEUX ! IL Y A DES MONTAGNES ET AUSSI MOINS DE MONDE !

MOINS DE MONDE ? TU RÊVES ? TANDIS QUE L'IRLANDE, C'EST VERT, PEU PEUPLÉ, SAUVAGE !...
OUAIS, ET BIEN MOI, J'VEUX PAS ALLER CHEZ LES SAUVAGES !...

ALORS POUR TOI, LES VACANCES C'EST LA PLAGE, C'EST ÇA ?
PARFAITEMENT ! ET LE SOLEIL ! JE TE CONNAIS AVEC TOI, C'EST LES MUSÉES, LES CHÂTEAUX FORTS OU LES STEPPES DÉSERTIQUES ! JE VEUX M'AMUSER MOI, RENCONTRER DES GENS !...
ENFIN, CLAIRE, EN SUISSE, Y A DES GENS AUSSI !

Is the comic strip about friends getting together to . . .

**a.** leave for vacation?

**b.** talk about a vacation they took?

**c.** talk about where to go on vacation?

**D.** Match each destination with the reasons each person gives for wanting to go there.

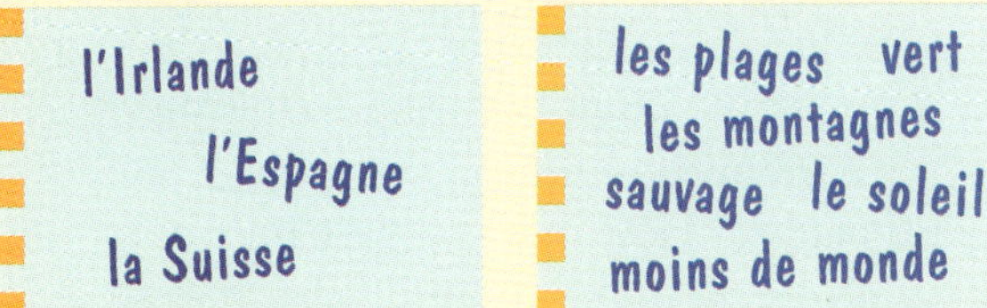


**E.** What words and phrases in the text express the girls' disagreement about where to go?

**F.** Why do Claire and Cécile change their minds about where they want to go? What causes them to get angry once again?

**G.** The characters in this story use many slang expressions. Match the slang expression on the left with its standard French equivalent on the right.

| | |
|---|---|
| **a.** une tonne de | **1.** faire la fête |
| **b.** se marrer | **2.** c'est incroyable |
| **c.** faire la nouba | **3.** beaucoup de |
| **d.** terrible | **4.** s'amuser |
| **e.** c'est dingue | **5.** merveilleux |

H. Find these expressions in the text. Use contextual clues to tell what they mean.

Et tout et tout.

C'est bien parce que c'est toi.

Mener quelqu'un par le bout du nez.

Assez ri.

I. Some dialogues are written to represent the way people speak in everyday language. Such is the case in this story, where the writers have omitted many words and sounds that are often dropped in normal speech. Look through the dialogues to find . . .
   1. four instances where **ne** is dropped.
   2. one instance where **tu** becomes **t'**.
   3. three instances where **il y a** becomes **y a**.
   4. one instance where **je** becomes **j'**.

J. Why is Julie so happy at the end of the story? Why are the other two girls suspicious?

K. If **avarié** means *ruined,* what does the title mean? How is this a play on words?

L. Have you and your friends ever disagreed strongly about something? How did you resolve the disagreement?

# ECRIVONS!

*Have you ever tried to create your own comic strip? Telling an entire story in just a few frames can be very challenging; there isn't much room for dialogue, so it's important to choose your words carefully. In this exercise, you'll create a comic strip in French with your own characters, story, and illustrations.*

## Ma propre bande dessinée

Maintenant, tu vas créer ta propre bande dessinée. Imagine des personnages et crée une situation amusante ou intéressante. Ensuite, raconte ton histoire sans la rendre trop longue!

### A. Préparation

Avant d'écrire ta BD, n'oublie pas de suivre les étapes suivantes.

1. Réfléchis bien à ces questions.
   - **a.** A quel public est-ce que tu t'adresses? A des enfants? A tes camarades de classe?
   - **b.** Quel ton est approprié à ton sujet? Sérieux? Amusant?
   - **c.** Quels types de personnages et quel genre d'histoire est-ce que tu veux créer?
2. Ecris une description de tes personnages et de ce qui leur arrivera.
3. Pense au nombre d'images nécessaires pour raconter ton histoire.

**DE BONS CONSEILS**

Just as the way you talk depends on who you're talking to, the way you write should also be directed by the people who will be reading your writing, your *audience*. Before you begin to write, ask yourself the following questions: For what audience is this intended? How much does my audience know about this topic? What strong feelings might the audience have about the topic? Should I use formal or informal language in addressing the audience? How can I make my message interesting to this particular audience? Your writing will be much more effective and meaningful if you tailor it to fit the interests, knowledge, and experience of the people for whom it is intended.

### B. Rédaction

1. Pour créer tes illustrations, dessine des images ou découpe-les dans un magazine ou une autre BD.
2. Ecris les dialogues dans les bulles de ta BD.

### C. Evaluation

1. Fais une évaluation de ta BD. Pose-toi ces questions.
   - **a.** Est-ce que ta BD est amusante ou intéressante?
   - **b.** Est-ce que chaque image montre la progression de l'histoire?
   - **c.** Est-ce que tu as utilisé un vocabulaire approprié à tes lecteurs?
   - **d.** Est-ce que tu as raconté toute l'histoire sur le même ton?
2. Fais les révisions nécessaires. N'oublie pas de vérifier l'orthographe et la grammaire.

# MISE EN PRATIQUE

**1** Lis les lettres suivantes et réponds aux questions.

## Aimez-vous la BD?

**«Je voudrais vous poser une question : que pensez-vous des bandes dessinées ? Aimez-vous Tintin, Astérix, Gaston et les autres? Lisez-vous plus de BD que de romans? D'avance, merci ! »** Marie-Céline, Le Chesnay

«Buenos dias, Marie-Céline ! Ta question est très intéressante. Personnellement, je trouve que si l'histoire est bien tournée et les dessins sont bien faits, les BD feront exploser les librairies.

Mais je pense qu'on devrait s'en servir pour expliquer aux enfants et aux adolescents la vie ou la politique ; parfois on ne comprend plus rien ! Et peut-être que les BD pourront nous apprendre plein de choses faciles ou compliquées, tout en rigolant ! On pourrait apprendre la vie de Napoléon ou celle de César !

Entre nous, ça serait plus drôle que les explications de nos parents, non? Enfin, je t'ai donné mon avis là-dessus. Vive les bandes dessinées et vive le dessin artistique !»

**Bénédicte, Pontoise**



«Moi, je préfère les romans aux bandes dessinées. D'abord parce que je suis un rêveur et que les romans chassent les idées noires de notre tête et peuplent celle-ci de songes merveilleux.

J'ai peu de BD, mais je lis tout de même quelques BD : Tintin, Astérix, Boule et Bill, Gaston et d'autres.

Je voudrais laisser un message : «Ceux qui n'ont pas encore découvert les romans ne doivent pas avoir peur de ceux-ci, car une BD ne remplacera jamais un roman !» Bonne lecture ! Plongez-vous vite dans Alexandre Dumas, Jules Verne, Victor Hugo !»

**Julien, Alès**

«Salut Marie-Céline ! Moi, j'adore les bandes dessinées. Je bouquine beaucoup. Mais dans les BD, il n'y a pas ce qu'il y a dans les autres livres. Même si on ne sait pas lire, les images nous aident à comprendre le thème, et si on n'aime pas lire, rien ne vaut de feuilleter les BD. J'ai toute la collection Tintin, Lucky Luke, et Astérix. Quand on n'a pas envie de se plonger dans des romans mieux vaut lire une bande dessinée.»

**Aurélie, Toulouse**

«Je réponds à la question : "Aimez-vous la BD ?"

Oui, j'aime la BD car il y a les personnages qui s'expriment avec leurs gestes, leurs habits.

Alors que les romans ou livres sont barbants, on ne comprend pas tout le temps qui est-ce qui parle et puis c'est bien mieux d'avoir des images.»

**Pierre, Toulouse**

1. What kind of letters do you think these are?
2. What question are these teenagers answering?
3. How many of these teenagers prefer to read comic books? How many prefer novels?
4. Why do some of the teenagers prefer comic books? And novels?

**2** Ecris ta réponse à la question posée par Marie-Céline. Est-ce que tu lis souvent des bandes dessinées? Plus souvent que des romans? Pourquoi ou pourquoi pas?

**3** Ecoute les conversations de ces jeunes qui se trouvent dans un parc d'attractions. Est-ce que la personne qui répond est impatiente ou est-ce qu'elle essaie de rassurer l'autre?

**4** Donne le nom de quelques produits typiques de la Belgique. Qu'est-ce que tu voudrais acheter si tu allais en Belgique?

**5** Avec ton/ta camarade, choisissez un de ces endroits pour y passer la journée. N'oubliez pas de donner votre opinion sur chaque endroit.

### CHATEAU FORT DE LOGNE

*Vieuxville-Ferrières* F9

*L'un des plus fameux châteaux de la vallée de l'Ourthe (IXe - XVe siècles) et néanmoins injustement méconnu !*
*Antique forteresse des abbés de Stavelot, le Château de Logne devint au XVe siècle une base importante des de la Marck, les "Sangliers des Ardennes".*
*Sur place, le guide vous fera revivre le Moyen Age avec ses coutumes et ses guerres; il vous mènera dans de mystérieux souterrains que hante encore la Gatte d'Or, gardienne d'un fabuleux trésor. Du haut de son enceinte, le Château vous offrira un point de vue u*

*A proximité, le Musée d*
*découverts lors des foui*

Ouvert du 1/7 au 31/8,
de mai à octobre : de 1
70 FB; grp. : ad. 80 FB,
en F, NL (GB sur den
Bouverie 1 • Tél.: 086

### MUSEE DE LA DENTELLE

*Marche-en-Famenne* (B) G9

*Histoire de la dentelle à travers siècles et costumes.*
*Spécimens de dentelles les plus renommées.*
*Ancien centre dentellier wallon, la ville et les villages environnants comptaient 850 dentellières au XVIIIe siècle.*
*Dentelles aux fuseaux d'hier et d'aujourd'hui - Travaux de l'école de dentelles.*
*Outillage et travaux de dentellières de Belgique, France, Italie, Allemagne, Russie...*

En saison (juin, juillet, août, sept.) ouvert du lundi au samedi de 9.00 à 12.00 h. et de 13.30 à 17.30 h. - le dimanche, de 10.00 à 12.00 h. et de 14.00 à 17.00 h. • Hors saison : fermé les dimanche, lundi et jours fériés • Pour groupes sur rendez-vous
nts 40 FB • V : 30 min. • P
site : le Pot d'Etain, Maison
menne, rue des Brasseurs 7

### PARC DE RECREATION MONT MOSAN

*Huy* (B) F8

*Il y a toujours du nouveau au Mont Mosan! Enfin un vrai parc de récréation à la portée de toutes les bourses.*
*Le spectacle des otaries (trois espèces différentes), les phoques, l'exposition sur les mammifères marins, la vaste plaine de jeux, les châteaux gonflables, la cafétéria et sa petite restauration, etc...*
*Pour une journée de détente, pensez Mont Mosan.*
Ouvert du 2/4 au 31/10/94 : de 10h00 à 20h00 • Prix : 100 FB, Grp 70 FB • p, P • B-4500 Huy, Plaine de la Sarte • Tél.: 085/23.29.96 • Fax : 085/21.30.61.

**6** ## JEU DE ROLE

You've chosen where to go, but you don't know how to get there! You have to call the tourist bureau to ask where the town is and how to get there from Stavelot. Your friend will play the role of the tourist bureau employee. He/She can use the map on page 34. Write the directions that he/she gives you. Don't forget to repeat them to make sure you understood. Ask the employee what he/she thinks of the attraction you plan to visit.

# QUE SAIS-JE?

## Can you use what you've learned in this chapter?

**Can you ask for and give directions? p. 33**

**1** How would you ask someone for directions to Brussels?

**2** How would you give someone directions from your home to . . .

1. your school?
2. your best friend's house?
3. the nearest grocery store?

**Can you express impatience? p. 36**

**3** How would you express your impatience if . . .

1. you wanted to leave, but your friend wouldn't get ready?
2. your friend wanted to stop and look in a music store on the way to the movies?
3. you were hurrying to a class with a friend who suddenly stopped to talk to someone?

**Can you reassure someone? p. 36**

**4** For each of the situations in number 3, what would the other person say to reassure you?

**Can you express enthusiasm and boredom? p. 41**

**5** How would you express your enthusiasm for these TV shows and comic strips to a friend?

| | |
|---|---|
| The Simpsons | Calvin and Hobbes |
| The Far Side | Saturday Night Live |
| Seinfeld | The Quigmans |

**6** How would you express boredom with these activities?

| | |
|---|---|
| playing golf | going to a museum |
| doing homework | cleaning the house |
| watching a documentary | listening to a lecture |

**Can you ask and tell where things are? p. 43**

**7** What questions would you ask to find . . .

1. a telephone?
2. a bathroom?
3. the elevator?

**8** How would you tell a new student to your school where to find . . .

1. the toilets?
2. the cafeteria?
3. the science lab?
4. the principal's office?

# VOCABULAIRE

## PREMIERE ETAPE

### Asking for and giving directions

**La route pour..., s'il vous plaît?** *Could you tell me how to get to . . . ?*
**Comment on va à... ?** *How can I get to . . . ?*
**Pour (aller à)..., vous suivez la... pendant à peu près... kilomètres.** *To get to . . . , follow . . . for about . . . kilometers.*
**Vous allez voir un panneau qui indique l'entrée de l'autoroute.** *You'll see a sign that points out the freeway entrance.*
**Vous traversez...** *You cross . . .*
**Après..., vous allez tomber sur...** *After . . . , you'll come across . . .*
**Cette route vous conduira au centre-ville.** *This road will lead you into the center of town.*
**Vous continuez tout droit, jusqu'au carrefour.** *You keep going straight ahead, up to the intersection.*
**conduire** *to drive*

### At the gas station

**avoir un pneu crevé** *to have a flat tire*
**l'essence** (f.) *gas*
**faire le plein** *to fill it up*
**faire la vidange** *to change the oil*
**mettre de l'air dans les pneus** *to put air in the tires*
**de l'huile dans le moteur** *oil in the motor*
**nettoyer le pare-brise** *to clean the windshield*
**le/la pompiste** *the gas station attendant*
**le réservoir** *the gas tank*
**une station-service** *a gas station*
**du super** *regular leaded*
**du super sans plomb** *unleaded*
**tomber en panne (d'essence)** *to break down (run out of gas)*
**vérifier...** *to check . . .*
**les freins** (m.) *the brakes*
**l'huile** *the oil*
**la pression des pneus** *the tire pressure*

### Expressing impatience

**Mais qu'est-ce que tu fais?** *What are you doing?*
**Tu peux te dépêcher?** *Can you hurry up?*
**Grouille-toi!** *Get a move on!*
**On n'a pas le temps!** *We don't have time!*
**Je suis vraiment impatient(e) de... !** *I'm really anxious to . . . !*

### Reassuring someone

**Ça ne va pas prendre longtemps!** *It's not going to take long!*
**Sois patient(e)!** *Be patient!*
**On a largement le temps!** *We've got plenty of time!*
**Il n'y a pas le feu.** *Where's the fire?*
**Du calme, du calme.** *Calm down.*

## DEUXIEME ETAPE

### Expressing enthusiasm and boredom

**Qu'est-ce que c'est... !** *That is so . . . !*
**Ce que c'est bien!** *Isn't it great!*
**C'est... comme tout!** *It's as . . . as anything!*
**Ça me branche!** *I'm crazy about that!*
**Ça me casse les pieds!** *That's so boring!*
**Ça m'embête!** *That bores me!*
**Ça m'ennuie à mourir!** *That bores me to death!*

### Adjectives

**rigolo(te)** *funny, hysterical*
**fou (folle)** *crazy, funny*
**dingue** *wild, crazy, funny*
**marrant(e)** *funny*
**rasant(e)** *boring*
**mortel(le)** *deadly boring*
**de mauvais goût** *in poor taste*
**bébé** *childish, stupid*

### Asking and telling where things are

**Vous pourriez me dire où il y a... ?** *Could you tell me where I can find . . . ?*
**Pardon, vous savez où se trouve... ?** *Excuse me, could you tell me where . . . is?*
**Tu sais où sont... ?** *Do you know where . . . are?*
**Par là, au bout du couloir.** *Over there, at the end of the hallway.*
**Juste là, à côté de...** *Right there, next to . . .*
**En bas.** *Downstairs.*
**En haut.** *Upstairs.*
**Au fond.** *Towards the back.*
**Au rez-de-chaussée.** *On the ground floor.*
**Au premier étage.** *On the second floor.*
**A l'entrée de...** *At the entrance to . . .*

CHAPITRE 3

# Soyons responsables!

① En Suisse, on protège l'environnement!

Viens avec nous en Suisse où les montagnes sont reines et la propreté est une tradition. Dans ce petit pays d'Europe, la nature et la civilisation essaient de coexister harmonieusement. Avec les Suisses, disons «Vive l'écologie!»

## In this chapter you will learn

- to ask for, grant, and refuse permission; to express obligation
- to forbid; to reproach; to justify your actions and reject others' excuses

## And you will

- listen to teenagers asking for permission
- read fables about personal responsibility
- write a brochure for an environmental cause
- find out about Swiss efforts to protect the environment

(2) Eh! Tu ne sais pas que c'est interdit de jeter des papiers par terre?

(3) Il faut que je tonde la pelouse d'abord.

# Mise en train

## Je peux sortir?

A Lausanne, en Suisse francophone, comme partout ailleurs, quand on veut sortir, il faut demander la permission aux parents.

❶ Chez Mélanie...

MELANIE Papa, est-ce que je peux aller au cinéma ce soir?
M. BONVIN Ce soir? Est-ce que tu as fait tes devoirs?
MELANIE Euh non, pas encore.
M. BONVIN Alors, c'est non.
MELANIE Mais papa... Je peux les faire après le film!
M. BONVIN Pas question. Tu ne vas pas faire tes devoirs à onze heures du soir.
MELANIE Ecoute, papa...
M. BONVIN N'insiste pas, c'est comme ça.
MELANIE J'en ai marre! C'est toujours la même chose!

❷ Mélanie au téléphone...

MELANIE Claire? Je suis désolée, je n'ai pas le droit de sortir. Il faut que je fasse mes devoirs.
CLAIRE Tant pis.
MELANIE Ce sera pour la prochaine fois.
CLAIRE D'accord. Salut.

❸ Chez Gilles...

GILLES Dites, vous voulez bien que je parte faire une randonnée en montagne avec des copains?
MME FORNEREAU Quand ça?
GILLES Pendant les vacances de Pâques.
M. FORNEREAU Et ton examen d'entrée au lycée?
GILLES C'est-à-dire que...
M. FORNEREAU Si je me souviens bien, tu n'as pas eu de très bonnes notes en français.
GILLES Non, c'est vrai, elles n'étaient pas terribles.
MME FORNEREAU Alors, pour ta randonnée, on est d'accord si tu as de bonnes notes en français. Sinon, tu restes ici pour réviser.
GILLES D'accord.

ANNEE SCOLAIRE : 1995 - 1996
BULLETIN TRIMESTR

NOM : Fornereau PRENOM : Gilles

| MATIERES | MOYENNE | COMME |
|---|---|---|
| Anglais | 12 | Peut |
| Français | 8 | Elève |
| Mathématiques | 10 | Trava |
| Histoire/Géographie | 14 | Bon |

❹ Gilles au téléphone...

GILLES Cyrille? J'ai parlé avec mes parents de notre projet de vacances.
CYRILLE Ah oui? Qu'est-ce qu'ils ont dit?
GILLES Ils ne sont pas très chauds.
CYRILLE Ah, dommage!
GILLES Attends, ils veulent bien. Mais il faut que je travaille mon français.
CYRILLE C'est drôle! Mes parents m'ont dit la même chose!

❺ Chez Karine...

KARINE Dites, je suis invitée à une soirée d'anniversaire. Est-ce que je peux y aller?
MME LABORIT Chez qui?
KARINE Chez Jean-Michel. Samedi soir.
M. LABORIT Hmm... , d'accord, mais il faut que tu rentres à minuit au plus tard.
KARINE Mais papa, la soirée commence à neuf heures. C'est trop tôt, minuit.
M. LABORIT J'ai dit minuit au plus tard.
KARINE Mais je n'ai pas école le lendemain.
MME LABORIT Ecoute, tu es déjà fatiguée. Tu travailles beaucoup en semaine.
KARINE Mais le week-end, c'est fait pour s'amuser!

❻ Karine au téléphone...

KARINE Jean-Michel? C'est d'accord pour samedi. Mais je dois rentrer à minuit.
JEAN-MICHEL Dommage. Mais c'est pas grave. Tu auras quand même le temps de manger et de danser.

❼ Chez Charles...

CHARLES Maman, ça te dérange si je vais chez Gabriel regarder une vidéo cet après-midi?
MME PANETIER Tu n'as pas de devoirs à faire?
CHARLES Non, j'ai tout fait.
MME PANETIER Tu as rangé ta chambre?
CHARLES Euh, non.
MME PANETIER Alors, il faut d'abord que tu ranges ta chambre.
CHARLES Je peux y aller après?
MME PANETIER Oui, si tu ne rentres pas trop tard. Tes grands-parents viennent dîner et tu dois mettre la table.
CHARLES D'accord. Je fonce ranger ma chambre.

❽ Charles au téléphone...

CHARLES Gabriel, je ne peux pas venir tout de suite. Il faut d'abord que je fasse des trucs à la maison.
GABRIEL OK. A quelle heure est-ce que tu viens, alors?
CHARLES Vers trois heures.
GABRIEL Bien. On t'attend pour regarder le film.

## 1 Tu as compris?

1. What are the teenagers asking their parents?
2. Who gets permission and who doesn't?
3. On what conditions do the parents give their permission?

## 2 Qui suis-je?

Joins ces bouts de phrases et dis quel(le) jeune de **Je peux sortir?** parle.

a.

b.

c.

d.

1. «Moi, je n'ai pas...
2. «Moi, je voudrais bien...
3. «Moi, il faut d'abord que...
4. «Moi, je dois...
5. «Moi, il faut que...

je fasse des trucs à la maison.»
je travaille mon français.»
faire une randonnée en montagne.»
le droit de sortir.»
rentrer à minuit.»

## 3 Ecoute!

C'est le parent de quel(le) jeune qui parle?

Mélanie Charles Karine Gilles

## 4 Cherche les expressions

What do the people in **Je peux sortir?** say to . . .

1. ask permission?
2. grant permission?
3. refuse permission?
4. protest?
5. put an end to a conversation?
6. express disappointment?
7. express obligation?

### Note Culturelle

On dit des Suisses qu'ils sont disciplinés, travailleurs et minutieux. Ils sont contents lorsqu'ils parviennent à faire quelque chose de constructif. Les enfants suisses doivent apprendre à travailler dur très jeunes. Même les plus jeunes doivent participer à quelques tâches ménagères et, plus ils grandissent, plus ils ont de responsabilités. Lorsque les adolescents sortent de l'école, ils savent que des heures de travail—devoirs pour l'école aussi bien que tâches ménagères—les attendent à la maison. Tout ce temps passé à travailler ensemble est peut-être l'une des raisons pour lesquelles les Suisses restent si proches de leur famille.

## 5 Et maintenant, à toi

Est-ce que tes parents te permettent toujours de sortir? Sinon, leurs raisons sont-elles similaires à ou différentes de celles que donnent les parents dans **Je peux sortir?**

# PREMIERE ETAPE

***Asking for, granting, and refusing permission; expressing obligation***

## VOCABULAIRE

Chez toi, qui...

**enlève la neige?**

**lave les vitres?**

**fait la lessive?**

**fait la poussière?**

**nettoie le parquet?**

**fait le repassage?**

**arrose le jardin?**

**tond la pelouse?**

**mettre la table**
**débarrasser la table**
**passer l'aspirateur**
**sortir le chien**
**garder les enfants**
**donner à manger** au chat
**faire son lit**
**faire la vaisselle**
**faire la cuisine**
**nettoyer la salle de bains**
**ramasser les feuilles**
*to rake leaves*

### 6 Ecoute!

Regarde les listes de tâches ménagères *(household chores)* que Christiane et Amina doivent faire. Ecoute les conversations et dis si c'est Christiane ou Amina qui parle.

*Christiane*
*débarrasser la table*
*faire la vaisselle*
*sortir le chien*
*faire la poussière*
*laver les vitres*
*arroser le jardin*
*faire le repassage*

*Amina*
*faire la lessive*
*faire la cuisine*
*mettre la table*
*passer l'aspirateur*
*nettoyer le parquet*
*donner à manger au chat*
*nettoyer les salles de bains*

## 7 C'est à qui de le faire?

Qu'est-ce que chacun des jeunes à droite doit faire?

## 8 C'est trop!

Tu crois que tu fais trop de choses chez toi. Tu veux savoir ce que ton/ta camarade fait chez lui/elle. Demande-lui qui fait chaque tâche dans sa famille et dis-lui qui les fait chez toi. Dis si tu crois que c'est juste ou injuste et pourquoi.

# COMMENT DIT-ON... ?

### Asking for, granting, and refusing permission; expressing obligation

*To ask for permission:*

**J'aimerais** aller au concert ce soir avec Jean-Luc. *I'd like . . .*
**Je peux** inviter des amis?
**Tu veux bien que** je sorte? *Is it OK with you if . . . ?*
**Ça te dérange si** je fais la vaisselle plus tard? *Do you mind if . . . ?*

*To grant permission:*

**Oui, bien sûr!**
**Ça va pour cette fois.** *OK, just this once.*
**Oui, si** tu as fait tes devoirs.

*To refuse permission:*

**Ce n'est pas possible.**
**Pas question.**
**Tu n'as pas le droit de** sortir après minuit. *You're not allowed to . . .*

*To express obligation:*

**Il faut que** tu fasses tes devoirs **d'abord.** *You have to . . . first.*
**Tu dois** garder ta petite sœur ce soir.

### Note de Grammaire

**Devoir** is an irregular verb.

**devoir** *(must, to have to)*

Je **dois**
Tu **dois**
Il/Elle/On **doit**
Nous **devons**
Vous **devez**
Ils/Elles **doivent**
} faire la lessive.

- The past participle of **devoir** is **dû**.
- **Tu devrais** *(You should)* is also a form of **devoir**.

## 9 Ecoute!

Ecoute ces conversations et dis si les permissions sont accordées *(granted)* ou refusées.

## Grammaire The subjunctive

All the verb forms you've already learned have been in the indicative mood. There's another mood used in French called **le subjonctif.** You have to use subjunctive verb forms in clauses after specific phrases that express *obligation* **(Il faut que... )** and *will* **(vouloir que... ).** You'll learn more of these phrases later, along with some other uses of the subjunctive.

- To make the present subjunctive forms of all regular and many irregular verbs, you drop the ending of the **ils/elles** form of the present tense. Then, you add the endings **–e, –es, –e, –ions, –iez, –ent.**

| | | |
|---|---|---|
| rentr~~ent~~ | **–e** | Il faut que je **rentre** à dix heures. |
| finiss~~ent~~ | **–es** | Il faut que tu **finisses** avant de partir. |
| répond~~ent~~ | **–e** | Elle veut que je lui **réponde.** |
| mett~~ent~~ | **–ions** | Il faut que nous **mettions** la table. |
| sort~~ent~~ | **–iez** | Je ne veux pas que vous **sortiez.** |
| dis~~ent~~ | **–ent** | Je veux qu'ils **disent** la vérité. |

- Some irregular verbs, such as **prendre** and **venir,** have two stems to which you add the subjunctive endings. For the **je, tu, il/elle/on,** and **ils/elles** forms you follow the pattern above: que je **prenne,** que tu **viennes.** The stem you use for the **nous** and **vous** forms is the present tense **nous** form: nous pren~~ons~~, nous ven~~ons~~ → nous **prenions,** vous **preniez,** nous **venions,** vous **veniez.**
- Some irregular verbs have the same irregular stem for all the forms. The stem of the verb **faire** is **fass–**. You add the regular subjunctive endings to the irregular stem: Il faut que tu **fasses** ton lit!

### 10 Fais des phrases

Marc a vraiment trop de choses à faire! Il ne peut pas sortir. Qu'est-ce qu'il faut qu'il fasse? Complète ses phrases.

je sorte mon chien.

je fasse mes devoirs.

réparer mon vélo.

ranger ma chambre.

je trouve mon livre d'anglais.

je garde ma petite sœur.

## 11 Quel désordre!

Regarde la maison de Marina après sa soirée! Qu'est-ce qu'il faut que Marina et son frère fassent?

## 12 Un drame!

Avec ton/ta camarade, écris des dialogues pour illustrer les situations ci-dessous. Jouez les scènes.

1. Michel veut aller au cinéma et demande la permission à son père. Son père veut bien, si Michel a fini ses devoirs.
2. Malika aimerait regarder un film à dix heures du soir. Sa mère refuse parce que c'est trop tard et que Malika a école demain. Malika insiste. Sa mère met un point final à la discussion.

### À la française

You can use words such as **dis donc** *(hey)*, **dites** *(say)*, **au fait** *(by the way)*, and **alors** to start up a conversation or bring up a particular topic.

## 13 Je peux?

a. Tu as reçu cette invitation pour une soirée. Demande à tes parents la permission d'y aller. Ils veulent en savoir plus : chez qui? avec qui? quand? à quelle heure? Ensuite, ils te donnent la permission à condition que tu fasses quelques tâches d'abord. Prépare et joue cette scène avec deux autres camarades.

b. Téléphone à Viviane pour accepter son invitation. Dis-lui que tu as des tâches à faire, mais que tu peux venir après ça.

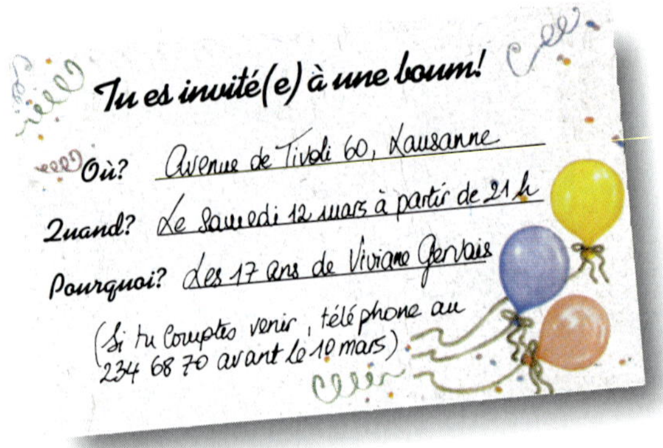

Tu es invité(e) à une boum!

Où? Avenue de Tivoli 60, Lausanne

Quand? Le samedi 12 mars à partir de 21 h

Pourquoi? Les 17 ans de Viviane Gervais

(Si tu comptes venir, téléphone au 234 68 70 avant le 10 mars)

## Vocabulaire

| | |
|---|---|
| **dises la vérité.** | *tell the truth.* |
| **manges mieux.** | *eat better.* |
| **respectes tes profs et tes parents.** | |
| **aides les personnes âgées.** | |
| **partages tes affaires.** | *share your things.* |
| **prennes tes propres décisions.** | *make up your own mind.* |
| **conduises prudemment.** | *drive safely.* |
| **sois attentionné(e).** | *be considerate.* |
| **sois prudent(e).** | *be careful, aware.* |
| **sois plus responsable.** | |
| **sois tolérant(e).** | |
| **sois poli(e).** | *be polite.* |

## 14 C'est pas bien, ça!

Ces gens n'ont pas une attitude très responsable. Dis-leur ce qu'il faut qu'ils fassent.

1.

2.

3.

4.

## 15 Il faut que tu...

Quelles sont les choses que tes parents te rappellent constamment? Fais-en une liste et compare-la avec celle de ton/ta camarade.

## 16 Voilà ce qu'il faut faire

Ton ami(e) te téléphone pour discuter des problèmes suivants. Dis-lui ce qu'il/elle doit faire, à ton avis.

Il/Elle s'est foulé la cheville.

Il/Elle s'est fâché(e) parce que sa sœur a voulu emprunter son nouveau jean.

Il/Elle a raté une interro et l'a caché à ses parents.

Son grand-père ne peut plus conduire.

Il/Elle a grossi.

Il/Elle s'est disputé(e) avec ses parents.

## 17 Que c'est compliqué, tout ça!

D'après toi, quelles sont les responsabilités et obligations d'un(e) adolescent(e)? Fais-en une liste et compare ta liste avec celle de ton/ta camarade.

# Remise en train

## Laissez-les vivre!

Finalement, les parents de Gilles lui ont donné la permission de partir avec ses copains. Ils sont allés faire une randonnée...

### Equipement adéquat

En montagne, le temps peut changer soudainement et de manière inattendue (pluie, orage, grêle, neige jusqu'en basse altitude, même en été et en automne). Un équipement approprié est donc d'une importance vitale:

**C**haussures de montagne à tige montante, avec semelles de caoutchouc profilées

**V**êtements permettant de faire face à un changement de temps inattendu. Aujourd'hui, le principe de «couches superposées» s'est imposé de manière générale; on préfère à une seule veste très chaude plusieurs vêtements légers portés les uns par-dessus les autres.

**P**rotection contre le froid: pull-over, bonnet, gants, pantalons longs

**P**rotection contre le soleil: chapeau, lunettes de soleil, crème solaire

**P**rotection contre le vent et la pluie

**S**ac à dos avec bretelles larges et bien ajustées, et ceinture sur les hanches

**C**artes pédestres et cartes nationales précises, à l'échelle 1:50 000 ou 1:25 000, guides d'excursions, éventuellement altimètre et boussole

**V**ivres et boissons: en particulier pour les enfants, prendre suffisamment à boire. Pas de boissons alcoolisées pendant les randonnées en montagne!

**P**our les cas d'urgence: bande élastique et pansements rapides (sparadrap), éventuellement couverture de sauvetage, sifflet à roulette, lampe de poche

**L**es bâtons de marche peuvent apporter une aide précieuse à la descente, car ils soulagent les articulations.

**Les six règles des randonnées en montagne**

1. **P**lanifiez soigneusement chaque randonnée en montagne.
2. **A**yez un équipement approprié et complet.
3. **N**e vous lancez jamais seul(e) dans une randonnée en montagne.
4. **I**nformez un parent, ou une connaissance, de votre randonnée.
5. **S**urveillez constamment l'évolution du temps.
6. **R**espectez le principe: «Dans le doute, faire demi-tour».

## 18 Tu as compris?

1. What are the two brochures about?
2. Where are Gilles and Isabelle?
3. What is the disagreement between them?
4. How does Gilles justify his action?
5. What are Isabelle's feelings?

## 19 Ecoute!

Isabelle fait savoir à Gilles les six règles de la randonnée. De laquelle est-ce qu'elle parle?

## 20 Des reproches

Dans la forêt, Isabelle fait des reproches à Gilles. Combine logiquement ses morceaux de phrases.

N'allume jamais

Ne coupe pas inutilement

Ramasse soigneusement tes déchets

et emporte-les avec toi.

de feu en forêt.

des branchages et des fleurs.

Isabelle surprend Gilles en train de cueillir des fleurs.

ISABELLE Dis donc, tu n'as pas lu la brochure?

GILLES Quoi?

ISABELLE Il est interdit de cueillir des fleurs!

GILLES Mais c'est pour faire un tout petit bouquet.

ISABELLE Tu ne devrais pas. Regarde la brochure!

GILLES Je ne suis pas le seul... tout le monde fait pareil!

ISABELLE Eh bien, ce n'est pas une raison.

GILLES Tant pis. C'était pour toi, ces fleurs.

ISABELLE Pour moi? Euh... Eh bien, c'est gentil... Mais ce n'est pas une excuse!

GILLES Tu ne les veux pas?

ISABELLE Euh... Maintenant qu'elles sont cueillies. C'est pas bien, mais... je te remercie quand même.

GILLES Je te promets, c'est la dernière fois!

## Note Culturelle

Switzerland is famous for its neutrality, yet being neutral doesn't mean that Switzerland isolates itself from the world. Through its efforts in such organizations as the International Red Cross, the World Health Organization, the World Wildlife Fund, the United Nations Educational, Scientific and Cultural Organization, and the United Nations International Development Organization, Switzerland takes an active role in working to resolve world conflict, in promoting the rights and safety of prisoners of war and war refugees, and in providing educational, scientific, and technical support to developing countries.

### 21 Qu'est-ce qu'on emporte?

Nomme au moins dix objets qu'il faut emporter quand on fait une randonnée en montagne.

### 22 Cherche les expressions

What expressions do the teenagers in **Laissez-les vivre!** use to . . .

1. say that something is not allowed?
2. make an excuse?
3. reproach someone?
4. reject an excuse?
5. make a promise?

### 23 Et maintenant, à toi

Est-ce que tu es déjà allé(e) dans un parc national? Quelles règles est-ce qu'il fallait respecter? Est-ce que tu as suivi ces règles? Pourquoi ou pourquoi pas?

# Rencontre Culturelle

Est-ce que tu connais la Suisse? Regarde les photos suivantes pour découvrir quelques caractéristiques de ce pays.

Les maisons qu'on appelle des chalets sont typiquement suisses.

Le ski est un sport qui a beaucoup d'amateurs.



On parle plusieurs langues en Suisse.

La Suisse est aussi un centre financier important.

La Suisse est réputée pour ses belles montagnes.

On dit des montres suisses qu'elles sont d'excellente qualité.

## Qu'en penses-tu?

1. What impression do these photos give you of Switzerland?
2. How might the geography influence the agriculture and industries of the country?

## Savais-tu que... ?

Switzerland is a confederation of 26 semi-independent states called **cantons.** There are four official languages spoken in Switzerland: German, French, Italian, and Romansch. Three-fifths of the country is covered by the Alps, and the Jura mountains cover another significant portion. The Swiss people have taken a country with few natural resources and a harsh climate and made it prosper. Switzerland is well known for its chocolates, cheese, and other dairy products, but most of the country's wealth is made possible by Swiss ingenuity and know-how. For example, Swiss banks are world-renowned, and Swiss clocks and watches are known for their accuracy and precision.

# DEUXIEME ETAPE

***Forbidding; reproaching; justifying your actions and rejecting others' excuses***

## COMMENT DIT-ON... ?

**Forbidding**

**Veuillez ne pas** marcher sur la pelouse.
*Please do not . . .*
**Prière de ne pas fumer.**
*Please do not . . .*
**Il est interdit de** jeter des papiers.
*It's forbidden to . . .*
**Interdiction de** stationner.
*. . . is not allowed.*
**Défense d'**écrire sur les murs.
*Do not . . .*

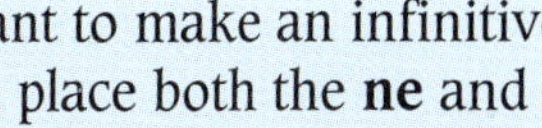


If you want to make an infinitive negative, place both the **ne** and the **pas** before it. Do the same with **ne... jamais** and **ne... rien.**

Prière de **ne pas** donner à manger aux animaux.
Il m'a promis de **ne jamais** le faire.
Je lui ai dit de **ne rien** manger.

### 24 Les interdictions

Trouve l'interdiction que chaque symbole représente.

a.

b.

c.

d.

Il est interdit de manger.

Défense de pêcher.

Interdiction de stationner.

Défense de chasser.

### 25 Ecoute!

Pour préserver la nature, il faut respecter certaines règles. Le parc national de l'Engadine informe ses visiteurs. Ecoute le message et fais une liste de quatre interdictions.

### 26 C'est ma chambre!

Ecris des interdictions à mettre sur la porte de ta chambre. Compare ta liste avec celle de ton/ta camarade.

# Panorama Culturel

Alexandre • Côte d'Ivoire

Micheline • Belgique

Mathieu • Québec

We asked people what environmental issues they were most concerned about. Here's what they had to say.

## Quels sont les problèmes écologiques les plus importants?

«Les problèmes qui me gênent dans ma vie sont les saletés que l'on jette dans les rues... Quand on se promène dans la rue, on voit les saletés. Bon, si on est avec un étranger, il voit les saletés. Bon, ça ne lui fait pas plaisir. J'aimerais que le maire organise la population à nettoyer la ville.»

-Alexandre

«Il y a surtout le problème des trous dans l'ozone qui sont en train de réchauffer l'atmosphère. Si on ne fait pas quelque chose rapidement, il y aura de gros problèmes. On risque même de tous disparaître.»

-Micheline

«Ce qu'on a détruit durant le siècle, on ne peut pas tout refaire... parce qu'on est dans un système où l'on consomme beaucoup. On consomme beaucoup trop. Et puis, c'est la consommation, c'est ça qui nous détruit. Il faut consommer moins, qui veut dire faire attention à ce qu'on prend et recycler. Je veux dire, quand on prend quelque chose, puis on le jette, mais on peut le reprendre et faire quelque chose d'autre.»

-Mathieu

## Qu'en penses-tu?

1. Among the environmental issues mentioned by the interviewees, which concern you the most? Why?
2. Do any of these problems occur in your area? What solutions have been proposed?
3. What can you do personally to care for the environment?

## VOCABULAIRE

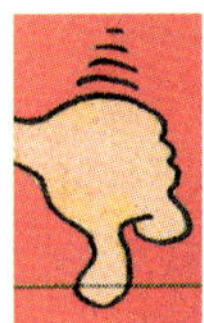

**jeter des ordures...** *to throw trash . . .*
- **par terre**
- **dans l'eau**

**gaspiller...** *to waste . . .*
- **l'énergie** (f.)
- **l'eau**

**utiliser des aérosols**

**faire du bruit**

**fumer**

**recycler...** *to recycle . . .*
- **les boîtes** (f.) *cans*
- **le verre** *glass*
- **le plastique**
- **le papier**

**éteindre...** *to turn off/out . . .*
- **la télé**
- **les lumières** (f.)

**planter un arbre**

**partager son véhicule**

**prendre les transports en commun**

### 27 Ecoute!

Isabelle parle des habitudes de sa famille. Est-ce qu'elles sont bonnes ou mauvaises?

## COMMENT DIT-ON... ?

### Reproaching; justifying your actions; rejecting others' excuses

*To reproach someone:*

**Vous (ne) devriez (pas)** gaspiller l'eau. *You should(n't) . . .*
**Tu as tort de** fumer. *You're wrong to . . .*
**Ce n'est pas bien de** cueillir des fleurs. *It's not good to . . .*
**Tu ferais mieux de ne pas** utiliser d'aérosols. *You'd do better not to . . .*

*To justify your actions:*

**Je suis quand même libre, non?**
*I'm free, aren't I?*
**Tout le monde fait pareil.**
*Everybody does it.*
**Je ne suis pas le/la seul(e) à** fumer.
*I'm not the only one who . . .*

*To reject others' excuses:*

**Pense aux autres.**
*Think about other people.*
**Ce n'est pas une raison.**
**Ce n'est pas parce que tout le monde le fait que tu dois le faire.**

### NOTE CULTURELLE

**La minuterie** is an invention designed to save electricity. In many apartment buildings and other public structures, there is a system of switches in the hallways and stairways to light the way for residents or visitors. When you press a switch, the lights go on and then go off automatically, giving you time to reach either your own door or the next switch.

### 28 Ecoute!

Est-ce que ces personnes font des reproches ou trouvent des excuses?

## 29 Pense aux autres!

Quels reproches est-ce que tu peux faire à ces personnes?

1. 
2. 
3. 
4. 

## 30 Mais non!

Certaines personnes ne respectent pas l'environnement. Qu'est-ce que tu peux leur dire? Ton/ta camarade fait les choses suivantes. Il/Elle va trouver des excuses pour se justifier. Toi, tu vas lui faire des reproches pour qu'il/elle change ses habitudes.

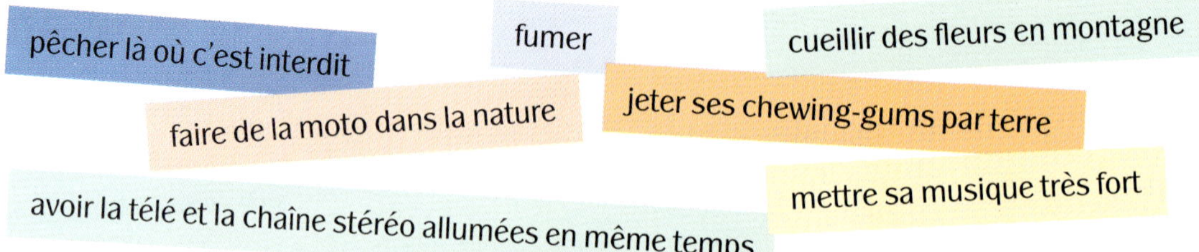


## 31 L'environnement, ça regarde les jeunes

Lis ces remarques faites par quelques jeunes francophones et réponds aux questions.

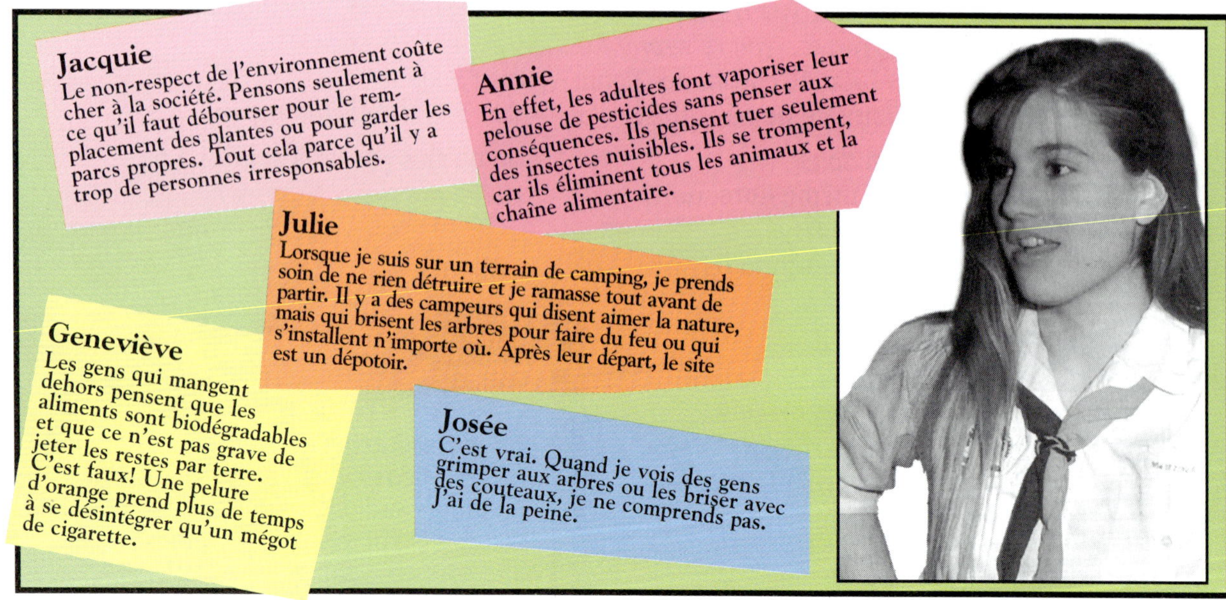

**Jacquie**
Le non-respect de l'environnement coûte cher à la société. Pensons seulement à ce qu'il faut débourser pour le remplacement des plantes ou pour garder les parcs propres. Tout cela parce qu'il y a trop de personnes irresponsables.

**Annie**
En effet, les adultes font vaporiser leur pelouse de pesticides sans penser aux conséquences. Ils pensent tuer seulement des insectes nuisibles. Ils se trompent, car ils éliminent tous les animaux et la chaîne alimentaire.

**Julie**
Lorsque je suis sur un terrain de camping, je prends soin de ne rien détruire et je ramasse tout avant de partir. Il y a des campeurs qui disent aimer la nature, mais qui brisent les arbres pour faire du feu ou qui s'installent n'importe où. Après leur départ, le site est un dépotoir.

**Geneviève**
Les gens qui mangent dehors pensent que les aliments sont biodégradables et que ce n'est pas grave de jeter les restes par terre. C'est faux! Une pelure d'orange prend plus de temps à se désintégrer qu'un mégot de cigarette.

**Josée**
C'est vrai. Quand je vois des gens grimper aux arbres ou les briser avec des couteaux, je ne comprends pas. J'ai de la peine.

1. What are these quotations about? Who do you think might have made them?
2. Who's particularly worried about pesticides? Who's worried about littering?
3. What does Julie do to help protect the environment? What is her criticism of others?
4. What is a result of people's disrespect of the environment, according to Jacquie?

## 32 Un test

Fais ce test pour savoir si tu respectes l'environnement. Inscris le nombre de tes points sur une feuille de papier. Ensuite, calcule ton score. Compare tes résultats avec ceux de ton/ta camarade.

**En général, tu...**
- ❑ jettes tes chewing-gums par terre — **1 point**
- ❑ les mets dans une poubelle — **5 points**
- ❑ ne manges pas de chewing-gums — **6 points**

**Comme sport, tu pratiques...**
- ❑ le vélo — **6 points**
- ❑ la moto — **2 points**
- ❑ le ski — **3 points**

**Quand tu écris, tu utilises...**
- ❑ du papier recyclé — **6 points**
- ❑ du papier normal — **4 points**
- ❑ ce que tu as sous la main — **4 points**

**Tu prends des douches de...**
- ❑ deux minutes — **6 points**
- ❑ cinq minutes — **3 points**
- ❑ dix minutes — **1 point**

**Chez toi, quand tu ne regardes pas la télé...**
- ❑ tu l'éteins automatiquement — **6 points**
- ❑ tu la laisses allumée — **1 point**
- ❑ tu ne sais pas — **1 point**

**Tu mets ta chaîne stéréo...**
- ❑ uniquement quand tu veux écouter de la musique — **6 points**
- ❑ dès que tu es dans ta chambre — **4 points**
- ❑ toute la journée — **3 points**

**Tu circules à pied ou à vélo...**
- ❑ le plus souvent possible — **6 points**
- ❑ rarement — **3 points**
- ❑ uniquement lorsque tu es obligé(e) — **1 point**

**L'addition...**

**RESULTATS**

50, 40, 30, 20, 10, 0

**TU AS PLUS DE 30 POINTS :** Tu es très concerné(e) par les problèmes de l'environnement. Tu penses que, toi, tu peux faire quelque chose.

**TU AS ENTRE 16 ET 30 POINTS :** L'environnement, ça t'intéresse. Mais ce n'est pas très important pour toi. Tu ne penses pas qu'individuellement tu peux améliorer les choses.

**TU AS MOINS DE 16 POINTS :** L'environnement, ça ne t'intéresse pas. Pour toi, c'est abstrait.

## 33 Mon journal

Tu as pris des résolutions! Ecris quelques phrases dans ton journal pour décrire tes mauvaises habitudes ou celles de tes amis quant à l'environnement et ce qu'il faut que tu fasses ou qu'ils fassent pour les changer.

## 34 Une annonce publique

With two friends, write the script for a public service announcement. Create a scene in which someone acts irresponsibly. The other group members reproach this person, who tries to make excuses for his or her behavior. Finally, you'll show why it's necessary to act responsibly. Act out this scene for your classmates.

# LISONS!

## ALBERT NEZ EN L'AIR

Dans la vie, il y a des malins, à qui il n'arrive jamais rien, et les nigauds, à qui il arrive plein d'accidents idiots. Comme les malins, il ne leur arrive jamais rien, c'est difficile de raconter leurs histoires. Les nigauds, c'est beaucoup plus rigolo. Voici donc quelques histoires de nigauds, pour tous les malins qui veulent rester malins, et les nigauds qui veulent devenir malins...

Albert Nez en l'air vivait sur une petite base de l'espace nommée Val-Fleuri. On y faisait pousser des plantes venues de toute la galaxie. Albert était très étourdi, ce qui est ennuyeux quand on habite dans l'espace.

Un jour, les parents d'Albert l'ont envoyé voir son tonton à Villeneuve-sur-Orbite, une grande ville de l'espace. Avant le départ, ils lui ont fait des recommandations :

«Attention à la circulation. A Villeneuve-sur-Orbite, les rues bleues sont réservées aux piétons, les rues orange aux voitures et les rues jaunes aux vélos. Et on ne peut traverser que si le feu est rouge.»

Dans la fusée pour Villeneuve-sur-Orbite, Albert rêvassait un peu. A travers le hublot, il voyait la ville de l'espace se rapprocher... Il n'a pas entendu l'hôtesse qui lui demandait d'attacher sa ceinture.

L'arrivée de la fusée sur la ville a été un peu brutale mais il faut dire qu'elle allait à 20 000 kilomètres à l'heure. Tout le monde est resté bien accroché à son siège, sauf Albert qui a été projeté à travers le hublot !

Albert s'est retrouvé au beau milieu d'un carrefour. Il a hésité : «Euh, la rue orange, c'est les piétons. La bleue... ça doit être les vélos. Et les voitures prennent la rue jaune ! A moins que ce ne soit la bleue ?»

Albert a regardé le feu, qui était vert. Il s'est dit : «Bon, c'est vert, alors je peux passer !» Albert est parti droit vers la rue orange. Manque de chance, un énorme camion à réaction arrivait à pleine vitesse...

Le camion a culbuté Albert à une telle vitesse que l'étourdi a traversé toute la ville, est passé à travers la bulle de verre et est parti comme une fusée dans l'espace...

C'est pourquoi aujourd'hui, si vous demandez : «Où est Albert ?», tout le monde vous répond : «Dans la Lune !»

**DE BONS CONSEILS**

You probably encounter unfamiliar words every time you read French, but turning to the dictionary for every new word is time-consuming and can take all the fun out of reading. Instead, try figuring out the meaning of words from their context. What does the rest of the sentence say? How is the unfamiliar word related to the words around it? Is the word a noun? A verb? An adjective? What clues do you get from illustrations or photos that accompany the text? Using contextual clues will make reading French quicker and more enjoyable.

A. Does the picture at the top of the reading give you any clue to what it will be about?

B. The introduction mentions people who are **nigauds** and **malins.** Can you figure out the meanings of these words from their context? What part of speech are they? How are they related to each other?

***Albert Nez en l'air***

C. Where does Albert live? Why is it a problem that he is **étourdi?**

D. Which of the following is *not* a warning that Albert's parents make when he goes on a trip?
1. Attention à la circulation.
2. Traverse seulement quand le feu est rouge.
3. Ne traverse pas sans regarder.
4. Prends les rues bleues.

**E.** Albert was hurled out of the spaceship because he forgot to . . .
- **a.** sit down when the spaceship landed.
- **b.** close the porthole.
- **c.** fasten his seatbelt.

**F.** Select the definition on the right that matches the word on the left.

| | |
|---|---|
| **1.** étourdi | **a.** une petite fenêtre ronde |
| **2.** hublot | **b.** se tenir à |
| **3.** s'accrocher à | **c.** qui oublie tout |
| **4.** culbuter | **d.** renverser |

**G.** How did Albert end up on the moon?

**H.** Can you guess what the expression **être dans la lune** means? Why is it used at the end of the story?

*Les frères Tête en fer*

**I.** What was so unusual about **Robert**, **Hubert**, and **Herbert Tête en fer?**

**J.** Describe the games the brothers played with their schoolmates. What was the outcome of each game?

**K.** What is significant about the last names of the other students in the story?

**L.** Find the following words in the story and tell what they mean, using the illustrations as clues.

boudin clocher
enfoncé talus rouiller

*Julie Boum*

**M.** Who is Julie Boum? What is she like?

**N.** What happens one day when Julie finds the door to her father's laboratory open?

**O.** Which of the following did *not* happen?

1. Julie est entrée dans le laboratoire de son père.
2. Une machine a coupé les tresses de Julie.
3. Julie a démonté la machine pour retrouver ses tresses.
4. Julie a mélangé des pilules vertes et des pilules bleues.
5. Le laboratoire a explosé en quelques centaines de morceaux.

**P.** The highlighted words in these sentences are false cognates. Use context clues to figure out their true meanings.

1. Elle avait toujours envie de faire des **expériences** comme son papa.
2. Julie a appuyé sur le bouton mais rien ne s'est passé. Quelle **déception!**
3. Elle a relevé la tête mais trop tard : sa tresse gauche avait été coupée **net.**

**Q.** Vrai ou faux?

1. Julie Boum était une fille très maligne.
2. Le père de Julie lui a permis de faire des expériences.
3. Julie a joué avec une machine de son père.
4. Jim Boum avait inventé une pilule pour faire exploser sa fille.
5. On n'a retrouvé que les tresses de Julie.

**R.** What are the lessons to be learned from the three fables you've just read?

# ECRIVONS!

*As you've seen, a fable is simply a story with the purpose of teaching a moral, a lesson about life. There are many traditional fables, such as those told by the Greek writer Aesop, but fables can also be modern and funny, like the ones you've just read. In this activity, you're going to create your own fable.*

## Ta fable à toi

Maintenant, tu vas inventer une fable. Raconte une histoire qui a une morale.

### A. Préparation

1. Choisis d'abord une morale dont tu veux parler. Pense à quelque chose qu'il ne faut pas faire ou à quelque chose qu'il est bon de faire. Voici quelques sujets possibles pour t'inspirer.

ne pas être attentionné(e) — ne penser qu'à soi — ne rien vouloir partager — ne pas protéger l'environnement — ne pas être prudent(e) — faire des commérages *(gossip)* — ne pas bien manger

2. Invente l'histoire d'une personne qui ne fait pas ce qu'elle devrait faire et raconte ce qui lui arrive.
3. Fais un plan.
   - **a.** Ecris les événements principaux de ton histoire dans l'ordre où ils vont arriver.
   - **b.** Pense aux détails de chaque événement et écris-les.

### B. Rédaction

Fais un brouillon de ta fable en suivant ton plan.

### C. Evaluation

1. Relis ton brouillon en essayant de répondre aux questions suivantes.
   - **a.** Est-ce que tu as respecté l'ordre de ton plan?
   - **b.** Est-ce que tu as oublié quelque chose?
   - **c.** Est-ce qu'il y a des passages ou des détails qui ne sont pas importants pour comprendre l'histoire?
   - **d.** Est-ce que les lecteurs vont comprendre la morale de ton histoire?
2. Fais les corrections nécessaires pour améliorer ton histoire. Ajoute plus de détails s'il le faut.
3. Rédige la version finale de ta fable. N'oublie pas de corriger les fautes d'orthographe, de grammaire et de vocabulaire.

**DE BONS CONSEILS**

Sometimes writers know exactly how they want a story to end even before they start to write, and sometimes they allow the story to develop and create its own ending. When you know your ending beforehand, it's very important that you structure the story so that it leads steadily and logically to its conclusion. Making a brief outline of the events and details that you want to include in your story, in their proper order, will help you to do this.

# MISE EN PRATIQUE

**1** Ecoute cette conversation entre Sabine et sa mère et réponds aux questions.

1. Où est-ce que Sabine veut aller?
2. Pourquoi est-ce que sa mère ne veut pas qu'elle y aille? A quelle condition est-ce qu'elle pourrait y aller?
3. Quelles sont trois choses que Sabine doit faire avant de partir?

**2** Pense à quelque chose que tu voudrais faire et demande la permission à ton père/ta mère. Il/Elle te rappelle ce qu'il faut que tu fasses et refuse. Tu insistes. Enfin, tu obtiens la permission, à certaines conditions. Joue cette scène avec ton/ta camarade.

**3** Lis cette brochure et réponds aux questions suivantes.

## AIDEZ-NOUS A... PROTEGER LES EAUX!

Nous sommes parmi les 10% de privilégiés, sur cette planète, qui n'avons qu'à tourner un robinet pour obtenir de l'eau potable.

Si nous souhaitons conserver ce privilège, pensons aussi à tourner le robinet dans l'autre sens, afin que cette eau précieuse ne s'écoule pas inutilement.

Une des tâches du Département des travaux publics est de veiller sur la qualité de l'eau restituée à la nature. Pour y parvenir, il a besoin de votre aide sous deux formes:

**EVITER LE GASPILLAGE**
**LIMITER LA POLLUTION**

Votre récompense sera de bénéficier plus longtemps d'une eau de bonne qualité. Vos petits-enfants vous en seront reconnaissants. Les arbres, les fleurs et les oiseaux aussi.

**Pour éviter le gaspillage**

*LE PETIT TRUC:*
Remplissez entièrement la machine lorsque vous lavez le linge ou la vaisselle. Et n'ajoutez que le minimum de produit en fonction de la durée de l'eau.

*LE GESTE JUSTE:*
Ne videz pas complètement votre chasse d'eau lorsque ce n'est pas nécessaire. Un petit geste économique à faire: rabattre le clapet ou remonter la manette!

*LE BONS SENS:*
Ne faites pas la vaisselle sous l'eau courante. Préférez la douche au bain!

*TOUT CE QUE VOUS MELEZ A L'EAU DOIT ETRE TOT OU TARD RETIRE.*

### 250 litres par personne et par jour

Savez-vous que chaque Genevois, pour son usage privé, utilise environ 250 litres d'eau par jour? Mais si on tient compte des besoins de l'industrie, de l'artisanat, du commerce et de l'agriculture, cette moyenne grimpe à 550 litres par personne.

Ces 550 litres disparaissent dans les canalisations et aboutissent aux stations d'épuration, où ils sont traités avant d'être rejetés dans le lac ou des rivières.

Le traitement de ces eaux est complexe et coûteux. Il nécessite une surveillance permanente. Pensez-y chaque fois que vous êtes tenté de laisser un robinet inutilement ouvert.

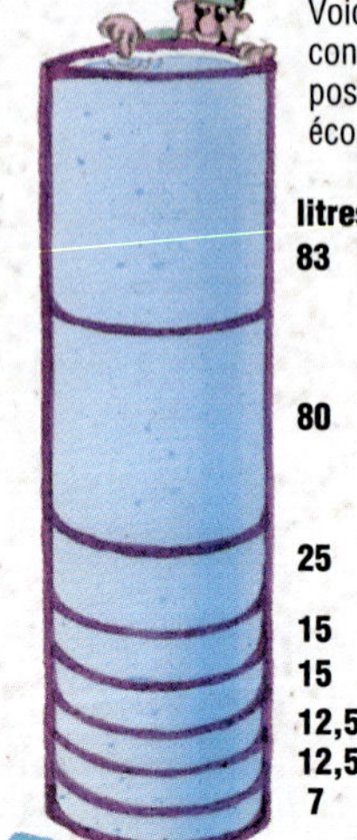

Voici ce que chacun d'entre nous consomme en moyenne: cochez les postes où vous pourriez facilement économiser.

| litres | |
|---|---|
| 83 | WC |
| 80 | douche et bain |
| 25 | lessive |
| 15 | hygiène corporelle |
| 15 | vaisselle |
| 12,5 | nettoyage (maison et voiture) |
| 12,5 | arrosage |
| 7 | boisson et cuisson |

1. What sort of brochure is this? Who do you think distributes it?
2. What are the two main things this brochure asks people to do?
3. What are a few things you can do to save water?
4. How much water does an average person in Geneva use? What happens to the water after it is used?
5. Which activity requires the most water? Which activity requires the least water?

**4** Tu veux préserver ton environnement. Avec deux autres élèves, pensez à un site naturel que vous voulez préserver. Ensuite, préparez une brochure pour attirer l'attention sur ce site et ce qu'il faut que tout le monde fasse pour le préserver.

**5** Avec ton/ta camarade, crée quelques panneaux contenant les messages suivants.

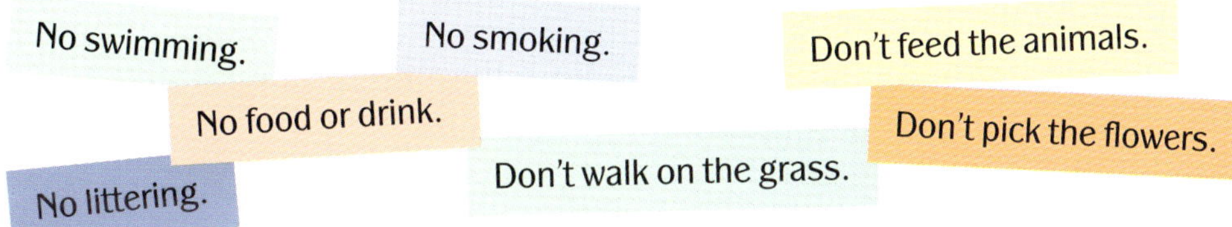


**6**

## JEU DE ROLE

You and your friends are going to participate in a demonstration. Choose a good cause, such as forest conservation, animal protection, or water and air pollution. Make signs with slogans and plan what you're going to say to the crowd of onlookers. Act out this scene. The rest of the class will act as the onlookers, who aren't very interested in the environment. Remind them of their obligations.

# QUE SAIS-JE?

## Can you use what you've learned in this chapter?

Can you ask for, grant, and refuse permission? p. 60

1 How would you ask permission to do something with a friend this weekend?

2 If you were a parent, how would you give your teenager permission to do something? How would you refuse permission?

3 What would you say to a friend who wanted to borrow your favorite cassette or CD?

Can you express obligation? p. 60

4 How would you tell your brother or sister that he or she has to . . .

1. do the laundry?
2. take out the dog?
3. mow the lawn?

Can you forbid someone to do something? p. 67

5 How would you tell what these signs forbid?

1. 

2. 

3. 

Can you reproach someone? p. 69

6 What would you say to someone who . . .

1. throws trash out of the car window?
2. uses aerosol sprays around the house?
3. smokes?

7 How would you reproach these people?

1. 

2. 

Can you justify your actions and reject others' excuses? p. 69

8 What would you say to justify an action of yours that angered someone?

9 What would you say to a child who makes excuses for doing something wrong?

# VOCABULAIRE

## PREMIERE ETAPE

### Asking for, granting, and refusing permission

**J'aimerais...** *I'd like . . .*
**Tu veux bien que... ?** *Is it OK with you if . . . ?*
**Ça te dérange si... ?** *Do you mind if . . . ?*
**Ça va pour cette fois.** *OK, just this once.*
**Tu n'as pas le droit de...** *You're not allowed to . . .*

### Expressing obligation

**Il faut que tu... d'abord.** *You have to . . . first.*

### Household chores

**arroser le jardin** *to water the garden/yard*
**donner à manger à** *to feed*
**enlever la neige** *to shovel snow*
**faire la cuisine** *to cook*
**faire la lessive** *to do the laundry*
**faire son lit** *to make one's bed*
**faire la poussière** *to dust*
**faire le repassage** *to do the ironing*
**laver les vitres** *to wash the windows*
**mettre la table** *to set the table*
**nettoyer le parquet** *to clean the floor*
**nettoyer la salle de bains** *to clean the bathroom*
**ramasser les feuilles** *to rake leaves*
**sortir le chien** *to take out the dog*
**tondre la pelouse** *to mow the lawn*

### Personal responsibilities

**aider les personnes âgées** *to help elderly people*
**conduire prudemment** *to drive safely*
**dire la vérité** *to tell the truth*
**Il faut que tu sois . . .** *You must be . . .*
- **attentionné(e)** *considerate*
- **poli(e)** *polite*
- **prudent(e)** *careful, aware*
- **responsable** *responsible*
- **tolérant(e)** *tolerant*

**manger mieux** *to eat better*
**partager tes affaires** *to share your things*
**prendre tes propres décisions** *to make up your own mind*
**respecter tes profs et tes parents** *to respect your teachers and parents*

## DEUXIEME ETAPE

### Forbidding

**Veuillez ne pas...** *Please do not . . .*
**Prière de ne pas...** *Please do not . . .*
**Il est interdit de...** *It's forbidden to . . .*
**Interdiction de...** *. . . is not allowed.*
**Défense de...** *Do not . . .*

### Social responsibilities

**éteindre les lumières** (f.) *to turn off/out the lights*
**partager son véhicule** *to share one's vehicle*
**planter un arbre** *to plant a tree*
**prendre les transports en commun** *to take public transportation*
**recycler** *to recycle*
- **les boîtes** (f.) *cans*
- **le papier** *paper*
- **le plastique** *plastic*
- **le verre** *glass*

**faire du bruit** *to make noise*
**fumer** *to smoke*
**gaspiller** *to waste*
- **l'énergie** (f.) *energy*

**jeter des ordures** *to throw trash*
- **par terre** *on the ground*
- **dans l'eau** *in the water*

**utiliser des aérosols** *to use aerosol sprays*

### Reproaching

**Vous (ne) devriez (pas)...** *You should(n't) . . .*
**Tu as tort de...** *You're wrong to . . .*
**Ce n'est pas bien de...** *It's not good to . . .*
**Tu ferais mieux de ne pas...** *You'd do better not to . . .*

### Justifying your actions; rejecting others' excuses

**Je suis quand même libre, non?** *I'm free, aren't I?*
**Tout le monde fait pareil.** *Everybody does it.*
**Je ne suis pas le/la seul(e) à...** *I'm not the only one who . . .*
**Pense aux autres.** *Think about other people.*
**Ce n'est pas une raison.** *That's no reason.*
**Ce n'est pas parce que tout le monde le fait que tu dois le faire.** *Just because everyone else does it doesn't mean you have to.*

CHAPITRE

# 4

# Des goûts et des couleurs

① Paris, centre de la mode

La France est bien connue pour son influence sur la mode. Le look est une notion importante dans la vie des Français. Quel que soit leur âge, style ou niveau social, ils font attention à ce qu'ils portent. Et toi, quels styles de vêtements et de coiffure est-ce que tu aimes?

## In this chapter you will learn

- to ask for and give opinions; to ask which one(s); to point out and identify people and things
- to pay and respond to compliments; to reassure someone

## And you will

- listen to French teenagers talk about fashion
- read about a Paris fashion designer's line of clothing
- write a fashion report for the year 2025
- find out about the French sense of style

② Ça fait vraiment cloche!

③ Crois-moi, c'est tout à fait toi!

# Mise en train

## Mon look, c'est mon affaire

Axcelle entre dans le salon avec le courrier qu'elle vient d'aller chercher...

1 JEROME Ah, tu es allée chercher le courrier? Il y a quelque chose pour moi?
AXCELLE Non, rien pour toi, comme d'habitude.
JEROME Et ça, c'est quoi? Un magazine?
AXCELLE Non, c'est le catalogue printemps-été de Quelle. J'espère qu'il y a des trucs bien.
JEROME Tu es vraiment obsédée par la mode, toi! De toute façon, il n'y a que ça qui vous intéresse, vous, les filles!

Axcelle regarde le catalogue...

AXCELLE Ouah! Génial, cet ensemble! Tu n'aimes pas?
JEROME Lequel?
AXCELLE Celui-là, le noir avec le pantalon à pattes d'eph.

2 JEROME Ah! Ne me dis pas que tu aimes vraiment ça! C'est affreux!
AXCELLE Tu comprends vraiment rien à la mode, toi! C'est super branché comme style et puis, si tu sortais un peu, tu verrais que tout le monde s'habille comme ça.
JEROME Ouais, ben, c'est peut-être à la mode, mais je trouve quand même ça ridicule! ... Ça, par contre, je trouve que c'est très classe.
AXCELLE Le tailleur rose, là?
JEROME Oui, comment tu le trouves?

3 AXCELLE Pas mal, mais bon, je ne me vois pas aller à l'école comme ça. Ça fait un peu trop sérieux.
JEROME Peut-être, mais au moins, c'est élégant.
AXCELLE Tiens, regarde ce qu'elle porte, la fille, là.
JEROME Laquelle?

4 AXCELLE Celle avec le caleçon imprimé et le grand tee-shirt. J'aime bien ça. C'est sympa, ça peut se porter partout et c'est moins sérieux que ton tailleur. Qu'est-ce que tu en dis?
JEROME Ouais... J'aime bien ce genre de vêtements. C'est cool et puis... c'est moins bizarre que ton pattes d'eph. Bon, à mon tour de regarder un peu!
AXCELLE Ben, je croyais qu'il n'y avait que les filles qui s'intéressaient à la mode!
JEROME Oh, ça va, hein! Elle est où, la section «hommes» ?
AXCELLE Après les enfants.

5 JEROME Ah, voilà... Oh là là, c'est nul! Il n'y a rien qui me plaît!

AXCELLE Du calme. Tu n'as pas tout vu. Tiens, il est chouette, ce gilet, non?

JEROME Ouah! Un gilet en cuir pour 299 F! C'est hyper-cool! Je crois que je vais le commander. En plus, j'ai vraiment plus rien à me mettre.

AXCELLE Tiens, au fait, tu as quelque chose pour le mariage de Joël et Virginie?

JEROME Tu fais bien d'en parler. Non, j'ai rien et je me demande ce que je pourrais bien mettre. A ton avis, un pantalon à pinces et une chemise, ça irait?

AXCELLE Euh... si j'étais toi, je mettrais plutôt un costume et une cravate.

JEROME Tu crois?

AXCELLE Ben, oui, c'est quand même un mariage! Et puis, je suis sûre que c'est ce que la plupart des hommes vont mettre.

JEROME Ce n'est pas trop habillé?

AXCELLE Ecoute! Au pire, tu seras le mieux habillé de tous, pour une fois!

JEROME Ah, très drôle. Va un peu à la page des costumes au lieu de dire n'importe quoi... Tiens, il te plaît, celui-là?

6 AXCELLE Ouais, je trouve qu'il est très chic. En tout cas, si tu l'achètes, prends aussi la cravate, elle va très bien avec.

JEROME Ouais, peut-être... Enfin, j'ai encore le temps d'y penser. Il reste deux mois avant le mariage.

AXCELLE Bon, retourne à la section «femmes» que je trouve quelque chose pour ce mariage, moi aussi... Tiens, voilà. Elle est parfaite, cette robe, non?

7 JEROME Tu rigoles ou quoi?

AXCELLE Non, pourquoi? Tu as quelque chose contre les robes à pois?

JEROME Ben, euh... T'étonne pas si je fais semblant de ne pas te connaître si tu mets ça au mariage!

## 1 Tu as compris?

1. What does Axcelle receive in the mail?
2. What sort of clothes does Axcelle like? What does Jérôme think about them?
3. For what upcoming event do they try to select outfits?
4. What is Jérôme thinking of wearing? What about Axcelle?

## 2 Qui parle de quoi?

C'est l'opinion d'Axcelle ou de Jérôme? De quels vêtements est-ce qu'ils parlent?

Ça peut se porter partout.

Ne me dis pas que tu aimes vraiment ça! C'est affreux!

Je ne me vois pas aller à l'école comme ça. Ça fait un peu trop sérieux.

Si tu l'achètes, prends aussi la cravate, elle va très bien avec.

T'étonne pas si je fais semblant de ne pas te connaître si tu mets ça au mariage!

## 3 Les styles

Quels vêtements de **Mon look, c'est mon affaire** sont...

décontractés? chic? élégants? très à la mode? excentriques? branchés? sérieux?

## 4 Quels vêtements?

Quel est le vêtement de **Mon look, c'est mon affaire** qui correspond à chacune des descriptions suivantes?

Une élégance raffinée pour ce costume réalisé dans un mélange de coton et polyester. Veste coupe classique avec fente dos, 1 poche poitrine et 2 poches intérieures. Pantalon à pinces, montage ville : fermeture par glissière.

Imprimé pastilles pour cette robe fluide. Entièrement boutonnée devant, taille appuyée par découpes devant et dos. Encolure en V, pinces sous poitrine. Manches courtes. Epaulettes. Base ample et dansante. Long. 90cm.

Une qualité de cuir superbe pour ce gilet sans manches. Empiècement avec double surpiqûre. 2 poches passepoilées. Fermeture par pressions. Dos 100% polyester rehaussé d'un lien et d'une boucle. 100% cuir (agneau).

Bien mode, le pantalon «patte d'eph» avec base en dentelle. Taille élastiquée. Entrejambes 72 cm env. 55% coton, 43% polyamide, 2% élasthanne.

## 5 Cherche les expressions

In **Mon look, c'est mon affaire,** what expressions do Axcelle and Jérôme use to . . .

1. ask an opinion?
2. ask which one(s)?
3. point out an item?
4. give a favorable opinion?
5. give an unfavorable opinion?

## 6 Et maintenant, à toi

Est-ce que tu t'es déjà habillé(e) pour une occasion spéciale? Laquelle? Quels vêtements est-ce que tu as choisis? Quel est ton look préféré?

### Note Culturelle

La France est réputée pour sa **haute couture.** Mais bien sûr, tout le monde n'a pas les moyens de se payer des vêtements créés par des grands couturiers tels que Christian Dior ou Nina Ricci. Dans les grands magasins comme les **Galeries Lafayette** ou le **Printemps,** on peut trouver des vêtements de bonne qualité à tous les prix. Les jeunes peuvent également acheter des vêtements relativement bon marché dans des boutiques de mode telles que **Kookaï, Naf-Naf** et **Ton sur ton.**

# PREMIERE ETAPE

***Asking for and giving opinions; asking which one(s); pointing out and identifying people and things***

## VOCABULAIRE

**7 Ecoute!**

Gabrielle et son amie Suzette parlent de ce que tout le monde portait à la boum hier soir. De qui est-ce qu'elles parlent?

## 8 Je mets quoi, alors?

Ton ami(e) ne sait pas quoi mettre. Donne-lui des conseils.

—Je ne sais pas quoi mettre avec...
—Tu devrais mettre...

ma mini-jupe écossaise
mon pattes d'eph
mon pantalon à pinces
ma robe à col en V
mon costume
mon caleçon imprimé

ta chemise à rayures
ta cravate en soie
ton tee-shirt forme tunique
ton col roulé
ton foulard bleu foncé
ton débardeur à pois

## Vocabulaire à la carte

| | |
|---|---|
| **un pattes d'eph** | *bell bottoms* |
| **un débardeur** | *a tank top* |
| **à manches courtes/longues** | *short/long-sleeved* |
| **un coupe-vent** | *a windbreaker* |
| **des bretelles** (f.) | *suspenders* |
| **un foulard** | *a scarf* |
| **des bottines** (f.) | *ankle boots* |
| **des mocassins** (m.) | *loafers* |
| **en toile** | *linen* |
| **en daim** | *suede* |
| **à carreaux** | *checked* |
| **imprimé(e)** | *printed* |
| **bleu clair** | *light blue* |
| **bleu foncé** | *dark blue* |

## 9 Qu'est-ce qu'on met?

Un(e) ami(e) français(e) te demande ce que les Américains mettent pour aller à ces endroits. Donne-lui des conseils. Joue cette scène avec ton/ta camarade.

au concert
au restaurant
à un mariage
à l'école
à une boum
à une interview pour un job

## COMMENT DIT-ON... ?

### Asking for and giving opinions

*To ask for an opinion:*

**Comment tu trouves** ce pattes d'eph?
**Tu n'aimes pas** ce pendentif?
**Elle te plaît,** cette mini-jupe?
**Qu'est-ce que tu penses de** ces bottes?
**Qu'en penses-tu?**
*What do you think of it?*

*To give a favorable opinion:*

**Je le trouve** super.
**Si, je l'aime bien.**
**Elle me plaît beaucoup.**
**J'aime bien ce genre de** bottes.
*I really like this type of . . .*
**C'est très bien, ça.**

*To give an unfavorable opinion:*

**Je le trouve** moche.
**Non, je ne l'aime pas tellement.**
**Elle ne me plaît pas du tout.**
**Je trouve qu'elles font** vieux.
*I think they look . . .*
**Ça fait vraiment cloche!**
*That looks really stupid!*

## 10 Ecoute!

Ecoute ces jeunes qui parlent de vêtements. Ils les aiment ou pas?

## 11 Qu'est-ce qu'ils se disent?

Ces jeunes sont en train de faire les magasins. Utilise les expressions dans le **Comment dit-on...?** pour recréer leurs conversations.

1.

2.

3.

4.

## VOCABULAIRE

| | | | | | | | |
|---|---|---|---|---|---|---|---|
| chic | | élégant(e) | super | affreux (-euse) | *hideous* | sobre | *plain* |
| classe | | génial(e) | | ringard(e) | *corny* | tape-à-l'œil | *gaudy* |
| délirant(e) | *wild* | hyper-cool | | sérieux (-euse) | *conservative* | vulgaire | *tasteless* |

Si tu as oublié adjectives referring to clothes va à la page 335.

## 12 Qu'en penses-tu?

a. Regarde ces vêtements. Tu penses acheter quelque chose, mais tu veux savoir ce qu'en pense ton/ta camarade. Demande-lui comment il/elle trouve ces vêtements.

1.

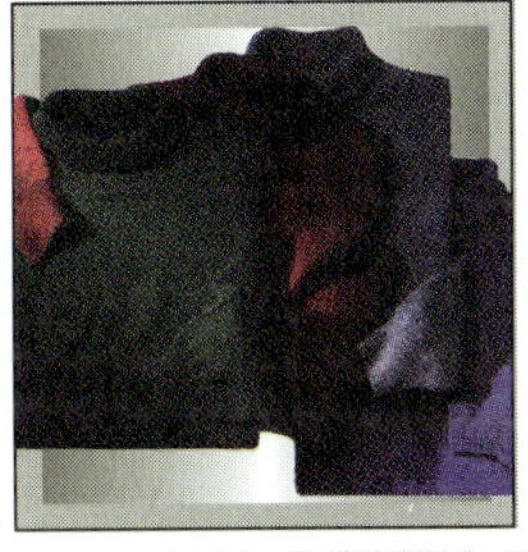
2.

3.

4.

D. Le gilet écossais sans manches. Très mode, il ajoute une petite note colorée à toute tenue. Réalisé en 50% acrylique, 45% laine et 5% autres fibres.
Rouge : 231.6946.
3 tailles : 34/36, 38/40, 42/44
279 F

E. Le pull Lambswool double fil. Assorti au gilet. Col roulé côtelé. Emmanchures diminuées. Finitions bord-côtes. En maille jersey 100% laine. Long. 64 cm env.
Bordeaux chiné : 221.0902.
Bleu : 221.0905.
Gris chiné : 221.0906.
Vert chiné : 221.0909.
36/38/40, 42/44/46
229 F

G. La chemise à rayures. Col boutonné, poche poitrine à rabat boutonné, poignets à patte capucin, empiècement dos double avec pli creux et lichette. Entretien facile : elle est en 80% coton, 20% polyester.
Prune : 261.0111. Bleu : 271.0112.
Vert : 271.0115. Mousse : 271.0118.
4 encolures : 37/38 169 F
39/40, 41/42 179 F 43/44 189 F

H. La cravate.
Des fleurs imprimées sur de la pure soie.
Larg. 9 cm. Feuilles : 271.9090 169 F

I. Les bottes drapées. A porter avec ou sans revers. Dessus cuir pleine fleur (bovin). Tige 25 cm doublée en synthétique. Demi-semelle intérieure synthétique. Semelle extérieure en élastomère. Talon enrobé peau 8 cm.
6 pointures : 36, 37, 38, 39, 40, 41
Noir : 521.2376. 479 F
Verni noir : 521.2379. 529 F

b. Choisis ce que tu vas acheter. Téléphone au service clientèle du magasin pour commander *(to order)* ce que tu veux. N'oublie pas de donner le numéro de référence, le prix et la couleur de l'article. Joue cette scène avec ton/ta camarade.

## 13 Quel style!

Demande à ton/ta camarade ce qu'il/elle pense de ces différents styles. Est-ce que tu es d'accord?

loubard

grunge

baba

BCBG

punk

## 14 Un style tout nouveau

a. Tu es styliste de mode. Avec tes camarades, crée une nouvelle ligne de vêtements. Dessine trois ensembles.

b. Maintenant, faites votre publicité. Ecrivez une description de votre nouvelle ligne de vêtements. Créez un slogan pour attirer l'attention de vos clients potentiels. Présentez vos modèles à la classe. Vos camarades vont donner leurs opinions.

## COMMENT DIT-ON... ?

### Asking which one(s); pointing out and identifying people and things

*To ask which one(s):*

**Quelle** jupe est-ce que tu préfères?
**Laquelle** est-ce que tu vas acheter?
Tu essaies un jean? **Lequel?**

*To point out and identify things:*

**Ça, c'est** la jupe que je préfère.
Moi, j'aime bien **ces** chaussures-**là**.
Je préfère **celles-là.** *. . . those.*
**Celui du** garçon là-bas. *The one . . .*
Tu n'aimes pas **le vert?**

*To point out and identify people:*

Regarde **celui avec** les lunettes!
*. . . the man/boy/one with . . .*
Tu vois **la fille au** pull bleu?
**Là-bas, le garçon qui** porte un pantalon rouge.
**Celle qui** parle à la vendeuse.
*The woman/girl/one who . . .*

## 15 Ecoute!

Pendant que Julien et Marc attendent devant le cinéma, ils parlent des vêtements que portent les jeunes qui passent. De qui est-ce qu'ils parlent?

Sylvain

Michèle

Valentin

Annette

## Grammaire The interrogative and demonstrative pronouns

- When you want to ask *which one(s),* use the appropriate interrogative pronoun to refer to the noun.

| | *masculine* | *feminine* |
|---|---|---|
| *singular* | **lequel?** | **laquelle?** |
| *plural* | **lesquels?** | **lesquelles?** |

—Je vais acheter ce pantalon.
**—Lequel?**
—Je trouve qu'ils sont moches, ces gants.
**—Lesquels?**

- When you want to say *this one, that one, these,* or *those,* use the appropriate demonstrative pronoun to refer to the noun.

| | *masculine* | *feminine* |
|---|---|---|
| *singular* | **celui-là** | **celle-là** |
| *plural* | **ceux-là** | **celles-là** |

Moi, je vais acheter **celui-là.** (ce sac-là)
**Celle-là?** Oui, je l'aime bien, mais elle coûte trop cher! (cette jupe-là)
Oh, je déteste **ceux-là!** Qu'est-ce qu'ils sont moches! (ces gilets-là)
Tu n'aimes pas **celles-là?** Moi je les adore! (ces bottes-là)

### 16 Ecoute!

Ecoute ces conversations qui ont lieu dans des boutiques de mode. De quoi est-ce qu'on parle?

des bottes
un caleçon
des hauts talons
une jupe écossaise

### 17 C'est bien ça, non?

Fabrice cherche un cadeau d'anniversaire pour sa sœur. Il ne sait pas quoi acheter. Djamila lui donne des conseils. Complète leur conversation avec un pronom interrogatif ou démonstratif.

DJAMILA Pourquoi tu ne lui achètes pas des bottes?
FABRICE Bon. Qu'est-ce que tu penses de ces bottes-là?
FABRICE __1__ ?
DJAMILA Les blanches. Elles sont chic, non?
FABRICE Moi, je préfère __2__-là.
DJAMILA Bon, d'accord. Et ces gants-là? C'est une bonne idée, des gants, non?
FABRICE __3__ ?
DJAMILA __4__-là, les noirs.
FABRICE Oui, ils sont classe; mais, euh, je ne sais pas...
DJAMILA Oh, regarde! J'adore ce col roulé. Qu'en penses-tu?
FABRICE Je ne le vois pas. C'est __5__ ?
DJAMILA __6__-là, à côté du pull bleu foncé. Tu vois, là-bas?
FABRICE Oui, il est vachement bien! Je le prends!
DJAMILA Je me demande ce que tu ferais sans moi!

## 18 Regarde les gens qui passent!

a. Rémi et Céline sont à la terrasse d'un café. Ils regardent les passants et ils font des commentaires sur leurs vêtements. Imagine ce qu'ils disent et écris leur conversation.

b. Echange ton dialogue avec celui d'un(e) camarade. Travaillez ensemble pour faire un seul dialogue, puis jouez ce dialogue.

## 19 Le rôle de la mode

Lis la question de Sélima et les réponses de quelques jeunes. Ensuite, réponds aux questions.

*«Cela peut paraître stupide, mais... quel rôle joue la mode vestimentaire dans votre vie, et comment vous habillez-vous pour aller au lycée? Pour moi, c'est très important, car j'aime bien m'habiller à la mode, et je dépense la plupart de mon argent en bracelets ou en habits. Merci pour vos réponses!»*
**Sélima, Tunis (Tunisie)**

«Bonjour, Sélima. Vois-tu, pour moi aussi, la mode est importante. Elle permet quelquefois de dévoiler une partie de toi, inconnue de tes amis.
Dans la mode, il existe des vêtements plus adaptés pour ta personnalité que d'autres, et c'est souvent en regardant la façon de s'habiller de quelqu'un, que l'on découvre son caractère. Mais je ne mettrai jamais un jean à la dernière tendance s'il ne me plaît pas, même pour être «cool»! Gros bisous de France.»
***Stéphanie, Megève***

«Sélima, je pense que la mode, ce n'est pas très important. La mode ne doit pas être une tenue qu'on vous impose. C'est plutôt une création qui reflète votre personnalité, votre tempérament. Je pense qu'il ne faut pas utiliser tout son argent de poche pour cela. Sers-toi de tes vieux vêtements et rénove-les.
Quant à tes bijoux, mélange-les. Tu obtiendras sûrement quelque chose qui te plaira. Tu seras à l'aise et tu auras fait la mode, celle qui te convient.»
***Florence, Verrières-le-Buisson***

«Personnellement, je trouve que les gens attachent trop d'importance à la mode. En effet, certaines personnes vont même jusqu'à juger les autres par les habits. Je pense que ça nous empêche de voir d'autres vérités beaucoup plus importantes.
Il ne faut pas ignorer totalement la mode, mais ne pas penser qu'à ses habits. Voilà, Sélima, en résumé, ce que je pense de la mode, et j'espère avoir répondu à ta question.»
***Caroline, Chêne-Bougeries (Suisse)***

1. Why did Sélima write her letter?
2. Who thinks that fashion is important? Who doesn't?
3. According to Stéphanie and Florence, what is a purpose of fashion?
4. What advice does Florence have for Sélima?

## 20 Mon journal

Qu'est-ce que tu penses de la mode? Est-ce qu'elle a beaucoup d'importance pour toi?

# Panorama Culturel

Mélanie • Québec

Sylviane • Martinique

Céline • Viêt-nam

We asked people for their ideas on fashion and personal style. Here's what they had to say.

## Quel est ton style de vêtements préféré?

«Moi, c'est un bon gilet, puis un jean, c'est toujours ça que je porte. Des fois, je peux porter d'autres sortes de pantalons, pas de jeans, mais... un bon chandail et puis je suis bien là-dedans. Il faut que je sois confortable. Si je ne suis pas confortable, je ne le porterai pas.»

-Mélanie

«J'aime surtout les vêtements... j'aime surtout les matières. J'aime beaucoup le coton, le lin, les matières naturelles, parce que, bon, on vit dans un pays où il fait très chaud et il faut pouvoir supporter la chaleur. Et j'aime beaucoup aussi les couleurs, parce que bon, je vis dans un pays ensoleillé, donc les couleurs sont des choses très importantes.»

### Est-ce que c'est important d'être à la mode?

«Oui, c'est important d'être à la mode, parce que, bon, nous en Martinique, on a quand même ce côté un petit peu français et européen où on aime beaucoup les vêtements et on aime beaucoup se montrer.»

-Sylviane

### Quel est ton style de vêtements préféré?

«J'aime tout ce qui est hors du commun. Enfin... qui est pas tellement banal mais qui... qu'on peut pas voir tous les jours, quoi.»

### Est-ce que c'est important d'être à la mode?

«Ça dépend. Je veux dire... Il y a certaines filles qui s'habillent mais qui n'ont rien à l'intérieur, qui n'ont pas un esprit très beau à l'intérieur. C'est pas très beau à l'intérieur. Donc, elles ont besoin de bien s'habiller. Mais enfin, ça dépend.»

-Céline

## Qu'en penses-tu?

1. Which person do you most agree with? Why?
2. What reasons do these people give to support their opinions about fashion and style?
3. Do you think it's important to follow the latest trends or to be in style? Why or why not?

# Remise en train

## Chacun son style!

PERRINE Oh, ça va être super ce soir!
LARISSA Je parie que Loïc va venir...
PERRINE Je crois pas! Il déteste le heavy metal.
LARISSA Ah oui, c'est vrai.
Il est tellement BCBG, tu trouves pas?

PERRINE Eh! Tu penses que je devrais mettre du mascara?
LARISSA Mmm... non. C'est trop tape-à-l'œil.

PERRINE Ah! Et mon rouge à lèvres orange, tu le trouves trop tape-à-l'œil aussi?
LARISSA Je ne sais pas, moi. Qu'est-ce que tu mets?
PERRINE Ben, soit ma mini-jupe noire avec un débardeur vert, soit ma robe violette.

### 21 Tu as compris?

1. What are Perrine and Larissa talking about?
2. Where are they getting ready to go?
3. What are they doing to get ready?
4. Why did Perrine decide to change her hairstyle?
5. Does Larissa approve of her new style?

### 22 Vrai ou faux?

1. Perrine et Larissa se préparent à sortir.
2. Larissa a déjà décidé quoi mettre pour aller au concert.
3. Les stylistes de Biguine ne font pas de coupes bizarres.
4. Perrine s'est fait couper les cheveux comme d'habitude.
5. Perrine va mettre sa mini-jupe noire avec son débardeur vert.

### 23 Choisis le bon mot

Complète chaque phrase avec l'expression qui convient.

1. Larissa trouve le mascara de Perrine trop ____ .
2. Perrine veut mettre du ____ orange pour aller avec sa robe violette.
3. Larissa va emprunter ____ de Perrine.
4. Les cheveux de Perrine sont ____ et ____ .
5. Chez Biguine, il y avait un garçon aux cheveux ____ .

tape-à-l'œil — frisés — verts — l'ombre à paupières — rouge à lèvres — orange

LARISSA Alors, je dirais le rouge à lèvres orange si tu mets ta robe violette. Et moi? Je me demande ce que je vais mettre... Oh, dis donc! Elle est géniale, ton ombre à paupières!

PERRINE Tu peux l'emprunter, si tu veux.

LARISSA Merci. Décidément, j'aime vraiment tes cheveux comme ça!

PERRINE Tu crois? Je suis allée chez Biguine hier. Je voulais juste me faire couper les cheveux comme d'habitude. Mais quand j'ai vu les autres clients! Ils avaient des coupes dingues!

LARISSA Ah oui?

PERRINE Ouais. Il y en avait une qui avait les cheveux tondus d'un côté, et longs et raides de l'autre. Un autre avait une coupe à la Mohawk.

LARISSA C'est pas vrai!

PERRINE Je te jure! Et ils étaient teints en vert.

LARISSA Et c'est pour ça que tu as décidé de te faire friser et teindre en orange?

PERRINE Ben oui. Tu es sûre que c'est pas trop bizarre?

LARISSA Mais non! L'orange te va très bien!

PERRINE Ouais! Justement, j'ai pensé que ça irait bien avec mon rouge à lèvres et avec ma robe violette.

### Note Culturelle

The French sense of fashion tends to be natural and includes a personal touch. Women and teenage girls usually wear very little makeup and tend to prefer simple haircuts. Jewelry is also understated. If a woman is wearing large earrings, she probably wouldn't also wear a large bracelet or necklace. Men typically prefer a simpler style as well, seldom wearing large rings or belts with big buckles. A small scarf tied around the neck is a common fashion accessory for both men and women.

## 24 Cherche les expressions

In **Chacun son style!** what expressions do Perrine and Larissa use to . . .

1. tell who they think will be at the concert?
2. ask for advice?
3. ask for an opinion?
4. give an opinion?
5. pay a compliment?
6. respond to a compliment?
7. express disbelief?
8. reassure a friend?

## 25 Et maintenant, à toi

Quelle coupe de cheveux est-ce que tu préfères? Est-ce que tu as l'air plus ou moins sérieux que les jeunes dans **Chacun son style!**?

# DEUXIEME ETAPE

***Paying and responding to compliments; reassuring someone***

## VOCABULAIRE

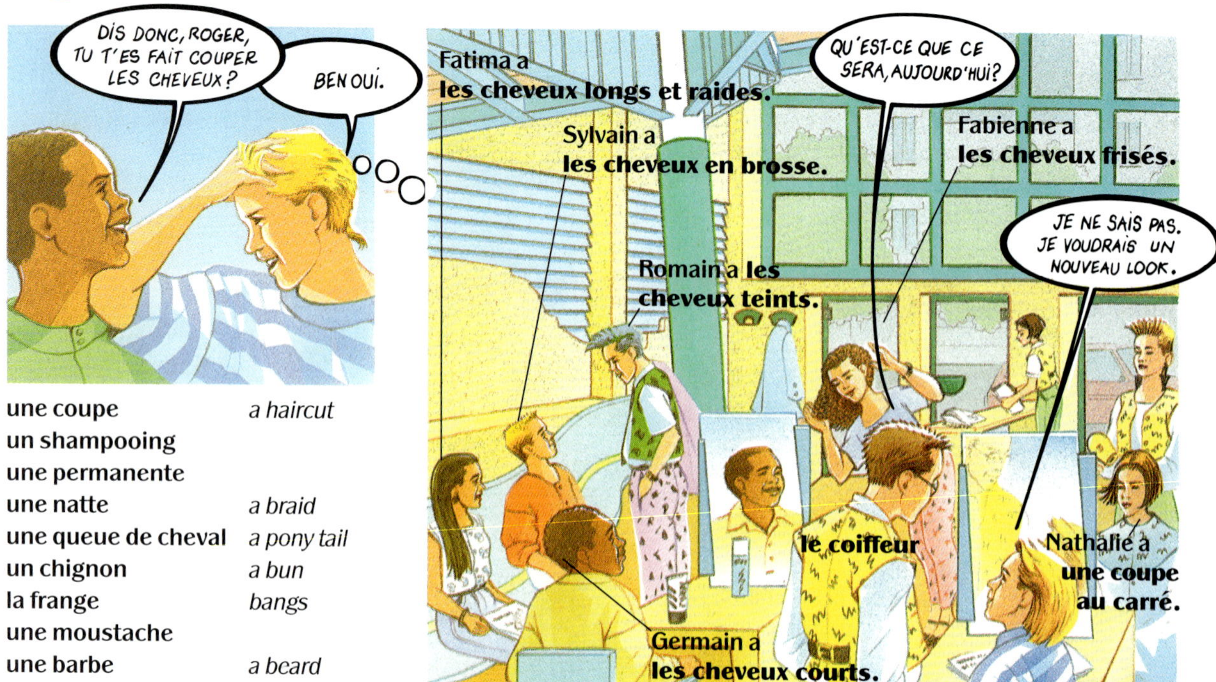


| | |
|---|---|
| **une coupe** | *a haircut* |
| **un shampooing** | |
| **une permanente** | |
| **une natte** | *a braid* |
| **une queue de cheval** | *a pony tail* |
| **un chignon** | *a bun* |
| **la frange** | *bangs* |
| **une moustache** | |
| **une barbe** | *a beard* |
| **des pattes** (f.) | *sideburns* |

### 26 Ecoute!

Regarde le **Vocabulaire** et écoute ce que chaque personne a dit au coiffeur. C'était qui?

### 27 Voilà ma famille

Dominique te montre une photo de sa famille. Demande-lui qui sont les gens sur la photo. Joue cette scène avec ton/ta camarade.

—C'est qui, cette femme?
—Laquelle?
—Celle aux cheveux...
—C'est ma...

## Grammaire The causative **faire**

- If you want to say that you're going to *have something done,* use the verb **faire** with the infinitive of the verb that tells what you want done.

| | |
|---|---|
| Je **fais nettoyer** mon costume. | Elle **a fait réparer** ses bottes. |
| *I'm having my suit cleaned.* | *She had her boots repaired.* |

- If the verb that tells what you want done is reflexive, place the reflexive pronoun before the conjugation of **faire.**

Je **me fais couper** les cheveux. **(se couper)** *I'm having my hair cut.*
Il **s'est fait raser** la moustache. **(se raser)** *He had his mustache shaved.*
Tu vas **te faire friser? (se friser)** *Are you going to get your hair curled?*

### 28 Une journée bien remplie

Qu'est-ce que M. Mouchet fait faire aujourd'hui?

tondre sa pelouse
se couper les cheveux
nettoyer ses vêtements
vérifier l'huile

1. 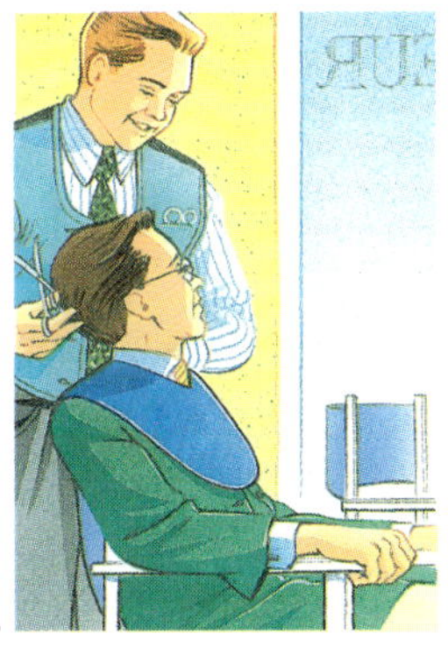

2. 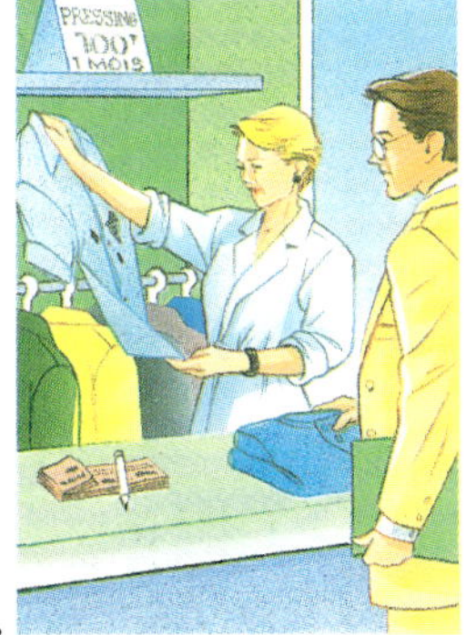


3. 

4. 

### 29 Qu'est-ce que je leur dis?

Ton ami(e) va chez le coiffeur mais ne sait pas comment il/elle veut se faire coiffer. Donne-lui des conseils. Ensuite, changez de rôles.

—Qu'est-ce que tu en penses, toi?
—Tu devrais te faire couper les cheveux en brosse.

se couper les cheveux
se friser
se raser la barbe
se teindre
se faire une permanente

## A la française

You've already learned that French speakers drop certain words and letters when they speak informally.

| | |
|---|---|
| **C'est pas vrai!** | **J'le trouve hyper-cool!** |
| **Je crois pas!** | **T'as pas l'temps?** |

They also tend to run certain syllables and words together. Look at the pronunciation of these common phrases:

| | |
|---|---|
| /shai pa/ | **(Je ne sais pas.)** |
| /y'en a/ | **(Il y en a.)** |
| /kes tu/ | **(Qu'est-ce que tu...)** |
| /wes que tu/ | **(Où est-ce que tu...)** |
| /ifait/ | **(Il fait...)** |
| /ifont/ | **(Ils font...)** |

Remember, though, that it is not correct to write this way.

## 30 Mannequin d'un jour

Lis cet article et fais les activités suivantes.

a. Associe les mots AVANT et APRES à ces phrases.

Elle porte un chemisier à rayures.

Elle a une coupe dégradée.

Elle porte un pull noir.

Elle a les cheveux longs et raides.

b. Quel maquillage a été utilisé? De quelles couleurs?

rouge à lèvres — blush — crayon — poudre — fond de teint — ombre à paupières

Les cheveux raides avec peu de volume, une peau fine et fragile.

**PREMIERE ETAPE**

**LA COUPE DE CHEVEUX**

Les cheveux de Liliane sont coupés sur une base de carré. Ils sont ensuite effilés tout autour de son visage. La frange est dégradée pour donner un effet déstructuré à l'ensemble de la coiffure (Coiffure réalisée par Arnaud pour Franck Provost)

**DEUXIEME ETAPE**

**LE MAQUILLAGE**

Application d'une poudre libre abricot pour faire ressortir son teint. Ses sourcils sont redessinés au crayon. Ensuite, pour agrandir son regard, pose d'un crayon noir sur les paupières supérieures et inférieures, avec une touche de mascara noir sur les cils supérieurs. Avec, pour la touche finale, un blush framboise coordonné au rouge à lèvres.

**APRES**

Un caleçon noir avec un petit pull chaussette très mode, et des bottines coordonnées (Vêtements et chaussures offerts par La Blanche Porte).

## COMMENT DIT-ON... ?

### Paying and responding to compliments; reassuring someone

*To pay a compliment:*

**Je te trouve très bien comme ça.**
**Ça fait très bien.**
**C'est tout à fait toi.**
**Ça va avec** tes yeux.
**Ça te va comme un gant.**
**Que tu es** jolie **avec ça!**
*You really look . . . in that!*
**C'est assorti à** ton pull.
*That matches . . .*

*To reassure someone:*

**Crois-moi,** c'est tout à fait toi.
**Je t'assure,** c'est réussi.
*Really, . . .*
**Fais-moi confiance,** c'est très classe.
*Trust me, . . .*
**Je ne dis pas ça pour te faire plaisir.**
*I'm not just saying that.*

*To respond to a compliment:*

**Ça te plaît vraiment?**
**Tu crois?**
**C'est gentil.**
**Oh, c'est un vieux truc.**
*This old thing?*
**Oh, tu sais, je ne l'ai pas payé(e) cher.**

## 31 Ecoute!

Ecoute ces conversations. Est-ce que ces gens répondent à un compliment ou est-ce qu'ils rassurent quelqu'un?

## 32 On bavarde!

Mets en ordre les éléments de chacune des conversations que tu entends à cette boum.

a. Oui, elle te plaît?
Ah, tu t'es acheté une nouvelle jupe?
Je la trouve jolie. Elle va bien avec tes yeux.
C'est gentil. Tu sais, je ne l'ai pas payée cher.

b. Euh, non.
Crois-moi, c'est tout à fait toi!
En tout cas, je te trouve très bien comme ça.
Dis donc, il est nouveau, ton coupe-vent?
Oh, c'est un vieux truc.

c. Tu crois?
Oui, ça me va comment?
Dis-moi, tu t'es maquillée!
Je t'assure, ça va bien avec tes yeux.
Ça te va très bien.

d. Je t'assure, c'est tout à fait toi.
Tiens, tu es allée chez le coiffeur!
Ça te va très bien.
Comment tu trouves?
Ah oui?

e. Ça va avec ton style.
Oui. Qu'en penses-tu?
Vraiment?
Tu t'es fait couper les cheveux?
Fais-moi confiance, c'est très réussi.

## 33 Un nouveau look

a. Ton/ta camarade te téléphone pour te dire qu'il/elle s'est fait couper les cheveux. Il/Elle te raconte son rendez-vous chez le coiffeur.

b. Tu rencontres ton/ta camarade. Tu lui fais des compliments sur sa coupe de cheveux. Tu dois le/la rassurer parce qu'il/elle n'est pas certain(e) qu'il/elle aime ce nouveau style.

## 34 Jeu de rôle

a. You're going to the school prom. Discuss with your friend what you're going to wear. What "look" do you prefer? What are you going to do to get ready? Are you going to the barber/hair stylist?

b. You're at the prom. You meet a friend who pays you a compliment. You respond and pay him/her a compliment. Your friend isn't very confident about how he/she looks, so you reassure him/her.

# LISONS!

## HAUTE-COUTURE
### AUTOMNE-HIVER 1994/1995

**DIX**
Trois-quart silhouetté en satin jade. Sweater en plumes rouges et roses. Jupe en velours incarnat.

**ONZE**
Veste cintrée en tweed artisanal bleu, bordeaux et argent à poignets de renard rouge. T-shirt en crêpe cyclamen brodé d'un collier trompe-l'œil. Jupe en velours pourpre.

**DOUZE**
Veste-corset en tissage artisanal pourpre et mordoré à poignets brodés. Pantalon masculin en lainage marine fileté de rouge.

## CHRISTIAN LACROIX
### COLLECTION HAUTE-COUTURE
### AUTOMNE-HIVER 1994/95

**«Il y a incontestablement chez moi l'envie d'un vêtement net, épuré, structuré. Après les formes souples de ces dernières saisons, la mode se reconstruit. Les hanches sont dessinées, la taille étranglée avec des corselets. La jupe-cloche s'évase pour donner à la silhouette une forme sablier que souligne encore le retour de l'épaule. Bref, un structuré léger, qui ne verse jamais dans la roideur, et dont les matières très élaborées, les ornements, les détails de broderies servent encore à gommer tout ce qu'il pourrait avoir d'autoritaire. Tout en ayant le sentiment de demeurer fidèle à moi-même, cette collection me paraît à des années-lumière de l'an passé.»**

## PRET-A-PORTER
### AUTOMNE-HIVER 1994/1995

**QUARANTE-TROIS**
Bustier en patches de maille et dentelle naturelle. Jupe longue en dentelle noire et or.

**QUARANTE-QUATRE**
Parka en cuir noir argenté à parements de Mongolie et brodé d'ex-votos. Mini-jupe de dentelle argent sur fuseau de velours noir à bandes dorées.

**QUARANTE-CINQ**
Parka en cuir «platine».

**QUARANTE-SIX**
Veste trapèze gansée à motifs de chenille «cœurs» noir et blanc. Liquette et pantalon large en crêpe imprimé «d'étoile» coordonné.

**DE BONS CONSEILS**
If a reading seems difficult at first, you can use your deductive reasoning skills to develop meaning. Start with a word you know and use it to figure out the words and phrases around it. How are they related to the familiar word? Do they modify it, like an adjective or adverb ? Do they show its action, like a verb? Once you understand whole phrases, link them together into longer passages. By building on what you know, you can turn a difficult reading into something coherent and understandable.

**A.** What is this reading selection about? Who is Christian Lacroix?

**B.** What kind of vocabulary do you expect to find in this type of reading?

**C.** What are the names of the three collections of clothing? What do the names suggest about the type of clothing you would find in each collection?

**D.** On the first two pages, what information do you find in the paragraphs? In the short, numbered items?

## PRET-A-PORTER
### AUTOMNE-HIVER 1994/1995

**QUATRE-VINGT-TROIS**
Caraco de taffetas «chaîne» fleuri bleu pastel brodé d'or et bordé de dentelle noire.

**QUATRE-VINGT-QUATRE**
Sweater de maille artisanale orné d'arabesques de gomme cuivrée et empierrée. Jupe de taffetas orange à fleurs chinoises sur jupon de taffetas à carreaux.

**QUATRE-VINGT-CINQ**
Bustier de maille artisanale orné d'arabesques de gomme cuivrée et empierrée à manches et basques de mousseline rousse. Jupe à trois étages en patches de taffetas bordé de dentelle.

## BAZAR
### AUTOMNE-HIVER 1994/1995

**SEPT**
Blouson en satin imper à col de peau lainée. Gilet XVIIIe en peau lainée. Pull ras-du-cou en shetland. Jeans surteint.

**HUIT**
Coupe-vent en satin imper. Veste de gardian en velours gansé. Gilet de gardian en velours gansé. Chemise cintrée en jean. Jupon en madras de laine.

**NEUF**
Mini-blouson en satin imper et gilet de peau lainée. Gilet en shetland rayé. Col roulé en shetland rayé. Jupon en madras de laine contrasté.

## BAZAR DE CHRISTIAN LACROIX
### AUTOMNE-HIVER 1994-1995

**«Cette collection «Bazar» n'a pas été pensée comme une ligne secondaire, «bis» ou «ter» mais comme une ligne complémentaire à la fois «autonome» et faite pour coexister avec le Prêt-à-Porter et même la Couture (une cliente de Haute-Couture vient souvent faire ses essayages en jeans et en T-shirt : autant qu'ils viennent de chez nous !) et pourquoi pas imaginer, ce n'est pas pour moi une utopie, une femme dont la tenue serait composée d'éléments des trois lignes confondues (Haute-Couture, Prêt-à-Porter et Bazar). Enfin, en tant que styliste, je ressentais le besoin de préparer le prochain millénaire en prouvant que la Maison Christian Lacroix, symbolique des années 80 qui l'ont vue naître, pouvait avoir sa propre version des années 90 et 2000, parler à la rue sans rien perdre de ses racines (le Sud, le métissage des cultures, l'histoire revisitée, toujours d'actualité).»**

**E.** Which of these words does Lacroix NOT use to describe his **Haute Couture** line?

**F.** How does Lacroix feel about clothing from his three lines being worn together?

**G.** Can you tell which descriptions match the outfits in the four sketches?

net
structuré
souple
léger
élaboré
autoritaire

**H.** Can you describe what these clothes look like?

jupe en velours pourpre
sweater de plumes
parka en cuir noir
mini-jupe de dentelle argent
veste trapèze
jupe à trois étages

## COLLECTION HAUTE-COUTURE

**FORMES**
Vestes cintrées, épaulées et parfois corsetées, longues, silhouettées ou même étriquées. Jupes «trapèze», «cloche» ou ondulées. Quelques pantalons. Tuniques fluides, robes souples et corolles architecturées pour le cocktail, grandes jupes libres ou crinolines craquantes à minces hauts très précieux le soir, quelques fourreaux.

**ORNEMENTS**
Plumes, fourrures et dorures. Patches, pochoirs et peintures. Tubes, paillettes et sequins de music-hall, night-club et fête foraine dégradés, nacrés et irisés. Broderies orientalisantes.

**ACCESSOIRES**
Variations sur les chapeaux d'homme. Bijoux composites autour du cou. Sacs minuscules en bandoulière. Bottes, richelieux et sandales.

**MATIERES**
Cachemire, tweeds artisanaux et plumes, maille enrichie, jerseys enluminés et velours travaillés. Faille froissée, satin duchesse et brocarts métallisés. Dentelles toujours. Soies peintes, ombrées ou changeantes.

## PRET-A-PORTER

**TISSUS**
Mohair, tweeds artisanaux, rayures masculines, écossais, velours vieilli ou frappé d'or, crêpes, tulles de laine et georgette imprimés, satin damassé oriental, soies reliéfées, mousseline ombrée, taffetas «chaîne», cuirs platines ou pyrogravés, fausse fourrure et dentelles métalliques.

**ACCESSOIRES**
Chapeaux composites, bijoux ethniques, collants-dentelles, étoles patchworks, «guillies», boots et escarpins à talons aiguilles, ornements de cheveux, clous, ex-votos, passementeries, arabesques d'or et de sequins, motifs de gomme cuivrée empierrée.

**FORMES**
Manteaux folkloriques trenches, parkas ethniques, vestes étriquées, cardigans «historiques», smokings en patchworks de noirs, panoplies militaires, minikilts ou maxi-jupes «châlet», les robes sont des tuniques et parfois des maillots du soir.

**MOTIFS**
Carreaux et rayures, tartans, cachemires et fleurs géantes, peaux de bête et camouflage, bouquets chinois, tapis et tapisseries, pochoirs de dentelle.

Christian Lacroix

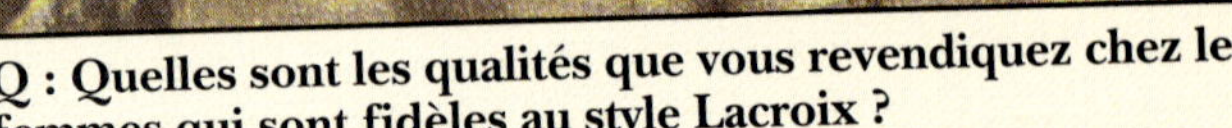

## BAZAR

**ACCESSOIRES**
Chapeaux de cuir et bérets jacquard, gants tricotés ou imprimés, gourmettes, bracelets, sautoirs, boucles d'oreilles, pendentifs et boutons de manchettes «Lettres, croix et clochettes», jambières et collants-dentelles, ceintures, «colliers-de-chien» et «poignets-de-force» en peau lainée, mouchoirs à breloques.

**MATIERES**
Du nylon matelassé ou non, du drap caban, des lainages à carreaux, des rayures masculines, du satin, du crêpe, de la peau, du jean, des tweeds, de la maille, du jersey et du tissu-cravate.

**CHAUSSURES**
Bottes hautes lacées à bouts ronds en cuir frappé chocolat ou noir. Richelieux à semelle crantée et talon bobine en cuir frappé ou en satin et vernis noir. Mocassins effilés à bouts carrés en satin et vernis noir ou en cuir frappé.

**Q : Quelles sont les qualités que vous revendiquez chez les femmes qui sont fidèles au style Lacroix ?**
**C.L. : La liberté qu'elles prennent d'être différentes. Ma cliente n'est pas de celles qui cherchent à passer inaperçues. Elle étonne, elle détone, elle choque, au meilleur sens du terme. Parce qu'avant tout, elle est libre. Sans doute nous inscrivons-nous dans une évolution générale de la mode. Il me semble cependant qu'aujourd'hui les notions de passé, de présent, de futur sont dépourvues de signification. Le mot contemporain a bien vieilli en ce qui concerne le goût. Désormais, l'élégance la plus pointue mélange toutes les époques, tous les styles, toutes les catégories de vêtements, et même les catégories de prix.**

**I.** What kind of information is given on the third page of the reading?

**J.** Give examples of what elements make up the look of each of Lacroix's lines.

**K.** Match each item with its proper category:

chapeaux de cuir
lainages à carreaux
bottes hautes lacées
robes souples
plumes, fourrures et dorures

collants-dentelles
fleurs géantes

**L.** Use the root word to figure out the meaning of these adjectives.

1. métallisé
2. argenté
3. doré
4. lainé
5. épaulé
6. bordé

**M.** How does Christian Lacroix characterize his average client?

**N.** According to Lacroix, elegance is a mixture of what things?

# ECRIVONS!

*You've just seen some fashions created by a famous French designer in 1994. In this activity, you'll have the chance to use your imagination to decide what kinds of fashions people will be wearing in the future. You'll take on the role of a TV fashion correspondent in the year 2025 and report on what people are wearing.*

## La mode en l'an 2025

On est en 2025. Tu es journaliste de mode pour l'émission **Paris branché** et tu dois faire un reportage sur la mode actuelle.

### A. Préparation

1. Qu'est-ce qu'on porte en l'an 2025? Quel est le look à la mode? Pour t'en faire une idée, pose-toi les questions suivantes.
   - **a.** Comment est-ce que le monde a changé? Comment sont les gens en 2025? Comment est-ce que cela influence leurs goûts?
   - **b.** Est-ce qu'il y a de nouveaux tissus ou de nouvelles matières dont on peut faire des vêtements?
   - **c.** Est-ce qu'il y a des styles du passé qui reviennent à la mode?
2. Choisis un genre de vêtements particulier pour ton reportage, par exemple, les vêtements de soirée, les vêtements de sport ou les vêtements préférés des adolescents.

**DE BONS CONSEILS**
Sometimes it's hard to come up with ideas for writing about an imaginary situation. One good way to jump-start your imagination is to ask yourself questions about the topic. For example, if you're asked to write about an imaginary place, you might ask yourself: How are the people there different from us? What's important to them? What do they do? Where do they live? How do they dress? Asking yourself these kinds of questions is a great way to generate ideas and help you get started. Don't be afraid to turn your imagination loose!

### B. Rédaction

Fais un brouillon de ton reportage.

1. Décris le type de vêtements que tu as choisi. N'oublie pas d'ajouter quelques informations sur...
   - **a.** le style général des vêtements : décontracté, classique, habillé, sportif, etc.
   - **b.** les couleurs et les motifs
   - **c.** les tissus et les matières
   - **d.** les endroits où on porte ce genre de vêtements
   - **e.** le prix de ces vêtements
   - **f.** le genre de boutiques ou de magasins où on peut les acheter
2. A la fin du reportage, parle des catégories suivantes pour compléter le look.
   - **a.** accessoires
   - **b.** chaussures
   - **c.** maquillage
3. Fais quelques dessins des vêtements que tu as décrits pour illustrer ton reportage.

### C. Evaluation

1. Relis ton brouillon. Est-ce que tu peux ajouter quelques détails pour rendre ton reportage plus intéressant?
2. Corrige la grammaire, l'orthographe et le vocabulaire de ton reportage et rédige la version finale.
3. Devant la classe, joue le rôle du/de la journaliste et présente ton reportage à la télé.

# MISE EN PRATIQUE

**1** Lis ce que ces stars françaises disent à propos de leur look. Ensuite, écoute bien. Est-ce que c'est Vanessa ou Hélène qui parle?

**Vanessa Paradis**

**Beauté**

«J'aime faire ressortir mes yeux. Je les mets en valeur en appliquant une ombre à paupières dans les tons violets. Pour qu'on les remarque encore plus, je dessine un trait de crayon noir à l'intérieur de l'œil et surtout un trait d'eye-liner noir au ras des cils supérieurs. Deux couches de mascara sur les cils, un trait de crayon à lèvres pour dessiner le contour de ma bouche, que je coordonne à un rouge à lèvres mat. Cela fait plus soigné ! Mon teint, je l'unifie avec un fond de teint clair et de la poudre transparente.»

250 F  315 F  495 F

**look**

«Il est dans le style des années 70 ! J'adore aller aux puces pour fouiner. Mes coups de cœur : une paire de chaussures à plate-forme, un pantalon pattes d'eph, une chemise unie ou imprimée à fleurs, une brassière en crochet, une mini-jupe ou un short.»

**Hélène Rolles**

**Beauté**

«Moi, mon truc, c'est d'être la plus naturelle possible. Je démarre ma journée par un petit déjeuner équilibré : thé au lait, tartines au miel, croissants, jus de fruits frais bourrés de vitamines. Ça me donne la pêche ! Quand je ne travaille pas, je ne me maquille pas. En revanche, pour sortir avec mes copains ou pour les concerts, j'utilise une crème teintée hydratante que je matifie avec un nuage de poudre très claire. Une légère touche de mascara sur mes cils, un soupçon de brillant à lèvres sur ma bouche et du vernis transparent sur mes ongles. C'est suffisant ! Pour avoir des cheveux impeccables, je les lave tous les matins avec un shampooing doux.»

**look**

«Comme je passe la plupart de mon temps à la campagne, je me sens très bien dans les vêtements confortables. C'est l'idéal pour faire des balades avec mon chien, pêcher à la ligne ou faire de la poterie. Mes coups de cœur : une parka en toile, un jean et un denim bleu ou d'autre couleur, le bon gros pull col camionneur, la chemise trappeur et la paire de chaussures de marche.»

240 F  306 F  479 F

**2** a. Tu travailles pour un magazine de mode français. Tu vas interviewer une célébrité sur son look. Joue cette scène avec ton/ta camarade. Puis, changez de rôles.

b. Ecris ton article pour le magazine. N'oublie pas de dire quels sont les vêtements préférés de la célébrité, comment il/elle préfère se coiffer (se maquiller) et pourquoi.

**3** a. Ton ami(e) a un entretien d'embauche *(job interview)*. Il/Elle ne sait pas quoi mettre. Discute avec lui/elle d'un ensemble possible. Dis-lui ce que tu penses de ses idées et il/elle va aussi te donner son opinion.

b. Ton ami(e) a choisi quelque chose à mettre. Il/Elle l'essaie pour voir si ça lui va bien. Fais-lui des compliments et rassure-le/-la.

 **4** Qu'est-ce que tu penses du look de ces mannequins français? Avec ton/ta camarade, parle de leurs vêtements et de leur look.

Brian porte un pantalon en coton blanc cassé extra large et une chemise rouge et blanche à carreaux. Comme chaussures, il porte des bottines en daim marron. Sur la tête, il a noué un bandana blanc et bleu qui apporte une note d'originalité à son style cool et confortable.

*Patrice porte une veste et un gilet en lin gris clair, un pantalon en lin gris foncé, une chemise en coton, une cravate en soie rayée et un chapeau en paille. Le tout, création Hermès*

## 5 JEU DE ROLE

With group members, create outfits to present in a fashion show. Make sketches of outfits and ask other group members their opinions. Then, decide together which outfits you're going to present and write descriptions of them. During the fashion show, take turns being models and the commentator who describes the clothing. As the audience, your classmates will point out the outfits that they find interesting and tell what they think of them. They'll also write down their opinions of each outfit. Which outfits are the most popular?

# QUE SAIS-JE?

## Can you use what you've learned in this chapter?

Can you ask for and give opinions? p.86

**1** How would you ask your friend's opinion of these items?

1. 
2. 
3. 

**2** How would you give your opinion of the items in number 1 if you liked them? If you disliked them?

Can you ask which one(s)? p.88

**3** Your friend is pointing out some things she likes, but you can't tell which one(s) she's talking about. How do you ask?

1. 
2. 
3. 

Can you point out and identify people and things? p.88

**4** How would your friend answer your questions in number 3?

**5** How would you identify the following people if you didn't know their names?

1. 

2. 

Can you pay and respond to compliments? p.96

**6** How would you compliment a friend on an article of clothing?

**7** How would you respond if someone complimented you on your clothing?

Can you reassure someone? p.96

**8** What would you say to reassure a friend who is uncertain about a new haircut or article of clothing?

# VOCABULAIRE

## PREMIERE ETAPE

### Asking for and giving opinions

**Qu'est-ce que tu penses de... ?** *What do you think of . . . ?*
**Qu'en penses-tu?** *What do you think of it?*
**J'aime bien ce genre de...** *I like this type of . . .*
**Je trouve qu'ils/elles font...** *I think they look . . .*
**Ça fait vraiment cloche!** *That looks really stupid!*

### Clothing and styles

**un caleçon** *leggings*
**un collant** *panty hose, tights*
**un col roulé** *a turtleneck sweater*
**un costume** *a man's suit*
**des gants** (m.) *gloves*
**un gilet** *a vest*
**des hauts talons** (m.) *high heels*
**une mini-jupe** *a miniskirt*
**un pendentif** *a pendant*
**un sac** *a purse*
**à col en V** *V-necked*
**à pinces** *pleated*
**à pois** *polka-dot*
**à rayures** *striped*
**écossais(e)** *plaid*
**en laine** *wool*
**en soie** *silk*
**forme tunique** *tunic style*

### Describing clothing or hairstyles

**affreux(-euse)** *hideous*
**classe** *classy*
**délirant(e)** *wild*
**élégant(e)** *elegant, sophisticated*
**hyper-cool** *super cool*
**ringard(e)** *corny*
**sérieux(-euse)** *conservative*
**sobre** *plain*
**tape-à-l'œil** *gaudy*
**vulgaire** *tasteless*

### Asking which one(s)

**Quel(s)/Quelle(s)... ?** *Which . . . ?*
**Lequel/Laquelle?** *Which one?*
**Lesquels/Lesquelles?** *Which ones?*

### Pointing out and identifying people and things

**Celui-là/Celle-là.** *That one.*
**Ceux-là/Celles-là.** *Those.*
**Celui du...** *The one . . .*
**Celui avec...** *The man/boy/one with . . .*
**Celle qui...** *The woman/girl/one who . . .*
**La fille au...** *The girl in the/with the . . .*
**Là-bas, le garçon qui...** *Over there, the boy who . . .*

## DEUXIEME ETAPE

### Paying and responding to compliments

**Je te trouve très bien comme ça.** *I think you look very good like that.*
**Ça fait très bien.** *That looks good.*
**C'est tout à fait toi.** *That's really you.*
**Que tu es... avec ça!** *You really look . . . in that!*
**Ça te va comme un gant.** *That fits you like a glove.*
**C'est assorti à...** *That matches . . .*
**Oh, c'est un vieux truc.** *This old thing?*
**Oh, tu sais, je ne l'ai pas payé(e) cher.** *Oh, it wasn't expensive.*

### Reassuring someone

**Crois-moi, ...** *Believe me, . . .*
**Je t'assure, ...** *Really, . . .*
**Fais-moi confiance, ...** *Trust me, . . .*
**Je ne dis pas ça pour te faire plaisir.** *I'm not just saying that.*

### Hair and hairstyles

**une barbe** *a beard*
**les cheveux courts** *short hair*
**en brosse** *a crew cut*
**frisés** *curly hair*
**longs** *long hair*
**teints** *dyed hair*
**raides** *straight hair*
**un chignon** *a bun*
**un coiffeur/une coiffeuse** *a hair stylist/barber*
**une coupe** *a haircut*
**une coupe au carré** *a square cut*
**la frange** *bangs*
**une moustache** *a mustache*
**une natte** *a braid*
**des pattes** (f.) *sideburns*
**une permanente** *a perm*
**une queue de cheval** *a pony tail*
**un shampooing** *a shampoo*
**faire** + inf. *to have (something) done*
**se friser** *to curl one's hair*
**se raser** *to shave*

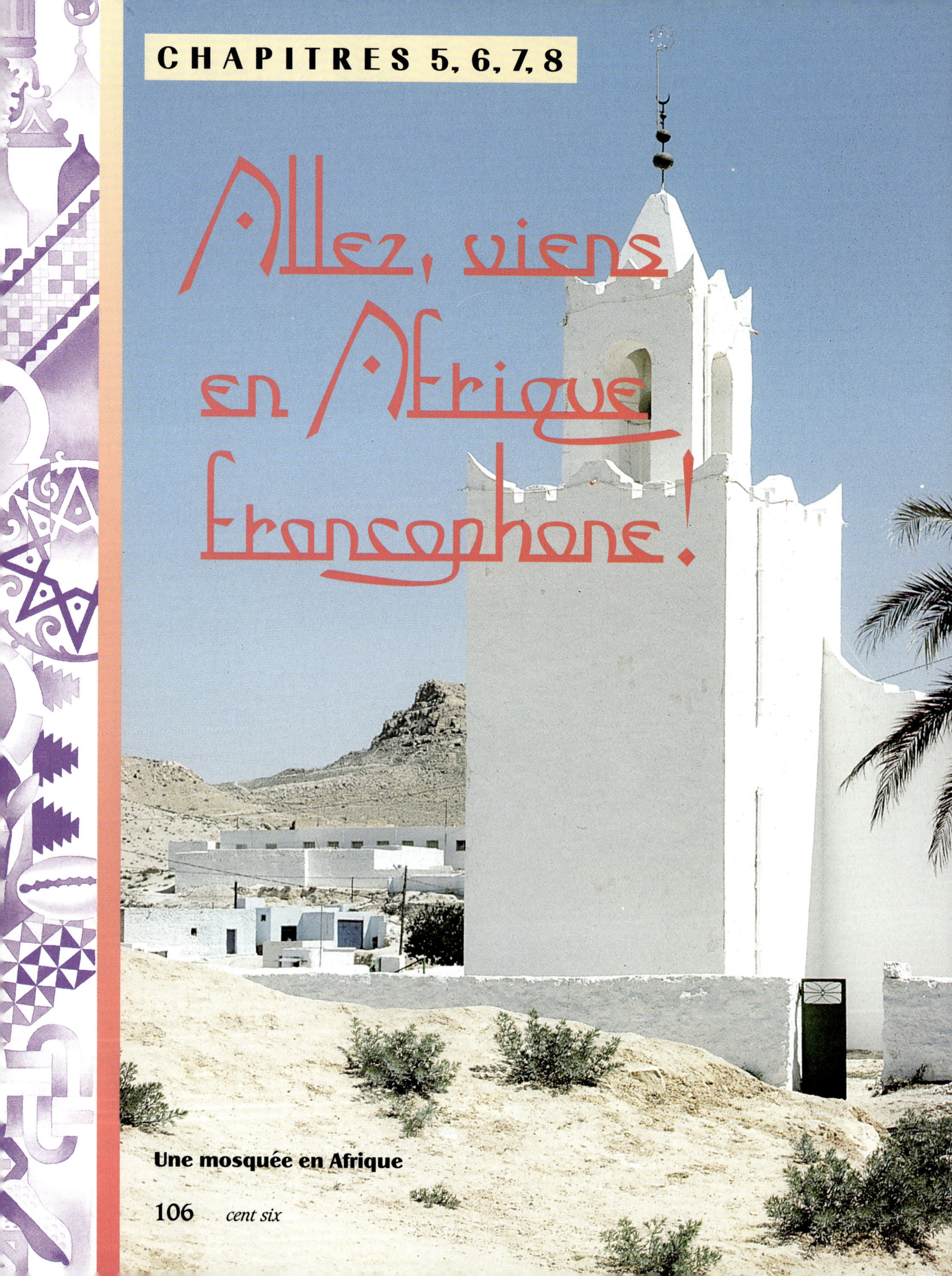

# CHAPITRES 5, 6, 7, 8

# Allez, viens en Afrique francophone !

Une mosquée en Afrique

# L'Afrique francophone

| | Le Maroc | La Tunisie | Le Sénégal | La République centrafricaine |
|---|---|---|---|---|
| **Population** | 26.181.000 | 8.400.000 | 7.952.000 | 2.875.000 |
| **Superficie** (km²) | 450.000 | 164.000 | 197.000 | 640.000 |
| **Capitale** | Rabat | Tunis | Dakar | Bangui |
| **Spécialités** | pastilla, thé à la menthe | couscous, tajine | maffé, chawarma | dengbé |

**Autres états et régions francophones :** l'Algérie, le Bénin, le Burkina-Faso, le Burundi, le Cameroun, les Comores, le Congo, la Côte d'Ivoire, Djibouti, le Gabon, la Guinée, l'île Maurice, le Mali, la Mauritanie, Madagascar, Mayotte, le Niger, le Ruanda, la Réunion, le Sahara Occidental, les Seychelles, le Tchad, le Togo, le Zaïre

*En Afrique, la francophonie ne représente pas tout à fait la culture traditionnelle française telle qu'on la trouve en Europe. La langue française a été introduite par les colons français. Dans certains de ces pays, le mélange des cultures a été très bien accepté par les populations. Beaucoup de jeunes parlent français et continuent leurs études en France avec l'aide de bourses du gouvernement français; ils rentrent alors dans leur pays avec un diplôme qui leur donne accès à des postes importants. Par contre, dans d'autres pays comme l'Algérie, l'union des cultures ne se fait pas aussi parfaitement parce qu'il y a un mouvement très puissant qui cherche à préserver les traditions religieuses et culturelles.*

① **Le baobab** est un arbre typiquement africain. Souvent, les villages sont construits près d'un baobab.

② Au Maroc, Casablanca, ou «Casa la Blanche», est un des plus grands ports artificiels du monde.

③ **Le désert du Sahara** recouvre une grande partie de l'Afrique du Nord.

④ **Abidjan** est la ville principale de la Côte d'Ivoire, avec ses gratte-ciel et ses larges avenues.

⑤ Au marché marocain qu'on appelle **un souk,** on trouve des fruits et des légumes. En plus, tout l'artisanat africain est souvent représenté.

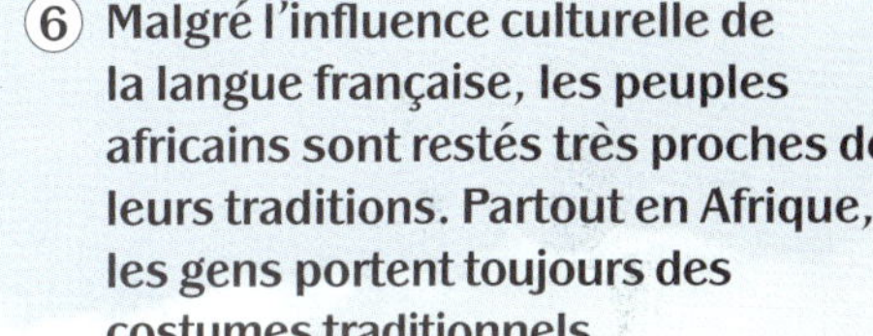

⑥ Malgré l'influence culturelle de la langue française, les peuples africains sont restés très proches de leurs traditions. Partout en Afrique, les gens portent toujours des costumes traditionnels.

⑦ La République centrafricaine est un pays de savanes. On peut y voir de nombreux animaux sauvages.

CHAPITRE 5

# C'est notre avenir

① Dakar, centre économique du Sénégal

As-tu déjà pensé à ton avenir? Les jeunes Sénégalais que nous rencontrons ici se demandent ce qu'ils vont faire plus tard. Pour certains, le baccalauréat est une étape importante. D'autres finissent leurs études avant la terminale et commencent à travailler très jeunes. Et pour toi, qu'est-ce que ce sera? L'université? Le travail?

## In this chapter you will learn

- to ask about and express intentions; to express conditions and possibilities
- to ask about future plans; to express wishes; to express indecision; to give advice; to request information; to write a formal letter

## And you will

- listen to teenagers talk about their plans for the future
- read employment ads
- write a letter to apply for a job
- find out how teenagers in francophone countries choose and prepare for a career

② Tu ferais mieux de continuer tes études.

③ Peut-être que je ferai un apprentissage.

# Mise en train

## L'avenir, c'est demain

L'avenir, c'est dans un ou deux ans. C'est le bac, l'université, le travail, le mariage... Comment est-ce que ces jeunes Sénégalais voient leur avenir après le lycée?

1 Lamine, 17 ans, Dakar

L'année prochaine, j'aurai dix-huit ans et je passerai mon bac. Ensuite, si je le réussis, j'entrerai à l'université. Je voudrais faire des études de médecine. Dans sept ou huit ans, si tout va bien, il se peut que je sois médecin. Bien sûr, si je rencontre une fille que j'aime, il est possible que je me marie et que j'aie des enfants. Mais ça, c'est pour plus tard. Pour l'instant, le principal, c'est de réussir mon bac.

2 Fatima, 17 ans, Dakar

J'ai du mal à imaginer mon avenir. Je ne sais pas ce que je ferai après le bac. Peut-être que j'arrêterai mes études et que je travaillerai avec mes parents. Ils ont une boutique de vêtements et ils voudraient que je travaille avec eux. Ça ne m'intéresse pas tellement, mais il faut bien que je gagne de l'argent. Et ici, à Dakar, il y a beaucoup de chômage. Enfin, j'ai encore un an pour réfléchir.

3 Omar, 16 ans, Dakar

Plus tard, j'ai l'intention d'être musicien. J'espère que je serai célèbre, mais bon, je ne rêve pas trop. En tout cas, après mon bac, j'arrêterai mes études et je me consacrerai entièrement à la musique. Je joue déjà du saxophone dans un petit groupe de World Music. C'est mon rêve et je pense que je réussirai. Le seul problème, c'est convaincre mes parents. Je ne sais pas s'ils seront d'accord. Il faut que j'en parle avec eux. Mais j'attendrai le bon moment!

Après le bac, je pense voyager. Mon frère habite en France et j'irai peut-être le rejoindre. Il m'écrit qu'il aime beaucoup la vie là-bas. Au début, c'était difficile, mais il s'est bien intégré. Il travaille dans une entreprise d'import-export. Il fait venir des vêtements sénégalais. Moi, ça me plairait bien comme travail. J'aime beaucoup la mode. Ici, c'est difficile pour une fille de trouver du travail. Mais ce ne sera pas facile d'obtenir un permis de travail pour la France. Et puis, mes parents ne sont pas d'accord. Ils pensent qu'il vaut mieux rester dans son pays que d'aller vivre dans un autre pays. Alors, il faudra que j'attende d'être majeure. Quand j'aurai dix-huit ans, je prendrai une décision.

❹ Safiétou, 16 ans, Dakar

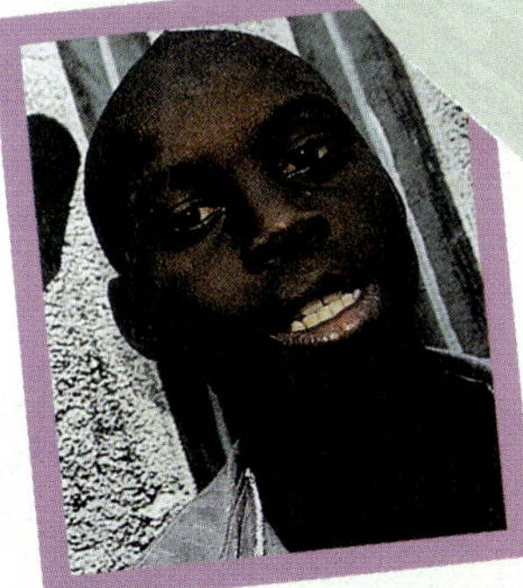

❺ Ousmane, 18 ans, Saint-Louis

Moi, quand j'aurai vingt et un ans, je passerai immédiatement mon permis de conduire pour être chauffeur de taxi, comme mon père. J'aime beaucoup conduire. Et puis, dans un taxi, on rencontre des tas de gens, des touristes, surtout. Je discute beaucoup avec mon père, il aime son métier. Je crois que ça me plaira aussi. Je ne sais pas si je ferai ça toute ma vie, mais, pour l'instant, ça m'intéresse.

Après le bac, moi, j'ai décidé de partir en vacances un mois pour me reposer du lycée. J'ai l'intention d'aller à la plage et de jouer au volley avec les copains. Après, je ferai une école de commerce à Dakar. Là-bas, j'habiterai chez mon oncle. Quand je serai à Dakar, je tiens à aller au cinéma et au concert parce qu'ici, quand on veut sortir, il n'y a pas grand-chose. C'est une petite ville, avec un seul lycée et assez peu de distractions. Une fois en ville, je compte travailler, bien sûr, mais aussi m'amuser! Après, quand j'aurai mon diplôme de l'école de commerce, je chercherai du travail dans une banque. C'est ça qui m'intéresse.

❻ Penda, 17 ans, Joal-Fadiout

## 1 Tu as compris?

1. At what stage in their life are the writers of the letters you've just read?
2. What question would these letters answer?
3. What are some of the things these teenagers are planning for their future?

## 2 C'est qui?

Associe les jeunes de **L'avenir, c'est demain** aux projets qu'ils ont pour l'avenir.

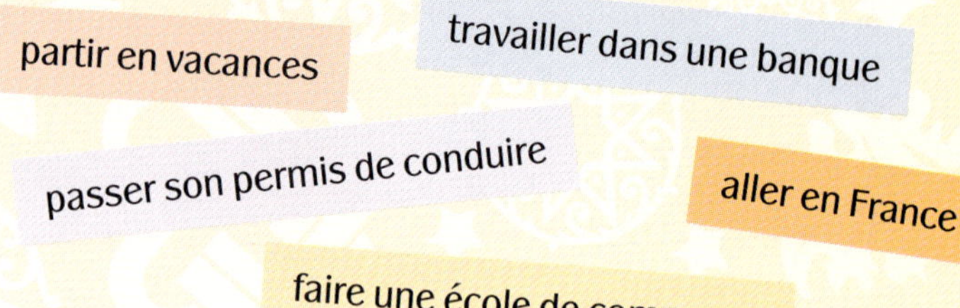

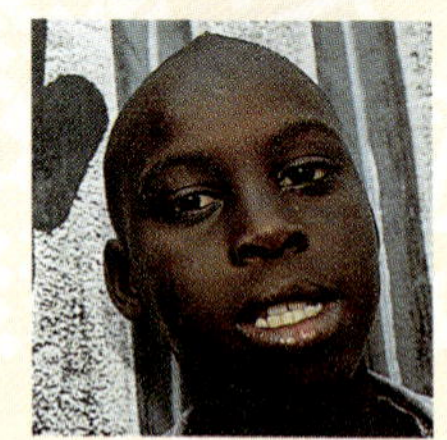

être chauffeur de taxi

faire des études de médecine

travailler avec son frère

## 3 Vrai ou faux?

1. Lamine n'a pas l'intention de se marier.
2. Fatima est contente à l'idée de travailler dans la boutique de ses parents.
3. Il y a beaucoup de chômage à Dakar.
4. Omar veut arrêter ses études et se consacrer à sa musique.
5. Le frère de Safiétou vend des vêtements sénégalais en France.
6. Les parents de Safiétou veulent bien qu'elle habite chez son frère.
7. Ousmane serait content de pouvoir rencontrer des touristes.
8. Penda pense chercher du travail dans une entreprise d'import-export.
9. La ville de Joal-Fadiout est une grande ville où il y a beaucoup de distractions.

## 4 Cherche les expressions

What expressions do the teenagers in **L'avenir, c'est demain** use to . . .

1. express a condition?
2. express a possibility?
3. express indecision?
4. express an intention?
5. express an obligation?
6. express interest in something?

## 5 Et maintenant, à toi

Qu'est-ce que tu penses faire après le lycée? Est-ce que tu vas faire comme un des jeunes de **L'avenir, c'est demain**?

### Note Culturelle

Career opportunities are extremely limited for young people in Senegal, especially those who do not live in big cities. Most of the people in the country work in agriculture, and young people are generally expected to work in the fields as their parents do. Although the law requires that all children complete six years of schooling, in reality only 55% of Senegalese children go to elementary school, and only 10% attend high school. Very few go on to attend Senegal's only university, **l'université de Dakar.**

# Rencontre Culturelle

Qu'est-ce que tu sais sur le Sénégal? Pour t'en faire une meilleure idée, regarde ces photos.

Un marché en plein air

Dakar, la capitale du Sénégal

L'arachide est le produit agricole principal.

La musique traditionnelle est toujours populaire.

La pêche est une activité très importante.

On peut acheter des masques dans les marchés d'artisans.

## Qu'en penses-tu?

1. What impression of Senegal do these photos give you?
2. Judging from the photos, what are some of the activities of the people of Senegal? Do people do similar things in cities and towns you know of in other parts of the French-speaking world? In your community?

## Savais-tu que... ?

Senegal, a small country in western Africa, is composed of numerous ethnic groups, including the Wolof, Serer, Diola, and Toucouleur. Many people live in modern urban centers such as Senegal's immense capital, Dakar, which is a business and trade center for all of western Africa. However, most Senegalese live in rural areas and practice customs that date back several hundred years. A chief and group of elders govern each village, deciding on matters such as building a well or a mosque. Agriculture is the mainstay of the economy, and people of all ages participate in cultivating peanuts and other crops, as well as in raising cattle and fishing. People in both cities and villages have strong traditions expressed by their involvement in arts, crafts, music, and dance. Even sports, which are very popular, are sometimes rooted in village traditions, such as **la lutte sans frappe,** a type of wrestling dating back to the seventeenth century.

# PREMIERE ETAPE

***Asking about and expressing intentions; expressing conditions and possibilities***

## VOCABULAIRE

Regarde les étapes de la vie du père d'Adja.

A dix-huit ans, il **a réussi son bac.**

Ensuite, il **a fait son service militaire.**

Puis, à vingt et un ans, il **a passé son permis de conduire.**

Après, il **est entré à l'université.**

Il **a fini ses études.**

Il **a été** six mois **au chômage.**

Ensuite, il **a trouvé un travail.**

A vingt-sept ans, il **s'est marié.**

Et, à vingt-neuf ans, il **a eu une fille,** Adja.

obtenir son diplôme
arrêter ses études

choisir un métier *to choose a career*
faire un apprentissage *to do an apprenticeship*

faire une école technique
quitter sa famille *to leave home*

### 6 Ecoute!

Ecoute le père d'Adja et ses amis se rappeler des souvenirs de leur jeunesse et décide si la personne qui parle est le père d'Adja ou non.

## COMMENT DIT-ON... ?

### Asking about and expressing intentions; expressing conditions and possibilities

*To ask about intentions:*

**Qu'est-ce que tu penses faire** après le bac?

**Qu'est-ce que tu vas faire** l'année prochaine?

**Qu'est-ce que tu as l'intention de faire** en juillet?

**Qu'est-ce que tu comptes faire** cet été?

*To express intentions:*

Après le bac, **je pense** travailler.

En juillet, **j'ai l'intention de** partir en vacances.

**Je compte** passer mon permis cet été. *I'm planning on . . .*

**Je tiens à** continuer mes études. *I really want to . . .*

*To express conditions:*

**Si** je réussis mon bac, j'entrerai à l'université.

**Si** j'habite à Dakar, je chercherai un travail.

**Si** je me marie, j'aurai des enfants.

*To express possibilities:*

**Peut-être que** je travaillerai.

**Il se peut que** je fasse un apprentissage.

**Il est possible que** je fasse des études de médecine.

### 7 Ecoute!

Séka

Prosper

Prisca

Angèle

Ecoute ces jeunes qui parlent de leurs projets après le lycée. Qui a l'intention de... ?

se marier
trouver un travail
entrer à l'université
rendre visite à son frère
avoir un enfant
prendre un appartement
quitter sa famille
se reposer
faire un apprentissage
partir en vacances
travailler comme chauffeur

### Tu te rappelles?

Do you remember the forms of the subjunctive that you learned in Chapter 3? Take the **-ent** off of the present tense **ils/elles** form of the verb and add the endings **-e, -es, -e, -ions, -iez, -ent.** Remember that some verbs have irregular stems, but regular endings. Have you noticed some new uses of the subjunctive? There are four expressions you'll learn in this chapter that you'll have to use the subjunctive with: **Il se peut que...**, **Il est possible que...**, **Il faudrait que...**, and **Il vaudrait mieux que...**

### 8 Il se peut que je...

Qu'est-ce que Bertille pense faire après le lycée? Complète ses phrases.

## Grammaire The future

You've already learned to use **aller** with an infinitive to say that you're *going to do* something. There is also a future tense in French you can use to say that you *will do* something.

**Je prendrai** une décision. **Il retrouvera** des amis.
*I will make . . .* *He'll meet . . .*

- To form the future tense of most verbs, add the endings **-ai**, **-as**, **-a**, **-ons**, **-ez**, **-ont** to the infinitive. If the infinitive ends in **-re**, drop the final **e** before you add the endings.

| | |
|---|---|
| Je **parlerai** français. | Nous **voyagerons** au Sénégal. |
| Tu **choisiras** un métier. | Vous **sortirez** après minuit. |
| Il/Elle/On **vendra** des fruits. | Ils/Elles **prendront** une décision. |

- There are a few irregular verbs that have a special stem to which you add the same endings. You just have to memorize these stems. Here are some of the most common ones:

| | | |
|---|---|---|
| **ser- (être)** | **devr- (devoir)** | **pourr- (pouvoir)** |
| **aur- (avoir)** | **voudr- (vouloir)** | **verr- (voir)** |
| **fer- (faire)** | **viendr- (venir)** | **enverr- (envoyer)** |
| **ir- (aller)** | **deviendr- (devenir)** | **saur- (savoir)** |

Je **ferai** mes devoirs. On **viendra** à neuf heures.
Il **aura** dix-huit ans. Tu **seras** content.

### 9 L'avenir de Gérard

Christine imagine l'avenir de Gérard. Complète leur conversation.

GERARD Dis, Christine, à ton avis, qu'est-ce que je __1__ (devenir)?
CHRISTINE D'abord, tu __2__ (réussir) ton bac.
GERARD Et après?
CHRISTINE Après ça, tu __3__ (entrer) à l'université.
GERARD Ah non! J'en ai marre des études! Je __4__ (chercher) un travail.
CHRISTINE Non, tu __5__ (finir) tes études à l'université.
GERARD Et pourquoi? Qu'est-ce que je __6__ (faire) après?
CHRISTINE Si tu finis, tu __7__ (être) peut-être diplomate.
GERARD Mais je ne veux pas être diplomate.
CHRISTINE Et pourquoi pas? Comme ça, tu __8__ (pouvoir) voyager partout.
GERARD Euh...
CHRISTINE Tu __9__ (aller) dans beaucoup de pays étrangers. Tu __10__ (voir) le monde entier, quoi. Tu __11__ (apprendre) beaucoup de langues...
GERARD Oui, ça pourrait être intéressant, mais j'ai l'intention de me marier. Est-ce que j' __12__ (avoir) des enfants?
CHRISTINE Oui. Et ta famille __13__ (vivre) avec toi.
GERARD Et on __14__ (avoir) une grande maison?
CHRISTINE Oui! Ça __15__ (être) nécessaire à cause de tes sept enfants!

## 10 Qu'est-ce qu'elle fera?

Qu'est-ce qu'Adjoua fera si elle rend visite à son frère à Paris?

1. 

3. 

2. 

4. 

## 11 Le temps passe

Safiétou et Penda se marieront cet été. Imagine leur vie pendant les vingt années qui suivront.

Elle...

être toujours aussi jolie
avoir un travail intéressant
écrire un livre
aller en France

Il...

finir ses études
chercher un travail
devenir banquier
avoir une barbe
être un peu plus gros

Ils...

avoir des enfants
acheter une maison
prendre des vacances chaque année
faire un voyage en Afrique

## 12 Fais des phrases

Fais des phrases pour décrire des activités que tes amis et toi ferez peut-être après le lycée.

| | | |
|---|---|---|
| Moi, je | choisir un métier | chercher du travail |
| Mes amis | se marier | dormir jusqu'à midi |
| Un(e) de mes ami(e)s | prendre un appartement | aller dans une école technique |
| Mes amis et moi, nous | entrer à l'université | gagner de l'argent |
| | sortir tous les soirs | voyager beaucoup |

## 13 Leurs projets d'avenir

Avant le bac, ces jeunes disent à leurs parents ce qu'ils veulent faire plus tard. Avec ton/ta camarade, écris les dialogues entre ces jeunes et un de leurs parents. Puis, jouez ces scènes.

Chakib rêve de devenir footballeur professionnel.

Marina veut trouver un travail et habiter à Dakar.

Aïcha hésite entre aller à l'université et travailler comme vendeuse.

Farouk ne sait pas ce qu'il veut faire.

## 14 Qu'est-ce que je deviendrai?

Dis à ton/ta camarade ce qui t'intéresse et ce que tu aimes faire. Il/Elle te dira ce que tu deviendras, à son avis. Pose-lui des questions. Changez de rôles.

# Remise en train

## Passe ton bac d'abord!

Omar Zidane habite à Dakar, au Sénégal. Pour lui, c'est bientôt la fin du lycée. Qu'est-ce qu'il va faire après? Il a une discussion à ce sujet avec ses parents.

**MME ZIDANE** Alors, Omar? Tu as réfléchi? Tu sais ce que tu veux faire après ton bac?

**OMAR** Euh, oui. J'aimerais faire de la musique.

**MME ZIDANE** De la musique!

**OMAR** Oui, du saxophone. Je voudrais faire une école de musique.

**M. ZIDANE** Tu ferais mieux d'entrer à l'université pour faire des études sérieuses.

**OMAR** Pourquoi? C'est pas sérieux, la musique?

**MME ZIDANE** Tu sais bien, il n'y a pas beaucoup de débouchés. Il y a tellement de groupes. Tu ferais mieux de devenir médecin ou ingénieur, ou...

**OMAR** Mais, maman, si je ne réussis pas à percer, je pourrai toujours devenir professeur de musique.

**M. ZIDANE** Tu sais, ce n'est pas très bien payé, professeur.

**OMAR** Et alors? Ce n'est pas l'argent qui m'intéresse, c'est la musique!

**MME ZIDANE** Ecoute, il faut d'abord que tu penses à ton bac. Après, on verra. Mais il faut que tu réfléchisses sérieusement. Musicien, c'est une profession difficile.

**OMAR** Un jour, je serai célèbre. Et quand on me demandera comment je suis devenu musicien, je dirai : «Ça a été très dur. Mes parents ne voulaient pas que je fasse de la musique!»

### 15 Tu as compris?

1. What are Omar and his parents talking about?
2. What would Omar like to do?
3. What are his parents' concerns?
4. What advice does Dana give to Omar?
5. What information does he provide about himself?
6. What information does Omar request in his letter?

### 16 Mais moi, je veux!

Décide si c'est Omar ou ses parents qui ont dit les phrases suivantes, puis récris leur conversation.

Quelques jours plus tard, Omar parle à son amie Dana de sa conversation avec ses parents.

OMAR Tu sais, j'ai parlé avec mes parents.

DANA Ah oui? Et qu'est-ce qu'ils ont dit?

OMAR Eh bien, ils ne veulent pas que je fasse de la musique.

DANA Pourquoi?

OMAR Ils disent qu'il n'y a pas de débouchés.

DANA Tu leur as expliqué que tu pouvais devenir professeur de musique?

OMAR Oui. Mais ils veulent que je réfléchisse. Bref, ils ne sont pas d'accord.

DANA Tu sais, tu devrais te renseigner auprès d'une école de musique. Peut-être qu'avec plus d'informations, tu pourrais convaincre tes parents.

OMAR Tu as raison, je vais me renseigner un peu mieux.

Omar a finalement écrit une lettre à une école de musique pour avoir plus de renseignements.

Omar Zidane
28, rue Vincent
Dakar

Dakar, le 12 mai 1996

Monsieur le Directeur,
Je me permets de vous écrire parce que j'ai entendu parler de votre école. J'aimerais beaucoup faire des études de musique après mon baccalauréat. Je joue du saxophone depuis cinq ans. Actuellement, je fais partie d'un groupe de World Music, mais j'aimerais me perfectionner. Auriez-vous l'amabilité de m'envoyer des renseignements sur votre école? Je voudrais savoir quels cours sont offerts, le prix, la durée de la formation et quand les cours commencent. Vous serait-il possible de m'envoyer une brochure?

Avec mes remerciements anticipés, veuillez accepter, Monsieur le directeur, l'expression de mes salutations respectueuses.

Omar Zidane

a. Un jour, je serai célèbre.

b. La musique, c'est un métier difficile.

c. Tu ferais mieux de devenir médecin ou ingénieur.

d. C'est pas sérieux, la musique?

e. Si je ne réussis pas, je pourrai toujours devenir professeur de musique.

f. Professeur de musique, ce n'est pas bien payé.

g. Il faudrait que tu fasses des études sérieuses.

h. Il n'y a pas de débouchés. Il y a trop de groupes.

i. Ce n'est pas l'argent qui m'intéresse.

## 17 Cherche les expressions

According to **Passe ton bac d'abord!**, what expressions would you use to . . .

1. ask about someone's plans?
2. express a wish?
3. give advice?
4. express an obligation?
5. begin a letter?
6. request information?
7. end a letter?

## 18 Et maintenant, à toi

Et toi? Est-ce que tu as déjà parlé de ton avenir avec tes parents? Est-ce que vous êtes d'accord?

# PANORAMA CULTUREL

We asked some young people about their plans for the future. Here's what they had to say.

## Quel métier aimerais-tu faire?

«Plus tard, j'aimerais beaucoup faire du journalisme parce que j'aime bien enfin... écrire. Beaucoup. J'adore écrire, donc ça serait plutôt dans la presse. Et parce que... le contact, j'aime beaucoup. Je m'intéresse beaucoup à l'actualité. Enfin, c'est quelque chose que... Analyser, critiquer, j'aime beaucoup ça.»

-Marieke

«J'aurais aimé être avocat international. Parce que, à mon avis, c'est un métier qui est intéressant. Et puis, bon, comme je m'intéresse aux langues, donc, je pense que ça peut me permettre de pratiquer. Dans dix ans, j'imagine ma vie avec optimisme, assez bien. Je me vois vivre d'une manière assez bien, avec une situation fixe et une bonne situation.»

-Rodolphe

«J'aimerais être reporter pour un journal, ou encore être vétérinaire; c'est très différent, mais c'est deux choses que j'aime beaucoup. J'aimerais être chroniqueuse sportive. Chroniqueur sportif, j'aimerais beaucoup ça. Et puis, le problème, c'est qu'en médecine vétérinaire, il faut avoir des très bonnes notes. C'est ce qui m'empêche un peu d'aller là-dedans. C'est trop exigeant.»

-Mélanie

## Qu'en penses-tu?

1. What future plans do these young people have?
2. Are you interested in any of the professions these people mentioned? Which ones?
3. What other professions are you interested in? Why?

# DEUXIEME ETAPE

***Asking about future plans; expressing wishes; expressing indecision; giving advice; requesting information; writing a formal letter***

## VOCABULAIRE

Quel métier est-ce que tu choisiras?

**une avocate**

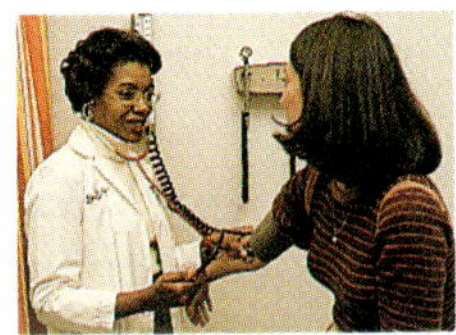
**un médecin**

**une institutrice**

**un ingénieur**

**un plombier**

**un tailleur**

| | |
|---|---|
| **un(e) architecte** | |
| **un(e) avocat(e)** | |
| **un chauffeur** | |
| **un(e) comptable** | *an accountant* |
| **un(e) dentiste** | |
| **un écrivain** | *a writer* |
| **un homme/une femme d'affaires** | *a businessman/woman* |
| **un(e) infirmier (-ière)** | *a nurse* |
| **un instituteur/une institutrice** | |
| **un(e) journaliste** | |
| **un(e) mécanicien(ne)** | |
| **un(e) ouvrier (-ière)** | *a worker* |
| **un(e) pharmacien(ne)** | |
| **un pilote** | |
| **un professeur** | *a high school/college teacher* |
| **un(e) secrétaire** | |
| **un(e) serveur (-euse)** | |
| **un(e) technicien(ne)** | |

### 19 Ecoute!

Ecoute ces conversations et identifie les métiers des personnes qui parlent.

C'est un(e)...

### 20 Comment on se prépare?

Où est-ce qu'on apprend les métiers donnés dans le **Vocabulaire?** Avec ton/ta camarade, fais une liste de professions sous chaque catégorie de formation.

Université | Ecole technique | Apprentissage

### NOTE CULTURELLE

In French-speaking countries, as in other places in the world, there is both formal and informal training available for young people who don't want to pursue a university education. In Senegal, an adult who owns a small business or who is skilled at a trade or a craft will teach younger family members, who often work for many years without pay while they're learning. This passing of knowledge and jobs from one generation to the next is especially important in a country such as Senegal where the unemployment rate is 70–80 percent.

## 21 Qui suis-je?

Choisis une profession et décris-la. Ton/ta camarade devinera quel métier tu décris.

—Je m'occupe des malades.
—Tu es médecin?
—Non.
—Tu es infirmière?
—Oui.

## 22 Sondage

Demande à tes camarades ce qu'ils pensent faire comme métier après le lycée. Quels métiers sont les plus populaires? Pourquoi? Compare tes réponses avec celles de ton/ta camarade.

## 23 Mon journal

Quels sont les métiers qui t'intéressent? Pourquoi? Est-ce que tu as déjà décidé ce que tu feras plus tard?

## Vocabulaire à la carte

| | |
|---|---|
| **un acteur/une actrice** | |
| **un(e) assistant(e) social(e)** | *a social worker* |
| **un(e) banquier (-ière)** | |
| **un(e) dessinateur (-trice)** | *a commercial artist* |
| **un diplomate** | |
| **un(e) électricien(ne)** | |
| **un juge** | |
| **un mannequin** | *a model* |
| **un menuisier** | *a carpenter* |
| **un(e) psychiatre** | *a psychiatrist* |
| **un(e) programmeur (-euse)** | |
| **un(e) scientifique** | |
| **un soldat** | |
| **un(e) vétérinaire** | |

### De bons conseils

You've probably noticed that the names of some careers in French have only a masculine form. You can use the masculine form to refer to both women and men, for example: **C'est un médecin** *(He or she is a doctor).* If you want to make it clear that you're talking about a woman, you can add the word **femme** to the masculine form: C'est une **femme** médecin.

## COMMENT DIT-ON... ?

### Asking about future plans; expressing wishes; expressing indecision; giving advice

*To ask about future plans:*

**Tu sais ce que tu veux faire?**
**Tu as des projets?**
**Qu'est-ce que tu veux faire plus tard?**

*To express indecision:*

**Pas vraiment.**
**Je ne sais pas trop.**
**Non, je me demande.**
*No, I wonder.*
**Je n'en ai aucune idée.**
*I have no idea.*
**J'ai du mal à me décider.**
**Je ne sais plus ce que je veux.**

*To express wishes:*

**Je voudrais** aller à l'université.
**J'aimerais bien** commencer à travailler.
**Ce qui me plairait, c'est de** voyager.
**Mon rêve, c'est d'**être femme d'affaires.

*To give advice:*

**Tu n'as qu'à** trouver un travail.
*All you have to do is . . .*
**Tu devrais** te renseigner.
**Tu ferais mieux/bien de** penser à ton bac.
**Il faudrait que** tu écrives à l'école de musique.
*You ought to . . .*
**Il vaudrait mieux que** tu travailles.
*It would be better if . . .*

## 24 Ecoute!

Est-ce que ces gens savent ce qu'ils vont faire ou est-ce qu'ils hésitent?

## 25 Tu ferais bien de...

Ton/ta camarade te parle de ce qu'il/elle voudrait faire. Donne-lui des conseils. Changez de rôles.

DESIR
acheter une voiture
être acteur/actrice
arrêter le lycée
passer son permis de conduire
quitter sa famille
se marier
devenir musicien(-ne)
???

CONSEILS
chercher un emploi
choisir un métier pratique
obtenir son diplôme
prendre des leçons de conduite
y réfléchir
attendre un peu
aller à l'université
???

### Grammaire The conditional

Generally, you use the conditional in French when you want to tell what you *would* do under certain conditions. You might also use the conditional to be polite. Look at these examples:

Il **gagnerait** beaucoup d'argent comme médecin. *He would earn . . .*
Je **voudrais** des renseignements, s'il vous plaît. *I would like . . .*

- To make the forms of the conditional, start with the same stem you use to make the future tense, but add the endings of the imperfect, **-ais, -ais, -ait, -ions, -iez, -aient.** Remember to drop the **e** from infinitives ending in **-re.**

| | | | |
|---|---|---|---|
| Je **choisirais** | le bleu. | Nous **dirions** | la vérité. |
| Tu **choisirais** | | Vous **diriez** | |
| Il/Elle/On **choisirait** | | Ils/Elles **diraient** | |

- The future and the conditional have the same irregular stems. (See page 118.)

Je **serais** content de continuer mes études.
Tu **ferais** bien d'étudier.

## 26 Tes métiers préférés

Discute avec ton/ta camarade du métier que tu voudrais faire. Il/Elle te donnera son opinion.

—Moi, j'aimerais être (METIER) parce que je...
—Si j'étais toi, je serais plutôt (METIER) parce que tu...

faire plaisir à ses parents
devenir riche
faire un travail qu'on aime
exploiter ses talents
rencontrer beaucoup de gens
voyager
être utile aux autres
être célèbre

## 27 Jeu de rôle

Tu as du mal à décider ce que tu veux faire après le lycée, donc tu as pris rendez-vous avec le/la conseiller(-ère) d'orientation.

**a.** En entrant dans son bureau, on te donne cette fiche à remplir. Donne les réponses appropriées.

**PARMI CES QUALITES, COCHEZ CELLES DANS LESQUELLES VOUS VOUS RECONNAISSEZ LE MIEUX.**

**VOUS AIMEZ :**

- ❏ prendre des responsabilités
- ❏ manier des chiffres
- ❏ écrire
- ❏ créer des objets décoratifs
- ❏ parler des langues étrangères
- ❏ prendre des initiatives
- ❏ étudier

**VOUS ETES :**

- ❏ réfléchi(e)
- ❏ prévoyant(e)
- ❏ patient(e)
- ❏ dévoué(e)
- ❏ rêveur(euse)
- ❏ fantaisiste
- ❏ habile de vos mains
- ❏ sensible
- ❏ logique
- ❏ spontané(e)
- ❏ persuasif(ve)
- ❏ original(e)
- ❏ persévérant(e)

Pour chacun des traits suivants, indiquez comment vous vous situez par rapport aux jeunes de votre âge en mettant :
( + pour très supérieur, = pour moyen, - pour en dessous de la moyenne)

| + = − | |
|---|---|
| ❏❏❏ | aptitudes artistiques |
| ❏❏❏ | tendances à la coopération |
| ❏❏❏ | tendance à aider autrui |
| ❏❏❏ | aptitude au commandement |
| ❏❏❏ | aptitude aux mathémathiques |
| ❏❏❏ | aptitude à la mécanique |
| ❏❏❏ | originalité |
| ❏❏❏ | popularité auprès des autres |
| ❏❏❏ | aptitudes scientifiques |
| ❏❏❏ | confiance en soi |
| ❏❏❏ | ordre et soin dans son travail |
| ❏❏❏ | compréhension des autres |

Notez l'importance que vous attribuez aux différents objectifs ou réalisations en mettant :
( + pour très supérieur, = pour moyen, - pour en dessous de la moyenne)

| + = − | |
|---|---|
| ❏❏❏ | être heureux |
| ❏❏❏ | inventer un produit utile |
| ❏❏❏ | aider les personnes en difficulté |
| ❏❏❏ | devenir athlète |
| ❏❏❏ | assumer un rôle de dirigeant |
| ❏❏❏ | écrire des romans |
| ❏❏❏ | travailler de ses mains |
| ❏❏❏ | contribuer au bien-être de l'humanité |
| ❏❏❏ | réaliser une œuvre d'art |
| ❏❏❏ | devenir expert financier ou commercial |
| ❏❏❏ | avoir beaucoup d'amis |
| ❏❏❏ | apporter une contribution à la science |

Parmi ces différents secteurs professionnels, quels sont ceux qui vous attirent le plus?

- ❏ commerce-vente
- ❏ tourisme-loisirs
- ❏ hôtellerie-restauration
- ❏ coiffure
- ❏ santé
- ❏ carrières sociales
- ❏ banque
- ❏ gestion-comptabilité
- ❏ droit
- ❏ enseignement
- ❏ carrières artistiques
- ❏ informatique
- ❏ armée
- ❏ chimie-biologie
- ❏ agriculture
- ❏ sports
- ❏ mécanique
- ❏ sciences et techniques
- ❏ transport

**b.** Le/La conseiller(-ère) d'orientation examinera tes réponses. Après, tu auras un entretien avec lui/elle. Vous discuterez du métier que tu veux faire et de ce que tes parents veulent que tu fasses. Joue cette scène avec ton/ta camarade. Changez de rôles. N'oublie pas de demander :

- comment tu peux te préparer (université, école technique, etc.);
- combien de temps il te faudra;
- quels débouchés il y a;
- s'il y a d'autres métiers qu'il/elle pourrait suggérer.

## COMMENT DIT-ON... ?

### Requesting information; writing a formal letter

*To request information:*

**Pourriez-vous m'envoyer des renseignements sur** votre école?
**Je voudrais savoir** quels cours sont offerts.
**Vous serait-il possible de** m'envoyer une brochure sur votre école?

*To begin a formal letter:*

**Monsieur/Madame,**
**En réponse à votre lettre du...**
**Suite à notre conversation téléphonique,...**

*To end a formal letter:*

**Je vous prie d'agréer, Monsieur/Madame, l'expression de mes sentiments distingués.**

### 28 Ecoute!

Ecoute Armenan qui téléphone à une école technique. Mets les phrases suivantes dans l'ordre d'après la conversation.

a. Elle demande quels sont les frais d'inscription.

b. Armenan veut savoir quels cours elle pourrait suivre.

c. L'employé demande l'adresse d'Armenan.

d. Elle demande à quelle heure les cours sont offerts.

e. Elle demande à l'employé de lui envoyer une brochure.

f. Elle demande quand les cours commencent.

g. L'employé répond à l'appel d'Armenan.

#### A la française

You might have noticed that sometimes the subject and verb are reversed in a question. This is called **inversion.** French speakers *invert* subjects and verbs when they want to sound more formal. You'll find inversion in literature, very polite conversations, formal letters or speeches, but not very often in conversational speech.

### 29 Pourriez-vous me renseigner?

Tu voudrais passer ton permis de conduire. Téléphone à une auto-école pour demander combien ça coûte, à quelles heures et quels jours les cours sont offerts et comment s'inscrire. Joue cette scène avec ton/ta camarade.

### 30 Une lettre de requête

Ecris une lettre à une université ou à une école. Présente-toi, parle de ce que tu voudrais faire et demande des renseignements. N'oublie pas d'utiliser des formules de politesse dans ta lettre.

# LISONS!

ANNONCES

## OFFRE D'EMPLOI

### ➤ COMMERCE

Agce spécialisée rech. NEGOTIATEUR H/F av. expér. bonne présent. statut agent. % motivant. 44.78.95.26

**HMC (EUROPE)**
Société Internationale de marketing hôtelier recrute pour un programme de marketing représentant l'hôtel LE MANOIR. Porte Maillot. Vous êtes professionnel, enthousiaste et motivé. Rémunération de base, primes et surtout possibilités de carrières dans le sales management. Pour entretien personnel présentez-vous lundi 28 ou mardi 29 mars entre 9h et 12h ou entre 14h et 17h30 à l'hôtel et demandez Mme Coulanges. Aucun renseignement ne sera donné par téléphone.

Société de distribution concept humanitaire recherche
**Directeur de magasin.**
Envoyer CV à Monsieur Dantec, 15, rue de la Loge 92220 Bagneux.

**Vous êtes jeunes**
18-30 ans, libre de tout examen. Rejoignez-nous ! Nous vous offrons une
**technique de vente,**
une formation, des RDV et un salaire motivant. Si vous disposez d'un véhicule. Si vous êtes libre de 14h à 22h vous êtes sûrement
**la (les) personne(s)**
qu'il nous faut!
Tel. 42•57•37•24

### ➤ COMMUNICATION

Jeune Société rech. PERSONNE EN COMMUNICATION anglais courant. min 30 ans. Env. CV + Photo à CODI S.A.,12 rue Henri René 75002 PARIS

**PARC Astérix**
recherche pour MENHIR FM... la radio diffusée sur le Parc un(e)
**ANIMATEUR RADIO**
Doué pour les animations en public, vous possédez une expérience significative de la radio FM d'au moins deux ans. Humour et sens de l'improvisation vous caractérisent. Merci d'adresser votre dossier de candidature, lettre, CV et photo sous réf. V2 au Parc Astérix, BP 8, 60128 PLAILLY

### ➤ EDITION

**Correcteur** Editeur rech. profess. ht. niveau pour 1 et 2 lect. de 3200p à 2500s/page. Indispens. avoir connaiss. pers. en gastronomie. Ecr. avec référ. et prétent., lettre manus. à La Page, 6 rue Henry IV 75006 Paris.

**STUDIO DE CREATION GRAPHIQUE**
recherche
**JEUNE ASSISTANT(E)**
. compétences graphiques/MAC
. créativité, dynamisme, autonomie et rigueur. Env. CV + lettre sous réf 34810 au journal, qui transmettra

### ➤ GRAPHISME

CENTRE DE FORMATION RECH. pour des entreprises dans le secteur des Arts Graphiques
**46 CANDIDATS**
moins de 26 ans. Niveau Bac +2/+3 Pour suivre une spécialisation PAO-DAO (macintosh) en contrat de qualification. 3/4 temps entreprises. 1/4 temps formation. Formation gratuite et rémunérée.
**42.75.24.30/42.49.10.99.**

### ➤ JOURNALISME

Quotidien ch. JOURNALISTE SECRETAIRE DE REDACTION Poste à pourvoir rapidement. Contacter Agence Presse, av. de la Madeleine, 12021 RODEZ Cedex 9

### ➤ PHOTOGRAPHIE

Labo photo pour pros. urgent. rech. H/F
• standard./réception. bilingue très bonne connaissance photo
• Tireur-filmeur pour contacts couleur (1).47.71.94.10.

### ➤ RESTAURATION

**SERVEURS**
à temps complet. Envoyer CV + photo à J.P. 4 rue Maréchal 75006 PARIS.

Restaurant **"La Criée"** 75002 Paris, recherche serveuses bonne

### ➤ SECRETARIAT

EDITEUR rech. pour Ouvrage Juridique DACTYLO à domicile

Petite société d'édition et de diffusion de livres sportifs recherche
**Secrétaire**
à plein temps, 7.000F brut x 13. Envoyer candidature avec CV à Média 8, 29 avenue V. Hugo, 75013 Paris.

### ➤ TELEMARKETING

**GENERATION MARKETING**
recrute 100 TELEACTEURS. Dispo. en journée et/ou soirée. Rémunération motivante.
**T.42.01.22.22**
Sophie.

**SALONS PLUS**
recherche
**30 TELEACTEURS**
dispo. en journée ou en après-midi et soirée.
**40 TELEACTEURS**
Bilingues ou Trilingues Français, Allemand, Néerlandais. Rémunération horaire, primes, av. sociaux. Tél.14.67.45.16

**Agence de Télémarketing (92)**
recherche
**Téléacteurs H/F**

### DE BONS CONSEILS

There are certain kinds of writing that always follow a predictable pattern. For example, business letters all have a similar formal structure, fairy tales begin with "Once upon a time," and you can usually tell what's going to happen in a "boy-meets-girl" story. If you recognize that the text you're reading has one of these "formulas," you can use that knowledge to help you make some predictions about the kind of information you'll find in the text, how it will be organized, and so on.

A. Preview the reading.
   1. What are these reading selections?
   2. What "formulas" do you see in this reading? Name four kinds of information you expect to find.

B. Into what categories are the ads on this page organized?

C. Scan the ads on this page.
   1. Find three names of companies.
   2. Give five examples of different types of companies.

D. For each ad on this page, identify the job that is being advertised.

E. Locate the ads for **Parc Astérix** and **HMC (EUROPE)**. Answer the following questions for each one:
   1. What type of company placed the ad?
   2. What are the requirements for getting the job?

**RAPIDE!**

*Votre annonce pour le lendemain, téléphonez avant 15h et payez par Carte Bleue*

**TELEVISION LOCALE**

TV10 ANGERS

**RECHERCHE POUR SES EMISSIONS EN DIRECT ANIMATEURS(TRICES) A TEMPS PARTIEL EXPERIENCE ANIMATION INDISPENSABLE**

Envoyer impérativement : vidéo de présentation (V8, VHS...) + CV + lettre manuscrite à TV10 - rue de la Rame - 49100 ANGERS

**BOUTIQUE RENOMMEE DE DECORATION INTERIEURE**

**recherche**

**son(sa) vendeur(euse) principal(e)**

Expérience obligatoire, de préférence dans une activité similaire.

*Poste nécessitant : sérieux, sens des responsabilités, goût pour le design, capacité à gérer et à administrer un magasin.*

Envoyer CV + photo + motivations sous réf. 3/619 à Paris Annonces 25, rue Pétrarque 75139 Paris cedex 09.

**Grand-Théâtre**

de Bordeaux

DIRECTION ARTISTIQUE ALAIN LOMBARD

***CONCOURS DE RECRUTEMENT***

CHŒUR DU GRAND-THEATRE

DIRECTION GUNTER WAGNER

LUNDI 28 MARS 1994

1 ALTO II

1 TENOR II

1 BARYTON

ou

1 BASSE

PRISES DE FONCTIONS : SEPTEMBRE 1994

LES EPREUVES AURONT LIEU AU GRAND-THEATRE DE BORDEAUX

Renseignements : Grand-Théâtre de Bordeaux Régie du chœur B.P. 95 33025 BORDEAUX

**1 ASSISTANT ROUGHMAN**

disponible rapidement

Vous avez une formation Arts Graphiques et un minimum d'expérience en réalisation de maquettes, roughs, présentations...

Vous maîtrisez lettrage et dessin et connaissez un minimum la P.A.O.

Vous êtes soigneux, endurant, disponible et apte à travailler en équipe.

**Adresser lettre + CV + photo au journal sous réf. Par 2668 qui transmettra.**

**IMPACT MEDECIN**

recherche pour son hebdomadaire trois collaborateurs confirmés :

**Maquettiste réf 001, Secrétaire de rédaction réf 002, Correcteur réf 003.**

Envoyez-nous une lettre accompagnée d'un CV et d'une photo à :

**IMPACT MEDECIN**

Service ressources humaines

20 Boulevard du Parc 92521

Neuilly sur Seine cedex

**LES RESTAURANTS DU CŒUR**

recrutent

**BENEVOLES (H/F)**

pour La Péniche du Cœur

Centre d'hébergement des sans-abris

**Ecrivez : 221, rue La Fayette**

3. Where can you apply for the job or receive more information?

F. Can you figure out the meanings of these abbreviations in the ads?
   1. H/F av. expér. bonne présent.
   2. Editeur rech. profess. ht. niveau
   3. Indispens. avoir connaiss. pers. en gastronomie
   4. Env. CV + lettre sous réf. 34810
   5. dispo. en journée et/ou en soirée

G. Look at the large advertisements on this page and answer the following questions.

**Télévision locale**

1. What job is being advertised?
2. What must you send that none of the other ads require? Why?

**Assistant Roughman**

1. What does a "roughman" do?
2. What qualities should an applicant for this job possess?

**Grand-Théâtre de Bordeaux**

1. What is unusual about the positions being advertised?
2. What must a person do who is interested in one of these positions?

**Les restaurants du cœur**

1. How does this ad differ from the others?
2. Using the context of the ad, can you tell what **bénévoles** means?

## Sondages : les jeunes pour un travail à tout prix

**Parmi les choses suivantes, qu'est-ce qui vous paraît le plus important lorsqu'on a un emploi?**

| | | |
|---|---|---|
| Avoir un travail intéressant | 70 % | 1 |
| Avoir la sécurité de l'emploi | 66 % | 2 |
| Avoir un bon salaire | 49 % | 3 |
| Avoir des perspectives de carrière intéressantes | 33 % | 4 |
| Bien s'entendre avec ses collègues | 27 % | 5 |
| Avoir des responsabilités | 19 % | 6 |
| Bien s'entendre avec ses supérieurs | 14 % | 7 |
| Ne pas être trop accaparé par son travail | 9 % | 8 |
| Sans opinion | 0 % | |

Le total est supérieur à 100 % , les personnes interrogées ayant pu donner trois réponses

**Pour un jeune comme vous, diriez-vous que pour trouver un emploi aujourd'hui, il vaut mieux :**

| | | |
|---|---|---|
| Faire des études supérieures le plus longtemps possible | 23 % | 3 |
| Faire des stages en entreprise | 40 % | 1 |
| Obtenir un diplôme professionnel spécialisé | 36 % | 2 |
| Sans opinion | 1 % | 4 |
| Total | 100 % | |

**Quand vous pensez au premier emploi pour un jeune comme vous, diriez-vous :**

| | | |
|---|---|---|
| Qu'il faut prendre le premier emploi qui se présente, même s'il ne correspond pas exactement à ce qu'on cherche | 73 % | 1 |
| Qu'il faut prendre l'emploi que l'on souhaite, même si cela doit prendre du temps | 26 % | 2 |
| Sans opinion | 1 % | 3 |
| Total | 100 % | |

**Pensez-vous que dans les prochaines années il y a de grands risques que vous soyez chômeur?**

| | | |
|---|---|---|
| Oui, pendant longtemps | 20 % | 2 |
| Oui, mais pendant peu de temps | 56 % | 1 |
| Non | 20 % | 2 |
| Sans réponse | 4 % | 3 |
| Total | 100 % | |

## Les divergences garçons-filles

**Ce qui compte le plus pour vous actuellement ?**

| Trouver un emploi | | Etre à l'aise financièrement | |
|---|---|---|---|
| Garçon | 50 % | Garçon | 53 % |
| Fille | 60 % | Fille | 49 % |

**Ce qui est le plus important quand on a un emploi ?**

| La sécurité de l'emploi | | Un bon salaire | |
|---|---|---|---|
| Garçon | 63 % | Garçon | 52 % |
| Fille | 69 % | Fille | 46 % |

**Pensez-vous qu'il y ait pour vous des risques d'être chômeur ?**

| Pendant longtemps | | Pendant peu de temps | |
|---|---|---|---|
| Garçon | 14 % | Garçon | 59 % |
| Fille | 26 % | Fille | 53 % |

**Pour trouver un emploi aujourd'hui, il vaut mieux:**

| Faire un stage en entreprise | | | |
|---|---|---|---|
| Garçon | 35 % | Fille | 44 % |

| Prendre le premier emploi qui se présente | | | |
|---|---|---|---|
| Garçon | 67 % | Fille | 79 % |

Source : Sofres

**H.** What is the theme of the poll presented on this page?

**I.** According to the poll above, what are the best ways to prepare to find a job? Find a job on pages 128 and 129 that might appeal to someone who . . .

1. is looking for an interesting career.
2. would like to have professional training.
3. would like to have responsibility.

**J.** According to the poll, what are the most important considerations for young French people when it comes to a job?

**K.** Based on the poll, would you say that young people in France are more optimistic or more pessimistic about employment? Why?

**L.** Look at the results under the heading **Les divergences garçons-filles.**

1. How do the responses of the boys and girls differ?
2. What general trends can be observed in the results?

**M.** Take a similar poll in your classroom. Find out what your classmates think is important in a job and how they feel about their job opportunities.

**N.** Now, choose a job you might like and write an ad for it, modeled on those you've read. Don't forget to use the appropriate abbreviations.

# ECRIVONS!

*Now that you have read the employment ads, think about what you would do to apply for one of the jobs advertised. You would send the company whatever information was required—résumé, photo, samples of your work—and enclose a cover letter. In this activity, you'll choose one of the ads from* ***Lisons!*** *and write a letter to apply for that position.*

## Une lettre de candidature

Maintenant, tu vas écrire une lettre de candidature pour un emploi. Dans cette lettre, il faut convaincre l'employeur que tu es le meilleur candidat/la meilleure candidate pour le poste.

**DE BONS CONSEILS**
Details and structure are two of the most important elements in persuasive writing. To be as convincing as possible, you must choose facts and examples that will have the greatest impact on your audience. Try to predict your readers' concerns and address them. The structure of your argument also influences the effectiveness of your writing. Begin with your second-best points, followed by the weakest ones, and then put your strongest arguments last. Your most convincing argument will have a bigger impact if it is the last thing your audience reads.

### A. Préparation

1. Parmi ces annonces, choisis celle qui t'intéresse le plus :
   - **a.** Parc Astérix
   - **b.** Studio de création graphique
   - **c.** HMC (Europe)
   - **d.** Télévision locale
   - **e.** Assistant roughman
   - **f.** Boutique renommée
2. Fais une liste de tes qualifications et qualités (tu peux les imaginer) pour persuader l'employeur de ton expérience et de ton intérêt.
3. Pense à ce dont l'employeur a besoin. Est-ce qu'il y a d'autres détails que tu pourrais ajouter pour donner une image positive de toi à l'employeur?
4. Mets en ordre les détails que tu as écrits, avec les points les plus forts de ton argumentation à la fin pour avoir le maximum d'effet.

### B. Rédaction

Fais le brouillon de ta lettre. N'oublie pas les formules de politesse nécessaires.

Caroline Lasalle
130, avenue des Amandiers
75006 Paris

Société Marchand
Service du personnel
34, rue Thiers
75012 Paris

Paris, le 25 août 1996

Objet : demande d'emploi de secrétaire trilingue

Madame, Monsieur,

Suite à la parution de votre annonce dans Paris Annonces, je me permets de vous écrire afin de poser ma candidature pour le poste de secrétaire trilingue offert par votre compagnie.
Je vous prie de bien vouloir trouver ci-joint mon *curriculum vitae*. Sachez également que je me tiens à votre entière disposition pour toutes demandes de renseignements supplémentaires.

Dans l'attente de votre réponse, veuillez accepter, Madame, Monsieur, l'expression de mes sentiments distingués.

### C. Evaluation

1. Compare ta lettre à celles que tu as vues dans le chapitre :
   - **a.** Est-ce que tu montres que tu possèdes toutes les qualifications nécessaires pour l'emploi?
   - **b.** Est-ce que ses détails et sa structure rendent ta lettre convaincante?
   - **c.** Est-ce que ton style est adéquat et assez formel?
2. Rédige la version finale de ta lettre. N'oublie pas de corriger les fautes d'orthographe, de grammaire et de vocabulaire.
3. Donne ta lettre à un petit groupe de camarades qui jouent le rôle des employeurs. Ils vont la lire et dire si tu les as persuadés de t'accorder un entretien.

# MISE EN PRATIQUE

**1** Ecoute la conversation de Karim et Sandrine et dis si les phrases suivantes sont vraies ou fausses.

1. Karim a réussi son bac.
2. Sandrine compte entrer à l'université.
3. Sandrine ne va pas quitter sa famille.
4. Karim sait ce qu'il veut faire plus tard.
5. Karim a l'intention de continuer ses études.
6. Sandrine conseille à Karim de chercher un travail.
7. Karim voudrait un travail où il puisse rencontrer des gens.
8. Sandrine conseille à Karim de lire un article dans le journal.

**2** Lis l'article que Sandrine a donné à Karim. Puis, réponds aux questions.

1. What is this article about?
2. What sort of preparation did these young people receive?
3. According to the school's director, what is the purpose of this program?
4. What does the director expect of the graduates?
5. Who attends this school?

**HOTELLERIE** -P.B. SAMB

**De nouveaux professionnels sur le marché**

Une trentaine d'élèves de diverses nationalités de l'Ecole de Formation Hôtelière et Touristique ont reçu vendredi soir leur diplôme.

Tous les candidats ayant réussi cette année, le ministre du Tourisme a félicité la direction et les professeurs de l'école, ainsi que les responsables d'entreprises qui ont contribué à leur formation en les encadrant au niveau des stages pratiques.

Les candidats de cuisine et pâtisserie, restaurant et gestion hôtelière reçoivent une formation de deux ou trois ans axée sur des disciplines relatives à un enseignement pratique doublée de techniques professionnelles, d'expression française ou de langues étrangères.

Il s'agit de «mettre à la disposition des industries hôtelières et touristiques des agents compétents et efficaces», selon le directeur de l'école. En leur souhaitant bonne chance dans leur vie professionnelle, le directeur les a invités à exercer «le plus beau métier du monde avec passion et un plaisir quotidien».

L'EFHT reçoit, en effet, chaque année, outre les élèves sénégalais, des ressortissants d'autres pays africains.

**3** C'est le premier jour d'apprentissage de Karim à l'hôtel. Son supérieur lui a dit de prendre les messages et de répondre aux questions par écrit. Ecoute le message de M. Loukour et fais une liste de ses demandes. Puis, décide laquelle de ces lettres Karim lui enverra.

Monsieur,

Comment ça va? Je vous écris cette lettre pour répondre à vos questions. D'abord, je voulais vous dire que nos bungalows, ils sont tous climatisés. Et puis, comme sports, on a du tennis, de la pirogue et de la planche à voile. Ah ! On fait de la pêche aussi. D'ailleurs, voilà une brochure, comme ça, vous pourrez voir par vous-même. Allez, je vous laisse. A bientôt.

Monsieur,

Suite à votre appel téléphonique du 20 juin, nous vous envoyons les renseignements que vous nous avez demandés. Notre établissement offre les sports suivants : tennis, planche à voile, pirogue et pêche. Sachez également que tous nos bungalows sont climatisés, comme vous pourrez le constater dans la brochure que vous trouverez ci-jointe. En vous remerciant d'avance pour votre attention, nous vous prions d'agréer, Monsieur, l'expression de nos sentiments respectueux.

 4 Lis ces lettres que quelques jeunes Sénégalais ont envoyées à un magazine de jeunes francophones. Ecris des réponses que tu enverras au magazine. Compare tes réponses à celles de ton/ta camarade.

Je vous écris parce que j'ai un petit problème. Je ne sais vraiment pas quoi faire. Je vais bientôt passer le bac, et je n'ai aucune idée pour mon avenir. Mes parents me proposent de travailler dans leur boutique de disques, mais ça ne m'intéresse pas beaucoup. Je préférerais continuer mes études. Mais pour quoi faire? Je suis bonne en langues et en français et je suis nulle en maths. Est-ce que vous avez des conseils à me donner?

**MARISA**

J'ai 17 ans, je vais passer le bac à la fin de l'année. J'aimerais bien continuer mes études, mais j'hésite. Mes parents n'ont pas beaucoup d'argent. Quand je serai à l'université, il faudra qu'ils continuent à m'aider financièrement. Je ne sais pas quoi faire. Peut-être que je devrais commencer à travailler? Est-ce que quelqu'un a le même genre de problème? Répondez-moi.

**YASSER**

J'aimerais faire du cinéma, mais mes parents ne veulent pas. Ils sont tous les deux médecins. Ils préféreraient que j'entre à l'université et que je fasse des études de médecine. Ils disent qu'il n'y a pas d'avenir dans le cinéma. Pourtant, j'ai déjà fait plusieurs films vidéo. Mais je ne sais pas à qui les montrer. Je ne sais même pas s'ils sont bons ou mauvais. Si j'avais l'avis de quelqu'un, je pourrais prendre une décision.

**MAMADOU**

## 5 JEU DE ROLE

Talk to a parent about what you're thinking of doing after high school. Explain what you want to do with your future and why. Your parent is not very happy with your choice and tries to discourage you from it. Try to convince him or her. Change roles.

# QUE SAIS-JE?

## Can you use what you've learned in this chapter?

Can you ask about and express intentions? p. 117

**1** How would you ask a friend what he or she plans to do after graduation?

**2** How would you tell what you plan to do?

Can you express conditions and possibilities? p. 117

**3** How would you tell someone what you will do, given these conditions?

1. Si je me marie,...
2. Si j'entre à l'université,...
3. Si je gagne de l'argent,...
4. Si je trouve un travail,...

**4** How would you tell someone that you might do these things?

1. 

2. 

3. 

Can you ask about future plans? p. 124

**5** How would you ask someone about his or her future plans?

Can you express wishes? p. 124

**6** How would you tell what you would like to do in the future?

Can you express indecision? p. 124

**7** How would you express indecision about your future plans?

Can you give advice? p. 124

**8** How would you advise a friend who . . .

failed an exam?
doesn't have any pocket money?
had a fight with his or her sister?
forgot to call his girlfriend/her boyfriend?
is uncertain about his or her choice of profession?

Can you request information and write a formal letter? p. 127

**9** How would you request information about courses, costs, and so forth from a school or university?

**10** How would you write the closing of the letter in number 9?

# VOCABULAIRE

## PREMIERE ETAPE

### Asking about and expressing intentions

**Qu'est-ce que tu penses faire?** *What do you think you'll do?*
**Qu'est-ce que tu as l'intention de faire?** *What do you intend to do?*
**Qu'est-ce que tu comptes faire?** *What do you plan to do?*
**Je pense...** *I think I'll . . .*
**Je compte...** *I'm planning on . . .*
**Je tiens à...** *I really want to . . .*

### Expressing conditions and possibilities

**Si...,** *If . . . ,*
**Peut-être que...** *Maybe . . .*
**Il se peut que...** *It might be that . . .*
**Il est possible que...** *It's possible that . . .*

### Future choices and plans

**arrêter/finir ses études** *to stop/finish one's studies*
**avoir un enfant** *to have a child*
**choisir un métier** *to choose a career*
**entrer à l'université** *to enter the university*
**être au chômage** *to be unemployed*
**faire un apprentissage** *to do an apprenticeship*
**faire une école technique** *to go to a technical school*
**faire son service militaire** *to do one's military service*
**obtenir son diplôme** *to get one's diploma*
**se marier** *to get married*
**passer son permis de conduire** *to get one's driver's license*
**quitter sa famille** *to leave home*
**réussir son bac** *to pass one's baccalaureat exam*
**trouver un travail** *to find a job*

## DEUXIEME ETAPE

### Asking about future plans

**Tu sais ce que tu veux faire?** *Do you know what you want to do?*
**Tu as des projets?** *Do you have plans?*

### Expressing wishes

**J'aimerais bien...** *I'd really like . . .*
**Ce qui me plairait, c'est de...** *What I would like is to . . .*
**Mon rêve, c'est de...** *My dream is to . . .*

### Expressing indecision

**Je ne sais pas trop.** *I really don't know.*
**Non, je me demande.** *No, I wonder.*
**Je n'en ai aucune idée.** *I have no idea.*
**J'ai du mal à me décider.** *I'm having trouble deciding.*
**Je ne sais plus ce que je veux.** *I don't know what I want anymore.*

### Giving advice

**Tu n'as qu'à...** *All you have to do is . . .*
**Tu ferais mieux/bien de...** *You would do better/well to . . .*
**Il faudrait que tu...** *You ought to . . .*
**Il vaudrait mieux que...** *It would be better if . . .*

### Careers

**un(e) architecte** *an architect*
**un(e) avocat(e)** *a lawyer*
**un chauffeur** *a driver*
**un(e) comptable** *an accountant*
**un(e) dentiste** *a dentist*
**un écrivain** *a writer*
**un homme/une femme d'affaires** *a businessman/woman*
**un(e) infirmier(-ière)** *a nurse*
**un ingénieur** *an engineer*
**un(e) instituteur(-trice)** *an elementary school teacher*
**un(e) journaliste** *a journalist*
**un(e) mécanicien(ne)** *a mechanic*
**un médecin** *a doctor*
**un(e) ouvrier(-ière)** *a worker*
**un(e) pharmacien(ne)** *a pharmacist*
**un pilote** *a pilot*
**un plombier** *a plumber*
**un(e) secrétaire** *a secretary*
**un(e) serveur(-euse)** *a server*
**un tailleur** *a tailor*
**un(e) technicien(ne)** *a technician*

### Requesting information

**Pourriez-vous m'envoyer des renseignements sur... ?** *Could you send me information on . . .?*
**Je voudrais savoir...** *I would like to know . . .*
**Vous serait-il possible de... ?** *Would it be possible for you to . . .?*

### Writing a formal letter

**Monsieur/Madame,** *Sir/Madam,*
**En réponse à votre lettre du...** *In response to your letter of . . .*
**Suite à notre conversation téléphonique,...** *Following our telephone conversation, . . .*
**Je vous prie d'agréer, Monsieur/Madame, l'expression de mes sentiments distingués.** *Very truly yours, . . .*

CHAPITRE

# 6

# Ma famille, mes copains et moi

1 Tu m'énerves, à la fin!

Pour la plupart d'entre nous, il est important d'avoir de bons rapports avec sa famille et ses amis. Est-ce qu'il t'arrive de te disputer avec tes parents, tes frères et sœurs ou tes copains, et de vouloir te réconcilier ou t'excuser? Chaque culture a sa manière de le faire. Allons au Maroc et observons quelques exemples de savoir-vivre marocain.

③ L'hospitalité chez les Marocains

## In this chapter you will learn

- to make, accept, and refuse suggestions; to make arrangements; to make and accept apologies
- to show and respond to hospitality; to express and respond to thanks; to quarrel

## And you will

- listen to teenagers arranging to meet each other
- read about brother/sister relationships in francophone countries
- write about your best friend
- find out about Moroccan hospitality

② On se donne rendez-vous à quelle heure?

# Mise en train

## Naissance d'une amitié

La famille Simenot est en vacances à Fès. Ils commencent leur visite par une promenade dans la médina, le vieux quartier du centre-ville.

**1** M. SIMENOT Qu'est-ce que vous voulez voir?
MME SIMENOT Moi, j'aimerais bien voir les magasins de poteries et de tapis.
M. SIMENOT Bonne idée.
RAPHAEL Moi, je préférerais me promener. Ça vous embête si on se sépare?
MME SIMENOT Pas du tout. Mais comment on fait pour se retrouver?
M. SIMENOT On peut se donner rendez-vous devant la Porte Boujeloud.
RAPHAEL D'accord. A quatre heures, ça va?
M. SIMENOT Bon, ça va.

**2** MOKTAR Bonjour. Tu es français?
RAPHAEL Oui.
MOKTAR Je m'appelle Moktar. Et toi?
RAPHAEL Raphaël.
MOKTAR Tu as vu mes beaux tapis? Ils sont pas chers.
RAPHAEL Je te remercie, mais je n'ai pas d'argent. Je viens juste ici pour visiter.
MOKTAR Tu es en vacances?
RAPHAEL Oui.
MOKTAR Ça te dit de prendre un thé?
RAPHAEL Je te remercie, mais...
MOKTAR Tu sais, au Maroc, il ne faut jamais refuser un thé.
RAPHAEL Alors, j'accepte.

**3** MOKTAR Tiens.
RAPHAEL Merci... Aïe! C'est brûlant!
MOKTAR Excuse-moi, j'aurais dû te prévenir. C'est comme ça qu'on boit le thé au Maroc. Très chaud.
RAPHAEL C'est délicieux. Qu'est-ce que tu mets dedans?
MOKTAR De la menthe.
RAPHAEL Tu travailles ici?
MOKTAR Oui, je tiens la boutique quand mes parents sont absents. Ils sont allés acheter des tapis dans le sud.

RAPHAEL Tu ne vas plus au lycée?

MOKTAR Non, j'ai arrêté à seize ans. J'ai l'intention de continuer l'affaire de mes parents... Alors, comment tu trouves le Maroc?

RAPHAEL Tu sais, nous sommes arrivés hier seulement. Mais pour l'instant, je trouve les gens très accueillants.

MOKTAR Vous allez rester à Fès?

RAPHAEL Quelques jours seulement. Après, on compte aller à Marrakech.

MOKTAR C'est chouette, Marrakech. C'est un peu bruyant, mais c'est très animé. Tu aimeras beaucoup.

RAPHAEL Qu'est-ce qu'il y a à voir à Fès?

MOKTAR Oh, des tas de choses. C'est d'une richesse! Vous devriez aller voir le Dar el Makhzen. C'est un immense palais où le roi réside quand il vient à Fès. Les portes sont magnifiques.

RAPHAEL Ah oui?

MOKTAR Oui. Et surtout, je vous conseille d'aller vous promener sur la place du Vieux Méchouar. C'est très sympa. Il y a des danseurs, des conteurs, des musiciens...

4 RAPHAEL Je ne sais pas si on aura le temps.

MOKTAR Encore du thé?

RAPHAEL Volontiers... Dis-moi, quelle heure il est?

MOKTAR Quatre heures.

RAPHAEL Oh là là! Excuse-moi, j'ai rendez-vous avec mes parents. Je suis déjà en retard...

5 MOKTAR Qu'est-ce que tu fais demain? Tu as des projets?

RAPHAEL Non, je suis libre. Je n'ai rien de prévu.

MOKTAR Si tu veux, on peut se revoir.

RAPHAEL Je veux bien.

MOKTAR Ça t'intéresse d'aller écouter de la musique marocaine?

RAPHAEL Oui, ça me plairait bien.

MOKTAR Si ça te dit, on peut aller à un concert demain soir.

RAPHAEL Moi, j'aimerais bien. Mais il faut que je demande la permission à mes parents. Comment on fait?

MOKTAR On peut se téléphoner. Vous êtes à l'hôtel?

RAPHAEL Oui, on est à l'hôtel Moussafir.

MOKTAR Bon. Je te téléphone demain matin. Et si tes parents sont d'accord, on peut se retrouver à l'hôtel en fin d'après-midi.

RAPHAEL Génial. Allez, il faut que j'y aille. Comment on dit «au revoir» en arabe?

MOKTAR Bes-slama.

RAPHAEL Bes-slama.

## 1 Tu as compris?

1. What is the Simenot family doing in Fès?
2. Why does Raphaël leave his parents?
3. Where does he meet Moktar? Why does Moktar speak to him?
4. What plans do they make?

## 2 Mets en ordre

Mets ces phrases en ordre d'après **Naissance d'une amitié.**

1. Moktar propose un thé à Raphaël.
2. Moktar adresse la parole à Raphaël.
3. Moktar apprend à Raphaël un mot en arabe.
4. Moktar dit à Raphaël ce qu'il devrait voir à Fès.
5. Raphaël et ses parents se donnent rendez-vous.
6. Moktar propose un autre verre de thé à Raphaël.

## 3 Alors, raconte!

Les parents de Raphaël lui posent des questions sur Moktar. Complète leur conversation.

MME SIMENOT **Qu'est-ce qu'il fait dans la médina?**
RAPHAEL **Il...**
M. SIMENOT **Il ne va pas au lycée?**
RAPHAEL **Non, il...**
MME SIMENOT **Qu'est-ce qu'il veut faire plus tard?**
RAPHAEL **Il...**
M. SIMENOT **Qu'est-ce qu'il t'a conseillé de voir à Fès?**
RAPHAEL **Il...**

## 4 Ça, c'est le Maroc!

Trouve les choses suivantes dans **Naissance d'une amitié.**

1. quelque chose à voir à Fès
2. une boisson typiquement marocaine
3. un objet artisanal marocain typique
4. un endroit où on trouve des danseurs
5. une expression en arabe

### Note Culturelle

Bargaining is an accepted part of doing business in Morocco and other North African countries. While the idea of haggling may embarrass Westerners who are accustomed to paying a set price, merchants in these countries fix their prices knowing that the customer will negotiate. They usually expect a customer to offer half, or even less, of the marked price!

## 5 Cherche les expressions

What does Moktar or Raphaël say to . . .

1. offer tea?
2. accept an offer?
3. apologize?
4. give advice?
5. ask about someone's plans?
6. make a suggestion?
7. accept a suggestion?
8. arrange to meet someone?

## 6 Et maintenant, à toi

Raconte comment tu as rencontré un(e) de tes ami(e)s. Tu étais où? Dans quelle situation?

# PREMIERE ETAPE

***Making, accepting, and refusing suggestions; making arrangements; making and accepting apologies***

## COMMENT DIT-ON... ?
### Making, accepting, and refusing suggestions

*To make a suggestion:*
**Ça t'intéresse d'**aller écouter de la musique?
**Ça te plairait de** visiter le musée?
**Tu ne voudrais pas** aller te promener dans la médina?

*To accept a suggestion:*
**Ce serait sympa.**
Oui, **ça me plairait beaucoup.**
Si, **j'aimerais bien.**

*To refuse a suggestion:*
**Impossible, je suis pris(e).**
**J'aimerais bien mais** je n'ai pas le temps.
**C'est gentil, mais j'ai un rendez-vous.**
*That's nice of you, but I've got an appointment.*

### 7 Ecoute!

Ecoute ces conversations. Est-ce que ces personnes refusent ou acceptent les suggestions qu'on leur fait?

### 8 Qu'est-ce qu'il propose?

Fahmi voudrait sortir ce week-end. Qu'est-ce qu'il propose à son ami Youssef?

a. 

b. 

c. 

d. 

e. 

f. 

### 9 Tu es libre ce week-end?

Tu es en classe. Tu veux proposer à ton/ta camarade de faire quelque chose ce week-end. Ecris-lui un petit mot et passe-lui le bout de papier. Il/Elle te répond sur la même feuille.

## COMMENT DIT-ON... ?
### Making arrangements

*To make arrangements:*
**Comment est-ce qu'on fait?**
*How should we work this out?*
**Quand est-ce qu'on se revoit?**
*When are we getting together?*
**Où est-ce qu'on se retrouve?**
*Where are we meeting?*
**A quelle heure est-ce qu'on se donne rendez-vous?**
*What time are we meeting?*

## 10 Ecoute!

Malika et Rachida se donnent rendez-vous. Quand est-ce qu'elles vont se retrouver? Où? Qu'est-ce qu'elles vont faire?

### Grammaire Reciprocal verbs

In addition to their reflexive meaning *(himself/herself, ourselves . . .),* the pronouns **se, nous,** and **vous** also have a reciprocal meaning. That is, they mean *(to/for/at) each other* when you add them to any verb. Look at these examples:

On **se** revoit l'année prochaine?
*Will we see each other next year?*
Ils **s'**aiment.
*They love each other.*

Nous **nous** sommes parlé hier.
*We spoke to each other yesterday.*
Vous **vous** êtes rencontrés sur la place?
*Did you meet each other on the square?*

- You've learned to make past participles agree with a reflexive pronoun when it is a direct object of the verb. The same rule applies to the reciprocal pronouns.

  Nous **nous** sommes rencontré**s** hier. *(each other)*

- Be careful, though, because you don't change the past participle if the reciprocal pronoun is the indirect object of the verb.

  Ils **se** sont parlé. *(to each other)*

## 11 On s'aime

Raconte l'histoire d'amour de Laure et Vincent d'après les images suivantes.

1. se voir

2. se téléphoner

3. se donner rendez-vous

4. se disputer

5. se quitter

6. se réconcilier

## 12 C'est comme ça

Ecris quelques phrases pour décrire tes rapports avec trois ou quatre des personnes suivantes.

1. ton/ta meilleur(e) ami(e)
2. tes parents
3. ton/ta petit(e) ami(e)
4. tes grands-parents
5. tes profs

se dire tout | se voir souvent | s'entendre bien | se comprendre | s'aimer | se disputer | se téléphoner tous les jours

### A la française

French speakers use the subject pronoun **on** more often than **nous**, especially in informal speech. Try using **on** when you mean to say *we:* **On s'aime** (*We love each other*). If you need to emphasize *we*, you can say **Nous, on...**

## 13 On se téléphone?

Tu as rencontré un garçon/une fille intéressant(e) et tu voudrais le/la revoir. Pose-lui des questions pour fixer un rendez-vous. Joue cette scène avec un(e) camarade.

## COMMENT DIT-ON... ?

### Making and accepting apologies

*To make an apology:*

**Je m'excuse d'**être en retard.
**Je suis vraiment désolé(e) d'**avoir oublié de te téléphoner.
**Pardonne-moi de** ne pas avoir répondu.
**Je m'en veux d'**avoir dit ça.
*I feel bad that . . .*

*To accept an apology:*

**Ce n'est pas grave.**
**Ça ne fait rien.**
**Il n'y a pas de mal.**
**Ne t'inquiète pas.**
**Ça arrive à tout le monde.**
*It happens to everybody.*

## 14 Ecoute!

Ecoute ces dialogues. Est-ce qu'on s'excuse ou est-ce qu'on répond à une excuse?

## Grammaire The past infinitive

You've already learned that a verb following a conjugated verb must be an infinitive: Je m'excuse d'**être** en retard. The infinitives you've used so far are present infinitives. Infinitives may also express past time: Je suis désolé **d'avoir oublié** *(to have forgotten).*

- To make the past infinitive, use **avoir** or **être** and the past participle of the verb. Use **être** with the verbs that use **être** in the **passé composé.** Look at these past infinitives:

  Je suis désolé d'**avoir dit** ça. *I'm sorry I said that.*
  Je m'excuse d'**être arrivée** trop tard. *I'm sorry I arrived too late.*
  Pardonne-moi d'**avoir téléphoné** si tard.

## 15 Je m'excuse

Aïcha ne s'est pas très bien comportée *(didn't behave well)* la semaine dernière. Comment est-ce qu'elle s'excusera auprès de tout le monde?

Elle...

- a perdu le livre de français de son amie.
- a oublié son rendez-vous avec Jean-Marc.
- s'est disputée avec sa mère.
- n'a pas rendu son CD à sa copine.
- a répété le secret de sa meilleure amie.
- a abîmé *(ruined)* le jean de sa sœur.
- n'a pas téléphoné à son amie.
- est sortie avec le petit ami de son amie.
- est arrivée en classe en retard.
- n'a pas fini ses devoirs.

**«Je suis désolée de(d')...»**
**«Je m'en veux de(d')...»**

**«Je m'excuse de(d')...»**
**«Pardonne-moi de(d')...»**

## 16 Un feuilleton

Imagine que tes amis et toi, vous vous trouvez dans les mêmes situations qu'Aïcha. Ecris des dialogues pour raconter ce qui se passe entre vous. N'oublie pas de donner des excuses. Joue ces scènes avec tes camarades.

## 17 Mon journal

Décris tes rapports avec ton/ta meilleur(e) ami(e). Comment est-il/-elle? Comment es-tu? Pourquoi est-ce que vous vous entendez bien? Est-ce qu'il y a quelque chose que tu n'aimes pas chez lui/elle et qu'il/elle n'aime pas chez toi?

## 18 A la recherche d'amis

**a.** Le club de français de ton école va publier des lettres qui parlent de l'amitié. Ecris une lettre dans laquelle tu décris les qualités que tu recherches chez un(e) ami(e).

**b.** Lis quelques lettres de tes camarades de classe. Choisis la lettre d'une personne que tu aimerais mieux connaître. Présente-toi à cette personne. Propose-lui de faire quelque chose d'intéressant. Continue à faire des suggestions jusqu'à ce qu'il/elle accepte. Prenez rendez-vous.

**c.** C'est le jour de votre rendez-vous et ton ami(e) n'est pas venu(e)! Il/Elle te téléphone plus tard pour s'excuser. Tu acceptes ses excuses.

### Vocabulaire à la carte

**ouvert(e)**
**bavard(e)** *talkative*
**compréhensif (-ive)** *understanding*
**honnête**
**spontané(e)**
**généreux (-euse)**
**sociable**
**discret (-ète)**
**sincère**
**enthousiaste** *cheerful*
**vif (-ive)** *quick*
**sensible** *sensitive*
**réservé(e)**
**timide**
**pénible**
**bizarre**
**froid(e)**
**égoïste**
**snob**
**mal élevé(e)** *rude*
**versatile** *moody*
**pas futé(e)** *not with it*

# Panorama Culturel

Viviane • Côte d'Ivoire

Stanislas • France

Micheline • Belgique

We asked some people what's important to them. Here's what they told us.

## Qu'est-ce qui est important dans la vie?

«Dans la vie, pour moi, ce qui compte, ce sont les parents. D'abord, il faut leur obéir, être à leur service, faire ce qui est mieux, ce qu'ils aiment.»

-Viviane

«Ce qui est important, c'est des... A mon avis, ce qui est important, c'est des relations avec des gens, l'argent, parce qu'il en faut et bien vivre, la qualité de vie.»

-Stanislas

«Trouver justement un métier qu'on aime. Il faut réussir. Pour réussir, il faut être heureux. Et pour être heureux, il faut trouver un métier qu'on aime. Il faut être heureux dans sa famille, d'une façon ou d'une autre. Ça peut être être marié, ne pas être marié. Ça n'a pas d'importance... Et vivre aussi dans un pays qu'on aime.»

## Qu'est-ce qui est important dans le choix d'une profession?

«Il faut l'aimer. Il faut aimer le métier que l'on choisit, et si on l'aime pas, il faut avoir le courage de changer rapidement.»

-Micheline

## Qu'en penses-tu?

1. What do each of these people think is important?
2. Which person do you most agree with? Why?
3. Do you disagree with any of these people? Why?
4. What other things do you think are important in life?

# Remise en train

## Ahlên, merhabîn

Moktar et Raphaël sont allés au concert. Le lendemain, la famille Moussa accueille la famille Simenot chez elle.

MOKTAR Ça me fait plaisir de te voir.
RAPHAEL Moi aussi.
MOKTAR Je vous présente mes parents.
M. SIMENOT Madame.
MME MOUSSA Ahlên, merhabîn.
MOKTAR Ma mère vous souhaite la bienvenue.
M. MOUSSA Bonjour. Entrez, s'il vous plaît.
M. SIMENOT Vous êtes bien aimable.
MOKTAR Mettez-vous à l'aise.
RAPHAEL Papa, il faut retirer tes chaussures.
M. SIMENOT Ah, excusez-moi. Je suis navré.
M. MOUSSA Ça ne fait rien. Vous savez, c'est la coutume ici, mais si ça vous gêne, ce n'est pas important.
M. SIMENOT Non, non, pas du tout.
M. MOUSSA Qu'est-ce que je vous sers? Vous savez, ici, nous ne servons pas d'alcool. Mais nous avons des jus de fruits et, bien sûr, du thé à la menthe.
MME SIMENOT Je prendrais bien du thé.
M. SIMENOT Oui, ça ira très bien.
RAPHAEL Pour moi aussi, s'il vous plaît.
M. MOUSSA Asseyez-vous, je vous en prie.
M. SIMENOT Merci.

Amina apporte le thé.

AMINA Bonjour.
M. MOUSSA Ma fille, Amina...
MOKTAR Fais gaffe. Amina a le chic pour renverser le thé.
AMINA Oh, ça va, hein! C'est pas moi qui ai renversé la cafetière hier.

## 19 Tu as compris?

1. Where is the Simenot family?
2. What happens when they arrive?
3. What do the two families talk about?
4. Where does the Moussa family invite the Simenot family to go?
5. Why do the Simenots hesitate to accept the invitation?
6. What are the main steps in a Moroccan wedding?

## 20 Vrai ou faux?

1. On sert du thé à la menthe.
2. Amina renverse souvent le thé.
3. C'est Amina qui a commencé la dispute.
4. Les Simenot ont deux enfants.
5. Amina va se marier demain.
6. La mariée porte une coiffe très élaborée.

## 21 Qu'est-ce qu'ils font?

Trouve dans le dialogue des phrases pour décrire les situations suivantes.

1.

2.

3.

4.

MOKTAR Rapporteuse!

M. MOUSSA Ça suffit, les enfants!

AMINA C'est lui qui a commencé.

M. SIMENOT Euh... et vous avez d'autres enfants?

M. MOUSSA Nous avons huit enfants. Tous sont mariés sauf Moktar et Amina. Et vous?

M. SIMENOT Nous avons un autre fils, Jean. Il va se marier en août.

M. MOUSSA Félicitations. Au fait, nous allons au mariage de ma cousine demain. Vous voulez venir avec nous?

MME SIMENOT Oh, non. C'est pour la famille.

M. MOUSSA Mais non! Pas du tout. Ils seront ravis de vous avoir!

MME SIMENOT Bon, si vous pensez vraiment qu'on ne dérange pas.

A la fête de mariage...

RAPHAEL Oh, c'est bon, ça! Qu'est-ce que c'est?

MOKTAR Ça, c'est de la pastilla.

RAPHAEL C'est fait avec du poulet?

MOKTAR Non, c'est du pigeon. Il y a aussi des amandes.

RAPHAEL Mmm... J'adore! Dis donc, c'est quand, la cérémonie?

MOKTAR Il n' y a pas vraiment de cérémonie comme chez toi. D'abord, la famille de l'homme demande la main de la femme... , puis, les fiancés signent un contrat. Ensuite, le fiancé donne des cadeaux à sa future femme.

RAPHAEL Et après?

MOKTAR Et puis, on fait la fête.

RAPHAEL Oh, dis donc, ta cousine, qu'est-ce qu'elle a sur la tête?

MOKTAR Les mariées marocaines ont toujours des coiffes très élaborées.

RAPHAEL Cool. Je parie que le mariage de mon frère ne sera pas aussi chouette.

## 22 C'est le Maroc?

Après avoir lu **Ahlên, merhabîn**, est-ce que ces traditions te semblent marocaines ou non?

1. En général, les gens sont très accueillants.
2. On préfère boire du thé glacé.
3. On offre des boissons alcoolisées aux invités.
4. On retire ses chaussures en entrant dans une maison.
5. Les mariées s'habillent de façon très simple.
6. La cérémonie de mariage a lieu dans une église.
7. On mange du pigeon.

## 23 Cherche les expressions

What do the Moussa and Simenot families say to . . .

1. welcome someone?
2. introduce someone?
3. offer something to drink?
4. ask someone to sit down?
5. tell someone to be careful?
6. accuse someone of being a tattletale?
7. express congratulations?
8. ask what something is?

## 24 Et maintenant, à toi

Comment est-ce qu'on accueille des invités dans ton pays? Est-ce que ça se fait comme au Maroc, ou est-ce que c'est différent?

# Rencontre Culturelle

Est-ce que tu connais le Maroc? Regarde les photos suivantes pour découvrir quelques caractéristiques de ce pays.

Casablanca, la plus grande ville du Maroc

Fès, centre spirituel, intellectuel et artistique du Maroc

Les artisans marocains sont renommés.

Les belles plages des côtes méditerranéenne et atlantique

Le quartier des tanneurs de cuir

## Qu'en penses-tu?

1. What impression do these photos give you of Morocco?
2. What differences and similarities do you see between Morocco and the United States?

## Savais-tu que... ?

Morocco is a mountainous country on the northwestern coast of Africa, graced with beautiful beaches on both its Atlantic and Mediterranean coasts. Arabic is the official language of Morocco, but a large percentage of the population speaks French as well. The people of Morocco are mainly of Arab and Berber origins: the Berbers have occupied the area since very ancient times, and the Arab conquest at the end of the seventh century A.D. brought Islam to the country. Morocco is almost 100 percent Islamic, and a mosque can be found in every village. The Moroccan people have a reputation for being master artisans and craftsmen; the high quality of their products is recognized throughout North Africa and Europe. Rugs, pottery, fine leather, copperware, and other goods are sold in Arab markets called **souks.** In a small village there may be only one market, but in large cities such as Fez or Marrakesh, you will find specialized markets such as a **souk de tapis** or **souk de poterie.**

# DEUXIEME ETAPE

***Showing and responding to hospitality; expressing and responding to thanks; quarreling***

## COMMENT DIT-ON... ?

### Showing and responding to hospitality; expressing and responding to thanks

*To welcome someone:*
**Entrez, je vous en prie.**
**Ça me fait plaisir de vous voir.**
**Donnez-moi votre manteau.**
**Mettez-vous à l'aise.**
**Asseyez-vous.**

*To respond:*
**Merci.**
**Moi aussi.**
**Vous êtes bien aimable.**
**C'est gentil.**

*To offer food or drink:*
**Je vous sers quelque chose?**
**Qu'est-ce que je peux vous offrir?**

*To respond:*
**Je prendrais bien** un verre de thé.
**Vous auriez** des biscuits?

*To express thanks:*
**Merci bien/infiniment/mille fois.**
**Je vous remercie.**
**C'est vraiment très gentil de votre part.**

*To respond to thanks:*
**De rien.**
**Je vous en prie.**
**(Il n'y a) pas de quoi.**
**C'est tout à fait normal.**

### A la française

When someone offers you something in English, and you reply with *Thank you*, people assume that you are accepting the offer. However, when French-speaking people respond to an offer with **merci**, it might mean that they're refusing. So, if you want some of what is offered, say **Oui,** in addition to **merci.**

### 25 Ecoute!

Ecoute M. Ben Assouan qui accueille ses invités. Choisis l'image qui correspond à ce qu'il dit.

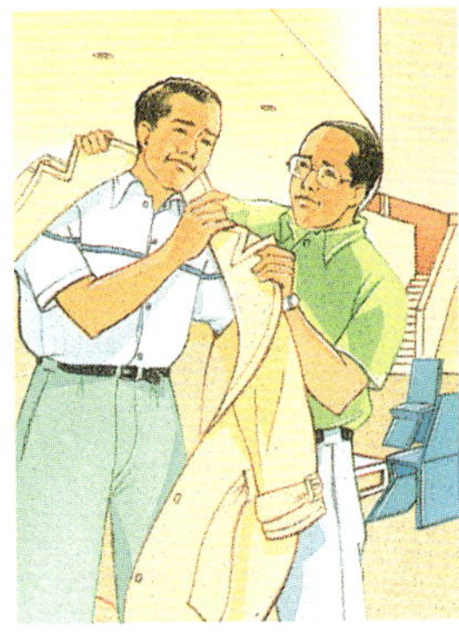

a.

b.

c.

d.

## Note Culturelle

The concept of hospitality is central to the Arab society of North Africa. It is considered an honor for a host to receive guests in his home, and even a very poor family will prepare a special meal to welcome visitors, providing whatever food it can afford. Mint tea, the national beverage in Morocco, is customarily served to guests. It is considered rude to refuse tea when it is offered, and it is polite to accept several glasses.

## 26 Méli-mélo!

M. Fikri rend visite à son collègue. Récris leur conversation.

«Donnez-moi votre manteau.»
«Mettez-vous à l'aise.»
«Ça me fait plaisir de vous voir.»
«Qu'est-ce que je peux vous offrir?»
«Entrez, je vous en prie.»
«Bien sûr.»

«Vous auriez du thé?»
«Moi aussi.»
«Vous êtes bien aimable.»
«Merci.»
«C'est gentil.»

## 27 Merci infiniment!

On te remercie. Choisis la réponse appropriée.

1. Merci bien de m'avoir prêté ton cardigan. J'avais tellement froid!
   - **a.** Vous êtes bien aimable!
   - **b.** De rien.
   - **c.** Tu as toujours froid!

2. Je vous remercie de m'avoir répondu si vite.
   - **a.** Ne vous inquiétez pas.
   - **b.** Mettez-vous à l'aise.
   - **c.** Je vous en prie.

3. Si tu ne m'avais pas aidé, j'aurais raté l'examen. Je ne sais pas comment te remercier!
   - **a.** Fais tes devoirs tous les jours!
   - **b.** C'est tout à fait normal!
   - **c.** Ils sont difficiles, ces examens.

4. Dis donc, on m'a donné le job. Merci mille fois. C'était vraiment gentil de ta part!
   - **a.** Ne sois pas en retard!
   - **b.** Tu aimeras ce travail.
   - **c.** Il n'y a pas de quoi.

## 28 Merci mille fois!

Ecris un petit mot de remerciement à ton/ta camarade qui...

t'a invité(e) à sa boum. | t'a conseillé(e). | t'a envoyé une carte postale. | t'a donné un CD.

## VOCABULAIRE

Voilà la photo de ma famille que tu m'as demandée. Je t'explique qui est tout le monde. La vieille dame, ce n'est pas ma grand-mère, c'est mon **arrière-grand-mère**, Teta. Elle est **veuve**. A côté d'elle, il y a mon père et ma mère. Leurs parents sont morts. Mon père est **le petit-fils** de Teta. Tu te rends compte comme elle est vieille? Bon, il y a aussi ma soeur, Souad. Elle est **mariée**. Là, à côté de moi, c'est son **mari** Karim. De l'autre côté, c'est mon frère, Hassan. C'est **l'aîné**. Il a 25 ans. Il est **célibataire**. Il ne veut pas se marier! Et moi, tu vois, je suis le **benjamin**. Alors, tout le monde attend ton arrivée avec impatience. Tu seras reçu comme un roi.

**l'arrière-grand-père**
**l'arrière-grand-mère**
**le petit-fils**
**la petite-fille**
**le mari**
**la femme**
**le neveu** *nephew*
**la nièce** *niece*
**l'aîné(e)** *the oldest child*
**le/la cadet(te)** *the younger child*
**le/la benjamin(e)** *the youngest child*
**les jumeaux/jumelles** *twins*
**veuf/veuve** *widowed*
**mort(e)**
**marié(e)**
**célibataire** *single*
**divorcé(e)**

## 29 Ecoute!

Ahmed a invité Eric chez lui. Ecoute leur conversation et décide quelle photo représente la famille d'Ahmed.

a.

b.

## 30 Un arbre généalogique

Décris les membres de ta famille, ou d'une famille imaginaire, et leurs relations. En t'écoutant, ton/ta camarade va dessiner l'arbre généalogique. Il/Elle va te le montrer pour voir s'il/si elle a bien compris. Changez de rôles.

## 31 Mettez-vous à l'aise!

Ta famille a organisé une soirée. Tu accueilles les invités. Ils te remercient. N'oublie pas de présenter tes amis à chaque membre de ta famille. Joue cette scène avec tes camarades. Changez de rôles.

## COMMENT DIT-ON... ?

### Quarreling

*To accuse someone:*

**Rapporteur(-euse)!**
*Tattletale!*
**Pleurnicheur(-euse)!**
*Crybaby!*
**Tricheur(-euse)!**
*Cheater!*
**Tu es bête comme tes pieds!**
*You're so stupid!*
**Tu m'énerves, à la fin!**
*You're bugging me to death!*
**Tu es vraiment casse-pieds!**
*You're such a pain!*
**Tu me prends la tête!**
*You're driving me crazy!*

*To justify a quarrel:*

**C'est toujours la même chose!**
**C'est lui/elle qui a commencé!**
**Il/Elle m'a traité(e) d'imbécile!**
*He/She called me a . . . !*
**C'est toujours moi qui prends!**
*I'm always the one who gets blamed!*

*To respond to an accusation:*

**Oh, ça va, hein?**
*Oh, cut it out!*
**Arrête!**
**Ça suffit!**
**Tu le fais exprès?**
*Are you doing that on purpose?*
**Mêle-toi de tes oignons!**
*Mind your own business!*
**Fiche-moi la paix!**
*Leave me alone!*
**Casse-toi!**
*Get out of here!*
**Tant pis pour toi!**
*Tough!*
**Ferme-la!**
*Shut up!*

## 32 Ecoute!

Ecoute ces disputes. Comment est-ce qu'elles ont commencé? A ton avis, est-ce que c'est la faute de Moktar ou d'Amina?

### A la française

Can you guess which of the phrases in the **Comment dit-on...?** this gesture expresses?*

* Ferme-la

## 33 Les relations frères-sœurs

Lis ces remarques de quelques jeunes francophones et complète les phrases ci-dessous.

**Christophe**
Il faut toujours que je rende service à ma sœur aînée. Je le fais pour qu'elle me fiche la paix, mais elle, elle ne me rend jamais de service. Si on se dispute pour la télé, ma mère prend toujours sa défense et c'est moi qui dois regarder la télé en noir et blanc dans ma chambre.

**Gilles**
Mon grand frère m'interdit d'aller dans sa chambre mais lui, il vient toujours fouiller dans la mienne. Il s'imagine qu'il peut me donner des ordres parce qu'il est l'aîné!

**Djamila**
Pour énerver ma sœur quand on regarde la télé ensemble, je change de chaîne sans lui demander son avis.

**Saïd**
Je peux parler de mes ennuis à ma grande sœur et je peux aussi lui emprunter de l'argent. On se fait confiance. Après la mort de mon père, je ne pouvais pas m'arrêter de pleurer et ma sœur venait toujours essayer de me réconforter dans ma chambre.

**Hélène**
Mes frères et sœurs doivent aller au lit plus tôt que moi parce qu'ils sont plus jeunes. Mais si je rentre plus tard que prévu quand je sors, mes parents ne sont pas contents parce qu'ils disent que je donne le mauvais exemple aux petits.

**Sylvie**
Mes deux frères me font tout le temps des blagues et m'embêtent quand je parle au téléphone avec mes copains. Et quand je fais mes devoirs, ils font beaucoup de bruit juste pour m'embêter.

**Martine**
Quand ma sœur et moi, nous nous disputons, j'essaie toujours de me réconcilier avec elle. Un jour, je l'ennuyais pendant qu'elle jouait du piano. On a été fâchées un moment. Puis, je lui ai demandé si elle voulait jouer avec moi, elle au piano et moi à la flûte. La dispute s'est arrêtée là.

1. ______ ne peut pas faire ses devoirs parce que ses frères font du bruit.
2. La sœur de ______ est compréhensive et elle l'aide à résoudre ses problèmes.
3. Quand ______ veut embêter sa sœur, elle change de chaîne sans lui demander.
4. Le frère de ______ entre souvent dans sa chambre pour fouiller dans ses affaires.
5. ______ n'aime pas avoir à donner l'exemple à ses petits frères et sœurs.

## 34 Arrête!

Ton frère/ta sœur t'énerve quand il/elle fait les choses ci-dessous. Tu le lui dis, et ça provoque une dispute. Joue ces scènes avec ton/ta camarade.

- emprunter tes CD sans te le demander
- changer de chaîne alors que tu regardes quelque chose à la télé
- monopoliser le téléphone
- rester trop longtemps dans la salle de bains
- se moquer de toi devant tes amis
- entrer dans ta chambre et fouiller dans tes affaires
- abîmer tes affaires
- te tirer les cheveux

## 35 Les enfants terribles

Tu fais du baby-sitting et tu trouves que les enfants que tu gardes sont insupportables! Tes camarades, qui joueront les enfants, vont imaginer trois disputes qu'ils auront. Tu dois les empêcher de se disputer. Ils se justifient chaque fois.

## 36 Jeu de rôle

You've decided to throw a party. Unfortunately, you invite people who don't get along with one another. Act out this scene with your friends.

- Invite your guests and make arrangements for the party.
- Welcome your guests and offer refreshments.
- Your guests argue with one another and later apologize.

# LISONS!

## Les trois femmes du roi

Une nuit, le roi dit à son vizir :
– Allons faire le tour de la ville pour voir si tout est tranquille.

Ils se promènent. Les gens dorment ; il n'y a personne dans les rues. Tout à coup, ils voient de la lumière qui passe sous la porte d'une maison.
– Qui a encore sa lampe allumée à cette heure-ci ? dit le roi.

Ils s'arrêtent, mettent l'oreille contre la porte et écoutent ce que l'on dit derrière. Une jeune fille parle et dit à ses sœurs :
– Si le roi m'épousait, je pourrais faire manger tous les gens du pays avec un seul plat de couscous.

Une autre dit :
– S'il m'épousait, je pourrais habiller tous les gens du pays avec un seul morceau de tissu.
– Moi, dit la voix la plus jeune, je lui donnerais un garçon et une fille et ils auraient des cheveux d'argent.

Le lendemain, le roi envoie des gens à la maison où il a entendu du bruit.

Le père des jeunes filles est un homme vieux et pauvre. En entendant frapper à la porte, il demande :
– Qui frappe ?
– Viens ! Le roi veut te parler. Le père a très peur. Il se demande pourquoi le roi veut le voir. Il demande à ses filles :
– Est-ce que vous avez parlé à des gens ? Est-ce que vous vous êtes disputées avec quelqu'un ?
– Non, père, n'aie pas peur ! disent-elles. Nous ne connaissons personne. Nous ne nous sommes disputées avec personne. Jamais nous ne sommes sorties de la maison.

Le vieillard sort et, tremblant de peur, suit les gens qui l'emmènent chez le roi.
– Bon vieillard, lui dit le roi. As-tu des filles ?
– Oui, Seigneur.
– Combien ?
– Trois.
– Veux-tu me les donner en mariage ? Je veux me marier avec toutes les trois, comme cela est permis par Dieu et son Prophète.
– Avec plaisir, ô Roi ! répond le père. Je n'ai pas trouvé de bergers pour devenir leurs maris et toi, Roi, tu les veux toutes les trois !

Le roi fait faire les fêtes du mariage et fait amener ses trois femmes à son palais.

Un jour, le roi dit à l'une de ses trois femmes :
– Tu as dit un jour que, si le roi t'épousait, tu pourrais faire manger tous les gens du pays avec un seul plat de couscous. Fais ce plat de couscous, je veux voir si tu as dit vrai.
– Je ferai ce couscous, ô Roi. Donne-moi seulement un demi-sac de farine.

Le lendemain, quand la femme a reçu du roi un demi-sac de farine, elle envoie quelqu'un acheter un sac de sel. Puis elle fait le couscous en mettant pour chaque part de farine deux parts de sel. Après elle le fait cuire. Alors le roi dit à tous les gens de venir et toute la grande maison est pleine. Il apporte le plat, le pose au milieu de la grande salle et invite tout le monde à manger. Mais chaque fois que quelqu'un prend une boulette de couscous, il la crache aussitôt parce qu'elle est trop salée. Les serviteurs disent :
– Mangez, messieurs !

Mais ils ont peur que le roi se mette en colère et ils répondent :
– Non, merci, nous en avons mangé beaucoup, c'est très bon, mais nous n'avons plus faim.

**DE BONS CONSEILS**

Stories set in your own culture are easy to understand because you can relate to them. A story about baseball is no problem because baseball is a part of American culture. Even if you haven't played or watched a game, chances are you still know what it is. When you read a story set in another country, however, you may be misled if you assume that the society and customs there are exactly the same as where you live. In order to best understand a story, think about the culture that it represents. What do you know that can help you? If you're not familiar with the country in the story, you may want to find out more about it. Taking the cultural context of a story into account will enable you to understand it better and will make it more enjoyable too.

*Les trois femmes du roi*

**A.** Where are the king and his vizier? What do they overhear?

**B.** Which of these statements were not made by one of the three daughters?

«Si le roi m'épousait...

- **a.** je pourrais habiller tous les gens du pays avec un seul morceau de tissu.»
- **b.** je pourrais construire des logements pour tous les gens du pays avec un seul bout de plancher.»
- **c.** je lui donnerais des enfants avec des cheveux d'argent.»
- **d.** je pourrais changer de la paille en or.»
- **e.** je pourrais faire manger tous les gens avec un seul plat de couscous.»

Et ils repartent tous chez eux sans dire que le couscous est trop salé. Quand ils sont partis, le roi voit que le plat est encore plein. Il est très heureux et dit :
– Dieu est avec moi ! Ma femme a dit vrai.
Il veut manger un peu de couscous et le crache lui aussi. Il se met en colère et va trouver sa femme :
– Tu as menti! Personne n'a mangé de ce couscous. Il était trop salé.
– Oui, mais tous les invités ont dit qu'ils en avaient mangé et qu'ils n'avaient plus faim !
– C'est vrai, tu n'as pas menti, répond le roi.
Un autre soir, il dit à son autre femme :
– Tu as dit un jour que, si le roi t'épousait, tu pourrais habiller tous les gens du pays avec un seul morceau de tissu. Fais cela, je le veux !
– Donne-moi un morceau de tissu, ô Roi, et tu verras que j'ai dit vrai.
Le lendemain matin, pendant que le roi appelle tous les gens, la femme coupe le tissu en petits bouts très fins. Puis elle se met au-dessus de la porte de la ville et dit au roi de faire passer tous les gens l'un derrière l'autre. Alors, elle laisse tomber sur chacun d'eux un petit bout de tissu que chacun attrape à la main. Quand ils sont passés, les gens disent au revoir au roi et rentrent chez eux sans rien dire. Ils n'osent pas dire qu'on s'est moqué d'eux parce qu'ils ont peur d'avoir la tête coupée. Le roi dit à sa femme :
– Tu n'as pas habillé tous les gens du pays !
– Si ! Chacun a eu sa part et ils sont tous partis contents.
– C'est vrai ; tu n'as pas menti !
La troisième femme, la plus jeune, avait dit :
– Si le roi m'épousait, je lui donnerais un garçon et une fille et ils auraient des cheveux d'argent.
Elle a peur que le roi se rappelle ce qu'elle a dit. Elle prie Dieu chaque jour et enfin, un enfant grandit dans son ventre. Ses sœurs pensent :
– Le roi va préférer notre sœur à cause de cet enfant. Que faire ?
Elles demandent conseil à une vieille qui leur dit :
– Attendez ! Je vous aiderai.
Quand l'enfant va naître, les deux sœurs appellent la vieille. Elle arrive avec une grande boîte dans laquelle elle a caché deux petits chiens. Elle dit qu'elle va soigner la maman et entre dans la chambre. Deux enfants naissent, un garçon et une fille, et ils ont tous les deux des cheveux d'argent. Alors la vieille prend les deux enfants ; elle les met dans la boîte et, à leur place, elle met les deux petits chiens. Puis elle va dire au roi :
– Votre femme a eu deux enfants, mais ils ressemblent à des chiens !
Alors le roi se met en colère et donne l'ordre d'enfermer sa femme dans la cage où vivent tous les chiens de la maison. Les sœurs et la vieille la conduisent à la cage et là, elle mange et vit avec les bêtes. La vieille va jeter à la mer la grosse boîte où sont les deux enfants. La mer emporte la boîte très loin, vers un pays où vivent un pêcheur et sa femme. Un jour le pêcheur, qui est dans son bateau, voit la boîte. Il s'approche, ouvre la boîte et voit deux petits enfants, avec des cheveux qui brillent comme le soleil. Il rentre chez lui très heureux, montre les enfants à sa femme et tous deux décident de les garder et de les élever. Les enfants grandissent heureux. Ils étudient le Coran et aident le pêcheur et sa femme dans leur travail.
Mes amis, vous voulez connaître la fin de l'histoire. Eh bien, écoutez !
Un jour, les deux enfants se disputent avec d'autres enfants. Ceux-ci leur disent :
– Vous êtes des étrangers ! Le pêcheur et sa femme ne sont pas vos parents. Ils vous ont trouvés dans une boîte sur la mer.
Alors les deux enfants, très tristes, disent au revoir en pleurant au pêcheur et à sa femme et s'en vont en bateau, très loin, sur la mer. Ils arrivent dans

**C.** Look over the first page of the story and find some examples of cultural differences. How does this information affect your understanding of the story?

**D.** When questioned by their father, why do the daughters insist that they have not even left the house? Why would that be important? Is that something important in your culture?

**E.** What did the first and second wives do when asked to fulfill their vows? Why didn't the people of the kingdom complain? What was the king's reaction?

**F.** Why are the first and second wives jealous of the third wife? What do they do about it?

**G. Vrai ou faux?**

1. Les enfants ont des cheveux d'argent.
2. Le roi fait enfermer sa femme dans un donjon.
3. Les deux enfants vont en bateau au pays du pêcheur et de sa femme.
4. Le pêcheur est très heureux de trouver les enfants.
5. Les enfants savent depuis leur naissance qu'ils sont les enfants du roi.
6. A l'âge de quinze ans, les enfants quittent le pays du pêcheur.

**H.** Why do you think the third wife was treated so harshly? How do you think her punishment was chosen? What punishments would be the most humiliating to people in your culture?

**I.** How are the children finally reunited with their real father?

le pays du roi ; et là, ils ont beaucoup d'aventures et beaucoup de malheurs.

Un jour, le roi entend dire qu'il y a dans son pays deux jeunes gens qui ont des cheveux d'argent. Il se rappelle ce que lui a dit sa troisième femme autrefois et il les fait chercher. Quand les deux jeunes gens arrivent devant lui, il leur demande :

- Qui sont vos parents ?

- Nous ne les connaissons pas. Nous avons été trouvés un jour, il y a quinze ans, dans une grande boîte très loin d'ici sur la mer.

- Alors le roi leur tend les bras et s'écrie :

- C'est vous! Vous êtes mes enfants ! Il y a quinze ans, quand vous êtes nés, on m'a dit que vous ressembliez à des chiens, et j'ai fait jeter votre mère dans une cage !

Et aussitôt il donne l'ordre qu'on aille chercher leur mère et qu'on jette les deux sœurs à sa place dans la cage aux chiens.

Les deux jeunes gens vivent alors heureux auprès du roi et de leur mère. Mais ils n'oublient pas le pêcheur et sa femme et leur envoient souvent de riches cadeaux.

## Le clou de Djeha

Un jour, Djeha n'a plus d'argent. Il décide de vendre sa maison. Quelqu'un veut l'acheter, alors Djeha lui dit :

- Je vends ma maison, mais dans cette maison, il y a un clou, planté dans un mur. Ce clou, je ne le vends pas, il est à moi. Et tu n'as pas le droit de l'enlever ni de l'enfoncer.

- D'accord, dit l'acheteur. J'achète la maison.

Et tous les deux vont chez le notaire pour signer la vente. Sur le papier, le notaire écrit que le clou qui est dans le mur ne peut être ni enlevé ni enfoncé.

Quelques jours plus tard, Djeha trouve un vieux cheval mort jeté dans la rue. Il donne de l'argent à des gens et leur dit :

- Allez porter ce cheval mort devant la porte de la maison de Djeha.

Quand ils l'ont porté, Djeha frappe à la porte et dit aux gens de la maison :

- Je veux accrocher ce cheval à mon clou !

- Quoi, mais tu es fou ! Cette maison est à nous !

- Cette maison est à vous mais le clou est à moi, répond Djeha.

- Mais il est mort, ton cheval, et déjà il sent mauvais.

- Le clou est à moi, répète Djeha. Allons chez le cadi.

- Montrez-moi le papier écrit au moment de la vente, dit le cadi. Djeha montre le papier ; le cadi le lit.

- C'est vrai, dit le cadi, le clou est à Djeha. Il peut faire ce qu'il veut avec.

- Mais, monsieur le cadi, dit l'acheteur, aujourd'hui nous avons un mariage chez nous. Cet homme apporte un cheval mort et qui sent mauvais et il veut l'accrocher au clou.

- Tu as signé le papier, répond le cadi. Il est trop tard.

- Monsieur le cadi, dit l'acheteur, c'est d'accord. Je laisse toute la maison à cet homme. Je lui demande seulement qu'il nous laisse finir la fête chez nous et après je lui donnerai la clef.

C'est ainsi que Djeha a retrouvé sa maison.

## La petite maison

Un homme construit une petite maison dans un endroit très étroit. Des gens passent et lui disent :

- Ta maison est trop petite !

Il leur répond :

- Vous dites que ma maison est trop petite, mais je serais content si je pouvais un jour la remplir de vrais amis.

J. What happens to the children and their mother at the end of the story? Is the ending fair to everyone?

*Le clou de Djeha*

K. Why does Djeha have to sell his house? What part of it does he not sell?

L. What does Djeha want to hang in the house? What problem does this cause?

M. Use context to figure out the meanings of these words:

clou | accrocher | sentir | cadi

N. What decision does the **cadi** make? Does the decision seem fair to you? How do you think that a different cultural perspective on bargaining and deal-making affect the decision?

*La petite maison*

O. What is the message of this little story? How does your knowledge of Moroccan culture help you better understand its point?

P. Which of the three stories do you like best? Why? Are any of the stories similar to ones you know?

# ECRIVONS!

*The stories you just read deal with how people relate to each other. In this activity, you'll write your own story of how people relate to each other, in either a positive or a negative way.*

## Une histoire d'attitude

Maintenant, c'est à toi d'écrire une histoire où tu expliques comment, à ton avis, les gens devraient se comporter les uns envers les autres.

### A. Préparation

D'abord, pense à la façon dont les gens agissent les uns envers les autres.

1. Fais un tableau pour organiser tes idées clairement.
   - a. Divise ton tableau en deux colonnes : *Positive* et *Negative.*
   - b. Remplis chaque colonne avec des choses que les gens font souvent, comme, par exemple, *Lying* ou *Being honest.*
   - c. Examine ton tableau. Choisis quelque chose que tu voudrais mettre en valeur dans ton histoire.
2. Imagine le scénario de ton histoire.
   - a. Qui est ton personnage principal? Quelle est son attitude?
   - b. Quelles vont être les conséquences des actions du personnage principal sur les autres personnages?
   - c. Est-ce que le personnage principal va être récompensé pour ses bonnes actions ou bien est-ce qu'il sera puni pour ses mauvaises actions?
3. Esquisse *(Outline)* les événements principaux de ton histoire.

### B. Rédaction

Maintenant, fais un brouillon de ton histoire. N'oublie pas...

1. de décrire en détails le comportement de ton personnage principal.
2. d'expliquer les conséquences que ses actions ont sur les autres.
3. de bien montrer le rapport entre l'attitude du personnage principal et la fin de ton histoire.

### C. Evaluation

1. Lis ton histoire à ton/ta camarade. Réfléchissez aux questions suivantes.
   - a. Est-ce que l'histoire est claire? Est-ce qu'elle suit un ordre logique?
   - b. Est-ce que c'est une histoire intéressante? Est-ce que tu pourrais ajouter des détails pour la rendre plus vivante?
2. Corrige les fautes d'orthographe, de grammaire et de vocabulaire.
3. Ecris la version finale de ton histoire.

**DE BONS CONSEILS**

No matter what the topic or purpose for writing, a writer must organize his or her ideas in a logical way. Many writers find graphic devices to be useful tools for organizing ideas. Time lines, charts, and diagrams are all examples of graphic devices that can help writers to visualize their ideas and clarify their thinking. The type of graphic device you choose will depend on what you're writing about. For example, a time line depicts a chronological progression of events, a comparison-and-contrast chart shows how two things are similar and different, and a flow chart shows the different steps involved in a process. When starting out on a writing task, try using a graphic device appropriate to your topic to help you organize your thoughts.

# MISE EN PRATIQUE

**1** Martin vient de trouver un nouvel ami, Ali, à Marrakech. Ecoute leur conversation et réponds aux questions suivantes.

1. Lesquelles des activités suivantes est-ce qu'Ali propose à Martin?
   - **a.** d'aller au souk el-Kebir
   - **b.** de déjeuner chez lui
   - **c.** de prendre un jus d'orange
   - **d.** d'aller voir le palais de la Bahia
   - **e.** d'aller à la place Jemaa-el-Fna
2. Lesquelles des suggestions d'Ali est-ce que Martin accepte?
3. A quelle heure est-ce qu'ils se donnent rendez-vous?
4. Où est-ce qu'ils se retrouvent?
   **a.** sur la place Jemaa-el-Fna  **b.** au palais de la Bahia  **c.** sur la place de Bâb Fteuh

***La place Jemaa-el-Fna*** : Le matin, Jemaa-el-Fna est un immense marché. Cela va des délicieux jus d'orange pressés, aux épices et aux herbes médicinales, en passant par les écrivains publics à l'ombre de leur parapluie noir, et les diseuses de bonne aventure. Puis, peu à peu les vendeurs d'eau font leur apparition. Quand la chaleur se fait moins forte, les principaux acteurs entrent en scène : charmeurs de serpents au son de leur flûte, danseurs gnaouas tournant comme des derviches au son des tambourins, vendeurs de fripes étalant leur frusques sur le sol, restaurants ambulants avec roulante et brasero. Les pickpockets sont à la fête, principalement autour des conteurs qui attirent grand nombre de badauds.

***Les souks*** : Pénétrer seul dans les souks relève de l'exploit, car rares sont ceux qui parviennent à échapper aux guides insistants. Voici quelques conseils :

- Suivre un groupe de touristes et faire semblant d'être avec eux, du moins pour les premiers mètres du parcours, les plus difficiles.
- Ne pas porter de T-shirts ou de sacs évoquant des marques connues de voyagistes. Sinon, vous êtes sûr d'être repéré immédiatement.

***Le minaret de la Koutoubia*** : la Tour Eiffel locale. Tout le monde le connaît et il sert de point de repère. Son décor est différent sur chaque face. Sa tour, aussi haute que celles de Notre-Dame de Paris, est couronnée d'un lanternon surmonté de quatre boules dorées. La légende voudrait nous faire croire qu'elles sont d'or pur et que l'influence des planètes leur permet de tenir en équilibre !

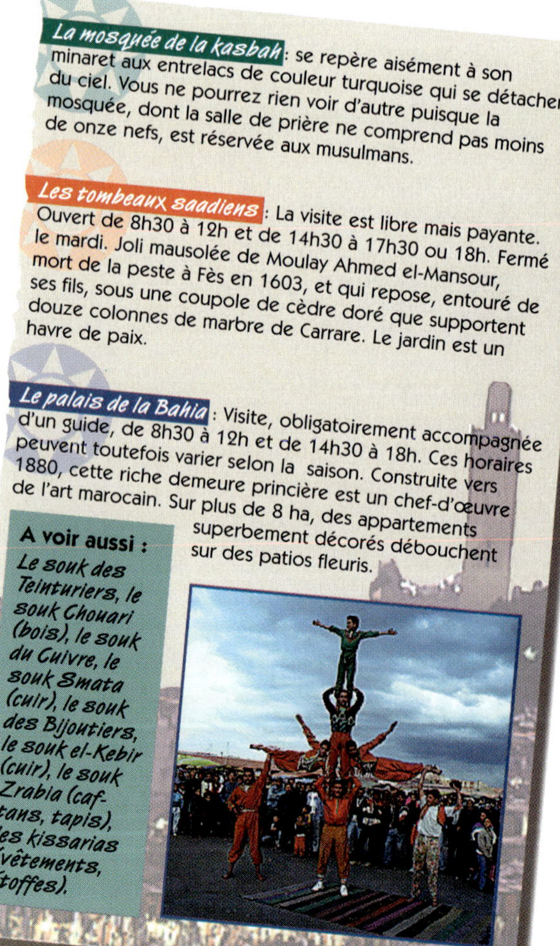

***La mosquée de la kasbah*** : se repère aisément à son minaret aux entrelacs de couleur turquoise qui se détachent du ciel. Vous ne pourrez rien voir d'autre puisque la mosquée, dont la salle de prière ne comprend pas moins de onze nefs, est réservée aux musulmans.

***Les tombeaux saadiens*** : La visite est libre mais payante. Ouvert de 8h30 à 12h et de 14h30 à 17h30 ou 18h. Fermé le mardi. Joli mausolée de Moulay Ahmed el-Mansour, mort de la peste à Fès en 1603, et qui repose, entouré de ses fils, sous une coupole de cèdre doré que supportent douze colonnes de marbre de Carrare. Le jardin est un havre de paix.

***Le palais de la Bahia*** : Visite, obligatoirement accompagnée d'un guide, de 8h30 à 12h et de 14h30 à 18h. Ces horaires peuvent toutefois varier selon la saison. Construite vers 1880, cette riche demeure princière est un chef-d'œuvre de l'art marocain. Sur plus de 8 ha, des appartements superbement décorés débouchent sur des patios fleuris.

**A voir aussi :**
*Le souk des Teinturiers, le souk Chouari (bois), le souk du Cuivre, le souk Smata (cuir), le souk des Bijoutiers, le souk el-Kebir (cuir), le souk Zrabia (caftans, tapis), les kissarias (vêtements, étoffes).*

2 Lis ces extraits d'un guide français sur ce qu'on peut voir à Marrakech et réponds aux questions suivantes.

1. What are some things you might see if you visit the **place Jemaa-el-Fna?** What should you be aware of?
2. What kind of souks could you visit? What problem might you run into when going into this area? What does the guidebook suggest you do?
3. With what monument could you compare the **minaret de la Koutoubia?** Why?
4. What can you see at the **tombeaux saadiens?** Is it free?
5. Which of the sites is a masterpiece of Moroccan art? Do you need a guide?

3 A Marrakech, tu as rencontré quelqu'un avec qui tu voudrais faire un tour de la ville. Propose-lui de visiter des endroits qui sont mentionnés dans le guide. Il/Elle va aussi faire des suggestions. Décidez ensemble de ce que vous allez faire pendant votre séjour. N'oubliez pas de fixer les jours, les heures et les endroits où vous allez vous rencontrer.

4 Imagine une situation où ton/ta meilleur(e) ami(e) a fait quelque chose qui t'a rendu(e) furieux (-euse). Vous vous disputez. Enfin, il/elle s'excuse. Comme il/elle est vraiment désolé(e), tu acceptes ses excuses.

5 Ton correspondant marocain vient bientôt passer une année aux Etats-Unis. Il voudrait savoir si les Américains sont aussi accueillants que les Marocains. Ecris-lui une lettre où tu lui expliques comment on accueille les gens dans la région où tu habites.

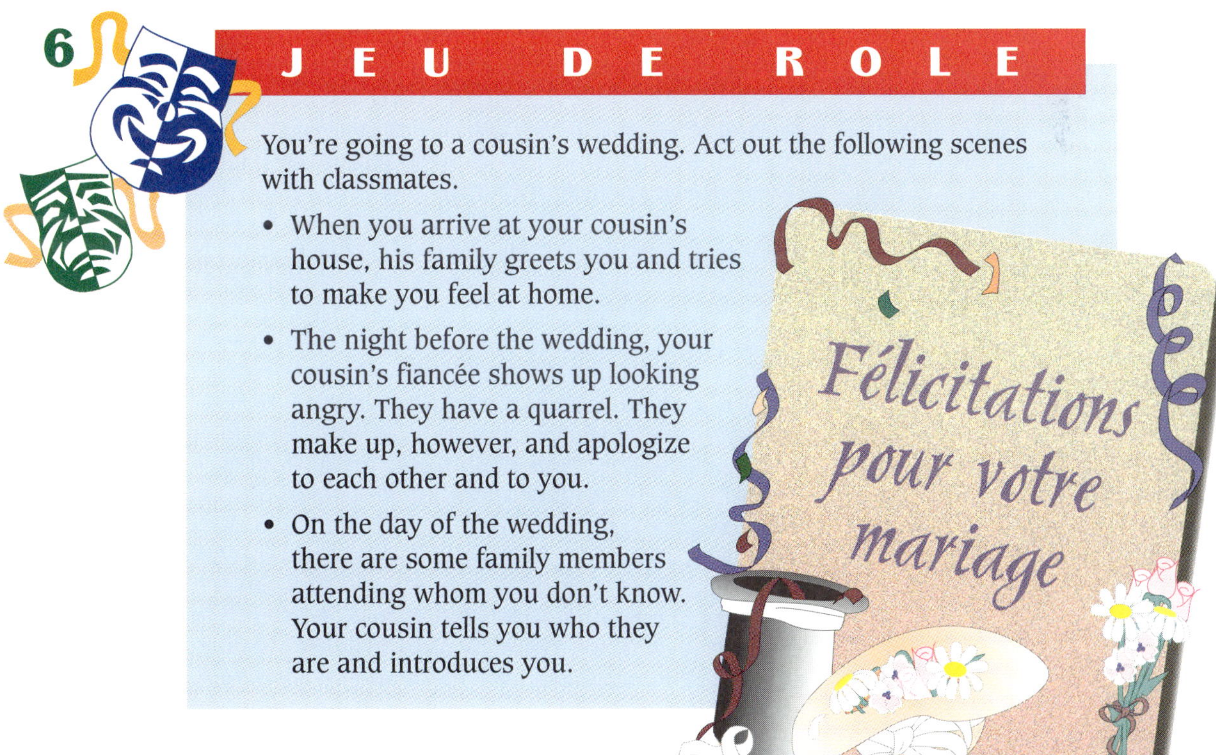


6 JEU DE ROLE

You're going to a cousin's wedding. Act out the following scenes with classmates.

- When you arrive at your cousin's house, his family greets you and tries to make you feel at home.
- The night before the wedding, your cousin's fiancée shows up looking angry. They have a quarrel. They make up, however, and apologize to each other and to you.
- On the day of the wedding, there are some family members attending whom you don't know. Your cousin tells you who they are and introduces you.

# QUE SAIS-JE?

Can you use what you've learned in this chapter?

**Can you make, accept, and refuse suggestions? p.141**

1 How would you suggest the following activities to a friend?

1. 

2. 

3. 

2 How would you accept the suggestions in number 1?

3 How would you refuse the suggestions in number 1?

**Can you make arrangements? p.141**

4 You and your friend have decided to do one of the activities pictured above. What would you say to make the necessary arrangements?

**Can you make and accept apologies? p.143**

5 You've just broken your best friend's CD player. How do you apologize?

6 How would you accept the apology in number 5?

**Can you show and respond to hospitality? p.149**

7 What would you say to your guests when . . .

a. they've just arrived at your home?
b. you've taken their coats and they're standing inside the doorway?
c. you'd like to offer them something to eat or drink?

8 How would you respond as a guest in each of the situations in number 7?

**Can you express and respond to thanks? p.149**

9 How would you thank these people?

a. A good friend lends you a new CD.
b. A stranger stops to help pick up some things you've dropped.

10 How would you respond if you were the people in number 9?

**Can you quarrel? p.152**

11 What would you say in the following situations?

a. Your sister is annoying you while you try to do your homework.
b. You get in trouble for something your classmate did.
c. Your little brother enters your room and starts looking through your things.

# VOCABULAIRE

## PREMIERE ETAPE

### Making, accepting, and refusing suggestions

**Ça t'intéresse de... ?** *Would you be interested in . . .?*
**Ça te plairait de... ?** *Would you like to . . .?*
**Tu ne voudrais pas... ?** *Wouldn't you like to . . .?*
**Ce serait sympa.** *That would be nice.*
**Ça me plairait beaucoup.** *I'd like that a lot.*
**C'est gentil, mais j'ai un rendez-vous.** *That's nice of you, but I've got an appointment.*

### Making arrangements

**Comment est-ce qu'on fait?** *How should we work this out?*
**Quand est-ce qu'on se revoit?** *When are we getting together?*
**Où est-ce qu'on se retrouve?** *Where are we meeting?*
**A quelle heure est-ce qu'on se donne rendez-vous?** *What time are we meeting?*

### Making and accepting apologies

**Je m'excuse de...** *I'm sorry for . . .*
**Pardonne-moi de...** *Pardon me for . . .*
**Je m'en veux de...** *I feel bad that . . .*
**Ça arrive à tout le monde.** *It happens to everybody.*

## DEUXIEME ETAPE

### Showing and responding to hospitality

**Entrez, je vous en prie.** *Come in, please.*
**Ça me fait plaisir de vous voir.** *I'm happy to see you.*
**Donnez-moi votre manteau.** *Give me your coat.*
**Mettez-vous à l'aise.** *Make yourself comfortable.*
**Asseyez-vous.** *Sit down.*
**Vous êtes bien aimable.** *That's kind of you.*
**Je vous sers quelque chose?** *Can I offer you something?*
**Qu'est-ce que je peux vous offrir?** *What can I offer you?*
**Je prendrais bien...** *I'd like some . . .*
**Vous auriez... ?** *Would you have . . . ?*

### Expressing and responding to thanks

**Merci bien/infiniment/mille fois.** *Thank you very much.*
**Je vous remercie.** *Thank you.*
**C'est vraiment très gentil de votre part.** *That's very nice of you.*
**De rien.** *You're welcome.*
**Je vous en prie.** *You're very welcome.*
**(Il n'y a) pas de quoi.** *It's nothing.*
**C'est tout à fait normal.** *You don't have to thank me.*

### Family relationships

**l'aîné(e)** *the oldest child*
**l'arrière-grand-mère** *great-grandmother*
**l'arrière-grand-père** *great-grandfather*
**le/la benjamin(e)** *the youngest child*
**le/la cadet(te)** *the younger child*
**la femme** *wife*
**les jumeaux(-elles)** *twins*
**le mari** *husband*
**le neveu** *nephew*
**la nièce** *niece*
**la petite-fille** *granddaughter*
**le petit-fils** *grandson*
**célibataire** *single*
**divorcé(e)** *divorced*
**marié(e)** *married*
**mort(e)** *dead*
**veuf(-ve)** *widowed*

### Quarreling

**Rapporteur (-euse)!** *Tattletale!*
**Pleurnicheur (-euse)!** *Crybaby!*
**Tricheur (-euse)!** *Cheater!*
**Tu es bête comme tes pieds!** *You're so stupid!*
**Tu m'énerves, à la fin!** *You're bugging me to death!*
**Tu es vraiment casse-pieds!** *You're such a pain!*
**Tu me prends la tête!** *You're driving me crazy!*
**Oh, ça va, hein?** *Oh, cut it out!*
**Arrête!** *Stop!*
**Ça suffit!** *That's enough!*
**Tu le fais exprès?** *Are you doing that on purpose?*
**Mêle-toi de tes oignons!** *Mind your own business!*
**Fiche-moi la paix!** *Leave me alone!*
**Casse-toi!** *Get out of here!*
**Tant pis pour toi!** *Tough!*
**Ferme-la!** *Shut up!*
**C'est toujours la même chose!** *It's always the same!*
**C'est lui/elle qui a commencé!** *He/She started it!*
**Il/Elle m'a traité(e) de... !** *He/She called me a . . . !*
**C'est toujours moi qui prends!** *I'm always the one who gets blamed!*

CHAPITRE 7

# Un safari-photo

1 La République centrafricaine, pays aux forêts tropicales et aux animaux sauvages

As-tu déjà vécu une aventure extraordinaire dans un pays étranger ou une région inconnue? Lucie et Joseph Zokoue, eux, sont allés en Afrique faire un safari-photo dans le pays de leurs ancêtres, la République centrafricaine. On peut y admirer de nombreux animaux sauvages au milieu de paysages spectaculaires. Viens avec nous voir la brousse africaine!

## In this chapter you will learn

- to make suppositions; to express doubt and certainty; to ask for and give advice
- to express astonishment; to caution someone; to express fear; to reassure someone; to express relief

## And you will

- listen to teenagers plan a safari
- read an African animal tale
- write a scene from a movie about an African safari
- find out about endangered African animals

(2) Est-ce qu'il est nécessaire qu'on se fasse vacciner?

(3) Ouah! C'est fou comme il va vite, ce guépard!

# Mise en train

## Un safari, ça se prépare!

1 LUCIE Oh dis donc! Regarde les éléphants!

JOSEPH Oh, oui! Ils sont super! Ça serait chouette d'aller en Afrique. On verrait des tas d'animaux sauvages.

LUCIE Je parie qu'il y a des lions et des tigres partout!

JOSEPH Tu sais, je ne crois pas qu'il y ait de tigres en Afrique.

LUCIE Ah, bon... Alors, papa, on va en Afrique pour les vacances? On pourrait faire un safari.

2 M. ZOKOUE Ah! Bravo! Ma fille veut tuer des éléphants maintenant!

LUCIE Mais non, papa! Un safari-photo, bien sûr! Les safaris, c'est illégal! Et puis, tu sais bien que je déteste qu'on tue les animaux!

3 JOSEPH Du calme, du calme. On a compris.

M. ZOKOUE De toute façon, ça coûte très cher, les safaris.

LUCIE Oh, allez, quoi!

M. ZOKOUE Et puis, ça doit être très dangereux...

JOSEPH Mais non, tout le monde va en Afrique maintenant. Et puis, ça serait chouette d'aller en République centrafricaine puisque c'est là où Pépé est né.

LUCIE Tu imagines si on pouvait aller dans son village pour voir comment c'est...

JOSEPH Je me demande si on a encore de la famille là-bas... Tu crois qu'ils mangent des araignées?

LUCIE Ça doit être cool!

M. ZOKOUE Bon, bon... on verra.

❹ Lucie et Joseph ont persuadé leur père d'aller en République centrafricaine. Il est maintenant nécessaire qu'ils organisent leur voyage.

M. ZOKOUE Bon. Si on veut faire un safari cette année, il faut que je prenne les billets maintenant. Ça vous dit toujours?

LUCIE Bien sûr que ça me dit!

M. ZOKOUE Et toi, Joseph?

JOSEPH Moi aussi... mais...

M. ZOKOUE Qu'est-ce qu'il y a?

JOSEPH Euh, je me demande s'il y aura des moustiques.

LUCIE Oh, ils ne vont pas te manger, hein?

M. ZOKOUE Joseph a raison. Les moustiques sont féroces en Afrique. Ils peuvent transmettre des maladies. Il faudra bien se protéger.

JOSEPH Tu vois!

M. ZOKOUE Ah! Au fait, je dois appeler l'ambassade pour savoir ce qu'on doit faire avant de partir.

❺ M. ZOKOUE Bonjour madame, je pars en République centrafricaine pour les vacances.

L'EMPLOYEE Oui?

M. ZOKOUE Quelles sont les vaccinations obligatoires?

L'EMPLOYEE Eh bien, il faut que vous vous fassiez vacciner contre la fièvre jaune.

M. ZOKOUE Est-ce qu'il faut un traitement particulier pour le paludisme?

L'EMPLOYEE Oui, pour ça vous devriez consulter un médecin.

M. ZOKOUE Merci beaucoup. Au revoir.

LUCIE Alors, qu'est-ce qu'elle a dit? On doit se faire vacciner?

M. ZOKOUE Oui, c'est obligatoire.

JOSEPH Quoi! Une piqûre!

M. ZOKOUE J'ai bien peur que ce soit nécessaire.

❻ JOSEPH Ah non, alors!

LUCIE Quel trouillard, je t'assure!

M. ZOKOUE Ecoutez, c'est simple, les enfants. Pas de piqûre, pas de safari!

❼ Enfin, avant de partir, il faut que M. Zokoue et ses enfants fassent leurs valises.

JOSEPH Tu crois que je devrais prendre des cassettes?

M. ZOKOUE Je ne crois pas que ce soit la peine. Tu n'auras pas le temps de les écouter. Mais n'oublie pas ton appareil-photo.

LUCIE Tu seras trop occupé à tuer les moustiques pour écouter de la musique.

JOSEPH Oh, arrête! On ne te demande rien! Papa, tu penses que je prends un pull?

M. ZOKOUE Oui, il vaut mieux. Tu en auras peut-être besoin. Il peut faire froid la nuit.

LUCIE Est-ce qu'on emporte de la crème solaire?

M. ZOKOUE Bien sûr. Il va faire très chaud. Il faut aussi qu'on achète de la lotion anti-moustique. Surtout, c'est très important qu'on emporte une trousse de premiers soins avec des pansements, un désinfectant et des comprimés pour purifier l'eau.

LUCIE Eh ben! C'est vraiment l'aventure!

## 1 Tu as compris?

1. Where is the Zokoue family going for vacation?
2. What are they going to do there?
3. Why does M. Zokoue hesitate to go?
4. What reasons do Lucie and Joseph give to persuade their father to go?
5. What do they have to do before leaving?

## 2 Qui dit quoi?

Est-ce que c'est Lucie, Joseph ou M. Zokoue qui parle?

1. «Je parie qu'il y a des lions et des tigres partout!»
2. «De toute façon, ça coûte très cher, les safaris. Et puis, ça doit être très dangereux.»
3. «Euh, je me demande s'il y aura des moustiques.»
4. «Quel trouillard, je t'assure!»
5. «Ecoutez, c'est simple. Pas de piqûre, pas de safari!»

## 3 Qu'est-ce qu'on emporte?

D'après **Un safari, ça se prépare!**, lesquels de ces objets est-ce que les Zokoue vont emporter en Afrique? Pourquoi?

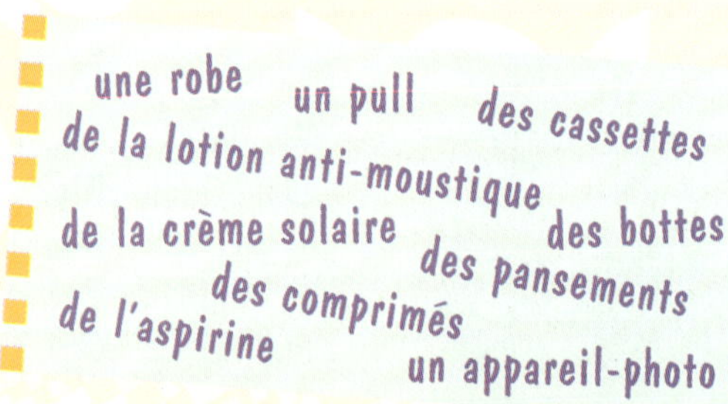


## 4 Mets en ordre

Mets ces phrases dans l'ordre d'après **Un safari, ça se prépare!**

1. Lucie et Joseph proposent de passer les vacances en République centrafricaine.
2. Les Zokoue font leurs valises.
3. Lucie et Joseph lisent un article sur l'Afrique.
4. Joseph se demande s'il y aura des moustiques.
5. M. Zokoue téléphone à l'ambassade.
6. Joseph proteste à l'idée de se faire vacciner.

## 5 Cherche les expressions

What does Lucie, Joseph, or M. Zokoue say to . . .

1. point out something?
2. make a supposition?
3. express doubt?
4. make a strong objection?
5. reassure someone?
6. express necessity?
7. ask for advice?
8. give advice?

## 6 Et maintenant, à toi

Est-ce que tu aimerais faire un safari-photo? Pourquoi ou pourquoi pas? Quels animaux est-ce que tu aimerais voir?

### Note Culturelle

The Central African Republic has a great variety of wildlife. In the northern savannah regions you will see lions, leopards, buffalo, elephants, hyenas and antelope. The rain forests in the south are one of the few gorilla habitats left in Africa. Here you will also find large populations of chimpanzees, monkeys, and giant squirrels. Along the rivers there are hippopotamuses, crocodiles and rhinoceroses. Many species of birds, snakes, bats, and butterflies can be found throughout the country. The Central African Republic is a true zoologist's paradise!

# Rencontre Culturelle

Qu'est-ce que tu sais sur la République centrafricaine? Pour t'en faire une meilleure idée, regarde ces photos.

Bangui est une grande ville moderne.

Les ouvriers agricoles récoltent des grains de café, l'un des produits d'exportation essentiels.

Les traditions africaines sont observées lors de nombreuses cérémonies.

L'Oubangui, source de vie

## Qu'en penses-tu?

1. What impressions do you get of the Central African Republic from these photos?
2. Based on the photos, in what activities do people from the Central African Republic participate? What do they do to earn a living?

## Savais-tu que... ?

The Central African Republic is a landlocked country, bordered by Cameroon, the Congo, Zaire, the Sudan, and Chad. However, it has a major lifeline in the Ubangi River, which is an important source of fresh water and fish. Most of the country's exported goods—diamonds, coffee, wood, and cotton—are shipped on this river. The Central African Republic is composed of many ethnic groups, such as the Baya, Banda, Mandja, and Ubangi. Among the most ancient settlers in this area are the Pygmies, a people short in stature who inhabit the tropical forest and hunt game. French is the official language, in government and in the school system, but Sango is the national language. It is the most widely used and understood.

# PREMIERE ETAPE

*Making suppositions; expressing doubt and certainty; asking for and giving advice*

## Vocabulaire

la forêt tropicale

la savane

### 7 Ecoute!

Ecoute ces touristes qui visitent la République centrafricaine. Est-ce qu'ils se trouvent dans la forêt tropicale ou dans la savane?

### 8 Mais il y a plein de bêtes!

Complète la conversation entre Joseph et Lucie en employant les images données.

JOSEPH Un safari, c'est une bonne idée, mais il y a tellement d'insectes!

LUCIE Non, mais vraiment! Qu'est-ce que tu es trouillard!

JOSEPH Mais pas du tout! Ecoute! Il y a des centaines de [image]. On peut attraper le paludisme, tu sais.

LUCIE Bon. On peut se faire vacciner, alors.

JOSEPH Et puis, il y a des [image] et des [image]. Je parie qu'il y a même des scorpions!

LUCIE Il faut que tu fasses attention, c'est tout.

JOSEPH Tu sais bien que j'ai peur des [image]. Et n'oublie pas les [image] tsé-tsé. On pourrait mourir, quoi.

LUCIE Ecoute! Si tu veux, tu peux toujours rester à la maison!

## COMMENT DIT-ON... ?

### Making suppositions; expressing doubt and certainty

*To make a supposition:*

**On pourrait sûrement** voir des chutes d'eau.
**Je parie qu'**il y a des serpents.
**Ça doit être** magnifique.
*It must be . . .*
**Il doit y avoir** des lions.
*There must be . . .*

*To express doubt:*

**Ça m'étonnerait qu'**il y ait des ours.
*I'd be surprised if . . .*
**Je ne suis pas sûr(e) que** ce soit une bonne idée.
**Je ne suis pas certain(e) qu'**il y fasse chaud la nuit.
**Je ne pense pas qu'**on puisse sortir de la jeep.

*To express certainty:*

**Je suis certain(e) qu'**il y aura des lions.
**Je suis sûr(e) qu'**il y pleut beaucoup.
**Je sais qu'**il y a des moustiques.
**Je suis convaincu(e) que** c'est dangereux.
*I'm convinced that . . .*

### Note de Grammaire

You've probably already noticed that some expressions you learn in the **Comment dit-on... ?** boxes require you to use a certain structure following them. For example: **Il se peut que je *fasse* un safari; Peut-être que je *ferai* un safari.** Just as you automatically memorize gender with new nouns, always try to memorize what structures follow the expressions you learn.

### 9 Ecoute!

Ecoute les remarques de ces gens. Est-ce qu'ils expriment une certitude ou un doute?

### 10 Ça doit être fou!

Ton ami(e) te propose de faire un safari, mais ça ne te dit pas trop. Vous discutez de votre voyage éventuel en imaginant comment ça serait.

—Je parie que(qu')...
—On pourrait sûrement...
—Ça doit être...
—Il doit y avoir...

il y a des moustiques. | il y a des serpents venimeux. | formidable. | goûter des plats africains. | photographier de beaux animaux. | rencontrer des gens intéressants. | voir des chutes d'eau impressionnantes. | intéressant. | des forêts magnifiques. | il y a des araignées. | très dur. | il fait trop chaud.

### 11 Je parie que...

Choisis un pays que tu ne connais pas bien et que tu voudrais visiter. Dis à ton/ta camarade comment tu penses que ça serait. Il/Elle te répondra en exprimant ses doutes ou ses certitudes.

# VOCABULAIRE

En partant pour un safari, il ne faut pas oublier d'emporter...

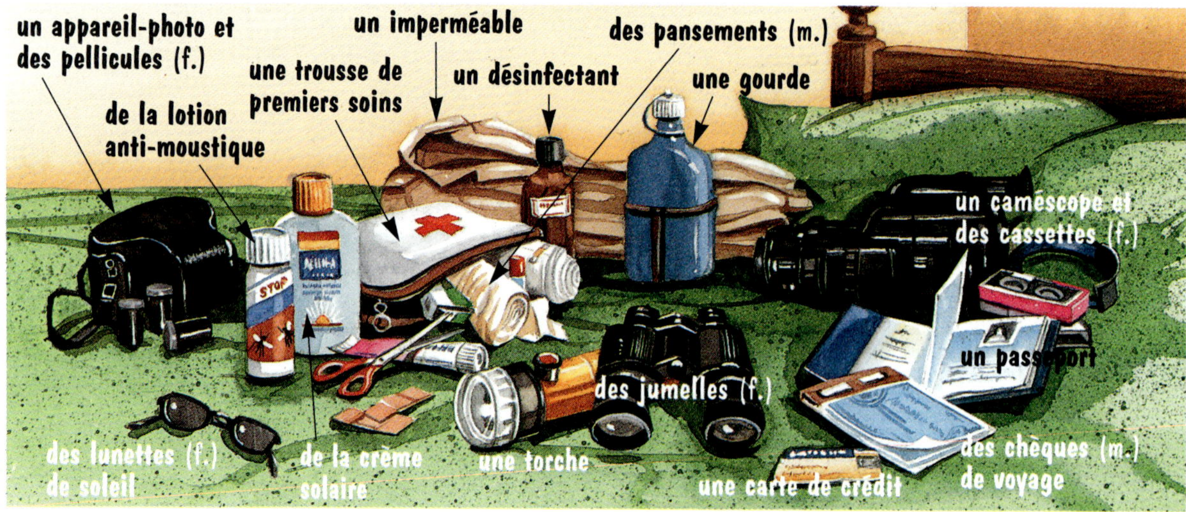


## 12 Ecoute!

Mathieu laisse un message sur le répondeur de Frédéric pour lui rappeler ce qu'il doit emporter pour le safari. Fais une liste de six choses qu'il ne doit pas oublier.

## 13 N'oublie pas!

Sabine se prépare pour partir faire un safari. Elle te demande de regarder sa liste et de dire ce qu'elle a oublié.

## COMMENT DIT-ON... ?

### Asking for and giving advice

*To ask for advice:*

**Tu crois que je devrais** emporter des jumelles?
**Tu penses qu'il vaudrait mieux** se faire vacciner? *Do you think it'd be better to . . . ?*

*To respond:*

**Je crois que ça vaut mieux.** *I think that's better.*
**A mon avis, c'est plus sûr.** *In my opinion, it's safer.*
**Ce n'est pas la peine.** *It's not worth it.*
**Je ne crois pas que ce soit utile.** *I don't think it's worthwhile.*

*To give advice:*

**Il faudrait que** tu prennes de la lotion anti-moustique. *You ought to . . .*
**Il est très important que** tu emportes une trousse de premiers soins.
**Il est essentiel que** tu te fasses vacciner.
**Il est nécessaire que** tu prennes un imperméable et des bottes.

### 14 Ecoute!

Dans une agence de voyages, tu entends cette conversation entre un client et l'employée. D'après l'employée, lesquels de ces préparatifs sont nécessaires pour aller en République centrafricaine?

### 15 Qu'est-ce que j'emporte?

Tu te demandes quels vêtements prendre pour faire un safari-photo. Ton/ta camarade va te conseiller.

—Tu penses qu'il vaudrait mieux prendre une jupe?
—Je ne crois pas que ce soit utile.

se faire vacciner
acheter des bottes
obtenir un visa
prendre son passeport
emporter une trousse de premiers soins
prendre un manteau
consulter un médecin
emporter de la lotion anti-moustique
acheter une valise
acheter des jumelles

### NOTE CULTURELLE

The government of the Central African Republic and the World Wildlife Fund have recently established the Dzanga-Sangha Dense Forest Special Reserve in the extreme southeast of the country. The goal of this pilot project is to protect and preserve an important area of tropical forest, while at the same time allowing for limited use of the land for traditional hunting, tourism, and selective logging. The project also provides for anti-poaching teams, training of forest guards, and computer assistance to reduce illegal hunting in the preserve area.

## Grammaire

### Using the subjunctive

You've already learned to use the subjunctive after an expression of *wishing,* such as **vouloir que.** You also use the subjunctive after many expressions of . . .

*necessity:*

**Il est nécessaire qu'**on se **fasse** vacciner.
**Il est essentiel que...**
**Il est important que...**
**Il faudrait que...**
**Il vaudrait mieux que...**

*emotion:*

**Je suis désolé(e) que** tu ne **puisses** pas venir.
**Je suis heureux(-euse) que...**
**J'ai peur que...**

*doubt:*

**Je ne crois pas qu'**il y **ait** de tigres.
**Je ne pense pas que...**
**Ça m'étonnerait que...**
**Je ne suis pas sûr(e) que...**
**Je ne suis pas certain(e) que...**

*possibility:*

**Il est possible que** ce **soit** dangereux.
**Il est fort possible que...**
**Il se peut que...**

Si tu as oublié the subjunctive va à la page 61.

## 16 A toi de jouer!

Lucie et Joseph parlent de leur voyage en Afrique. Choisis une proposition qui pourrait terminer leurs phrases.

«Il faudrait que(qu')...
«Je suis sûr(e) que(qu')...
«Il est essentiel que(qu')...
«Je parie que(qu')...
«Je ne pense pas que(qu')...
«Je suis désolé(e) que(qu')...
«J'ai peur que(qu')...
«Il se peut que(qu')...
«Il est fort possible que(qu')...
«Je crois bien que(qu')...
«Je ne crois pas que(qu')...

il y a de beaux animaux.»
tu restes dans la jeep.»
il y ait des tigres.»
tu ne puisses pas venir.»
on se fasse vacciner.»
il y ait des éléphants.»
ce soit dangereux.»
ce soit une bonne idée.»
on partira en safari.»
il fasse trop chaud.»
on va goûter des plats africains.»

## 17 On part en Afrique!

a. Tu veux faire un safari, mais tu dois convaincre ton ami(e) qui n'a pas très envie de t'accompagner. Dis-lui ce que tu crois que vous pourrez y faire et y voir.

b. Vous avez décidé de faire le safari! Maintenant, discutez de ce qu'il faut que vous fassiez avant de partir. Demande à ton ami(e) ce que tu devrais emporter.

# PANORAMA CULTUREL

Emmanuel • France

Betty • Martinique

Christian • France

Cities, regions, and even countries can have a reputation. We wanted to know what people thought of specific places. Here's what they told us.

## Quelle est l'image de ta région?

«La réputation de la Provence, c'est d'être un peu, surtout à Marseille, d'être un peu bagarreur, d'être un peu «m'as-tu-vu». C'est-à-dire, de se montrer un peu. C'est vrai que c'est souvent le cas à Marseille, hein? Parce que c'est souvent des jeunes qui font ça... Mais les vrais Marseillais sont pas comme ça, quoi.»

-Emmanuel

«Bon alors, les étrangers pensent que la Martinique est une île merveilleuse où il fait toujours très beau, où on peut pratiquer des sports nautiques comme le surf, le ski nautique, où le sable est fin et chaud et où on peut vivre des expériences nouvelles avec un compagnon quelquefois. Ils pensent que la Martinique est une île très accueillante ou très chaleureuse aussi, où il est bon de vivre.»

-Betty

«Ben, en fait, nous [les Français] sommes un peuple assez libre et nous avons inventé la démocratie. Et je crois que beaucoup de pays nous envient notre système politique, d'autre part, bien que ce soit pas un système parfait.»

-Christian

## Qu'en penses-tu?

1. What reputation does the area where you live have? Is it justified? Why or why not?
2. What foreign country would you most like to visit? What image do you have of this place?
3. Pick one francophone area and find out what it's known for.

# Remise en train

## *Le safari, c'est l'aventure!*

Les Zokoue sont maintenant en République centrafricaine dans le parc national Bamingui-Bangoran, accompagnés par un guide.

❶ M. ZOKOUE Oh! Regardez comme c'est beau, les enfants!
LUCIE Est-ce que les animaux sont protégés ici?
LE GUIDE Oui, la chasse est illégale. Malheureusement, il y a des braconniers. C'est pour ça qu'on doit surveiller la réserve en permanence.
JOSEPH Des braconniers? Qu'est-ce qu'ils tuent comme animaux?
LE GUIDE Eh bien, les éléphants pour leur ivoire, les singes et les guépards pour leur fourrure et les rhinocéros pour leur corne.
LUCIE C'est dégoûtant! Ça me rend malade!

❷ LUCIE Eh, tu as vu?
JOSEPH Non, qu'est-ce que c'était?
LUCIE Une gazelle... Vous pourriez arrêter la voiture, s'il vous plaît? J'aimerais prendre une photo.
JOSEPH Tu es folle! Reste ici, c'est dangereux!
M. ZOKOUE Méfie-toi, Lucie, j'ai peur qu'il y ait des lions.
LE GUIDE N'ayez pas peur. S'il y avait un lion, la gazelle le sentirait et elle s'enfuirait.

❸ LUCIE Vous avez entendu?
JOSEPH Quoi?
LUCIE Ces bruits horribles! Ces cris! Je me demande ce que c'est.
LE GUIDE Ne vous en faites pas, ce sont des singes. On ne les voit pas facilement. Ils se cachent dans les arbres... Tenez, vous les voyez, là?
LUCIE Ah oui! Oh, super!

### 18 Tu as compris?

1. Where is the Zokoue family? What are they doing?
2. What is Lucie's concern?
3. What does Lucie want to take a picture of?
4. Does the guide think it's safe to get out of the car?
5. What does Joseph worry about?
6. What happens when Lucie tries to photograph the rhinoceros?

### 19 Vrai ou faux?

1. La chasse est illégale dans les réserves.
2. Les singes chantent de belles chansons.
3. Le lion laisse les meilleurs morceaux à ses petits.
4. On chasse les rhinocéros pour leur corne.
5. Les gnous sont les animaux les plus forts de la brousse.
6. Les rhinocéros vont plus vite que les voitures.

4 M. ZOKOUE Regardez là-bas! Une famille de lions!
LUCIE Qu'est-ce qu'ils mangent?
LE GUIDE Un gnou, sûrement.
LUCIE Mais, c'est horrible!
JOSEPH Mais non, c'est la loi de la nature. Les plus forts mangent les plus faibles.
M. ZOKOUE Vous avez vu comme le lion se garde les meilleurs morceaux? C'est vraiment le roi des animaux!

5 JOSEPH Oh, dis donc! C'est dingue! Qu'est-ce qu'ils sont gros, ces éléphants! Euh, qu'est-ce qu'on ferait si on tombait en panne au milieu du troupeau?
LE GUIDE On ne ferait rien. J'appellerais la base et on attendrait. Mais j'espère que ça ne nous arrivera pas parce que les éléphants sont imprévisibles. Ils pourraient nous attaquer s'ils avaient peur.
JOSEPH Euh... Vous êtes sûr que vous avez fait le plein d'essence avant de partir?

6 M. ZOKOUE Regardez, il y a un rhinocéros là-bas.
LUCIE Vous pourriez vous arrêter, s'il vous plaît?
LE GUIDE Faites attention, les rhinocéros peuvent charger.
M. ZOKOUE Tu ferais peut-être mieux de rester dans la jeep pour prendre ta photo.
LE GUIDE Ne vous inquiétez pas, je le surveille... Mais restez près de nous.
LUCIE D'accord.

Lucie se prépare à prendre une photo du rhinocéros.

LUCIE Souris, petit rhino... Souris.
LE GUIDE Attention, remontez vite!
LUCIE Mais quoi?
M. ZOKOUE Remonte, Lucie, dépêche-toi! Le rhinocéros charge!
LUCIE Aïe! Aïe! Aïe!
LE GUIDE Ne paniquez pas, mais remontez vite.

Elle remonte dans la voiture.

LE GUIDE Accrochez-vous! On va aller très vite!
JOSEPH Ben, dis donc! On l'a échappé belle!
LUCIE Chouette alors! Comme dans les films!

## 20 Ils sont comment, les animaux?

Associe chaque animal à sa description.

| | |
|---|---|
| Le singe... | est le roi des animaux. |
| L'éléphant... | est imprévisible. |
| La gazelle... | peut charger. |
| Le rhinocéros... | vit dans les arbres. |
| Le lion... | sent le lion quand il arrive. |
| Le guépard... | a une belle fourrure. |

## 21 Cherche les expressions

What do the people in **Le safari, c'est l'aventure!** say to . . .

1. express disgust?
2. give a warning?
3. reassure someone?
4. express astonishment?
5. express relief?

## 22 Et maintenant, à toi

Qu'est-ce que tu penses du massacre des animaux sauvages?

# DEUXIEME ETAPE

***Expressing astonishment; cautioning someone; expressing fear; reassuring someone; expressing relief***

## VOCABULAIRE

### 23 Quel animal?

Complète ces phrases avec le nom de l'animal approprié.

1. Pour se saluer, ______ se serrent la trompe.
2. ______ hisse sa proie dans un arbre.
3. ______ est très facile à chasser car il ne voit presque rien.
4. ______ se baigne dans les points d'eau pendant la journée.
5. Quand ______ est conscient d'un danger, il crie pour prévenir les autres animaux.
6. ______ ressemble au cheval mais pousse des cris comme le hi-han de l'âne.
7. ______ peut manger les plus hautes feuilles des arbres avec son long cou.
8. ______ dort à peu près vingt heures par jour.

### Vocabulaire à la carte

| | |
|---|---|
| **une antilope** | |
| **une autruche** | *an ostrich* |
| **un babouin** | *a baboon* |
| **un flamant** | *a flamingo* |
| **une gazelle** | |
| **un gorille** | |
| **une hyène** | *a hyena* |
| **un vautour** | *a vulture* |

## 24 Qu'il est féroce, le lion!

D'après toi, quel est l'animal le plus...?

féroce méchant laid courageux fort
agile mignon lourd rapide
dangereux timide intelligent

## 25 Devine!

Choisis un animal et fais une phrase pour le décrire. Ton/ta camarade va deviner de quel animal tu parles.

## COMMENT DIT-ON... ?

### Expressing astonishment

**Oh, dis donc!** *Wow!*
**Ça alors!** *How about that!*
**C'est pas vrai!**
**Oh là là!**
**Ouah!** *Wow!*
**C'est le pied!** *Cool! Neat!*
**Tiens! Regarde un peu!** *Hey! Check it out!*
**Qu'est-ce qu'**elle est grande, cette girafe!
**C'est fou comme** elle va vite, cette gazelle! *I can't believe how . . .!*
**Quel** paysage incroyable!
**Tu as vu comme** il est gros, l'hippopotame? *Did you see how . . . ?*
**Je n'ai jamais vu un aussi** gros éléphant.

### A la française

French speakers very often begin a sentence with a subject pronoun like **il**, **elle**, or **ça** and then repeat the noun subject at the end of the sentence. Look at these examples: C'est fou comme **il** est grand, **cet éléphant**! or **Ça** doit être magnifique, **la savane.**

## 26 Ecoute!

Ecoute les remarques de ces gens qui visitent la savane. Est-ce qu'ils expriment leur étonnement ou non?

## 27 Ouah!

Voici des photos de ton safari que tu vas envoyer à ta famille et à tes amis. Ecris des phrases qui expriment ton étonnement pour mettre au verso de chaque photo.

1. 

2. 

3. 

4. 

## 28 Mon journal

Imagine un voyage plein d'aventures. Où est-ce que tu irais? Qu'est-ce que tu y ferais? Comment est-ce que ça serait?

# COMMENT DIT-ON... ?

## Cautioning someone; expressing fear; reassuring someone; expressing relief

*To caution someone:*

**Je vous signale que** les animaux peuvent charger. *I'm warning you that . . .*

**Il serait plus prudent de** rester dans la voiture. *It would be wiser to . . .*

**Faites gaffe!** *Look out!*

**Attention aux** araignées! *Watch out for . . . !*

**Méfiez-vous!** *Be careful!*

**Ne bougez pas.** *Don't move.*

*To express fear:*

**J'ai très peur des** lions.

**J'ai peur que** ce soit un serpent.

**J'ai la frousse!** *I'm scared to death!*

*To reassure someone:*

**Ne vous en faites pas.**

**N'ayez pas peur.**

**Calmez-vous!**

**Pas de panique!**

*To express relief:*

**On a eu de la chance!** *We were lucky!*

**Ouf! On a eu chaud!** *Whew! That was a real scare!*

**On l'a échappé belle!** *That was close!*

## 29 Ecoute!

**a.** Ecoute les remarques de ces gens qui explorent la savane. Est-ce qu'ils avertissent *(caution)* ou rassurent *(reassure)* quelqu'un?

**b.** Maintenant, écoute ces gens et dis s'ils expriment leur peur ou leur soulagement *(relief)*.

## 30 Du calme!

Choisis la réponse appropriée pour rassurer la personne qui a fait les remarques suivantes.

1. «Oh! Il y a des araignées! J'ai très peur des araignées.»
   **a.** Les araignées sont méchantes. **b.** Regarde un peu! **c.** N'aie pas peur.
2. «Voilà, on s'est perdus et il fait déjà nuit. J'ai la frousse!»
   **a.** Tu es trouillard! **b.** Ne t'en fais pas! **c.** On a eu chaud!
3. «Tu as entendu? J'ai peur que ce soit un lion.»
   **a.** Quel lion énorme! **b.** On l'a échappé belle. **c.** Pas de panique!

## 31 Attention!

Qu'est-ce que tu dirais pour avertir ces gens?

1.

2.

3.

4.

## Grammaire Irregular subjunctive forms

You've already learned some verbs that have irregular stems in the subjunctive. Here are some others.

- To form the subjunctive of the verb **pouvoir**, add the regular subjunctive endings to the stem **puiss-**.

  Je ne pense pas qu'on **puisse** toucher les animaux.

- To form the subjunctive of the verb **aller**, add the regular endings to the stems **all-** (for the **nous** and **vous** forms) and **aill-** (for all other forms).

| | |
|---|---|
| que j'**aille** | que nous **allions** |
| que tu **ailles** | que vous **alliez** |
| qu'il/elle/on **aille** | qu'ils/elles **aillent** |

  Je ne veux pas que tu **ailles** en Afrique.
  J'ai peur que vous **alliez** trop vite.

- All the subjunctive forms of the verbs **être** and **avoir** are irregular.

| | | | |
|---|---|---|---|
| que je **sois** | que nous **soyons** | que j'**aie** | que nous **ayons** |
| que tu **sois** | que vous **soyez** | que tu **aies** | que vous **ayez** |
| qu'il/elle/on **soit** | qu'ils **soient** | qu'il/elle/on **ait** | qu'ils **aient** |

  Il a peur que ce **soit** trop dangereux.
  Je ne pense pas qu'il y **ait** des panthères.

## 32 Je ne sais pas, moi!

Fabien et Suzanne parlent d'un voyage qu'ils pourraient faire avec leurs amis. Complète leur conversation en mettant les verbes au subjonctif.

FABIEN Ben moi, j'ai peur que ce __1__ (être) dangereux!
SUZANNE Moi aussi. Il se peut qu'il y __2__ (avoir) des serpents!
FABIEN Oui. Et il est fort possible que les animaux __3__ (être) féroces.
SUZANNE Bien sûr. Je ne crois pas qu'on __4__ (pouvoir) sortir de la voiture.
FABIEN Sans doute pas. Il faudra que tu __5__ (prendre) tes photos de l'intérieur de la voiture.
SUZANNE En plus, mes parents ne voudront pas que j'y __6__ (aller). Ils auraient trop peur.
FABIEN Et n'oublie pas qu'il est nécessaire qu'on se __7__ (faire) vacciner.
SUZANNE Bon, ben, finalement, je ne crois pas que ce __8__ (être) une bonne idée!

## 33 La savane, c'est l'aventure!

With your friends, write a scene for a movie in which the following things happen. Then, act out the scene together.

A group of friends is in the savanna. They express their astonishment at the sight of the wild animals. One person expresses a fear of something, and another reassures him/her. A third person warns the group of some imminent danger. The group finds itself in a dangerous situation, but everyone comes out of it safely and each person expresses relief.

# LISONS!

## LE CIMETIERE DES ELEPHANTS

Autrefois, le peuple des éléphants vivait au bord de la rivière Sankourou. Il avait pour roi le puissant et sage Khoro. Un jour, le petit tisserin s'est posé sur la défense de Khoro et lui a raconté, tout effrayé :

«Hélas, puissant Khoro ! C'est terrible ! Une foule d'êtres noirs à deux pattes est arrivée dans notre pays. Ils possèdent de drôles d'objets qui tuent. Ils s'étendent partout et dévastent tout sur leur passage.»

Khoro a souri : « Je connais ces êtres. Ce sont les hommes. Ils sont petits et ne sont pas très forts. Leurs armes ne peuvent pas transpercer l'épaisse peau des éléphants.»

Cependant, peu de temps après, Khoro a cessé de sourire. Les hommes noirs n'étaient ni très grands, ni très forts, mais ils étaient nombreux. Certes, leurs armes ne pouvaient transpercer l'épaisse peau des éléphants.

Toutefois, une flèche bien lancée pouvait tuer un éléphant, si elle le frappait à l'œil. Les hommes brûlaient les forêts pour en faire des champs. En outre, une terrible sécheresse éprouvait le pays. Les éléphants étaient aux abois. Ils mouraient de faim et par les armes des hommes noirs. C'est alors que le puissant Roi des Eléphants a rassemblé ses sujets et leur a dit :

«Cette terre n'est plus bénie des dieux. La famine et les hommes noirs nous font souffrir. Nous devons partir d'ici. Nous irons vers le soleil couchant. Notre route sera droite, comme l'était jusqu'à présent notre vie. Nous passerons sur tout ce qui se trouvera sur notre chemin, que ce soient les marécages ou les hommes noirs. Nous sommes peut-être un petit peuple, mais chacun de nous est plus fort que dix fois dix singes. Nous atteindrons notre but. Il n'en reste pas moins que ce pays a toujours été notre terre. Aussi, nous y reviendrons quelques jours chaque année, le premier mois qui suit la saison des pluies. Ainsi, nos enfants le connaîtront, les vieux et les malades pourront y vivre leurs derniers instants.»

**DE BONS CONSEILS**

Understanding linking words can help you see the connection between ideas. Some common French linking words are **pourtant** *(yet)*, **cependant** *(however)*, **néanmoins** *(nevertheless)*, **alors** *(so, therefore)* and **ainsi** *(thus, in this way)*. Linking words can connect ideas in several different ways. They can continue or expand on an idea, show a cause-and-effect relationship, or express a contradiction. Notice how the linking word functions in this example: **Ce travail est dangereux, il faut cependant le faire.** As you begin to read more sophisticated texts in French, paying attention to the linking words will help you to understand not only the events of the story, but also the more subtle relationship of ideas.

**Le cimetière des éléphants**

A. Who are the **«peuple»** that this story is about? Who is Khoro?

B. Who are **«les êtres noirs à deux pattes»**? What problem do they present? Why isn't Khoro worried about them at first?

C. Which is NOT a problem that the elephants experienced after the humans arrive?

Les hommes brûlaient les forêts.

Il y avait une terrible sécheresse.

Une tornade a détruit leur terre.

Les hommes noirs tuaient les éléphants.

Ainsi a parlé le puissant Khoro, et il en a été comme il a dit. Le passage des éléphants ressemblait à celui d'une tornade : les arbres ont été arrachés, les champs piétinés, les villages détruits. Beaucoup d'hommes ont péri. La force des éléphants était effrayante.

Cela s'est passé il y a longtemps, très longtemps, mais chaque année, les éléphants continuent à emprunter le même chemin pour montrer leur ancienne patrie à leurs petits et pour que les vieux puissent y mourir. Depuis ce temps, on ne trouve plus de cadavres d'éléphants dans la forêt car ceux-ci vont mourir sur les bords de la rivière Sankourou. Là se trouve leur cimetière bien que personne ne sache l'endroit exact.

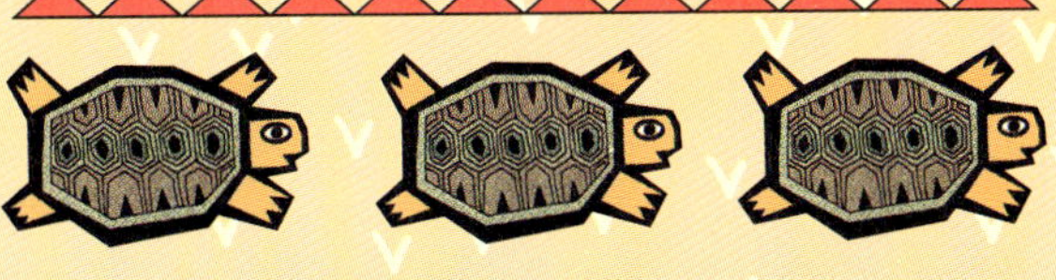

# LA TORTUE ET LE LEOPARD

Les enfants étaient agités à cause du formidable chasseur qui était passé par leur village ce matin-là. Ce qui les avait impressionnés le plus, c'était la quantité de gris-gris qu'il portait sur lui.

«Quand je serai grand, moi aussi je serai chasseur !» a dit l'un des enfants.

Son oncle, qui l'avait entendu, lui a dit : «Si tu veux vraiment devenir un grand chasseur, il te faudra apprendre beaucoup de choses. Tu devras savoir construire des pièges efficaces pour duper les animaux que tu voudras attraper ; ils sont intelligents, tu sais, et ce n'est pas aussi facile que tu crois de les capturer.»

«Oh, raconte-nous une histoire de pièges !» dit le petit garçon. Les autres enfants voulaient aussi que l'oncle leur raconte une histoire. «Oui, raconte-nous une histoire! Raconte-nous une histoire !»

Voici ce que l'oncle leur a raconté :

Un jour, Dame Tortue, perdue dans ses pensées, rentrait joyeusement chez elle. En d'autres mots, elle traînait sa carapace un peu plus vite que d'habitude. Mais, elle n'avançait pas très vite car elle s'arrêtait constamment pour sentir une fleur sauvage par ici, ou pour manger un bouton de fleur par là. Elle aurait dû faire attention à des choses plus importantes. Ainsi, sur son chemin, il y avait comme un grand tapis de feuilles de palmier qu'un serpent svelte traversait. Sans réfléchir, la tortue le suivait quand, tout à coup, les feuilles ont cédé sous elle. Boum ! Elle est tombée dans le piège que les chasseurs d'un village alentour avaient creusé au milieu du chemin.

Grâce à sa carapace très dure, elle ne s'est pas blessée. Mais comment allait-elle sortir de ce piège ? Elle savait bien qu'elle devait s'échapper avant le lendemain matin si elle ne voulait pas finir dans la soupe du village.

Alors, Dame Tortue a commencé à réfléchir sérieusement. Elle réfléchissait toujours quand elle a entendu un grand boum... C'était un magnifique léopard, grand, languissant, souple et féroce qui venait de tomber dans le piège, lui aussi. Son grognement montrait bien qu'il n'appréciait pas le stratagème que les chasseurs avaient utilisé pour le capturer.

**D.** Find three examples of linking words in the third paragraph. What purpose does each of these words serve? How does it connect one idea with another?

**E.** What decision does Khoro make to save his subjects?

**F.** Find the sentence that begins **«Aussi, nous y reviendrons...»** near the end of the last paragraph on page 180. In this sentence, **aussi** doesn't mean *also.* Figure out what it means from the way it connects that sentence to the ones before.

**G.** What reasons does Khoro give for returning to the elephants' territory once each year?

**H.** What are four results of the elephants' passage to their new land?

**I.** Put these events in the order in which they occur in the story:

Les éléphants partent du bord de la rivière.

Les éléphants reviennent à la rivière pour mourir.

Les hommes font souffrir les éléphants.

Les hommes arrivent à la rivière.

Le roi Khoro parle à ses sujets.

**J.** What phenomenon is explained in the last paragraph?

Dame Tortue pensait plus vite qu'elle ne marchait. Avant que le léopard ne la remarque, elle s'est mise à crier d'une voix hautaine : «Mais qu'est-ce que tu fais ici, et qui t'a enseigné de pareilles manières ? Tu n'as donc jamais appris qu'on ne s'invite pas chez une dame, comme ça ?»

Le léopard s'est retourné et a regardé Dame Tortue d'un air stupéfait.

«Tu ne sais donc pas que je ne reçois jamais après la tombée de la nuit ?» a continué la tortue. «Sors d'ici, espèce de voyou tacheté !»

C'était plus que le léopard ne pouvait supporter d'une vieille dame aussi laide. Avec un grognement féroce, il a saisi la tortue et l'a lancée en l'air d'un grand coup de patte. «Sors de ce trou toi-même, espèce de vieille gourde osseuse au cou ridé !» il lui a crié. «Je fais ce que je veux !»

«Merci beaucoup, grand léopard» a doucement répondu la tortue de là où elle avait atterri. «Je te conseille d'économiser tes forces pour demain, quand les chasseurs viendront te chercher. Bonne nuit !»

Dame Tortue est alors partie, soulagée et reconnaissante d'avoir eu autant de chance. Elle était aussi très fière d'avoir si bien su échapper à la fois aux chasseurs et au léopard.

**La tortue et le léopard**

**K.** Name three things Dame Tortue is doing at the beginning of the story. How do her actions lead her to fall into the trap?

**L.** Who falls into the trap next?

**M.** How does the linking word **alors** function at the beginning of the fifth paragraph?

**N.** Use context to figure out the meanings of these words.

carapace, un piège, languissant, hautaine, voyou, osseuse

**O.** What strategy does Dame Tortue use to get out of the trap?

**P.** What advice does Dame Tortue give the leopard? Why does she feel clever at the end of the story?

**Q.** Are the following statements true or false?

1. Dame Tortue faisait attention à son chemin en rentrant chez elle.
2. Le léopard est tombé dans le piège avant la tombée de nuit.
3. Dame Tortue a imaginé un stratagème pour sortir du piège.
4. Le léopard a gentiment aidé Dame Tortue à sortir du piège.
5. Le léopard était obligé d'attendre les chasseurs pour sortir du piège.
6. Dame Tortue n'est pas très maligne.

**R.** What lessons does the story suggest?

**S.** Name three elements that are common to both tales. How is the subject of hunting treated differently in the two stories? Why? How do you feel about hunting?

# ECRIVONS!

*You've just read two very different stories about animals. Each animal in the stories has a distinct personality, with qualities and flaws that make it seem human. In this activity you'll develop your own animal characters, using them to tell a story that you create.*

## Une histoire d'animaux

Maintenant tu vas écrire ta propre histoire d'animaux.

### A. Préparation

1. Quel type d'histoire est-ce que tu préfères raconter?
   - **a.** Tu peux écrire un mythe. Comme *Le cimetière des éléphants,* ton mythe devra expliquer le comportement particulier d'un groupe d'animaux.
   - **b.** Tu peux choisir d'écrire une fable comme *La tortue et le léopard.* Il doit y avoir, dans ta fable, une morale que tu veux enseigner aux autres.
   - **c.** Si tu préfères, tu peux créer l'histoire de ton choix, à condition qu'elle ait des animaux pour personnages.
2. Imagine l'intrigue de ton histoire. Qu'est-ce qui se passera?
3. Qui vont être les personnages de ton histoire? Fais une courte description de chacun des personnages principaux et explique son rôle dans l'histoire.
4. Fais une liste où tu notes les événements dans l'ordre où ils arriveront. Assure-toi que tu n'as pas oublié d'événements importants.

### B. Rédaction

1. Fais un brouillon de ton histoire en suivant ton plan. Vérifie que tu as suivi un ordre logique dans l'action de l'histoire.
2. Utilise quelques-uns des mots suivants pour montrer l'ordre des événements.

ensuite
d'abord
puis
après
à la fin
au début
pendant que
quand

3. Pour lier les différentes idées et rendre ton histoire plus agréable à lire, utilise certains des mots à droite.

cependant
bien que
néanmoins
ainsi
de plus
en fait
par conséquent
parce que

**DE BONS CONSEILS**

Sequencing, the way you put the events of a story in order, is an important part of storytelling. The action in a story should proceed logically, with no gaps or jumps to break the reader's attention. Sequencing words such as **d'abord, ensuite, puis,** and **enfin** are useful in relating the order of events in a story. Linking words such as those you learned on page 180 can help you relate one sentence to another. Proper sequencing of your sentences and ideas will create a smooth narrative flow in a story.

### C. Evaluation

1. Relis ton brouillon.
   - **a.** Est-ce que tu as raconté les événements principaux de l'histoire dans un ordre logique?
   - **b.** Est-ce que tu as utilisé des mots de liaison entre les différents événements?
2. Vérifie la grammaire et l'orthographe de ton histoire et fais les corrections nécessaires.
3. Donne ton histoire à un(e) camarade de classe. Est-ce que le but de l'histoire est clair?

# MISE EN PRATIQUE

**1** En Afrique, un gardien d'une réserve que tu visites te donne ce dépliant. Lis-le et réponds aux questions suivantes.

## PLUS JAMAIS ÇA!

**Savez-vous que 3 200 espèces animales et 40 000 espèces végétales sont menacées d'extinction? Le commerce international de la vie sauvage est la deuxième cause de disparition de celles-ci. Malgré la réglementation existante, un négoce illégal important persiste. Pour lutter contre celui-ci, un bureau TRAFFIC vient d'être créé en France. Agissez avec lui, aidez-le...**

### LES FAITS

**Dans le monde entier, singes, éléphants, rhinocéros, félins, crocodiles, perroquets, tortues... sont tués pour leur peau, leurs plumes, leur ivoire, ou capturés vivants : Pour 1 animal vendu jusqu'à 20 meurent durant la capture et les transports. Le bénéfice tiré du trafic illicite de la vie sauvage représente 1/3 du commerce total et profite à une «mafia» internationale. Les collectionneurs, les touristes contribuent à la surexploitation de la faune et de la flore sauvages qui participe à l'appauvrissement des pays en développement.**

### LES RISQUES

**Pour la vie sauvage : Dans le monde 3 200 espèces animales sont menacées d'extinction et 40 000 espèces végétales sont en voie de disparition.**
**Pour l'homme : Le trafic d'animaux véhicule des maladies transmissibles à l'homme ou aux animaux domestiques et d'élevage. Certains animaux sont porteurs de la rage, de la fièvre jaune...**

### LES SOLUTIONS

**Prise de conscience : Vous êtes concernés! Vous êtes la meilleure arme contre la surexploitation de la vie sauvage et de son trafic. Evitez d'acheter : ivoire, corail, écailles de tortue, peaux et fourrures, insectes, objets en plume, animaux sauvages, vivants ou empaillés. Réfléchissez, renseignez-vous!**

***AIDEZ-NOUS A PROTEGER LA VIE***

1. What is this brochure about?
2. According to the brochure, why are these animals hunted?
3. Who contributes to the problem besides poachers? How?
4. What risks to people and to animals are mentioned?
5. What does the brochure recommend that each person do to help solve the problem?

☐ **Je désire participer à la lutte contre le commerce illégal de la vie sauvage et verse un don de :**
☐ 100 F ☐ 200 F ☐ 500 F et +
☐ **Je désire devenir membre du WWF**
En étant membre, je reçois la Revue PANDA (au moins 4 fois l'an) et le PANDA Nouvelles (4 à 6 fois l'an)
☐ Mlle ☐ Mme ☐ M. ☐ Famille ☐ Firme
Nom
Prénom
Rue, No
No postal Localité
Année de naissance Signature
(au-dessous de 16 ans, celle du répondant)
☐ Je m'intéresse aux activités de la section WWF de ma région et désire une information à ce sujet.
☐ J'aimerais également devenir membre de la section WWF de ma région qui agit (par des travaux pratiques) pour la protection de la nature locale. Cotisation annuelle supplémentaire à celle du WWF Suisse: max. Fr.5.- (pour les jeunes membres de moins de 20 ans pas de supplément).

**2** Après avoir lu le dépliant, tu veux faire quelque chose pour la protection des animaux. Ecris une lettre à tes camarades où tu leur expliques ce qu'il faut faire pour sauver les animaux. A la fin de ta lettre, tu leur demandes de faire un don *(donation)* et de devenir membre du WWF.

**3** Ecoute Roger qui montre à sa classe les diapositives *(slides)* de son voyage en Afrique. Quels endroits l'ont vraiment impressionné?

**4** Tu vas faire un safari avec ton ami(e). Tu lui décris comment sera le paysage et quels animaux vous pourrez y voir, d'après toi. Il/Elle s'est renseigné(e) et te dit s'il/si elle croit que tu as raison. Faites aussi une liste de ce qu'il faut faire avant de partir et de ce qu'il faut emporter. Si ton ami(e) oublie quelque chose, fais-lui des suggestions.

**5** Imagine que tu es dans la brousse africaine. Ecris tes aventures des trois premiers jours. Ensuite, raconte-les à ton/ta camarade.

**6**

## JEU DE ROLE

You and your friends are camping in a reserve. Suddenly you hear noises that sound like gunshots. Wondering what the noises could be, you decide to go see what's happening. As you come over a hill, you see poachers. Knowing that you could be in danger, you leave immediately. When you reach a village, you look for a phone to call the reserve patrol. Act out this scene with your classmates. Remember to do these things at the appropriate times:

- express fear
- make suppositions
- reassure one another
- warn your friends
- express your relief

# QUE SAIS-JE?

## Can you use what you've learned in this chapter?

**Can you make suppositions? p.169**

**1** How would you make suppositions about what you would see on a safari?

**Can you express doubt and certainty? p.169**

**2** How would you express your doubt or certainty about seeing the following animals on safari in Africa?

1. 
2. 
3. 
4. 

**Can you ask for and give advice? p.171**

**3** How would you ask whether these items are necessary for a trip?

1. 

2. 
3. 

**4** How would you tell a friend whether the items in number 3 are necessary for . . .

1. a trip to Africa? 2. a trip to the North Pole?

**Can you express astonishment? p.177**

**5** How would you express your feelings about something really impressive?

**Can you caution someone? p.178**

**6** How would you warn people in these situations?

1. A friend is about to step out into a busy street without looking.
2. A relative is traveling to a country where the mosquitoes carry malaria.
3. A friend is approached by a mean dog.

**Can you express fear? p.178**

**7** How would you express fear of . . .

1. snakes and spiders? 2. a horror movie you're watching?

**Can you reassure someone? p.178**

**8** How would you reassure someone who is afraid of the things in number 7?

**Can you express relief? p.178**

**9** How would you express your relief at . . .

1. not getting bitten by a mean dog?
2. not getting a bad grade at school?

# VOCABULAIRE

## PREMIERE ETAPE

### Making suppositions

**On pourrait sûrement...** *We'd be able to . . . for sure.*
**Ça doit être...** *It must be . . .*
**Il doit y avoir...** *There must be . . .*

### Expressing doubt and certainty

**Ça m'étonnerait que...** *I'd be surprised if . . .*
**Je (ne) suis (pas) sûr(e) que...** *I'm (not) sure that . . .*
**Je (ne) suis (pas) certain(e) que...** *I'm (not) certain that . . .*
**Je ne pense pas que...** *I don't think that . . .*
**Je sais que...** *I know that . . .*
**Je suis convaincu(e) que...** *I'm convinced that . . .*

### Rain forest and savanna

**une araignée** *a spider*
**un arbre** *a tree*
**la brousse** *the brush*
**une fourmi** *an ant*
**l'herbe** (f.) *grass*
**une mouche** *a fly*
**un oiseau** *a bird*
**un papillon** *a butterfly*
**un point d'eau** *a watering hole*
**une rivière** *a river*
**la savane** *the savannah*
**un serpent** *a snake*
**la végétation tropicale** *tropical vegetation*

### Asking for and giving advice

**Tu crois que je devrais...?** *Do you think I should . . . ?*
**Tu penses qu'il vaudrait mieux... ?** *Do you think it'd be better to . . . ?*
**Je crois que ça vaut mieux.** *I think that's better.*
**A mon avis, c'est plus sûr.** *In my opinion, it's safer.*
**Ce n'est pas la peine.** *It's not worth it.*
**Je ne crois pas que ce soit utile.** *I don't think it's worthwhile.*
**Il faudrait que...** *You ought to . . .*
**Il est très important que...** *It's very important to . . .*
**Il est essentiel que...** *It's essential to . . .*
**Il est nécessaire que...** *It's necessary to . . .*

### Packing for a safari

**un caméscope** *a camcorder*
**une carte de crédit** *a credit card*
**de la crème solaire** *sunscreen*
**un désinfectant** *disinfectant*
**une gourde** *a canteen*
**des jumelles** (f.) *binoculars*
**des pansements** (m.) *bandages*
**une pellicule** *a roll of film*
**une torche** *a flashlight*

## DEUXIEME ETAPE

### Expressing astonishment

**Oh, dis donc!** *Wow!*
**Ça alors!** *How about that!*
**Ouah!** *Wow!*
**C'est le pied!** *Cool! Neat!*
**Tiens! Regarde un peu!** *Hey! Check it out!*
**C'est fou comme... !** *I can't believe how . . . !*
**Tu as vu comme... ?** *Did you see how . . . ?*
**Je n'ai jamais vu un(e) aussi...** *I've never seen such a . . .*

### African animals

**une corne** *a horn*
**un éléphant** *an elephant*
**féroce** *ferocious*
**une girafe** *a giraffe*
**un guépard** *a cheetah*
**un hippopotame** *a hippopotamus*
**un lion** *a lion*
**lourd(e)** *heavy*
**la proie** *the prey*
**un rhinocéros** *a rhinoceros*
**un singe** *a monkey*
**une trompe** *a trunk*
**un zèbre** *a zebra*

### Cautioning and reassuring someone

**Je vous signale que...** *I'm warning you that . . .*
**Il serait plus prudent de...** *It would be wiser to . . .*
**Faites gaffe!** *Look out!*
**Attention à... !** *Watch out for . . . !*
**Méfiez-vous!** *Be careful!*
**Ne bougez pas.** *Don't move.*
**N'ayez pas peur.** *Don't be afraid.*
**Calmez-vous!** *Calm down!*
**Pas de panique!** *Don't panic!*

### Expressing fear and relief

**J'ai très peur de (que)...** *I'm very afraid of (that) . . .*
**J'ai la frousse!** *I'm scared to death!*
**On a eu de la chance!** *We were lucky!*
**Ouf! On a eu chaud!** *Whew! That was a real scare!*
**On l'a échappé belle!** *That was close!*

CHAPITRE 8

# La Tunisie, pays de contrastes

1 La Tunisie, un pays au carrefour de la tradition et de la modernité

Tu connais la Tunisie? C'est un pays à deux visages. D'un côté, c'est de plus en plus moderne. De l'autre côté, les Tunisiens restent très attachés à leurs traditions. Allez, viens! On va faire un tour en Tunisie.

## In this chapter you will learn

- to ask someone to convey good wishes; to close a letter; to express hopes or wishes; to give advice
- to complain; to express annoyance; to make comparisons

## And you will

- listen to teenagers talk about city life
- read about ancient and modern Tunisia
- write a travel log
- find out about traditional and modern styles of dress in Tunisia

(2) Salue ton oncle et ta tante.

(3) Les embouteillages, c'est l'horreur!

# Mise en train

## Bisous de Nefta

A Nefta, dans un endroit en bordure du désert de Tunisie, vit Zohra, avec son père, sa mère et ses deux frères. Ils habitent dans une petite ferme où on élève des moutons et on cultive l'olivier et le dattier. En plus du lycée, Zohra aide ses parents à la ferme. Quand elle a un moment de libre, elle écrit à sa cousine Aïcha qui habite à Tunis.

*Ils récoltent des dattes.*

*Chère Aïcha,*

*Ce soir, il y a un coucher de soleil génial. La lumière se reflète dans les branches des palmiers. Tout est super calme. Je pense à toi, dans ta grande ville. Est-ce qu'il y a des couchers de soleil comme ça à Tunis? J'aimerais tellement que tu sois là. Tu es ma confidente et c'est avec toi que je m'amuse le mieux. Ça serait sympa si tu pouvais venir pendant les vacances. Moi, c'est sûr, je ne pourrai pas aller te voir à Tunis. Quelle barbe! C'est la saison des dattes. Si tu venais, on pourrait les cueillir ensemble. Et puis, le soir, on se baladerait sur l'avenue Bourguiba ou dans la palmeraie. On irait discuter sous les arbres de la Corbeille. On se lèverait tôt le matin pour aller voir le soleil se lever! Et puis, toutes les deux, on s'occuperait des moutons et on aiderait maman aussi. Tu sais, elle est super fatiguée en ce moment. Ça serait vraiment chouette.*

*Regarde ce beau coucher de soleil!*

*Voilà nos moutons!*

*Qu'est-ce qu'elle est fatiguée, maman!*

C'est très tranquille, Nefta.

Mais, bon, peut-être que tu as d'autres projets. Je vais te dire un secret : dans deux ans, après mon bac, j'aimerais bien étudier l'archéologie à l'université de Tunis. Enfin, il faut d'abord que j'en parle à papa et maman. J'ai peur qu'ils disent non. Il faudrait que j'arrive à les convaincre. Tu les connais, ils sont archi-traditionnels. Pour eux, une fille n'a pas besoin de faire d'études. A la place, ils voudraient que je me marie et que je m'occupe de ma maison et de mes enfants. Maman m'a même trouvé un mari! Elle voudrait que j'épouse Mustafa, le fils des voisins. Il est gentil, mais il est loin d'être mon prince charmant! Et puis je n'ai que dix-sept ans et j'aimerais quand même bien avoir le droit de choisir mon mari moi-même! Ça, tu vois, c'est un truc que maman ne comprend pas. Elle, elle s'est mariée à quatorze ans. Ce sont ses parents qui lui ont choisi son mari. Et, toute sa vie, elle s'est occupée de nous et de la maison. Encore maintenant, c'est elle qui fait tout à la maison. Elle va chercher l'eau au puits, elle porte le bois sur sa tête, elle fait la cuisine. Elle veut que je fasse comme elle. Tu as de la chance d'avoir des parents modernes, toi! Bon, il faut que je te laisse. Bisous à oncle Khaled et tante Brigitte, et à Rachid aussi. Dis-leur que je pense à eux et que je vais leur écrire. Maman et Papa vous embrassent tous très fort. A bientôt.

Zohra

P.S. Au fait, merci pour ta carte. La vue de Tunis était super. C'est quand même beau, la Tunisie! Ecris-moi vite! Grosses bises.

Les femmes travaillent tout le temps chez nous.

Me voilà avec Ahmed et Hassan.

## 1 Tu as compris?

1. To whom is Zohra writing?
2. What time of day is it?
3. What does Zohra like about the place where she lives?
4. What doesn't she like about her family life?
5. What secret does Zohra share with Aïcha?
6. What does she ask Aïcha to do?

## 2 Vrai ou faux?

1. Aïcha est la sœur de Zohra.
2. Nefta est au nord de la Tunisie.
3. Il y de beaux couchers de soleil à Nefta.
4. Aïcha habite un petit village calme.
5. Tunis est plus grand que Nefta.
6. A Tunis, il y a une université.
7. Zohra veut faire des études de médecine.

## 3 C'est qui?

A ton avis, qui pourrait dire les phrases suivantes? Zohra ou ses parents?

1. «Ce qui est important, c'est de faire des études.»
2. «Les femmes doivent s'occuper de la maison.»
3. «Une fille devrait se marier très jeune.»
4. «Pour une femme, c'est inutile de faire des études.»
5. «Il faut pouvoir choisir son mari.»
6. «Mustafa serait un bon mari.»

## 4 Qu'est-ce qu'elle a dit?

Aïcha dit à sa mère qu'elle a reçu une lettre de Zohra. Complète leur dialogue avec des mots de la lettre.

AICHA **J'ai reçu une lettre de Zohra. Elle vous ______ bien fort.**

SA MERE **C'est gentil. Comment va sa mère?**

AICHA **Elle est ______ .**

SA MERE **Est-ce que Zohra va venir nous voir?**

AICHA **Elle ne pourra pas. C'est la saison des ______ .**

SA MERE **Est-ce qu'elle sait ce qu'elle veut faire après son bac?**

AICHA **Elle veut ______ . Mais elle a peur que ses parents disent non. Tu sais, ils sont ______ .**

SA MERE **Je vais leur en parler. Si elle venait à Tunis, elle pourrait habiter avec nous.**

AICHA **Super, je le lui dirai. A propos, elle m'invite chez elle pour les vacances. Elle dit qu'on pourrait ______ . Je peux y aller?**

SA MERE **Si tu as de bonnes notes.**

## 5 Cherche les expressions

What expressions does Zohra use in her letter to . . .

1. express a wish?
2. express an obligation?
3. express a concern?
4. convey good wishes to someone?
5. thank someone?
6. end her letter?

## 6 Et maintenant, à toi

Est-ce que tu préfères que tes parents soient plutôt traditionnels, comme ceux de Zohra, ou plutôt modernes, comme ceux d'Aïcha?

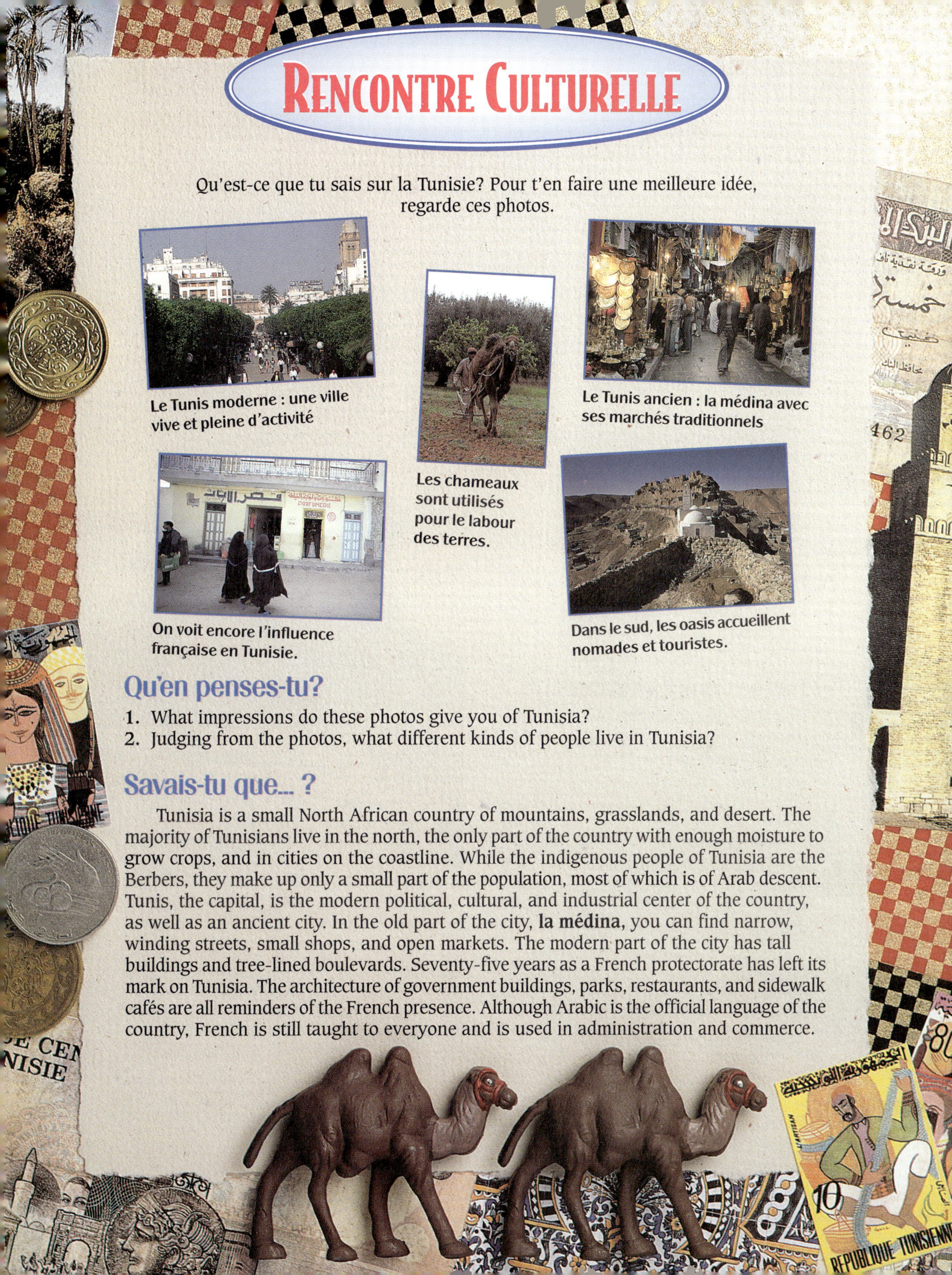

# Rencontre Culturelle

Qu'est-ce que tu sais sur la Tunisie? Pour t'en faire une meilleure idée, regarde ces photos.

Le Tunis moderne : une ville vive et pleine d'activité

Les chameaux sont utilisés pour le labour des terres.

Le Tunis ancien : la médina avec ses marchés traditionnels

On voit encore l'influence française en Tunisie.

Dans le sud, les oasis accueillent nomades et touristes.

## Qu'en penses-tu?

1. What impressions do these photos give you of Tunisia?
2. Judging from the photos, what different kinds of people live in Tunisia?

## Savais-tu que... ?

Tunisia is a small North African country of mountains, grasslands, and desert. The majority of Tunisians live in the north, the only part of the country with enough moisture to grow crops, and in cities on the coastline. While the indigenous people of Tunisia are the Berbers, they make up only a small part of the population, most of which is of Arab descent. Tunis, the capital, is the modern political, cultural, and industrial center of the country, as well as an ancient city. In the old part of the city, **la médina**, you can find narrow, winding streets, small shops, and open markets. The modern part of the city has tall buildings and tree-lined boulevards. Seventy-five years as a French protectorate has left its mark on Tunisia. The architecture of government buildings, parks, restaurants, and sidewalk cafés are all reminders of the French presence. Although Arabic is the official language of the country, French is still taught to everyone and is used in administration and commerce.

# PREMIERE ETAPE

*Asking someone to convey good wishes; closing a letter; expressing hopes or wishes; giving advice*

## COMMENT DIT-ON... ?

### Asking someone to convey good wishes; closing a letter

*To ask someone to convey good wishes:*

**Embrasse** ta tante **pour moi.**
*Give . . . a kiss for me.*
**Fais**-lui/-leur **mes amitiés.**
*Give . . . my regards.*
**Salue**-le/-la/-les **de ma part.**
*Tell . . . hi for me.*
**Dis**-lui **que je vais** lui **écrire.**
**Dis**-lui **que je pense à** elle/lui.

*To close a letter:*

**Bien des choses à** tes parents.
*All the best to . . .*
**Je t'embrasse bien fort.**
**Grosses bises.**
**Bisous à** tes cousins.

### 7 Ecoute!

Indique les dialogues où quelqu'un transmet ses amitiés.

### 8 Fais nos amitiés à la famille!

Djamil va passer ses vacances chez ses cousins. Imagine la conversation qu'il a avec sa famille avant de partir. Joue cette scène avec ton/ta camarade.

### 9 Pauvre prof!

Ton professeur de français est à l'hôpital. Tu vas lui rendre visite. Tes camarades te donnent des messages d'amitié à lui transmettre.

### 10 On pense à toi

a. Tu vas écrire à un(e) camarade qui passe six mois chez ses grands-parents en Tunisie. Quatre de tes camarades de classe te disent de lui transmettre leurs amitiés.

b. Ecris ta lettre. Raconte-lui les dernières nouvelles et n'oublie pas de transmettre les amitiés de chaque camarade.

### NOTE CULTURELLE

Tunisia is an extraordinary blend of modern and traditional life. In its cities a visitor can see high-rise buildings, airports, and public transportation. People use computers, drive sports cars, and wear the latest fashions from Paris. In other parts of Tunisia, life has changed very little in hundreds of years. Tunisians in these areas live much as their ancestors did, often in tents or in homes made of sun-hardened mud. They may raise sheep or goats, or migrate with herds of camels, stopping to drink at the same oasis as their ancestors a thousand years before.

## VOCABULAIRE

En Tunisie, on pratique encore des activités traditionnelles.

**On fait la cueillette des dattes** (f.), **des olives** (f.) **et des figues** (f.).

**On fait de l'artisanat** (m.) : **de la poterie, des objets** (m.) **en cuivre, des tapis** (m.) **et des bijoux** (m.)

**On élève des chameaux** (m.), **des moutons** (m.) **et des chèvres** (f.).

**On cultive le blé.**

**On trait les vaches** (f.).

**On donne à manger aux poules** (f.).

### 11 Comme chez nous

Lesquelles des activités du **Vocabulaire** sont aussi bien américaines que tunisiennes?

### 12 Ecoute!

Karim rend visite à ses cousins en Tunisie. Amira lui montre où ils habitent. Quelles images est-ce que tu associes à leurs conversations?

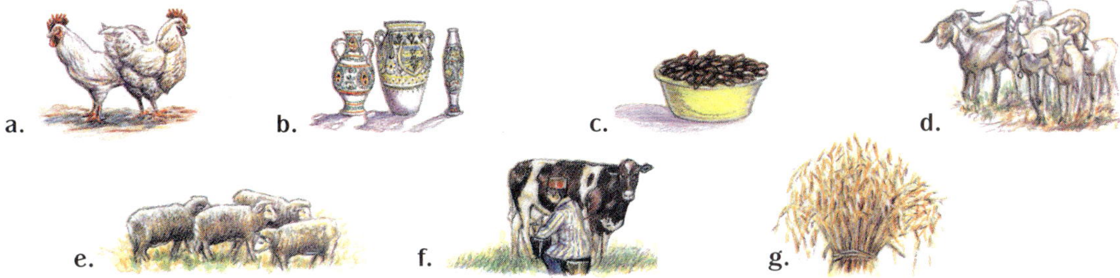

a. b. c. d. e. f. g.

## 13 Qu'est-ce qu'on y fait?

Regarde cette carte. Dis ce qu'on voit et ce qu'on fait en Tunisie selon les régions.

## COMMENT DIT-ON... ?

### Expressing hopes or wishes; giving advice

*To express a hope or wish:*

**Si seulement je pouvais,** j'habiterais à la campagne.

**Si j'avais le choix,** j'irais à l'université.

**Si c'était possible,** j'habiterais à Tunis.

**Ça serait chouette si** je pouvais étudier l'archéologie.

**Qu'est-ce que j'aimerais** partir en vacances!

Ça serait chouette si je pouvais aller en Tunisie!

*To give advice:*

**Si c'était moi,** je chercherais du travail.

**Si j'étais toi,** j'en parlerais avec mes parents.

**A ta place,** j'irais à la campagne.

## 14 Ecoute!

Ecoute ces dialogues. Est-ce que les gens parlent de ce qu'ils aimeraient faire ou est-ce qu'ils donnent des conseils?

## Grammaire Si clauses

Here is an English example of a hypothetical situation: *If I lived in the country, I would be happier.* French has a similar structure. To say that *if* something were so, something else *would* happen, begin one part, or clause, of your sentence with **si** *(if)* and put the verb in the imperfect; in the other part, put the verb in the conditional. Look at these examples:

**Si** elle **habitait** dans une grande ville, elle **serait** plus stressée.
*If she lived in a big city, she would be more stressed.*
**Si** tu **parlais** français, tu **pourrais** parler avec des Tunisiens.
*If you spoke French, you would be able to speak to Tunisians.*

- You don't always have to begin your sentence with **si.**

Ça **serait** chouette **si** j'**habitais** à la campagne.
*It would be great if I lived in the country.*
J'**irais** à Tunis **si** j'**avais** de l'argent.
*I would go to Tunis if I had money.*

### Tu te rappelles?

Do you remember how to make the forms of the conditional?
Add the endings of the imperfect tense, to the infinitive or to the irregular future stem.
Est-ce que tu pourr**ais** le faire?
If you're unsure which stems are irregular, turn to page 118.
Remember to drop the **e** from **-re** infinitives.
Je vivr**ais** à la campagne si je pouvais.

### 15 A toi de jouer

Fais des phrases avec les éléments suivants.
Si j'allais... , je...

en France — en Suisse — en Tunisie — en République centrafricaine — au Maroc — au Sénégal — en Belgique

photographier des animaux sauvages
acheter de la dentelle
manger du chocolat
visiter des ruines romaines
boire du thé
emporter des vêtements légers
faire du ski
écouter de la musique exotique
manger du couscous
aller à la plage
acheter une montre
visiter le Louvre
acheter un tapis

## 16 Qu'est-ce qu'ils disent?

Qu'est-ce qu'ils rêvent de faire?

Si je pouvais, je...

1. 
2. 
3. 
4. 

## 17 Si j'étais toi,...

Parle d'un problème avec ton/ta camarade. Il/Elle te conseillera.

—J'ai besoin d'argent.
—Si j'étais toi, je chercherais du travail.

Je suis déprimé(e).

J'ai mal à la tête.

Mon/ma meilleur(e) ami(e) ne me parle plus.

Je suis toujours fatigué(e).

Je ne m'entends pas bien avec mes parents.

Je n'ai rien à mettre pour la boum.

J'ai raté mes examens.

## 18 Je pense à toi

Ecris une lettre à ton/ta correspondant(e) tunisien(ne) pour lui dire ce que vous feriez s'il/si elle venait chez toi.

## 19 Te voilà de retour!

Ton ami(e) et sa famille reviennent d'un voyage en Tunisie. Il/Elle te parle de ce qu'ils y ont fait. Pose-lui des questions sur le pays et dis-lui ce que tu voudrais faire si tu y allais. Avant de le/la quitter, transmets tes amitiés à sa famille.

### Note Culturelle

Carthage is perhaps the best example of a modern Tunisian town with a variety of historical influences. Due to its strategic location, the town has been fought over by various empires since its founding in 814 B.C. Phoenicians, Romans, Vandals, Arabs, French—the influence of all these groups can be seen in the historical and archeological sites of the city and in the faces of its inhabitants. Particularly interesting to tourists now are the Roman ruins to be found at such sites as the Martyrs Amphitheater and the Baths of Antonius.

# Panorama Culturel

Gilles • France

Sylviane • Martinique

Pierre • Québec

We asked some people how their cities have changed since they've been living there. Here's what they told us.

## Cette ville a beaucoup évolué?

«Ouais, énormément, elle [Paris] change tous les jours, et je m'intéresse énormément à la ville. Je fais des choses particulières. Je prends des photos, justement. Chaque fois qu'un immeuble est détruit, je viens le prendre en photo avant qu'il n'existe plus et que soit reconstruit un truc qui ne soit pas beau, quoi. Donc, j'essaie de, justement, garder des traces de la vie de Paris, et je suis assez nostalgique du vieux Paris des années 1900 jusqu'à 1940.»

-Gilles

«La Martinique a énormément changé. Je dois dire que je suis née en Martinique. J'ai passé la plupart de mon enfance en Martinique. J'ai beaucoup voyagé, mais justement, lors de mes voyages, de mes différents voyages, on voit quand même des évolutions complètement différentes. L'art de vivre martiniquais est en train de s'européaniser et c'est dommage quelque part.»

-Sylviane

«Dû à l'automation, l'informatique, aujourd'hui, les gens sont obligés d'aller dans des grands centres pour continuer à gagner leur vie. Parce que l'évolution, comme vous savez, a tout transformé au niveau de tous les pays.»

-Pierre

## Qu'en penses-tu?

1. What kinds of changes do these people mention? Have there been similar changes where you live? How have these changes affected the way people live?
2. Research your city's past. Find out what life was like in your area in the year in which you were born, 25 years ago, or 50 or more years ago.

# Remise en train

## Salut de Tunis

Aïcha répond vite à la lettre de Zohra.

*Quelle chaleur! Et quelle pollution!*

Chère Zohra,

Merci pour ta lettre. Elle m'a fait super plaisir. Qu'est-ce que tu as de la chance! Moi aussi, j'aimerais voir de beaux couchers de soleil. Ici, à Tunis, il fait chaud et lourd en ce moment. Résultat, il y a encore plus de pollution que d'habitude. C'est vraiment l'horreur! J'aimerais bien être à ta place au milieu des palmiers. Ça a l'air génial, Nefta! Ici, c'est beaucoup plus bruyant, plus stressant. Il y a trop de voitures et de vélomoteurs. Dès qu'on ouvre les fenêtres, c'est insupportable. Les klaxons, les cris, le bruit des moteurs! D'un autre côté, j'adore vivre ici. C'est super, tous ces cinémas, ces cafés, ces théâtres, cette animation! J'aimerais tellement que tu viennes faire tes études ici. Si tu venais, je te montrerais la ville. On irait se promener dans la médina. On irait voir les derniers films.

*Que c'est bruyant, les grandes villes!*

## 20 Tu as compris?

1. What does Aïcha complain about?
2. How is life different where Aïcha and Zohra live?
3. How does Aïcha offer to help her cousin?
4. What news does Aïcha have for Zohra?

## 21 Comment est-elle?

Choisis parmi les phrases à droite celles qui décrivent le mieux Aïcha.

- Elle aime le cinéma.
- Elle n'aime pas Tunis.
- Elle est dynamique.
- Elle est musulmane.
- Elle aimerait avoir des parents plus traditionnels.
- Elle veut travailler.
- Elle ne sort jamais.
- La pollution la dégoûte.
- Elle aime la nature.
- Elle cherche un mari.

On s'amuserait bien, tu sais. Essaie de convaincre tes parents. Remarque, je les comprends. Pour eux, c'est pas normal qu'une fille veuille travailler. C'est contre la tradition. Tu sais ce que je vais faire? Je vais demander à Papa et Maman s'ils peuvent parler à tes parents. Je suis sûre qu'ils pourront les convaincre. Heureusement que je n'ai pas ces problèmes avec eux. S'ils voulaient choisir mon mari à ma place, ils m'entendraient! Tout ce qu'ils demandent, c'est que je me marie avec un musulman. Ben, ça, on verra! Pour l'instant, ce qui m'intéresse, moi, c'est de gagner ma vie! Au fait, je ne t'ai pas dit? Figure-toi que j'ai un petit ami. Il s'appelle Chakib. Je crois que tu l'aimerais beaucoup. C'est un poète. Il écrit des poésies géniales. Je pourrais te parler de lui pendant des heures. Bon, je te laisse. Tu sais, je voudrais bien venir te voir pendant les vacances, mais c'est impossible. J'ai trouvé un job pour l'été. Je vais travailler au festival de Tunis. Ça me plaît bien et ça me fera un peu d'argent. C'est vraiment bête, mais j'espère qu'on se verra quand même bientôt. Bien des choses à tes parents et à tes frères. Grosses bises.

Aïcha

Tunis, c'est super animé!

Voilà Chakib, c'est un vrai poète!

C'est génial de se promener dans la médina.

## 22 Cherche les expressions

What does Aïcha say in her letter to . . .

1. express envy?
2. express a wish?
3. complain?
4. compare Tunis and Nefta?
5. express certainty?
6. break some news?
7. express an impossibility?
8. excuse herself?
9. end her letter?

## 23 La vie à Tunis

D'après Aïcha, quels sont les avantages de Tunis? Quels en sont les inconvénients?

## 24 Et maintenant, à toi

Où est-ce que tu habites? En ville comme Aïcha ou à la campagne comme Zohra? D'après toi, quels sont les avantages et les inconvénients des deux?

# DEUXIEME ETAPE

***Complaining; expressing annoyance; making comparisons***

## VOCABULAIRE

### 25 Ecoute!

Ecoute ces conversations. Est-ce que les gens sont à la campagne ou en ville?

### 26 C'est pas vrai!

Zohra rend visite à Aïcha qui lui montre son quartier.
Complète leur conversation en employant les images données.

ZOHRA Oh dis donc, Aïcha! Qu'est-ce qu'ils sont grands, les !

AICHA Oui. Je suis sûre que tu vas bien t'amuser ici.

ZOHRA Mais, le calme de la campagne me manque. Les gens sont tellement pressés et apparemment, il y a beaucoup de gens .

AICHA Oui, c'est vrai. Et il y a aussi beaucoup de  et de . Tu vois comme ils sont sales, les ?

ZOHRA Oui. Et la circulation, c'est l'horreur, non? Tu as vu cet ? Regarde! Qu'est-ce qui se passe là-bas? Tu vois cette ?

AICHA C'est peut-être un accident. On traverse pour voir? Prenons le .

## COMMENT DIT-ON... ?

### Complaining; expressing annoyance

*To complain:*

**C'est l'horreur!**
**C'est insupportable, à la fin!**
**J'en ai ras le bol!** *I've really had it!*
**Je commence à en avoir marre!**

*To express annoyance at someone:*

**Non mais, vous vous prenez pour qui?** *Who do you think you are?*
**Non mais, surtout ne vous gênez pas!** *Well just go right ahead!*
**Ça va pas, non?!** *Are you out of your mind?!*
**Ça commence à bien faire, hein?** *Enough is enough!*
**Dites donc, ça vous gênerait de** bouger? *Hey, do you think you can . . .?*

### 27 Ecoute!

Ecoute ces conversations. Est-ce que ces gens sont contents d'habiter en ville?

### 28 Ecoute!

Ecoute l'intonation des phrases suivantes et répète-les.

### A la française

You've learned that changing the pitch of your voice when you speak is called *intonation*. French speakers use different intonations to express emotions such as excitement or annoyance. The same words can mean something completely different when spoken with different intonations! Remember to pay attention to intonation too when you learn new phrases.

### 29 Ras le bol!

Nabil et Farid achètent leurs billets de train pour aller chez leurs cousins à la campagne. Imagine et écris leur dialogue d'après les images.

1. 

2. 

3. 

### 30 Ça va pas, non?!

Il y a des gens qui t'embêtent en faisant les choses suivantes. Tu leur demandes poliment d'arrêter, mais ils refusent. Qu'est-ce que tu leur dis? Joue cette scène avec tes camarades.

Quelqu'un...

- resquille (*cuts in line*).
- monopolise un téléphone public.
- te pousse dans le métro.
- fume là où c'est interdit.
- écoute de la musique très fort.
- parle très fort au cinéma.
- te marche sur les pieds.
- n'arrête pas de te regarder.

## COMMENT DIT-ON... ?

### Making comparisons

Dans mon village, **ce n'était pas comme ça.**
**Ici**, c'est stressant, **tandis que** chez moi, c'est tranquille. *Here . . . , whereas . . .*
A la campagne, il y a **moins d'**embouteillages. *less/fewer*
A Tunis, il y a **plus de** bruit. *more*
Tunis est **plus** grand **que** Nefta.
Nefta est une ville **moins** bruyante **que** Tunis.

## 31 On se dispute

Latifa et Mona vont passer leurs vacances ensemble. Latifa veut aller dans une grande ville mais Mona préfère aller à la campagne. Elles se disputent. Qui fait les remarques suivantes, Latifa ou Mona?

«Il y a plus de choses à voir.»

«Et puis, c'est plus tranquille!»

«En tout cas, c'est plus animé.»

«Peut-être, mais c'est moins stressant.»

«Mais il y a moins de pollution.»

«Oui, mais, il y a moins de monde.»

«D'accord mais, c'est moins ennuyeux!»

## Grammaire The comparative

- To compare nouns, use **plus de, moins de,** and **autant de** *(as many/much)* before the noun. Use **que** *(than)* to continue the comparison.
  Il fait **plus de** bruit **que** l'autre voisin.
  Elle a **moins d'**argent **que** son frère.
  Tu as **autant de** livres **que** moi.
- To compare adjectives and adverbs, use **plus, moins,** or **aussi** *(as)*. Remember to make the adjectives agree with the nouns they refer to.
  **Les gens** sont **plus** pressé**s** **qu'**à la campagne.
  **Mon village** est **moins** pollué **que** la ville.
  **La campagne** est **aussi** intéressant**e** **que** la ville.
- English uses only one word, *better,* as the comparative of both the adjective *good* and the adverb *well*. There are two words for this in French.
- You use **meilleur(e)(s)** to say that something is *better* than something else.
  Les fruits sont **meilleurs** à la campagne qu'en ville.
- You use **mieux** to say that something is *done better.*
  On mange **mieux** à la campagne qu'en ville.

## 32 Plus ou moins?

Compare la ville et la campagne.

—Il y a moins de chèvres en ville qu'à la campagne.

vaches gratte-ciel embouteillages
magasins poules arbres crime
emplois
voitures légumes frais chèvres

## 33 Autrefois...

M. Fouad habite Tunis, mais il a passé sa jeunesse à la campagne et celle-ci lui manque. Continue son monologue.

—Oh, les gens étaient plus polis. Il y avait moins de stress. Et en plus...

| | |
|---|---|
| vie | nourriture |
| problèmes | voisins |
| pollution | bruit |
| voitures | emploi |
| gens | stress |
| campagne | temps libre |

| | |
|---|---|
| pressé | travailleur |
| simple | bon |
| difficile | amusant |
| cher | compliqué |
| grand | pollué |
| sympa | énervant |
| tranquille | bruyant |

## 34 Tu as une préférence?

Demande à tes camarades pourquoi ils préféreraient habiter en ville ou à la campagne. Fais une liste des trois raisons les plus souvent données pour chaque endroit. Compare ta liste avec celle de ton/ta camarade.

## 35 Mon journal

Est-ce que tu habites en ville ou à la campagne? Compare l'endroit où tu vis avec un autre endroit, plus grand ou plus petit.

## 36 Jeu de rôle

You live in the city and you're unhappy about it. You complain and talk about what you'd do if you lived in the country. Your partner, who lives in the country, is also unhappy about where he/she lives. He/She complains and talks about all the things you can't do in the country. Act out this scene with your partner.

### Note Culturelle

In many francophone countries, traditional dress is still found alongside modern forms of dress. Modern clothing is common in large Tunisian cities, but many people still choose to wear traditional clothing, or to combine the two styles. Tunisian businessmen often wear a suit topped by a **chéchia,** a type of fez, and a Tunisian woman who wears modern clothing will sometimes also wear a **sifsari.** This is a loose, robe-like garment with large folds convenient for carrying packages and even babies!

# LISONS!

## Enfance d'une fille

Edouard décroche le téléphone :
- Une petite fille, crie le correspondant... Tu as une petite fille!
- Merci, dit Edouard.
- Une très mignonne petite fille ! précise le correspondant. *Mabrouk* !
- Merci, répète Edouard.

Il raccroche. Pendant une quinzaine de jours, chaque fois qu'on lui demandera si sa femme a accouché, Edouard, mon père, répondra sans sourciller :

«Pas encore... C'est pour bientôt... Mais pas encore... »

Quinze jours pour se faire à l'idée qu'il a cette malchance : une fille...

Puis il finira par se persuader qu'après tout, il a sauvé l'honneur, puisqu' il a déjà un fils aîné. Alors, il avouera enfin :

«Eh bien oui! Elle a accouché : c'est une fille... »

La fille, c'est moi.

Ainsi commence l'aventure...

J'étais toute gosse quand on m'a raconté l'histoire de ma naissance. Ce déclic du téléphone raccroché, ce «mabrouk» crispé, je me souviens les avoir entendus résonner comme un glas. Ils m'ont poursuivie longtemps et continuent de me poursuivre. Ils me disaient la malédiction d'être née femme. Comme un glas, et en même temps, comme un appel, un départ. Je crois que la révolte s'est levée très tôt en moi. Très dure, très violente. Sans aucun doute indispensable pour faire face à ce clivage que j'ai retrouvé dans toute ma vie : j'étais une femme dans un monde pour hommes.

Aussi loin que remontent mes souvenirs, tout, dans mon enfance, dans mon éducation, dans mes études, dans ce qui était permis ou défendu, devait me rappeler que je n'étais née que femme. Ma sœur et moi, nous n'avons absolument pas été élevées comme nos frères.

Notre éducation procédait de ce découpage saignant : «Toi, tu es une fille. Il faut que tu apprennes la cuisine, le ménage. Et tu te marieras, le plus vite possible. Lui, c'est un garçon. Il faut, - on en trouvera les moyens, à tout prix - qu'il fasse des études, qu'il gagne bien sa vie.» Le mariage d'un garçon, c'est affaire personnelle. Le mariage d'une fille, c'est l'affaire des parents : cela ne la regarde pas. D'ailleurs, nos parents nous l'expliquaient : la naissance d'une fille représente une responsabilité épouvantable. Il faut bien sûr l'assumer. Il faut surtout s'en décharger sur un mari, le plus rapidement possible.

Je crois que ma mère a mis un certain acharnement, peut-être inconscient, à maintenir ce clivage. Comme si, au fond, elle voulait reproduire ce qu'elle avait subi. Mon père aussi. Mais d'une certaine manière, il était plus neutre, il avait plus de recul, il était *l'homme*.

Victime de son éducation, ma mère a été mariée à moins de quinze ans. A seize ans, elle avait son premier enfant. Blessée, donc, mais fière, fière de sa maternité et fière de ses blessures, comme certains martyrs. Opprimée dans son plus jeune âge, niée dès son existence, passant sans transition, de la terrible autorité de mon grand-père, authentique *paterfamilias* de tribu, à celle de mon père, son mari, tout naturellement, elle

**DE BONS CONSEILS**
When you read in French, do you sometimes concentrate so much on understanding vocabulary and grammar that you lose track of what the reading itself is about? To solve this problem, first find the main idea, usually located near the beginning of the reading. Then think about how the different parts of the reading relate to the main idea. Do the subtopics act as definitions, summaries, paraphrasings, or illustrations of the main topic? Are they results or consequences of the main idea, or even causes of it?

A. In the paragraph that begins **J'étais toute gosse...**, find the sentence that gives the main idea of the reading.

B. How does the first passage relate to the main idea? Why does the author relate the story of her birth?

C. What are three things Gisèle was told that a girl is supposed to do?

D. What kind of life had Gisèle's mother known? How are her experiences reflected in the way she raised her daughter?

E. Which expression do you associate with: **Perpétuer les choses provoque toujours moins de heurts que vouloir les changer.**

opprimait à son tour.

Quand je refusais de me marier, à seize ans, elle me disait : « A ton âge, moi j'avais des enfants.» A travers moi, elle voulait revivre sa vie. Comme pour la justifier. Je comprends très bien cette démarche. Perpétuer les choses provoque toujours moins de heurts que vouloir les changer. Un peu comme ces femmes d'aujourd'hui qui ne veulent pas reconnaître l'existence de notre problème. Le reconnaître, les obligerait à se déterminer. Et aussi à admettre que certaines peuvent échapper à ce qui leur est tracé comme un destin. C'est toute l'histoire de cette fameuse quiétude par absence de connaissance.

Pour mes parents, donc, la famille idéale n'était faite que de garçons. Si on leur avait demandé, au moment de ma naissance, ayant déjà un fils, ce qu'ils voulaient, à coup sûr, ils auraient répondu : « Un autre garçon.» Et après ce deuxième garçon? « Encore un garçon... »

Aussi loin que peuvent remonter dans le temps mes souvenirs, je revois d'une manière très précise, les différences ressenties, le clivage fille-garçon. Je sais que très très jeune, vers l'âge de sept, huit ans, ma mère nous obligeait à laver le sol de la maison. (En Tunisie, il n'y avait pas de parquet, il y avait des carreaux par terre.) Il n'était pas question de le demander à mon frère qui était pourtant plus âgé, et beaucoup plus solide, que nous les filles. Je devais ranger, faire la vaisselle. Dans la maison, l'homme n'avait jamais rien à faire. Nous, les filles et ma mère, étions là pour le servir.

C'est quand nos études ont pris une certaine importance, que j'ai ressenti la discrimination. Après le certificat d'études, il a été question que mon frère continue. Dans la famille, on était décidé à se priver de tout pour qu'il ait un diplôme. Pendant ce temps, j'avais progressé toute seule. Mais ça n'avait jamais intéressé personne. Mon frère n'était pas très bon élève, en cinquième. Il avait des colles. Il truquait. Il imitait, sur les bulletins scolaires, la signature paternelle. Et moi, je continuais mon chemin. Je réussissais. Mais personne ne me demandait quoi que ce soit. Au fond, personne ne s'en apercevait.

A dix ans, je savais déjà qu'il ne fallait pas compter sur un effort financier de mes parents pour m'aider à aller au lycée qui était payant. Et même assez cher. Je m'étais renseignée. J'avais appris qu'il existait un concours des bourses, uniquement ouvert à une certaine catégorie sociale d'élèves. Celle à laquelle j'appartenais : les élèves pauvres. Pour réussir, il fallait faire un très bon score. J'ai donc passé cet examen. J'ai même été reçue en tête, autant que je me souvienne. J'obtenais de très bonnes notes, mais elles passaient toujours inaperçues. J'arrivais pour dire : « Je suis première en français.» C'était le moment même où se déclenchait un drame parce que mon frère était dernier en mathématiques. Il était homme et son avenir d'homme occupait toute la place. A en être asphyxiée. Toute l'attention était tournée vers lui. Je ne suis même pas sûre qu'on m'entendait quand je parlais de mes professeurs et de mes cours. Il m'a fallu accumuler beaucoup de succès, réussir mes examens de licence à la faculté pour que mes parents commencent à dire : « C'est pas mal, ce qu'elle fait. Après tout, peut-être est-elle un cas un peu particulier? » Mais à l'époque, ça ne les intéressait pas, c'était secondaire.

Vint le moment où il fallut me décider au mariage. En clair, me marier, c'était arrêter mes études. A l'époque, ma mère aurait beaucoup souhaité me faire épouser un marchand d'huiles,

**a.** It's better to give than to receive.
**b.** Don't make waves; maintain the status quo.
**c.** Time heals all wounds.

**F.** Would the following have been said by Gisèle or by her brother?

«Je devais ranger, faire la vaisselle.»

«Mon mariage, c'est mon affaire personnelle.»

«Mon mariage, c'est l'affaire de mes parents.»

«Personne ne s'intéresse à mon éducation.»

«Tout le monde se prive pour que j'aie une éducation.»

«Je ne dois rien faire à la maison.»

**G.** Why does the author talk about the kind of student her brother was? How does this relate to the main idea?

**H.** Describe the differences between Gisèle and her brother in regard to . . .
**a.** their attitudes towards school.
**b.** their grades.
**c.** the emphasis placed on education by their parents.

**I.** How did Gisèle feel about a traditional marriage arrangement? How did her mother react?

**J.** How did Gisèle save money for her education? Why is this significant, in relation to the main idea?

fort riche et sympathique au demeurant. Il avait trente-cinq ans. Moi, j'en avais seize. C'était tout à fait dans les normes du mariage, en Tunisie.

Je ne voulais pas me marier. Je voulais étudier. Je revois toujours ma mère mettre son doigt sur sa tempe et dire : « Gisèle, elle ne veut pas se marier, elle veut étudier... », comme pour expliquer par ce geste : « Elle ne tourne pas rond cette fille! Elle est vraiment bizarre! » On a pensé que cela me passerait.

Mon frère avait redoublé deux fois. Je l'ai donc très vite rattrapé. On s'est finalement retrouvés dans la même classe. C'est à ce moment-là qu'il a quitté le lycée. Renvoyé je crois.

Mes parents ont enregistré cet échec toujours sans commentaire à mon égard. Je me demande cependant si mes succès n'ont pas été considérés, à ce moment-là, comme quelque chose de néfaste. Je bouleversais une règle établie, un ordre. Alors que personne ne s'occupait de moi, que je continue de progresser mais discrètement, comme dans une routine quotidienne, passe encore. Mais que je me fasse remarquer en coiffant au poteau l'homme, l'aîné de la famille, celui à qui on devait passer le flambeau de l'honneur, c'était trop!

L'offensive pour me marier s'est alors faite plus dure, car il fallait rétablir le processus : je me mariais, j'arrêtais mes études et mes parents continuaient à faire des sacrifices pour mon frère. Je me souviens même d'un fait important, compte tenu de notre niveau de vie : on est allé jusqu'à payer au garçon des leçons particulières de mathématiques. Cela représentait pour nous un luxe inouï.

Quelques années plus tard, c'est moi qui donnais des leçons particulières, au fils d'un avocat chez lequel mon père faisait des remplacements de secrétaire. J'étais en seconde, au lycée. Avec ces leçons de mathématiques et de latin, je voulais mettre de l'argent de côté : j'avais décidé que j'irais à l'université en France et je savais que personne ne m'aiderait. C'était assez symbolique : mon frère avait besoin de leçons particulières ; moi, j'en donnais et je gagnais déjà le pouvoir d'apprendre.

Ce que je dis ici peut paraître dur à l'égard d'êtres auxquels je reste *affectivement* très liée, mais j'essaie d'être objective, de dire comment les choses se sont passées. Cela ne change rien à ce que j'éprouve pour ma mère, ma sœur, mon père, ces *victimes*. Je ne veux pas les accabler. Je voudrais les éclairer, de l'*intérieur*. J'explique pour eux et pour moi, l'aliénation qui fut la *nôtre*, qui reste, en grande partie, la leur. Je dénonce. D'une certaine manière, je les réhabilite aussi. De toutes manières, je viens d'eux, de ce milieu, et je ne l'oublie pas. Moi, j'étais déterminée à aller mon chemin, que ça plaise ou non. Et mon chemin passait d'abord par cette envie démesurée que j'avais de lire, d'apprendre, de connaître.

**LES TUNISIENNES EN MARCHE**

L'avocate et militante Gisèle Halimi a déjà relaté une anecdote significative entourant sa naissance. Son père, dont elle deviendra l'enfant préféré, mit quinze jours à accepter que son deuxième enfant fut une fille. C'était en 1927. En Tunisie. Aujourd'hui, il est fréquent de lire dans le carnet mondain des trois quotidiens de Tunis des faire-part de naissance ainsi rédigés: La famille est comblée par la nouveau-née... Inès a donné plus de joie à sa famille... Une jolie poupée prénommée Khaoula est venue égayer le foyer de... En 1994, en Tunisie, les petites filles ne sont plus une malédiction.

C'est le Président Habib Bourguiba qui, dans la foulée de l'indépendance, a entrepris de moderniser les lois. Le 13 août 1956, il promulgue le Code du statut personnel, véritable révolution qui fait de la femme une adulte en lui donnant un statut et des droits juridiques... A partir de là, les femmes, conscientes de leur existence, commencent à se regrouper en associations avec lesquelles il faudra désormais compter.

La Tunisienne, comparée à ses sœurs marocaines et algériennes, avance d'un pas allégé et rapide. «La Tunisie s'est toujours distinguée par une ouverture et un appel – aussi bien des hommes que des femmes – vers une législation plus favorable à ces dernières.»

**K.** How does the author feel about her family today? Does she blame them for the way she was raised?

**L.** In your opinion, should male and female children be treated differently?

**M.** The excerpt on the right is from a magazine article. How much time has passed since the events related by Gisèle Halimi in *Enfance d'une fille* occurred? What changed in her life?

**N.** What great change took place in Tunisian society in 1956? Name three effects this change had on Tunisian women.

**O.** What was the status of women in America in 1927? How has that status changed?

# ECRIVONS!

*In the exerpt you read from* **La cause des femmes,** *author Gisèle Halimi tells about the difficulties she faced growing up in a very traditional Tunisian family. In this activity, you'll write about your family or an imaginary or television family.*

## Un récit familial

Maintenant, tu vas écrire un récit familial. Parle de ta propre famille, ou d'une famille imaginaire ou de la télé.

### A. Préparation

1. Avant de commencer à écrire, définis une famille traditionnelle et une famille moderne. Réfléchis un peu aux questions suivantes pour préciser tes pensées.
   - **a.** Est-ce que les deux parents travaillent?
   - **b.** Est-ce qu'ils s'occupent tous les deux des enfants?
   - **c.** Est-ce que les enfants bénéficient d'une certaine indépendance?
   - **d.** Comment est-ce que les parents partagent les tâches ménagères?
   - **e.** S'il y a des frères et sœurs, est-ce que les corvées domestiques sont partagées de façon équitable entre les filles et les garçons?
   - **f.** Est-ce que les garçons et les filles ont les mêmes droits et les mêmes responsabilités?
   - **g.** Qu'est-ce que les parents attendent des enfants dans l'avenir? L'université? Une carrière professionnelle? Le mariage? Est-ce qu'ils attendent les mêmes choses des garçons et des filles?
2. Est-ce que cette famille est traditionnelle, moderne ou un mélange des deux? Ecris librement sur ce sujet pendant à peu près dix minutes. Trouve des exemples qui montrent si cette famille est plutôt traditionnelle ou plutôt moderne.
3. Relis ce que tu as écrit pour en garder l'essentiel. Organise tes idées principales dans un plan. Si possible, ajoute des détails et d'autres informations appropriées.

### B. Rédaction

Fais un brouillon de ton récit familial en suivant ton plan.

### C. Evaluation

1. Fais une évaluation de ton récit. Est-ce que tu as bien suivi ton plan?
2. Est-ce que ton argumentation est logique? Est-ce que tu as clairement expliqué pourquoi tu trouves que cette famille est moderne ou traditionnelle? As-tu choisi de bons exemples?
3. Relis ton récit. Fais attention...
   - **a.** à l'accord du sujet avec le verbe.
   - **b.** aux accents.
   - **c.** à l'orthographe.
   - **d.** à la position et à l'accord des adjectifs.
4. Fais les changements nécessaires.

**DE BONS CONSEILS**

Brainstorming is a useful technique for generating ideas for your writing. In brainstorming, you quickly write down all the ideas that pop into your head when you think about your topic. Write single words or short phrases instead of complete sentences, and don't worry whether the ideas are good or bad, relevant or too far-fetched. It may even help to give yourself a time limit of thirty seconds or a minute to jot down all your thoughts. Once you've finished, evaluate your ideas: keep the best ones and add information, examples, and details where needed.

# MISE EN PRATIQUE

**1** Lis cette brochure et réponds aux questions à la page suivante.

## Tunis

Tunis s'affirme Capitale. Non seulement aux yeux des touristes qui y trouvent shopping et distractions sportives et culturelles, mais en tant que centre politique, administratif, économique moderne. Siège d'organisations internationales, Tunis accueille également de nombreux congrès tout au long de l'année. Le festival de Carthage et les Journées cinématographiques et théâtrales, qui prennent également pour cadre les vestiges de la plus prestigieuse cité antique, sont l'occasion de rencontres internationales réputées.

Tunis est une ville de caractère. Tunis a une âme. L'âme de Tunis, c'est à travers le contact, la discussion, le travail des habitants que le visiteur peut la deviner.

### POINTS FORTS

#### En Ville

Perspective Avenue Bourguiba, depuis la Place de l'Afrique. Centre National de l'Artisanat. Parc Belvédère : panorama, zoo, piscine
Dans la Médina : la Grande Mosquée, les souks couverts, terrasses de marchands de tapis ; mosquée Sidi Youssef ; musée lapidaire.
Sidi Bou Khrissan ; musée des Arts et des Traditions populaires

#### En Banlieue

Carthage : colline de Byrsa : panorama ; musée national ; quartier de l'Odéon. Les thermes d'Antonin et le musée de plein air ; le tophet ; les ports et le musée de la mer de Salammbô.
La Marsa-Gammarth et le «Café Saf-Saf» ; les plages, les installations hôtelières et touristiques. Musée du Bardo. Chelles antiques.

## Tozeur

Chef-lieu du Gouvernorat et «capitale» du Jerid, Tozeur et les bourgs satellites vivent d'abord des dattes. La palmeraie, masse continue et dense sur la rive Nord-Ouest du chott, compte un million six cent mille palmiers dont plus du quart donne les succulentes «Deglet Nour», les «doigts de lumière».

Deux cents sources jaillissent de dessous le désert d'alentour. Plusieurs de ces sources ont une valeur thérapeutique : à Ras el-Ayoun où l'eau sort à 30° C ; à El-Hamma du Jerid, où affluent les curistes depuis des temps immémoriaux.

Parmi leurs activités, les Syndicats d'Initiative organisent des promenades à travers cet océan de verdure, à pied, en calèche, en voiture, des randonnées chamelières. L'excursion la plus classique consiste à visiter un domaine particulièrement bien soigné, dénommé, en toute modestie, simplement «Le Paradis». Un «zoo du désert» y est accolé : la présentation de serpents d'Afrique est particulièrement instructive.

La ville de Tozeur, écrasée du soleil en été, présente une architecture des monuments et immeubles officiels fort différente de ce que l'on a l'habitude de voir en Tunisie. Ici, l'unique matériau semble être la brique jaune, à peine cuite. Disposées en relief, les briques assemblées forment des motifs décoratifs du plus heureux effet.

### POINTS FORTS

#### Tozeur

Centre-ville avec les maisons de briques
Le «Paradis» - Le zoo du Désert
Le Belvédère - L'ancienne ville
- Le musée

1. According to the brochure, what might you do or see in Tunis? In Tozeur?
2. Other than tourism, what are some possible reasons for visiting Tunis?
3. What does the brochure recommend as a way to discover the "soul of Tunis"?
4. What are "les doigts de lumière"? Why are these important in Tozeur?
5. What kind of organized excursion near Tozeur is mentioned in the brochure?

**2** Tu vas passer six mois avec une famille tunisienne. Tu dois décider où tu voudrais habiter. On t'a donné le choix entre Tunis et Tozeur. Avec ton/ta camarade, parle de ce qu'il y a à faire et à voir là-bas. Compare les deux endroits. Ton/Ta camarade te donnera des conseils.

**3** Hoda parle de ce qu'elle désire faire cet été, mais elle a des problèmes. Leïla lui propose des solutions. Fais une liste de trois des souhaits de Hoda et des conseils que Leïla lui donne.

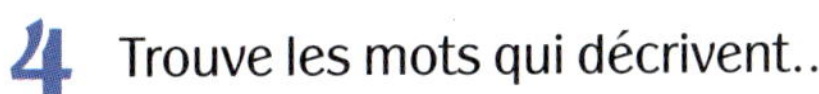

**4** Trouve les mots qui décrivent...

1. un peuple qui vivait en Tunisie avant l'arrivée des Arabes.
2. une sorte de chapeau que les hommes portent en Tunisie.
3. un vêtement porté par les femmes tunisiennes.
4. un site archéologique célèbre.
5. le vieux quartier d'une ville où il y a beaucoup de souks.

**5**

a. Tu es parti(e) en Tunisie il y a deux semaines. Ecris une carte postale à tes camarades de la classe de français. N'oublie pas de transmettre tes amitiés à tes autres copains.

b. Après trois mois en Tunisie, un magazine tunisien te demande d'écrire un article sur tes impressions du pays. Ecris un récit de ce que tu as fait et une description de ce que tu as vu. N'oublie pas de comparer les diverses régions que tu as visitées.

**6**

## JEU DE ROLE

You're visiting a friend who lives in a very big city. Your friend wants to show you one of the city's famous attractions. Act out the following situations with your partner.

- You agree to go see it. On the way, there is a big traffic jam. It's very hot and both of you are very unhappy. You both complain about the situation.
- You finally arrive at your destination, but someone zooms in front of you into the last parking space. You express your annoyance.
- You and your friend stand in line to get tickets and someone cuts in front of you. You're both furious!
- Finally you get to go in, but a few minutes later, someone announces that the attraction is about to close. Now you've really had it!

# QUE SAIS-JE?

## Can you use what you've learned in this chapter?

Can you ask someone to convey good wishes? p.194

**1** A friend who has been visiting you is about to go back home to her family. What would you say to send your best wishes?

Can you close a letter? p.194

**2** How would you end a letter to a friend?

Can you express hopes or wishes? p.196

**3** How would you express a wish to . . .

1. travel in Africa?
2. buy a new car?
3. go to college?

Can you give advice? p.196

**4** What advice would you give to a friend . . .

1. who's having trouble with a school subject?
2. whose parents are very strict?
3. who wants to live in another country?

Can you complain? p.203

**5** What would you say to complain if you were in these situations?

1. 

2. 

3. 

Can you express annoyance? p.203

**6** How would you express your annoyance if . . .

1. someone shoved in front of you as you were boarding the bus?
2. someone grabbed an item from you that you wanted to buy?
3. the people behind you at the movies were talking loudly during the film?

Can you make comparisons? p.204

**7** How would you compare the following?

1. your favorite and least favorite school subjects?
2. the last two movies you saw?
3. two places you've lived or visited?

# VOCABULAIRE

## PREMIERE ETAPE

### Asking someone to convey good wishes

**Embrasse... pour moi.** *Give . . . a kiss for me.*
**Fais mes amitiés à...** *Give . . . my regards.*
**Salue... de ma part.** *Tell . . . hi for me.*
**Dis à... que je vais lui écrire.** *Tell . . . that I'm going to write.*
**Dis à... que je pense à elle/lui.** *Tell . . . that I'm thinking about her/him.*

### Closing a letter

**Bien des choses à...** *All the best to . . .*
**Je t'embrasse bien fort.** *Hugs and kisses.*
**Grosses bises.** *Hugs and kisses.*
**Bisous à...** *Kisses to . . .*

### Traditional life

**le(s) bijou(x)** (m.) *jewelry*
**un chameau** *a camel*
**une chèvre** *a goat*
**le cuivre** *brass, copper*
**cultiver le blé** *to grow wheat*
**une datte** *a date*
**élever** *to raise*
**faire de l'artisanat** (m.) *to make crafts*
**faire la cueillette** *to harvest*
**une figue** *a fig*
**un mouton** *a sheep*
**une olive** *an olive*
**la poterie** *pottery*
**une poule** *a chicken*
**un tapis** *a rug*
**traire les vaches** (f.) *to milk the cows*

### Expressing hopes or wishes

**Si seulement je pouvais,...** *If only I could, . . .*
**Si j'avais le choix,...** *If I had a choice, . . .*
**Si c'était possible,...** *If it were possible, . . .*
**Ça serait chouette si...** *It would be great if . . .*
**Qu'est-ce que j'aimerais... !** *I'd really like to . . . !*

### Giving advice

**Si c'était moi, ...** *If it were me, . . .*
**Si j'étais toi, ...** *If I were you, . . .*
**A ta place, ...** *If I were in your place, . . .*

## DEUXIEME ETAPE

### City life

**un arrêt de bus** *a bus stop*
**un embouteillage** *a traffic jam*
**une foule** *a crowd*
**les gens mal élevés** *impolite people*
**les gens pressés** *people in a hurry*
**un gratte-ciel** *a skyscraper*
**un immeuble** *an apartment building*
**un passage pour piétons** *a pedestrian crossing*
**une place de stationnement** *a parking place*
**la pollution** *pollution*
**un trottoir** *a sidewalk*
**un vélomoteur** *a moped*

### Complaining

**C'est l'horreur!** *This is just horrible!*
**C'est insupportable, à la fin!** *I won't put up with this!*
**J'en ai ras le bol!** *I've really had it!*
**Je commence à en avoir marre!** *I've just about had it!*

### Expressing annoyance

**Non mais, vous vous prenez pour qui?** *Who do you think you are?*
**Non mais, surtout, ne vous gênez pas!** *Well just go right ahead!*
**Ça va pas, non?!** *Are you out of your mind?!*
**Ça commence à bien faire, hein?** *Enough is enough!*
**Dites donc, ça vous gênerait de... ?** *Hey, do you think you can . . .?*

### Making comparisons

**Ce n'était pas comme ça.** *It wasn't like this.*
**Ici,... tandis que...** *Here . . . , whereas . . .*
**moins de... que** *fewer . . . than . . .*
**plus de... que** *more . . . than . . .*
**autant de... que...** *as many/as much . . . as . . .*
**plus... que...** *more . . . than . . .*
**moins... que...** *less . . . than . . .*
**aussi... que...** *as . . . as . . .*

CHAPITRES 9, 10, 11, 12

# Allez, viens en Amérique francophone!

Le Stade Olympique de Montréal

# L'Amérique francophone

| | Le Québec | La Louisiane | La Guadeloupe |
|---|---|---|---|
| **Population** | 6.900.000 | 4.204.000 | 328.400 |
| **Superficie** (km$^2$) | 1.667.926 | 125.674 | 1.709 |
| **Villes importantes** | Montréal<br>Québec | Nouvelle-Orléans<br>Baton Rouge<br>Lafayette | Pointe-à-Pitre |
| **Spécialités** | ragoût de boulettes, tourtière, tarte à la ferlouche | jambalaya, soupe au gombo, écrevisses à l'étouffée | crabes farcis, boudin créole, acras de morue |

**Autres états et régions francophones :** la Nouvelle-Angleterre (région des Etats-Unis), Haïti, la Martinique, Saint-Pierre-et-Miquelon, la Guyane française

*Il y a 11 millions de francophones sur le continent américain. Dans les régions francophones, l'influence de la culture française est très évidente. Mais, en raison de l'éloignement de la France, chaque région a développé sa propre identité culturelle et linguistique. Par exemple, les Québécois ont une interprétation différente de certains mots et ils ont inventé d'autres mots et expressions pour les choses qui n'existaient pas en France. Les langues créoles des Antilles combinent des éléments du français, de l'anglais, de l'espagnol et des langues africaines. Le «cajun» de Louisiane est un mélange de français et d'anglais.*

(1) Dans la région des bayous, au sud de Baton Rouge et de Lafayette, la musique, la cuisine et la langue sont «cajun».

(2) **Le vieux carré** de La Nouvelle-Orléans, avec ses balcons en fer forgé et ses bougainvilliers, attire beaucoup de touristes, en particulier pendant la saison de Mardi Gras.

(3) Montréal est une grande métropole à l'américaine et la deuxième ville francophone du monde.

(5) **La Soufrière** à la Guadeloupe est un volcan actif.

(7) **Les chutes du Carbet** sont au milieu de la forêt tropicale de la Guadeloupe.

(6) Comme dans les autres villes des Antilles, **le marché de Pointe-à-Pitre** à la Guadeloupe est très coloré.

(4) **Vermilionville** en Louisiane est un village acadien reconstitué pour les touristes.

# CHAPITRE 9
# C'est l'fun!

① Le vieux quartier de Montréal, avec ses boutiques et ses cafés

Comme beaucoup de francophones, les Québécois adorent le cinéma et la télévision. Viens avec nous à Montréal, une des capitales médiatiques du monde.

## In this chapter you will learn

- to agree and disagree; to express indifference; to make requests
- to ask for and make judgments; to ask for and make recommendations; to ask about and summarize a story

## And you will

- listen to teenagers talking about TV and movies
- read a movie script
- create a TV show
- find out about the film industry in Montreal

③ Chut! Ne parle pas si fort!

② N'y va pas! C'est un navet!

# Mise en train

## La télé, ça se partage

Fabien et Danielle viennent de rentrer de l'école.

| 19 h 30 | 20 h 00 | 20 h 30 | 21 h 00 |
|---|---|---|---|
| Ma Maison | Sous un ciel variable | | Enjeux |
| Zap | Emilie, la passion d'une vie | | Pour tout dire... |
| Le Grand Journal | | Détecteurs de mensonges | Visa santé |
| Piment fort | Cinéma : La Chèvre | | |
| | | Columbo : Jeux d'ombre | |

**1** FABIEN *Qu'est-ce qu'il y a ce soir à la télé?*

DANIELLE *C'est le troisième épisode d'*Emilie, la passion d'une vie.

**2** FABIEN *Qu'est-ce que c'est, ça?*

DANIELLE *C'est un feuilleton super. C'est l'histoire d'une jeune fille, Emilie, qui vit au Québec au début du siècle...*

FABIEN *Tu te fiches de moi? Ça a l'air mortel, ton truc! Tu me passes le programme, s'il te plaît... Eh! Il y a* La chèvre, *avec Gérard Depardieu!*

DANIELLE *Pas question! Moi, je veux regarder* Emilie.

FABIEN *Toi, tu ferais mieux de faire tes devoirs. C'est plus important.*

DANIELLE *Tu parles! J'ai une idée, on n'a qu'à tirer à pile ou face.*

FABIEN *Euh, tu crois? Je n'ai jamais de chance, moi.*

DANIELLE *C'est la seule solution... Alors, pile ou face?*

**3** FABIEN *Si je dis pile, ça va être face, et si je dis face, ça va être pile, alors je dis... face!*

DANIELLE *Pile! T'as perdu!*

FABIEN *C'est pas vrai! C'est toujours la même chose!*

DANIELLE *T'inquiète pas, tu pourras le voir, ton film. Tu n'as qu'à l'enregistrer.*

Ce soir-là, devant la télévision.

4 FABIEN Ça y est, j'ai mis le magnétoscope en route!

DANIELLE Chut, le feuilleton commence!

FABIEN J'espère que je n'ai pas raté le début.

DANIELLE Mais tais-toi, enfin!

FABIEN C'est Emilie, celle-là?

DANIELLE Non, c'est une villageoise. Emilie est plus jeune... Tiens, c'est elle.

FABIEN Elle est pas terrible.

DANIELLE Ça te dérangerait de me laisser regarder tranquillement?

FABIEN Et lui, qui c'est?

DANIELLE C'est Ovida.

FABIEN Pourquoi est-ce qu'ils se disputent?

DANIELLE Parce qu'ils s'aiment.

FABIEN C'est vraiment nul, ton feuilleton.

DANIELLE Bon, si tu ne peux pas te taire, va réviser tes maths et fiche-moi la paix!

FABIEN Oh! Ça va! La télé est à tout le monde.

Un quart d'heure plus tard.

5 FABIEN Zut, la pub! C'est vraiment barbant, à la fin. Ils coupent toujours les films au meilleur moment.

DANIELLE Au contraire, c'est pour créer du suspense.

FABIEN Moi, ces pubs pour des lessives ou des céréales, ça m'énerve!

DANIELLE Moi, pas du tout. Ça ne me dérange pas. Ça permet de faire une petite pause. Et puis il y a de bonnes pubs. Tiens, regarde celle-là. Elle est chouette, tu trouves pas?

FABIEN Tu rigoles! Tu es vraiment une esclave de la pub, toi!

DANIELLE Mais non! Je m'informe, c'est tout. C'est toi qui as tort de tout critiquer comme ça!

6 FABIEN Bon, ça recommence? J'en ai marre, moi.

DANIELLE Quoi?

FABIEN Eh bien, ton feuilleton, là, *Emilie*.

DANIELLE Ah! Parce que ça t'intéresse maintenant?

FABIEN Pas du tout, mais je trouve ça tellement bête que ça me fait rire.

DANIELLE Quel hypocrite!

FABIEN Pense ce que tu veux, je m'en fiche!

DANIELLE Ben...

FABIEN Tais-toi, ça reprend! Monte un peu le son, on n'entend rien.

## 1 Tu as compris?

1. What are Fabien and Danielle doing?
2. What does Danielle want to watch on TV? And Fabien?
3. How do they decide which program to watch?
4. What compromise does Danielle suggest?
5. What do Fabien and Danielle think of TV commercials?
6. How does Fabien's opinion of the soap opera change?

## 2 Qui dit quoi?

Est-ce que c'est Fabien ou Danielle qui parle?

«Tu peux enregistrer ton film.»

«Ah! Parce que ça t'intéresse maintenant?»

«Ton feuilleton, il a l'air mortel!»

«C'est bien, la pub. Ça permet de faire une petite pause.»

«Ça m'énerve, la pub!»

## 3 Fais ton choix

1. *Emilie, la passion d'une vie* est...
   - a. une publicité.
   - b. un feuilleton.
   - c. un film avec Anne Parillaud.
2. Danielle suggère à Fabien...
   - a. d'aller voir *La chèvre* au cinéma.
   - b. d'aller réviser ses maths.
   - c. de regarder *Emilie* avec elle.
3. Quand Danielle et Fabien tirent à pile ou face,...
   - a. Danielle gagne.
   - b. Fabien gagne.
   - c. Ils perdent la pièce.
4. Selon Danielle, Emilie et Ovida se disputent parce qu'ils...
   - a. ne veulent pas regarder la même émission à la télé.
   - b. se détestent.
   - c. s'aiment.
5. Pour Fabien, la publicité, c'est...
   - a. bon pour permettre une petite pause.
   - b. bien pour créer du suspense.
   - c. nul.

### Note Culturelle

La radio et la télévision canadiennes reflètent la diversité des cultures que l'on trouve dans le pays. Il y a deux chaînes nationales de télévision, une en français et une en anglais. Il y a également de chaînes de télévision privées comme CTV ou **Réseau de télévision.** Ces chaînes sont locales et leurs programmes sont soit en anglais soit en français. Les stations de radio, elles aussi, offrent des progammes dans les deux langues. Parfois, certains programmes sont même diffusés en dialecte Inuit ainsi qu'en de nombreuses autres langues parlées par des Canadiens venus de différentes régions du monde.

## 4 Cherche les expressions

What expressions do Fabien and Danielle use to . . .

1. summarize a plot?
2. disagree?
3. give advice?
4. ask someone to be quiet?
5. express annoyance?
6. express indifference?

## 5 Et maintenant, à toi

Est-ce que ça t'arrive souvent de te disputer avec quelqu'un à propos de la télé?

Qu'est-ce que tu sais sur Montréal? Pour t'en faire une meilleure idée, regarde ces photos.

Les petites rues du Vieux-Montréal sont pleines de charme.

Montréal est aussi un grand port.

Montréal est une ville ultra-moderne et dynamique.

Montréal est un centre artistique et culturel.

Les habitants de Montréal apprécient les activités de plein air.

## Qu'en penses-tu?

1. What impression do these photos give you of Montreal?
2. What kinds of things would you be able to do if you visited or lived in Montreal?

## Savais-tu que... ?

Montreal is the second largest French-speaking city in the world, but many of its residents also speak English. It is the business center of Quebec province and a major port, even though it is 1,000 miles inland from the Atlantic Ocean! In addition to being an economic center of Canada, Montreal is a very lively city with a rich cultural life. It features popular yearly events, such as the **Festival international du jazz,** growing film and music industries, and an abundance of sports and outdoor activities. Perhaps the most colorful district in the city is **Vieux-Montréal,** where shops and cafes line the cobblestone streets, artists display their wares, and musicians, jugglers, and dancers frequently perform.

# PREMIERE ETAPE

***Agreeing and disagreeing; expressing indifference; making requests***

## VOCABULAIRE

Qu'est-ce qu'il y a à la télé ce soir?

**un feuilleton**

**une série**

**un vidéoclip**

**les informations** (f.)

**la météo**

**une publicité**

**un dessin animé**

**un jeu télévisé**

**un documentaire** **un magazine télévisé** **une émission de variétés** **un reportage sportif**

### 6 Ecoute!

Ecoute le programme de la soirée. De quel genre d'émissions est-ce que l'annonceur parle?

| | 18h00 | 19h30 | 20h00 | 21h00 | 21h30 |
|---|---|---|---|---|---|
| TV5 | Le Canada en guerre | Zap | Emilie, la passion d'une vie | Pour tout dire | Télé-Journal |

| | 18h00 | 19h00 | 19h30 | 20h00 | 21h00 |
|---|---|---|---|---|---|
| SRC | Ce Soir | Des Chiffres et des Lettres | Tintin et le lac aux requins | Ad lib | J'ai deux amours : La vie de Joséphine Baker |

### 7 Devine!

Décris une personne célèbre de la télévision et dis dans quel genre d'émissions elle apparaît. Ton/ta camarade va deviner qui c'est. Changez de rôles.

### 8 Sondage

Ton/ta correspondant(e) canadien(ne) t'a demandé quelles émissions les jeunes Américains regardent. Demande à tes camarades ce qu'ils regardent le plus souvent. Note les deux émissions les plus populaires pour chaque catégorie du **Vocabulaire.** Compare tes notes avec celles de ton/ta camarade.

## 9 Mon journal

Quels genres d'émissions est-ce que tu préfères regarder? Pourquoi?

## COMMENT DIT-ON... ?

### Agreeing and disagreeing; expressing indifference

*To express agreement:*

**Je suis d'accord avec toi.**
**Moi aussi,** j'aime bien les feuilletons.
**Moi non plus,** je n'aime pas la pub.
**Tu as raison.**
**Tu l'as dit!**
**Tout à fait!** *Absolutely!*

*To express disagreement:*

**Pas du tout.**
**Tu parles!** *No way!*
**Tu te fiches de moi?** *Are you kidding me?*
**Tu rigoles!** *You're joking!*
**Tu as tort.**

*To express indifference:*

**Je m'en fiche.** *I don't give a darn.*
**Ça m'est vraiment égal.** *It's really all the same to me.*
**Peu importe.** *It doesn't matter much.*

Si tu as oublié expressing opinions va à la page 332.

## 10 Ecoute!

Ecoute ces gens qui parlent de la publicité. Est-ce que la personne qui répond est d'accord, pas d'accord ou indifférente?

## 11 C'est cool, les vidéoclips!

Est-ce que tu as vu le dernier vidéoclip de ces stars? Qu'est-ce que tu en penses? Parles-en avec ton/ta camarade qui te dira s'il/si elle est d'accord avec toi.

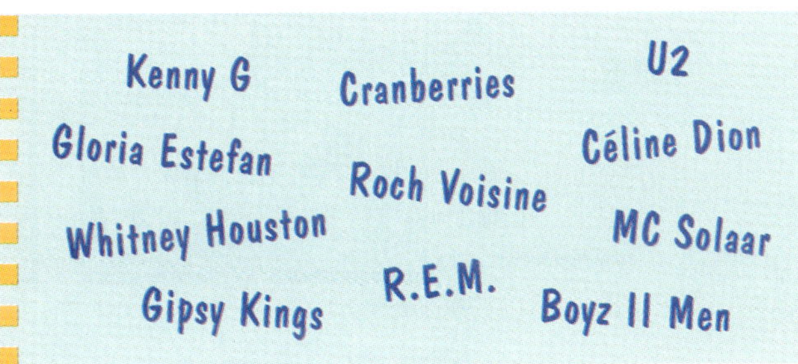


## 12 Tu rigoles!

Fais une liste de quatre émissions que tu aimes et de quatre autres que tu n'aimes pas. Montre ta liste à ton/ta camarade et donne-lui ton opinion sur chaque émission. Il/Elle va te dire s'il/si elle est d'accord et pourquoi.

## 13 Les informations

a. Tu es journaliste. Avec ton/ta camarade, prépare un sommaire des événements de la journée.
b. Fais ton reportage devant la classe, comme si tu passais à la télé. Tes camarades, qui jouent le rôle des spectateurs, vont dire ce qu'ils pensent des événements en question et s'ils sont d'accord entre eux ou plutôt indifférents.

# Vocabulaire

## 14 Voilà comment on fait

Tu veux expliquer à un ami comment enregistrer une émission. Complète le texte en t'inspirant des images.

Alors, d'abord, il faut que tu vérifies l'heure de l'émission dans le . Ensuite, allume ton . Puis, choisis la 02 qui t'intéresse. Mets une dans ton . Quand tu as l' 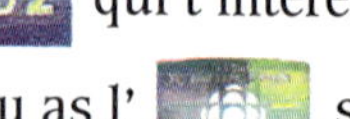 sur l' , prends ta et appuie sur le bouton «enregistrement».

## Grammaire Negative expressions

You've already learned **ne... pas, ne... jamais,** and **ne... plus.** Here are some other negative expressions: **ne... rien** *(nothing)*, **ne... pas encore** *(not yet)*, **ne... aucun(e)** *(no)*, **ne... personne** *(no one)*, **ne... nulle part** *(nowhere)*, and **ne... ni... ni...** *(neither . . . nor . . .)*. Study their placement in the following examples.

Je **ne** peux **rien** entendre.
Ça **n'**a **pas encore** commencé.
Je **n'**en ai **aucune** idée.
**Personne ne** regardait la télé.
Elle **n'**a rencontré **personne** au cinéma.
Je **ne** vois la télécommande **nulle part.**
Il **n'**aime **ni** les feuilletons **ni** les drames.
**Ni** mon frère **ni** ma sœur **n'**aiment la télé.

- The expression **ne... que** appears to be negative, but has the positive meaning of *only.* Notice the position of **que.**

Il **ne** regarde **que** le sport.
*He only watches sports.*

Il **ne** regarde la télé **qu'**avec ses amis.
*He watches TV only with his friends.*

## 15 Questions-réponses

Quelles sont les réponses appropriées aux questions suivantes?

Qu'est-ce qu'il y a après le film?

Est-ce que le film est fini?

Tu veux voir un film ou un feuilleton?

Tu as le programme télé?

Il y a quelqu'un devant la télévision?

Où est la télécommande?

Ni l'un ni l'autre. Je préfère voir un reportage.

Je ne sais pas. Je ne la vois nulle part.

Il n'y a plus rien. C'est la fin des programmes.

Non, il n'y a personne.

Non, je n'ai que celui de la semaine dernière.

Non, il n'a pas encore commencé.

## 16 Tu as vu?

Lisette et Gisèle parlent au téléphone. Choisis une des expressions négatives données pour compléter leur conversation.

LISETTE Hier soir, j'ai regardé *Les meilleures intentions.* Tu l'as vu, toi?

GISELE Non, je ______ ai ______ regardé hier. Je ______ regarde la télé ______ le samedi soir parce que je ______ ai ______ le temps.

LISETTE Moi non plus. J'ai trop de devoirs à faire en ce moment.

GISELE Je ______ ai ______ vu le nouveau vidéoclip de Céline Dion. Tu l'as vu, toi?

LISETTE Euh, non. Je ______ ai vu ______ celui de Céline ______ celui de Roch Voisine.

GISELE Dis donc, Lisette, il ______ y a ______ chez moi. Mes parents sont sortis. Tu veux venir regarder des vidéoclips?

LISETTE Je voudrais bien, mais je ______ peux aller ______ cet après-midi. Je dois travailler. J'ai une interro demain.

ne... plus ne... nulle part
ne... pas encore ne... ni... ni...
ne... que ne... personne ne... rien

## COMMENT DIT-ON... ?

### Making requests

*To ask someone to be quiet:*

**Chut!** *Shhh!*

**Tais-toi!** *Be quiet!*

**Ne parle pas si fort.**

**Tu pourrais faire moins de bruit?**

**Vous pourriez vous taire, s'il vous plaît?** *Could you please be quiet?*

*To ask someone to adjust the volume:*

**Baisse le son.** *Turn down the volume.*

**Monte le son,** on n'entend rien. *Turn up . . . the volume.*

## 17 Ecoute!

Ecoute ces conversations. Dans lesquelles est-ce qu'on demande à quelqu'un de se taire?

## 18 Qu'est-ce qu'ils disent?

Qu'est-ce que ces personnes peuvent dire pour faire taire ces gens qui font du bruit?

1. 

2. 

3. 

4. 

## 19 Alors, là!

Qu'est-ce qui se passe sur cette photo? Imagine et écris la conversation de Fabien et Danielle.

**SAMEDI 10 SEPTEMBRE** — 19:30 / 20:30

RO 15 17 24 30 45 **OMNI SCIENCE (R)** 81045
**Anim.**: Claire Pimparé.
Documentaires scientifiques.
**Sujets**: la perception des couleurs; les couleurs de la vie; encres et peintures.

22 **STAR TREK: DEEP SPACE NINE (R)** 85478 (1h)

24 **NATIONAL GEOGRAPHIC** 76774
MYSTERIES OF MANKIND.
Documentaire sur les études de l'évolution de l'homme, effectuées par Louis et Mary Leakey, Richard Leakey et Jane Goodall. (1h)

33 **AUSTIN CITY LIMITS** 4169229
**Inv.**: *Garrison Keillor* et *The Hopeful Gospel Quartet*. (1h)

57 **THE EDITORS** 960671

TV5 **JOURNAL TÉLÉVISÉ DE FRANCE 2** 149045

TMN **FOREVER YOUNG** 857710 (2h)

RDS **CARNET DE PLONGÉE (R)** 326213

MP **FAX** 662652
**Anim.**: Marie-Josée D'Amours.
Un collage rock des événements culturels et artistiques d'ici et d'ailleurs. (1h)
***En reprise à 3h00 et dimanche, 10h30.***

CF **DE JEUNE EN JEUNE** 319923

YTV **ARE YOU AFRAID OF THE DARK?** 616652

TVi **WATATATOW** 7144126

**19:30** SE **ZOOM** 2710497

CBC 4 5 6 **THE JUBILEE YEARS (R)** 2861 **Inv.**: *Gunther Buchta*, chorégraphe de l'émission Don Messer's Jubilee.

5 **RESCUE 911** 6322923

6 **CANADIAN WILDERNESS JOURNAL** 147107

8 **JEOPARDY!** 4061861

CTV 8 13 **ELLEN** 22738
Comédie avec Ellen DeGeneres.

8 **THE GOLDEN GIRLS** 4972923

10 **SISKEL & EBERT** 7789887
Les primeurs au cinéma.

13 **MURPHY BROWN** 7684233

57 **KEEPING UP APPEARANCES** 965126
Comédie. Hyacinth cherche à impressionner un voisin, directeur du cercle d'opéra de la région.

TV5 **À COMMUNIQUER** 135300

RDS **LA BOXE TOP RANK À RDS (PD)** 199497
Combat à communiquer. (1h30)

**20:00** 3 8 **DR. QUINN, MEDICINE WOMAN (R)** 2687 (1h)

CBC 4 5 6 **THE CFL ON CBC (D)** 372590
Football de la CFL. Les Rough Riders d'Ottawa reçoivent les Tiger-Cats de Hamilton. (3h)

5 **THE FRESH PRINCE OF BEL-AIR** 1828942
SPÉCIAL. Rétrospective des 99 premiers épisodes de "The Fresh Prince of Bel-Air" animée par Jeffrey Townes accompagné de la distribution de l'émission.

8 13 22 **THE ABC FAMILY MOVIE** 98942
HUMOUR ✓ DRAME ☐ ACTION ☐ VIOLENCE ☐
POISON IVY (6) É.-U. 1985. Comédie de L. Elikann avec Michael J. Fox, Nancy McKeon et Robert Klein. – Les mésaventures des moniteurs et des enfants dans une colonie de vacances. – Téléfilm au traitement peu inspiré. Situations grotesques. Mise en scène banale. Interprétation peu naturelle. – A. (2h)

CTV 8 13 **DR. QUINN, MEDICINE WOMAN (R)** 50720 Western avec Jane Seymour.

10 **VICTORY OVER VIOLENCE** 5321395
SPÉCIAL. **(1re de 2). Anim.**: Walter Cronkite. Dossier sur la criminalité aux États-Unis, le pays le plus violent du monde industrialisé où, en moyenne, il se commet 24 500 meurtres par année. (2h) **Suite demain, 19h00.**

CTV 12 **BEVERLY HILLS, 90210** 78590
DÉBUT. Feuilleton avec Jason Priestly, Jennie Garth et Kathleen Robertson. – Brandon et Kelly tentent de garder leur relation secrète; Steve fait la connaissance d'un joueur de football lors du vol de retour de ses vacances; Donna explique à Kelly qu'entre elle et David, c'est bel et bien fini; Dylan, de retour du Mexique, renoue avec ses mauvaises habitudes; Andrea et Jesse s'installent avec leur nouveau bébé; les Welsh accueillent un nouveau venu dans la maison. (1h)

24 **TVO: ONE DAY IN THE LIFE** 89294
Émission spéciale permettant aux auditeurs de voir comment est gérée la station de télévision TV Ontario. (1h)

33 **KEEPING UP APPEARANCES** 1826584
Comédie avec Patricia Routledge et Clive Swift. – Hyacinth est éblouie par un militaire à la retraite qu'elle compare à l'amiral Nelson lui-même.

57 **AS TIME GOES BY** 728949
Comédie. Jean passe le week-end seule à la maison.

RDS **LES CANADIENS: DÉFI DES GÉNÉRATIONS (PD)** 408861
Dans le cadre d'un tournoi de balle molle amical, les joueurs, d'hier et d'aujourd'hui, du Canada se rencontrent.

MP **CONCERTPLUS / DEPECHE MODE: DEVOTIONAL** 755316
Depeche Mode interprète des extraits de Songs of Faith Devotion et quelques-uns de ses nombreux succès tels Condemnation, I Feel You (2h)
***En reprise à 4h00 et dimanche, 12h00.***

YTV **SATURDAY FAMILY CLASSICS** 978039
**NO DESERT DAD, 'TIL YOU MOW THE LAWN.**
Comédie avec Joanna Kerns, Robert Hays et Richard Moll. – Les enfants de la famille Cochran arrivent à changer le caractère de leurs parents par le biais de l'hypnose. (2h)

TVi **ROULETTE VIP** 7226774

**20:30** 5 **THE MOMMIES (R)** 1814749
Comédie avec Caryl Kristensen et Marilyn Kentz. – Barb consulte un thérapeute suite à

46 *TV 7 JOURS*

## 20 Jeu de rôle

a. You're going to watch something on TV with a Canadian friend. You try to pick a program from the TV guide that you both want to watch. Unfortunately, you have different preferences and can't agree on anything.

b. You finally make a choice together, but you're not happy with it and you get bored. You annoy your friend by talking several times. Your friend has to ask you to be quiet.

# PANORAMA CULTUREL

Catherine • Québec

Sébastien • France

Jennifer • France

We asked people about the kinds of movies they like. Here's what they told us.

## Quel genre de film préfères-tu?

«J'aime beaucoup les comédies. J'aime aussi les choses historiques, mais je regarde souvent les films pour leurs acteurs. Quand il y a des acteurs qui m'intéressent, je regarde les films. Et puis j'aime, en tout cas... Je suis une des rares qui aiment vraiment les films français. J'aime beaucoup.»

-Catherine

«Les films que je préfère, ce sont les films de science-fiction, Steven Spielberg, parce que j'adore les effets spéciaux, tout ce qui touche au grandiose. Sinon, j'aime bien aussi les comédies, comédies françaises. Je trouve ça assez drôle, et voilà.»

-Sébastien

«J'aime bien tous les films, de préférence les films d'action, les films sur les problèmes de tous les jours, sur les problèmes plus importants.»

-Jennifer

## Qu'en penses-tu?

1. Which of these people share your tastes in movies?
2. What French-language films have you seen? Are they different from American films? In what way?
3. Where can you go in your area to see foreign films?

# Remise en train

## D'accord, pas d'accord

Vendredi, à Montréal, à la sortie du lycée...

1 FABIEN Qu'est-ce que tu vas faire, ce week-end?

DINA Ma cousine vient à Montréal. J'aimerais bien l'emmener au cinéma, mais je ne sais pas trop quoi aller voir. Qu'est-ce que tu as vu comme bons films récemment?

FABIEN De bien, j'ai vu *L'Union sacrée.*

DINA Ah, oui? J'en ai beaucoup entendu parler. C'était comment?

FABIEN C'était super. Tu devrais aller le voir, je suis sûr que ça te plairait. C'est un film policier avec Patrick Bruel et Richard Berry. C'est plein d'action et de suspense; et en plus, c'est drôlement bien fait. Et puis, les acteurs sont super et on ne s'ennuie pas une seconde.

DINA Ça a l'air pas mal. C'est quoi exactement, l'histoire?

FABIEN Alors, tu vois, Berry fait partie des services secrets. Bruel, lui, il est flic. Au début, ils ne s'aiment pas du tout, mais ils sont obligés de travailler ensemble pour arrêter des terroristes. Voilà, je ne t'en dis pas plus. Je t'assure, il faut vraiment que tu ailles voir ce film.

2 MARIE De quel film est-ce que tu parles?

FABIEN De *L'Union sacrée.*

MARIE Bof... c'est pas terrible!

FABIEN Ah non, je ne suis pas d'accord. J'ai trouvé ça très bien, moi.

MARIE Toi, de toute façon, tu aimes tous les films avec Patrick Bruel.

FABIEN Et alors? Il est génial comme acteur!

### 21 Tu as compris?

1. What are the teenagers talking about?
2. Do they reach an agreement on which movies are the best?
3. Whose recommendation does Dina take?

### 22 C'est quel film?

Indique le film dont on parle.

«C'est un film policier.»

«C'est avec Patrick Bruel.»

«C'est une comédie.»

«C'est un drame.»

«C'est avec Gérard Depardieu.»

«C'est réalisé par Luc Besson.»

«C'est avec Chuck Norris.»

«C'est un film de karaté.»

❸ MARIE Bof. En tout cas, moi, je te conseille plutôt d'aller voir *Mon Père, ce héros* avec Gérard Depardieu.

FABIEN Alors ça, c'est vraiment nul!

MARIE N'importe quoi. C'est très drôle.

DINA De quoi ça parle?

MARIE Ça parle d'une adolescente qui est en vacances avec son père dans une île. Elle rencontre un garçon super mignon et elle lui fait croire que son père est son petit ami.

FABIEN En tout cas, moi, j'ai trouvé ça plutôt lourd et je n'ai pas ri une seule fois.

MARIE Ne l'écoute pas. C'est vraiment marrant.

❹ ADRIEN Tu devrais plutôt aller voir *Sidekicks.*

DINA Qu'est-ce que c'est?

ADRIEN C'est l'histoire d'un garçon qui a des problèmes avec les autres enfants du quartier. Dans ses rêves, il vit toutes sortes d'aventures avec son idole, Chuck Norris. A la fin, il décide de prendre des leçons de karaté.

MARIE Ça m'étonnerait que Dina veuille voir un film de karaté!

ADRIEN Et pourquoi pas? Il y a beaucoup d'action et c'est très bien fait.

❺ MARIE Moi, je lui conseille plutôt *Le Grand Bleu.* C'est un film de Luc Besson, un drame.

ADRIEN Il paraît que c'est très mauvais. C'est long, c'est ennuyeux, c'est...

DINA Bon, euh, écoutez, merci pour vos conseils. Finalement, je crois que je ferais mieux de réfléchir et de choisir moi-même!

## 23 Vrai ou faux?

1. Dans *L'Union sacrée,* Bruel et Berry travaillent ensemble pour arrêter des terroristes.
2. Dans *Mon Père, ce héros,* le père croit que sa fille va se marier avec un garçon super mignon.
3. Dans *Sidekicks,* Chuck Norris est prof de karaté.
4. *Le Grand Bleu* est un film court mais plein d'action et de suspense.

## 24 Cherche les expressions

What expressions do the teenagers use in **D'accord, pas d'accord** to . . .

1. ask someone to recommend a film?
2. make a recommendation?
3. make a positive judgment?
4. make a negative judgment?
5. ask what a movie is about?
6. summarize a movie?

## 25 Et maintenant, à toi

Quels genres de films est-ce que tu préfères? Quel est ton film préféré?

# DEUXIEME ETAPE

*Asking for and making judgments; asking for and making recommendations; asking about and summarizing a story*

## VOCABULAIRE

un film d'action
d'espionnage
de guerre
d'horreur
de science-fiction

un film étranger
historique
policier
une histoire d'amour

une comédie
une comédie musicale
un drame
un western

### NOTE CULTURELLE

Although its feature-film industry has long been overshadowed by Hollywood, Canada is a major force in the production of nonfiction and noncommercial films. Canada's National Film Board has produced nearly 20,000 documentaries and films, both live-action and animated. Its productions draw praise for their artistic and technical excellence, and some, such as *Mon oncle Antoine* and *Le château de sable,* have won awards at film festivals all over the world. Montreal's own festival, the **Festival des films du monde,** is one of the most important in the world.

### 26 Il y en a pour tous les goûts

Devine de quel genre de film il s'agit.

1. C'est drôle.
2. Il y a de beaux costumes du XVI$^{e}$ siècle.
3. Ça se passe dans l'espace.
4. Un détective cherche l'auteur d'un crime.
5. Le personnage principal est un monstre.
6. Ça se passe pendant la guerre du Viêt-nam.
7. C'est une histoire de cow-boys.
8. Il y a des sous-titres en anglais.

### 27 Qu'est-ce qu'on joue?

Lis ces résumés de films. A quel genre appartient chaque film?

**PONT DE LA RIVIERE KWAI (LE)** — Amér.,coul. (57). De David Lean : Pendant la deuxième guerre mondiale, les Japonais capturent des soldats anglais et les forcent à travailler à la construction d'un pont de chemin de fer. Le Colonel Nicholson, qui au départ refuse de coopérer, finit par voir ce pont comme une source de fierté et un symbole de réussite personnelle. Mais un commando envoyé par l'état-major anglais s'apprête à détruire le pont. Avec Alec Guiness, William Holden.

**AVENTURES D'UN HOMME INVISIBLE (LES)** — Amér., coul. (92). De John Carpenter : Charmant original, Nick Holloway, par un étrange concours de circonstances, se retrouve invisible, prisonnier dans un bâtiment encerclé par des hommes des services secrets... Avec Chevy Chase, Daryl Hannah, Sam Neill, Michael Mckean.

**AMI AFRICAIN (L')** — Amér., coul. (94). De Stewart Raffill : Au nord du Kenya, des touristes sont pris en otages par des braconniers, tueurs d'éléphants. La protection inattendue du chef des troupeaux parviendra-t-elle à sauver deux jeunes gens en fuite? Avec Jennifer McComb, Ashley Hamilton, Timothy Ackroyd, Mohamed Nangurai.

**FAMILLE PIERREAFEU (LA)** — Amér., coul. (94). De Brian Levant : Allez donc voir comment vivaient nos ancêtres de la Préhistoire dans leurs cavernes d'une idyllique banlieue ! Astucieux, rigolards et d'une naïveté qui met l'un d'eux dans un sale pétrin. D'après Hanna et Barbera. Avec John Goodman, Rick Moranis, Elizabeth Perkins, Rosie O'Donnell, Kyle MacLachlan, Halle Berry, Richard Moll, Elizabeth Taylor.

**PATRIOTES (LES)** — Franç., coul. (93). De Eric Rochant : A 18 ans, Ariel Brenner, d'origine juive, quitte Paris et sa famille pour entrer dans les rangs du Mossad où il va être initié à l'art de la manipulation. Avec Yvan Attal, Richard Masur, Allen Garfield, Yossai Banai, Nancy Allen, Maurice Bénichou, Hippolyte Girardot, Jean-François Stévenin, Christine Pascal, Bernard Le Coq, Roger Mirmont, Myriem Roussel, Sandrine Kiberlain.

**HENRY V, de Kenneth Branagh** — Brit., coul. (90). De Kenneth Branagh : La conquête de la France, de 1414 à 1420, par Henry V d'Angleterre ; un épisode tumultueux et haut en couleurs de la Guerre de Cent Ans. D'après la tragédie de Shakespeare. Avec Kenneth Branagh, Derek Jacobi, Simon Shepherd, James Larkin, Brian Blessed, James Simmons, Paul Gregory, Charles Kay.

## COMMENT DIT-ON... ?

### Asking for and making judgments; asking for and making recommendations

*To ask for judgments:*

**C'était comment?**
**Comment tu as trouvé ça?**

*To make a positive judgment:*

**Ça m'a beaucoup plu.** *I liked it.*
**J'ai trouvé ça amusant/pas mal.**
**Il y avait de** bonnes scènes d'action.
**Je ne me suis pas ennuyé(e) une seconde.**
**Ça m'a bien fait rire.** *It really made me laugh.*

*To make a negative judgment:*

**C'est nul/lourd.** *It's no good/dull.*
**C'est un navet.**
**Ça n'a aucun intérêt.**
**Je n'ai pas du tout aimé.**
**Ça ne m'a pas emballé(e).** *It didn't do anything for me.*
**Je me suis ennuyé(e) à mourir.**

*To ask someone to recommend a movie:*

**Qu'est-ce que tu as vu comme bon film?**
**Qu'est-ce qu'il y a comme bons films en ce moment?**

*To recommend a movie:*

**Tu devrais aller voir** *Le château de ma mère.*
**Je te recommande** *Au revoir les enfants.*
**Va voir** *Les visiteurs,* **c'est génial comme film.**
**C'est à ne pas manquer!**

*To advise against a movie:*

**Ne va surtout pas voir** *Le jouet*!
**Evite d'aller voir** *La famille Pierreafeu®.*
**N'y va pas!**
**Ça ne vaut pas le coup!** *It's not worth it!*

### 28 Ecoute!

Ecoute ces conversations. Est-ce que ces gens recommandent les films qu'ils ont vus ou pas?

### 29 De bons conseils

Quelques personnes ont fait des recommandations à propos des films qu'elles ont vus. Qu'est-ce qu'elles pourraient ajouter à ce qu'elles ont dit?

«Oh, ça m'a beaucoup plu.
«Ça m'a bien fait rire.
«Oh! C'est nul.
«Il y a de beaux costumes.
«Ça n'a aucun intérêt.
«Ça ne m'a pas emballé.

Ça ne vaut pas le coup!»
Je te le recommande.»
C'est à ne pas manquer!»
Evite d'aller le voir.»
N'y va pas!»
Tu devrais aller le voir.»

### 30 Tu as vu?

Demande à un(e) camarade ce qu'il/elle a vu comme film dernièrement. Ensuite, demande-lui quel genre de film c'était, ce qu'il/elle en a pensé et s'il/si elle te le recommande. Changez de rôles.

## 31 Qu'est-ce qu'il y a comme bons films?

Quelqu'un dans ton groupe a envie d'aller voir un film. Chaque élève lui en recommande un. Pour chaque film, les autres disent s'ils sont du même avis ou non. S'ils ne sont pas d'accord, ils lui disent d'éviter ce film et en recommandent un autre.

## COMMENT DIT-ON... ?

### Asking about and summarizing a story

*To ask what a story is about:*

**De quoi ça parle?**
**Comment est-ce que ça commence?**
**Comment ça se termine?**

*To summarize a story:*

**Ça parle d'**un pays où il y a une guerre civile.
**C'est l'histoire d'**une femme qui joue du piano.
**Il s'agit d'**un homme au chômage.
**Ça se passe** en France.
**Au début,** ils ne s'aiment pas.
**A ce moment-là,** il tombe malade.
**A la fin,** sa femme meurt.

### A la française

In French, as in English, you can use the present tense to tell what happened in the past. This makes stories more vivid. For example, if you're telling a story about someone who broke his arm, you might say: "So, he *falls* off the bike and *breaks* his arm!"

## 32 Ecoute!

Ecoute Fabrice, un jeune Canadien, qui parle d'un film qu'il a vu. Ensuite, dis si les phrases suivantes sont vraies ou fausses.

1. Ça se passe près de Montréal.
2. C'est l'histoire d'un jeune homme qui s'appelle Chomi.
3. Ça parle d'un jeune homme qui est malade.
4. Au début de l'histoire, Chomi passe tout son temps avec Coyote.
5. A la fin de l'histoire, Olive est très fâchée.

## Grammaire Relative pronouns

To make longer sentences, you can join two or more clauses by using the words **qui** *(who, that)* and **que** *(whom, that, which)*. Use **qui** as the subject of a clause, and **que** as the object of a clause.

C'est l'histoire d'une femme **qui** est très grande. *(who)*
Ça, c'est la femme **qu'**il a rencontrée au café. *(whom)*

- Since **qui** acts as a subject, it is usually followed by a verb, and since **que** acts as an object, it is normally followed by a subject.
- English speakers often leave out this pronoun but French speakers must use it.
  Il n'a pas aimé le film **qu'**il a vu. *He didn't like the movie (that) he saw.*
- Drop the **e** from **que** before a vowel sound. Never drop the **i** from **qui.**
- Use the word **dont** if you mean *whose* or *about/of/from whom* or *what.*
  Tu connais l'actrice **dont** il parle? *(about whom)*
  Ça, c'est le garçon **dont** la sœur est une actrice célèbre. *(whose sister)*

## 33 C'est l'histoire de...

Fabien raconte l'intrigue d'un film qu'il recommande à Dina. Complète son récit avec **qui**, **que**, or **dont**.

C'est l'histoire d'un médecin ______ fuit. Un soir, il arrive chez lui et découvre ______ sa femme a été tuée par un homme ______ il ne connaît pas l'identité et ______ n'a qu'un bras. Personne ne veut croire ______ l'homme ______ le médecin parle existe vraiment et c'est le médecin ______ est accusé du meutre. Il est arrêté. Dans le bus ______ conduit les prisonniers à la prison, il y a une bagarre ______ cause un accident. Le bus est sur le point d'exploser et tout le monde s'échappe. Mais le médecin essaie de sauver quelqu'un ______ les mains sont attachées au bus par des menottes. Après, il s'enfuit et il devient «le fugitif» ______ la police cherche pendant le reste du film. Bon, je ne t'en dis pas plus. Va le voir. C'est génial comme film!

## 34 C'est à ne pas manquer!

Un de tes camarades écrit à son correspondant pour lui expliquer l'intrigue d'un film qu'il a vu. Réécris sa lettre en liant les phrases avec des pronoms relatifs quand c'est possible.

*C'est l'histoire d'un savant. Ce savant s'appelle Frankenstein. Pendant ses études de médecine, Frankenstein rencontre un homme. Cet homme lui parle de ses expériences secrètes pour créer un être humain. Mais, avant de mourir, l'homme dit à Frankenstein de ne pas poursuivre les expériences. L'homme lui avait parlé de ces expériences. Le jeune savant refuse de prendre ces conseils au sérieux. Frankenstein se sert de ces secrets pour créer un être humain. Cet être humain est un monstre. Le monstre est furieux. Le corps et le visage sont horribles. D'abord, il ne comprend pas d'où il vient. Puis, il trouve le journal du savant. Frankenstein avait laissé le journal dans la poche de son manteau. Le monstre est très laid. Il le sait. Et personne ne l'aime. Il demande à Frankenstein de lui créer une compagne. Cette compagne lui ressemble. Je ne te raconte pas la fin... Tu verras. C'est assez terrifiant, mais c'est génial!*

## 35 Devine!

Ton/ta camarade va te raconter l'intrigue *(plot)* d'un film. Essaie de deviner de quel film il s'agit. Changez de rôles.

## 36 De quoi ça parle?

Ton correspondant canadien t'a demandé de lui raconter un film américain que tu as vu. Ecris-lui une lettre où tu lui dis le genre du film, qui joue dedans, de quoi ça parle et pourquoi tu l'as aimé. Recommande-lui d'aller le voir.

## 37 Une bande-annonce

**a.** Avec ton/ta camarade, choisissez un film qui vous a plu. Ensuite, créez une bande-annonce *(movie ad)* pour la télé. N'oubliez pas de parler des acteurs, de l'histoire et des qualités du film. Décrivez deux ou trois extraits intéressants du film.

**b.** Jouez votre bande-annonce de vant la classe. Vos camarades vont discuter de ce qu'ils en pensent et dire si votre bande-annonce leur donne envie d'aller voir le film.

### Vocabulaire à la carte

| | |
|---|---|
| **les effets spéciaux** | |
| **les cascades** (f.) | *the stunts* |
| **les scènes** (f.) **d'action** | |
| **les acteurs** | |
| **la mise en scène** | *the direction* |
| **l'histoire** | *the story* |
| **la musique** | |

# LISONS!

Film intelligent qui ne sous-estime pas les jeunes, FIERRO... l'été des secrets confirme une fois de plus la qualité et l'originalité des CONTES POUR TOUS.
— Paul Toutant
RADIO-CANADA

Tous les aspects de ce film sont d'une qualité exceptionnelle: la photographie superbe de Thomas Vamos, la musique admirable de Osvaldo Montes, la réalisation parfaitement maîtrisée de André Melançon, le scénario tout en finesse de Geneviève Lefèbvre, le jeu parfait des comédiens.
—Prat
VARIETY

Des paysages superbes, des images très belles et une histoire qui retient l'attention non seulement des jeunes, mais aussi des grands.
— Claude Bergeron
LE NOUVELLISTE

## FIERRO...L'ETE DES SECRETS

### SYNOPSIS

Les trois enfants d'une famille de Buenos Aires passent leurs vacances d'été à la ferme de leur grand-père dans la Pampa argentine. Pour le petit Felipe, neuf ans, c'est le bonheur parfait : un nouveau petit chiot et les gâteries de son grand-père. Pour Daniel, 12 ans, c'est l'occasion de prouver qu'il est un homme, en réussissant à dompter un cheval sauvage. Quant à Laura, 13 ans, elle n'est plus une fillette, mais pas encore une femme. Comment va-t-elle aborder l'adolescence dans ce monde traditionnellement macho? Le grand-père Federico, un homme fier et buté, devra exorciser ses vieux principes pour conserver l'amour de ses petits-enfants qui grandissent et surtout celui de Laura. FIERRO... l'été des secrets raconte la fin de l'enfance, ses joies, ses passions, les difficultés de grandir et de vieillir.

**DE BONS CONSEILS**

Visualization is a technique that helps you to get the most out of what you read. It means that you actively picture in your mind what you are reading; the setting, the way the characters look and are dressed, their actions and speech. Visualization enables you to create a context for what you are reading. Then, if you come across a word you don't know, you can use the context you've created to figure out the meaning of the word.

A. Read the synopsis of the story and answer the following questions.
   1. Where does the story take place? At what time of year?
   2. Who are the main characters in the story and how are they related to one another?
   3. What will be significant for Daniel and for Laura this summer?
   4. What is the difference between **grandir** and **vieillir**? To what characters do these words apply?

B. What information do you find in the colored boxes over the synopsis?
   1. What are the five specific aspects of the film praised by the reviewer from *Variety?*
   2. What three things does Claude Bergeron mention that are noteworthy about the film?
   3. What do you think the **CONTES POUR**

**83. INT. JOUR. SALLE A MANGER**

*Federico termine son café. Il s'apprête à sortir. Daniel entre.*

**DANIEL** : Ils viennent d'amener Ruano.

*Federico se lève en souriant. Il se dirige vers le vestibule.*

**FEDERICO** : J'ai pensé que ça serait plus facile pour toi de le dompter ici.

*Daniel s'assoit.*

**FEDERICO** (se méprenant) : Repose-toi un peu aujourd'hui ; tu continueras demain.

*Il monte quelques marches d'escalier.*

**DANIEL** : Je ne le monterai pas demain.

**FEDERICO** : Prends le temps qu'il te faut.

**DANIEL** : Je ne veux plus le dompter.

*Federico s'arrête au milieu de l'escalier.*

**FEDERICO** (surpris) : Qu'est-ce que tu veux dire ?

**DANIEL** (ferme) : Je ne veux plus le dompter.

*Federico le dévisage un moment en silence. Arrivée de Felipe qui vient de la cuisine, suivi d'Anna. Ils se tiennent dans l'encadrement de la porte.*

**FEDERICO** : C'est à cause de l'accident ?

**DANIEL** : Non, pas du tout.

**FEDERICO** : Explique-toi.

**DANIEL** : Ce cheval-là n'est pas pour moi.

**FEDERICO** : C'est toi qui l'as choisi.

*Daniel garde le silence, les yeux dans le vague. Federico poursuit.*

**FEDERICO** : C'est pas possible. Tu ne vas pas te laisser dominer par un cheval... Pas toi...

*Laura sort de sa chambre et s'approche de la rembarde de l'escalier. Elle assiste à la conversation.*

*Daniel ne répond toujours pas.*

**FEDERICO** : Il te fait peur ? C'est ça ?

*Daniel lève les yeux et soutient le regard de son grand-père.*

**DANIEL** (ferme) : J'ai pas peur !

**FEDERICO** : Je ne comprends pas, Daniel... (Un temps.) Je ne comprends pas... Si ce n'est pas de la peur, c'est quoi ? ... de la lâcheté ?

**ANNA** : Federico !

*Daniel s'est durci sous l'accusation.*

**DANIEL** : Tu ne peux pas comprendre. J'ai essayé...

**FEDERICO** (le coupant): Puis, au premier obstacle, tu démissionnes !

**DANIEL** (ferme): On n'est pas fait pour aller ensemble, c'est tout.

**FEDERICO** : C'est trop facile !

**DANIEL** (il hausse le ton): Non, c'est pas facile !

SCENE PRISE

Prise 83!

**TOUS** could be that Paul Toutant mentions in his review?

**C.** Where and at what time of day does Scene 83 take place?

**D.** Look over the first dozen lines of the scene and answer these questions.
1. Which parts of the scene are the stage directions? What added information do they give?
2. What information is given by the words in parentheses next to the speaker's name?

**E.** Why did Federico have the colt Ruano brought to the ranch?

**F.** Which of the following is NOT a synonym for **dompter**?

dominer — imposer sa volonté — se soumettre

**G.** What reason does Daniel give for not wanting to continue trying to break Ruano?
- **a.** He's afraid of the horse because of an accident.
- **b.** He's found another horse he prefers.
- **c.** He and the horse just aren't meant for each other.

**H.** How does Federico react when Daniel refuses to break the horse?

**I.** How does Laura intervene? Why? Does Federico pay any attention to her?

**J.** How does Federico treat the people he loves, according to Laura?

**K.** How does Federico react to Laura's outburst? Name two things he does to punish her.

**FEDERICO** : Tu me déçois, Daniel... Tu me déçois beaucoup.

*Il ne bouge pas. Laura intervient.*

**LAURA** (indignée mais pas agressive) : T'as pas le droit de lui dire ça.

**FEDERICO** : Ça, ça ne te regarde pas. Tais-toi !

**ANNA** : Federico, calme-toi. Tu vas pas faire une scène pour un cheval ?

**FEDERICO** (voix sourde) : Ne vous mêlez pas de ça. C'est à Daniel que je parle.

*Il descend l'escalier.*

**FEDERICO** (à Daniel) : Si tu n'es pas capable d'imposer ta volonté, tu ne seras pas capable de mener ta vie ! Comprends-tu ? Tu n'as pas le choix ; ou tu t'imposes, ou tu te soumets.

*Laura descend l'escalier à son tour. Sa voix tremble un peu.*

**LAURA** : Et les gens que tu aimes ? Tu veux les dompter aussi ? C'est ça ?

*Federico l'ignore, il continue à s'adresser à Daniel.*

**FEDERICO** : Comprends-tu ?

*Laura a atteint le bas de l'escalier. D'un geste impulsif, elle pousse la potiche qui se trouve sur la colonne de l'escalier. La lourde potiche s'effondre avec fracas. Tout le monde sursaute.*

**LAURA** (furieuse) : Ecoute-moi !

*Federico se retourne. Felipe et Daniel regardent Laura, stupéfaits. Elle a l'air d'une furie.*

**LAURA** : Pourquoi ? Pourquoi tu fais ça ? Tu dis que tu veux qu'on soit heureux, mais tu décides toujours pour nous... Tu nous aimes comme tu aimes ton cheval ; va à droite, va à gauche, arrête... Puis quand on fait pas comme tu veux, ça ne fait pas ton affaire ! Pourquoi tu fais ça ? J'en ai assez, moi.

*Federico la regarde un moment ; il est blême.*

**FEDERICO** (les dents serrées) : Moi aussi j'en ai assez. Je ne veux plus rien entendre de toi. T'es pas bien ici ? Alors, tu fais tes bagages et tu pars par le prochain train. Et je t'interdis de sortir de ta chambre jusqu'à ton départ. Tu retournes à Buenos Aires !

**FELIPE** (à voix basse) : Comme grand-maman...

*Seul Federico l'a entendu. Il lui jette un regard étrange. Il se tourne alors vers Daniel :*

**FEDERICO** : Toi, on se reparlera ce soir.

*Il se dirige vers la porte extérieure et la claque.*

Silence on tourne

**L.** Whose personality does each of the following statements reflect?

«Ça ne te regarde pas.»

«Tu me déçois beaucoup.»

«Je ne veux plus le dompter.»

«Ou tu t'imposes, ou tu te soumets.»

«On n'est pas fait pour aller ensemble.»

«Tu veux dompter les gens que tu aimes aussi?»

«Tu nous aimes comme tu aimes ton cheval.»

**M.** Use context to figure out the meaning of these words.

- apprivoiser
- aborder
- buté
- démissionner
- la rembarde
- blême
- dévisager
- la lâcheté

**N.** According to Federico, why must a person be able to impose his will on others? What does this reveal about his character?

**O.** Why do you think Federico finds it more difficult to deal with his grandchildren as they grow up?

**P.** What are some typical conflicts that adults and adolescents face as the adolescents grow up and become more independent?

# ECRIVONS!

*Now that you have read the scene from **FIERRO... l'été des secrets,** you're going to have a chance to be a screenwriter, too. You and a classmate will write a scene for a television show. Your goal will be to convince a Canadian television producer to buy your idea and produce a Canadian TV series.*

## Un scénario de télévision

Avec un(e) camarade, écris une petite scène pour une série télévisée dans laquelle deux personnages essaient de résoudre un désaccord.

### A. Préparation

1. Choisissez le genre de série que vous voulez créer : une comédie, un drame, une série policière? Est-ce que vous voulez que votre série soit sérieuse ou drôle?
   a. Qu'est-ce qui se passe dans votre série?
   b. Qui sont les personnages principaux? Voici quelques exemples possibles.

un mari et sa femme
une famille
un enfant et ses parents
deux jeunes qui sont dans la même équipe de sport
deux personnes qui travaillent au même endroit
un garçon et une fille qui sortent ensemble
deux bons/bonnes ami(e)s

**DE BONS CONSEILS**
A good writer will be careful to maintain consistency in all aspects of writing: mood, point of view, characterization, tone, and so on. For example, a menacing character in a horror story probably wouldn't say something humorous right in the middle of a scary scene. Likewise, a current slang expression would sound out of place in the script of a historical movie. To keep your work consistent, stick to the plan you made before you began to write; when you've finished your writing, read it over and check for things that seem illogical or out of place or character.

      1. Faites une liste d'adjectifs pour décrire leur personnalité.
      2. Rédigez ensuite une brève description de chaque personnage.
   c. Quel genre de relation ont les personnages? Est-ce qu'ils s'entendent bien ou pas? Quel problème ont-ils? Décidez ce qui va se passer dans la scène que vous allez écrire.
2. Jouez votre scène. Improvisez un dialogue adapté à votre scène. Prenez des notes.

### B. Rédaction

1. En utilisant vos notes, faites un plan de votre script. Puis, vérifiez que...
   a. le problème des personnages est présenté de façon claire.
   b. les réactions et les commentaires des personnages sont appropriés à la fois au contexte et à leur personnalité.
2. Rédigez votre dialogue en suivant le plan que vous avez fait.
3. Après avoir écrit le dialogue, ajoutez-y des instructions de mise en scène.

### C. Evaluation

1. Quand vous avez terminé, relisez votre scène et répondez aux questions suivantes.
   a. Est-ce que le dialogue est réaliste?
   b. Est-ce que les réactions des personnages sont appropriées à leur personnalité et au contexte de l'histoire?
2. Vérifiez la grammaire et l'orthographe de votre histoire et faites les corrections nécessaires.

# MISE EN PRATIQUE

**1** Ecoute la conversation entre Didier et Simone. Ensuite, mets le résumé de leur conversation dans le bon ordre.

a. Didier demande à Simone de se taire.

b. Didier n'aime pas les histoires d'amour.

c. Simone recommande un film à Didier.

d. Simone n'aime pas les films d'horreur.

e. Simone et Didier sont d'accord.

f. Didier veut la télécommande.

**2** You work for a Canadian TV station and you're responsible for proposing the new fall prime-time programs. Pick programs you think the public will like. Make a timetable of programs that you'll present to your superiors. For each program, be prepared to give the type of show, a title, a summary, and the actors who'll be in it.

**3** Lis le texte et réponds aux questions à la page suivante.

## LE FESTIVAL DES FILMS DU MONDE DE MONTREAL

Le festival des films du monde de Montréal a lieu tous les ans du 22 août au 2 septembre. Cette année, c'est la dix-huitième édition. Au programme, présentations des films, rencontres avec les stars et attribution des prix. Nous avons voulu partager cet événement haut en couleurs avec vous. Pour cela, Pierre Arnaud est allé interviewer Emma Halvick du magazine Canada Cinéma .

▸ Quand a lieu le festival des films du monde de Montréal?

- Le festival se déroule du 22 août au 2 septembre.

▸ Quel genre de films est-ce qu'on peut voir au festival et combien y a t-il de présentations?

- C'est un festival où l'on peut voir plus de deux cents films du monde entier, avec chaque année, un hommage rendu à un pays en particulier. Cette année, par exemple, c'est la Turquie.

▸ Combien de catégories différentes de films est-ce qu'il y a?

- Il y a neuf catégories de films. Certains sont en compétition, d'autres sont hors-concours. On peut voir des longs métrages, des courts métrages, des films expérimentaux. Bref, il y en a pour tous les goûts.

▸ C'est la première fois que vous êtes chargée de couvrir ce festival?

- Non, c'est la deuxième année que je viens. Avec autant de plaisir que la première année, d'ailleurs. Vous savez, j'adore le cinéma, alors pour moi, c'est formidable d'avoir l'occasion de faire un reportage sur un festival du cinéma.

▸ Qu'est-ce qui vous plaît tant dans un festival du cinéma?

- Tout me plaît. L'ambiance est vraiment magique, j'ai toujours l'impression d'être dans un conte de fée. C'est merveilleux de pouvoir rencontrer et interviewer toutes ces stars.

▸ Quelle est la star qui vous a le plus marquée au cours d'une interview?

- Il y en a tellement, c'est difficile à dire. Mais je crois que c'est Carole Bouquet. Elle est si belle, si impressionnante et si simple et gentille à la fois. Oui, je crois qu'elle reste mon meilleur souvenir d'interview.

▸ Combien de films voyez-vous en moyenne? Et quel est votre genre de films préféré?

- L'an dernier, j'ai dû voir une trentaine de films à peu près. Cette année, j'espère pouvoir en voir au moins le double. Quant au genre de films que j'aime, ça dépend. Mais en général, j'adore les films de jeunes metteurs en scène. Ici à Montréal, il y a énormément de films qui ont été réalisés par des jeunes, des étudiants qui débutent à peine leur carrière cinématographique.

▸ Comment fonctionne le jury? Qui en sont les membres?

- Le jury est composé de six personnes plus le président. D'ailleurs, cette année, c'est Carole Bouquet qui est présidente. Les membres sont soit des acteurs, soit des producteurs, soit des réalisateurs, soit des critiques de cinéma. Après avoir vu les films en compétition, ils délibèrent jusqu'à ce qu'ils aient attribué les prix.

1. What kind of movies are shown at the Montreal film festival? What are some categories of films? What changes each year?
2. What does Emma Halvick particularly like about being at the festival?
3. What kinds of films does she like best? How many would she like to see at the festival?
4. How many people vote on the films? Who are they?

**4** Ton ami(e) et toi, vous vous trouvez à Montréal au moment du Festival des films du monde. Vous regardez passer toutes les stars et vous discutez des films dans lesquels elles jouent. Dites ce que vous en pensez et si vous les recommandez.

**5** Tu es critique de film et tu es au Festival des films du monde avec un/une collègue qui travaille pour la même revue que toi. Choisissez un film à critiquer. Toi, tu en écris une critique positive et ton/ta camarade en écrit une négative. Présentez vos critiques à la classe.

## 6 JEU DE ROLE

You're a journalist at the **Festival des films du monde** in Montreal. Interview a star. He/She will tell you about a new movie he/she has just made: what kind of movie it is, what it's about, what other actors/actresses are in it, and what he/she thinks about it. Remember to ask his/her opinion about other movies at the festival. Act out this scene with a classmate. Change roles.

# QUE SAIS-JE?

## Can you use what you've learned in this chapter?

Can you agree and disagree? p.225

1 You and a friend have just seen a movie together. Your friend thought the movie was great. How would you express your agreement with your friend?

2 How would you say that you disagree with your friend's opinion of the movie?

Can you express indifference? p.225

3 Your friend wants to know which TV show you want to watch next. What do you say if you really have no opinion?

Can you make requests? p.227

4 How would you ask the people in these situations to be quiet?

- You're at a movie and the people behind you are talking loudly.
- You're talking on the telephone and your brother has the TV turned up too loud.
- You're trying to watch a TV show and your little sister is making noise.

Can you ask for and make judgments? p.233

5 What would you say to ask a friend her opinion of a TV program you've just seen together?

6 How would you answer the question in number 5 if you liked the program?

7 How would you answer the question in number 5 if you disliked the program?

Can you ask for and make recommendations? p.233

8 How would you ask a friend to recommend a movie?

9 How would you recommend a movie you've just seen to a friend?

10 What would you say if your friend wanted to go see a movie you thought was terrible?

Can you ask about and summarize a story? p.234

11 How do you ask a friend what a movie was about?

12 How would you tell someone about the last movie you saw?

# VOCABULAIRE

## PREMIERE ETAPE

### Agreeing and disagreeing

**Tu as raison.** *You're right.*
**Tu l'as dit!** *You said it!*
**Tout à fait!** *Absolutely!*
**Tu parles!** *No way!*
**Tu te fiches de moi?** *Are you kidding me?*
**Tu rigoles!** *You're joking!*
**Tu as tort.** *You're wrong.*

### Expressing indifference

**Je m'en fiche.** *I don't give a darn.*
**Peu importe.** *It doesn't matter.*
**ne... aucun(e)** *no . . .*
**ne... ni... ni...** *neither . . . nor . . .*
**ne... nulle part** *nowhere*
**ne... personne** *no one*
**ne... rien** *nothing*

### Television programming

**un dessin animé** *a cartoon*
**un documentaire** *a documentary*
**une émission de variétés** *a variety show*
**un feuilleton** *a soap opera*
**les informations** (f.) *the news*
**un jeu télévisé** *a game show*
**un magazine télévisé** *a magazine show*
**la météo** *the weather report*
**une publicité** *a commercial*
**un reportage sportif** *a sportscast*
**une série** *a series*
**un vidéoclip** *a music video*

### The television

**une cassette vidéo** *a videocassette*
**une chaîne** *a channel*
**l'écran** (m.) *the screen*
**l'image** (f.) *the picture*
**un magnétoscope** *a videocassette recorder*
**un programme télé** *a TV guide/listing*
**le son** *the sound*
**la télécommande** *the remote*
**le téléviseur** *the television set*

### Making requests

**Chut!** *Shhh!*
**Tais-toi!** *Be quiet!*
**Ne parle pas si fort.** *Don't speak so loudly.*
**Tu pourrais faire moins de bruit?** *Could you make less noise?*
**Vous pourriez vous taire, s'il vous plaît?** *Could you please be quiet?*
**Baisse/Monte le son.** *Turn down/up the volume.*

## DEUXIEME ETAPE

### Asking for and making judgments

**C'était comment?** *How was it?*
**Comment tu as trouvé ça?** *How did you like it?*
**Ça m'a beaucoup plu.** *I liked it a lot.*
**J'ai trouvé ça amusant/pas mal.** *It was funny/not bad.*
**Il y avait de...** *There were . . .*
**Je ne me suis pas ennuyé(e) une seconde.** *I wasn't bored a second.*
**Ça m'a bien fait rire.** *It really made me laugh.*
**C'est nul/lourd.** *It's no good/dull.*
**C'est un navet.** *It's trash.*
**Ça n'a aucun intérêt.** *It's not interesting at all.*
**Je n'ai pas du tout aimé.** *I didn't like it at all.*
**Ça ne m'a pas emballé(e).** *It didn't do anything for me.*
**Je me suis ennuyé(e) à mourir.** *I was bored to death.*

### Asking for and making recommendations

**Qu'est-ce que tu as vu comme bon film?** *What good movies have you seen?*
**Qu'est-ce qu'il y a comme bons films en ce moment?** *What good movies are out now?*
**Tu devrais aller voir...** *You should go see . . .*
**Je te recommande...** *I recommend . . .*
**Va voir... , c'est génial comme film.** *Go see . . ., it's a great movie.*
**C'est à ne pas manquer!** *Don't miss it!*
**N'y va pas!** *Don't go!*
**Ne va surtout pas voir...** *Really, don't go see . . .*
**Evite d'aller voir...** *Avoid seeing . . .*
**Ça ne vaut pas le coup!** *It's not worth it!*

### Types of movies

**une comédie** *a comedy*
**une comédie musicale** *a musical*
**un drame** *a drama*
**un film d'espionnage** *a spy flick*
**de guerre** *a war movie*
**un film étranger** *a foreign film*
**historique** *an historical movie*

### Asking about and summarizing a story

**De quoi ça parle?** *What's it about?*
**Comment est-ce que ça commence?** *How does it start?*
**Comment ça se termine?** *How does it end?*
**Ça parle de...** *It's about . . .*
**C'est l'histoire de...** *It's the story of . . .*
**Il s'agit de...** *It's about . . .*
**Ça se passe...** *It takes place . . .*
**Au début,...** *At the beginning, . . .*
**A ce moment-là,...** *At that point, . . .*
**A la fin,...** *At the end, . . .*

CHAPITRE

# 10

# Rencontres au soleil

① La Guadeloupe, île où le monde marin est roi

Bienvenue à la Guadeloupe, une île aux paysages paradisiaques où les habitants sont réputés pour leur chaleur. Ici, tout le monde se connaît. Quand on se rencontre, il est normal de s'arrêter pour parler des dernières nouvelles ou pour plaisanter et discuter de choses et d'autres. Allez, viens avec nous à la Guadeloupe!

## In this chapter you will learn

- to brag; to flatter; to tease
- to break some news; to show interest; to express disbelief; to tell a joke

## And you will

- listen to teenagers talk about diving
- read a folktale from Guadeloupe
- write a newspaper article
- find out about social customs in Guadeloupe

③ C'est fastoche, ça!

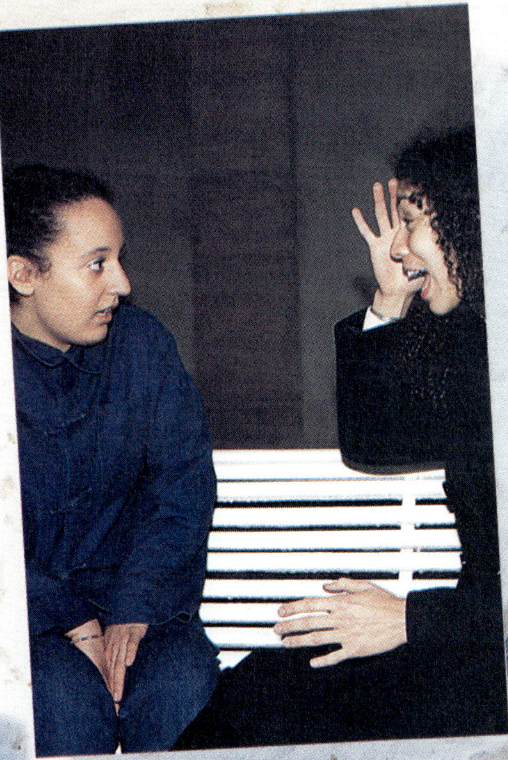

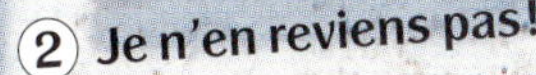

② Je n'en reviens pas!

# Mise en train

## La plongée, quelle aventure!

Maxime et Pascal se rencontrent à la plage.

**1**
PASCAL Salut, Maxime! Ça va?
MAXIME Très bien. Et toi? Tu as passé un bon week-end?
PASCAL Excellent. Devine ce que j'ai fait.
MAXIME Je ne sais pas.
PASCAL De la plongée.
MAXIME Ah oui? De la plongée sous-marine?
PASCAL Oui. C'était la première fois.
MAXIME Alors, comment tu as trouvé ça?
PASCAL Génial. Au début, j'avais un peu peur, mais une fois dans l'eau... Ouah! Regarde un peu les deux filles là-bas. Si on allait leur parler? Je les ai déjà vues hier. Elles ont l'air sympa.
MAXIME Ouais, pourquoi pas?
PASCAL Excusez-moi, mesdemoiselles, on s'est pas déjà rencontrés quelque part?

**2**
BRIGITTE Euh... non, je crois pas.
PASCAL Ah bon, pourtant... je dois sûrement confondre avec quelqu'un d'autre. Au fait, moi, c'est Pascal. Et lui, c'est Maxime.
BRIGITTE Bonjour. Moi, c'est Brigitte et ma copine, c'est Angèle.
MAXIME Vous êtes d'ici?
BRIGITTE Non, on habite à Paris. On est là pour les vacances.
MAXIME Il fait beau aujourd'hui.
BRIGITTE Oui, un peu chaud, mais bon.
PASCAL Je disais juste à Maxime que ce week-end, j'avais fait de la plongée.

**3**
ANGELE Ah oui? Mais c'est dangereux ça, non?
PASCAL Oh non. C'est fastoche, ça.
ANGELE Tu es descendu à quelle profondeur?
PASCAL Oh, à une quinzaine de mètres. Au fond de la mer, j'ai vu des poissons magnifiques, de toutes les couleurs, des étoiles de mer, d'énormes crabes. Et puis, vous ne devinerez jamais ce que j'ai vu.

4 ANGELE Raconte!
PASCAL Un requin!
ANGELE C'est pas vrai!
PASCAL Si, je t'assure. Il est même passé à moins de deux mètres de moi.
ANGELE Pas possible! Dis donc, tu as dû avoir peur, non?
PASCAL Oh, tu sais, j'en ai vu d'autres.
ANGELE Tu en as, du courage!
PASCAL C'est pas pour me vanter, mais moi, j'adore l'aventure.
BRIGITTE Oh, je t'en prie!
PASCAL Enfin, bref, je me suis approché du requin et j'ai essayé de lui faire peur. D'ailleurs, ça a marché. Il m'a regardé et il est parti.

5 ANGELE Alors là, tu m'épates!
PASCAL Si ça vous intéresse, on peut faire de la plongée ensemble.
ANGELE Oh ça serait chouette! Tu pourrais m'apprendre...
BRIGITTE Euh, je ne crois pas qu'on ait le temps.
ANGELE Mais, Brigitte...
BRIGITTE Au fait, tu as vu quelle heure il est? Il faut qu'on rentre à l'hôtel. Bon. Ben à plus tard, hein?
PASCAL Vous savez, on vient souvent par ici. Comme ça, si vous nous cherchez...

Brigitte et Angèle s'en vont.

BRIGITTE Non, mais tu es amoureuse ou quoi?
ANGELE Lâche-moi, tu veux? Il a l'air sympa, c'est tout. Et vachement courageux en plus.

6 BRIGITTE Réveille-toi un peu! Il essayait de nous impressionner, c'est tout. Il n'arrêtait pas de se vanter.
ANGELE Qu'est-ce que tu en sais? Moi, en tout cas, je crois qu'il était sincère.
BRIGITTE Oh! Arrête de délirer!

Pendant ce temps-là...

PASCAL C'est dommage. Je crois que j'avais mes chances avec Angèle.
MAXIME Non mais, tu t'es pas regardé?

7 PASCAL Ben quoi? Elle est folle de moi, cette fille. Je crois que je vais essayer de la revoir.
MAXIME Oh, ça va. Je parie que tu n'en es même pas capable.
PASCAL Tu me crois pas? Eh ben, on va voir!

## 1 Tu as compris?

1. Where are Maxime and Pascal?
2. What are they talking about?
3. Whom do they meet?
4. What do they talk to the girls about?
5. What is Pascal's attitude?
6. What are the girls' reactions?
7. How does the conversation end?
8. What does Brigitte think of Angèle's behavior? What does Maxime think of Pascal's?

## 2 Qui dit quoi?

Qui fait les remarques suivantes, Brigitte, Pascal, Angèle ou Maxime?

1. «Elle est folle de moi, cette fille.»
2. «Non, mais tu es amoureuse ou quoi?»
3. «Je crois qu'il était sincère.»
4. «Réveille-toi un peu!»
5. «Non mais, tu t'es pas regardé!»
6. «C'est pas pour me vanter, mais moi, j'adore l'aventure.»
7. «Alors là, tu m'épates!»

## 3 Mets en ordre

Mets ces phrases en ordre d'après **La plongée, quelle aventure!**

1. Brigitte et Angèle s'en vont.
2. Maxime et Pascal engagent la conversation avec les filles.
3. Brigitte se moque *(teases)* d'Angèle.
4. Pascal se vante devant Angèle et Brigitte.
5. Brigitte coupe la conversation.
6. Angèle est très impressionnée.
7. Pascal propose aux filles de faire de la plongée avec eux.
8. Pascal est allé faire de la plongée.

## 4 Vrai ou faux?

1. C'est la première fois que Pascal voit Angèle et Brigitte.
2. Maxime demande à Angèle de sortir avec lui.
3. Pascal a vu un requin sous l'eau.
4. Angèle voudrait faire de la plongée.
5. Brigitte est très impressionnée par l'histoire de Pascal.

## 5 Cherche les expressions

What do the teenagers in **La plongée, quelle aventure!** say to . . .

1. strike up a conversation?
2. brag?
3. show interest?
4. show disbelief?
5. flatter someone?
6. make an excuse?
7. tease someone?
8. respond to teasing?

### Note Culturelle

The islands of Guadeloupe enjoy a warm, tropical climate year-round, with average temperatures of about 80 degrees Fahrenheit on the coast. Only on the summit of the Soufrière volcano can the temperature drop to a chilly 40 degrees! The climate, coupled with a long rainy season, produces a luxuriant plant life, including mangrove swamps and dense forests. The coastline is dotted with bays and fringed with beaches, which are especially beautiful on the island of **Basse-Terre.** The warm water around the islands is home to an abundance of marine life, most notably a wide variety of fish such as tarpon, snapper, and many types of ray fish.

## 6 Et maintenant, à toi

Qu'est-ce que tu penses de la façon dont Pascal et Maxime ont abordé les filles? Comment est-ce que tu abordes quelqu'un que tu aimerais rencontrer?

# RENCONTRE CULTURELLE

Est-ce que tu connais la Guadeloupe? Regarde les photos suivantes pour découvrir quelques caractéristiques de cette île.

On peut voir des fleurs magnifiques dans la forêt tropicale.

Pointe-à-Pitre, chef-lieu de la Guadeloupe

L'agriculture est un secteur important de l'économie de la Guadeloupe.

La Fête des Cuisinières, un événement gastronomique haut en couleurs

La musique fait partie de la vie quotidienne.

## Qu'en penses-tu?

1. What impression do these photos give you of Guadeloupe?
2. Judging from the photos, what kinds of activities can people enjoy there?

## Savais-tu que... ?

**La Guadeloupe** is the name given to a group of islands located in the West Indies, about 130 kilometers north of Martinique. Discovered by Christopher Columbus in 1493 and first colonized by the French, **la Guadeloupe** became in 1946 a **département d'outre-mer (DOM),** a French overseas department whose residents have the same status and benefits as other French citizens. Agriculture is an important industry in Guadeloupe, with banana plantations and sugarcane cultivation providing the islands' major exports. Music and dance play an important role in Guadeloupe's cultural life, and these combine with its distinctive creole cuisine in the **Fête des Cuisinières.** This annual event displays the talents of the female master chefs of the islands and features a colorful parade of the chefs in flamboyant creole costumes, carrying decorated food baskets.

# PREMIERE ETAPE

*Bragging; flattering; teasing*

## VOCABULAIRE

L'île de la Guadeloupe est réputée pour la beauté de ses fonds marins.

**7 Les fonds marins**

Parmi ce que tu vois dans le **Vocabulaire,** qu'est-ce qu'on peut manger? Qu'est-ce qu'on peut collectionner? De quoi est-ce qu'on peut avoir peur?

**8 Ecoute!**

Dianne montre des diapos *(slides)* de ses vacances à la Guadeloupe à ses camarades de classe. De quelle diapo est-ce qu'elle parle?

## 9 Raconte!

Pascal raconte à Maxime ce qu'il a vu quand il a plongé. Complète leur conversation d'après les images.

MAXIME Ça s'est bien passé, la plongée?
PASCAL C'était super.
MAXIME Qu'est-ce que tu as vu?
PASCAL Ben, d'abord, j'ai vu des  qui mangeaient. Sur les , il y avait beaucoup de  et d' .
MAXIME Et quoi d'autre?
PASCAL Ensuite, on est passés par un endroit où il y avait beaucoup d' . On m'a dit que c'est là qu'il y a des , mais je n'en ai pas vu. Après quelques mètres, on est arrivés à un récif de . C'était beau.
MAXIME Tu as vu de gros poissons?
PASCAL Bien sûr. De loin, on a vu un , et puis il y a une  qui est passée tout près de moi.
MAXIME Cool!
PASCAL Et juste avant de partir, on a vu un .
MAXIME C'est pas vrai!
PASCAL Si. C'était hyper-cool. On m'a dit qu'il n'était pas dangereux. Par contre, une  m'a piqué! Ça m'a fait vraiment mal.

## 10 C'est cool, la plongée

Tu as fait de la plongée pendant tes vacances à la Guadeloupe. Ecris une carte postale à tes camarades pour leur raconter ce que tu as vu.

### COMMENT DIT-ON... ?

### Bragging; flattering

*To brag:*

**C'est fastoche, ça!** *That's so easy!*

**C'est pas pour me vanter, mais moi...** *I'm not trying to brag, but . . .*

**Oh, j'en ai vu d'autres.** *I've done bigger and better things.*

**C'est moi le/la meilleur(e).** *I'm the best.*

**C'est moi qui** nage **le mieux.** *I . . . the best.*

*To flatter someone:*

**Tu es fortiche/calé(e).** *You're really strong/good at that.*

**Alors là, tu m'épates!** *I'm really impressed!*

**Tu en as, du courage.** *You've really got courage.*

**Tu es vraiment le/la meilleur(e).**

**Tu es le** garçon **le plus** cool **que je connaisse.** *You're the . . . -est . . . I know.*

## 11 Ecoute!

Ecoute ces conversations. Est-ce que c'est le garçon ou la fille qui se vante?

## 12 C'est pas pour me vanter, mais...

Bernard est très fier de lui. Il parle avec son cousin de ce qu'il a fait l'année dernière. Imagine et écris leur dialogue.

### Grammaire The superlative

Si tu as oublié forms of the comparative va à la page 204.

To make the superlative forms in French, you just use the comparative forms along with the appropriate definite articles.

Adjectives:

Ce coquillage est **le plus grand.** Celui-ci est **le moins grand.**
*the biggest* *the smallest*

Ce sont **les meilleures** régions pour la plongée. *the best*

- If the adjective follows the noun, repeat the article.

  Le requin est l'animal **le plus** dangereux. *the most dangerous*

- Notice that you use **de** to say *in/of* after the superlative.

  Tu es **la** fille **la plus** courageuse **de** notre classe.

- Don't forget to make the adjectives agree with the nouns.

Adverbs:

C'est Brigitte qui court **le plus vite.** *the fastest*
C'est Pascal qui court **le moins vite.** *the slowest*
C'est moi qui chante **le mieux.** *the best*

## 13 C'est la mer

Fais des phrases pour dire comment ces animaux sont, à ton avis.

Le dauphin est l'animal marin le plus intelligent.

| | |
|---|---|
| dauphin | laid |
| requin | mignon |
| crevette | gros |
| hippocampe | bizarre |
| tortue | dangereux |
| méduse | moche |
| pieuvre | rapide |
| étoile de mer | intelligent |

## 14 Pascal est vantard!

Pascal croit qu'il fait tout mieux que les autres. Qu'est-ce qu'il pourrait dire à propos des activités suivantes pour impressionner une fille?

De tous les garçons, c'est moi qui cours le plus vite.

courir parler anglais conduire danser
sauter chanter nager s'habiller

bien haut
prudemment vite

## 15 Les vacances à la Guadeloupe

Lis ce texte et dis si les phrases suivantes sont vraies ou fausses.

*La Guadeloupe est une destination de rêve. Dès qu'on pose le pied sur son sol, on oublie tout et la vie paraît plus facile. Cette île paradisiaque dont la forme rappelle celle des multiples papillons qu'on peut y trouver est divisée en deux régions : Basse-Terre et Grande-Terre. Sur Grande-Terre, on peut se baigner dans les lagons d'un bleu magnifique et se relaxer sur les plus belles plages du monde ou dans l'un des plus luxueux hôtels du bord de mer. Sur Basse-Terre, on peut admirer une végétation luxuriante que le climat chaud et humide de l'île favorise. La Guadeloupe est réputée pour la gentillesse de ses habitants et pour l'accueil incomparable qu'on y reçoit.*

1. La Guadeloupe a la forme d'un papillon.
2. Il est interdit de se baigner dans les lagons.
3. Le climat de Basse-Terre est chaud et humide.
4. Les gens sont souvent assez mal élevés.
5. La Guadeloupe est une destination de rêve où on voit les plus belles plages du monde.

## 16 L'endroit le plus beau du monde

Pendant tes vacances à la Guadeloupe, tu téléphones à ton ami(e) pour lui dire ce que tu as fait et vu. Tu es impressionné(e), donc tu exagères. Tu es fier/fière de toi et tu te vantes un peu. Joue cette scène avec ton/ta camarade. Changez de rôles.

## COMMENT DIT-ON... ?

### Teasing

*To tease someone:*

**Tu es amoureux (-euse) ou quoi?** *Are you in love or what?*
**Non mais, tu t'es pas regardé(e)!** *If you could see how you look!*
**Réveille-toi un peu!** *Get with it!*
**Tu en rates pas une, toi!** *You're batting a thousand!*
**Arrête de délirer!** *Stop being so silly!*

*To respond to teasing:*

**Lâche-moi, tu veux?** *Will you give me a break?*
**Je t'ai pas demandé ton avis.**
**Oh, ça va, hein!**
**Qu'est-ce que tu en sais?**
**Ben, ça peut arriver à tout le monde.**
**Et toi, arrête de m'embêter!**

## 17 Ecoute!

Ecoute ces dialogues entre Brigitte et Angèle. Dans quelles conversations est-ce qu'elles se taquinent *(tease)*?

## 18 Qu'est-ce que tu en sais?

Ton/Ta meilleur(e) ami(e) se moque de toi. Choisis la bonne réponse pour te défendre.

1. Tu en rates pas une, toi!
   a. Mais le bus n'est pas arrivé à l'heure.
   b. Ben, ça peut arriver à tout le monde!
   c. Oui, c'est vrai. J'ai raté un autre examen.

2. Tu es amoureux (-euse) ou quoi?
   a. J'en ai vu d'autres.
   b. Je ne suis jamais tombé(e) amoureux (-euse).
   c. Lâche-moi, tu veux?

3. Arrête de délirer!
   a. Mais c'est amusant de délirer!
   b. Et toi, arrête de m'embêter!
   c. Oh, c'est fastoche, ça!

4. Non, mais tu t'es pas regardé(e)!
   a. Je t'ai pas demandé ton avis.
   b. Je n'ai pas de miroir.
   c. Si, je suis très beau/belle.

5. Réveille-toi un peu!
   a. Je n'ai pas de réveil.
   b. Oh, j'ai sommeil.
   c. Oh, ça va, hein!

## 19 C'est fastoche, la plongée

Ces jeunes viennent de faire de la plongée. Ils parlent de ce qu'ils ont vu. Pendant la conversation, ils se vantent, se flattent et se taquinent. Ecris leur conversation.

# PANORAMA CULTUREL

Evelyne • France

Epie • Côte d'Ivoire

Marie • France

We asked some students to describe a typical school day. Here's what they told us.

## Tu peux décrire une de tes journées typiques?

«En semaine, ben, je me lève vers six heures et demie. Je fais ma toilette. Je m'habille et je vais déjeuner. Je prends le bus et j'arrive ici à huit heures, enfin, un peu avant huit heures. Je vais en cours de huit heures à midi. Je mange en vitesse de midi à une heure. Après, de une heure à six heures j'ai cours. A six heures, je prends le bus et j'arrive à sept heures à la maison. Et après, je mange, je travaille ou je regarde la télé et puis, je vais me coucher.»

-Evelyne

«Je me réveille à cinq heures. Je me lave. Je fais ma toilette. Je m'habille. Je prends mon petit déjeuner, puis je prends la route de l'école. Arrivée à l'école, je vais en classe. Nous faisons les cours et, à midi, je repars à la maison. Puis, je regarde la télévision et puis, je mange. Dans l'après-midi, je vais me coucher. Si on a cours le soir, je repars à l'école, et puis je reviens. Le soir, j'étudie et puis, je vais dormir.»

-Epie

«Je me lève vers six heures et demie. Je vais dans la salle de bains. Je me lave un petit peu. Je m'habille. Après, je vais donner à manger à mes chevaux. Après, je déjeune, puis ma mère, elle m'emmène avec mes petites sœurs à l'école. Après, la matinée, on travaille. A midi, je mange en ville avec des copines ou des copains, et l'après-midi, je retourne à l'école, et ma mère vient me chercher le soir à six heures. Et après, je me baigne ou je regarde la télé et après, je vais travailler. Et le soir, je mange et après, je donne à manger à mes chevaux et à mon chien, et je vais me coucher.»

-Marie

## Qu'en penses-tu?

1. How do the routines of these students differ from a typical school day in the United States?
2. Which of these students has a routine most like your own?

# Remise en train

## Des nouvelles de Guadeloupe

Joëlle écrit à une amie, Marie-France, qui a quitté la Guadeloupe il y a quelques mois. Elle lui raconte tout ce qui s'est passé depuis son départ. Et il s'en est passé des choses!

### 20 Tu as compris?

1. Why does Joëlle write the letter?
2. What news does she share with Marie-France?
3. Where will the letter be sent?

### 21 C'est qui?

Dans la lettre de Joëlle, trouve le nom d'une personne qui...

1. a raté son bac.
2. s'est mariée.
3. s'est disputée avec son petit ami.
4. a participé à un relais.
5. s'est cassé la jambe.

### 22 Qu'est-ce qui se passe?

Décris les situations suivantes d'après la lettre de Joëlle.

a.

b.

c.

d.

Ma chère Marie-France,

Si tu savais comme tu me manques. Quand je sors de l'école, je me dis, «Tiens, si Marie-France était là, on irait se promener dans le vieux centre ou sur la place des Victoires.» Hier, j'ai pensé à toi. Je suis allée écouter un concert de salsa. Tu aurais adoré ça. Tout le monde était debout et dansait! J'y suis allée avec Viviane. Je ne t'ai pas dit? Elle et Paul se sont fâchés. Ils ne se parlent plus depuis trois mois. Paul me téléphone et me parle de Viviane, et Viviane ne me parle que de Paul. Au fait, tu savais que Prosper s'était cassé la jambe? Il est tombé en faisant une randonnée à la Soufrière. Je suis allée le voir à l'hôpital. Il a le moral, mais il a eu peur. Tu connais la dernière? Figure-toi que Julie, la soeur de Raoul, s'est mariée. Non, mais, tu te rends compte! Elle n'a que vingt ans. Je n'ai jamais vu son mari mais j'ai entendu dire qu'il est sympa. Il est martiniquais et je crois qu'elle va aller habiter avec lui à Fort-de-France. Ah, et puis tu connais la meilleure? Tiens-toi bien. Michel a raté son bac. Je me demande vraiment comment il a fait. Il avait toujours des super notes. Il a dû paniquer le jour de l'examen. Il va le repasser cette année. Mais en attendant, il travaille dans la boutique de son père. Le pauvre! Lui qui voulait se lancer dans l'informatique!

Comme tu vois, depuis que tu es partie, beaucoup de choses ont changé. Pour ma part, je n'arrête pas. Je suis vachement occupée. Le bac, c'est dans deux mois et je ne me sens pas du tout prête. En plus, j'essaie de continuer mon entraînement. Je cours au moins une heure par jour. Je ne t'ai pas dit? On a gagné à un relais où il y avait les meilleures athlètes des Antilles. C'est génial, non? Ecris-moi vite pour me raconter ce que tu fais à Lyon. J'espère qu'il ne fait pas trop froid. Ici, comme tu peux l'imaginer, il fait un temps super. On va à la plage tous les week-ends. Je te laisse. Gros bisous.

Joëlle

## Note Culturelle

In Guadeloupe people tend to take a lot of time talking to one another. For example, acquaintances meeting casually on the street in Guadeloupe wouldn't hesitate to have an extended conversation, discussing their recent activities, current events, and inquiring about other family members. A hurried American greeting of "Hi! How are you doing? Gotta go!" would be considered extremely rude!

## 23 Vrai ou faux?

1. Viviane et Paul se sont réconciliés.
2. Joëlle trouve que Julie était trop jeune pour se marier.
3. Michel veut étudier l'informatique.
4. Joëlle va à la plage tous les jours.
5. Beaucoup de choses ont changé.

## 24 Cherche les expressions

What expressions does Joëlle use to . . .

1. say she misses someone?
2. describe a hypothetical situation?
3. break some news?
4. make a supposition?
5. express pity?
6. end her letter?

## 25 Et maintenant, à toi

Est-ce que tu as des amis qui ont déménagé? Est-ce que tu leur écris quelquefois? Qu'est-ce que tu leur dis dans tes lettres?

# DEUXIEME ETAPE

***Breaking some news; showing interest; expressing disbelief; telling a joke***

## VOCABULAIRE

Depuis que Marie-France a quitté la Guadeloupe, il s'en est passé des choses!

Luc **s'est fiancé.**

Sabine **a perdu du poids.**

Etienne **s'est acheté** un vélomoteur.

Marie-Ange **a déménagé.**

Mireille **s'est fait mal au** dos en faisant du cheval.

Lucien **a planté la voiture** de son père.

Thérèse **s'est fait enlever ses bagues.**

Germain **n'a plus de boutons.**

Michel **s'est cassé les jambes.**

Julien et Bruno **se sont bagarrés.**

Ophélia **s'est fait percer les oreilles.**

Agnès **a pris des leçons de conduite.**

### 26 Ecoute!

Sabine téléphone à son amie qui a déménagé pour lui donner des nouvelles. Regarde les jeunes dans le **Vocabulaire.** De qui est-ce qu'elle parle?

### 27 Mon journal

Pense à ce qui t'est arrivé au cours de ces deux dernières années. Choisis les événements les plus importants et parles-en.

## COMMENT DIT-ON... ?

### Breaking some news; showing interest; expressing disbelief

*To break some news:*

**Tu savais que... ?**

**Tu connais la dernière?**

*Have you heard the latest?*

**J'ai entendu dire que...**

*I've heard that . . .*

**Figure-toi que... .**

**Si tu avais vu** ce qu'elle portait!

*If you could have seen . . . !*

*To show interest:*

**Raconte!**

**Oh là là!**

**Qui t'a dit ça?**

**Et alors?**

*To express disbelief:*

**Mon œil!** *No way!*

**Je n'en reviens pas.** *I don't believe it.*

**N'importe quoi!** *Yeah, right!*

### 28 Ecoute!

Tu entends les conversations suivantes à la cantine. Dans quelles conversations est-ce qu'on donne des nouvelles?

### 29 Je n'en reviens pas

Invente trois nouvelles incroyables. Ensuite, annonce ces nouvelles à ton/ta camarade. Il/Elle va exprimer des doutes.

Si tu as oublié the passé composé va à la page 11.

## Grammaire The past perfect

Read this English sentence: *She told us that he had already left. Had left* is an example of the past perfect tense in English. You use this tense when you need to say that something happened even farther in the past than something else. This tense is called the **plus-que-parfait** in French and you use it the same way in French as in English.

Elle n'a pas dit ce qu'il **avait fait.**
*didn't say* *had done.*

- To form the **plus-que-parfait**, you use the **imparfait** of **avoir** or **être** and add the past participle.

| | |
|---|---|
| j'**avais dit** | j'**étais allé(e)** |
| tu **avais dit** | tu **étais allé(e)** |
| il/elle/on **avait dit** | il/elle/on **était allé(e)(s)** |
| nous **avions dit** | nous **étions allé(e)s** |
| vous **aviez dit** | vous **étiez allé(e)s** |
| ils/elles **avaient dit** | ils/elles **étaient allé(e)s** |

- The verbs conjugated with **être** in the **passé composé** are also conjugated with **être** in the **plus-que-parfait.**
- The rules for agreement of past participles are the same for both the **passé composé** and the **plus-que-parfait.**

## 30 Raconte!

Ta correspondante guadeloupéenne t'a envoyé une lettre. Elle te raconte tout ce qui s'est passé cette année. Tes camarades sont curieux. Raconte-leur ce qu'elle a écrit dans sa lettre. Utilise le plus-que-parfait.

Elle m'a dit que...

Je suis tombée malade.
J'ai été opérée.
Je suis allée à l'hôpital.
J'ai obtenu une bourse.
Je suis entrée à l'université.
J'ai perdu du poids.
Je suis partie en vacances.
Je me suis trouvé un petit ami.
Je me suis acheté une voiture.
J'ai travaillé pendant l'été.

## 31 C'est pas vrai!

Juliette raconte à Lucie ce qui est arrivé à leurs amis. Complète leur conversation en utilisant le passé composé ou le plus-que-parfait.

JULIETTE Tu connais la dernière?
LUCIE Non. Raconte.
JULIETTE Benoît et Delphine ont cassé.
LUCIE C'est pas vrai! Qui t'a dit ça?
JULIETTE Delphine. Elle m'a dit qu'elle (voir) Benoît au café avec une autre fille.
LUCIE Et alors?
JULIETTE Elle lui (téléphoner). Elle lui (demander) s'il (se trouver) une nouvelle petite amie.
LUCIE Et qu'est-ce qu'il a dit?
JULIETTE Ben, il a dit qu'il (inviter) cette fille au café parce qu'elle (venir) de Martinique pour rendre visite à son frère qui était occupé.
LUCIE Et Delphine le croit?
JULIETTE Non. Elle lui a dit qu'elle en (finir) avec lui et qu'elle aussi (rencontrer) quelqu'un d'autre.
LUCIE Non!
JULIETTE Si, si. Je t'assure. Moi, je lui ai dit que j'(parler) avec le frère de Benoît et qu'il (ne pas mentir).
LUCIE Qu'est-ce qui (arriver)?
JULIETTE Elle était fâchée. Elle a refusé de m'écouter.

## 32 Il s'en est passé des choses!

Ecris à un(e) ami(e) qui a déménagé pour lui dire tout ce qui est arrivé à tes amis depuis l'année dernière.

### À la française

Can you guess which of the phrases in the **Comment dit-on... ?** on page 259 this gesture expresses?*

## 33 N'importe quoi!

Parle à ton/ta camarade des dernières aventures des personnages d'un feuilleton ou d'une série télévisée que tu connais.

*Oh là là!

# COMMENT DIT-ON... ?

## Telling a joke

*To bring up a joke:*

**J'en connais une bonne.**
*I've got a good one.*

**Est-ce que tu connais l'histoire de... ?**
*Do you know the one about . . . ?*

*To continue a story:*

**... et alors, il dit que...**
**... et l'autre lui répond...**

*To relate a joke:*

**Quelle est la différence entre... et... ?**
**Quel est le point commun entre... et...?**
*What do . . . and . . . have in common?*

**C'est l'histoire d'un mec qui...**
*It's about a guy who . . .*

*To respond to a joke:*

**Elle est bien bonne!**
**Elle est nulle, ta blague!**

## 34 Ecoute!

Ecoute ces conversations et dis si c'est le début, le milieu ou la fin d'une blague *(joke)*.

## À la française

Sometimes you're not exactly sure what you're going to say next and you need a second to think. You can fill in gaps in your speech with these words that French-speaking people commonly use: **Bon,... Eh bien,... Euh,... Voyons,... Attends,... Tu sais,... Alors,...** and **Ben,...**

## 35 Méli-mélo!

Joëlle raconte une blague à Viviane. Mets leur conversation en ordre.

«Et alors, il dit que les Français sont vraiment nuls.»

«Il y a un Texan à Paris avec sa femme. Il regarde la tour Eiffel, d'un air étonné.»

«J'en connais une bonne.»

«Tu connais l'histoire du Texan à Paris?»

«Parce que ça fait cent ans qu'ils ont mis ce derrick, et ils n'ont toujours pas obtenu de pétrole!»

## 36 J'en connais une bonne

Pense à une blague que tu pourrais raconter en français. Raconte-la à ton/ta camarade. Changez de rôles.

## 37 Jeu de rôle

Your French class is on a trip to Guadeloupe. You're camping on the beach. Act out these scenes with your classmates.

**a.** It's night and you're sitting around the campfire. You're telling jokes and relating the latest news you know.

**b.** As you go to your sleeping bags, someone sees a snake and everyone is scared. One of you picks up the snake, throws it back into the dunes, and then brags about it. The others flatter this person and tease one another for being scared.

# LISONS!

## O'GAYA

Tout au fond de la mer chaude des Caraïbes, dans une maison entourée d'une véranda, vit une famille d'étoiles de mer : la famille Micabwa.

O'gaya, la fille aînée, n'est toujours pas rentrée ; pourtant là-haut, à l'horizon, le soleil a déjà mis sa robe de chambre sanguine.

Toute la famille est à table : papa Micabwa mange de bon appétit et Fia, sa fille cadette, se ressert de la salade d'algues. L'horloge siffle neuf coups. Maman Micabwa aime bien cette horloge qu'ils ont rapportée de leur dernier voyage aux îles Galapagos. L'horloge ? C'est un énorme coquillage bleuté, un coquillage-temps. Comment sait-il l'heure ? Nul ne le sait. Au neuvième coup, les coraux de la porte tintinnabulent : O'gaya, gracieuse étoile de mer, passe sous la pierre de lumière.

Papa Micabwa s'installe sous la véranda, dans son fauteuil à bascule pour boire une tisane d'anémones sauvages. La petite sœur s'éclipse dans sa chambre et revient, pailletée d'argent.

- Maman, je vais danser avec...

La fin de sa phrase est couverte par le vrombissement d'une superbe coquille Saint-Jacques pilotée par un jeune poulpe :

- Bonsoir, papa Micabwa, je vous enlève Fia pour la soirée.

- Ne l'enlace pas trop avec tous tes bras, lui répond malicieusement papa Micabwa.

Fia envoie un baiser à son père, la Saint-Jacques démarre dans un tourbillon de sable. Papa Micabwa reste songeur, il pense à O'gaya : «Il faudra que je lui parle : elle a l'air triste ces temps-ci.»

Maman Micabwa et O'gaya sortent toutes les deux sous la véranda. O'gaya s'installe sur les marches et maman Micabwa dans sa berceuse. Les étoiles luisent doucement dans l'eau de la nuit. O'gaya soupire :

- Je voudrais tant être une *étoile de ciel.*

Papa et maman Micabwa sursautent :

- Que dis-tu ?

O'gaya se tourne vers eux et répète :

**DE BONS CONSEILS**

Literature, such as a poem, story, or novel, is very different from the formal and objective writing that you find in a report or essay. The writer of literature is free to use imagination, emotion, and dramatic effect. To accomplish this, the writer can use literary techniques such as analogy and figurative language. An analogy is a comparison made between two things to show how they are alike. Figurative language, such as simile, metaphor, and personification describe something by comparing it with something else. A *simile* compares two things by saying that one is like the other; this is usually expressed in French by the word **comme** or sometimes **tel.** A *metaphor* states that one thing is another: **Cet homme est un monstre d'égoïsme.** *Personification* gives human characteristics to an animal or object. Learning to recognize and understand these literary techniques when you read French will enable you to better understand and enjoy what you read.

**A.** Before you read, glance at the illustrations for this story. Where does the action take place? What kinds of creatures are the main characters?

**B.** The Micabwa family lives at the bottom of which sea?

   **a.** Mediterranean
   **b.** Caribbean
   **c.** Aegean

**C.** What is the family doing at the beginning of the story? Who is missing?

**D.** Tell whether the following statements are true or false.

   1. O'gaya mange avec sa famille.
   2. Fia est la fille aînée de la famille.
   3. L'ami de Fia est un poulpe.
   4. Le père d'O'gaya s'inquiète pour elle.

- Je voudrais tant être une *étoile de ciel.*
- Hélas ! Nous ne pouvons pas t'aider ma petite fille, répond maman Micabwa.
- Mais, ajoute papa Micabwa, je connais la tortue millénaire Man Dou, elle pourrait te conseiller.

Déjà, O'gaya saute de joie :
- Pourrais-je partir dès demain ?

Papa et maman Micabwa sourient tendrement :
- Mais, bien sûr ma chérie, tu pourras partir demain.

Le lendemain matin, O'gaya est si excitée qu'elle n'arrive pas à boire son lait d'éponge. Elle embrasse ses parents et part. Papa et maman Micabwa ne sont pas trop inquiets ; l'heure est venue pour O'gaya de grandir et de vivre ses rêves.

La voilà partie ! Elle avance vite, quand, tout à coup, une rangée de dents lui barre la route.
- Hé ! Où va-t-on ainsi, sans plus se gêner ? Vous prenez mon domaine pour un jardin public peut-être ? demande Morfyo le requin. O'gaya frissonne, rassemble son courage et répond :
- M. Morfyo, je rêvais, et je suis entrée par hasard sur vos terres.
- Et à quoi rêves-tu, petite impudente ?
- Je rêve d'être une *étoile de ciel* et je vais voir si la tortue Man Dou peut m'aider !

Morfyo éclate de rire et des milliers de bulles se forment autour de lui.
- Ecoute, petite, des «comme toi», je n'en ai jamais vu. Vouloir vivre dans le ciel ! Je n'en crois pas mes ouïes !

O'gaya n'essaie pas de fuir et fait face au requin :
- Allez-vous me manger M. Morfyo ? demande-t-elle.
- Et en plus, tu as de l'audace ! Décidément, petite, tu m'es bien sympathique. Allez, je t'emmène, grimpe sur mon dos !

Le redoutable requin, son habit noir décoré d'une étrange fleur, O'gaya, se dirige sans hésitation vers la demeure de la tortue Man Dou.

Sur le chemin, ils croisent des poissons-pipelettes en pleine conversation qui, de stupeur, restent bouche-bée.

Morfyo dépose O'gaya à la porte de Man Dou. La petite étoile de mer descend quelques marches et dans un bassin de sable, elle voit une énorme tortue à la carapace brune et jaune comme les gorgones-éventail.
- Man Dou ! Man Dou ! appelle-t-elle timidement.

Une tête apparaît hors de la carapace, deux yeux d'or fondu la fixent.
- Il faut que cela soit bien important pour

**E.** Find five details that the author uses to draw an analogy between the Micabwa family and a human family.

**F.** What is O'gaya's dream?

**G.** The turtle Man Dou is a thousand years old. Why do O'gaya's parents send her to speak to the turtle? What does this tell you about this culture's attitude toward its elders?

**H.** What is the first creature that O'gaya meets on her journey?

**I.** What do you think **Je n'en crois pas mes ouïes !** means? If **ouïe** means *hearing* and **ouïes** means *gills,* what pun has the shark made?

**J.** What qualities does the shark admire in O'gaya?

**K.** What metaphor is found in the sentence that begins **Le redoutable requin...** ?

**L.** What simile do you find in the paragraph that begins **Morfyo dépose O'gaya...** ?

**M.** Find these words in the story and use context to figure out their meaning.

tintinnabulent
vrombissement
tourbillon
luisent
grimpe
frissonne
se pelotonne
frémit
tisse

**N.** What kind of creature is Man Kya? What is the deal that O'gaya makes with Man Kya to realize her dream?

**O.** What metaphor is used to describe Man Kya's strange collection?

que tu oses me réveiller !
- Oh ! Oui, Man Dou, je voudrais être une *étoile de ciel.*
Man Dou cligne des yeux :
- Une étoile de ciel ! Je ne peux rien faire pour toi, mais va voir l'araignée d'eau, Man Kya, elle n'habite pas loin d'ici. Bonne chance !
Man Dou se pelotonne à nouveau dans sa carapace.
O'gaya s'en va. Elle n'est pas longue à trouver la demeure de Man Kya, un antre de fougères marines.
- Man Kya, êtes-vous là ?
- Oui, oui, entrez donc, j'arrive.
O'gaya soulève un rideau de longues et lourdes algues de goëmon : elle se retrouve face à l'araignée d'eau.
- Que désires-tu petite ? demande-t-elle d'une voix aigrelette.
- Etre une étoile de ciel.
- Une étoile de ciel ! Drôle d'idée ; enfin, si tu le désires ! Connais-tu le prix de mes services ?
- Non, répond O'gaya, étonnée.
- Pour ce que tu me demandes, le tarif est de deux yeux.
- Mes yeux ? dit d'une voix angoissée O'gaya.
- Oui, viens voir mon jardin !
Elle sort, O'gaya la suit. Dans l'enclos, poussent des coraux ; pendus aux branches, des yeux les regardent, fruits étranges et colorés.
- Que penses-tu de ma belle collection ? Alors, que décides-tu ?
O'gaya frémit, mais son rêve est trop profondément gravé en elle pour être effacé par le temps. Elle accepte le marché et donne ses yeux. Alors, l'araignée d'eau Man Kya tisse une échelle avec le fil magique qu'elle sécrète.
L'ouvrage terminé, elle souffle trois notes dans une énorme conque. A la troisième note, un grand oiseau, une frégate noire, plonge. Elle lui met les deux boucles de l'échelle dans le bec et lui ordonne de les accrocher à un croissant de lune. La frégate remonte donc à la surface ; l'échelle se déroule dans toute sa splendeur argentée.
Man Kya guide O'gaya et lui souhaite bon voyage.
La petite étoile de mer se hisse sur l'échelle, fil à fil, jusqu'au ciel.
Alors le soir, doux comme un baiser, se pose sur la mer chaude des Caraïbes ; dans la maison du fond de l'eau, papa et maman Micabwa, assis sous la véranda, pensent tendrement à O'gaya.
Soudain, un reflet inattendu attire leur attention, ils se lèvent et regardent : tout là-haut, une petite étoile luit dans l'eau de la nuit.

**P.** Put in order the events in the realization of O'gaya's dream.

Man Kya souffle trois notes dans une énorme conque.

O'gaya se hisse sur l'échelle jusqu'au ciel.

Un oiseau accroche l'échelle à un croissant de lune.

O'gaya donne ses yeux à l'araignée d'eau.

Man Kya tisse une échelle.

**Q.** What simile do you find in the paragraph that begins **Alors le soir,... ?**

**R.** Why is personification an essential part of this story?

**S.** What need do you think O'gaya's dream expresses? What qualities are necessary for her to attain her dream?

**T.** What do you dream of being when you're older? What do you think you'd have to do to attain that dream? Would you make a great sacrifice, if necessary?

# ECRIVONS!

*There are many possible ways to tell a story. A sequence of events can sound very different if you change the format and style in which you tell it, even if the details remain the same. In this activity, you're going to give O'gaya's story a new twist by retelling it as an article in a supermarket tabloid, with an appropriate sensationalistic style.*

## Une transformation incroyable!

Raconte l'histoire d'O'gaya à la manière des journaux à sensation. Décris les événements en les exagérant et essaie de rendre ton histoire aussi dramatique et intéressante que possible.

**DE BONS CONSEILS**

Style is a general term for the characteristics of a piece of writing. The style in which you write will always be determined by what you are writing. For example, an academic style requires a formal and objective tone, a high level of language, and a strict organization. A letter to a friend is informal, usually with slang expressions and a very loose organization. Advertising style often produces short, crisp sentences with words that appeal to the emotions. It's important that you use the accepted style for a type of writing, since violating that style is often considered unacceptable and ineffective.

### A. Préparation

1. Avec ton/ta camarade, essayez de répondre aux questions suivantes.
   - **a.** A quoi ressemble un journal à sensation? Lequel est-ce que tu connais? Qu'est-ce qui le rend différent d'un journal normal?
   - **b.** Quels genres d'événements et de citations est-ce qu'on trouve dans les articles des journaux à sensation? Quelle sorte de photos est-ce qu'on peut y voir?
   - **c.** Cherche le sens du mot *sensationalism* dans un dictionnaire anglais. En quoi est-ce que ces journaux font appel au sensationnalisme?
2. Fais un plan des événements principaux de l'histoire d'O'gaya.

### B. Rédaction

1. Rédige le brouillon de ton histoire dans le style qu'utilisent les journaux à sensation.
   - **a.** Regarde ton plan. Mets l'accent sur les parties de l'histoire qui sont les plus intéressantes.
   - **b.** Choisis des mots que tu peux utiliser pour que l'histoire soit plus dramatique et plus sensationnelle.
   - **c.** Change un peu les faits et exagère les détails pour rendre ton histoire plus dramatique.
   - **d.** Utilise des personnages bizarres et incroyables.
   - **e.** Illustre ton récit avec des citations réelles ou imaginaires.

### C. Evaluation

1. Après avoir fini ton brouillon, relis ce que tu as écrit.
   - **a.** Est-ce que tu as bien raconté ton histoire dans un style journalistique au lieu de simplement répéter les faits?
   - **b.** Est-ce que ton récit est réellement intéressant et dramatique?
2. Rédige la version finale de ton article en prenant soin de corriger l'orthographe, la grammaire et le vocabulaire.
3. Illustre ton histoire avec des photos bizarres et peu crédibles telles que celles qu'on peut trouver dans un journal à sensation. Tu peux soit faire des dessins, soit découper des photos dans un vrai magazine.

# MISE EN PRATIQUE

**1** Ecoute ces conversations entre Nathalie et son frère, Nicolas. Qui est-ce qui se moque de l'autre, Nathalie ou Nicolas?

**2** Lis cette sélection de *Super,* un magazine pour jeunes francophones. Ensuite, associe les noms des stars donnés aux événements correspondants.

Après son mariage et sa (courte) lune de miel, **Jennie Garth** a joué le rôle de **Laura** dans un téléfilm, **«Tell Laura I Love Her»** («Dites à Laura que je l'aime»). La terrible histoire d'une jeune fille que ses parents font enfermer dans une clinique psychiatrique. On est loin de **Kelly** et de **Beverly Hills!**

**Whitney Houston** a perdu le deuxième bébé qu'elle attendait de **Bobby.** Leur mariage y survivra-t-il?

**Bruce Willis, Stallone** et **Schwarzie** vont ouvrir un **Planet Hollywood** à Paris!

**JASON ET CHRISTINE ELISE RECONCILIES!** A la première du film «The Mask», on a pu constater que Jason et Christine Elise étaient toujours très amoureux l'un de l'autre. Dommage les filles..

Après le triomphe de **«Speed», Keanu Reeves** a la cote. Il a touché 7 millions de dollars pour être à l'affiche de **«Without Remorse»**.

A 33 ans, **Michael J. Fox** a enfin décroché son... bac! «C'est fantastique!», a-t-il déclaré. Il avait quitté le lycée à 16 ans.

Les carnets scolaires de **Michael Douglas** étaient particulièrement nuls! Il a avoué qu'il vibrait plus volontiers pour les bikinis et les sports de plage.

**Eric Clapton** a participé à un rallye automobile déguisé en **Batman**! Mais il a préféré participer à cette manifestation charitable en **Ferrari** plutôt qu'en **Batmobile**.

C'est officiel! **Tom Cruise** sera le héros du film **«Mission Impossible»**, adapté de la fameuse série T.V.

«Parmi tous mes collègues comédiens, je suis le plus créatif», a déclaré **Michael Keaton**. **Monsieur Batman** était sérieux?

**BRAD PITT: UNE LEGENDE**
Première photo du prochain film de Brad Pitt, «Légendes d'automne». Bonne nouvelle, même avec son nouveau look, il est toujours aussi craquant!

**Mel Gibson** sera le producteur et le héros de **«Fahrenheit 451»**, le remake du film de François Truffaut.

Quant à **Hugh Grant**, la révélation de **«Quatre mariages et un enterrement»**, il sera, lui, la vedette du remake de **«Neuf mois»**, le film de **Patrick Braoudé**.

**Peter Gabriel** a terminé à Paris le mixage de son futur album **«live»** qui devrait sortir avant la fin de l'année.

**James Brown**, le papi de la soul music, a lancé une gamme de cookies dont les bénéfices iront à sa fondation pour la prévention de la criminalité dans les quartiers défavorisés.

**Keanu Reeves** n'arrête pas! Après **«Speed»**, il a tourné **«Johnny Mnemonic»**, un film de science-fiction, et vient de commencer **«A Walk in the Clouds»**, une comédie romantique produite par les frères **Zucker**.

C'est l'événement de l'année! Pour la première fois, **«Blanche Neige»**, le plus beau dessin animé du monde, sort en vidéo! Un film éternel avec une musique et un humour inoubliables!

**Sébastien Roch** a tourné un téléfilm pour France 2. Dans **«Au nom du fils»**, il sera le fils d'un inspecteur de police. Passionné de rallyes, son personnage, **Cyril**, ne s'entend guère avec son père.

**Indiana Jones** rempile: **Harrison Ford** a en effet dit **«oui»** pour une suite. Il a ressorti le fouet et feutre mou du placard...mais on ignore encore le nom de sa partenaire.

**Robin Wright, Madame Sean Penn** et ex-**Kelly** de **«Santa Barbara»**, concocte un bouquin de cuisine **«ultra légère»**.

Michael J. Fox
Tom Cruise
James Brown
Eric Clapton
Bruce Willis
Keanu Reeves
Jennie Garth

Il a tourné un film de science-fiction.
Il ouvre un Planet Hollywood à Paris.
Il a lancé une gamme de cookies.
Il a participé à un rallye automobile.
Elle a joué dans un téléfilm.
Il a enfin obtenu son bac.
Il sera le héros d'un film adapté d'une série T.V.

**3** Ton/ta correspondant(e) guadeloupéen(ne) voudrait avoir des nouvelles des Etats-Unis. Ecris-lui une lettre dans laquelle tu lui racontes les dernières nouvelles sur quelques célébrités.

**4** Choisis une des situations suivantes. Tu te vantes. Si ton/ta camarade est impressionné(e), il/elle va te flatter. S'il/si elle ne l'est pas, il/elle va te taquiner. Changez de rôles.

Tu as une nouvelle voiture.
Tu es le/la meilleur(e) dans un sport.
Tu as fait de la plongée.
Tu as piloté un avion.
Tu as fait du deltaplane.
Tu as les meilleures notes de la classe.

**5**

## JEU DE ROLE

Your French class is having a party in honor of your pen pal from Guadeloupe, who is visiting. At the party, you'll break some news, tell jokes, brag, flatter and tease each other. With a group of your classmates, write out a scenario of this scene and act it out. Remember to include the following situations.

- Each of you makes up four bits of news to tell the others.
- Two of you tell a joke.
- The pen pal talks about what it's like in Guadeloupe. He/She makes up an event to brag about. The others flatter him/her.
- Each of you teases one of your friends.

# QUE SAIS-JE?

## Can you use what you've learned in this chapter?

Can you brag? p. 251

**1** What would you say to brag in the following situations?

1. You finish an assignment before everyone else.
2. You win a race.
3. You get the highest grade on a test.

Can you flatter? p. 251

**2** What would you say to flatter a person if he/she were . . .

1. really athletic?
2. a good student?
3. very artistic?

Can you tease? p. 254

**3** What would you say to tease the people in these situations?

1. Your friend seems to have a crush on someone.
2. Your brother gets dressed to go out on a date and none of his clothes match.
3. You're playing tennis with a friend who keeps missing the ball.

**4** How would you respond to the teasing in number 3?

Can you break some news? p. 259

**5** What would you say to tell a friend what happened to these people?

Can you show interest? p. 259

**6** How would you show interest in something a friend was saying?

Can you express disbelief? p. 259

**7** What would you say if you didn't believe what your friend was telling you?

Can you tell a joke? p. 261

**8** How would you introduce a joke?

**9** What would you say if you heard a joke you liked?

**10** What would you say if the joke were bad?

# VOCABULAIRE

## PREMIERE ETAPE

### Bragging

**C'est fastoche, ça!** *That's so easy!*
**C'est pas pour me vanter, mais moi...** *I'm not trying to brag, but . . .*
**Oh, j'en ai vu d'autres.** *I've done bigger and better things.*
**C'est moi le/la meilleur(e).** *I'm the best.*
**C'est moi qui... le mieux.** *I . . . the best.*

### Flattering

**Tu es fortiche/calé(e).** *You're really strong/good at that.*
**Alors là, tu m'épates!** *I'm really impressed!*
**Tu en as, du courage.** *You've really got courage.*
**Tu es vraiment le/la meilleur(e).** *You're really the best.*
**Tu es le/la... le/la plus... que je connaisse.** *You're the . . . -est . . . I know.*

### Sea life

**une algue** *seaweed*
**un coquillage** *a shell*
**du corail** *coral*
**un crabe** *a crab*
**une crevette** *a shrimp*
**un espadon** *a swordfish*
**une étoile de mer** *a starfish*
**un hippocampe** *a seahorse*
**un homard** *a lobster*
**une méduse** *a jellyfish*
**une pieuvre** *an octopus*
**un requin** *a shark*
**un rocher** *rock*
**une tortue** *a turtle*

### Teasing

**Tu es amoureux (-euse) ou quoi?** *Are you in love or what?*
**Non mais, tu t'es pas regardé(e)!** *If you could see how you look!*
**Réveille-toi un peu!** *Get with it!*
**Tu en rates pas une, toi!** *You're batting a thousand!*
**Arrête de délirer!** *Stop being so silly!*
**Lâche-moi, tu veux?** *Will you give me a break?*
**Je t'ai pas demandé ton avis.** *I didn't ask your opinion.*
**Oh, ça va, hein!** *Oh, give me a break!*
**Qu'est-ce que tu en sais?** *What do you know about it?*
**Ben, ça peut arriver à tout le monde.** *It could happen to anyone.*
**Et toi, arrête de m'embêter!** *Stop bothering me!*

## DEUXIEME ETAPE

### Everyday life

**s'acheter quelque chose** *to buy oneself something*
**avoir des boutons** *to have acne*
**se bagarrer** *to fight*
**se casser le/la...** *to break one's . . .*
**déménager** *to move*
**se faire enlever ses bagues** *to get one's braces off*
**se faire mal à...** *to hurt one's . . .*
**se faire percer les oreilles** *to get one's ears pierced*
**se fiancer** *to get engaged*
**perdre du poids** *to lose weight*
**planter la voiture** *to wreck the car*
**prendre des leçons de conduite** *to take driving lessons*

### Breaking some news

**Tu savais que... ?** *Did you know that . . . ?*
**Je ne t'ai pas dit?** *Didn't I tell you?*
**Tu connais la dernière?** *Have you heard the latest?*
**J'ai entendu dire que...** *I've heard that . . .*
**Figure-toi que...** *Can you imagine that . . .*
**Si tu avais vu... !** *If you could have seen . . . !*

### Showing interest

**Oh là là!** *Oh wow!*
**Qui t'a dit ça?** *Who told you that?*
**Raconte!** *Tell me!*
**Et alors?** *And then?*

### Expressing disbelief

**Mon œil!** *No way!*
**Ça m'étonnerait.** *That would surprise me.*
**Je n'en reviens pas.** *I don't believe it.*
**N'importe quoi!** *Yeah, right!*

### Telling jokes

**J'en connais une bonne.** *I've got a good one.*
**Est-ce que tu connais l'histoire de... ?** *Do you know the one about . . . ?*
**Quelle est la différence entre... et... ?** *What's the difference between . . . and . . . ?*
**Quel est le point commun entre... ?** *What do . . . and . . . have in common?*
**C'est l'histoire d'un mec qui...** *It's about a guy who . . .*
**... et alors, il dit que...** *So he says . . .*
**... et l'autre lui répond...** *. . . and then the other one answers . . .*
**Elle est bien bonne!** *That's a good one!*
**Elle est nulle, ta blague!** *What a stupid joke!*

CHAPITRE

# 11

# Laissez les bons temps rouler!

1 On fait la fête en Louisiane!

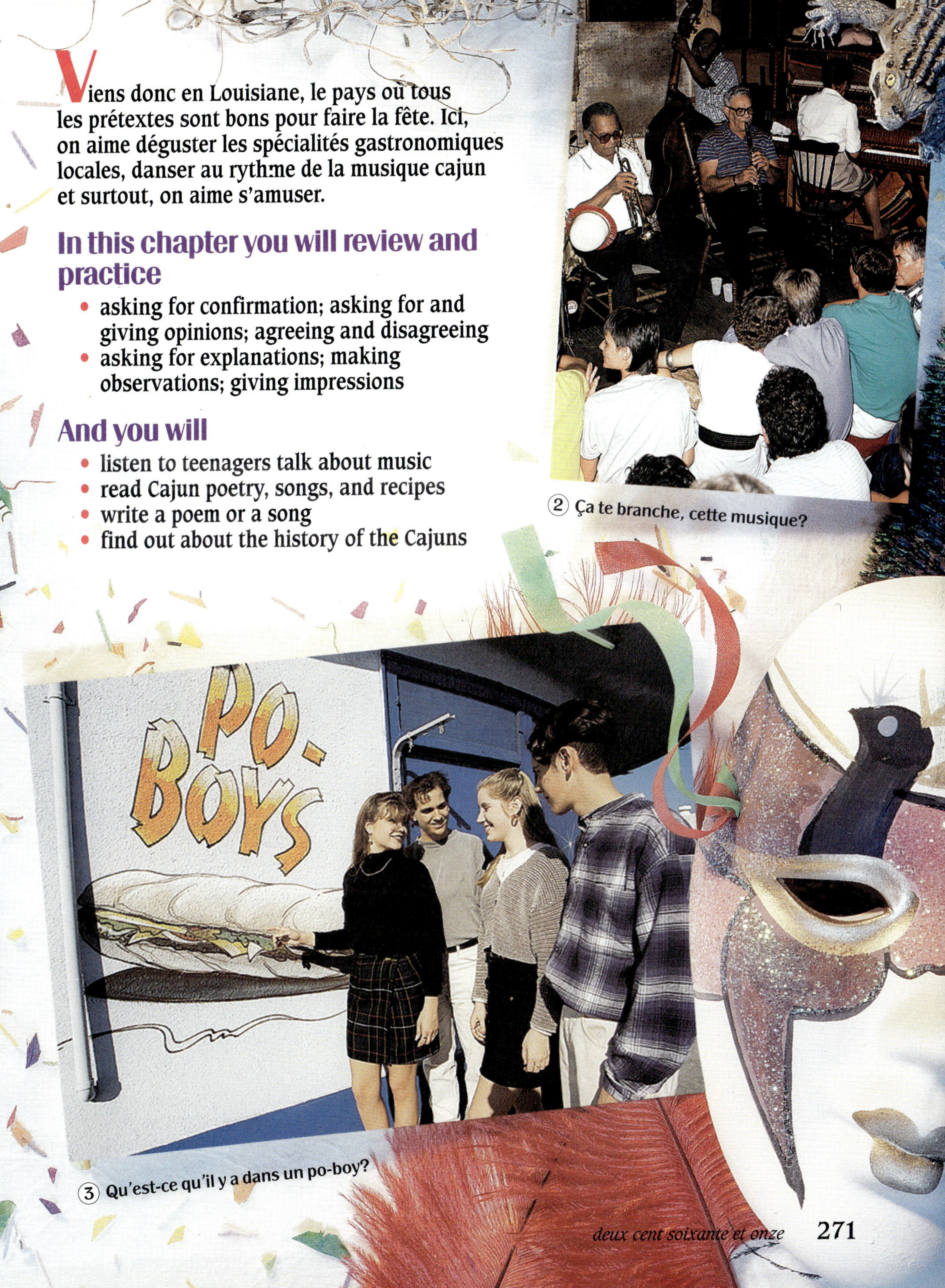


Viens donc en Louisiane, le pays où tous les prétextes sont bons pour faire la fête. Ici, on aime déguster les spécialités gastronomiques locales, danser au rythme de la musique cajun et surtout, on aime s'amuser.

## In this chapter you will review and practice

- asking for confirmation; asking for and giving opinions; agreeing and disagreeing
- asking for explanations; making observations; giving impressions

## And you will

- listen to teenagers talk about music
- read Cajun poetry, songs, and recipes
- write a poem or a song
- find out about the history of the Cajuns

② Ça te branche, cette musique?

③ Qu'est-ce qu'il y a dans un po-boy?

# Mise en train

## L'arrivée à Lafayette

Simon Laforest est français. Il vient d'arriver à Lafayette, en Louisiane, pour passer les vacances de Pâques chez ses cousins éloignés qui s'appellent aussi Laforest. Dans la voiture, Simon découvre cette famille et ce pays qu'il ne connaît pas bien.

1 M. LAFOREST Si je me souviens bien, tu es né à Paris?

SIMON Oui, c'est ça.

M. LAFOREST Et tu habites toujours à Montpellier?

SIMON Oui, oui...

M. LAFOREST Et comment va ta famille?

SIMON Oh, ça va...

M. LAFOREST Et ta grand-mère? Elle est toujours aussi marrante?

SIMON Oh, vous savez, elle, rien ne l'arrête.

M. LAFOREST Je me souviens d'elle, quand elle est venue ici. J'avais onze ans. Je garde un très bon souvenir d'elle. Elle dansait rudement bien sur la musique cajun! Et puis, je l'ai revue quand nous sommes venus chez vous, à Montpellier.

SIMON Vous savez, j'ai toujours le petit alligator en peluche que vous m'aviez offert.

M. LAFOREST Ah, oui?

SIMON C'était en quelle année, déjà?

M. LAFOREST Si je me souviens bien, c'était en 1982. Tu devais avoir deux ou trois ans. Tu es bien né en 1980?

SIMON Oui, c'est ça.

M. LAFOREST Ta sœur, elle, elle n'était pas encore née. Comment elle s'appelle, déjà?

SIMON Félicie.

2 M. LAFOREST Est-ce que tu connais l'histoire de notre famille?

SIMON Euh, non. Papa me l'a racontée, mais j'ai oublié.

M. LAFOREST Tu vois, au XVIIIème siècle, nos ancêtres ont dû quitter l'Acadie. Un des frères Laforest, Clément, est venu habiter en Louisiane; l'autre, Hubert, est parti en France. Nous, nous sommes les descendants de Clément. Et ta famille descend d'Hubert.

3 ANNE Oh, papa! On peut parler d'autre chose? Du présent, par exemple? Tu sais, Simon, ici, il y a plein de choses à faire. Il y a des tas de festivals. Tiens, rien que ce mois-ci, il y a le Festival International de Louisiane, ici, à Lafayette, le Festival de l'Ecrevisse à Breaux Bridge et le «Jazz and Heritage Festival» à La Nouvelle-Orléans.

**4** ANNE Tu aimes le jazz, toi?

SIMON Oui, c'est super!

ANNE Génial! Moi aussi! Je vis pour le jazz. Mon rêve c'est de devenir musicienne professionnelle de jazz.

SIMON Tu joues de quoi?

ANNE De la trompette.

SIMON Chouette! Moi, je joue de la batterie. Tu aimes le rock aussi?

ANNE Euh, pas tellement. Je trouve que c'est trop bruyant, trop violent...

SIMON Tu rigoles! Tu as seize ans et tu n'aimes pas le rock?

ANNE Ben non. J'aime mieux la dance. Qu'est-ce que tu en penses, toi?

SIMON Oh, c'est nul!

ANNE Tu trouves? Bon, on peut toujours écouter du jazz ensemble, puisque tu aimes ça.

SIMON D'accord.

**5** M. LAFOREST Tu sais, Simon, on a tout un programme pour toi. Pour commencer, on pourrait aller au Village Acadien.

SIMON Qu'est-ce que c'est?

M. LAFOREST C'est un musée en plein air qui présente les traditions acadiennes, la manière dont vivaient nos ancêtres, leur histoire...

ANNE Oui, c'est pas mal. Mais surtout la semaine prochaine, on va aller au Festival International de Louisiane. Tu vas voir, c'est vraiment cool! Il y aura...

M. LAFOREST Voilà. On est arrivés. Bienvenue chez nous.

## 1 Tu as compris?

1. How are Simon, Anne, and M. Laforest related?
2. Where does their conversation take place?
3. What does M. Laforest talk about?
4. What does Anne talk about?
5. What interest do Simon and Anne share?
6. What do M. Laforest and Anne plan to show Simon?

## 2 Qui suis-je?

Qui dirait les phrases suivantes, M. Laforest, Anne ou Simon?

Je joue de la batterie parce que j'adore le rock.

Je voudrais que Simon s'amuse bien pendant son séjour.

Je voudrais raconter à Simon l'histoire de notre famille.

Le rock? Ça ne me branche pas tellement. C'est trop bruyant.

Je rêve d'aller à La Nouvelle-Orléans et de devenir musicienne de jazz.

Qu'est-ce que c'est, le Village Acadien?

## 3 Vrai ou faux?

1. M. Laforest a visité Montpellier en 1982.
2. La grand-mère de Simon ne sort plus.
3. M. Laforest a oublié le nom de la sœur de Simon.
4. La famille de Simon descend de Clément.
5. Anne et Simon vont écouter du rock ensemble.
6. Le Village Acadien est l'endroit où les musiciens cajuns habitent.
7. Il n'y a que deux grands festivals en Louisiane chaque année.

## 4 Cherche les expressions

What expressions do the people in **L'arrivée à Lafayette** use to . . .

1. ask for confirmation?
2. give a positive opinion?
3. agree?
4. give a negative opinion?
5. disagree?
6. ask for an explanation?
7. welcome someone?

## 5 Et maintenant, à toi

Est-ce que tu as déjà voyagé dans un endroit que tu ne connaissais pas? Pourquoi est-ce que tu y es allé(e)? Qu'est-ce que tu y as fait et vu?

### Note Culturelle

**Laissez les bons temps rouler!** is a popular saying in Louisiana, and with good reason. Louisianans seem to have a talent for having fun, and need no special occasion to indulge their love of food, music, and dance. Any excuse for a party will do, from weekly dances called **fais do-do** (literally, *go night-night*) to festivals that celebrate rice, crawfish, or the sweet potato. Undoubtedly the biggest and most famous celebrations of all are the Mardi Gras events in New Orleans. The Mardi Gras season begins with a series of parties and balls, and culminates in colorful parades and the carnival extravaganza of Mardi Gras night itself, the Tuesday before Lent.

**Septembre**

*Festival du Zydeco du Sud-Ouest de la Louisiane à Plaisance • Festival du Canard à Gueydan, Festival de la Crevette et du Pétrole Louisianais à Morgan City • Festivals Acadiens à Lafayette • Festival et Foire de la canne à sucre à New Iberia • Festival de la "Grenouille" à Rayne*

**Octobre**

*Festival du Bétail à Abbeville • Festival de l'Héritage et de la Musique Cajuns à Lafayette • Festival du Coton et "Tournoi de la Ville Platte" • Festival du Folklore Louisianais à Eunice • Festival International du Riz à Crowley • Festival de la "Patate Douce" à Opelousas*

# Rencontre Culturelle

Qu'est-ce que tu sais sur la Louisiane? Pour t'en faire une meilleure idée, regarde les photos.

Les écrevisses sont un plat typique en Louisiane.

Il y a de nombreux bayous en Louisiane.

C'est à La Nouvelle-Orléans que le jazz est né.

Le Café du Monde à La Nouvelle-Orléans

On peut visiter de magnifiques plantations.

## Qu'en penses-tu?

1. What impression do these photos give you of Louisiana?
2. Can you identify some different cultural influences illustrated in the photos?

## Savais-tu que... ?

Louisiana's French heritage dates from 1682, when millions of acres of land in North America, including what is now Louisiana, were claimed by the explorer Cavelier de La Salle in the name of France. By the early 1700s, Louisiana was a thriving colony and its capital, **La Nouvelle-Orléans,** was an important cultural and political center. Louisiana became part of America when the young United States bought 827,000 square miles of France's North American territory in the Louisiana Purchase of 1803. The French imprint remained strong, however, and it was reinforced by the presence and cultural influence of settlers from the Acadia region of Canada. These people settled in southern Louisiana in large numbers after being driven out of Canada by the British in the 1750s; their descendants are the people we call **Cajuns,** from the word **Acadien.** Cajun French is derived from French forms and idioms from English, Spanish, German, Native-American, and African-American influences.

# PREMIERE ETAPE

***Asking for confirmation; asking for and giving opinions; agreeing and disagreeing***

## Asking for confirmation

*To ask for confirmation:*

Vous habitez **toujours** à Bordeaux?
*. . . still . . .*

Vous êtes **bien** trois frères?

Comment elle s'appelle, **déjà?**
*. . . again?*

Ta mère a cinquante ans, **c'est ça?**

**Si je me souviens bien,** tu es né en 1978. *If I remember correctly, . . .*

**Si je ne me trompe pas,** tu as 16 ans. *If I'm not mistaken, . . .*

## 6 Ecoute!

Tu es à la réunion des anciens élèves de ton lycée. Tu entends les conversations suivantes. Dans quelles conversations est-ce que ces gens vérifient des informations?

## 7 Méli-mélo!

En employant les phrases ci-dessous, écris les dialogues de deux conversations différentes. Dans quelle conversation est-ce qu'il s'agit de deux personnes qui ne s'étaient pas vues depuis longtemps?

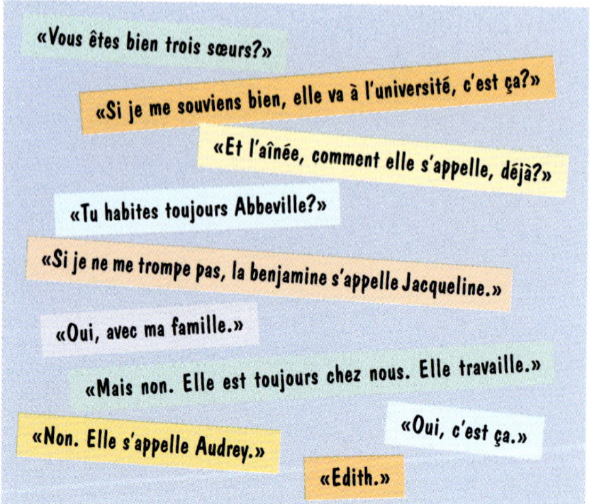


## 8 Ça fait longtemps!

A une boum de ton club de français, tu vois un(e) camarade de classe de l'année dernière. Pose-lui des questions pour vérifier ce que tu te rappelles à son sujet. Changez de rôles.

# VOCABULAIRE

le rock

la musique cajun

la musique classique

le blues

le jazz

le country

le rap

la dance

## 9 Ecoute!

a. Identifie le genre des extraits de musique suivants.
b. Identifie l'instrument que tu entends.

## 10 De quoi est-ce qu'on joue?

Regarde ce studio de musique. Qu'est-ce qu'il y a comme instruments? Quels genres de musique est-ce qu'on pourrait produire ici?

## 11 Qu'est-ce qu'on y entend?

A ton avis, quels genres de musique seraient appropriés dans les situations suivantes?

à une boum
à la mi-temps d'un match
au coin de la rue
dans un restaurant
à un mariage
à un rodéo
dans une discothèque
au bal annuel du lycée

### NOTE CULTURELLE

Music is as much a part of everyday life in Louisiana as eating or sleeping. There are three types of music associated with the state: Cajun, zydeco, and jazz. The French folk music brought to Louisiana by the Acadians has evolved into Cajun music, with its typical sounds of the accordion, the violin, and the metal triangle. African-American musicians created a variation of Cajun music called zydeco by adding the rhythms of the washboard and the spoons. Jazz is often regarded as one of America's great contributions to world culture. Born in New Orleans, it combines elements of traditional African music, spirituals, and brass-band marches.

## 12 Devine!

Pense à un musicien/une musicienne célèbre. Ensuite, dis aux autres élèves le genre de musique auquel il/elle est associé(e). Les autres élèves te posent des questions pour essayer de deviner qui c'est. Changez de rôles.

## COMMENT DIT-ON... ?

### Asking for and giving opinions; agreeing and disagreeing

*To ask for an opinion:*

**Comment tu trouves ça,** le jazz?
**Tu n'aimes pas** la dance?
**Ça te plaît,** le rap?
**Qu'est-ce que tu penses du** blues?
**Ça te branche,** le country?

*To give a positive opinion:*

**Je trouve ça** hyper-cool.
**Si, j'aime beaucoup.**
**Ça me plaît beaucoup.**
**Ça m'éclate.**
*I'm wild about it.*
**Je n'écoute que ça.**

*To agree:*

**Je suis d'accord avec toi.**
**Moi aussi,** j'aime bien le jazz.
**Moi non plus,** je n'aime pas la dance.
**Ça, c'est sûr.**
**Tu as raison.**

*To give a negative opinion:*

**Je trouve ça** nul.
**Je n'aime pas du tout.**
**Ça ne me plaît pas du tout.**
**Je n'aime pas tellement ça.**
**Ça ne me branche pas trop.**

*To disagree:*

**Pas du tout.**
**Tu parles!**
**Tu rigoles!**
**Tu délires ou quoi?**
*Are you crazy or what?*
**N'importe quoi!**

## 13 Ecoute!

Ecoute Anne et Simon parler de musique. Quels genres de musique est-ce que Simon aime? Est-ce qu'Anne est d'accord ou pas?

## A la française

English speakers must use an object pronoun with verbs such as *like* or *love*: *Jazz? I love it!* French speakers very often do not, especially if what they're referring to is not a physical object: **Tu aimes le jazz, toi? Moi, j'adore!** or **Le rock? Moi, je n'aime pas trop.**

## 14 Ça te branche?

Demande à ton/ta camarade ce qu'il/elle aime comme genre de musique. Quels sont ses compositeurs, chanteurs, musiciens ou groupes préférés?

## 15 Quel instrument?

Ton ami(e) voudrait apprendre à jouer d'un instrument mais n'arrive pas à choisir duquel. Demande-lui quel genre de musique il/elle aime. Ensuite, propose-lui quelques instruments. Changez de rôles.

## 16 Tu connais?

a. Imagine que tu es français(e). Tu as entendu parler de quelques nouveaux groupes américains. Tu voudrais les connaître. Ecris une lettre à ton/ta correspondant(e) américain(e) pour lui demander qui ils sont et s'il/si elle les aime.

b. Echange ta lettre avec celle de ton/ta camarade. Il/Elle jouera le rôle de ton/ta correspondant(e). Il/Elle va lire ta lettre et y répondre.

## 17 Quelle musique écoutez-vous?

Lis ces réponses que quelques jeunes francophones ont envoyées à un magazine de jeunes et réponds aux questions suivantes.

**« La musique m'accompagne dans la vie »**

La musique me détend quand je suis stressée, me tonifie quand je suis déprimée, me repose quand je suis à bout... Bref, elle m'accompagne dans tous les moments de ma vie. Mon chanteur préféré, c'est Bob Marley, même s'il est mort quand j'étais très jeune. Il nous a laissé un souvenir impérissable, indémodable : sa voix, magique, planante, pleine de messages et d'émotions. J'adore le reggae et je dirais presque que je n'écoute que ça : UB 40, Tonton David... et d'autres.»

Marie-Laure, Challans

**« La musique, c'est beau! »**

«Yo Hervé!

Moi, j'adore le rap. Il y a cinq ans, j'en ai écouté et vraiment j'ai eu le coup de foudre ! Je l'aime car c'est très rythmé et on peut s'amuser avec tous ses copains et des gens que l'on connaît pas, de différentes nationalités. Bien sûr, il n'y a pas que le rap. J'écoute Led Zeppelin, Queen et beaucoup de reggae. La musique c'est beau, on peut danser, chanter et s'amuser avec des gens qui partagent les mêmes goûts, et si on n'avait pas inventé la musique, la Terre serait triste et franchement moche!»

Bertrand, Norvège

**« La musique est un langage universel »**

«Salut Hervé,

La musique tient une très grande place dans ma vie. Ce que j'écoute principalement c'est le hard rock, le funk et le rock tout simplement, qu'il soit américain, anglais, irlandais et bien sûr français. Car la musique est un langage universel. Je joue de la guitare, et la musique est mon passe-temps, que ce soit en l'écoutant ou en la produisant de mes propres mains. Avec elle, on peut danser, se relaxer ou se défouler. On peut aussi y trouver un moyen de découvrir sa personnalité. Moi, par exemple, j'adore les groupes comme Pearl Jam et les Smashing Pumpkins. Ce sont tous des groupes grunges et ils représentent ma génération. J'aime partager cette musique avec mes amis.»

Raphaëlle, Pointe-à-Pitre (Guadeloupe)

**« Tous aiment me voir danser »**

«Cher Hervé,

J'adore la musique et j'ai un CD de Queen, mais je préfère la techno-dance! J'écoute East 17 et Ace of Base. Au collège, pendant la cantine, il y a plusieurs foyers ouverts : le foyer vidéo, le CDI, la permanence et... le foyer musique! Je suis un bon danseur alors après le repas, je fonce au foyer musique pour danser... Tout le monde aime me voir danser. Je me suis fait beaucoup d'amis comme ça... »

Yoann, Quimper

1. What kinds of music do these teenagers like? What are their favorite groups?
2. What are five reasons why music is important to these teenagers?
3. What words do they use to describe the music they like?
4. What are some places where French teenagers can listen to music?
5. Which teenager plays an instrument? Which one likes to dance?

## 18 Mon journal

Est-ce que la musique est importante pour toi? Quels genres de musique préfères-tu? Quand est-ce que tu en écoutes? Avec qui? Pourquoi?

# Remise en train

## Un festival cajun

Les Laforest ont emmené Simon au Festival International de Louisiane. Dans la rue, ils s'arrêtent devant un groupe de musique cajun.

❶ ANNE Dis, Simon, ça te branche vraiment, cette musique?
SIMON Oh, c'est pas mal. Pourquoi? Qu'est-ce que tu proposes d'autre?
ANNE Ben, on pourrait aller écouter du jazz.
SIMON Oui, si tu veux.
ANNE Papa, maman. Ça vous embête si Simon et moi, on va se balader de notre côté?
M. LAFOREST Non, pas du tout. On peut se retrouver plus tard au restaurant.

Anne et Simon sont maintenant dans un petit café où un groupe de jazz est en train de jouer.

❷ ANNE Alors, qu'est-ce que tu en penses?
SIMON C'est vraiment le pied. Ce qui est intéressant, c'est que ce genre de jazz est vraiment différent de ce qu'on entend en France. Comment est-ce qu'on appelle ça, déjà?
ANNE Dixieland.
SIMON Ah, oui. C'est ça.
ANNE Tu sais, si ça te plaît vraiment, on pourrait peut-être aller au festival de jazz à La Nouvelle-Orléans. C'est la semaine prochaine.
SIMON Ça serait super!

❸ ANNE On pourrait se promener dans le Vieux Carré et aller manger des beignets au Café du Monde. Tu en as entendu parler?
SIMON Oui, bien sûr.
ANNE Et je pourrais te montrer un de mes endroits préférés, le musée du jazz... Oh là là! Tu as vu l'heure?
SIMON Ah, oui. On devait retrouver tes parents à huit heures, non?
ANNE Oui, au Randol's. On y va?

### 19 Tu as compris?

1. What event does the Laforest family attend?
2. Why do Anne and Simon go off on their own?
3. What does Anne want to show Simon in New Orleans?
4. Where do they meet M. and Mme Laforest for dinner? What sort of place is it?
5. Why is Anne embarrassed?

### 20 Mets en ordre

Mets ces phrases en ordre d'après **Un festival cajun.**

1. Les Laforest dansent.
2. Simon et Anne écoutent du jazz.
3. Simon hésite entre le gombo et le jambalaya.
4. Anne propose à Simon d'aller visiter La Nouvelle-Orléans.
5. Anne et Simon arrivent au restaurant.
6. Anne a honte.

Au restaurant Randol's. Simon et les Laforest sont en train de regarder la carte.

Bienvenue chez Randol's où nous servons les meilleurs fruits de mer du pays cadjin. Restaurant favori des habitants de la région, Randol's, c'est le bon temps à la mode cadjine!

Une abondance de mets cadjins vous attendent chez Randol's, réputé pour ses crabes cuits à la vapeur. La cuisson à la vapeur conserve toute la saveur et nos épices-maison apportent une touche bien cadjine.

4 M. LAFOREST Qu'est-ce que tu veux, Simon?

SIMON Je ne sais vraiment pas quoi prendre. Tout me tente.

M. LAFOREST Pourquoi tu ne prends pas une spécialité d'ici? Du gombo, par exemple?

SIMON Qu'est-ce que c'est?

MME LAFOREST C'est une soupe.

SIMON Qu'est-ce qu'il y a dedans?

MME LAFOREST C'est à base d'okra et de riz avec des crevettes et du crabe. C'est assez épicé.

M. LAFOREST Simon, pourquoi tu n'essaies pas le jambalaya? C'est du riz avec du jambon, des saucisses, des crevettes et du crabe. C'est délicieux.

SIMON Euh, je vous laisse choisir pour moi.

Un peu plus tard, toujours au restaurant.

5 MME LAFOREST Ça y est, le groupe de zydeco commence à jouer! Comment tu trouves ça, Simon?

SIMON J'aime bien, mais je préfère quand même le jazz.

MME LAFOREST Tiens, Boudreaux, si on montrait un peu à Simon comment on danse chez nous?

M. et Mme Laforest se lèvent et vont danser.

6 ANNE Oh, la honte! C'est pas vrai!

SIMON Ben quoi? Au moins, ils s'amusent! Et puis, ils dansent pas si mal que ça!

ANNE Oh, tu sais, il paraît que c'est de famille.

SIMON Tiens, on dirait que tu as entendu parler de ma grand-mère, toi aussi!

## 21 Cherche les expressions

What do Simon, Anne, or her parents say to . . .

1. ask for an opinion?
2. make a suggestion?
3. ask for permission?
4. make an observation?
5. ask for an explanation?
6. express indecision?
7. give an impression?
8. express embarrassment?

## 22 Et maintenant, à toi

Est-ce que tu es déjà allé(e) à un festival? C'était comment? Est-ce qu'il y a un festival là où tu habites? C'est un festival de quoi? Qu'est-ce qu'on peut y faire et y manger?

# Panorama Culturel

We asked people to talk to us about parties and celebrations. Here's what they had to say.

## Comment est-ce qu'on fait la fête ici?

«En Martinique, on fait la fête tout le temps, tous les week-ends déjà, c'est la fête. Par contre, on a de très grandes fêtes qui sont d'une part le Carnaval, qui est une très grande fête nationale ici en Martinique et dans la Caraïbe, et c'est au mois de février. On a trois jours de Carnaval pleins, avec des vidés, des gens dans la rue qui dansent, et le soir, avec des soirées extraordinaires, etc. Nous avons aussi la fête de Noël, qui est aussi une fête qui marche bien ici, où il y a pas mal de festivités et d'activités.»

-Sandra

«Alors, la fête... On fait la fête. On trouve toujours quelque chose à fêter, même s'il n'y en a pas vraiment. Donc, on sort le soir ou, des fois les week-ends. On est souvent entre copains, nombreux. Soit on fait des soirées chez d'autres copains, soit on sort dans des discothèques ou bien au restaurant.»

-Clémentine

«Quand je fais la fête, premièrement, j'invite mes amis. Je les appelle par téléphone. On se retrouve chez moi ou chez quelqu'un d'autre. Puis, on achète à manger, des boissons, et on discute toute la soirée. On s'amuse. On danse.»

-Jennifer

## Qu'en penses-tu?

1. What occasions do these people celebrate?
2. When you and your friends or family have a party, what do you do? How is this similar to or different from what these people do?

# DEUXIEME ETAPE

***Asking for explanations; making observations; giving impressions***

## COMMENT DIT-ON... ?

### Asking for explanations

*To ask for an explanation:*

**Qu'est-ce que c'est?**
**Comment est-ce qu'on appelle ça?**
**Qu'est-ce que ça veut dire,** «zydeco»?
**Qu'est-ce qu'il y a dans** le po-boy?
**Comment est-ce qu'on fait** le gombo?
**D'où vient le mot** «cajun»?
**Comment on dit** «dix» en anglais?

### 23 Ecoute!

Ecoute ces personnes parler de leurs séjours en Louisiane. Dans quelles conversations est-ce qu'on demande à quelqu'un d'expliquer quelque chose?

### A la française

French-speaking people rarely use the passive voice. For expressions such as *French is spoken here, What is that called?* or *How is gumbo made?* use **on** and a verb in the active voice: **On parle français ici, Comment est-ce qu'on appelle ça? Comment est-ce qu'on fait le gombo?**

### 24 Qu'est-ce que c'est?

Trouve les bonnes réponses aux questions de Simon.

1. Qu'est-ce que c'est, le zydeco?
2. Comment est-ce qu'on appelle ce sandwich?
3. D'où vient le mot «cajun»?
4. Qu'est-ce qu'il y a dans le jambalaya?
5. Qu'est-ce que ça veut dire, «cocodrie»?
6. Comment on dit «La Nouvelle-Orléans» en anglais?

a. On appelle ça «un po-boy.»
b. C'est un genre de musique.
c. Il y a du riz et du jambon.
d. New Orleans.
e. Ça vient du mot «acadien».
f. Ça veut dire «alligator».

## 25 Qu'est-ce que ça veut dire?

Tu te promènes dans Lafayette et tu vois des enseignes *(signs)* que tu ne comprends pas. Pose des questions à ton/ta camarade pour qu'il/elle t'explique ce que c'est.

1. 

2. Du 28 avril au 17 mai, ne manquez pas le Festival International de Louisiane

3. 

4. Musique zydeco toute la nuit au... Randol's SEAFOOD & RESTAURANT LAFAYETTE, LA.

5. Venez à l'Acadian Village, vous verrez comment vivaient les Cajuns au siècle dernier

6. Venez voir de vrais alligators! Faites donc une promenade dans les bayous!

Si tu as oublié foods va à la page 335.

# Vocabulaire

## La Cuisine Cajun

**Le Po-Boy :** la spécialité de la Louisiane la plus connue et la moins chère. C'est en fait un sandwich qui peut contenir **du poisson, des écrevisses** (f.) *(crawfish)*, **des huîtres** (f.) *(oysters)*, **de la viande...** Il constitue un repas à lui tout seul.

**Des hors-d'œuvre :** des huîtres **cuites** Bienville **(au jambon et aux champignons)** ou Rockefeller **(aux épinards)** (m.) *(spinach)*. Elles sont plus grosses qu'en France et presque pas **salées** *(salted)*.

**Des soupes :** la grande spécialité régionale, **le gombo,** soupe faite à base **d'okra** (m.) avec **du riz, des crevettes** (f.), **du crabe et des épices** (f.) *(spices)*. En hiver, **l'andouille** (f.) *(sausage)* et **le poulet** remplacent souvent les crabes et les crevettes.

**Le jambalaya :** une autre des grandes spécialités louisianaises, est préparée à partir d'une énorme quantité de riz à laquelle on ajoute du jambon, du poulet, **des saucisses** (f.), **du porc** frais, des crevettes et du crabe.

**Les crustacés :** la véritable attraction de Louisiane. Les Cajuns connaissent plusieurs recettes pour préparer les crabes, crevettes et écrevisses qui abondent dans les eaux du delta : **en bisque, à la vapeur** *(steamed)*, le plus souvent **frits.** La meilleure préparation : **au court-bouillon** *(boiled)*. On vous apporte généralement un plateau d'un kilo de ces braves bêtes, **épicées** à souhait.

**Des poissons :** les eaux des bayous et celles du golfe du Mexique fournissent de nombreuses espèces, dont l'omniprésent catfish que les Louisianais savent préparer de nombreuses façons, **farci au** *(stuffed with)* crabe, par exemple.

**Des desserts :** les Cajuns sont très amateurs de **pouding au pain,** genre de pain perdu truffé aux **raisins secs.**

## 26 Ecoute!

Ecoute Simon et Anne parler de la cuisine cajun. De quel plat est-ce qu'ils parlent?

## 27 Ça a l'air bon

Choisis quelques plats du **Vocabulaire** à la page 284. Demande à ton/ta camarade s'il/si elle les a déjà goûtés ou voudrait les goûter. Il/Elle va te donner son opinion. Dis-lui si tu es d'accord.

## 28 Qu'est-ce qu'il y a dedans?

Ton club de français a décidé de faire une fête cajun. Tu vas préparer des plats cajuns avec tes amis. Discutez de ce que vous voudriez cuisiner et de ce que vous devez acheter. Faites une liste des plats et des ingrédients. Joue cette scène avec tes camarades.

## 29 Moi, je propose...

Tu es en vacances avec un(e) ami(e) en Louisiane et vous voyez ces publicités. Propose à ton ami(e) d'aller dans un de ces endroits. Il/Elle n'est pas d'accord et propose un autre endroit. Vous vous disputez.

## COMMENT DIT-ON... ?

### Making observations; giving impressions

*To make an observation:*

**Ce qui est intéressant/incroyable, c'est** les épices.

**Ce qui saute aux yeux, c'est** les couleurs des costumes.

**Ce qui me branche vraiment, c'est** le jazz.

**Ce que je trouve super, c'est** l'architecture coloniale.

**Ce que j'adore/j'aime, c'est** voir les gens danser.

*To give an impression:*

**On dirait que** les Cajuns aiment bien s'amuser.

**Il me semble que** les bâtiments sont vieux.

**J'ai l'impression que** le blues est populaire ici.

**Ils ont l'air d'**aimer danser.

### 30 Ecoute!

Ecoute Elise parler de son séjour en Louisiane. Dans quelles conversations est-ce qu'elle donne une impression ou fait une observation?

### Grammaire *Relative pronouns*

You've already learned that the pronouns **qui** and **que** join clauses. The words **ce qui** and **ce que** *(what)* can also join clauses.

- **Ce qui** is a subject, and is usually followed directly by a verb.
  - **Ce qui** est incroyable, c'est leurs masques.
  - Tu ne comprends pas **ce qui** est important.
- **Ce que** is an object, and it is usually followed directly by a subject.
  - **Ce que** j'adore, c'est le jazz.
  - Je ne sais pas **ce qu'**elle fait.

### 31 Ce qui m'a plu...

Michelle parle du voyage de sa famille en Louisiane. Fais des phrases en employant les mots suivants.

| | | |
|---|---|---|
| Ce que<br>Ce qui | était incroyable,<br>m'a plu,<br>ma mère a acheté<br>j'ai trouvé super,<br>m'a ennuyée,<br>je ne comprends pas,<br>mon frère a adoré,<br>est génial, | c'était les alligators.<br>c'était la cuisine.<br>n'était pas très cher.<br>c'était la musique.<br>c'était le musée.<br>c'est pourquoi on porte des masques pendant le Mardi Gras.<br>c'était de se promener dans le Vieux Carré.<br>c'est le marché français. |

## 32 Grosses bises de Louisiane

Marianne est allée en Louisiane pour rendre visite à ses cousins. Elle a écrit cette lettre à sa meilleure amie en France. Complète sa lettre avec **ce qui** ou **ce que.**

*Salut Hélène,*
*Ça va? Moi, ça va très bien. C'est super, la Louisiane! Tu avais raison. Voilà ______ j'ai fait pendant les trois premiers jours. Le premier jour, on m'a emmenée à un festival. On a écouté du jazz. C'était super. Tu sais ______ j'ai mangé? Une tarte aux écrevisses. ______ m'étonne, c'est que j'ai trouvé ça très bon. Puis, le deuxième jour, on a loué un canoë pour faire un tour du Bassin de l'Atchafalaya. Tu ne devineras jamais ______ s'est passé. Un alligator s'est approché de nous. ______ je ne comprends pas, c'est pourquoi le guide l'a encouragé à venir plus près. Il avait l'air d'avoir faim! ______ m'a fait peur, c'est qu'il est venu tout près de moi. Mais, évidemment, le guide savait ______ il faisait, et l'alligator ne nous a pas attaqués. Puis, le troisième jour, on est allés visiter une plantation. ______ était vraiment super, c'était les meubles d'époque, et puis, tu sais ______ on a vu dehors? Des champs de cannes à sucre. Demain, on va voir le chêne d'Evangéline. C'est l'arbre du célèbre poème de Longfellow. ______ est encore plus intéressant, c'est que c'est un des plus vieux arbres des Etats-Unis. Bon, je t'écrirai à nouveau la semaine prochaine.*

## 33 Ce qui saute aux yeux,...

Pendant tes vacances en Louisiane, tu as pris beaucoup de photos. Avant de les envoyer à des amis, écris tes impressions et tes observations au verso *(on the back).*

## 34 Jeu de rôle

You've just returned from your vacation and you show your pictures to a classmate. Act out the scene together.

- Your classmate recognizes what's in the picture.
- You say that he/she is not right.
- He/She asks you to explain what it is.
- He/She makes an observation.
- You give your opinion about it.
- He/She agrees or disagrees.

# LISONS!

## Freeman's Zydeco

**On va aller là-bas**
**Pour voir Monsieur Zydeco**
**On va aller là-bas**
**Chez Freeman Fontenot**

**Tout le monde dit faudra aller rejoindre**
**Pour connaître quoi il a fait avec ses mains**
**Il a bâti eine salle de danse et eine école**
**Pour tous le voisinage qui est sans nickel**

**Il avait des richesses de cœur**
**Il est né pour jouer son vieil accordéon**
**Il va te donner la chemise de son dos**
**Eine grande personne, Monsieur Freeman Fontenot**

## Chez Denouse McGee

On va aller à Eunice, mais oui, dessous un grand chêne vert
Qu'il a planté lui-même, quand il a trouvé la belle terre
On va aller chez Denouse, eyoù la porte est ouvert
C'est pour voir mon partna, savoir comment il est après faire

On dit «Bonjour» à sa femme, c'est Glad qui va chauffer
Chauffer une gregue de café, gouter et causer en français
Ecouter la belle musique, des chansons qui viennent d'avant-hier

Ça c'est chez Denouse McGee, 'y a rien que moi je vas faire

## Cajun Telephone Stomp

O bébé, j'avais essayé
De causer aujourd'hui.
'Y avait quelque chose qui est arrivé
Et moi, j'ai commençé d'être fâché.

Sur le téléphone de l'autre côté,
'Y avait eine 'tite voix mal enregistrée,
«Après le *beep*,» c'est ça il dit,
«Laisse ton message, 'y a personne ici.»

Quoi c'est ça, il dit *le beep*?
C'est pas Cadien, ni poli,
S'il n'est pas là, quoi faire sa voix?
O yé yaille, mon cœur fait mal.

Après dix fois avec cette voix maudite
C'a commencé de me faire rire,
J'ai oublié à qui je veux parler
Et enfin, j'ai accroché.

## Le Chanky-Chank Français

**O bébé**
**Moi, j'amerais ecouter**
**Ouais, ce soir, s'il vous plait**
**C'est le chanky-chank français.**

**Dis à tous tes bons amis**
**Venez-vous nous rejoindre**
**Parce qu'on va jamais finir**
**Ouais, c'est ça moi je veux dire.**

**L'accordéon et le violon**
**Font ces tunes toujours ensemble**
**Pareil comme le vieux temps**
**'Coute, ça vient eine autre valse mignonne.**

**Ca fait la peine d'essayer**
**De faire danser toute la soirée**
**C'est rien qui me fait grouiller**
**Comme le chanky-chank français.**

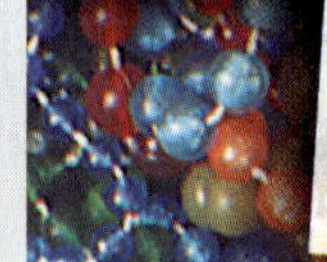

### DE BONS CONSEILS

A dialect is a form of a language used in a certain area or by a certain group of people. It may differ from the standard language in grammar, vocabulary, spelling, and pronunciation. Here are a few comprehension strategies that might help you. 1) If you don't recognize the grammatical form of a word, ignore the endings and focus on understanding the root of the word. 2) Look for recurring patterns in unfamiliar grammar and vocabulary and figure them out, using contextual clues. 3) Remember that dialects are often influenced by other languages. Look for words and expressions that are borrowed or translated directly. 4) Be aware that familiar French words may be used with different meanings in a dialect. Remember that your goal is understanding the main message.

### Les chansons

**A.** What is **Chez Denouse McGee** about?

**B.** Where does Denouse McGee live? What is his wife's name?

**C.** Which of these does the singer NOT say he will do when he visits his friend?

- goûter
- danser
- écouter de la musique
- causer en français
- faire de la cuisine cajun

**D.** What do you think **le chanky-chank français** is? What instruments are mentioned that are integral to Cajun music?

**E.** In **Freeman's Zydeco**, why is Freeman Fontenot considered **eine grande personne**?

## LEÇON DU BON FRANÇAIS

C'est nécessaire dire:
«Je vais,» plutôt que «Je vas,»
«Près de,» plutôt que «au ras,»
«Beaucoup,» plutôt que «un tas.»
Un tas du monde oublie le «ne»
avec le «pas.»

Écoute, c'est:
«Attendre,» pas «espérer,»
«Pleurer,» pas «brailler,»
«Penser,» pas «jongler.»
Je pense que t'as jamais jonglé
de ça.

Apprends:
«Lentement,» au lieu de
«doucement,»
«Gentil,» au lieu de «vaillant,»
«Beaucoup,» au lieu de «joliment.»
L'essence ce n'est pas du parfum,
tu vois.

Étudie cette liste:
«Une piastre,» c'est «un dollar,»
C'est une «voiture,» pas un «char,»
Une «fête,» c'est un «anniversaire,»
C'est «pourquoi,» pas «quo'faire.»
L'essence va dans ton char, rappelle-
toi!

Tu me demandes quo'faire
Tout ça, c'est nécessaire.
Juste jongle comment vaillant ça
serait,
Si tu rencontrais un vrai Français.

*Dégât*

## HE, AMERICAIN!

Hé, Américain!
Mon droit de grouiller
mon poing
S'arrête à ton nez,
Et ton droit de
grouiller ta langue
S'arrête à la mienne.
Transgression pour
transgression?

*Jean Arceneaux*
*2 février, 1981*

## PARLEZ EN ANGLAIS?

Combien de temps j'ai entendu,
«You're in America. Speak
English!»
Et chaque fois je me demande,
Pourquoi «Parler en anglais?»
Pourquoi pas en américain?
Selon moi,
L'anglais est une langue aussi
étrange
Que mon français.
Et encore,
C'est la faute à qui
Que vous êtes trop bêtes pour
parler
Deux langues?

*Frère Moreau*

## LE GOMBO DE CADIENS

Quoi c'est ça?
Explique-moi.

D'abord, tu prends un pays:
Le ventre troué du Mississippi,

Ensuite, écoute:
Un peu de Bretons,
De Normands, de Berrichons,
Tu remues longtemps,
Tu écrases les grumeaux,

Et puis:
Un peu d'Allemands,

Remue encore:
Un peu d'Espagnols,

Tourne fort.

Laisse reposer.

Et puis, goûte:
C'est pas encore ça?
Alors, attends un peu,
C'est là que le goût
viendra,
Peu à peu, en douceur,
en douleur,
secrètement.

C'est pas pour rien
Que vous Cadiens,
On vous a fait souffrir
A petit feu...

*Isabelle Têche*

F. The word **eine** comes from another language that has influenced Cajun French. Can you guess what language it is?

Spanish
German
Italian

G. In the **Cajun Telephone Stomp**, why does the person finally hang up? How do you say **Quoi c'est ça?** in standard French?

H. Look through the songs to find three examples of English words or phrases adapted to Cajun French.

I. Find an example of the construction **être après + infinitive**. What is its English equivalent?

J. Find examples of the following differences between Cajun French and standard French, and tell how they are different.
  a. one instance where a different grammatical form is used
  b. one instance where adjective agreement is different
  c. two instances where a syllable is left out
  d. two instances where a different word is used to join phrases

**Les poèmes**

K. What point is Frère Moreau making in his poem **Parlez en anglais**? Is there an American language? What does it or would it consist of?

## BEIGNETS DE BANANE

2 grosses bananes bien mûres, écrasées
1 tasse (250 ml.) de farine tamisée
2 cuillères à thé (10 ml.) de poudre à pâte
1 gros œuf
1/4 tasse (60 ml.) de lait
1 cuillère à thé (5 ml.) de sucre
1 cuillère à thé (5 ml.) d'essence de vanille
Pincée de sel
Huile

Dans un bol à mélanger, mettre la farine, le sucre, la poudre à pâte et le sel. Battre l'œuf avec le lait et la vanille. Incorporer à la farine et bien mélanger. Ajouter les bananes et bien mélanger à nouveau. Mettre 1 pouce (2.5 cm) d'huile dans une poêle épaisse et chauffer à environ 375°F (190°C). Laisser tomber la pâte par cuillerées dans l'huile chaude et frire jusqu'à ce que les beignets soient bruns et dorés, en les tournant pour les frire également. Retirer et égoutter sur du papier absorbant. Saupoudrer de sucre en poudre.

## CREVETTES ET JAMBON JAMBALAYA

2 livres (1 kg.) de crevettes, décortiquées et déveinées
1 tasse (250 ml.) de jambon, haché gros
1 piment vert, haché fin
1/2 tasse (125 ml.) de céleri, haché fin
2 tasses (500 ml.) de tomates, hachées
1 gros oignon, haché fin
1 gousse d'ail, émincée
2 cuillères à table (30 ml.) de persil, émincé
6 cuillères à thé (28 g.) de beurre
1 feuille de laurier (retirer avant de servir)
3 tasses (750 ml.) de riz bouilli chaud
1 cuillère à thé (5 ml.) de sel
6 gouttes de Tabasco

Dans une poêle épaisse, faire fondre 4 cuillères à thé (20 g.) de beurre à feu doux et sauter le piment, le céleri, l'oignon et le persil pour qu'ils soient transparents et légèrement brunis. Ajouter les tomates, l'ail et la feuille de laurier. Brasser constamment. Ajouter le sel et le Tabasco et cuire jusqu'à ce que le mélange commence à bouillir. Baisser le feu et mijoter 20 minutes, pour que le mélange épaississe. Dans une autre poêle, sauter les crevettes et le jambon dans 2 cuillères à thé (10 g.) de beurre. Quand les crevettes sont fermes et rosées, ajouter au mélange de tomates et cuire 5 minutes de plus. Ajouter le riz. Brasser pour bien mélanger jusqu'à ce que le riz soit bien enrobé et qu'il ait absorbé la sauce. Servir immédiatement.

**L.** What is the significance of the pairs of words in the lines of **Leçon du bon français**? Does the author really believe that the French he speaks is wrong? What is the message of the poem?

**M.** What ingredients make up **Le Gombo de Cadiens**? How do you have to cook it to make it turn out just right?

**N.** What do you think the author would say the Cajun people have gained through their suffering?

**O.** The words *tongue* and *language* are often synonymous. What right is the author of **Hé, Américain!** eager to protect?

**P.** What is the overall message of these four poems?

### Les recettes

**Q.** How would you translate what the cook is saying into English? Into standard French?

**R.** Which of these recipes seems to be the easier to prepare? Which has the most ingredients?

**S.** Match each dish with its preparation.

Baisser le feu et mijoter 20 minutes.

Brasser constamment.

Incorporer à la farine et bien mélanger.

Saupoudrer de sucre en poudre.

Ajouter les tomates, l'ail et la feuille de laurier.

# ECRIVONS!

*Think again about the poems in the reading selection. What makes them different from a short story or an essay? Poems often tend to focus on a specific experience, emotion, object, or person, and usually contain poetic devices to describe and show hidden meaning in their subjects. In this activity, you'll have the chance to discover and explore some of these poetic devices as you create your own poem or song lyric.*

## Un poète en herbe

Maintenant, c'est à toi d'écrire un poème ou une chanson.

### A. Préparation

1. D'abord, choisis le sujet de ton poème. Tu peux parler d'...
   - **a.** une personne qui joue un rôle important dans ta vie.
   - **b.** un objet que tu aimes beaucoup ou que tu trouves original.
   - **c.** un moment particulier de ta vie, important ou non.
   - **d.** une expérience intéressante que tu as vécue.
2. Pour faire la description de ce que tu as choisi comme sujet, fais une liste d'adjectifs et de verbes pour décrire les caractéristiques particulières de ton sujet.
3. Pour parler de tes sentiments ou de tes émotions, fais une liste de mots ou d'images pour exprimer la joie, la solitude, l'appartenance...

**DE BONS CONSEILS**

Writers of poetry use a variety of techniques to communicate emotion and meaning, and to create interesting effects with the sounds of language. They use figurative language and **imagery,** words or phrases that appeal to the senses, to create vivid or startling descriptions of a subject. **Rhyme** is often associated with poetry, but **repetition,** repeated sounds, words, or phrases; and **rhythm,** a pattern of stressed and unstressed syllables, are also very effective means of using sounds to convey feeling and mood. Try experimenting with these poetic techniques and see how they add to the depth and intensity of your poetry or song lyrics.

### B. Rédaction

1. Fais un brouillon de ton poème/ta chanson. Souviens-toi que ton but principal est de décrire ton sujet de façon vivante et intéressante.
2. Pendant que tu écris ton brouillon, essaie de créer des effets de sons intéressants.
   - **a.** Peux-tu utiliser une série de mots qui commencent par le même son?
   - **b.** Peux-tu terminer tes phrases par des mots qui riment?
   - **c.** Peux-tu combiner tes mots de façon à créer un certain rythme?
3. Essaie de faire ressortir les idées principales en répétant certaines phrases importantes.

### C. Evaluation

1. Relis ton brouillon. Est-ce que tu as réussi à décrire ton sujet de façon intéressante ou à bien exprimer une émotion? Essaie de remplacer certains mots par des mots plus forts ou par des mots qui décrivent mieux ton sujet.
2. Maintenant, lis ton poème/ta chanson tout haut. Les sonorités sont-elles agréables? Cherche des endroits où tu peux répéter une phrase importante ou ajouter une nouvelle rime. Fais les changements nécessaires.
3. Corrige les fautes d'orthographe et de grammaire, puis rédige la version finale de ton poème/ta chanson. Fais-le/la lire à ton/ta camarade. Si tu as écrit une chanson et que tu as une idée du genre de musique que tu voudrais, chante ta chanson.

## CHAPITRE 11

# MISE EN PRATIQUE

**1** Regarde cette brochure touristique sur l'Acadiana et réponds aux questions suivantes.

## *La paroisse de Lafayette*

A Lafayette, au coeur de l'Acadiana, on sent le pouls du pays cajun. Dans la paroisse de Lafayette, le français est toujours utilisé et les étrangers sont reçus comme des amis. Dans plusieurs restaurants de Lafayette vous pourrez, tout en dégustant la délicieuse cuisine cajun et créole, apprécier la musique et la danse traditionnelles.

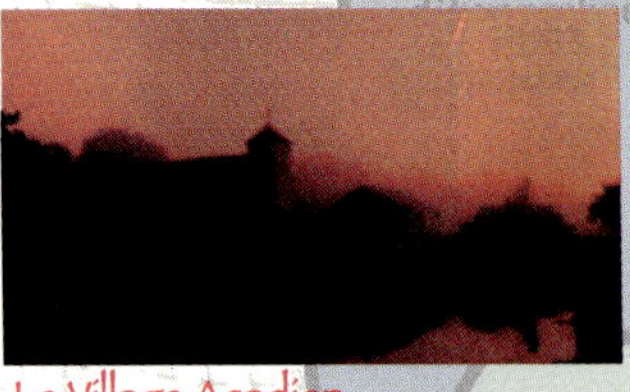

Le Village Acadien

Le Village Acadien est un musée en plein air qui représente la vie en Acadiana telle qu'elle était au XIXème siècle; Vermilionville est un véritable témoignage vivant du passé cajun et créole. Le Musée de Lafayette a été la maison d'un des premiers habitants de la ville. Le Musée d'Histoire Naturelle et le Planétarium offrent de multiples expositions avec différents thèmes : la nature, les sciences et la technologie. Le Musée d'Art de l'Université du Sud-Ouest de la Louisiane (USL) présente toujours une exposition digne d'intérêt.

En Acadiana, les festivals font partie de la vie de tous les jours comme la bonne nourriture et la bonne musique. Vous entendrez les habitants vous dire—en français—«Laissez les bons temps rouler!» Tout est prétexte à la fête : le Mardi Gras, la culture cajun ou créole et toutes les autres activités liées à la francophonie.

Pour les Cadiens, faire la fête c'est très sérieux, alors amusez-vous à Lafayette, c'est la coutume!

## *La paroisse de Saint Martin*

Vous êtes invités à faire un voyage dans le temps dans la paroisse de Saint Martin. Venez vous balader le long du bayou Teche jusqu'aux premiers refuges des exilés Acadiens. Là, vous rencontrerez des gens qui parlent toujours le français cajun. Sur l'Interstate 10, sortez à Breaux Bridge ou à Henderson pour vous rendre dans les restaurants spécialisés dans les crustacés. Visitez le quartier historique de Breaux Bridge ainsi que son centre ville et profitez-en pour vous rendre dans l'une des salles de danse les plus réputées dans le monde entier.

A partir d'Henderson, explorez le magnifique bassin de l'Atchafalaya à partir de la levée. Pendant la visite des marais, des aigrettes, des hérons, des castors et des alligators viendront saluer votre passage.

Les musiciens cajuns devant le chêne d'Evangéline

A Saint Martinville, surnommé «Le Petit Paris d'Amérique», vous découvrirez ce mélange unique de culture française et d'hospitalité du Sud. Par une visite pédestre vous emprunterez des sentiers dans des paysages somptueux et pourrez contempler le chêne d'Evangéline, le Musée du Mardi Gras, le quartier historique et l'église catholique Saint Martin de Tours, la plus vieille église catholique louisianaise.

1. Est-ce que ces phrases sont vraies ou fausses?
   1. En Acadiana un festival est un événement qui se prépare parce que ça n'arrive pas tous les jours.
   2. Le français est toujours utilisé dans la paroisse de Lafayette.
   3. Saint Martinville est surnommé «Le Petit Paris d'Amérique.»
   4. L'église Saint Martin de Tours est la plus vieille église catholique des Etats-Unis.
2. D'après cette brochure, où est-ce qu'on peut voir...

le bassin de l'Atchafalaya? des aigrettes

Vermilionville? le chêne d'Evangéline?

le musée du Mardi Gras? le Planétarium?

**2** Mathieu et Nadine décident ce qu'ils vont faire pendant leur visite en Louisiane. Ecoute leur conversation et mets les événements dans le bon ordre.

5 Mathieu demande à Nadine son opinion sur ce qu'elle mange.

Nadine propose d'aller au Village Acadien. 1

Nadine fait une observation. 4

3 Mathieu en donne une opinion négative.

Mathieu donne son impression sur la cuisine cajun. 7

2 Mathieu demande une explication au sujet du Village Acadien.

Mathieu demande une explication au sujet du gombo. 6

**3** Tu vas faire un voyage de cinq jours en Louisiane avec tes camarades. Où est-ce que tu veux aller? Qu'est-ce que tu veux faire? Fais des suggestions. Tes camarades vont te donner leur opinion. S'ils ne sont pas d'accord, ils vont proposer quelque chose d'autre. Quand vous aurez décidé, faites un programme de ce que vous allez faire chaque jour.

**4** Tu es en Louisiane et tu as quelques questions à poser à l'employé(e) de l'office de tourisme. Tu lui demandes de t'expliquer les mots suivants. Si tu crois les connaître, vérifie que tu as raison.

«jambalaya» «cocodrie»
«Atchafalaya» «zydeco»
«cajun» «po-boy» «gombo»
«fais dodo» «Mardi Gras»

**5** Tu es journaliste pour un magazine de tourisme. Tu viens de rentrer d'un voyage en Louisiane. Ecris un article où tu donnes tes impressions et où tu fais des observations sur la Louisiane. N'oublie pas de parler des endroits que tu as visités, de la musique que tu as écoutée et de la cuisine que tu as goûtée.

**6**

## JEU DE ROLE

You're visiting friends in Louisiana. They take you to a Cajun restaurant and dance hall. Act out the following scenes with your partners.

**a.** You don't know what to order, so your friends make suggestions. Because you're not familiar with the foods they suggest, you ask for some explanation. When you taste what you've ordered, your friends ask your opinion of it. Tell them and add an observation about Cajun food.

**b.** You and your friends are having a discussion about your music preferences during which you agree or disagree. Suddenly, a live band starts to play. You don't know what kind of music it is, so you ask your friends. They ask you what you think of the music and dancing. Give them your impressions.

# QUE SAIS-JE?

## Can you use what you've learned in this chapter?

Can you ask for confirmation? p.276

**1** You run into someone you haven't seen in a long time. How would you ask for confirmation about . . .

1. his or her brother's name?
2. where he or she lives?
3. his or her age?
4. where he or she goes to school?

Can you ask for and give an opinion? p.278

**2** How would you ask a friend's opinion of your favorite music?

**3** How would you express your opinions about the following types of music?

rock | classical | jazz | country | blues | rap | dance music

Can you agree and disagree? p.278

**4** A friend gives an opinion about a CD you've just bought. How do you express your agreement?

**5** What do you say if you don't agree with your friend?

Can you ask for explanations? p.283

**6** What do you say to ask . . .

1. what something is?
2. what something is called?
3. what something means?
4. what's in a dish?
5. how to say something in French?

Can you make observations? p.286

**7** What observations would you make about . . .

1. your town?
2. your school?
3. a place you visited?
4. learning French?

Can you give impressions? p.286

**8** How would you give your impressions of these pictures?

1. 

2. 

3. 

# VOCABULAIRE

## PREMIERE ETAPE

### Asking for confirmation

**toujours... ?** *still . . . ?*
**bien... ?** *really . . . ?*
**... déjà?** *. . . again?*
**Si je me souviens bien,...** *If I remember correctly, . . .*
**Si je ne me trompe pas,...** *If I'm not mistaken, . . .*

### Musical instruments

**l'accordéon** (m.) *the accordeon*
**la basse** *the bass (guitar)*
**la batterie** *the drums*
**la boîte à rythmes** *the drum machine*
**le chant** *singing*
**la flûte** *the flute*
**la guitare** *the guitar*
**le micro (le microphone)** *the mike (the microphone)*
**le piano** *the piano*
**le saxophone** *the saxophone*
**le synthé (le synthétiseur)** *the synthesizer*
**la trompette** *the trumpet*
**le violon** *the violin*

### Kinds of music

**le country** *country music*
**le blues** *blues*
**la dance** *dance music*
**le jazz** *jazz*
**la musique cajun** *Cajun music*
**la musique classique** *classical music*
**le rap** *rap*
**le rock** *rock*

### Asking for and giving opinions

**Qu'est-ce que tu penses de... ?** *What do you think of . . . ?*
**Ça te branche,... ?** *Are you into . . . ?*
**Ça m'éclate.** *I'm wild about it.*
**Je n'écoute que ça.** *That's all I listen to.*
**Ça ne me branche pas trop.** *I'm not into that.*

### Agreeing and disagreeing

**Ça, c'est sûr.** *That's for sure.*
**Tu délires ou quoi?** *Are you crazy or what?*

## DEUXIEME ETAPE

### Asking for explanations

**Qu'est-ce que c'est?** *What's that?*
**Comment est-ce qu'on appelle ça?** *What is that called?*
**Qu'est-ce que ça veut dire,... ?** *What does . . . mean?*
**Qu'est-ce qu'il y a dans... ?** *What's in . . . ?*
**Comment est-ce qu'on fait... ?** *How do you make . . . ?*
**D'où vient le mot... ?** *Where does the word . . . come from?*
**Comment on dit... ?** *How do you say . . . ?*

### Cajun food

**à la vapeur** *steamed*
**l'andouille** (f.) *andouille sausage*
**au court-bouillon** *boiled*
**les champignons** (m.) *mushrooms*
**les crustacés** (m.) *shellfish*
**les écrevisses** (f.) *crawfish*
**en bisque** *bisque*
**épicé(e)** *spicy*
**les épices** (f.) *spices*
**les épinards** (m.) *spinach*
**farci(e) (à)** *stuffed (with)*
**frit(e)** *fried*
**le gombo** *gumbo*
**les hors-d'œuvre** (m.) *hors d'oeuvre*
**les huîtres** (f.) *oysters*
**le jambalaya** *jambalaya*
**des okras** (m.) *okra*
**le po-boy** *po-boy sandwich*
**le porc** *pork*
**le pouding au pain** *bread pudding*
**les raisins secs** *raisins*
**salé(e)** *salty*
**les saucisses** (f.) *sausages*
**la soupe** *soup*
**la viande** *meat*

### Making observations

**Ce qui est intéressant/incroyable, c'est...** *What's interesting/incredible is . . .*
**Ce qui saute aux yeux, c'est...** *What catches your eye is . . .*
**Ce qui me branche vraiment, c'est...** *What I'm really crazy about is . . .*
**Ce que je trouve super, c'est...** *What I think is super is . . .*
**Ce que j'adore/j'aime, c'est...** *What I like/love is . . .*

### Giving impressions

**On dirait que...** *It looks like . . .*
**Il me semble que...** *It seems to me that . . .*
**J'ai l'impression que...** *I have the impression that . . .*
**Ils ont l'air de...** *They look like . . .*

CHAPITRE

# 12 Echanges sportifs et culturels

1 Les Jeux olympiques, affrontement sportif et union culturelle

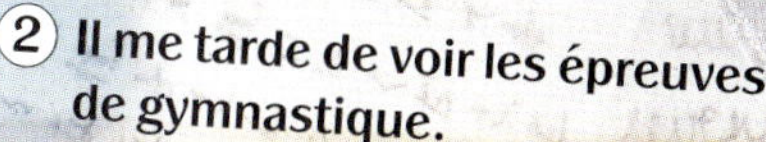

Viens aux Jeux olympiques! C'est l'endroit idéal pour voir tes athlètes préférés au meilleur de leur forme. Mais ce n'est pas tout. Tu pourras aussi y rencontrer des jeunes du monde entier et découvrir toutes sortes de choses fascinantes sur leur pays, leur culture et leurs habitudes. Et puis, n'oublie pas, il y aura beaucoup de francophones en compétition et ce sera l'occasion pour toi de pratiquer ton français.

② Il me tarde de voir les épreuves de gymnastique.

## In this chapter you will review and practice

- expressing anticipation; making suppositions; expressing certainty and doubt
- inquiring; expressing excitement and disappointment

## And you will

- listen to teenagers talking about their countries
- read about an athlete from Quebec
- write an article for a sports magazine
- find out what francophone teenagers think about other cultures

③ C'est comment, la vie là-bas?

# Mise en train

## A nous les Jeux olympiques!

Lisette téléphone à Julie pour lui souhaiter bonne chance aux Jeux olympiques.

**1** LISETTE Allô, Julie? Alors, tu es prête pour le grand départ?

JULIE Ne m'en parle pas! J'ai un trac fou!

LISETTE T'en fais pas. Ça va aller.

JULIE Je suis vraiment impatiente de partir. Tu sais, c'est ma première compétition olympique. Je me demande comment ça sera. En tout cas, je suis sûre que ça va être impressionnant.

LISETTE Moi, je parie que tu vas gagner la médaille d'or!

JULIE Tu parles! Ça m'étonnerait. Il doit y avoir des tas d'escrimeuses beaucoup plus fortes que moi, des championnes qui ont plus d'expérience. Surtout les Allemandes! Je suis certaine que c'est elles qui vont gagner. Si je suis au meilleur de ma forme, je pourrai peut-être arriver en demi-finale. Ça serait déjà très bien.

LISETTE Oh, arrête. Si tu penses comme ça, tu ne gagneras rien du tout. Un conseil : répète trois fois «C'est moi la meilleure!»

JULIE C'est moi la meilleure, c'est moi la meilleure, c'est moi la meilleure!

LISETTE Voilà. Très bien.

JULIE En tout cas, il me tarde d'assister aux épreuves d'athlétisme. Tu imagines un peu! Tous les meilleurs athlètes du monde réunis! Vivement que j'arrive! Au moins, j'aurai cette consolation si je ne gagne pas...

LISETTE Oh non! Tu ne vas pas recommencer! Je parie que tout va très bien se passer. Allez. Je t'embrasse et bonne chance!

Ali entre dans la chambre de son frère Youssef qui est en train de faire ses valises.

**2** ALI Salut. Alors, tu as tout ce qu'il te faut?

YOUSSEF Oui, je crois.

ALI Pense à prendre ton maillot.

YOUSSEF Très drôle! Je serai le seul plongeur olympique sans maillot!

ALI Alors, tu as le trac?

YOUSSEF Oh, tu sais, c'est pas pour me vanter, mais je crois que j'ai mes chances.

ALI Oh, arrête de délirer! Tu as vu qui est en compétition? L'Américain, là, il a beaucoup plus d'expérience que toi. C'est la troisième fois qu'il participe aux Jeux olympiques. Ça m'étonnerait que tu le battes.

YOUSSEF Tu es vraiment encourageant, toi. Ça arrive souvent que les plus jeunes concurrents gagnent, tu sais.

ALI Ouais. Bon, ben... bonne chance, hein.

A sa dernière séance d'entraînement avant de partir, Ophélia discute avec son entraîneur.

3 M. DUVAL Eh bien, Ophélia? Tu n'as pas l'air en forme.

OPHELIA Oh, je ne sais pas. Ça fait tellement longtemps que je m'entraîne. Ça doit être le stress, sûrement.

M. DUVAL Allez! Encore un effort! C'est pas la mer à boire. Tu y es presque! Tu imagines si Marie-José Pérec parlait comme ça? Tu ferais mieux de te concentrer sur ton entraînement. Tu sais ce que je dis toujours...

OPHELIA Oui, je sais : «On n'arrive à rien sans rien.»

M. DUVAL C'est ça. Et n'oublie pas que, même si c'est beaucoup de travail maintenant, tu seras vraiment heureuse quand tu seras sur le podium.

OPHELIA Oui, je sais. Ça va sûrement être génial. Il y aura des champions de tous les pays... Ça sera chouette de parler à des Africains... Je n'ai jamais rencontré d'Africains. Et puis, il me tarde d'aller aux Etats-Unis... Je me demande s'il y a beaucoup d'Américains qui parlent français, parce que mon anglais n'est pas terrible...

M. DUVAL Oui. Enfin, n'oublie quand même pas l'entraînement.

OPHELIA Ça, je sais que je peux compter sur vous pour me le rappeler!

Mademba est à l'aéroport avec sa famille qui lui dit au revoir avant son départ pour les Etats-Unis.

4 MME KAUSSI Tu es sûr que tu as tout ce qu'il te faut?

MADEMBA Mais oui, maman. T'en fais pas.

MME KAUSSI Fais attention. Tu sais ce qu'on dit. Ça peut être dangereux de se promener aux Etats-Unis...

MADEMBA N'aie pas peur. Tu sais, je suis champion de lutte! Je sais me défendre!

MME KAUSSI Bon. Mais quand même, méfie-toi. Et laisse ton argent dans ta chambre.

MADEMBA Mais maman, les Etats-Unis, c'est civilisé! Je parie que je vais me faire des tas de copains tout de suite. Il doit y avoir plein de francophones en compétition.

ADJOUBA Et n'oublie pas que tu m'as promis de demander un autographe à Lu Li.

MADEMBA Oui, oui. Je sais. Je ferai de mon mieux mais je ne suis pas certain de pouvoir la voir.

ADJOUBA Pourquoi? Tu ne vas pas aller voir les épreuves de gymnastique?

MADEMBA Tu sais, ça m'étonnerait que j'aie le temps. J'ai mon entraînement et puis je veux voir autant de matches de basket que possible. Bon. Je dois y aller. Dès que je serai installé, je vous appellerai.

MME KAUSSI Allez! Au revoir, mon petit et bonne chance! On est fiers de toi.

ADJOUBA Envoie-nous une carte postale dès que tu pourras... Et n'oublie pas de me rapporter quelque chose.

MADEMBA Oui, oui! Allez, à bientôt!

## 1 Tu as compris?

1. Where are these teenagers going?
2. When and where does each conversation take place?
3. How does Julie feel about her competition? What about Youssef?
4. What is Ophélia's coach discussing with her?
5. How does Mademba's family feel about his trip to the United States?

## 2 Qui dit quoi?

Quel(le) jeune fait ces remarques dans **A nous les Jeux olympiques**?

Tu sais, je suis champion de lutte! Je sais me défendre.

Ça sera chouette de parler à des Africains.

Si je suis au meilleur de ma forme, je pourrai peut-être arriver en demi-finale.

Il doit y avoir des tas d'escrimeuses beaucoup plus fortes que moi.

Je me demande s'il y a beaucoup d'Américains qui parlent français, parce que mon anglais n'est pas terrible.

Oh, tu sais, c'est pas pour me vanter, mais je crois que j'ai mes chances.

## 3 Vrai ou faux?

1. Julie compte gagner la médaille d'or.
2. Elle n'a pas envie de voir d'autres sports.
3. Youssef a oublié son maillot de bain.
4. Il a un trac fou.
5. Il se croit le meilleur plongeur du monde.
6. M. Duval est satisfait de l'entraînement d'Ophélia.
7. Ophélia voudrait rencontrer beaucoup de gens aux Jeux olympiques.
8. Mademba compte assister à beaucoup d'épreuves de gymnastique.

## 4 Cherche les expressions

What do the people in **A nous les Jeux olympiques!** say to . . .

1. reassure someone?
2. express anticipation?
3. make a supposition?
4. express doubt?
5. brag?
6. tease?
7. encourage someone?
8. give advice?
9. caution someone?

## 5 Et maintenant, à toi

Est-ce que tu as déjà participé à une compétition ou à un événement sportif? Comment est-ce que tu t'es préparé(e)? Est-ce que tu étais inquiet/inquiète, impatient(e), sûr(e) de toi?

### Note Culturelle

International sporting events, such as the Olympic Games, are exciting for both spectators and participants. For many people, however, the competition itself is not the most important purpose of such an event. By bringing athletes from all over the world together for friendly competition, these events promote understanding and acceptance among people from many different cultures. Among the most famous international sporting events are the **Tour de France**, regarded as the most grueling bicycle race in the world; the Paris-Dakar Rally, a motorcycle and automobile race between the capitals of France and Senegal; and the Roland Garros tennis tournament, known in the United States as the French Open.

# PREMIERE ETAPE

***Expressing anticipation; making suppositions; expressing certainty and doubt***

## VOCABULAIRE

**le basket-ball**

**l'escrime** (f.)

**le base-ball**

**la gymnastique**

**l'athlétisme** (m.)

**le plongeon acrobatique**

**l'aviron** (m.)

**le tir à l'arc**

**l'haltérophilie** (f.)

la boxe
le cyclisme
l'équitation (f.)
le judo
la lutte
la natation

### 6 Ecoute!

Ecoute les conversations de ces spectateurs aux Jeux olympiques. A quelles épreuves est-ce qu'ils assistent? Answers on p. 295C.

## 7 Quel sport?

Associe ces objets à leurs images. Pour quel sport est-ce qu'ils sont nécessaires?

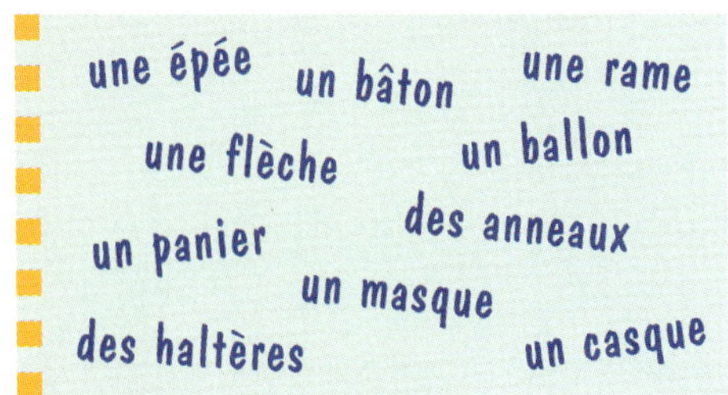


## 8 Sportez-vous bien!

Regarde ce tableau et réponds aux questions suivantes.

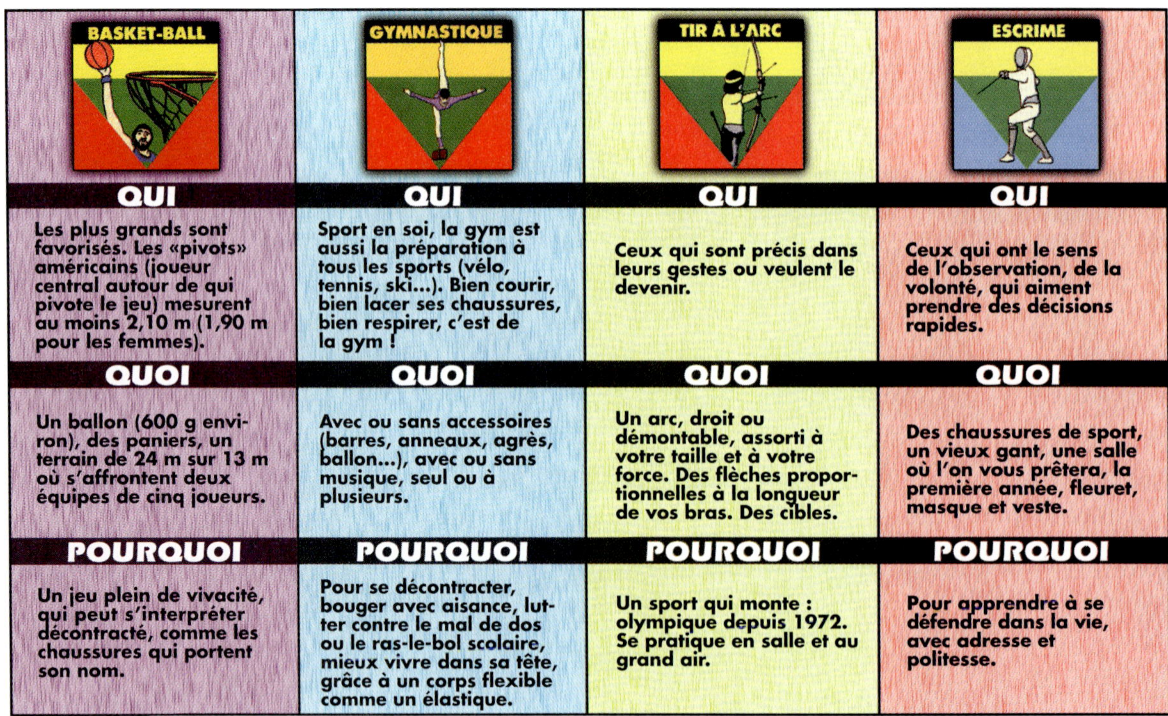

| | BASKET-BALL | GYMNASTIQUE | TIR À L'ARC | ESCRIME |
|---|---|---|---|---|
| QUI | Les plus grands sont favorisés. Les «pivots» américains (joueur central autour de qui pivote le jeu) mesurent au moins 2,10 m (1,90 m pour les femmes). | Sport en soi, la gym est aussi la préparation à tous les sports (vélo, tennis, ski...). Bien courir, bien lacer ses chaussures, bien respirer, c'est de la gym ! | Ceux qui sont précis dans leurs gestes ou veulent le devenir. | Ceux qui ont le sens de l'observation, de la volonté, qui aiment prendre des décisions rapides. |
| QUOI | Un ballon (600 g environ), des paniers, un terrain de 24 m sur 13 m où s'affrontent deux équipes de cinq joueurs. | Avec ou sans accessoires (barres, anneaux, agrès, ballon...), avec ou sans musique, seul ou à plusieurs. | Un arc, droit ou démontable, assorti à votre taille et à votre force. Des flèches proportionnelles à la longueur de vos bras. Des cibles. | Des chaussures de sport, un vieux gant, une salle où l'on vous prêtera, la première année, fleuret, masque et veste. |
| POURQUOI | Un jeu plein de vivacité, qui peut s'interpréter décontracté, comme les chaussures qui portent son nom. | Pour se décontracter, bouger avec aisance, lutter contre le mal de dos ou le ras-le-bol scolaire, mieux vivre dans sa tête, grâce à un corps flexible comme un élastique. | Un sport qui monte : olympique depuis 1972. Se pratique en salle et au grand air. | Pour apprendre à se défendre dans la vie, avec adresse et politesse. |

1. Trouve un sport...
   a. qui est une bonne préparation pour tous les sports.
   b. qui est bien pour ceux qui sont précis dans leurs gestes.
   c. où les plus grands sont favorisés.
   d. pour ceux qui aiment prendre des décisions rapides.

2. Qu'est-ce qu'il te faut pour faire...

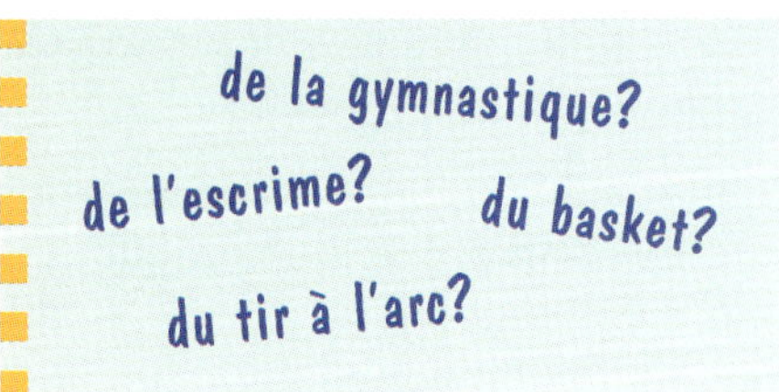


3. Vrai ou faux?
   a. Si tu fais de l'escrime, tu pourras te défendre avec politesse.
   b. Le tir à l'arc est le sport le plus populaire en France.
   c. La gymnastique peut t'aider à lutter contre le ras-le-bol scolaire.

## 9 Sondage

Ton correspondant français voudrait savoir quels sports sont les plus populaires chez toi. Fais un sondage dans ta classe. Demande à tes camarades de nommer par ordre de préférence cinq sports qu'ils aiment faire et cinq sports qu'ils aiment regarder à la télé. Compare tes résultats à ceux de ton/ta camarade.

## 10 Qu'est-ce que tu en dis?

Ton ami(e) pense essayer un nouveau sport. Il/Elle te demande ton opinion. Tu lui donnes des conseils.

—Je pense faire du plongeon acrobatique. Qu'est-ce que tu en dis?
—Si j'étais toi, je ferais plutôt de la natation. C'est moins dangereux.

dangereux
cool
fatigant
ennuyeux
dur
intéressant
facile
génial
cher
amusant
bon pour la santé

## 11 C'est quoi pour vous, le sport?

Lis les remarques faites par quelques jeunes francophones et réponds aux questions.

«RAUL»
Roma (Italie)
J'aime beaucoup le sport, en particulier le foot. Je pense que ça sert à mieux respirer, à faire mieux fonctionner le corps, à organiser ses forces et à s'amuser. Je crois que si tout le monde pratiquait régulièrement un sport, mais bien entendu seulement comme loisir, on ne connaîtrait pas la vieillesse. Personnellement, je préfère les sports d'équipe, parce que je peux connaître des tas d'amis, et aussi parce que la responsabilité de gagner n'est pas concentrée toute sur moi.

«STEPHANIE»
Limoges
Pour moi, le sport permet de se défoncer, de se marrer, de se mesurer à soi-même et aux autres. Si je fais deux ou trois heures de sport par semaine, j'ai l'impression de ne pas être moi-même, de ne pas m'être assez défoncée. Pendant les vacances, j'ai fait un stage de tennis (trois heures par jour) et de golf (deux heures par jour), et là, j'étais contente et en super forme.

«BEATRICE»
Annecy-le-Vieux
Tu sais, Stéphanie, moi aussi, je suis une folle de sport. J'adore ça. Je pense que le sport est fait pour se défouler. On bouge, on rigole, et c'est chouette ! Moi, j'ai horreur d'être enfermée toute la journée dans le collège. Alors, quand c'est l'heure du sport, j'en profite beaucoup. Je pratique de la gymnastique aux agrès (barres, poutre et cheval) pendant toute l'année dans un club, et c'est génial. Je fais des compétitions, ce qui m'oblige à bien travailler. J'aime aussi les sports d'équipe que je pratique à l'école, et aussi l'équitation, la natation... Vive les sports !

1. What are six reasons these teenagers give for participating in sports?
2. How does Stéphanie feel if she doesn't devote enough time to sports?
3. Which of the teenagers especially likes team sports? Why?
4. Which of the teenagers goes to competitions? What does she dread?

## 12 Mon journal

Est-ce que le sport est important pour toi? Pourquoi ou pourquoi pas?

# COMMENT DIT-ON... ?

## Expressing anticipation; making suppositions; expressing certainty and doubt

*To express anticipation:*

**Il me tarde de** voir les épreuves de judo. *I can't wait to . . .*

**Je suis vraiment impatient(e) de** partir! *I can hardly wait to . . . !*

**Vivement que j'arrive!** *I just can't wait to get there!*

**Dès que je serai là,** je mangerai un hot-dog. *As soon as I get there, . . .*

**Quand je verrai** mes athlètes préférés, je leur demanderai un autographe.

*To express certainty:*

**Je suis sûr(e)/certain(e) que** le basket-ball va être super.

**Ça, c'est sûr.**

**Je n'en ai aucun doute.**

*To make a supposition:*

**Ça doit être** cool!

**Il doit y avoir** beaucoup de francophones.

**Je parie que** les Russes vont gagner.

**On pourra sûrement** rencontrer des gens intéressants.

*To express doubt:*

**Je ne suis pas sûr(e)/certain(e) que** les escrimeurs français puissent gagner.

**Je ne pense/crois pas qu'**on puisse obtenir des places pour la gymnastique.

**Ça m'étonnerait qu'**il gagne la médaille d'or.

### 13 Ecoute!

Séverine part aux Etats-Unis. Elle discute avec son frère en faisant ses valises. Indique les conversations où elle fait une supposition et celles où elle exprime son impatience.

**De bons conseils**

If you know the word for an activity, you can often guess the word for the person who does that activity. The suffix **-eur/-euse** generally indicates a person who does the action a verb expresses. If **plonger** means *to dive,* who is a **plongeur**? You know the verb **jouer** means *to play.* How would you say *a player*? What are the words for the people who do these activities: **nager, sauter, courir, tirer, recevoir**? Some other less common endings which also indicate a person or a performer are **-ant(e)**, and **-iste.** What do you think the words **gagnant** and **perchiste** mean?

**Note de Grammaire**

You've learned that you generally use the future tense in French in the same way as you do in English. However, when talking about a future event in French, you use the future tense following the conjunctions **quand** and **dès que,** whereas in English, you use the present tense. Look at these examples:

Je serai heureuse **quand** je **serai** sur le podium.
*when I am*

Je vais lui demander son autographe **dès que** je le **verrai.**
*as soon as I see*

## 14 Il me tarde de...

Nadine essaie d'imaginer comment ça sera aux Jeux olympiques. Qu'est-ce qu'elle dit?

## 15 C'est trop cool!

Tu as gagné un voyage pour aller voir un de ces événements sportifs. Tu es impatient(e) d'y aller et tu te demandes comment ça sera. Ton/ta camarade te donnera son avis. Tu lui diras si tu crois qu'il/elle a raison. Changez de rôles.

le Superbowl
le Tour de France
Wimbledon
la Coupe du monde
le rallye Paris-Dakar
Roland-Garros

## 16 Moi, je suis impatient(e) de voir...

Tu vas inviter ton ami(e) chez toi pour regarder quelques événements des Jeux olympiques à la télé. Regardez le programme. Chacun(e) propose des sports qu'il/elle aime, mais l'autre n'est pas d'accord. Essaie de convaincre ton/ta camarade en disant comment ça sera, d'après toi. Enfin, décidez ce que vous allez regarder et donnez-vous rendez-vous.

**Lundi 22 juillet**

| | | | | |
|---|---|---|---|---|
| **SRC** | 17h00<br>Athlétisme<br>-Saut à la perche<br>-Saut en hauteur<br>-Saut en longueur | 19h00<br>Tir à l'arc<br>Dames<br>Par équipes | 19h30<br>Base-ball<br>USA/<br>Canada | 22h30<br>Basket-ball<br>Russie/<br>Allemagne |
| **TVA** | 17h00<br>Boxe<br>Poids Lourds | 19h30<br>Gymnastique<br>-Poutre<br>-Anneaux<br>-Sol | 20h00<br>Equitation<br>Concours<br>Complet<br>Individuel | 21h30<br>Escrime<br>Dames<br>Fleuret<br>Par équipes |
| **CTV** | 17h30<br>Judo<br>Super Légers | 18h30<br>Escrime<br>Epée<br>Messieurs<br>Individuel | 19h00<br>Base-ball<br>Japon/<br>Porto Rico | 21h30<br>Haltérophilie<br>Super Lourds |

**Mardi 23 juillet**

| | | | | |
|---|---|---|---|---|
| **SRC** | 18h00<br>Athlétisme<br>- Relais<br>- Saut en hauteur<br>- Course | 19h00<br>Basket-ball<br>Espagne/<br>Suède | 22h00<br>Gymnastique<br>Messieurs<br>Exercices<br>au sol | 22h30<br>Aviron<br>Dames |
| **TVA** | 18h00<br>Lutte<br>Jusqu'à 68 kg | 19h00<br>Plongeon<br>acrobatique<br>Messieurs | 19h30<br>Athlétisme<br>-Courses de haies<br>-200m Dames<br>-800m Messieurs | 20h30<br>Judo<br>Moyens |
| **CTV** | 17h00<br>Natation<br>100m Papillon<br>1500m Nage libre | 18h15<br>Athlétisme<br>-Javelot<br>-Lancer du disque | 19h00<br>Base-ball<br>Brésil/France | 22h15<br>Tir à l'arc<br>Messieurs<br>Individuel |

# Remise en train

## Un rendez-vous sportif et culturel

Quelques-uns des athlètes participant aux Jeux olympiques sont allés voir la finale de basket-ball.

**1** MADEMBA You beg my pardon, madame, is it lane euh, vingt-deux?
YVONNE Yes. Tu peux me parler en français, si tu veux. Je suis du Canada.
MADEMBA Super! Je m'appelle Mademba. Je suis du Sénégal. Je suis ici pour la lutte. Et toi?
YVONNE Moi, c'est Yvonne. Je joue au volley.
MADEMBA Au fait, c'est quoi, le score?
YVONNE Trente à vingt-sept pour les Etats-Unis.
MADEMBA Oh, zut alors! Allez, les Russes!
YVONNE Ah, non! Je suis pour les Américains, moi. Ils sont vraiment bons. Dis, tu as vu leur match contre les Brésiliens?
MADEMBA Oui, je l'ai vu à la télé avant de venir.
YVONNE Vous avez la télé au Sénégal?
MADEMBA Bien sûr. Et on a aussi des téléphones, des ordinateurs, des voitures, des avions... Il n'y a pas que des petits villages au Sénégal, il y a aussi des grandes villes modernes comme Dakar, par exemple.

**2** YVONNE Oh, pardon. Tu dois penser que je suis vraiment stupide.
MADEMBA Non, pas du tout. Beaucoup de gens pensent comme toi. Je trouve ça dommage que les gens ne s'intéressent pas à la culture des autres.
YVONNE Oui, c'est vraiment bête. On a vraiment de la chance d'être ici. Tu sais, j'aimerais bien que tu me racontes comment c'est dans ton pays. Dis donc, après le match, on peut aller manger quelque chose et discuter?
MADEMBA Ça serait super. Et comme ça, tu pourras me parler du Canada.
YVONNE D'accord.

### 17 Tu as compris?

1. What are these conversations about?
2. What are some things that Hélène wants to do in Guadeloupe?
3. How does Yvonne embarrass herself?
4. What did Jean-Paul and Julie enjoy most about their Olympic experience?

### 18 Mets en ordre

Mets en ordre les événements d'**Un rendez-vous sportif et culturel.**

- Mademba parle de son pays.
- Yvonne donne le score à Mademba.
- Mademba cherche son siège.
- Mademba rencontre Yvonne.
- Mademba encourage les Russes.
- Yvonne fait une gaffe *(blunder).*

Ophélia et Hélène passent leur dernière soirée aux Jeux à la finale de basket.

❸ HELENE Dis donc, il est super, ce match. A ton avis, qui va gagner?

OPHELIA Je ne sais pas.

HELENE Qu'est-ce qu'il y a? Tu as l'air triste.

OPHELIA Un peu, oui. Demain tu vas rentrer chez toi et moi aussi. On ne se verra plus.

HELENE C'est vrai. Mais je vais t'écrire et t'envoyer plein de photos.

OPHELIA Moi aussi. Tu sais, je ne t'oublierai pas. Et puis, tu dois absolument venir passer un mois chez moi cet été. D'accord?

❹ HELENE Pas de problème. Il me tarde de voir la Guadeloupe. Ça sera super de voir les belles plages et les forêts tropicales. Et puis, je veux aussi me balader dans les marchés, rencontrer plein de gens et danser le zouk.

OPHELIA Et moi, je suis vraiment impatiente de voir toutes les montagnes couvertes de neige qu'il y a chez toi, en Suisse. N'oublie pas que tu dois m'apprendre à skier.

A la mi-temps, Julie et Jean-Paul échangent leurs impressions des Jeux.

❺ JEAN-PAUL Alors, Julie, ça fait comment d'avoir eu la médaille d'or?

JULIE C'est trop cool! Mais j'arrive toujours pas à y croire.

JEAN-PAUL Félicitations. Tu étais vraiment impressionnante.

JULIE Arrête, tu vas me faire rougir. J'ai eu de la chance, c'est tout.

JEAN-PAUL Moi, par contre, qu'est-ce que j'ai pu être nul! On va se moquer de moi en Belgique. Quelle angoisse!

JULIE Ne t'en fais pas! Ça peut arriver à tout le monde!

JEAN-PAUL C'est vrai. Et puis, tu sais, en venant ici, j'ai rencontré des gens super et j'ai pu apprendre toutes sortes de choses sur leurs pays.

JULIE Oui, moi aussi. Et je pense que ça sera le meilleur souvenir que je garderai de ces Jeux olympiques.

## 19 Vrai ou faux?

1. Yvonne est pour les Russes.
2. Il y a des grandes villes modernes au Sénégal.
3. Mademba voudrait connaître le Canada.
4. Ophélia est impatiente de faire du ski.
5. Hélène ne s'intéresse pas du tout à la culture des autres.
6. Julie n'est même pas arrivée en finale.
7. Jean-Paul n'a pas aimé venir aux Jeux olympiques.

## 20 Cherche les expressions

What do the people in **Un rendez-vous sportif et culturel** say to . . .

1. give their name and nationality?
2. inquire about someone's country?
3. root for a team?
4. express embarrassment?
5. express excitement?
6. congratulate someone?
7. express disappointment?

## 21 Et maintenant, à toi

Est-ce que tu as déjà rencontré des gens d'un autre pays? Qu'est-ce que tu as appris sur leur pays?

# DEUXIEME ETAPE

*Inquiring; expressing excitement and disappointment*

## VOCABULAIRE

Regarde les gens que Julie a rencontrés aux Jeux olympiques.

Je suis **d'Algérie.**

Je suis de **Côte d'Ivoire.**

Je suis de **Belgique.**

Je suis de **Guadeloupe.**

Je suis de **Tunisie.**

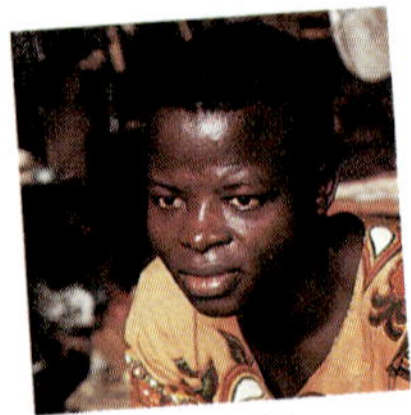

Je suis du **Niger.**

Je suis du **Maroc.**

Je suis de **Suisse.**

Je suis du **Sénégal.**

Je suis **d'Haïti.**

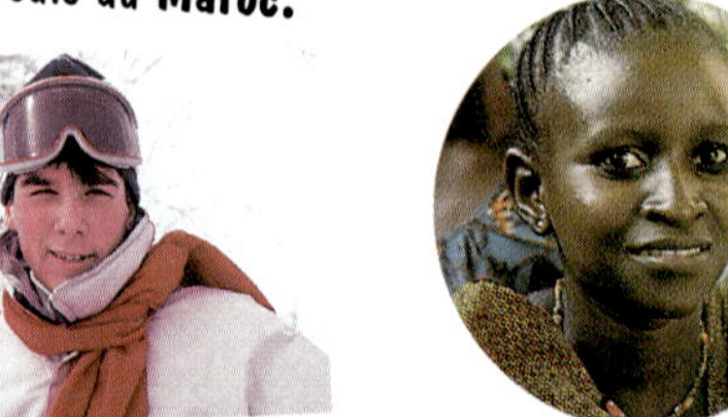

Je suis du **Canada.**

Je suis de **République centrafricaine**

l'Afrique (f.) du Sud
l'Allemagne (f.)
l'Angleterre (f.)
le Brésil
la Chine
l'Espagne (f.)
les Etats-Unis (m.)
l'Italie (f.)
le Japon
le Mexique
la Russie
le Zaïre

### 22 C'est typique de chez nous

Dans quel pays est-ce qu'on peut voir...?

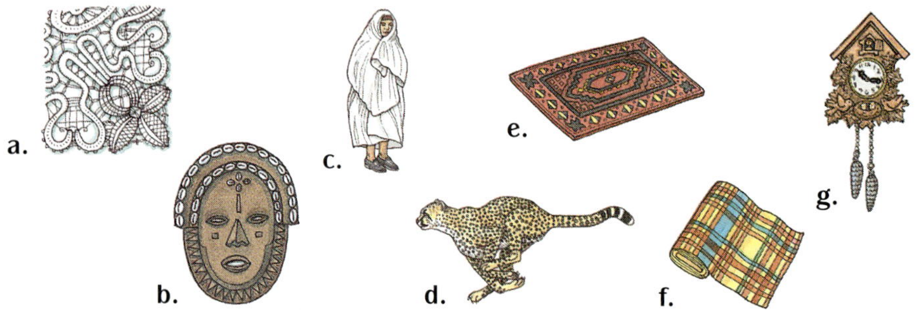


**Tu te rappelles ?**

Do you remember how to say *in* or *to* a country? Use **au** before masculine countries and **en** before feminine countries. Use **en** before any country starting with a vowel, and **aux** before all plural countries.

## 23 Si tu allais...

Après le lycée, ton/ta camarade voudrait voyager. Tu lui proposes des endroits où aller. Il/Elle te dira comment il/elle pense que ça sera là-bas. Dis si tu es d'accord.

—Si tu allais au Brésil, tu pourrais voir l'Amazone.
—Je parie que c'est sauvage, là-bas.
—Oui, c'est sûr.

visiter le Kremlin | voir des mines de diamants | voir des taureaux | visiter la Tour de Londres | aller à Berlin | voir des temples | voir des pyramides mayas | visiter le Vatican | voir la Grande Muraille de Chine

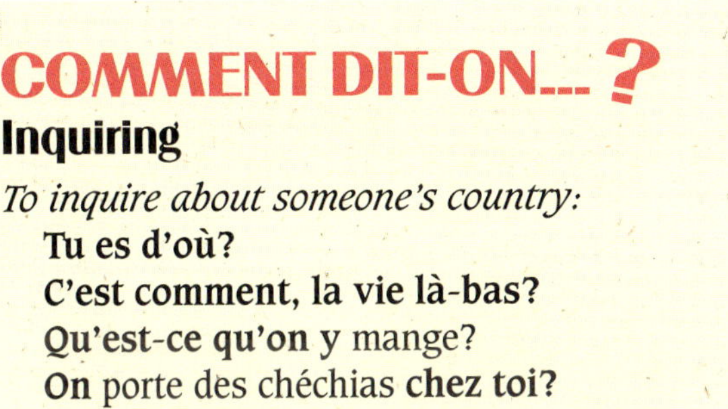

## COMMENT DIT-ON... ?

### Inquiring

*To inquire about someone's country:*

**Tu es d'où?**
**C'est comment, la vie là-bas?**
**Qu'est-ce qu'on y** mange?
**On** porte des chéchias **chez toi?**
**Vous avez/Il y a** des téléviseurs **chez vous?**
**Qu'est-ce qui est typique de chez toi?**

## 24 Ecoute!

Ecoute ces conversations qui ont lieu au village olympique. Est-ce que ces gens posent des questions sur le pays de quelqu'un ou sur autre chose?

## 25 Méli-mélo!

Crée un dialogue entre deux athlètes qui se rencontrent aux Jeux olympiques.

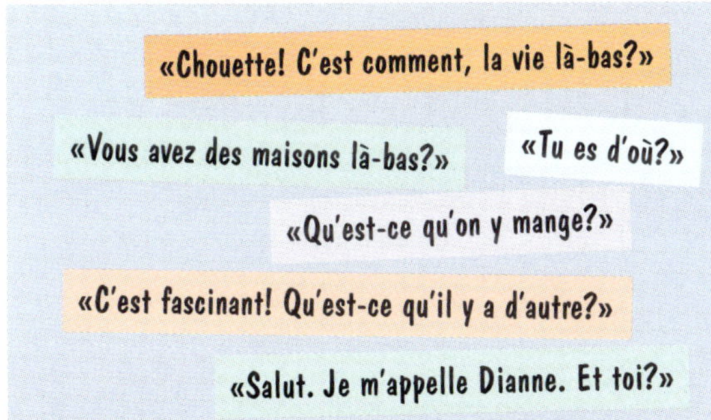


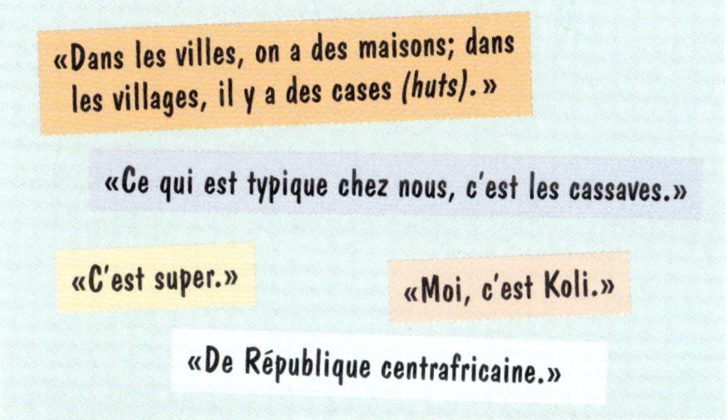


## 26 C'est comment, la vie là-bas?

Pendant leur séjour au village des Jeux olympiques, ces jeunes francophones se rencontrent à la cantine. Ils voudraient connaître d'autres pays. Ils vont se poser des questions et faire des suppositions. Imagine et écris leurs dialogues.

# Panorama Culturel

We talked to people about the image others have of a typical person from their region or country. Here's what they told us.

## Quelle est l'image d'une personne typique de cette région?

«Ah! Un Français typique, c'est un Français atypique. Il n'y a pas de Français typique. Peut-être, ce qui fait la particularité des Français, c'est que... ils ont du mal à être... à se ressembler, comme les autres. Nous sommes individualistes.»

-Christian

«L'Ivoirien typique, c'est celui-là qui aime la paix, parce que... Ici, la paix, on le dit souvent, est une seconde religion. Donc, l'Ivoirien typique pour moi, c'est celui-là qui est imprégné de l'idée de paix. C'est celui-là qui aime son prochain et qui est tolérant, donc, envers son prochain.»

-Taki

«Le Belge typique est un... [Il] aime les moules et [les] frites. Il est rigolo. Il aime la vie. Et par contre, c'est pas toujours très vrai parce qu'en fait, il y en a de sinistres qui n'aiment pas rire du tout. Il a aussi un accent bizarre, disent les Français, qui se moquent beaucoup d'eux.»

-Micheline

## Qu'en penses-tu?

1. What is your idea of a typical person from France? From Switzerland? From Belgium? From francophone Africa? From the Caribbean? What do you base your impressions upon?
2. What ideas do foreigners have of a typical American? In what ways are these impressions valid or not valid?

## 27 C'est pareil qu'ici?

Choisis un pays d'un des chapitres du livre. Relis les **Notes Culturelles** et la **Rencontre Culturelle** du chapitre. Imagine que tu es un(e) athlète de ce pays qui participe aux Jeux olympiques. Tu y rencontres un(e) Américain(e) qui va te poser des questions sur ton pays. Tu vas aussi lui poser des questions sur les Etats-Unis. Joue cette scène avec ton/ta camarade. Changez de rôles.

## COMMENT DIT-ON... ?

### Expressing excitement and disappointment

*To express excitement:*

**Génial!**
**C'est trop cool!**
**J'arrive pas à y croire!**
**C'est pas possible!**
**C'est vraiment le pied!**
**Youpi!**

*To express disappointment:*

**Les boules!** *Darn!*
**J'en ai vraiment marre!**
**J'ai vraiment pas de chance.**
**C'est pas juste.**
**Quelle angoisse!** *This is the worst!*
**Qu'est-ce que je peux être nul(le)!**

## 28 Ecoute!

Ecoute ces jeunes qui téléphonent chez eux pour raconter à leurs parents ce qui leur est arrivé aux Jeux olympiques. Est-ce qu'ils ont gagné ou perdu?

## 29 Qu'est-ce qu'ils disent?

Qu'est-ce que ces jeunes athlètes disent à propos de ce qui leur est arrivé aux Jeux olympiques?

1. 

2. 

3. 

4. 

## 30 C'est pas possible!

Imagine que tu as participé aux Jeux olympiques. Ecris une carte postale à un(e) ami(e). Dis-lui comment la compétition s'est passée pour toi et qui tu as rencontré d'intéressant.

## 31 Jeu de rôle

You're a TV sports reporter covering the Olympics. At the end of the competition, you interview several athletes about their experience. Remember to ask questions about where they're from, how they did in the competition, and what they learned from being at the Games.

# LISONS!

# BARCELONE 92 : L'or à portée de mains

**La 2e semaine de cette vingt-cinquième olympiade s'ouvre sur l' athlétisme et ses stars : Bubka, Lewis, Powell, Johnson, Ottey. Nos Tricolores seront aussi présents : la championne du monde du 400 m, Marie-José Perec ; le décathlonien Christian Plaziat ; le perchiste Jean Galfione ; Stéphane Diagana sur 400 m haies. Et pourquoi pas l'escrime, l'aviron, le tennis de table, le canoë-kayak ou le tir à l'arc ? Ce sont, en tout cas, les pronostics des consultants de Canal + qui, le temps de ces JO, sont aussi devenus ceux de Télé-Loisirs.**

***Lionne chasseresse***

**Championne du monde du 400 m, Marie-José Perec ne devrait pas rencontrer de rivale sur «sa» piste.**

**Guy Drut, Athlétisme**

« C'est une grande fête. Un sentiment de grande fraternité, d'enthousiasme et de dialogue. Côté stars étrangères, il y a, en premier lieu, Bubka, qui domine le saut à la perche. C'est du 1 contre 1. Au 100 m, l'absence de Carl Lewis m'attriste, c'est un athlète d'une telle qualité. Quant à Leroy Burrell, il sera devant tout le monde s'il retrouve son niveau de l'an dernier. Autre épreuve d'importance, le duel Lewis-Powell à la longueur. Carl est un seigneur, et c'est pour lui un défi fantastique. Il a une telle faculté de concentration qu'il peut très bien atteindre les 30 pieds, soit 9,12 m. Et Merlene Ottey aura une revanche à prendre sur 100 et 200 m. Chez les Français, Jean Galfione peut faire un coup à la perche. Les hommes du 4 x 100 m visent le podium. Stéphane Diagana sera sans doute la grande satisfaction des Jeux. Pour Plaziat, tout se passe dans la tête. Il a un potentiel extraordinaire. Marie-José Perec va exploser. Je vote sans problème pour une médaille d'or. Et Monique Ewanje-Epée a beaucoup de métier, un punch fantastique. Alors... »

**Yannick Noah, Tennis**

« Les Jeux olympiques représentent la fête du sport avec toutes ses émotions. Par rapport à la compétition, le tennis est un peu en décalage. Mais d'ici quelques années, il sera complètement accepté. En finale, je vois bien Courier et Sampras, avec une préférence pour ce dernier. Chez les filles, je suis pour Steffi à 100 %. L'Allemande, médaille d'or à Séoul, défend son titre. Mais ce tournoi ressemble à un tournoi du Grand Chelem, puisque les meilleures joueuses seront là, et que Mary Pierce pourrait peut-être faire une perf. Chez les Français, on suivra aussi Leconte et Forget, en simple comme en double. Le tennis, c'est bien, mais je vais suivre avec passion cette équipe de barjos de basketteurs américains avec Magic Johnson et Michael Jordan. »

**DE BONS CONSEILS**

While each chapter of this book has presented a single reading strategy, in reality you'll usually use a combination of strategies to help you understand and get more out of what you read. For example, if you're reading an autobiographical story written by a person from a different country, it will be important to identify the narrator's point of view and to take the cultural context of the story into account. In addition, you may need to use some of the comprehension strategies you've learned, such as using linking words, contextual clues, and deductive reasoning, in order to understand new words and the relationship of ideas in the reading. The style of the reading may require you to use strategies for understanding literary techniques or dialect, or for relating the subtopics to the main idea. Whatever type of reading you're faced with, remember that you have a variety of strategies available for meeting the challenges it presents.

### L'or à portée de mains

**A.** Preview the article on the first two pages of the reading. What is it about? How is the information organized?

**B.** Now, make predictions about the article based on your preview. What kind of information and vocabulary do you expect to find?

**C.** What French athletes are mentioned in the introduction? In what sports do they participate?

**Philippe Riboud, Escrime**

«Pour la famille de l'escrime, les jeux sont l'événement le plus attendu dans une carrière. C'est le moment où l'éclairage médiatique met une pression terrible sur les athlètes. Cela revêt une importance énorme pour l'escrime, qui reste un sport confidentiel. On peut compter sur l'équipe de France d'épée pour ramener une médaille, avec notemment Srecki et Lenglet. L'Italien Mazzoni et plusieurs représentants de la CEI ont également leurs chances. Au fleuret masculin, je vois l'Allemand Weiner, ainsi que les Italiens, la CEI et le Français Omnès. Par équipe, la France peut jouer un rôle. Au sabre, je vote tricolore avec Lamour, car il a fait sa meilleure saison. Il devra se méfier des Hongrois, Italiens, et Céistes. Le fleuret féminin est le point faible de la France. En revanche, l'Allemande Fichtel et les Italiennes sont très fortes.»

Le Capitan
Sextuple champion de France, champion du monde 1990 de fleuret, Philippe Omnès possède l'expérience des duels olympiques. Une fine lame qui peut faire mouche !

***Tennis de table***

Née en Chine et naturalisée française, Wang Xiao Ming est avec Gatien, le numéro un mondial, le meilleur atout français.

**Dans les sports confidentiels, habituellement traités sur le mode mineur, les chances de médailles sont majeures !**

***Canoë-kayak (slalom)***

Depuis dix ans, Myriam Jérusalmi collectionne des titres mondiaux en kayak. Le retour du slalom en eau vive aux Jeux olympiques est une aubaine pour la Marseillaise qui, à trente et un ans, pourrait enfin connaître la consécration suprême.

***Tir à l'arc***

Avoir vingt ans n'empêche pas l'ambition, à l'image du champion d'Europe Sébastien Flute. En individuel comme par équipe, Flute veut enchanter...

**D.** What sport does Guy Drut write about? What are his predictions for these athletes?

Leroy Burrell
Merlene Ottey
Jean Galfione
Stéphane Diagana
Marie-José Perec

**E.** What sport does Yannick Noah discuss? Who does he predict will win medals? What do you think **simple** and **double** refer to in tennis?

**F.** According to Riboud, which teams are strongest in fencing? What are France's strongest and weakest events in fencing?

**G.** What is a **sport confidentiel**? Which sports are referred to this way in the article?

**H.** Match each athlete to the sport he or she represents.

Myriam Jérusalmi
Henri Leconte
Wang Xiao Ming
Sébastien Flute
Jean Galfione

le saut à la perche
le tennis de table
le canoë-kayak
le tennis
le tir à l'arc

# GUYLAINE CLOUTIER

## SPÉCIALISTE DE LA BRASSE

Si vous aimez la natation, vous connaissez sûrement la nageuse Guylaine Cloutier, une spécialiste du 100 et 200 m brasse. Très déterminée, son grand objectif est de participer pour une troisième fois aux Jeux olympiques. Ce sera à Atlanta, en 1996.

Dans l'eau, Guylaine est perfectionniste et cherche toujours à s'améliorer. «J'aime la natation et je veux toujours battre mes records personnels, toujours aller plus vite», souligne cette étudiante aux Hautes études commerciales (HEC).

C'est à raison de 20 heures et plus par semaine qu'elle s'entraîne, soit au Cepsum de l'Université de Montréal, soit au Club de natation de Laval, avec son entraîneur Stéphane Bédard. «Nous travaillons sur des points techniques comme la fréquence à laquelle je tourne les bras. Entre les deux murs de la piscine je suis très efficace, mais dans les virages je peux perdre des dixièmes de secondes à cause de ma petite taille. Fait à souligner : malgré un entraînement intense, Guylaine poursuit en même temps, aux HEC, un baccalauréat en administration. Après sa carrière de nageuse, elle aimerait devenir une femme d'affaires.

Parmi ses plus beaux souvenirs, il y a sa participation aux Jeux olympiques de Barcelone, à l'été 1992. «J'étais parmi les favorites. Je m'étais préparée pendant une année et mes performances étaient très bonnes.»

Plus experimentée, plus forte musculairement, Guylaine compte prendre toute l'année 1995 pour se consacrer uniquement à son entraînement en vue de ses troisièmes Jeux olympiques à Atlanta, en 1996. Ces Jeux seront son chant du cygne et l'athlète de 23 ans veut terminer sa carrière en beauté.

La vie d'athlète de niveau international comporte des avantages, comme celui de voyager. «J'ai visité plusieurs pays grâce à la natation. J'en profite notamment pour découvrir la nourriture du pays. J'adore voyager et j'ai bien aimé ma visite à Honolulu. J'aimerais y retourner», dit-elle.

En attendant un tel voyage, Guylaine Cloutier désire continuer à améliorer toujours ses meilleurs temps et vise sûrement monter sur le podium olympique à Atlanta. Pourquoi pas?

### SON PALMARÈS

Depuis 1985, membre de l'équipe canadienne.

**1988** - 15e sur 200 m brasse aux Jeux olympiques de Séoul.

**1990** - Médaillée d'argent sur 100 et 200 m brasse aux Jeux du Commonwealth à Auckland.

**1991** - 4e sur 200 m brasse aux Championnats du monde à Perth.

**1992** - 4e sur 100 m brasse et 5e sur 200 m brasse aux Jeux olympiques de Barcelone

**1994** - 1re sur 100 m brasse et sur 200 m brasse aux essais pour les Jeux du Commonwealth à Victoria; 1re sur 100 m brasse aux Championnats américains à Seattle.

**Guylaine Cloutier**

**I.** What is this article about? What kind of information do you expect to find in such an article?

**J.** What is Guylaine's specialty?

**K.** Where does Guylaine attend school? What does she plan to do after her swimming career is over?

**L.** In the paragraph that begins **Plus expérimentée...**, find the expression **chant du cygne.** Use the context to figure out what this expression means. Do we have a similar expression in English?

**M.** What is one advantage of being an international athlete?

**N.** What are Guylaine's goals?

**O. Vrai ou faux?**

1. Depuis 1985, Guylaine est membre de l'équipe française.
2. Elle n'a pas participé aux Jeux de Séoul en 1988.
3. Elle a reçu le deuxième prix en 1990.
4. Elle a gagné une médaille aux Jeux de Barcelone.
5. Elle n'a jamais fini première à une compétition.

**P.** Do you play or follow any of the sports named in the articles? What athletes do you think might win in these sports in the next Olympics?

# ECRIVONS!

*You've just read about many world-class athletes, some famous and some relatively unknown. Many people admire athletes for their skill and dedication, and for the determination and character required to become one of the very best in a sport. In this activity you're going to write a magazine article about an athlete whom you admire or find interesting.*

## Un article de magazine

Tu veux envoyer un article sur un de tes athlètes préférés à un magazine sportif français. Ecris un article sur un(e) athlète que tu admires ou que tu trouves particulièrement intéressant(e).

### A. Préparation

1. Choisis une personne que tu admires et sur laquelle tu pourras trouver des informations.
2. Fais des recherches sur cette personne.
   a. Sélectionne des sources d'informations. Tu peux peut-être trouver ces informations dans des livres, des magazines ou des articles de journaux à la bibliothèque de ton école ou à la bibliothèque municipale.
   b. Lis toutes les informations que tu as trouvées et prends des notes ou fais des photocopies de ce que tu peux utiliser.
3. Organise les informations que tu as trouvées.
   a. Fais des catégories, comme par exemple, **Education, Entraînement** ou **Succès.**
   b. Fais un plan de ton article. Mets les catégories que tu as choisies dans l'ordre où elles apparaîtront dans ton devoir. Ensuite, organise les informations que tu as trouvées sous forme de paragraphes.

**DE BONS CONSEILS**

Of course you know that doing research is important for writing a research paper, but it can also be necessary for many other kinds of writing. Whether it's a movie scene, a tourist brochure, an article, or a letter to the editor, all writing requires complete and accurate information. You may have access to more traditional research materials, such as the card catalogue and the periodicals index, or more modern ones, such as on-line information services and reference works stored on CD-ROM. Whatever the sources and types of information available to you, don't hesitate to do the research necessary to make your writing accurate as well as interesting.

### B. Rédaction

1. Fais un brouillon de ton article en suivant le plan que tu as fait.
2. Vérifie que tu as bien utilisé toutes les informations que tu voulais. Consulte à nouveau les sources d'informations que tu as utilisées pour trouver des détails que tu pourrais ajouter.
3. S'il le faut, aide-toi d'un dictionnaire français-anglais pour traduire en français certaines des informations que tu as trouvées.
4. Trouve des photos pour illustrer ton article. Ecris une légende *(caption)* pour chaque photo et donne un titre à ton article.

### C. Evaluation

1. Relis ton article et pose-toi les questions suivantes.
   a. Est-ce que tu as bien suivi ton plan?
   b. Est-ce que tu as trouvé des informations intéressantes pour ton article?
   c. Est-ce que tu as parlé des faits les plus importants de la vie de cet(te) athlète?
   d. Est-ce qu'il y a d'autres détails sur cet(te) athlète qui pourraient intéresser tes lecteurs?
2. Rédige la version finale de ton article en n'oubliant pas de corriger les fautes d'orthographe, de grammaire et de vocabulaire.

# MISE EN PRATIQUE

**1** Lis cet article et réponds aux questions suivantes.

## CHANTAL PETITCLERC : UN EXEMPLE DE COURAGE

### Chantal Petitclerc

**prouve, hors de tout doute, que le sport en fauteuil roulant, c'est aussi excitant que n'importe quelle autre discipline**

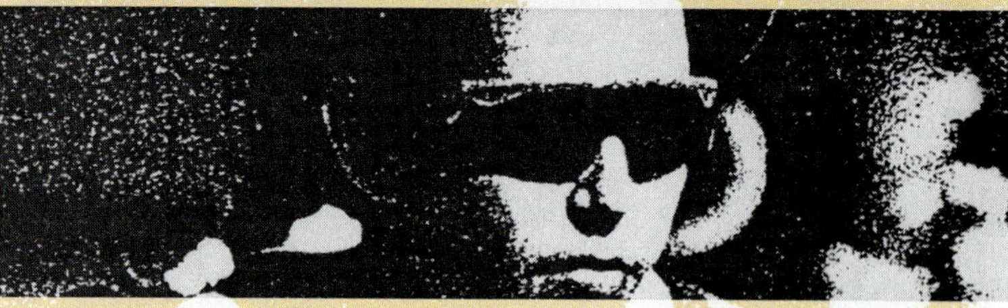

Tout le monde connaît dans sa vie des hauts et des bas, des succès et des échecs. Championne canadienne au marathon... en fauteuil roulant, médaillée de bronze sur 800 m aux Championnats mondiaux d'athlétisme à Tokyo, en 1991, Chantal Petitclerc a perdu l'usage de ses deux jambes à 13 ans en jouant avec des copains sur la ferme familiale, à Saint-Marc-des-Carrières. Une porte de grange lui est tombée sur le dos.

### La natation

«Avant mon accident, je ne faisais pas tellement de sport. Grâce à l'aide de ma famille et de Gaston Jacques, un professeur d'éducation physique, j'ai commencé à faire de la natation. Monsieur Jacques s'est mis dans la tête de me montrer à nager. Ce n'est pas évident, lorsqu'on ne peut plus utiliser ses jambes», raconte Chantal.

Petit à petit, à force de volonté, Chantal a fait des progrès et, à la fin de son secondaire V, elle était en pleine forme grâce à la natation.

Comme André Viger était son athlète préféré, elle s'est tournée vers les compétitions d'athlétisme en fauteuil roulant. Dès le début, ses succès ont été étonnants. «Lors de mon premier marathon à Detroit, le 16 octobre 1988, j'ai terminé première en 2.29.49», dit Chantal. Compétition après compétition, ses performances devenaient de plus en plus exceptionnelles.

Jolie et intelligente, Chantal poursuit des études en histoire du Canada avec option en sciences politiques à l'Université d'Alberta, à Edmonton. En plus de ses études, elle s'entraîne 25 heures par semaine. Dotée d'un solide caractère, Chantal a toujours voulu être traitée comme une véritable athlète. «Beaucoup de personnes voient dans la pratique de l'athlétisme en fauteuil roulant une sorte de réadaptation. C'est plus que cela. Pour moi, c'est un mode de vie.»

La pratique de son sport lui a fait également découvrir plusieurs pays, dont le Japon. «Ma plus grande expérience a été lors des championnats mondiaux à Tokyo, l'année dernière. Courir le 800 m en démonstration devant 55000 spectateurs, c'est très impressionnant. En gagnant une médaille de bronze, j'ai voulu montrer aux amateurs que le sport en fauteuil roulant c'était bien «tripant», avoue-t-elle.

Chantal souhaite ardemment que l'épreuve du 800 m devienne un sport officiel aux Jeux olympiques d'Atlanta en 1996. Une des meilleures au monde sur la distance, Chantal a disputé le 800 m (sport en démonstration) aux Jeux de Barcelone, au mois d'août.

Pour son gérant, Martin Chicoine, il n'y a pas d'athlètes féminines de son calibre au Québec. «Chantal doit se mesurer en compétition contre les meilleures au monde. Elle est de niveau international», ajoute-t-il.

Très confiante en elle, Chantal Petitclerc avoue qu'elle peut encore s'améliorer. «Si tu veux gagner, il faut que tu croies en toi.» Voilà un beau message de la part d'une athlète qui suscite le courage et l'admiration.

**Vrai ou faux?**

1. Chantal a toujours fait beaucoup de sport.
2. Gaston Jacques l'a encouragée à faire de la natation après son accident.
3. Chantal a choisi de faire des compétitions d'athlétisme en fauteuil roulant parce que c'est plus facile que la natation.
4. Elle s'est spécialisée en éducation physique à l'Université d'Alberta.
5. Elle voudrait montrer à tout le monde que le sport en fauteuil roulant est vraiment délirant.

**2** Ecoute Marion qui montre à ses amis les photos qu'elle a prises aux Jeux olympiques. De quelle photo est-ce qu'elle parle?

a. 

b. 

c. 

d. 

e. 

f. 

g. 

h. 

**3** Tes camarades et toi, vous allez assister aux Jeux olympiques. Il faut que vous choisissiez à l'avance les événements que vous voulez voir pour pouvoir acheter des places. Dis à tes camarades quels sports il te tarde de voir. Ils/Elles vont parler de ce qu'ils/elles voudraient voir. Essayez de vous mettre d'accord pour pouvoir y aller tous ensemble.

**4** Un magazine français va offrir un voyage aux Jeux olympiques à la personne qui écrira le meilleur essai sur la raison pour laquelle elle voudrait y aller. Ecris un essai. N'oublie pas de parler des épreuves auxquelles tu voudrais assister et de mentionner les gens que tu voudrais rencontrer. Décris comment tu imagines que ça sera.

**5**

## JEU DE ROLE

You and your partner are Olympic athletes. Choose the sports that you play and the countries you represent. Then, act out the following situations.

**a.** Imagine you're meeting each other in the Olympic village for the first time. Ask questions to find out about each other's country and interests.

**b.** You meet again on the last day. Tell each other how your competitions went. (One of you did very well and one of you did very badly.) Talk also about your other experiences and what you enjoyed about the Games.

# QUE SAIS-JE?

## Can you use what you've learned in this chapter?

Can you express anticipation? p. 304

**1** How would you express your anticipation if you were . . .

1. going to watch the Olympic games?
2. about to be an exchange student in Switzerland?
3. traveling to a foreign country?

Can you make suppositions? p. 304

**2** What suppositions can you make about the following situations?

1. Your school team is going to compete in a state tournament.
2. You have to tell your best friend you've lost his/her leather jacket.
3. You're going to spend the summer working in a store.

Can you express certainty and doubt? p. 304

**3** Your friend asks you the following questions. How would you express your certainty?

Est-ce que l'équipe de basket-ball américaine va gagner la médaille d'or?

Est-ce qu'il y a une interro de maths demain?

Est-ce que c'est une bonne idée d'étudier une langue étrangère?

**4** How would you express doubt about the situations in number 3?

Can you inquire? p. 309

**5** You've just been introduced to an exchange student from a foreign country. What questions would you ask to find out . . .

1. what life is like in that country?
2. what people eat and wear there?
3. what is typical there?

Can you express excitement and disappointment? p. 311

**6** How would you express your excitement if . . .

1. your school's basketball team won the state championship?
2. you got a perfect grade on a very difficult test?
3. you received a birthday card with a $100 check inside?

**7** How would you express your disappointment if . . .

1. you just missed first place in a competition?
2. you arrived late and found that your friends had left without you?
3. you received a lower grade than you had expected on a test?

# VOCABULAIRE

## PREMIERE ETAPE

### Sports and equipment

**les anneaux** (m.) *the rings*
**l'arc** (m.) *the bow*
**l'aviron** (m.) *rowing*
**la balle** *the ball*
**le ballon** *the ball*
**les barres asymétriques** (f.) *the uneven parallel bars*
**le bâton** *the bat*
**la boxe** *boxing*
**le casque** *the helmet*
**la course de fond** *long-distance running*
**le cyclisme** *cycling*
**l'entraîneur** (m.) *the coach*
**l'épée** (f.) *the epee/the sword*
**l'escrime** (f.) *fencing*
**la flèche** *the arrow*
**le frappeur** *the batter*
**la gymnastique** *gymnastics*
**les haltères** (f.) *weights*
**l'haltérophilie** (f.) *weightlifting*
**le judo** *judo*
**le lancer du disque** *the discus throw*
**le lanceur** *the pitcher*
**la lutte** *wrestling*
**le masque** *the mask*
**le panier** *the basket*
**le plongeoir** *the diving board*
**le plongeon acrobatique** *diving*
**plonger** *to dive*
**la poutre** *the balance beam*
**le saut à la perche** *the pole vault*
**le saut en longueur** *the long jump*
**les rames** (f.) *oars*
**la tenue** *the outfit*
**le tir à l'arc** *archery*
**tirer** *to shoot*

### Expressing anticipation

**Il me tarde de...** *I can't wait to . . .*
**Je suis vraiment impatient(e) de... !** *I can hardly wait to . . . !*
**Vivement que... !** *I just can't wait . . . !*
**Dès que je serai là,...** *As soon as I get there, . . .*
**Quand je verrai...** *When I see . . .*

### Expressing certainty and doubt

**Ça, c'est sûr.** *That's for sure.*
**Je n'en ai aucun doute.** *I have no doubt of it.*

## DEUXIEME ETAPE

### Places of origin

**l'Afrique** (f.) **du Sud** *South Africa*
**l'Algérie** (f.) *Algeria*
**l'Allemagne** (f.) *Germany*
**l'Angleterre** (f.) *England*
**la Belgique** *Belgium*
**le Brésil** *Brazil*
**le Canada** *Canada*
**la Chine** *China*
**la Côte d'Ivoire** *the Republic of Côte d'Ivoire*
**l'Espagne** (f.) *Spain*
**les Etats-Unis** (m.) *the United States*
**la Guadeloupe** *Guadeloupe*
**Haïti** (m.) *Haiti*
**l'Italie** (f.) *Italy*
**le Japon** *Japan*
**le Maroc** *Morocco*
**le Mexique** *Mexico*
**le Niger** *Niger*
**la République centrafricaine** *the Central African Republic*
**la Russie** *Russia*
**le Sénégal** *Senegal*
**la Suisse** *Switzerland*
**la Tunisie** *Tunisia*
**le Zaïre** *Zaire*

### Inquiring

**Tu es d'où?** *Where are you from?*
**C'est comment, la vie là-bas?** *What's life like there?*
**Qu'est-ce qu'on y...?** *What do you . . . there?*
**On... chez toi?** *Do people . . . where you're from?*
**Vous avez/Il y a... chez vous?** *Do you have/Are there . . . where you're from?*
**Qu'est-ce qui est typique de chez toi?** *What's typical of where you're from?*

### Expressing excitement and disappointment

**C'est trop cool!** *That's too cool!*
**J'arrive pas à y croire!** *I can't believe it!*
**C'est pas possible!** *No way!*
**C'est vraiment le pied!** *That's really neat!*
**Youpi!** *Yippee!*
**Les boules!** *Darn!*
**J'en ai vraiment marre!** *I'm sick of this!*
**J'ai vraiment pas de chance.** *I'm so unlucky.*
**C'est pas juste.** *It's not fair.*
**Quelle angoisse!** *This is the worst!*
**Qu'est-ce que je peux être nul(le)!** *I just can't do anything right!*

# SUMMARY OF FUNCTIONS

*Function* is another word for the way in which you use language for a specific purpose. When you find yourself in a certain situation, such as in a restaurant, in a grocery store, or at school, you'll want to place an order, or make a purchase, or talk about your class schedule. In order to communicate in French, you have to "function" in the language.

Each chapter in this book focuses on language functions. You can easily find them in boxes labeled **Comment dit-on... ?** The other features in the chapter—grammar, vocabulary, culture notes—support the functions you're learning.

Here is a list of the functions presented in this book and their French expressions. You'll need them in order to communicate in a wide range of situations. Following each function are the numbers of the level, the chapter, and page where the function was first introduced.

## SOCIALIZING

*Greeting people* **I Ch. 1, p. 22**

**Bonjour.** **Salut.**

*Saying goodbye* **I Ch. 1, p. 22**

**Salut.** **A bientôt.**
**Au revoir.** **A demain.**
**A tout à l'heure.** **Tchao.**

*Asking how people are* **I Ch. 1, p. 23**

**(Comment) ça va?** **Et toi?**

*Telling how you are* **I Ch. 1, p. 23**

**Ça va.**
**Super!**
**Très bien.**
**Comme ci, comme ça.**
**Bof.**
**Pas mal.**
**Pas terrible.**

*Expressing thanks* **I Ch. 3, p. 82**

**Merci.**

**III Ch. 6, p. 149**
**Merci bien/infiniment/mille fois.**
**Je vous remercie.**
**C'est vraiment très gentil de votre part.**

*Responding to thanks* **I Ch. 3, p. 82**

**A votre service.**

**III Ch. 6, p. 149**
**De rien.**
**Je vous en prie.**
**(Il n'y a) pas de quoi.**
**C'est tout à fait normal.**

*Extending invitations* **I Ch. 6, p. 159**

**Allons... !** **Tu viens?**
**Tu veux... ?** **On peut...**

*Accepting invitations* **I Ch. 6, p. 159**

**Je veux bien.** **D'accord.**
**Pourquoi pas?** **Bonne idée.**

*Refusing invitations* **I Ch. 6, p. 159**

**Désolé(e), je suis occupé(e).**
**Ça ne me dit rien.**
**J'ai des trucs à faire.**
**Désolé(e), je ne peux pas.**

*Identifying people* **I Ch. 7, p. 179**

**C'est...** **Voici...**
**Ce sont...** **Voilà...**

**II Ch. 11, p. 273**
**Tu connais... ?**
**Bien sûr. C'est...**
**Je ne connais pas.**

*Introducing people* **I Ch. 7, p. 183**

**C'est...**
**Je te (vous) présente...**
**Très heureux (heureuse).** (FORMAL)

*Renewing old acquaintances* **III Ch. 1, p. 9**

**Ça fait longtemps qu'on ne s'est pas vu(e)s.**
**Ça fait...**
**Depuis...**
**Je suis content(e) de te revoir.**
**Qu'est-ce que tu deviens?**
**Quoi de neuf?**
**Toujours la même chose!**
**Rien (de spécial).**

*Seeing someone off* **I Ch. 11, p. 296**

**Bon voyage!** **Amuse-toi bien!**
**Bonnes vacances!** **Bonne chance!**

*Asking someone to convey good wishes* **III Ch. 8, p. 194**

**Embrasse... pour moi.**
**Fais mes amitiés à...**

Salue... de ma part.
Dis à... que je vais lui écrire.
Dis à... que je pense à lui/elle.

*Closing a letter* III Ch. 8, p. 194

Bien des choses à...
Je t'embrasse bien fort.
Grosses bises.
Bisous à...

*Welcoming someone* II Ch. 2, p. 33

Bienvenue chez moi/chez nous.
Faites/Fais comme chez vous/toi.
Vous avez/Tu as fait bon voyage?

*Responding to someone's welcome* II Ch. 2, p. 33

Merci.
C'est gentil de votre/ta part.
Oui, excellent.
C'était fatigant!

*Showing hospitality* III Ch. 6, p. 149

Entrez, je vous en prie.
Ça me fait plaisir de vous voir.
Donnez-moi votre...
Mettez-vous à l'aise.
Asseyez-vous.
Je vous sers quelque chose?
Qu'est-ce que je peux vous offrir?

*Responding to hospitality* III Ch. 6, p. 149

Vous êtes bien aimable.
Moi aussi.
C'est gentil.
Je prendrais bien...
Vous auriez... ?

*Extending good wishes* II Ch. 3, p. 71

Bonne fête!
Joyeux (Bon) anniversaire!
Bonne fête de Hanoukka!
Joyeux Noël!
Bonne année!
Meilleurs vœux!
Félicitations!
Bon voyage!
Bonne route!
Bon rétablissement!

*Congratulating someone* II Ch. 5, p. 127

Félicitations!
Bravo!
Chapeau!

## EXCHANGING INFORMATION

*Asking someone's name and giving yours* I Ch. 1, p. 24

Tu t'appelles comment?
Je m'appelle...

*Asking and giving someone else's name* I Ch. 1, p. 24

Il/Elle s'appelle comment? Il/Elle s'appelle...

*Asking someone's age and giving yours* I Ch. 1, p. 25

Tu as quel âge? J'ai... ans.

*Inquiring* III Ch. 12, p. 309

Tu es d'où?
C'est comment, la vie là-bas?
Qu'est-ce qu'on y...?
On... chez toi?
Vous avez/Il y a... chez vous?
Qu'est-ce qui est typique de chez toi?

*Asking for information* I Ch. 2, pp. 51, 54 *(about classes)*

Tu as quels cours... ? Vous avez... ?
Tu as quoi... ? Tu as... à quelle heure?

I Ch. 3, p. 82 *(at a store or restaurant)*
C'est combien?

II Ch. 6, p. 152 *(about travel)*
A quelle heure est-ce que le train (le car) pour... part?
De quel quai... ?
A quelle heure est-ce que vous ouvrez (fermez)?
Combien coûte... ?
C'est combien, l'entrée?

II Ch. 11, p. 280 *(about movies)*
Qu'est-ce qu'on joue comme film?
Ça passe où?
C'est avec qui?
Ça commence à quelle heure?

II Ch. 4, p. 90 *(about places)*
Où se trouve... ?
Qu'est-ce qu'il y a... ?
C'est comment?

*Giving information* I Ch. 2, pp. 51, 54 *(about classes)*

Nous avons... J'ai...

II Ch. 6, p. 152 *(about travel)*
Du quai...
Je voudrais...
Un... , s'il vous plaît.
... tickets, s'il vous plaît.

II Ch. 11, p. 280 *(about movies)*
On joue... C'est avec...
Ça passe à... A...

II Ch. 12, p. 304 *(about places)*
... se trouve...
Il y a...
On peut...

*Telling when you have class* **I Ch. 2, p. 54**

| | |
|---|---|
| **à... heures** | **le soir** |
| **à... heures quinze** | **le lundi** |
| **à... heures trente** | **le mardi** |
| **à... heures quarante-cinq** | **le mercredi** |
| **aujourd'hui** | **le jeudi** |
| **demain** | **le vendredi** |
| **le matin** | **le samedi** |
| **l'après-midi** | **le dimanche** |

*Writing a formal letter* **III Ch. 5, p. 127**

**Monsieur/Madame,**
**En réponse à votre lettre du...**
**Suite à notre conversation téléphonique,...**
**Je vous prie d'agréer, Monsieur/Madame, l'expression de mes sentiments distingués.**

*Requesting information* **III Ch. 5, p. 127**

**Pourriez-vous m'envoyer des renseignements sur... ?**
**Je voudrais savoir...**
**Vous serait-il possible de... ?**

*Asking for confirmation* **III Ch. 11, p. 276**

| | |
|---|---|
| **toujours...** | **... , c'est ça?** |
| **bien...** | **Si je me souviens bien,...** |
| **... , déjà?** | **Si je ne me trompe pas,...** |

*Asking for explanations* **III Ch. 11, p. 283**

**Qu'est-ce que c'est?**
**Comment est-ce qu'on appelle ça?**
**Qu'est-ce que ça veut dire,... ?**
**Qu'est-ce qu'il y a dans... ?**
**Comment est-ce qu'on fait... ?**
**D'où vient le mot... ?**
**Comment on dit... ?**

*Getting someone's attention* **I Ch. 3, p. 82**

| | |
|---|---|
| **Pardon.** | **Excusez-moi.** |

**I Ch. 5, p. 135**

| | |
|---|---|
| **La carte, s'il vous plaît.** | **Madame!** |
| **Monsieur!** | **Mademoiselle!** |

*Ordering food and beverages* **I Ch. 5, p. 135**

**Vous avez choisi?**
**Vous prenez?**
**Je voudrais...**
**Je vais prendre... , s'il vous plaît.**
**... , s'il vous plaît.**
**Donnez-moi... , s'il vous plaît.**
**Apportez-moi... , s'il vous plaît.**
**Vous avez... ?**
**Qu'est-ce que vous avez comme... ?**

*Ordering and asking for details* **III Ch. 1, p. 18**

**Vous avez décidé?**
**Non, pas encore.**
**Un instant, s'il vous plaît.**
**Que voulez-vous comme entrée?**
**Comme entrée, j'aimerais...**
**Et comme boisson?**
**Comment désirez-vous votre viande?**
**Saignante.**
**A point.**
**Bien cuite.**
**Qu'est-ce que vous me conseillez?**
**Qu'est-ce que c'est,... ?**

*Paying the check* **I Ch. 5, p. 139**

**L'addition, s'il vous plaît.**
**Oui, tout de suite.**
**Un moment, s'il vous plaît.**
**Ça fait combien, s'il vous plaît?**
**Ça fait... francs.**
**C'est combien,... ?**
**C'est... francs.**

*Exchanging information (leisure activities)* **I Ch. 4, p. 104**

**Qu'est-ce que tu fais comme sport?**
**Qu'est-ce que tu fais pour t'amuser?**
**Je fais...**
**Je ne fais pas de...**
**Je (ne) joue (pas)...**

**II Ch. 1, p. 12**
**Qu'est-ce que tu aimes faire?**
**Qu'est-ce que tu fais comme sport?**
**Qu'est-ce que tu aimes comme musique?**
**Quel est ton/ta... préféré(e)?**
**Qui est ton/ta... préféré(e)?**

*Making plans* **I Ch. 6, p. 153**

**Qu'est-ce que tu vas faire... ?**
**Tu vas faire quoi... ?**
**Je vais...**
**Pas grand-chose.**
**Rien de spécial.**

*Arranging to meet someone* **I Ch. 6, p. 163**

| | |
|---|---|
| **Quand (ça)?** | **et quart** |
| **tout de suite** | **moins le quart** |
| **Où (ça)?** | **moins cinq** |
| **devant...** | **midi (et demi)** |
| **au métro...** | **minuit (et demi)** |
| **chez...** | **vers...** |
| **dans...** | **On se retrouve...** |
| **Avec qui?** | **Rendez-vous...** |
| **A quelle heure?** | **Entendu.** |
| **et demie** | |

**III Ch. 6, p. 141**
**Comment est-ce qu'on fait?**
**Quand est-ce qu'on se revoit?**
**Où est-ce qu'on se retrouve?**
**A quelle heure est-ce qu'on se donne rendez-vous?**

*Inquiring about future plans* **I Ch. 11, p. 289**

**Qu'est-ce que tu vas faire... ?**
**Où est-ce que tu vas aller... ?**

*Asking about intentions* **III Ch. 5, p. 117**

Qu'est-ce que tu penses faire?
Qu'est-ce que tu as l'intention de faire?
Qu'est-ce que tu comptes faire?

*Asking about future plans* **III Ch. 5, p. 124**

Tu sais ce que tu veux faire?
Tu as des projets?
Qu'est-ce que tu veux faire plus tard?

*Sharing future plans* **I Ch. 11, p. 289**

J'ai l'intention de... Je vais...

*Expressing intentions* **III Ch. 5, p. 117**

Je pense...
Je compte...
Je tiens à...

*Expressing conditions and possibilities* **III Ch. 5, p. 117**

Si... Il se peut que...
Peut-être que... Il est possible que...

*Describing and characterizing people* **I Ch. 7, p. 185**

Il/Elle est comment? Il/Elle est...
Ils/Elles sont comment? Ils/Elles sont...

**II Ch. 1, p. 10**

avoir... ans Je suis...
J'ai... Il/Elle est...
Il/Elle a... Ils/Elles sont...
Ils/Elles ont...

**II Ch. 12, p. 314**

Il avait faim. J'étais...
Elle avait l'air...

*Describing a place* **II Ch. 4, p. 90**

dans le nord/sud/est/ouest
plus grand(e) que
moins grand(e) que
charmant(e)
coloré(e)
vivant(e)

**II Ch. 12, p. 314**

Il y avait... Il était...

*Making a telephone call* **I Ch. 9, p. 244**

Bonjour.
Je suis bien chez... ?
C'est...
(Est-ce que)... est là, s'il vous plaît?
(Est-ce que) je peux parler à... ?
Je peux laisser un message?
Vous pouvez lui dire que j'ai téléphoné?
Ça ne répond pas.
C'est occupé.

*Answering a telephone call* **I Ch. 9, p. 244**

Allô?
Bonjour.
Qui est à l'appareil?
Une seconde, s'il vous plaît.
Bien sûr.
Vous pouvez rappeler plus tard?
D'accord.
Ne quittez pas.

*Asking others what they need* **I Ch. 3, p. 74**

Qu'est-ce qu'il te (vous) faut pour... ?

**I Ch. 8, p. 210**

De quoi est-ce que tu as besoin?
Qu'est-ce qu'il te faut?

*Expressing need* **I Ch. 8, p. 210**

Il me faut... J'ai besoin de...

**I Ch. 10, p. 265**
*(shopping)*

Oui, vous avez... ?
Je cherche quelque chose pour...
J'aimerais... pour aller avec...
Non, merci, je regarde.

*Making purchases* **II Ch. 3, p. 58**

C'est combien, s'il vous plaît?
Combien coûte(nt)... ?
Combien en voulez-vous?
Je voudrais...
Je vais (en) prendre...
Ça fait combien?

*Inquiring* **I Ch. 10, p. 265** *(shopping)*

(Est-ce que) je peux vous aider?
Vous désirez?
Je peux l'(les) essayer?
Je peux essayer... ?
C'est combien,... ?
Ça fait combien?
Vous avez ça en... ?

*Asking which one(s)* **III Ch. 4, p. 88**

Quel(s)/Quelle(s)... ?
Lequel/Laquelle/Lesquels/Lesquelles?

*Pointing out and identifying people and things* **III Ch. 4, p. 88**

Ça, c'est... Celui avec...
Celui-là/Celle-là. Celle qui...
Ceux-là/Celles-là. La fille au...
Le vert. Là-bas, le garçon qui...
Celui du...

*Pointing out places and things* **I Ch. 12, p. 317**

Voici...
Là, tu vois, c'est...
Regarde, voilà...
Ça, c'est...
Là, c'est...

**II Ch. 2, p. 39**

| | |
|---|---|
| A côté de... | à gauche de |
| Il y a... | à droite de |
| en face de | près de |

*Asking where things are* **III Ch. 2, p. 43**

Vous pourriez me dire où il y a... ?
Pardon, vous savez où se trouve... ?
Tu sais où sont... ?

*Telling where things are* **III Ch. 2, p. 43**

Par là, au bout du couloir.
Juste là, à côté de...
En bas.
En haut.
Au fond.
Au rez-de-chaussée.
Au premier étage.
A l'entrée de...
En face de...

*Asking for directions* **I Ch. 12, p. 327**

Pardon,... , s'il vous plaît?
Pardon,... . Où est... , s'il vous plaît?
Pardon,... . Je cherche... , s'il vous plaît.

**III Ch. 2, p. 33**
La route pour... , s'il vous plaît?
Comment on va à... ?

*Giving directions* **I Ch. 12, p. 327**

Vous continuez jusqu'au prochain feu rouge.
Vous tournez...
Vous allez tout droit jusqu'à...
Prenez la rue... , puis traversez la rue...
Vous passez devant...
C'est tout de suite à...

**II Ch. 2, p. 45**
Traversez...
Prenez...
Puis, tournez à gauche dans...
Allez (continuez) tout droit.
sur la droite (gauche)

**II Ch. 12, p. 304**
C'est au nord/au sud/à l'est/à l'ouest de...
C'est dans le nord/le sud/l'est/l'ouest de...

**III Ch. 2, p. 33**
Pour (aller à)... , vous suivez la... pendant à peu près... kilomètres.
Vous allez voir un panneau qui indique l'entrée de l'autoroute.
Vous traversez...
Après... , vous allez tomber sur...
Cette route vous conduira au centre-ville.
Vous continuez tout droit, jusqu'au carrefour.

*Inquiring about past events* **I Ch. 9, p. 237**

Tu as passé un bon week-end?

**I Ch. 9, p. 238**
Qu'est-ce que tu as fait... ?
Tu es allé(e) où?
Et après?
Qu'est-ce qui s'est passé?

**I Ch. 11, p. 297**
Tu as passé un bon... ?
Ça s'est bien passé?
Tu t'es bien amusé(e)?

**II Ch. 5, p. 123**
Comment ça s'est passé?
Comment s'est passée ta journée (hier)?
Comment s'est passé ton week-end?
Comment se sont passées tes vacances?

**II Ch. 6, p. 144**
C'était comment?
Ça t'a plu?
Tu t'es amusé(e)?

**III Ch. 1, p. 10**
C'était comment, tes vacances?

*Exchanging information (about vacations)* **III Ch. 1, p. 12**

Est-ce que tu es resté(e) ici?
Oui, je suis resté(e) ici tout le temps.
Non, je suis parti(e)...
Quand est-ce que tu y es allé(e)?
J'y suis allé(e) début/fin...
Avec qui est-ce que tu y es allé(e)?
J'y suis allé(e) seul(e)/avec...
Tu es parti(e) comment?
Je suis parti(e) en...
Où est-ce que tu as dormi?
A l'hôtel.
Chez...
Quel temps est-ce qu'il a fait?
Il a fait un temps...
Il a plu tout le temps.

*Relating a series of events* **I Ch. 9, p. 238**

D'abord,...
Ensuite,...
Après,...
Je suis allé(e)...
Et après ça...
Enfin,...

**II Ch. 1, p. 20**
Puis,...

**II Ch. 4, p. 99**
Finalement,...
Vers... ,

*Asking what things were like* **II Ch. 8, p. 198**

C'était comment?
C'était tellement différent?

*Describing what things were like* **II Ch. 8, p. 198**

C'était...
Il y avait...
La vie était plus... , moins...

*Reminiscing* **II Ch. 8, p. 201**

Quand j'étais petit(e),...
Quand il/elle était petit(e),...
Quand j'avais... ans,...

*To tell what or whom you miss* **II Ch. 8, p. 197**

Je regrette...
... me manque.
... me manquent.
Ce qui me manque, c'est...

*Asking about a story* **III Ch. 9, p. 234**

De quoi ça parle?
Comment est-ce que ça commence?
Comment ça se termine?

*Beginning a story* **II Ch. 9, p. 235**

A propos,...

*Continuing a story* **II Ch. 9, p. 235**

| | |
|---|---|
| Donc,... | C'est-à-dire que... |
| Alors,... | ... , quoi. |
| A ce moment-là,... | ... , tu vois. |
| Bref,... | |

*Ending a story* **II Ch. 9, p. 235**

Heureusement,...
Malheureusement,...
Finalement,...

*Summarizing a story* **II Ch. 11, p. 286**

De quoi ça parle?
Ça parle de...
Qu'est-ce que ça raconte?
C'est l'histoire de...

**III Ch. 9, p. 234**

| | |
|---|---|
| Ça parle de... | Ça se passe,... |
| C'est l'histoire de... | Au début,... |
| Il s'agit de... | A ce moment-là,... |
| A la fin,... | |

*Breaking some news* **II Ch. 9, p. 231**

Tu connais la nouvelle?
Tu ne devineras jamais ce qui s'est passé.
Tu sais qui... ?
Tu sais ce que... ?
Devine qui...
Devine ce que...

**III Ch. 10, p. 259**
Tu savais que...?
Tu connais la dernière?
J'ai entendu dire que...
Figure-toi que...
Si tu avais vu...

*Showing interest* **II Ch. 9, p. 231**

Raconte!
Aucune idée.
Dis vite!

**III Ch. 10, p. 259**
Oh là là!
Qui t'a dit ça?
Et alors?

*Expressing disbelief and doubt* **II Ch. 6, p. 148**

| | |
|---|---|
| Tu plaisantes! | C'est pas vrai! |
| Pas possible! | N'importe quoi! |
| Ça m'étonnerait! | Mon œil! |

**III Ch. 10, p. 259**
Je n'en reviens pas.

*Telling jokes* **III Ch. 10, p. 261**

J'en connais une bonne.
Est-ce que tu connais l'histoire de... ?
Quelle est la différence entre ... et... ?
Quel est le point commun entre... et... ?
C'est l'histoire d'un mec qui...
... et alors, il dit que...
... et l'autre lui répond...
Elle est bien bonne!
Elle est nulle, ta blague!

## EXPRESSING FEELINGS AND EMOTIONS

*Expressing likes and preferences about things*
**I Ch. 1, p. 26**

| | |
|---|---|
| J'aime (bien)... | J'aime mieux... |
| J'adore... | J' préfère... |

**I Ch. 5, p. 138**
C'est...

*Expressing dislikes about things* **I Ch. 1, p. 26**

Je n'aime pas...

**I Ch. 5, p. 138**
C'est...

*Telling what you'd like and what you'd like to do*
**I Ch. 3, p. 77**

Je voudrais...
Je voudrais acheter...

*Telling how much you like or dislike something*
**I Ch. 4, p. 102**

| | |
|---|---|
| Beaucoup. | Pas du tout. |
| Pas beaucoup. | surtout |
| Pas tellement. | |

*Inquiring about likes and dislikes* **I Ch. 1, p. 26**

Tu aimes...?

I Ch. 5, p. 138
Comment tu trouves ça?

*Hesitating* **I Ch. 10, p. 274**

Euh... J'hésite.
Je ne sais pas.
Il/Elle me plaît, mais il/elle est...

*Making a decision* **I Ch. 10, p. 274**

Vous avez décidé de prendre... ?
Vous avez choisi?
Vous le/la/les prenez?
Je le/la/les prends.
Non, c'est trop cher.

*Expressing indecision* **I Ch. 11, p. 289**

J'hésite.
Je ne sais pas.
Je n'en sais rien.
Je n'ai rien de prévu.

III Ch. 1, p. 17
Tout me tente.
Je n'arrive pas à me décider.
J'hésite entre... et...

III Ch. 5, p. 124
Pas vraiment.
Je ne sais pas trop.
Non, je me demande.
Je n'en ai aucune idée.
J'ai du mal à me décider.
Je ne sais plus ce que je veux.

*Making suppositions* **III Ch. 7, p. 169**

On pourrait sûrement...
Ça doit être...
Je parie que...
Il doit y avoir...

*Expressing doubt* **III Ch. 7, p. 169**

Ça m'étonnerait que...
Je ne suis pas sûr(e) que...
Je ne suis pas certain(e) que...
Je ne pense pas que...

*Expressing certainty* **III Ch. 7, p. 169**

Je suis certain(e) que...
Je suis sûr(e) que...
Je sais que...
Je suis convaincu(e) que...

III Ch. 12, p. 304
Ça, c'est sûr.
Je n'en ai aucun doute.

*Wondering what happened and offering possible explanations* **II Ch. 9, p. 228**

Je me demande...
A mon avis,...
Peut-être que...
Je crois que...
Je parie que...

*Accepting explanations* **II Ch. 9, p. 228**

Tu as peut-être raison.
C'est possible.
Ça se voit.
Evidemment.

*Rejecting explanations* **II Ch. 9, p. 228**

A mon avis, tu te trompes.
Ce n'est pas possible.
Je ne crois pas.

*Expressing hopes and wishes* **I Ch. 11, p. 289**

J'ai envie de...
Je voudrais bien...

III Ch. 5, p. 124
J'aimerais bien...
Ce qui me plairait, c'est de...
Mon rêve, c'est de...

III Ch. 8, p. 196
Si seulement je pouvais,...
Si j'avais le choix,...
Si c'était possible,...
Ça serait chouette si...
Qu'est-ce que j'aimerais... !

*Expressing anticipation* **III Ch. 12, p. 304**

Il me tarde de...
Je suis vraiment impatient(e) de...!
Vivement que... !
Dès que je serai là,...
Quand je verrai...

*Asking how someone is feeling* **II Ch. 2, p. 34**

Pas trop fatigué(e)?
Vous n'avez pas/Tu n'as pas faim?
Vous n'avez pas/Tu n'as pas soif?

*Telling how you are feeling* **II Ch. 2, p. 34**

Non, ça va.
Si, un peu.
Si, je suis crevé(e).
Si, j'ai très faim/soif!
Si, je meurs de faim/soif!

*Expressing concern for someone* **II Ch. 5, p. 119**

Ça n'a pas l'air d'aller.
Qu'est-ce qui se passe?
Qu'est-ce qui t'arrive?
Raconte!

II Ch. 7, p. 165
Quelque chose ne va pas?
Qu'est-ce que tu as?
Tu n'as pas l'air en forme.

*Sympathizing with someone* **II Ch. 5, p. 125**

**Oh là là!**
**C'est pas de chance, ça!**
**Pauvre vieux (vieille)!**

*Sharing confidences* **I Ch. 9, p. 247**

**J'ai un petit problème.**
**Je peux te parler?**
**Tu as une minute?**

**II Ch. 10, p. 250**
**Je ne sais pas quoi faire.**
**Qu'est-ce qu'il y a?**
**Je t'écoute.**
**Qu'est-ce que je peux faire?**

*Consoling others* **I Ch. 9, p. 247**

**Ne t'en fais pas!**
**Je t'écoute.**
**Ça va aller mieux!**
**Qu'est-ce que je peux faire?**

**II Ch. 5, p. 125**
**Courage!**
**T'en fais pas.**
**C'est pas grave.**

*Expressing satisfaction* **II Ch. 5, p. 123**

**Ça s'est très bien passé!**
**C'était...**
**incroyable!**
**super!**
**génial!**
**Quelle journée formidable!**
**Quel week-end formidable!**

*Expressing frustration* **II Ch. 5, p. 123**

**Quelle journée!**
**Quel week-end!**
**J'ai passé une journée horrible!**
**C'est pas mon jour!**
**Tout a été de travers!**

*Expressing impatience* **III Ch. 2, p. 36**

**Mais, qu'est-ce que tu fais?**
**Tu peux te dépêcher?**
**Grouille-toi!**
**On n'a pas le temps!**
**Je suis vraiment impatient(e) de...**

*Expressing annoyance* **III Ch. 8, p. 203**

**Non mais, vous vous prenez pour qui?**
**Non mais, surtout, ne vous gênez pas!**
**Ça va pas, non?!**
**Ça commence à bien faire, hein?**
**Dites donc, ça vous gênerait de... ?**

*Complaining* **II Ch. 7, p. 165**

**Je ne me sens pas bien.**
**Je suis tout(e) raplapla.**
**J'ai mal dormi.**
**J'ai mal partout!**

**II Ch. 12, p. 310**
**Je crève de faim!**
**Je meurs de soif!**
**Je suis fatigué(e).**
**J'ai peur de...**

**III Ch. 8, p. 203**
**C'est l'horreur!**
**C'est insupportable, à la fin!**
**J'en ai ras le bol!**
**Je commence à en avoir marre!**

*Quarreling* **III Ch. 6, p. 152**

**Rapporteur(-euse)!**
**Pleurnicheur(-euse)!**
**Tricheur(-euse)!**
**Tu es bête comme tes pieds!**
**Tu m'énerves, à la fin!**
**Tu es vraiment casse-pieds!**
**Tu me prends la tête!**
**Oh, ça va, hein?**
**Arrête!**
**Ça suffit!**
**Tu le fais exprès?**
**Mêle-toi de tes oignons!**
**Fiche-moi la paix!**
**Casse-toi!**
**Tant pis pour toi!**
**Ferme-la!**
**C'est toujours la même chose!**
**C'est lui/elle qui a commencé!**
**Il/Elle m'a traité(e) de... !**
**C'est toujours moi qui prends!**

*Expressing discouragement* **II Ch. 7, p. 174; II Ch. 12, p. 310**

**Je n'en peux plus!**
**J'abandonne.**
**Je craque!**

*Offering encouragement* **II Ch. 7, p. 174**

**Allez!**
**Encore un effort!**
**Tu y es presque!**
**Courage!**

*Expressing disappointment* **III Ch. 12, p. 311**

**Les boules!**
**J'en ai vraiment marre!**
**J'ai vraiment pas de chance.**
**C'est pas juste.**
**Quelle angoisse!**
**Qu'est-ce que je peux être nul(le)!**

*Expressing excitement* **III Ch. 12, p. 311**

**Génial!**
**C'est trop cool!**
**J'arrive pas à y croire!**
**C'est pas possible!**
**C'est vraiment le pied!**
**Youpi!**

*Expressing astonishment* **III Ch. 7, p. 177**

Oh, dis donc!
Ça alors!
C'est pas vrai!
Ouah!
C'est le pied!
Oh là là!
Qu'est-ce que... !
Quel... !
Tiens! Regarde un peu!
C'est fou comme... !
Tu as vu comme... ?
Je n'ai jamais vu un(e) aussi...

*Expressing fear* **III Ch. 7, p. 178**

J'ai très peur de...
J'ai peur que...
J'ai la frousse!

*Expressing relief* **III Ch. 7, p. 178**

On a eu de la chance!
Ouf! On a eu chaud!
On l'a échappé belle!

## PERSUADING

*Asking for recommendations* **III Ch. 9, p. 233** *(movies)*

Qu'est-ce que tu as vu comme bon film?
Qu'est-ce qu'il y a comme bons films en ce moment?

*Making recommendations* **III Ch. 9, p. 233** *(movies)*

Tu devrais aller voir...
Je te recommande...
Va voir... , c'est génial comme film.
C'est à ne pas manquer!
N'y va pas!
Ça ne vaut pas le coup!
Ne va surtout pas voir...
Evite d'aller voir...

**I Ch. 5, p. 132** *(food)*
Prends...
Prenez...

**III Ch. 1, p. 17**
Tu devrais prendre...
Pourquoi tu ne prends pas...
Essaie...

*Asking for suggestions* **II Ch. 1, p. 18**

Qu'est-ce qu'on fait?

**II Ch. 4, p. 94**
Qu'est-ce qu'on peut faire?

*Making suggestions* **I Ch. 4, p. 110**

On... ?

**I Ch. 5, p. 129**
On va au café?
On fait du ski?
On joue au base-ball?

**I Ch. 12, p. 322** *(how to get somewhere)*
On peut y aller...
On peut prendre...

**II Ch. 1, p. 18**
Si tu veux, on peut...
On pourrait...
Tu as envie de... ?
Ça te dit de... ?

**II Ch. 4, p. 94**
On peut...
Si on allait... ?

**II Ch. 8, p. 209**
Si on achetait... ?
Si on visitait... ?
Si on jouait... ?

**III Ch. 6, p. 141**
Ça t'intéresse de... ?
Ça te plairait de... ?
Tu ne voudrais pas... ?

*Accepting suggestions* **I Ch. 4, p. 110**

D'accord.
Bonne idée.
Allons-y!
Oui, c'est...

**III Ch. 6, p. 141**
Ce serait sympa.
Ça me plairait beaucoup.
J'aimerais bien.

*Turning down suggestions* **I Ch. 4, p. 110**

Non, c'est...
Ça ne me dit rien.
Désolé(e), mais je ne peux pas.

**III Ch. 6, p. 141**
C'est gentil, mais j'ai un rendez-vous.
Impossible, je suis pris(e).
J'aimerais bien, mais...

*Responding to suggestions* **II Ch. 1, p. 18**

C'est une bonne/excellente idée.
Je veux bien.
Je ne peux pas.
Non, je préfère...
Pas question!

**II Ch. 8, p. 209**
Bof.
Non, je ne veux pas.
Comme tu veux.

*Making excuses* **I Ch. 5, p. 129**

Désolé(e). J'ai des devoirs à faire.
J'ai des courses à faire.
J'ai des trucs à faire.
J'ai des tas de choses à faire.

II Ch. 10, p. 255
J'ai quelque chose à faire.
Je n'ai pas le temps.
Je suis très occupé(e).
C'est impossible.

II Ch. 5, p. 127 *(school)*
..., c'est pas mon fort.
J'ai du mal à comprendre.
Je suis pas doué(e) pour...

*Giving reasons* II Ch. 5, p. 127

Je suis assez bon (bonne) en...
C'est en... que je suis le/la meilleur(e).
..., c'est mon fort!

*Asking for permission* I Ch. 7, p. 189

(Est-ce que) je peux... ?
Tu es d'accord?

III Ch. 3, p. 60
J'aimerais...
Tu veux bien que je... ?
Ça te dérange si... ?

*Giving permission* I Ch. 7, p. 189

Oui, si tu veux.
Pourquoi pas?
Oui, bien sûr.
D'accord, si tu... d'abord...

III Ch. 3, p. 60
Ça va pour cette fois.
Oui, si...

*Refusing permission* I Ch. 7, p. 189

Pas question!
Non, c'est impossible.
Non, tu dois...
Pas ce soir.

III Ch. 3, p. 60
Tu n'as pas le droit de...
Ce n'est pas possible.

*Expressing obligation* III Ch. 3, p. 60

Il faut que tu... d'abord.
Tu dois...

*Reprimanding someone* II Ch. 5, p. 127

C'est inadmissible.
Tu dois mieux travailler en classe.
Tu ne dois pas faire le clown en classe!
Ne recommence pas.

*Making requests* I Ch. 3, p. 72

Tu as... ?
Vous avez... ?

I Ch. 8, p. 212
Tu peux...
Tu me rapportes... ?

III Ch. 9, p. 227
Chut!
Tais-toi!
Ne parle pas si fort.
Tu pourrais faire moins de bruit?
Vous pourriez vous taire, s'il vous plaît?
Baisse/Monte le son.

*Responding to requests* I Ch. 3, p. 72

Voilà.
Je regrette.
Je n'ai pas de...

*Accepting requests* I Ch. 8, p. 212

Pourquoi pas?
Bon, d'accord.
Je veux bien.
J'y vais tout de suite.

I Ch. 12, p. 320
D'accord.
Si tu veux.

*Declining requests* I Ch. 8, p. 212

Je ne peux pas maintenant.
Je regrette, mais je n'ai pas le temps.
J'ai des tas de choses (trucs) à faire.

I Ch. 12, p. 320
Désolé(e), mais je n'ai pas le temps.

*Asking a favor* I Ch. 12, p. 320

Est-ce que tu peux... ?
Tu me rapportes... ?
Tu pourrais passer à... ?

II Ch. 10, p. 255
Tu peux m'aider?
Tu pourrais... ?
Ça t'ennuie de... ?
Ça t'embête de... ?

*Granting a favor* II Ch. 10, p. 255

Avec plaisir.
Bien sûr.
Pas de problème.
Bien sûr que non.
Pas du tout.

*Telling someone what to do* I Ch. 8, p. 212

Rapporte-moi...
Prends...
Achète(-moi)...
N'oublie pas de...

*Asking for food* II Ch. 3, p. 64

Je pourrais avoir... , s'il vous (te) plaît?
Vous pourriez (tu pourrais) me passer... ?

*Offering food* I Ch. 8, p. 219

Tu veux... ?
Vous voulez... ?
Vous prenez ... ?
Tu prends... ?
Encore de... ?

II Ch. 3, p. 64
Voilà.
Vous voulez (tu veux)... ?
Encore... ?
Tenez (tiens).

*Accepting food* **I Ch. 8, p. 219**

Oui, s'il vous (te) plaît.
Oui, avec plaisir.
Oui, j'en veux bien.

II Ch. 3, p. 64
Oui, je veux bien.

*Refusing food* **I Ch. 8, p. 219**

Non, merci.
Non, merci. Je n'ai plus faim.
Je n'en veux plus.

II Ch. 3, p. 64
Merci, ça va.
Je n'ai plus faim/soif.

*Asking for advice* **I Ch. 9, p. 247** *(general)*

A ton avis, qu'est-ce que je fais?
Qu'est-ce que tu me conseilles?

II Ch. 10, p. 250
A ton avis, qu'est-ce que je dois faire?
Qu'est-ce que tu ferais, toi?

II Ch. 1, p. 15
Qu'est-ce que je dois... ?

III Ch. 7, p. 171
Tu crois que je devrais... ?
Tu penses qu'il vaudrait mieux... ?

I Ch. 10, p. 264 *(clothes)*
Je ne sais pas quoi mettre pour...
Qu'est-ce que je mets?

I Ch. 12, p. 322 *(directions)*
Comment est-ce qu'on y va?

II Ch. 3, p. 68 *(gifts)*
Tu as une idée de cadeau pour... ?
Qu'est-ce que je pourrais offrir à... ?

*Giving advice* **I Ch. 9, p. 247**

Oublie-le/-la/-les!
Téléphone-lui/-leur!
Tu devrais...
Pourquoi tu ne... pas?

I Ch. 10, p. 264
Pourquoi est-ce que tu ne mets pas... ?
Mets...

II Ch. 1, p. 15
Pense à prendre...
Prends...
N'oublie pas...

II Ch. 3, p. 68
Offre-lui (leur) ...
Tu pourrais lui (leur) offrir...
... , peut-être.

II Ch. 7, p. 173
Tu dois...
Tu ferais bien de...
Tu n'as qu'à...

II Ch. 10, p. 250
Invite-le/-la/-les.
Parle-lui/-leur.
Dis-lui/-leur que...
Ecris-lui/-leur.
Explique-lui/-leur.
Excuse-toi.

II Ch. 12, p. 312
Evite de...
Tu ne devrais pas...

III Ch. 5, p. 124
Tu ferais mieux de...
Il faudrait que tu...
Il vaudrait mieux que...

III Ch. 7, p. 171
Je crois que ça vaut mieux.
A mon avis, c'est plus sûr.
Ce n'est pas la peine.
Je ne crois pas que ce soit utile.
Il faudrait que...
Il est très important que...
Il est essentiel que...
Il est nécessaire que...

III Ch. 8, p. 196
Si c'était moi,...
Si j'étais toi,...
A ta place,...

*Justifying your recommendations* **II Ch. 7, p. 178**

C'est bon pour toi.
Ça te fera du bien.
C'est meilleur que de...

*Accepting advice* **II Ch. 7, p. 173**

Tu as raison.
Bonne idée!
D'accord.

*Rejecting advice* **II Ch. 7, p. 173**

Je ne peux pas.
Non, je n'ai pas très envie.
Non, je préfère...
Pas question!
Je n'ai pas le temps.
Ce n'est pas mon truc.

*Advising against something* **II Ch. 7, p. 178**

Evite de...
Ne saute pas...
Tu ne devrais pas...

*Cautioning someone* **III Ch. 7, p. 178**

Je vous signale que...
Il serait plus prudent de...

Faites gaffe!
Attention à... !
Méfiez-vous!
Ne bougez pas.

*Forbidding* III Ch. 3, p. 67

Il est interdit de...
Veuillez ne pas...
Prière de ne pas...
Interdiction de...
Défense de...

*Reproaching someone* II Ch. 10, p. 258

Tu aurais dû...
Tu aurais pu...

III Ch. 3, p. 69
Vous (ne) devriez (pas)...
Tu as tort de...
Ce n'est pas bien de...
Tu ferais mieux de ne pas...

*Justifying your actions* III Ch. 3, p. 69

Je suis quand même libre, non?
Tout le monde fait pareil.
Je ne suis pas le/la seul(e) à...

*Rejecting others' excuses* III Ch. 3, p. 69

Pense aux autres.
Ce n'est pas une raison.
Ce n'est pas parce que tout le monde... que tu dois le faire.

*Reminding* I Ch. 11, p. 293

N'oublie pas...
Tu n'as pas oublié... ?
Tu ne peux pas partir sans...
Tu prends... ?

*Reassuring someone* I Ch. 11, p. 293

Ne t'en fais pas.
J'ai pensé à tout.
Je n'ai rien oublié.

II Ch. 8, p. 197
Tu vas t'y faire.
Fais-toi une raison.
Tu vas te plaire ici.
Tu vas voir que...

III Ch. 2, p. 36
Ça ne va pas prendre longtemps!
Sois patient(e)!
On a largement le temps!
Il n'y a pas le feu.
Du calme, du calme.

III Ch. 4, p. 96
Crois-moi.
Je t'assure.
Fais-moi confiance.
Je ne dis pas ça pour te faire plaisir.

III Ch. 7, p. 178
Ne vous en faites pas!
N'ayez pas peur.
Calmez-vous!
Pas de panique!

*Apologizing* II Ch. 10, p. 258

C'est de ma faute.
Excuse-moi.
Désolé(e).
J'aurais dû...
J'aurais pu...
Tu ne m'en veux pas?

III Ch. 6, p. 143
Je m'excuse de...
Je suis vraiment désolé(e) de...
Pardonne-moi de...
Je m'en veux de...

*Accepting an apology* II Ch. 10, p. 258

Ça ne fait rien.
C'est pas grave.
Il n'y a pas de mal.
T'en fais pas.
Je ne t'en veux pas.

III Ch. 6, p. 143
Ne t'inquiète pas.
Ça arrive à tout le monde.

## EXPRESSING ATTITUDES AND OPINIONS

*Agreeing* I Ch. 2, p. 50

Oui, beaucoup.
Moi aussi.
Moi non plus.

III Ch. 9, p. 225
Je suis d'accord avec toi.
Tu as raison.
Tu l'as dit!
Tout à fait!

III Ch. 11, p. 278
Ça, c'est sûr.

*Disagreeing* I Ch. 2, p. 50

Moi, non.
Moi, si.
Pas moi.
Non, pas trop.

III Ch. 9, p. 225
Pas du tout.
Tu parles!
Tu te fiches de moi?
Tu rigoles!
Tu as tort.

III Ch. 11, p. 278
Tu délires ou quoi?

*Asking for opinions* I Ch. 2, p. 57

Comment tu trouves...?
Comment tu trouves ça?

I Ch. 10, p. 270
Il/Elle me va... ?
Il/Elle te (vous) plaît... ?
Tu aimes mieux... ou... ?

III Ch. 4, p. 86
Tu n'aimes pas...?
Elle/Il te plaît,...?
Qu'est-ce que tu penses de... ?
Qu'en penses-tu?

III Ch. 11, p. 278
Ça te branche,... ?

*Expressing opinions* I Ch. 2, p. 57

C'est...

I Ch. 9, p. 237
Oui, très chouette.
Oui, excellent.
Oui, très bon.
Oui, ça a été.
Oh, pas mauvais.
C'était épouvantable.
Très mauvais.

I Ch. 11, p. 297
C'était formidable!
Non, pas vraiment.
C'était un véritable cauchemar!

II Ch. 11, p. 284
C'est drôle/amusant.
C'est une belle histoire.
C'est plein de rebondissements.
Il y a du suspense.
On ne s'ennuie pas.
C'est une histoire passionnante.
Je te le/la recommande.
Il n'y a pas d'histoire.
Ça casse pas des briques.
C'est...
  trop violent.
  trop long.
  déprimant.
  bête.
  un navet.
  du n'importe quoi.
  gentillet, sans plus.

III Ch. 4, p. 86
Je le/la trouve...
Je l'aime bien.
Elle/Il me plaît beaucoup.
C'est très bien, ça.
J'aime bien ce genre de...
Je ne l'aime pas tellement.
Elle/Il ne me plaît pas du tout.
Je trouve qu'ils/elles font...
Ça fait vraiment...

III Ch. 11, p. 278
Ça m'éclate.
Je n'écoute que ça.
Ça ne me branche pas trop.

*Asking for judgments* III Ch. 9, p. 233

C'était comment?
Comment tu as trouvé ça?

*Making judgments* III Ch. 9, p. 233

Ça m'a beaucoup plu.
J'ai trouvé ça pas mal/amusant.
Il y avait de...
Je ne me suis pas ennuyé(e) une seconde.
Ça m'a bien fait rire.
C'est nul/lourd.
C'est un navet.
Ça n'a aucun intérêt.
Je n'ai pas du tout aimé.
Ça ne m'a pas emballé(e).
Je me suis ennuyé(e) à mourir.

*Making observations* III Ch. 11, p. 286

Ce qui est intéressant/incroyable, c'est...
Ce qui saute aux yeux, c'est...
Ce qui me branche vraiment, c'est...
Ce que je trouve super, c'est...
Ce que j'adore/j'aime, c'est...

*Giving impressions* III Ch. 11, p. 286

On dirait que...
Il me semble que...
J'ai l'impression que...
Ils ont l'air de...

*Making comparisons* III Ch. 8, p. 204

Ce n'était pas comme ça.
Ici,... tandis que...
moins de... que
plus de... que
autant de... que...
plus... que...
moins... que...
aussi... que...

*Bragging* III Ch. 10, p. 251

C'est fastoche, ça!
C'est pas pour me vanter, mais moi,...
Oh, j'en ai vu d'autres.
C'est moi le/la meilleur(e).
C'est moi qui... le mieux.

*Flattering* III Ch. 10, p. 251

Tu es fortiche/calé(e).
Alors là, tu m'épates!
Tu en as, du courage.

Tu es vraiment le/la meilleur(e).
Tu es le/la... le/la plus... que je connaisse.

*Teasing* **III Ch. 10, p. 254**

Tu es amoureux(-euse) ou quoi?
Non mais, tu t'es pas regardé(e)!
Réveille-toi un peu!
Tu en rates pas une, toi!
Arrête de délirer!

*Responding to teasing* **III Ch. 10, p. 254**

Lâche-moi, tu veux?
Je t'ai pas demandé ton avis.
Oh, ça va, hein!
Qu'est-ce que tu en sais?
Ben, ça peut arriver à tout le monde.
Et toi, arrête de m'embêter!

*Paying a compliment* **I Ch. 10, p. 270** *(clothing)*

C'est tout à fait ton/votre style.
Il/Elle te (vous) va très bien.
Il/Elle va très bien avec...
Je le/la/les trouve...
C'est parfait.

**II Ch. 2, p. 40** *(general)*
Il/Elle est vraiment bien, ton/ta...
Il/Elle est cool, ton/ta...

**II Ch. 3, p. 64** *(food)*
C'est vraiment bon!
C'était délicieux!

**III Ch. 4, p. 96** *(clothing)*
Je te trouve très bien comme ça.
Ça fait très bien.
Que tu es... avec ça!
C'est tout à fait toi.
C'est assorti à...
Ça te va comme un gant.

*Responding to compliments* **II Ch. 2, p. 40**

Tu trouves?
C'est vrai? (Vraiment?)
C'est gentil!

**II Ch. 3, p. 64**
Ce n'est pas grand-chose.

**III Ch. 4, p. 96**
Ça te plaît, vraiment?
Tu crois?
Oh, c'est un vieux truc.
Oh, tu sais, je ne l'ai pas payé(e) cher.

*Criticizing* **I Ch. 10, p. 270**

Il/Elle ne te (vous) va pas du tout.
Il/Elle ne va pas du tout avec...
Il/Elle est (Ils/Elles sont) trop...
Je le/la/les trouve...

*Expressing indifference* **II Ch. 6, p. 144**

C'était...
assez bien.
comme ci, comme ça.
pas mal.
Mouais.
Plus ou moins.

**III Ch. 9, p. 225**
Je m'en fiche.
Ça m'est vraiment égal.
Peu importe.

*Emphasizing likes* **II Ch. 4, p. 96**

Ce que j'aime bien, c'est...
Ce que je préfère, c'est...
Ce qui me plaît, c'est...

*Emphasizing dislikes* **II Ch. 4, p. 96**

Ce que je n'aime pas, c'est...
Ce qui m'ennuie, c'est...
Ce qui ne me plaît pas, c'est...

*Expressing dissatisfaction* **II Ch. 6, p. 144**

C'était...
ennuyeux.
mortel.
nul.
sinistre.
Sûrement pas!
Je me suis ennuyé(e).

**III Ch. 1, p. 10**
C'était pas terrible.
Pas trop bien.
Ça ne s'est pas très bien passé.

*Expressing enthusiasm* **II Ch. 6, p. 144**

C'était...
magnifique.
incroyable.
superbe.
sensas.
Ça m'a beaucoup plu.
Je me suis beaucoup amusé(e).

**III Ch. 1, p. 10**
C'était chouette!
Ça s'est très bien passé!
Super!

**III Ch. 2, p. 41**
Qu'est-ce que c'est... !
Ce que c'est bien!
C'est... comme tout!
Ça me branche!

*Expressing boredom* **III Ch. 2, p. 41**

Ça m'embête!
Ça me casse les pieds!
Ça m'ennuie à mourir!

# SI TU AS OUBLIE...

This list presents vocabulary words that you've already learned in the Level 1 and Level 2 books, but may have forgotten. You may want to use them when you're working on the activities in the textbook and workbook. If you can't find the words you need here, try the English-French and French-English vocabulary lists beginning on page 359.

## CLOTHING

**un anorak** *ski jacket*
**des baskets** (f.) *sneakers*
**un blouson** *jacket*
**des boucles d'oreilles** (f.) *earrings*
**un bracelet** *bracelet*
**un cardigan** *sweater*
**une casquette** *cap*
**une ceinture** *belt*
**un chapeau** *hat*
**des chaussettes** (f.) *socks*
**des chaussures** (f.) *shoes*
**un chemisier** *shirt (women's)*
**une écharpe** *scarf*
**un foulard** *scarf*
**un jean** *pair of jeans*
**une jupe** *skirt*
**des lunettes** (f.) **de soleil** *sunglasses*
**un maillot de bain** *bathing suit*
**un manteau** *coat*
**une montre** *watch*
**un portefeuille** *wallet*
**un pull** *pullover sweater*
**des sandales** (f.) *sandals*
**un short** *pair of shorts*
**un sweat-shirt** *sweatshirt*
**une veste** *suit jacket, blazer*

## STYLES, FABRICS, AND COLORS

**blanc(he)(s)** *white*
**bleu(e)(s)** *blue*
**en coton** *cotton*
**en jean** *denim*
**gris(e)(s)** *grey*
**jaune(s)** *yellow*
**marron** (inv.) *brown*
**noir(e)(s)** *black*
**orange** (inv.) *orange*
**rose(s)** *pink*
**rouge(s)** *red*
**vert(e)(s)** *green*
**violet(te)(s)** *purple*

## DESCRIBING CLOTHES

**à la mode** *in style*
**branché(e)(s)** *cool*
**chic** *chic*
**court(e)(s)** *short*
**démodé(e)(s)** *out of style*
**grand(e)(s)** *big*
**horrible(s)** *terrible*
**large(s)** *baggy*
**moche(s)** *ugly*
**petit(e)(s)** *small*
**rétro** *old-fashioned*
**sensas** *fantastic*
**serré(e)(s)** *tight*

## FAMILY MEMBERS

**le beau-père** *stepfather, father-in-law*
**la belle-fille** *stepdaughter, daughter-in-law*
**la belle-mère** *stepmother, mother-in-law*
**le cousin (la cousine)** *cousin*
**le demi-frère** *half-brother/stepbrother, brother-in-law*
**la demi-sœur** *half-sister/stepsister, sister-in-law*
**l'enfant unique** *only child*
**la fille** *daughter*
**le fils** *son*
**le frère** *brother*
**la grand-mère** *grandmother*
**le grand-père** *grandfather*
**la mère** *mother*
**l'oncle** (m.) *uncle*
**le père** *father*
**la sœur** *sister*
**la tante** *aunt*

## FOODS AND BEVERAGES

**les ananas** (m.) *pineapple*
**les avocats** (m.) *avocados*
**la baguette** *French bread*
**les bananes** (f.) *bananas*
**le beurre** *butter*
**le bifteck** *steak*
**le café** *coffee*
**les carottes** (f.) *carrots*
**les céréales** (f.) *cereal*
**un chocolat** *hot chocolate*
**un coca** *cola*
**la confiture** *jam*
**un croque-monsieur** *toasted cheese and ham sandwich*
**une eau minérale** *mineral water*
**la farine** *flour*

**les fraises** (f.) *strawberries*
**le fromage** *cheese*
**le fruit** *fruit*
**le gâteau** *cake*
**les gombos** (m.) *okra*
**les haricots** (m.) *beans*
**les haricots verts** (m.) *green beans*
**un hot-dog** *hot dog*
**un jus d'orange** *orange juice*
**un jus de pomme** *apple juice*
**un jus de raisin** *grape juice*
**le lait** *milk*
**une limonade** *sparkling lemon soda*
**le maïs** *corn*
**les mangues** (f.) *mangoes*
**les noix de coco** (f.) *coconuts*
**les œufs** (m.) *eggs*
**les oranges** (f.) *oranges*
**le pain** *bread*
**les papayes** (f.) *papayas*
**les pâtes** (f.) *pasta*
**les pêches** (f.) *peaches*
**les petits pois** (m.) *peas*
**les poires** (f.) *pears*
**le poisson** *fish*
**les pommes** (f.) *apples*
**les pommes de terre** (f.) *potatoes*
**la salade** *salad, lettuce*
**un sandwich** *sandwich*
**le saucisson** *salami*
**le sel** *salt*
**les tomates** (f.) *tomatoes*
**la viande** *meat*
**le yaourt** *yogurt*

## SPORTS

**faire de l'aérobic** *to do aerobics*
**faire du jogging** *to jog*
**faire de la musculation** *to lift weights*
**faire du patin à glace** *to ice-skate*
**faire de la randonnée** *to go hiking*
**faire du roller en ligne** *to in-line skate*
**faire du ski** *to ski*
**faire du ski nautique** *to water-ski*
**faire du vélo** *to bike*
**faire de la voile** *to go sailing*
**jouer au foot(ball)** *to play soccer*
**jouer au football américain** *to play football*
**jouer au golf** *to play golf*
**jouer au hockey** *to play hockey*
**jouer au tennis** *to play tennis*
**jouer au volley(-ball)** *to play volleyball*

# SUPPLEMENTARY VOCABULARY

This list presents extra vocabulary words you're not responsible for on tests that you may want to use when you're working on the activities in the textbook and workbook. If you can't find the words you need here, try the English-French and French-English vocabulary lists beginning on page 359.

## ADJECTIVES

**calm** *calme*
**cheerful** *joyeux (joyeuse)*
**cold** *froid(e)*
**cultured** *cultivé(e)*
**discrete** *discret (discrète)*
**easy to get along with** *facile à vivre*
**enthusiastic** *enthousiaste*
**exasperating** *exaspérant(e)*
**generous** *généreux (généreuse)*
**honest** *honnête*
**hypocritical** *faux jeton*
**independent** *indépendant(e)*
**likable** *aimable*
**loves to party** *fêtard(e)*
**moody** *versatile*
**not with it** *pas futé(e)*
**obnoxious** *pénible*
**open** *ouvert(e)*
**polite** *poli(e)*
**pretentious** *prétentieux (prétentieuse)*
**quick-witted** *vif (vive)*
**reserved** *réservé(e)*
**selfish** *égoïste*
**sensitive** *sensible*
**sincere** *sincère*
**shy** *timide*
**snobbish** *snob*
**sociable** *sociable*
**spontaneous** *spontané(e)*
**talkative** *bavard(e)*
**understanding** *compréhensif (compréhensive)*
**weird** *bizarre*

## ADVENTUROUS ACTIVITIES

**to fly a plane** *piloter un avion*
**to go bungee jumping** *faire du saut à l'élastique*
**to go canoeing** *faire du canoë*
**to go mountain-climbing** *faire de l'alpinisme*
**to go on a photo safari** *aller faire un safari-photo*
**to go parachuting** *sauter en parachute*
**to go rafting** *faire la descente d'une rivière*
**to go rock-climbing** *faire de l'escalade*
**to go skydiving** *sauter en chute libre*
**to go spelunking** *faire de la spéléologie*
**to go surfing** *faire du surf*
**to race cars** *faire des courses de voitures*
**to ride in a helicopter** *faire un tour en hélicoptère*

## AT THE BEACH

**to build sandcastles** *faire des châteaux de sable*
**to feed the seagulls** *nourrir les mouettes* (f.)
**to float** *flotter*
**to get sunburned** *attraper un coup de soleil*
**to look for seashells** *chercher/ramasser des coquillages*
**to play in the waves** *sauter/jouer dans les vagues*
**to put on suntan lotion** *mettre de la crème solaire*
**to sunbathe** *prendre un bain de soleil*
**to walk along the shore** *se promener au bord de la mer*

## CARS AND DRIVING

**accident** *un accident*
**antifreeze** *de l'antifreeze*
**battery** *la batterie*
**to brake** *freiner*
**brake pedal** *la pédale de frein*
**bumper** *le pare-chocs*
**car seat** *le siège*
**clutch** *la pédale d'embrayage*
**dashboard** *le tableau de bord*
**entrance ramp** *l'entrée de l'autoroute* (f.)
**fender** *l'aile* (f.)
**gas pedal** *la pédale d'accélération*
**to get a ticket** *avoir un P.V. (procès-verbal)*
**headlights** *les phares* (m.)
**hood** *le capot*
**horn** *le klaxon*
**hubcap** *l'enjoliveur* (m.)
**jack** *le cric*
**license plate** *la plaque d'immatriculation*
**motor** *le moteur*
**muffler** *le silencieux*
**parking meter** *le parcmètre*
**radiator** *le radiateur*
**rearview mirror** *le rétroviseur*
**spark plugs** *les bougies*
**speed limit** *la vitesse maximale (la vitesse est limitée à...)*
**to stall** *caler*
**steering wheel** *le volant*
**sticker** *un autocollant*
**stop sign** *un stop*
**tow truck** *une dépanneuse*
**traffic light** *un feu* (m.) *rouge*
**transmission** *la transmission*
**trunk** *le coffre*
**turn signal** *le clignotant*
**windshield wipers** *les essuie-glace* (m.)
**to yield** *laisser la priorité/céder le passage*

## CLOTHING, FABRICS, COLORS

**ankle boots** *des bottines* (f.)
**beige** *beige*
**bell bottoms** *un pattes d'eph*
**button** *un bouton*
**checked** *à carreaux*
**collar** *un col*
**colorful** *coloré(e), vif/vive*
**dark** *foncé(e)*
**eyeglasses** *des lunettes* (f.)
**flowered** *à fleurs*
**gold** *doré(e)*
**handkerchief** *un mouchoir*
**khaki** *kaki*
**lace** *la dentelle*
**light** *clair(e)*
**linen** *en lin, en toile*
**loafers** *des mocassins* (m.)
**nylon** *en nylon*
**pajamas** *un pyjama*
**printed** *imprimé(e)*
**raincoat** *un imperméable*
**short/long sleeved** *à manches courtes/longues*
**sleeve** *une manche*
**slippers** *des pantoufles* (f.)
**suede** *en daim*
**suspenders** *des bretelles* (f.)
**tank top** *un débardeur*
**turquoise** *turquoise*
**underwear** *les sous-vêtements* (m.)
**velvet** *en velours*
**windbreaker** *un coupe-vent*
**zipper** *une fermeture éclair*

## ENVIRONMENT

**acid rain** *la pluie acide*
**car exhaust** *l'échappement* (m.)
**chemical-free** *sans produits chimiques*
**destruction of the tropical rain forest** *la destruction de la forêt tropicale*
**droughts** *les périodes* (f.) *de sécheresse*
**endangered species** *les espèces* (f.) *en voie de disparition*
**erosion** *l'érosion* (f.) *du sol*
**extinct animals** *les espèces* (f.) *disparues*
**famine** *la famine*
**global warming** *le réchauffement de la planète*
**greenhouse effect** *l'effet* (m.) *de serre*
**industrial waste** *les déchets* (m.) *industriels*
**landfills** *les décharges* (f.)
**melting of the polar ice caps** *la fonte des glaces polaires*
**nuclear waste** *les déchets* (m.) *nucléaires*
**organic foods** *la nourriture biologique*
**overpopulation** *la surpopulation*
**ozone layer** *la couche d'ozone*
**pesticides** *les pesticides* (m.)
**pollution** *la pollution*

## FARM LIFE

**to bale hay** *emballoter le foin*
**barn** *une grange*
**cage** *une cage*
**chicken coop** *un poulailler*
**fence** *une barrière, une clôture*
**to get up before dawn** *se lever à l'aube*
**to groom the dogs** *toiletter les chiens*
**to mill cotton** *filer le coton*
**pen** *un enclos*
**to plant crops** *planter des cultures*
**to plow the fields** *labourer les champs*
**to raise cattle** *élever du bétail*
**stable** *une écurie*
**to take the crops to market** *aller vendre les produits agricoles au marché*
**tractor** *un tracteur*
**trough** *un abreuvoir* (drink), *une auge* (food)
**truck** *un camion*

## FOODS AND BEVERAGES

**asparagus** *des asperges* (f.)
**bacon** *du bacon*
**beef** *du bœuf*
**bland** *doux (douce)*
**Brussels sprouts** *des choux* (m.) *de Bruxelles*
**cabbage** *du chou*
**cauliflower** *du chou-fleur*
**chestnut** *un marron*
**cookie** *un biscuit*
**cucumber** *un concombre*
**cutlet** *une escalope*
**doughnut** *un beignet*
**duck** *un canard*
**eggplant** *une aubergine*
**fried eggs** *des œufs* (m.) *au plat*
**garlic** *de l'ail* (m.)
**grapefruit** *un pamplemousse*
**hard-boiled egg** *un œuf dur*
**honey** *du miel*
**hot** (spicy) *fort(e), piquant(e)*
**juicy** (fruit) *juteux (-euse);* (meat) *moelleux (-euse); tendre*
**lamb** *l'agneau* (m.)
**liver** *du foie*
**margarine** *de la margarine*
**marshmallows** *des guimauves* (f.)
**mayonnaise** *de la mayonnaise*
**melon** *un melon*
**mustard** *de la moutarde*
**nuts** *des noix* (f.)
**onion** *un oignon*
**peanut butter** *du beurre de cacahouètes*
**pepper** (spice) *du poivre;* (vegetable) *un poivron*
**pickle** *le cornichon*
**popcorn** *du pop-corn*
**potato chips** *des chips* (f.)
**raspberry** *une framboise*
**salmon** *du saumon*
**scrambled eggs** *des œufs brouillés*
**shellfish** *des fruits de mer* (m.)
**soft-boiled egg** *un œuf à la coque*
**spicy** *relevé(e)*
**strawberry** *une fraise*
**syrup** *du sirop*
**tasty** *savoureux (savoureuse)*
**veal** *du veau*
**watermelon** *une pastèque*
**yogurt** *un yaourt*
**zucchini** *une courgette*

## IN A RESTAURANT

**bowl** *un bol*
**chef** *le chef*
**to clear the plates** *enlever les assiettes*
**cup** *une tasse*
**fork** *une fourchette*
**glass** *un verre*
**host/hostess** *le maître-d'hôtel*
**knife** *un couteau*
**napkin** *une serviette*
**pepper shaker** *la poivrière*
**plate** *une assiette*
**to refill the glass** *remplir le verre*
**reservation** *une réservation*
**salt shaker** *la salière*
**saucer** *la soucoupe*
**serving tray** *le plateau*
**spoon** *une cuillère*
**tablecloth** *la nappe*
**tip** *un pourboire*

## FRIENDSHIP

**to be sorry** *être désolé(e)*
**to confide in someone** *se confier à quelqu'un*
**to feel guilty** *se sentir coupable*
**to get along with someone** *bien s'entendre avec quelqu'un*
**to help someone do something** *aider quelqu'un à faire quelque chose*
**to make friends** *se faire des amis*
**to meet after school** *se retrouver après l'école*
**to misunderstand** *mal comprendre*
**to take the first step** *faire le premier pas*
**to talk with friends** *discuter avec des amis*
**to trust someone** *avoir confiance en quelqu'un*

## LEISURE ACTIVITIES

**to build a fire** *faire un feu*
**to collect butterflies** *faire la collection des papillons*
**to collect rocks** *collectionner les pierres*
**to collect stamps** *collectionner les timbres*
**to fly a kite** *faire voler un cerf-volant*
**to go to a botanical garden** *aller au jardin botanique*
**to go to a concert** *aller au concert*
**to go to a festival** *aller à un festival*
**to go fishing** *aller à la pêche*
**to go to a party** *aller à une soirée/boum/fête*
**to go to an art exhibit** *aller voir une exposition*
**to paint** *faire de la peinture*
**to pick wildflowers** *cueillir des fleurs sauvages*
**to play cards** *jouer aux cartes*
**to play checkers** *jouer aux dames*
**to play chess** *jouer aux échecs*
**to rent movies** *louer des vidéos*
**to ride a skateboard** *faire du skateboard*
**to sew** *coudre; faire de la couture*
**to sing around the campfire** *chanter autour du feu de camp*
**to visit friends** *rendre visite à des amis*

## MAKEUP AND TOILETRIES

**aftershave lotion** *la lotion après-rasage*
**bath towels** *les serviettes de toilette* (f.)
**blowdryer** *le séchoir à cheveux*
**brush** *une brosse (à cheveux)*
**comb** *un peigne*
**conditioner** *l'après-shampooing* (m.)
**cotton balls** *des boules* (f.) *de coton*
**cover stick** *le correcteur de teint*
**dental floss** *le fil dentaire*
**deodorant** *le déodorant*
**eyeshadow** *l'ombre* (f.) *à paupières*
**foundation** *le fond de teint*
**hair gel** *le gel*
**hair mousse** *la mousse*
**hairspray** *la laque*
**hand lotion** *la crème pour les mains*
**lipstick** *le rouge à lèvres*
**mascara** *le mascara*
**mouthwash** *le bain de bouche*
**razor** *le rasoir*
**rouge** *le fard à joues*
**shampoo** *le shampooing*
**shaving cream** *la crème à raser*
**soap** *le savon*
**toothbrush** *la brosse à dents*
**toothpaste** *le dentifrice*
**tweezers** *la pince à épiler*
**washcloth** *le gant de toilette*

## MUSICAL INSTRUMENTS AND EQUIPMENT

**acoustic guitar** *une guitare acoustique*
**CD player** *un lecteur CD*
**cello** *un violoncelle*
**clarinet** *une clarinette*
**cymbals** *des cymbales* (f.)
**electric guitar** *une guitare électrique*
**harp** *une harpe*
**headphones** *un casque, des écouteurs* (m.)
**hit** (song) *un tube*
**mandolin** *une mandoline*
**oboe** *un hautbois*
**speakers** *des enceintes* (f.), *des baffles* (m.)
**trombone** *un trombone*
**tuba** *un tuba*
**to turn on** *allumer*
**turntable** *une platine*
**Walkman®** *un walkman*

## NATURE

**bushes** *des buissons* (m.)
**cave** *une grotte*
**cliff** *la falaise*
**date palm** *un dattier*
**desert** *le désert*
**dunes** *les dunes* (f.)
**dust** *la poussière*
**fields** *des champs* (m.)
**insects** *les insectes* (m.)

**jungle** *la jungle*
**leaves** *les feuilles* (f.)
**mud** *la boue*
**oasis** *l'oasis* (f.)
**palm tree** *un palmier*
**plains** *la plaine*
**plateau** *le plateau*
**sand** *le sable*
**stream** *un ruisseau*
**swamp** *un marais*
**valley** *une vallée*
**vines** *les vignes* (f.)
**volcano** *le volcan*
**waves** *les vagues* (f.)

## PROFESSIONS

**archeologist** *un(e) archéologue*
**athlete** *un(e) athlète*
**banker** *un(e) banquier(-ière)*
**businessman/businesswoman** *un homme d'affaires (une femme d'affaires)*
**carpenter** *un menuisier*
**commercial artist** *un(e) dessinateur(-trice)*
**dancer** *un(e) danseur(-euse)*
**diplomat** *un(e) diplomate*
**editor** *un(e) rédacteur(-trice)*
**electrician** *un(e) électricien(ne)*
**fashion model** *un mannequin*
**homemaker** *un homme au foyer (une femme au foyer)*
**insurance agent** *un agent d'assurances*
**judge** *un juge*
**manager** (of a company) *le/la directeur (-trice);* (of a store or restaurant) *le/la gérant(e)*
**painter** *un peintre*
**programmer** *un(e) programmeur(-euse)*
**psychiatrist** *un(e) psychiatre*
**real-estate agent** *un agent immobilier*
**scientist** *un(e) scientifique, un(e) chercheur(-euse)*
**social worker** *un(e) assistant(e) social(e)*
**soldier** *un soldat*
**surgeon** *un chirurgien*
**truck driver** *un routier*
**veterinarian** *un(e) vétérinaire*

## SEA LIFE AND EXPLORATION

**air tank** *une bouteille de plongée*
**baracuda** *un baracuda*
**claws** *les pinces* (f.)
**current** *le courant*
**deep water** *l'eau profonde* (f.), *les haut-fonds* (m.)
**deep-sea fishing** *la pêche hauturière, la pêche en haute mer*
**dolphin** *un dauphin*
**fins** (diving) *les palmes* (f.); (fish) *les nageoires* (f.); (shark) *l'aileron* (m.)
**fishing line** *la ligne de pêche*
**flippers** *les nageoires* (f.), *les palmes* (f.)
**gills** *les ouïes* (f.), *les branchies* (f.)
**high tide** *la marée haute*
**piranha** *un pirranha*
**saltwater** *l'eau* (f.) *de mer*
**scales** *les écailles* (f.)
**scuba gear** *l'équipement* (m.) *de plongée*
**scuba mask** *un masque de plongée*

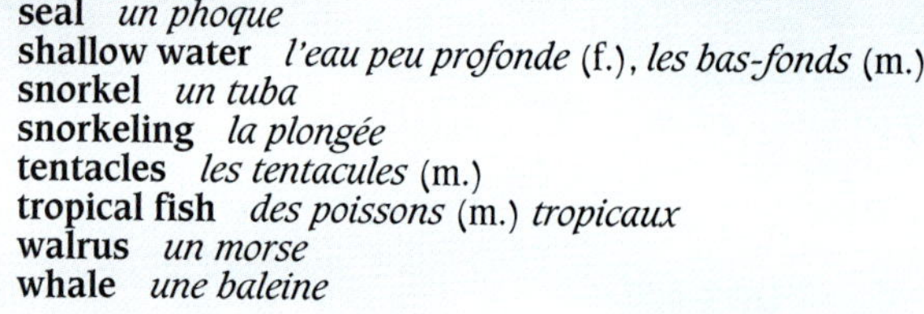

**seal** *un phoque*
**shallow water** *l'eau peu profonde* (f.), *les bas-fonds* (m.)
**snorkel** *un tuba*
**snorkeling** *la plongée*
**tentacles** *les tentacules* (m.)
**tropical fish** *des poissons* (m.) *tropicaux*
**walrus** *un morse*
**whale** *une baleine*

## TV AND MOVIES

**action scenes** *les scènes* (f.) *d'action*
**actors** *les acteurs*
**actresses** *les actrices*
**car chase** *une poursuite de voitures*
**costumes** *les costumes* (m.)
**digital sound** *le son digital*
**direction** *la mise en scène*
**director** *le metteur en scène, le réalisateur*
**ending** *le dénouement final*
**hero** *un héros*
**laserdisc** *un disque laser*
**lighting** *la lumière*
**movie soundtrack** *la bande originale d'un film*
**producer** *le producteur*
**scenery** *les décors* (m.)
**sound effects** *le bruitage*
**special effects** *les effets* (m.) *spéciaux*
**star** *une star, une vedette*
**story** *l'histoire* (f.)
**stunts** *les cascades* (f.)
**villain** *le méchant*

## WILD ANIMALS

**antelope** *une antilope*
**baboon** *un babouin*
**bat** *une chauve-souris*
**buffalo** *un buffle*
**chimpanzee** *un chimpanzé*
**crocodile** *un crocodile*
**flamingo** *un flamant*
**gazelle** *une gazelle*
**gorilla** *un gorille*
**gnu** *un gnou*
**hyena** *une hyène*
**leopard** *un léopard*
**lizard** *un lézard*
**ostrich** *une autruche*
**panther** *une panthère*
**squirrel** *un écureuil*
**tortoise** *une tortue*
**vulture** *un vautour*

# GEOGRAPHICAL TERMS

## THE CONTINENTS

**Africa** *l'Afrique* (f.)
**Antarctica** *l'Antarctique* (f.)
**Asia** *l'Asie* (f.)
**Australia** *l'Australie* (f.)
**Europe** *l'Europe* (f.)
**North America** *l'Amérique* (f.) *du Nord*
**South America** *l'Amérique* (f.) *du Sud*

## COUNTRIES

**Argentina** *l'Argentine* (f.)
**Australia** *l'Australie* (f.)
**Austria** *l'Autriche* (f.)
**Cameroon** *le Cameroun*
**Chad** *le Tchad*
**Cuba** *Cuba (no article)*
**Egypt** *l'Egypte* (f.)
**Greece** *la Grèce*
**Guinea** *la Guinée*
**Holland** *la Hollande*
**India** *l'Inde* (f.)
**Ireland** *l'Irlande* (f.)
**Israel** *Israël* (m.) *(no article)*
**Jamaica** *la Jamaïque*
**Jordan** *la Jordanie*
**Lebanon** *le Liban*
**Libya** *la Libye*
**Luxembourg** *le Luxembourg*
**Mexico** *le Mexique*
**Monaco** *Monaco* (f.) *(no article)*
**Netherlands** *les Pays-Bas* (m.)
**North Korea** *la Corée du Nord*
**Peru** *le Pérou*
**Philippines** *les Philippines* (f.)
**Poland** *la Pologne*
**Portugal** *le Portugal*
**Puerto Rico** *Porto Rico* (no article)
**Republic of Côte d'Ivoire** *la République de Côte d'Ivoire*
**South Korea** *la Corée du Sud*
**Syria** *la Syrie*
**Turkey** *la Turquie*
**Vietnam** *le Viêt-nam*

## STATES

**Alabama** *l'Alabama* (m.)
**Alaska** *l'Alaska* (m.)
**Arizona** *l'Arizona* (m.)
**Arkansas** *l'Arkansas* (m.)
**California** *la Californie*
**Colorado** *le Colorado*
**Connecticut** *le Connecticut*
**Delaware** *le Delaware*
**Florida** *la Floride*
**Georgia** *la Géorgie*
**Hawaii** *Hawaii* (no article)
**Idaho** *l'Idaho* (m.)
**Illinois** *l'Illinois* (m.)
**Indiana** *l'Indiana* (m.)
**Iowa** *l'Iowa* (m.)
**Kansas** *le Kansas*
**Kentucky** *le Kentucky*
**Louisiana** *la Louisiane*
**Maine** *le Maine*
**Maryland** *le Maryland*
**Massachusetts** *le Massachusetts*
**Michigan** *le Michigan*
**Minnesota** *le Minnesota*
**Mississippi** *le Mississippi*
**Missouri** *le Missouri*
**Montana** *le Montana*
**Nebraska** *le Nebraska*
**Nevada** *le Nevada*
**New Hampshire** *le New Hampshire*

**New Jersey** *le New Jersey*
**New Mexico** *le Nouveau-Mexique*
**New York** *l'Etat de New York*
**North Carolina** *la Caroline du Nord*
**North Dakota** *le Dakota du Nord*
**Ohio** *l'Ohio* (m.)
**Oklahoma** *l'Oklahoma* (m.)
**Oregon** *l'Orégon* (m.)
**Pennsylvania** *la Pennsylvanie*
**Rhode Island** *le Rhode Island*
**South Carolina** *la Caroline du Sud*
**South Dakota** *le Dakota du Sud*
**Tennessee** *le Tennessee*
**Texas** *le Texas*
**Utah** *l'Utah* (m.)
**Vermont** *le Vermont*
**Virginia** *la Virginie*
**Washington** *l'Etat de Washington*
**West Virginia** *la Virginie-Occidentale*
**Wisconsin** *le Wisconsin*
**Wyoming** *le Wyoming*

## CITIES

**Algiers** *Alger*
**Brussels** *Bruxelles*
**Cairo** *Le Caire*
**Geneva** *Genève*
**Lisbon** *Lisbonne*
**London** *Londres*
**Montreal** *Montréal*
**Moscow** *Moscou*
**New Orleans** *La Nouvelle-Orléans*
**Quebec City** *Québec*
**Tangier** *Tanger*
**Venice** *Venise*
**Vienna** *Vienne*

## OTHER GEOGRAPHICAL TERMS

**Alps** *les Alpes* (f.)
**Atlantic Ocean** *l'Atlantique* (m.), *l'océan* (m.) *Atlantique*
**border** *la frontière*
**capital** *la capitale*
**continent** *un continent*
**country** *un pays*
**English Channel** *la Manche*
**hill** *une colline*
**lake** *un lac*
**latitude** *la latitude*
**longitude** *la longitude*
**Mediterranean Sea** *la mer Méditerranée*
**North Africa** *l'Afrique* (f.) *du Nord*
**the North Pole** *le pôle Nord*
**ocean** *l'océan* (m.)
**Pacific Ocean** *le Pacifique, l'océan* (m.) *Pacifique*
**peninsula** *une presqu'île*
**plain** *une plaine*
**Pyrenees** *les Pyrénées* (f.)
**river** *un fleuve*
**Sahara desert** *le désert du Sahara*
**sea** *la mer*
**the South Pole** *le pôle Sud*
**state** *un état*
**valley** *une vallée*

# PRONUNCIATION INDEX

| SOUND | LETTER COMBINATION | IPA SYMBOL | EXAMPLE |
|---|---|---|---|
| The sounds [y] and [u] | the letter **u**<br>the letter combination **ou** | /y/<br>/u/ | une<br>nous |
| The nasal sound [ɑ̃] | the letter combination **an**<br>the letter combination **am**<br>the letter combination **en**<br>the letter combination **em** | /ɑ̃/ | anglais<br>jambon<br>comment<br>temps |
| The vowel sounds [ø] and [œ] | the letter combination **eu**<br>the letter combination **eu** | /ø/<br>/œ/ | deux<br>heure |
| The nasal sounds [ɔ̃], [ɛ̃], and [œ̃] | the letter combination **on**<br>the letter combination **om**<br>the letter combination **in**<br>the letter combination **im**<br>the letter combination **ain**<br>the letter combination **aim**<br>the letter combination **(i)en**<br>the letter combination **un**<br>the letter combination **um** | /ɔ̃/<br><br>/ɛ̃/<br><br><br><br><br>/œ̃/ | pardon<br>nombre<br>cousin<br>impossible<br>copain<br>faim<br>bien<br>lundi<br>humble |
| The sounds [o] and [ɔ] | the letter combination **au**<br>the letter combination **eau**<br>the letter **ô**<br>the letter **o** | /o/<br><br><br>/ɔ/ | jaune<br>beau<br>rôle<br>carotte |
| The vowel sounds [e] and [ɛ] | the letter combination **ez**<br>the letter combination **er**<br>the letter combination **ait**<br>the letter combination **ais**<br>the letter combination **ei**<br>the letter **ê** | /e/<br><br>/ɛ/ | apportez<br>trouver<br>fait<br>français<br>neige<br>bête |
| The glides [j], [w], and [ɥ] | the letter **i**<br>the letter combination **ill**<br>the letter combination **oi**<br>the letter combination **oui**<br>the letter combination **ui** | /j/<br><br>/w/<br><br>/ɥ/ | mieux<br>maillot<br>moi<br>Louis<br>huit |
| h, th, ch, and gn | the letter **h**<br>the letter combination **th**<br>the letter combination **ch**<br>the letter combination **gn** | /'/<br>/t/<br>/ʃ/<br>/ɲ/ | les halls<br>théâtre<br>chocolat<br>oignon |
| The **r** sound | the letter **r** | /ʀ/ | rouge<br>vert |

# NUMBERS

## LES NOMBRES CARDINAUX

| | | | | | |
|---|---|---|---|---|---|
| 0 | zéro | 20 | vingt | 80 | quatre-vingts |
| 1 | un(e) | 21 | vingt et un(e) | 81 | quatre-vingt-un(e) |
| 2 | deux | 22 | vingt-deux | 82 | quatre-vingt-deux |
| 3 | trois | 23 | vingt-trois | 90 | quatre-vingt-dix |
| 4 | quatre | 24 | vingt-quatre | 91 | quatre-vingt-onze |
| 5 | cinq | 25 | vingt-cinq | 92 | quatre-vingt-douze |
| 6 | six | 26 | vingt-six | 100 | cent |
| 7 | sept | 27 | vingt-sept | 101 | cent un |
| 8 | huit | 28 | vingt-huit | 200 | deux cents |
| 9 | neuf | 29 | vingt-neuf | 300 | trois cents |
| 10 | dix | 30 | trente | 800 | huit cents |
| 11 | onze | 31 | trente et un(e) | 900 | neuf cents |
| 12 | douze | 32 | trente-deux | 1.000 | mille |
| 13 | treize | 40 | quarante | 2.000 | deux mille |
| 14 | quatorze | 50 | cinquante | 3.000 | trois mille |
| 15 | quinze | 60 | soixante | 10.000 | dix mille |
| 16 | seize | 70 | soixante-dix | 19.000 | dix-neuf mille |
| 17 | dix-sept | 71 | soixante et onze | 40.000 | quarante mille |
| 18 | dix-huit | 72 | soixante-douze | 500.000 | cinq cent mille |
| 19 | dix-neuf | 73 | soixante-treize | 1.000.000 | un million |

- The word **et** is used only in 21, 31, 41, 51, 61, and 71.
- **Vingt (trente, quarante**, and so on**) et une** is used when the number refers to a feminine noun: **trente et une cassettes.**
- The **s** is dropped from **quatre-vingts** and is not added to multiples of **cent** when these numbers are followed by another number: **quatre-vingt-cinq; deux cents,** *but* **deux cent six.** The number **mille** never takes an **s: deux mille insectes.**
- **Un million** is followed by **de** + a noun: **un million de francs.**
- In writing numbers, a period is used in French where a comma is used in English.

## LES NOMBRES ORDINAUX

| | | | | | |
|---|---|---|---|---|---|
| 1er, 1ère | premier, première | 9e | neuvième | 17e | dix-septième |
| 2e | deuxième | 10e | dixième | 18e | dix-huitième |
| 3e | troisième | 11e | onzième | 19e | dix-neuvième |
| 4e | quatrième | 12e | douzième | 20e | vingtième |
| 5e | cinquième | 13e | treizième | 21e | vingt et unième |
| 6e | sixième | 14e | quatorzième | 22e | vingt-deuxième |
| 7e | septième | 15e | quinzième | 30e | trentième |
| 8e | huitième | 16e | seizième | 40e | quarantième |

# GRAMMAR SUMMARY

## ARTICLES

| SINGULAR | | PLURAL | |
|---|---|---|---|
| MASCULINE | FEMININE | MASCULINE | FEMININE |
| **un frère**<br>**un ami** | **une sœur**<br>**une amie** | **des frères**<br>**des amis** | **des sœurs**<br>**des amies** |
| **le frère**<br>**l'ami** | **la sœur**<br>**l'amie** | **les frères**<br>**les amis** | **les sœurs**<br>**les amies** |
| **ce frère**<br>**cet ami** | **cette sœur**<br>**cette amie** | **ces frères**<br>**ces amis** | **ces sœurs**<br>**ces amies** |

## CONTRACTIONS WITH à AND de

| à or **de** + article = | CONTRACTION |
|---|---|
| **à + le =** | **au** |
| **à + la =** | **à la** (no contraction) |
| **à + l' =** | **à l'** (no contraction) |
| **à + les =** | **aux** |
| **de + le =** | **du** |
| **de + la =** | **de la** (no contraction) |
| **de + l' =** | **de l'** (no contraction) |
| **de + les =** | **des** |

## ADJECTIVES: FORMATION OF FEMININE

| | MASCULINE | FEMININE |
|---|---|---|
| Most adjectives (add -**e**) | **Il est brun.** | **Elle est brune.** |
| Most adjectives ending in -**é** (add -**e**) | **Il est démodé.** | **Elle est démodée.** |
| All adjectives ending in an unaccented -**e** (no change) | **Il est jeune.** | **Elle est jeune.** |
| Most adjectives ending in -**eux** (-**eux** → -**euse**) | **Il est furieux.** | **Elle est furieuse.** |
| All adjectives ending in -**ien** (-**ien** → -**ienne**) | **Il est tunisien.** | **Elle est tunisienne.** |

## ADJECTIVES AND NOUNS: FORMATION OF PLURAL

| | | MASCULINE | FEMININE |
|---|---|---|---|
| Most noun and adjective forms (add -**s**) | Singular<br>Plural | **un pantalon vert**<br>**des pantalons verts** | **une jupe verte**<br>**des jupes vertes** |
| Most masculine noun and adjective forms ending in -**al** (-**al** → -**aux**)<br>Feminine forms add -**s** | Singular<br>Plural | **le sport principal**<br>**les sports principaux** | **la rue principale**<br>**les rues principales** |
| All masculine noun and adjective forms ending in -**eau** (add -**x**)<br>Feminine forms add -**s** | Singular<br>Plural | **le nouveau manteau**<br>**les nouveaux manteaux** | **la nouvelle robe**<br>**les nouvelles robes** |
| All masculine noun and adjective forms ending in -**s** (no change in masculine form)<br>Feminine forms add -**s** | Singular<br>Plural | **un bus gris**<br>**des bus gris** | **une maison grise**<br>**des maisons grises** |
| All masculine adjective forms ending in -**x** (no change in masculine form)<br>Feminine forms add -**s** | Singular<br>Plural | **un garçon heureux**<br>**des garçons heureux** | **une fille heureuse**<br>**des filles heureuses** |

## POSSESSIVE ADJECTIVES

| SINGULAR | | PLURAL | |
|---|---|---|---|
| MASCULINE | FEMININE | MASCULINE | FEMININE |
| **mon frère** | **ma sœur** | **mes frères** | **mes sœurs** |
| **mon ami** | **mon amie** | **mes amis** | **mes amies** |
| **ton frère** | **ta sœur** | **tes frères** | **tes sœurs** |
| **ton ami** | **ton amie** | **tes amis** | **tes amies** |
| **son frère** | **sa sœur** | **ses frères** | **ses sœurs** |
| **son ami** | **son amie** | **ses amis** | **ses amies** |
| **notre frère** | **notre sœur** | **nos frères** | **nos sœurs** |
| **notre ami** | **notre amie** | **nos amis** | **nos amies** |
| **votre frère** | **votre sœur** | **vos frères** | **vos sœurs** |
| **votre ami** | **votre amie** | **vos amis** | **vos amies** |
| **leur frère** | **leur sœur** | **leurs frères** | **leurs sœurs** |
| **leur ami** | **leur amie** | **leurs amis** | **leurs amies** |

## PRONOUNS

| INDEPENDENT PRONOUNS | SUBJECT PRONOUNS | DIRECT OBJECT PRONOUNS | INDIRECT OBJECT PRONOUNS | PRONOUN REPLACING **à, dans, sur...** + noun phrase | PRONOUN REPLACING **de** + noun phrase |
|---|---|---|---|---|---|
| **moi** | **je (j')** | **me** | **me** | | |
| **toi** | **tu** | **te** | **te** | | |
| **lui** | **il** | **le** | **lui** | | |
| **elle** | **elle** | **la** | **lui** | | |
| | **on** | | | **y** | **en** |
| **nous** | **nous** | **nous** | **nous** | | |
| **vous** | **vous** | **vous** | **vous** | | |
| **eux** | **ils** | **les** | **leur** | | |
| **elles** | **elles** | **les** | **leur** | | |

## INTERROGATIVE PRONOUNS

| | People | Things | People and Things |
|---|---|---|---|
| Subject of verb | **qui**<br>**qui est-ce qui** | **qu'est-ce qui** | **lequel**<br>**laquelle**<br>**lesquels**<br>**lesquelles** |
| Object of verb | **qui**<br>**qui est-ce que** | **que**<br>**qu'est-ce que** | |
| Object of preposition | **de qui**<br>**à qui** | **de quoi**<br>**à quoi** | |

## DEMONSTRATIVE PRONOUNS

| | Masculine | Feminine |
|---|---|---|
| Singular | **celui-là** | **celle-là** |
| Plural | **ceux-là** | **celles-là** |

## INTERROGATIVE ADJECTIVES

| | Masculine | Feminine |
|---|---|---|
| Singular | **quel** | **quelle** |
| Plural | **quels** | **quelles** |

## RELATIVE PRONOUNS: Qui and Que

| | **Qui**<br>Subject of verb in clause | **Que**<br>Object of verb in clause |
|---|---|---|
| People | Laeticia parle avec une amie **qui** s'appelle Séverine. | Séverine sort avec un garçon **que** je ne connais pas. |
| Places | J'ai visité une ville **qui** est près de Strasbourg. | La ville **que** j'ai visitée était intéressante. |
| Things | C'est un arbre **qui** se trouve dans la forêt tropicale. | C'est une chanson **que** j'aime beaucoup. |

## RELATIVE PRONOUNS: Ce qui, and ce que

| | Subject of verb in clause | Object of verb in clause |
|---|---|---|
| The relative pronoun *what*<br>Use **ce qui** or **ce que** | **Ce qui** est incroyable, c'est leurs masques.<br>Tu ne comprends pas **ce qui** est important. | **Ce que** j'adore, c'est le jazz.<br>Je ne sais pas **ce qu**'elle fait. |

## RELATIVE PRONOUN: Dont

| | |
|---|---|
| The relative pronoun *whose* (Use **dont**) | C'est le garçon **dont** la sœur est une actrice célèbre. |
| The relative pronoun *whom: about/of/from whom* (Use **dont**) | Tu connais l'actrice **dont** il parle? |

## REGULAR VERBS: PRESENT TENSE

| INFINITIVE | écouter | sortir | choisir | répondre |
|---|---|---|---|---|
| | STEM / ENDING | STEM / ENDING | STEM / ENDING | STEM / ENDING |
| PRESENT | **écout** -e, -es, -e, -ons, -ez, -ent | **sor** -s, -s, -t<br>**sort** -ons, -ez, -ent | **chois** -is, -is, -it, -issons, -issez, -issent | **répond** -s, -s, —, -ons, -ez, -ent |
| REQUESTS COMMANDS SUGGESTIONS | **écout** -e, -ons, -ez | **sor** -s<br>**sort** -ons, -ez | **chois** -is, -issons, -issez | **répond** -s, -ons, -ez |

## REGULAR VERBS: COMPOUND TENSES

| | **PASSE COMPOSE** (past) | | **PLUS-QUE-PARFAIT** (past perfect) | |
|---|---|---|---|---|
| | Auxiliary | Past Participle | Auxiliary | Past Participle |
| with avoir | **ai**<br>**as**<br>**a**<br>**avons**<br>**avez**<br>**ont** | **jou -é**<br>**chois -i**<br>**attend -u** | **avais**<br>**avais**<br>**avait**<br>**avions**<br>**aviez**<br>**avaient** | **jou -é**<br>**chois -i**<br>**attend -u** |
| with être | **suis**<br>**es**<br>**est**<br>**sommes**<br>**êtes**<br>**sont** | **rentr -é(e)s**<br>**sort -i(e)(s)**<br>**descend -u(e)s** | **étais**<br>**étais**<br>**était**<br>**étions**<br>**étiez**<br>**étaient** | **rentr -é(e)(s)**<br>**sort -i(e)(s)**<br>**descend -u(e)(s)** |

## REFLEXIVE VERBS

| **PRESENT** | **PASSE COMPOSE** (past) | **INFINITIF** |
|---|---|---|
| Je **me lave.** | Je **me suis lavé(e).** | Je **vais me laver.** |
| Tu **te laves.** | Tu **t'es lavé(e).** | Tu **vas te laver.** |
| Il **se lave.** | Il **s'est lavé.** | Il **va se laver.** |
| Elle **se lave.** | Elle **s'est lavée.** | Elle **va se laver.** |
| On **se lave.** | On **s'est lavé(e)(s).** | On **va se laver.** |
| Nous **nous lavons.** | Nous **nous sommes lavé(e)s.** | Nous **allons nous laver.** |
| Vous **vous lavez.** | Vous **vous êtes lavé(e)(s).** | Vous **allez vous laver.** |
| Ils **se lavent.** | Ils **se sont lavés.** | Ils **vont se laver.** |
| Elles **se lavent.** | Elles **se sont lavées.** | Elles **vont se laver.** |

| REQUESTS / COMMANDS / SUGGESTIONS | | |
|---|---|---|
| | Lave-toi. | Ne te lave pas. |
| | Lavons-nous | Ne nous lavons pas. |
| | Lavez-vous. | Ne vous lavez pas. |

## REGULAR VERBS: IMPARFAIT (IMPERFECT)

| Stem | Ending |
|---|---|
| Present tense **nous** form:<br>**habit~~ons~~**<br>**finiss~~ons~~**<br>**entend~~ons~~** | **-ais**<br>**-ais**<br>**-ait**<br>**-ions**<br>**-iez**<br>**-aient** |

## REGULAR VERBS: PRESENT SUBJUNCTIVE

| Stem | Ending |
|---|---|
| Present tense **ils** form:<br>**habit~~ent~~**<br>**finiss~~ent~~**<br>**entend~~ent~~** | **-e**<br>**-es**<br>**-e**<br>**-ions**<br>**-iez**<br>**-ent** |

## REGULAR VERBS: CONDITIONAL

| Stem | Ending |
|---|---|
| Infinitive:<br>**habiter**<br>**finir**<br>**entendr~~e~~** | **-ais**<br>**-ais**<br>**-ait**<br>**-ions**<br>**-iez**<br>**-aient** |

## REGULAR VERBS: FUTURE

| Stem | Ending |
|---|---|
| Infinitive:<br>**habiter**<br>**finir**<br>**entendr~~e~~** | **-ai**<br>**-as**<br>**-a**<br>**-ons**<br>**-ez**<br>**-ont** |

## SEQUENCE OF TENSES IN SENTENCES WITH *SI* CLAUSES

| | | |
|---|---|---|
| Probable | **Si** + present → | present<br>future |
| Less probable | **Si** + imperfect → | conditional |
| Impossible | **Si** + past perfect → | past conditional |

## EXPRESSIONS FOLLOWED BY *QUE* + THE SUBJUNCTIVE

| | | |
|---|---|---|
| Necessity | **Il est nécessaire que...**<br>**Il est essentiel que...**<br>**Il est important que...**<br>**Il faudrait que...**<br>**Il vaudrait mieux que...** | + subjunctive |
| Doubt | **Je ne crois pas que...**<br>**Je ne pense pas que...**<br>**Ça m'étonnerait que...**<br>**Je ne suis pas sûr(e) que...**<br>**Je ne suis pas certain(e) que...** | + subjunctive |
| Emotion | **Je suis désolé(e) que...**<br>**Je suis heureux (-euse) que...**<br>**J'ai peur que...** | + subjunctive |
| Possibility | **Il est possible que...**<br>**Il est fort possible que...**<br>**Il se peut que...** | + subjunctive |
| Wishes | **Je veux que...**<br>**Je voudrais que...** | + subjunctive |

## COMPARATIVE AND SUPERLATIVE

| Comparative | | | | | Superlative | | | | | | |
|---|---|---|---|---|---|---|---|---|---|---|---|
| **moins**<br>**aussi**<br>**plus** | + | adjective<br>or<br>adverb | + | **que** | **le/la/les** | + | **moins**<br>**plus** | + | adjective<br>or<br>adverb | + | **de** |

## IRREGULAR COMPARATIVE AND SUPERLATIVE FORMS

| | | Comparative | Superlative |
|---|---|---|---|
| adjectives | **bon(s), bonne(s)**<br>**mauvais(e)(es)** | **meilleur(e)(s)**<br>**plus mauvais(e)(es)** | **le/la/les meilleur(e)(s)**<br>**le/la/les plus mauvais(e)(es)**<br>**le/la/les pire(s)** |
| adverbs | **bien** | **mieux** | **le mieux** |

## VERBS FOLLOWED BY AN INFINITIVE

| | |
|---|---|
| aimer<br>aller<br>compter<br>devoir<br>penser<br>pouvoir<br>préférer<br>savoir<br>vouloir | + infinitive |

## VERBS FOLLOWED BY à OR de WITH AN INFINITIVE

| | | |
|---|---|---|
| aider<br>s'amuser<br>apprendre<br>arriver<br>commencer<br>inviter<br>réussir | à | + infinitive |

| | | |
|---|---|---|
| s'arrêter<br>conseiller<br>décider<br>demander<br>essayer<br>éviter<br>finir<br>oublier<br>persuader<br>promettre<br>proposer<br>refuser<br>rêver | de | + infinitive |

## VERBS THAT TAKE A DIRECT OR INDIRECT OBJECT

| Verbs that take a direct object | Verbs that take an indirect object |
|---|---|
| appeler<br>chercher<br>écouter<br>payer<br>regarder | téléphoner à<br>conseiller à<br>répondre à<br>dire à<br>demander à<br>écrire à<br>parler à<br>permettre à<br>apprendre à<br>offrir à |

# VERB INDEX

## VERBS WITH STEM AND SPELLING CHANGES

Verbs listed in this section are not irregular, but they do show some stem and spelling changes. The forms in which the changes occur are printed in **boldface** type.

ACHETER *(to buy)*

| PRESENT | IMPERFECT | SUBJUNCTIVE | CONDITIONAL | FUTURE | COMMANDS |
|---|---|---|---|---|---|
| **achète** | achetais | **achète** | **achèterais** | **achèterai** | |
| **achètes** | achetais | **achètes** | **achèterais** | **achèteras** | **achète** |
| **achète** | achetait | **achète** | **achèterait** | **achètera** | |
| achetons | achetions | achetions | **achèterions** | **achèterons** | achetons |
| achetez | achetiez | achetiez | **achèteriez** | **achèterez** | achetez |
| **achètent** | achetaient | **achètent** | **achèteraient** | **achèteront** | |

*Passé Composé:* *Auxiliary:* avoir
*Past Participle:* acheté

APPELER *(to call)*

| PRESENT | IMPERFECT | SUBJUNCTIVE | CONDITIONAL | FUTURE | COMMANDS |
|---|---|---|---|---|---|
| **appelle** | appelais | **appelle** | **appellerais** | **appellerai** | |
| **appelles** | appelais | **appelles** | **appellerais** | **appelleras** | **appelle** |
| **appelle** | appelait | **appelle** | **appellerait** | **appellera** | |
| appelons | appelions | appelions | **appellerions** | **appellerons** | appelons |
| appelez | appeliez | appeliez | **appelleriez** | **appellerez** | appelez |
| **appellent** | appelaient | **appellent** | **appelleraient** | **appelleront** | |

*Passé Composé:* *Auxiliary:* avoir
*Past Participle:* appelé

COMMENCER *(to start, to begin)*

| PRESENT | IMPERFECT | SUBJUNCTIVE | CONDITIONAL | FUTURE | COMMANDS |
|---|---|---|---|---|---|
| commence | **commençais** | commence | commencerais | commencerai | |
| commences | **commençais** | commences | commencerais | commenceras | commence |
| commence | **commençait** | commence | commencerait | commencera | |
| **commençons** | commencions | commencions | commencerions | commencerons | **commençons** |
| commencez | commenciez | commenciez | commenceriez | commencerez | commencez |
| commencent | **commençaient** | commencent | commenceraient | commenceront | |

*Passé Composé:* *Auxiliary:* avoir
*Past Participle:* commencé

ESSAYER *(to try)*

| PRESENT | IMPERFECT | SUBJUNCTIVE | CONDITIONAL | FUTURE | COMMANDS |
|---|---|---|---|---|---|
| **essaie** | essayais | **essaie** | **essaierais** | **essaierai** | |
| **essaies** | essayais | **essaies** | **essaierais** | **essaieras** | **essaie** |
| **essaie** | essayait | **essaie** | **essaierait** | **essaiera** | |
| essayons | essayions | essayions | **essaierions** | **essaierons** | essayons |
| essayez | essayiez | essayiez | **essaieriez** | **essaierez** | essayez |
| **essaient** | essayaient | **essaient** | **essaieraient** | **essaieront** | |

*Passé Composé:* *Auxiliary:* avoir
*Past Participle:* essayé

MANGER *(to eat)*

| PRESENT | IMPERFECT | SUBJUNCTIVE | CONDITIONAL | FUTURE | COMMANDS |
|---|---|---|---|---|---|
| mange | **mangeais** | mange | mangerais | mangerai | |
| manges | **mangeais** | manges | mangerais | mangeras | mange |
| mange | **mangeait** | mange | mangerait | mangera | |
| **mangeons** | mangions | mangions | mangerions | mangerons | **mangeons** |
| mangez | mangiez | mangiez | mangeriez | mangerez | mangez |
| mangent | **mangeaient** | mangent | mangeraient | mangeront | |

*Passé Composé:* *Auxiliary:* avoir
*Past Participle:* mangé

PREFERER *(to prefer)*

| PRESENT | IMPERFECT | SUBJUNCTIVE | CONDITIONAL | FUTURE | COMMANDS |
|---|---|---|---|---|---|
| **préfère** | préférais | **préfère** | préférerais | préférerai | |
| **préfères** | préférais | **préfères** | préférerais | préféreras | — |
| **préfère** | préférait | **préfère** | préférerait | préférera | |
| préférons | préférions | préférions | préférerions | préférerons | — |
| préférez | préfériez | préfériez | préféreriez | préférerez | — |
| **préfèrent** | préféraient | **préfèrent** | préféreraient | préféreront | |

*Passé Composé:* *Auxiliary:* avoir
*Past Participle:* préféré

## VERBS WITH IRREGULAR FORMS

Verbs listed in this section are those that do not follow the pattern of verbs like **aimer**, verbs like **choisir**, verbs like **sortir**, or verbs like **attendre**.

ALLER *(to go)*

| PRESENT | IMPERFECT | SUBJUNCTIVE | CONDITIONAL | FUTURE | COMMANDS |
|---|---|---|---|---|---|
| vais | allais | aille | irais | irai | |
| vas | allais | ailles | irais | iras | va |
| va | allait | aille | irait | ira | |
| allons | allions | allions | irions | irons | allons |
| allez | alliez | alliez | iriez | irez | allez |
| vont | allaient | aillent | iraient | iront | |

*Passé Composé:* *Auxiliary:* être
*Past Participle:* allé

AVOIR *(to have)*

| PRESENT | IMPERFECT | SUBJUNCTIVE | CONDITIONAL | FUTURE | COMMANDS |
|---|---|---|---|---|---|
| ai | avais | aie | aurais | aurai | |
| as | avais | aies | aurais | auras | aie |
| a | avait | ait | aurait | aura | |
| avons | avions | ayons | aurions | aurons | ayons |
| avez | aviez | ayez | auriez | aurez | ayez |
| ont | avaient | aient | auraient | auront | |

*Passé Composé:* *Auxiliary:* avoir
*Past Participle:* eu

BOIRE *(to drink)*

| PRESENT | IMPERFECT | SUBJUNCTIVE | CONDITIONAL | FUTURE | COMMANDS |
|---|---|---|---|---|---|
| bois | buvais | boive | boirais | boirai | |
| bois | buvais | boives | boirais | boiras | bois |
| boit | buvait | boive | boirait | boira | |
| buvons | buvions | buvions | boirions | boirons | buvons |
| buvez | buviez | buviez | boiriez | boirez | buvez |
| boivent | buvaient | boivent | boiraient | boiront | |

*Passé Composé:* *Auxiliary:* avoir
*Past Participle:* bu

CONDUIRE *(to drive)*

| PRESENT | IMPERFECT | SUBJUNCTIVE | CONDITIONAL | FUTURE | COMMANDS |
|---|---|---|---|---|---|
| conduis | conduisais | conduise | conduirais | conduirai | |
| conduis | conduisais | conduises | conduirais | conduiras | conduis |
| conduit | conduisait | conduise | conduirait | conduira | |
| conduisons | conduisions | conduisions | conduirions | conduirons | conduisons |
| conduisez | conduisiez | conduisiez | conduiriez | conduirez | conduisez |
| conduisent | conduisaient | conduisent | conduiraient | conduiront | |

*Passé Composé:* *Auxiliary:* avoir
*Past Participle:* conduit

CONNAITRE *(to know, to be acquainted with)*

| PRESENT | IMPERFECT | SUBJUNCTIVE | CONDITIONAL | FUTURE | COMMANDS |
|---|---|---|---|---|---|
| connais | connaissais | connaisse | connaîtrais | connaîtrai | |
| connais | connaissais | connaisses | connaîtrais | connaîtras | — |
| connaît | connaissait | connaisse | connaîtrait | connaîtra | |
| connaissons | connaissions | connaissions | connaîtrions | connaîtrons | — |
| connaissez | connaissiez | connaissiez | connaîtriez | connaîtrez | — |
| connaissent | connaissaient | connaissent | connaîtraient | connaîtront | |

*Passé Composé:* *Auxiliary:* avoir
*Past Participle:* connu

COURIR *(to run)*

| PRESENT | IMPERFECT | SUBJUNCTIVE | CONDITIONAL | FUTURE | COMMANDS |
|---|---|---|---|---|---|
| cours | courais | coure | courrais | courrai | |
| cours | courais | coures | courrais | courras | cours |
| court | courait | coure | courrait | courra | |
| courons | courions | courions | courrions | courrons | courons |
| courez | couriez | couriez | courriez | courrez | courez |
| courent | couraient | courent | courraient | courront | |

*Passé Composé:* *Auxiliary:* avoir
*Past Participle:* couru

CROIRE *(to believe)*

| PRESENT | IMPERFECT | SUBJUNCTIVE | CONDITIONAL | FUTURE | COMMANDS |
|---|---|---|---|---|---|
| crois | croyais | croie | croirais | croirai | |
| crois | croyais | croies | croirais | croiras | crois |
| croit | croyait | croie | croirait | croira | |
| croyons | croyions | croyions | croirions | croirons | croyons |
| croyez | croyiez | croyiez | croiriez | croirez | croyez |
| croient | croyaient | croient | croiraient | croiront | |

*Passé Composé:* *Auxiliary:* avoir
*Past Participle:* cru

DEVOIR *(to have to)*

| PRESENT | IMPERFECT | SUBJUNCTIVE | CONDITIONAL | FUTURE | COMMANDS |
|---|---|---|---|---|---|
| dois | devais | doive | devrais | devrai | |
| dois | devais | doives | devrais | devras | — |
| doit | devait | doive | devrait | devra | |
| devons | devions | devions | devrions | devrons | — |
| devez | deviez | deviez | devriez | devrez | — |
| doivent | devaient | doivent | devraient | devront | |

*Passé Composé:* *Auxiliary:* avoir
*Past Participle:* dû

DIRE *(to say, tell)*

| PRESENT | IMPERFECT | SUBJUNCTIVE | CONDITIONAL | FUTURE | COMMANDS |
|---|---|---|---|---|---|
| dis | disais | dise | dirais | dirai | |
| dis | disais | dises | dirais | diras | dis |
| dit | disait | dise | dirait | dira | |
| disons | disions | disions | dirions | dirons | disons |
| dites | disiez | disiez | diriez | direz | dites |
| disent | disaient | disent | diraient | diront | |

*Passé Composé:* *Auxiliary:* avoir
*Past Participle:* dit

ECRIRE *(to write)*

| PRESENT | IMPERFECT | SUBJUNCTIVE | CONDITIONAL | FUTURE | COMMANDS |
|---|---|---|---|---|---|
| écris<br>écris<br>écrit<br>écrivons<br>écrivez<br>écrivent | écrivais<br>écrivais<br>écrivait<br>écrivions<br>écriviez<br>écrivaient | écrive<br>écrives<br>écrive<br>écrivions<br>écriviez<br>écrivent | écrirais<br>écrirais<br>écrirait<br>écririons<br>écririez<br>écriraient | écrirai<br>écriras<br>écrira<br>écrirons<br>écrirez<br>écriront | écris<br><br>écrivons<br>écrivez |

*Passé Composé:* *Auxiliary:* avoir
*Past Participle:* écrit

ETEINDRE *(to turn off)*

| PRESENT | IMPERFECT | SUBJUNCTIVE | CONDITIONAL | FUTURE | COMMANDS |
|---|---|---|---|---|---|
| éteins<br>éteins<br>éteint<br>éteignons<br>éteignez<br>éteignent | éteignais<br>éteignais<br>éteignait<br>éteignions<br>éteigniez<br>éteignaient | éteigne<br>éteignes<br>éteigne<br>éteignions<br>éteigniez<br>éteignent | éteindrais<br>éteindrais<br>éteindrait<br>éteindrions<br>éteindriez<br>éteindraient | éteindrai<br>éteindras<br>éteindra<br>éteindrons<br>éteindrez<br>éteindront | éteins<br><br>éteignons<br>éteignez |

*Passé Composé:* *Auxiliary:* avoir
*Past Participle:* éteint

ETRE *(to be)*

| PRESENT | IMPERFECT | SUBJUNCTIVE | CONDITIONAL | FUTURE | COMMANDS |
|---|---|---|---|---|---|
| suis<br>es<br>est<br>sommes<br>êtes<br>sont | étais<br>étais<br>était<br>étions<br>étiez<br>étaient | sois<br>sois<br>soit<br>soyons<br>soyez<br>soient | serais<br>serais<br>serait<br>serions<br>seriez<br>seraient | serai<br>seras<br>sera<br>serons<br>serez<br>seront | sois<br><br>soyons<br>soyez |

*Passé Composé:* *Auxiliary:* avoir
*Past Participle:* été

FAIRE *(to make, to do)*

| PRESENT | IMPERFECT | SUBJUNCTIVE | CONDITIONAL | FUTURE | COMMANDS |
|---|---|---|---|---|---|
| fais<br>fais<br>fait<br>faisons<br>faites<br>font | faisais<br>faisais<br>faisait<br>faisions<br>faisiez<br>faisaient | fasse<br>fasses<br>fasse<br>fassions<br>fassiez<br>fassent | ferais<br>ferais<br>ferait<br>ferions<br>feriez<br>feraient | ferai<br>feras<br>fera<br>ferons<br>ferez<br>feront | fais<br><br>faisons<br>faites |

*Passé Composé:* *Auxiliary:* avoir
*Past Participle:* fait

LIRE *(to read)*

| PRESENT | IMPERFECT | SUBJUNCTIVE | CONDITIONAL | FUTURE | COMMANDS |
|---|---|---|---|---|---|
| lis<br>lis<br>lit<br>lisons<br>lisez<br>lisent | lisais<br>lisais<br>lisait<br>lisions<br>lisiez<br>lisaient | lise<br>lises<br>lise<br>lisions<br>lisiez<br>lisent | lirais<br>lirais<br>lirait<br>lirions<br>liriez<br>liraient | lirai<br>liras<br>lira<br>lirons<br>lirez<br>liront | <br>lis<br><br>lisons<br>lisez |

*Passé Composé:* *Auxiliary:* avoir
*Past Participle:* lu

METTRE *(to put, to put on)*

| PRESENT | IMPERFECT | SUBJUNCTIVE | CONDITIONAL | FUTURE | COMMANDS |
|---|---|---|---|---|---|
| mets<br>mets<br>met<br>mettons<br>mettez<br>mettent | mettais<br>mettais<br>mettait<br>mettions<br>mettiez<br>mettaient | mette<br>mettes<br>mette<br>mettions<br>mettiez<br>mettent | mettrais<br>mettrais<br>mettrait<br>mettrions<br>mettriez<br>mettraient | mettrai<br>mettras<br>mettra<br>mettrons<br>mettrez<br>mettront | <br>mets<br><br>mettons<br>mettez |

*Passé Composé:* *Auxiliary:* avoir
*Past Participle:* mis

POUVOIR *(to be able, can)*

| PRESENT | IMPERFECT | SUBJUNCTIVE | CONDITIONAL | FUTURE | COMMANDS |
|---|---|---|---|---|---|
| peux<br>peux<br>peut<br>pouvons<br>pouvez<br>peuvent | pouvais<br>pouvais<br>pouvait<br>pouvions<br>pouviez<br>pouvaient | puisse<br>puisses<br>puisse<br>puissions<br>puissiez<br>puissent | pourrais<br>pourrais<br>pourrait<br>pourrions<br>pourriez<br>pourraient | pourrai<br>pourras<br>pourra<br>pourrons<br>pourrez<br>pourront | <br>—<br><br>—<br>— |

*Passé Composé:* *Auxiliary:* avoir
*Past Participle:* pu

PRENDRE *(to take)*

| PRESENT | IMPERFECT | SUBJUNCTIVE | CONDITIONAL | FUTURE | COMMANDS |
|---|---|---|---|---|---|
| prends<br>prends<br>prend<br>prenons<br>prenez<br>prennent | prenais<br>prenais<br>prenait<br>prenions<br>preniez<br>prenaient | prenne<br>prennes<br>prenne<br>prenions<br>preniez<br>prennent | prendrais<br>prendrais<br>prendrait<br>prendrions<br>prendriez<br>prendraient | prendrai<br>prendras<br>prendra<br>prendrons<br>prendrez<br>prendront | <br>prends<br><br>prenons<br>prenez |

*Passé Composé:* *Auxiliary:* avoir
*Past Participle:* pris

SAVOIR *(to know)*

| PRESENT | IMPERFECT | SUBJUNCTIVE | CONDITIONAL | FUTURE | COMMANDS |
|---|---|---|---|---|---|
| sais | savais | sache | saurais | saurai | |
| sais | savais | saches | saurais | sauras | sache |
| sait | savait | sache | saurait | saura | |
| savons | savions | sachions | saurions | saurons | sachons |
| savez | saviez | sachiez | sauriez | saurez | sachez |
| savent | savaient | sachent | sauraient | sauront | |

*Passé Composé:* *Auxiliary:* avoir
*Past Participle:* su

VENIR *(to come)*

| PRESENT | IMPERFECT | SUBJUNCTIVE | CONDITIONAL | FUTURE | COMMANDS |
|---|---|---|---|---|---|
| viens | venais | vienne | viendrais | viendrai | |
| viens | venais | viennes | viendrais | viendras | viens |
| vient | venait | vienne | viendrait | viendra | |
| venons | venions | venions | viendrions | viendrons | venons |
| venez | veniez | veniez | viendriez | viendrez | venez |
| viennent | venaient | viennent | viendraient | viendront | |

*Passé Composé:* *Auxiliary:* être
*Past Participle:* venu

VOIR *(to see)*

| PRESENT | IMPERFECT | SUBJUNCTIVE | CONDITIONAL | FUTURE | COMMANDS |
|---|---|---|---|---|---|
| vois | voyais | voie | verrais | verrai | |
| vois | voyais | voies | verrais | verras | vois |
| voit | voyait | voie | verrait | verra | |
| voyons | voyions | voyions | verrions | verrons | voyons |
| voyez | voyiez | voyiez | verriez | verrez | voyez |
| voient | voyaient | voient | verraient | verront | |

*Passé Composé:* *Auxiliary:* avoir
*Past Participle:* vu

VOULOIR *(to want)*

| PRESENT | IMPERFECT | SUBJUNCTIVE | CONDITIONAL | FUTURE | COMMANDS |
|---|---|---|---|---|---|
| veux | voulais | veuille | voudrais | voudrai | |
| veux | voulais | veuilles | voudrais | voudras | — |
| veut | voulait | veuille | voudrait | voudra | — |
| voulons | voulions | voulions | voudrions | voudrons | |
| voulez | vouliez | vouliez | voudriez | voudrez | veuillez |
| veulent | voulaient | veuillent | voudraient | voudront | |

*Passé Composé:* *Auxiliary:* avoir
*Past Participle:* voulu

# FRENCH-ENGLISH VOCABULARY

This list includes both active and passive vocabulary in this textbook. Active words and phrases are those listed in boxes labeled **Vocabulaire, Comment dit-on...?, Grammaire,** and **Note de grammaire,** as well as the **Vocabulaire** section at the end of each chapter. You are expected to know and be able to use active vocabulary. All entries in black heavy type in this list are active. All other words are passive. Passive vocabulary is for recognition only.

The number after each entry refers to the chapter where the word or phrase after each entry is introduced. Verbs are given in the infinitive. Phrases are alphabetized by the key word(s) in the phrase. Nouns are always given with an article. If it is not clear whether the noun is masculine or feminine, *m.* (masculine) or *f.* (feminine) follows the noun. An asterisk (*) before a word beginning with *h* indicates an aspirate *h.*

The following abbreviations are used in this vocabulary: pl. (plural), pp. (past participle), and inv. (invariable).

## A

à *to, in (a city or place),* I, 11; **A bientôt.** *See you soon.* I, 1; **A côté de...** *Next to . . . ,* II, 2; **A demain.** *See you tomorrow.* I, 1; **A point.** *Medium rare.* III, 1; **A propos,...** *By the way, . . . ,* II, 9; **A quelle heure?** *At what time?* I, 6; **A tout à l'heure!** *See you later!* I, 1; **A votre service.** *At your service; You're welcome,* I, 3; **à côté: Juste là, à côté de...** *Right there, next to . . . ,* III, 2; **à droite de** *to the right of,* II, 2; **à gauche de** *to the left of,* II, 2; **à la mode** *in style,* I, 10; **à la** *to, at,* I, 6; à réaction *jet,* III, 3; **A...** *At . . . ,* II, 11

**abandonner: J'abandonne.** *I give up.* II, 7

les **abdominaux** (m.): **faire des abdominaux** *to do sit-ups,* II, 7

accabler *to blame,* III, 8

l' **accident** (m.): **avoir un accident** *to have an accident,* II, 9

l' **accord** (m.): **Bon, d'accord.** *Well, OK.* I, 8; **D'accord, si tu... d'abord.** *OK, if you . . . , first.* I, 7; **D'accord.** *OK.* I, 9; **Je ne suis pas d'accord.** *I don't agree.* I, 7; **Tu es d'accord?** *Is that OK with you?* I, 7

l' **accordéon** (m.) *accordion,* III, 11

accoucher *to give birth,* III, 8

Accrochez-vous! *Hang on!* III, 7

l' accueil (m.) *information desk,* III, 2

accueillant(e) *hospitable,* III, 6

accueillir *to welcome,* III, 6

**acheter** *to buy,* I, 9; **Achète(-moi)...** *Buy me . . . ,* I, 8; **s'acheter quelque chose** *to buy oneself something,* III, 10

l' **acteur** (m.) *actor,* III, 5

l' **actrice** (f.) *actress,* III, 5

l' actualité (f.) *the news,* III, 5

l' **addition** (f.): **L'addition, s'il vous plaît.** *The check please.* I, 5

adorer: **Ce que j'adore, c'est...** *What I like/love is . . . ,* III, 11; **J'adore...** *I adore . . . ,* I, 1

l' **aérobic** (m.): **faire de l'aérobic** *to do aerobics,* I, 4; II, 7

les **aérosols** (m.): **utiliser des aérosols** *to use aerosol sprays,* III, 3

les **affaires** (f.): **partager ses affaires** *to share,* III, 3

**afin de** *in order to,* I, 7

affranchir *to put a stamp on,* III, 3

**affreux (affreuse)** *hideous,* III, 4

**africain(e)** (adj.) *African,* II, 11

l' **Afrique** (f.) **du sud** *South Africa,* III, 12

**âgé(e)** *older,* I, 7

l' **âge** (m.): **Tu as quel âge?** *How old are you?* I, 1

agir *to act,* III, 6; **Il s'agit de...** *It's about . . . ,* III, 9

**agréer: Je vous prie d'agréer, Monsieur/Madame, l'expression de mes sentiments distingués.** *Very truly yours, . . . ,* III, 5

**aider** *to help,* II, 8; **(Est-ce que) je peux vous aider?** *May I help you?* I, 10; **aider les personnes âgées** *to help elderly people,* III, 3; **Tu peux m'aider?** *Can you help me?* II, 10

**aimable: Vous êtes bien aimable.** *That's kind of you.* III, 6

**aimer** *to like,* I, 1 *L1*; **Ce que j'aime, c'est...** *What I like/love is . . . ,* III, 11; **Ce que j'aime bien, c'est...** *What I like is . . . ,* II, 4; **Ce que je n'aime pas, c'est...** *What I don't like is . . . ,* II, 4; **J'aime bien...** *I like . . . ,* II, 1; **J'aime mieux...** *I prefer . . . ,* II, 1; **Je n'aime pas...** *I don't like . . . ,* I, 1; **Le prof ne m'aime pas.** *The teacher doesn't like me.* II, 5; **Moi, j'aime (bien)...** *I (really) like . . . ,* I, 1; **Qu'est-ce que tu aimes comme musique?** *What music do you like?* II, 1; **Qu'est-ce que tu aimes faire?** *What do you like to do?* II, 1; **Tu aimes mieux... ou... ?** *Do you prefer . . . or . . . ?* I, 10; **Tu aimes... ?** *Do you like . . . ?* I, 1; **J'aimerais bien...** *I'd really like . . . ,* III, 5; **J'aimerais...** *I'd like . . . ,* III, 3; **J'aimerais... pour aller avec...** *I'd like . . . to go with . . . ,* I, 10; **Qu'est-ce que j'aimerais... !** *I'd really like to . . . !* III, 8

l' **aîné(e)** *the oldest child,* III, 6

l' **air** (m.): **avoir l'air...** *to seem . . . ,* II, 9; **Ça n'a pas l'air d'aller.** *Something's wrong.* II, 5; **Elle avait l'air...** *She seemed . . . ,* II, 12; **Ils ont l'air de...** *They look like . . . ,* III, 11; **mettre de l'air dans les pneus** *to put air in the tires,* III, 2; **Tu n'as pas l'air en forme.** *You don't seem too well.* II, 7

**aise: Mettez-vous à l'aise.** *Make yourself comfortable.* III, 6

ajouter *to add,* III, 3

l' **algèbre** (f.) *algebra,* I, 2

l' **Algérie** (f.) *Algeria,* III, 12

l' **algue** (f.) *seaweed,* III, 10

l' **Allemagne** (f.) *Germany,* III, 12

l' **allemand** (m.) *German (language),* I, 2

**aller** *to go,* I, 6; **l'aller simple** (m.) *a one-way ticket,* II, 6; **l'aller-retour** (m.) *a round-trip ticket,* II, 6; **aller à la pêche** *to go fishing,* II, 4; **Ça n'a pas l'air d'aller.** *Something's wrong.* II, 5; **Ça te dit d'aller... ?** *What do you think about going . . . ?* II, 4; **Ça va aller mieux!** *It's going to get better!* I, 9; *It'll get better.* II, 5; **On peut y aller...** *We can go there . . . ,* I, 12;

**Allez tout droit.** *Go straight ahead.* II, 2; **Allez au tableau!** *Go to the blackboard!* I, 0; **Allez!** *Come on!* II, 7; **Ça va pas, non?!** *Are you out of your mind?!* III, 8; **Ça va pour cette fois.** *OK, just this once.* III, 3; **Ça va très bien avec...** *It goes very well with . . . ,* I, 10; **N'y va pas!** *Don't go!* III, 9; **Oh, ça va, hein?** *Oh, cut it out!* III, 6; **Allons...** *Let's go . . .* I, 6; **Allons-y!** *Let's go!* I, 4

**les allergies** (f.): **J'ai des allergies.** *I have allergies.* II, 7

**Allô?** *Hello?* I, 9

**les allumettes** (f.) *matches,* II, 12

**Alors,...** *So . . . ,* II, 9; **Ça alors!** *How about that!* III, 7; **Et alors?** *And then?* III, 10

améliorer *to improve,* III, 3

**américain(e)** *American* (adj.), II, 11

**les amis** (m.) *friends,* I, 1

l' amitié (f.) *friendship,* III, 8; **Fais mes amitiés à...** *Give . . . my regards to . . .* III, 8

**amoureux (amoureuse)** *in love,* II, 9; **tomber amoureux(-euse) (de quelqu'un)** *to fall in love (with someone),* II, 9; **Tu es amoureux (-euse) ou quoi?** *Are you in love or what?* III, 10

**amusant(e)** *fun,* II, 11; *funny,* I, 7; II, 1; **J'ai trouvé ça amusant.** *It was funny.* III, 9

**les amuse-gueule** (m.): **préparer les amuse-gueule** *to make party snacks,* II, 10

**s'amuser** *to have fun,* II, 4; **Qu'est-ce que tu fais pour t'amuser?** *What do you do to have fun?* I, 4; **Amuse-toi bien!** *Have fun!* I, 11; **Je me suis beaucoup amusé(e).** *I had a lot of fun.* II, 6; III, 1; **Tu t'es amusé(e)?** *Did you have fun?* II, 6

**l' ananas** (m.) *pineapple,* I, 8; II, 4

**l' andouille** (f.) *andouille sausage,* III, 11

**l' anglais** (m.) *English (language),* I, 1

**l' Angleterre** (f.) *England,* III, 12

**l' angoisse** (f.): **Quelle angoisse!** *This is terrible!* III, 12

**les animaux** (m.): **nourrir les animaux** *to feed the animals,* II, 12

**animé(e)** *lively,* II, 8

**les anneaux** (m.) *rings (in gymnastics),* III, 12

**l' année** (f.): **Bonne année!** *Happy New Year!* II, 3

**l' anniversaire** (m.): **Joyeux (Bon) anniversaire!** *Happy birthday!* II, 3

**l' anorak** (m.) *ski jacket,* II, 1

**antillais(e)** *from the Antilles,* II, 11

l' antilope (f.) *antelope,* III, 7

l' antre (m.) *cave, lair,* III, 10

**août** *August,* I, 4

**l' appareil** (m.): **Qui est à l'appareil?** *Who's calling?* I, 9

**l' appareil-photo** (m.) *camera,* I, 11; II, 1

**s'appeler: Comment est-ce qu'on appelle ça?** *What is that called?* III, 11; **Il/Elle s'appelle comment?** *What's his/her name?* I, 1; **Il/Elle s'appelle...** *His/Her name is . . . ,* I, 1; **Je m'appelle...** *My name is . . . ,* I, 1; **Tu t'appelles comment?** *What's your name?* I, 1

**apporter** *to bring,* I, 9; **Apportez-moi..., s'il vous plaît.** *Please bring me . . .* I, 5

**l' apprentissage** (m.): **faire un apprentissage** *to do an apprenticeship,* III, 5

**l' après-midi** (m.) *in the afternoon,* I, 2; **l'après-midi libre** *afternoon off,* I, 2

**après: Après ça...** *After that . . . ,* II, 4; **Après, je suis sorti(e).** *Afterwards, I went out.* I, 9; **Et après?** *And afterwards?* I, 9

**l' araignée** (f.) *spider,* III, 7

**l' arbre** (m.) *tree,* III, 7; **planter un arbre** *to plant a tree,* III, 3; **mutiler les arbres** *to deface the trees,* II, 12

**l' arc** (m.) *bow,* III, 12

**l' architecte** (m./f.) *architect,* III, 5

l' argent (m.) *silver,* III, 6; **de l'argent** *money,* I, 11

**l' armoire** (f.) *armoire/wardrobe,* II, 2

**l' arrêt** (m.): **arrêt de bus** *bus stop,* III, 8

**arrêter: arrêter ses études** *to stop one's studies,* III, 5; **Arrête!** *Stop!* III, 6; **Et toi, arrête de m'embêter!** *Stop bothering me!* III, 10

**l' arrière-grand-mère** (f.) *great-grandmother,* III, 6

**l' arrière-grand-père** (m.) *great-grandfather,* III, 6

**arriver** *to arrive,* II, 5; **Ça peut arriver à tout le monde.** *It could happen to anyone.* III, 10; **Ça arrive à tout le monde.** *It happens to everybody.* III, 6; **J'arrive pas à y croire!** *I can't believe it.* III, 12; **Je n'arrive pas à me décider.** *I can't make up my mind.* III, 1; **Qu'est-ce qui t'arrive?** *What's wrong?* II, 5

**arroser: arroser le jardin** *to water the garden,* III, 3

**l' artisanat: faire de l'artisanat** (m.) *to make crafts,* III, 8

**les arts** (m.) **plastiques** *art class,* I, 2

**l' aspirateur** (m.): **passer l'aspirateur** *to vacuum,* III, 3

**Asseyez-vous!** *Sit down!* I, 0; III, 6

**assez** *sort of,* II, 9; **assez bien** *OK,* II, 6

**l' assiette** (f.): **l'assiette de charcuterie** *plate of pâté, ham, and cold sausage,* III, 1; **assiette de crudités** *plate of raw vegetables with vinaigrette,* III, 1; **assiette de fromages** *a selection of cheeses,* III, 1

l' assistant(e) social(e) *social worker,* III, 5

**assister: assister à un spectacle son et lumière** *to attend a sound and light show,* II, 6

**assorti: C'est assorti à...** *That matches . . . ,* III, 4

**assure: Je t'assure.** *Really.* III, 4

**l' athlétisme** (m.): **faire de l'athlétisme** *to do track and field,* I, 4

l' atout (m.) *trump,* III, 12

**attendre** *to wait for,* I, 9

**attention: Attention à... !** *Watch out for . . . !* III, 7

**attentionné: être attentionné(e)** *to be considerate,* III, 3

**au** *to, at,* I, 6; *to, in (before a masculine noun),* I, 11; **Au revoir!** *Goodbye!* I, 1; **au métro Saint-Michel** *at the Saint-Michel metro stop,* I, 6; **La fille au...** *The girl in the/with the . . . ,* III, 4

l' aubaine (f.) *godsend,* III, 12

**l' auberge** (f.): **l'auberge de jeunesse** *youth hostel,* II, 2

**aucun(e): Ça n'a aucun intérêt.** *It's not interesting.* III, 9; **Je n'en ai aucun doute.** *I have no doubt of it.* III, 12; **Aucune idée.** *No idea.* II, 9; **Je n'en ai aucune idée.** *I have no idea.* III, 5

**aujourd'hui** *today,* I, 2

**aurais: J'aurais dû...** *I should have . . . ,* II, 10; **J'aurais pu...** *I could have . . . ,* II, 10; **Tu aurais dû...** *You should have . . . ,* II, 10; **Tu aurais pu...** *You could have . . . ,* II, 10

**auriez: Vous auriez... ?** *Would you have . . . ?* III, 6

**aussi** *also,* I, 1; **aussi... que...** *as . . . as . . . ,* III, 8; **Je n'ai jamais vu un(e) aussi...** *I've never seen such a . . . ,* III, 7; **Moi aussi.** *Me too.* I, 2

**autant: autant de... que...** *as many/as much . . . as . . . ,* III, 8

**l' automne** (m.) *autumn, fall,* I, 4; **en automne** *in the fall,* I, 4

**autre: ... et l'autre lui répond...** *. . . and then the other one answers . . . ,* III, 10; **Oh, j'en ai vu d'autres.** *I've done bigger and better things.* III, 10; **Pense aux autres.** *Think about other people.* III, 3

l' autruche (f.) *ostrich,* III, 7

avare *greedy,* III, 2

**avec: avec moi** *with me,* I, 6; **Avec qui?** *With whom?* I, 6; **C'est avec qui?** *Who's in it?* II, 11; **C'est avec...** *. . . is (are) in it.* II, 11; **J'y suis allé(e) avec...** *I went with . . . ,* III, 1

**l' avion** (m.): **en avion** *by plane,* I, 12

**l' aviron** (m.) *rowing,* III, 12

avis: A mon avis,... *In my opinion, . . . ,* II, 9; A mon avis, c'est plus sûr. *In my opinion, it's safer.* III, 7; A mon avis, tu te trompes. *In my opinion, you're mistaken.* II, 9; A ton avis, qu'est-ce que je dois faire? *In your opinion, what should I do?* II, 10; A ton avis, qu'est-ce que je fais? *In your opinion, what do I do?* I, 9
l' avocat(e) *lawyer,* III, 5
les avocats (m.) *avocados,* I, 8
avoir *to have* I, 2 ; avoir (prendre) rendez-vous (avec quelqu'un) *to have (make) a date (with someone),* II, 9; avoir 8 en... *to get an 8 in . . .* II, 5; avoir des responsabilités *to have responsibilities,* II, 8; avoir des soucis *to have worries,* II, 8; avoir faim *to be hungry,* I, 5; avoir l'air... *to seem . . . ,* II, 9; avoir soif *to be thirsty,* I, 5; avoir un accident *to have an accident,* II, 9; avoir... ans *to be . . . years old,* II, 1; Oui, vous avez... ? *Yes, do you have . . . ?* I, 10; Qu'est-ce que vous avez comme... ? *What kind of . . . do you have?* I, 5; Vous avez... ? *Do you have . . . ?* I, 2; Quand j'avais... ans,... *When I was . . . years old, . . . ,* II, 8; Si j'avais le choix,... *If I had a choice, . . . ,* III, 8; Elle avait l'air... *She seemed . . . ,* II, 12; Il y avait de... *There were . . . ,* III, 9
avril *April,* I, 4

# B

le babouin *baboon,* III, 7
se bagarrer *to fight,* III, 10
les bagues (f.): se faire enlever ses bagues *to get one's braces off,* III, 10
la baguette *long, thin loaf of bread,* II, 3
se baigner *to go swimming,* II, 4
baisser: Baisse le son. *Turn down the volume.* III, 9
se balader *to take a walk,* III, 8
le balcon *balcony,* II, 2
la balle *ball,* III, 12
le ballon *ball,* III, 12
banal: C'est banal. *That's ordinary.* II, 3
les bananes (f.) *bananas,* I, 8
le bananier *banana tree,* II, 4
la bande dessinée (une BD) *a comic book,* II, 11
la banque *bank,* I, 12
barbant *boring,* I, 2
la barbe *beard,* III, 4
barjo *nuts, crazy,* III, 12
les barres asymétriques (f.) *the uneven parallel bars,* III, 12
bas: En bas. *Downstairs.* III, 2
le base-ball *baseball,* I, 4; III, 12
le basket-ball *basketball,* I, 4; III, 12
les baskets (f.) *sneakers,* I, 3; II, 1
la basse *bass (guitar),* III, 11
le bateau *boat,* I, 12; en bateau *by boat,* I, 12; faire du bateau *to go boating,* I, 11
le bâton *baseball bat,* III, 12
la batterie *drums,* III, 11
battre *to beat,* III, 12
bavard(e) *talkative,* III, 6
beau *handsome,* II, 1; Il fait beau. *It's nice weather.* I, 4
beaucoup. *A lot.* I, 4; Pas beaucoup. *Not very much.* I, 4
bébé *childish, stupid,* III, 2
la Belgique *Belgium,* III, 12
belle *beautiful,* II, 1; C'est une belle histoire. *It's a great story.* II, 11; On l'a échappé belle! *That was close!* III, 7
le benjamin (la benjamine) *the youngest child,* III, 6
le besoin: De quoi est-ce que tu as besoin? *What do you need?* I, 8; J'ai besoin de... *I need . . . ,* I, 8
bête *stupid,* II, 1; Tu es bête comme tes pieds! *You're so stupid!* III, 6
les bêtises (f.): faire des bêtises *to do silly things,* II, 8
le beurre *butter,* I, 8; II, 3
la bibliothèque *library,* I, 6; II, 2
bien: bien... *really . . .* III, 11; Bien des choses à... *All the best to . . . ,* III, 8; bien se nourrir *eat well,* II, 7; Ça commence à bien faire, hein? *Enough is enough!* III, 8; Ça te fera du bien. *It'll do you good.* II, 7; Ce n'est pas bien de... *It's not good to . . . ,* III, 3; Ce que c'est bien! *Isn't it great!* III, 2; Il/Elle est vraiment bien, ton/ta... *Your . . . is really great.* II, 2 ; J'aime bien... *I like . . . ,* II, 1; Je ne me sens pas bien. *I don't feel well.* II, 7; J'en veux bien. *I'd like some.* I, 8; Je veux bien. *Gladly.* I, 8; *I'd really like to.* I, 6; Merci bien. *Thank you so much.* III, 6; Moi, j'aime bien... *I really like . . . ,* I, 1; Très bien. *Very well.* I, 1; Tu ferais bien de... *You would do well to . . . ,* III, 5; Tu veux bien que je... *Is it OK with you if . . . ?* III, 3; Bien sûr. *Certainly,* I, 9; *Of course,* I, 3; II, 10; Bien sûr que non. *Of course not.* II, 10
bientôt: A bientôt. *See you soon.* I, 1
bienvenue: Bienvenue chez moi (chez nous). *Welcome to my home (our home),* II, 2
le bifteck *steak,* I, 8; II, 3
les bijoux (m.) *jewelry,* III, 8
le billet: billet d'avion *plane ticket,* I, 11; II, 1; billet de train *train ticket,* I, 11
la biographie *biography,* II, 11
la biologie *biology,* I, 2
la bise: Grosses bises. *Hugs and kisses.* III, 8
Bisous à... *Kisses to . . . ,* III, 8
bisque: en bisque *bisque,* III, 11
bizarre *weird,* III, 6
la blague: Elle est nulle, ta blague! *What a stupid joke!* III, 10
blanc(he) *white,* I, 3
le blé: cultiver le blé *to grow wheat,* III, 8
blesser *to wound,* III, 8
bleu(e) *blue,* I, 3; II, 1
blond(e) *blond,* I, 7; II, 1
le blouson *jacket,* I, 10
le blues *blues,* II, 11; III, 11
Bof! *(expression of indifference),* I, 1; II, 8
la boisson *drink, beverage,* I, 5; Et comme boisson? *And to drink?* III, 1; Qu'est-ce que vous avez comme boissons? *What do you have to drink?* I, 5
la boîte: boîte à rythmes *drum machine,* III, 11; boîte de chocolats *box of chocolates,* II, 3; une boîte de *a can of,* I, 8; les boîtes (f.) *cans,* III, 3
bon(ne) *good,* I, 5; Vous avez (Tu as) fait bon voyage? *Did you have a good trip?* II, 2; Bon voyage! *Have a good trip!* I, 11; Bon, d'accord. *Well, OK.* I, 8; C'est bon pour toi. *It's good for you.* II, 7; C'est vraiment bon! *It's good!* II, 3; Oui, très bon. *Yes, very good.* I, 9; pas bon *not very good,* I, 5; bon chic bon genre (BCBG) *preppy,* III, 4; bon marché *cheap,* III, 4; Bonne chance! *Good luck!* I, 11; Bonne idée. *Good idea.* I, 4; Bonnes vacances! *Have a good vacation!* I, 11; Bonne fête! *Happy holiday! (Happy saint's day!),* II, 3; Bonne fête de Hanoukka! *Happy Hannukah,* II, 3; Bonne idée! *Good idea!* II, 7; C'est une bonne (excellente) idée. *That's a good (excellent) idea.,* II, 1; de bonne humeur *in a good mood,* II, 9; Elle est bien bonne! *That's a good one!* III, 10
les bonbons (m.) *candies,* II, 3
Bonjour *Hello,* I, 1
le bord: au bord de la mer *to/at the coast,* I, 11
les bottes (f.) *boots,* I, 10; II, 1
les bottines (f.) *ankle boots,* III, 4
la boucherie *butcher shop,* II, 3
les boucles d'oreilles (f.) *earrings,* I, 10
le boudin *blood sausage,* III, 3
bouger: Ne bougez pas. *Don't move.* III, 7
bouillir *to boil,* III, 11
la boulangerie *bakery,* I, 12; II, 3
Les boules! *Darn!* III, 12
bouleverser *to overturn,* III, 8
la boum: faire une boum *to give a party,* II, 10

bouquiner *to read,* III, 2
La Bourse *the stock market,* III, 2
bousculer *to bump into, to jostle,* III, 3
**la boussole** *compass,* II, 12
**le bout: Par là, au bout du couloir.** *Over there, at the end of the hallway.* III, 2
**la bouteille: une bouteille de** *a bottle of,* I, 8
**la boutique de cadeaux** *gift shop,* II, 3
**les boutons** (m.)**: avoir des boutons** *to have acne,* III, 10
**la boxe** *boxing,* III, 12
**le bracelet** *bracelet,* I, 3
le braconnier *poacher,* III, 7
**brancher: Ça me branche!** *I'm crazy about that!* III, 2; **Ça ne me branche pas.** *I'm not into that.* III, 11; **Ça te branche,... ?** *Are you into . . . ?* III, 11; **Ce qui me branche vraiment, c'est...** *What I'm really crazy about is . . . ,* III, 11
**le bras: J'ai mal au bras** *My arm hurts.* II, 7
la brasse *breaststroke,* III, 12
brasser *to stir,* III, 11
**brave** *brave,* II, 1
**Bravo!** *Terrific!* II, 5
**Bref,...** *Anyway, . . . ,* II, 9
**le Brésil** *Brazil,* III, 12
les bretelles (f.) *straps,* III, 3; *suspenders,* III, 4
**la brique: Ça casse pas des briques.** *It's not earth-shattering.* II, 11
briser *to break,* III, 3
**la brosse: les cheveux en brosse** (m.) *a crew cut,* III, 4
**se brosser: se brosser les dents** *to brush one's teeth,* II, 4
le brouillon *rough draft,* III, 3
**la brousse** *the brush (bushes),* III, 7
**le bruit: faire du bruit** *to make noise,* III, 3; **Tu pourrais faire moins de bruit?** *Could you make less noise?* III, 9
**brun(e)** *brunette,* I, 7; *dark brown (hair),* II, 1
**bruyant(e)** *noisy,* II, 8
**le buffle** *buffalo,* III, 7
les bulles (f.) *speech bubbles,* III, 2
**le bus: en bus** *by bus,* I, 12; **rater le bus** *to miss the bus,* II, 5
le but *goal,* III, 7

# C

**ça: Ça fait combien, s'il vous plaît?** *How much is it, please?* I, 5; **Ça fait combien?** *How much does that make?* II, 3; **Ça fait... francs.** *It's . . . francs.* I, 5; **Ça ne me dit rien.** *That doesn't interest me.,* II, 1; **Ça se voit.** *That's obvious.* II, 9; **Ça te dit d'aller... ?** *What do you think about going . . . ?* II, 4; **Ça te dit de... ?** *Does . . . sound good to you?* II, 1; **Ça va.** *Fine.* I, 1; **Ça, c'est...** *This is . . . ,* II, 2; **Comment ça s'est passé?** *How did it go?* II, 5; **Et après ça,...** *And after that, . . . ,* I, 9; **Merci, ça va.** *No thank you, I've had enough.* II, 3; **Non, ça va.** *No, I'm fine.* II, 2; **Oui, ça a été.** *Yes, it was fine.* I, 9; **Il/Elle me va?** *Does it suit me?* I, 10; **Il/Elle te/vous va très bien.** *That suits you really well.* I, 10; **Ça te va comme un gant.** *That fits you like a glove.* III, 4
**le cadeau** *gift,* I, 11; **Tu as une idée de cadeau pour... ?** *Have you got a gift idea for. . . ?* II, 3; **la boutique de cadeaux** *gift shop,* II, 3
**le cadet (la cadette)** *the younger child,* III, 6
**le cadre** *photo frame,* II, 3
**le café** *coffee, café,* I, 5
la cafetière *coffee pot,* III, 6
**le cahier** *notebook,* I, 3
**la calculatrice** *calculator,* I, 3
**calé: Tu es calé(e).** *You're really good at that.* III, 10
**le caleçon** *leggings,* III, 4
**le calme: Du calme, du calme.** *Calm down.* III, 2; **Calmez-vous!** *Calm down!* III, 7
**le caméscope** *camcorder,* III, 7
**la campagne: à la campagne** *to/at the countryside,* I, 11
**le camping: faire du camping** *to go camping,* I, 11; II, 12; **terrain de camping** *campground,* II, 2
**le Canada** *Canada,* III, 12
**canadien(ne)** *Canadian (adj.),* II, 11
**le canard** *duck,* II, 12
**le canari** *canary,* I, 7
**la canne à pêche** *fishing pole,* II, 12
**le canotage: faire du canotage** *to go for a canoe ride,* II, 12
**la cantine: à la cantine** *at the school cafeteria,* I, 9
**la capitale** *capital,* II, 4
**le cardigan** *sweater,* I, 10
la carie *cavity,* III, 3
**les carottes** (f.) *carrots,* I, 8; **carottes râpées** *grated carrots with vinaigrette dressing,* III, 1
les carreaux (m.)**:** à carreaux *checked,* III, 4
**le carrefour: Vous continuez tout droit, jusqu'au carrefour.** *Keep going straight ahead up to the intersection.* III, 2
**la carte** *map,* I, 0; **La carte, s'il vous plaît.** *The menu, please.* I, 5
**la carte de crédit** *credit card,* III, 7
**le casque** *helmet,* III, 12
**la casquette** *cap,* I, 10
**casser (avec quelqu'un)** *to break up (with someone),* II, 9; **Tu es vraiment casse-pieds!** *You're such a pain!* III, 6; **Casse-toi!** *Get out of here!* III, 6; **Ça casse pas des briques.** *It's not earth-shattering.* II, 11; **Ça me casse les pieds!** *That's so boring!* III, 2
**se casser...** *to break one's . . . ,* II, 7; III, 10
**la cassette** *cassette tape,* I, 3
**la cassette vidéo** *videocassette,* III, 9
**la cathédrale** *cathedral,* II, 2
**le cauchemar: C'était un véritable cauchemar!** *It was a real nightmare!* I, 11
**ce que: Ce que c'est bien!** *Isn't it great!* III, 2; **Ce que j'aime bien, c'est...** *What I like is . . . ,* II, 4; **Ce que je n'aime pas, c'est...** *What I don't like is . . . ,* II, 4; **Ce que je préfère, c'est...** *What I prefer is . . . ,* II, 4; **Tu sais ce que tu veux faire?** *Do you know what you want to do?* III, 5; **Tu sais ce que... ?** *Do you know what . . . ?* II, 9
**ce qui: Ce qui m'ennuie, c'est...** *What bothers me is . . . ,* II, 4; **Ce qui me plaît, c'est...** *What I like is . . . ,* II, 4; **Ce qui ne me plaît pas, c'est...** *What I don't care for is . . . ,* II, 4
**la ceinture** *belt,* I, 10
**le céleri rémoulade** *grated celery root with mayonnaise and vinaigrette ,* III, 1
**célibataire** *unmarried,* III, 6
**celle: Celle qui...** *The woman/girl /one who . . . ,* III, 4; **Celle-là.** *That one.* III, 4; **Celles-là** *Those.* III, 4
**celui: Celui avec...** *The man/guy/ one with . . . ,* III, 4; **Celui du...** *The one . . . ,* III, 4; **Celui-là.** *That one.* III, 4
**le centre commercial** *mall,* I, 6
**les céréales** (f.) *cereal,* II, 3
**certain: Je (ne) suis (pas) certain(e) que...** *I'm (not) certain that . . . ,* III, 7
cervelas *sausage made with pork meat and brains,* III, 1
**C'est...** *It's . . . ,* I, 2; II, 11; *This is . . . ,* I, 7; **C'est comment?** *What's it like?* II, 4; **Ça, c'est...** *This is . . . ,* II, 2; **C'est-à-dire que...** *That is, . . . ,* II, 9
**ceux: Ceux-là** *Those.* III, 4
**la chaîne** *channel,* III, 9
**la chaîne stéréo** *stereo,* II, 2
**la chaise** *chair,* I, 0
**la chambre** *bedroom,* II, 2; **ranger ta chambre** *to pick up your room,* I, 7
**le chameau** *camel,* III, 8
**les champignons** (m.) *mushrooms,* I, 8; III, 11
les champs (m.) *fields,* III, 7; **les champs de canne à sucre** (m.) *sugarcane fields,* II, 4
**la chance: Bonne chance!** *Good luck!* I, 11; **C'est pas de chance, ça!**

*Tough luck!* II, 5; **J'ai vraiment pas de chance.** *I'm so unlucky.* III, 12; **On a eu de la chance!** *We were lucky!* III, 7

**la chanson** *song,* II, 11

**le chant** *singing,* III, 11

**chanter** *to sing,* I, 9

**le chanteur** *(male) singer,* II, 11

**la chanteuse** *(female) singer,* II, 11

**le chapeau** *hat,* I, 10; **Chapeau!** *Well done!* II, 5

**la charcuterie** *delicatessen,* II, 3; **l'assiette** (f.) **de charcuterie** *plate of pâté, ham, and cold sausage,* III, 1

**charmant(e)** *charming,* II, 4

la chasse *hunting,* III, 7

**le chat** *cat,* I, 7

**châtain** (inv.) *brown (hair),* II, 1

**chaud: Il fait chaud.** *It's hot.* I, 4; **Ouf! On a eu chaud!** *Wow! That was a real scare!* III, 7

**le chauffeur** *driver,* III, 5

**les chaussettes** (f.) *socks,* I, 10

**les chaussures** (f.) *shoes,* I, 10

le chemin *path, way,* III, 10

**la chemise** *shirt (men's),* I, 10

**le chemisier** *shirt (women's),* I, 10

le chêne *oak,* III, 11

**les chèques** (m.) **de voyage** *traveler's checks,* II, 1

**cher: C'est trop cher.** *It's too expensive.* I, 10; II, 3

**chercher** *to look for,* I, 9; **Je cherche quelque chose pour...** *I'm looking for something for . . . ,* I, 10

**les cheveux** (m.) *hair,* II, 1; III, 4

**la cheville: se fouler la cheville** *to sprain one's ankle,* II, 7

**la chèvre** *goat,* III, 8

**chez: Chez...** *With . . . ,* III, 1; **chez...** *to/at . . . 's house,* I, 11; **Bienvenue chez moi (chez nous).** *Welcome to my home (our home),* II, 2; **chez le disquaire** *at the record store,* I, 12; **Faites/Fais comme chez vous/toi.** *Make yourself at home.* II, 2; **Je suis bien chez... ?** *Is this . . . 's house?* I, 9; **On... chez toi?** *Do people . . . where you're from?* III, 12; **Qu'est-ce qui est typique de chez toi?** *What's typical of where you're from?* III, 12; **Vous avez/Il y a des... chez vous?** *Do you have/Are there . . . where you're from?* III, 12

**chic** *chic,* I, 10

**le chien** *dog,* I, 7; **promener le chien** *to walk the dog,* I, 7

**le chignon** *bun,* III, 4

**la chimie** *chemistry,* I, 2

**la Chine** *China,* III, 12

le chiot *puppy,* III, 9

**le chocolat** *chocolate,* I, 1; *hot chocolate,* I, 5

**choisir** *to choose, to pick,* I, 10; **choisir un métier** *to choose a career,* III, 5; **choisir la musique** *to choose the music,* II, 10; **Vous avez choisi?** *Have you made your selection?* III, 1

**le choix: Si j'avais le choix,...** *If I had a choice, . . . ,* III, 8

**le chômage: être au chômage** *to be unemployed,* III, 5

**la chorale** *choir,* I, 2

**la chose: C'est toujours la même chose!** *It's always the same!* III, 6; **J'ai quelque chose à faire.** *I have something else to do.* II, 10; **Quelque chose ne va pas?** *Is something wrong?* II, 7; **Bien des choses à...** *All the best to . . . ,* III, 8; **J'ai des tas de choses à faire.** *I have lots of things to do.* I, 5

**chouette** *very cool,* II, 2; **Ça serait chouette si...** *It would be great if . . . ,* III, 8; **Oui, très chouette.** *Yes, very cool.* I, 9

**Chut!** *Shh!* III, 9

**la chute d'eau** *waterfall,* II, 4

les cigognes (f.) *storks,* III, 1

les cils (m.) *the eyelashes,* III, 4

**le cinéma** *the movies,* I, 1; *the movie theater,* I, 6

le circuit *tour,* III, 1; **faire un circuit des châteaux** *to tour some châteaux,* II, 6

la circulation *traffic,* III, 2

la cire *wax,* III, 2

la citation *quotation,* III, 10

clair *light,* III, 4

classe *classy,* III, 4

**le classeur** *loose-leaf binder,* I, 3

**le (roman) classique** *classic,* II, 11

cloche *goofy,* III, 4

le clou *nail,* III, 6

**le clown: Il ne faut pas faire le clown en classe!** *You can't be goofing off in class!* II, 5

**le coca** *cola,* I, 5

**le cocotier** *coconut tree,* II, 4

**le cœur: J'ai mal au cœur.** *I'm sick to my stomach.* II, 7

la coiffe *headdress,* III, 1

**le coiffeur (la coiffeuse)** *hair stylist,* III, 4

**le coin: au coin de** *on the corner of,* I, 12

**le col roulé** *turtleneck sweater,* III, 4

**le col: à col en V** *V-necked,* III, 4

**le collant** *hose,* I, 10; *tights,* III, 4

**collé: être collé(e)** *to have detention,* II, 5

**la colonie: en colonie de vacances** *to/at a summer camp,* I, 11

**coloré(e)** *colorful,* II, 4

**combien: C'est combien, l'entrée?** *How much is the entrance fee?* II, 6; **C'est combien,... ?** *How much is . . . ?* I, 5; **Ça fait combien, s'il vous plaît?** *How much is it, please?* I, 5; **Ça fait combien?** *How much does that make?* II, 3; **Combien coûte(nt)... ?** *How much is (are) . . . ?* II, 3; **Combien en voulez-vous?** *How many (much) do you want?* II, 3

**la comédie** *comedy,* III, 9; **la comédie musicale** *musical comedy,* III, 9

commander *to order,* III, 1

**comme: C'est bien comme... ?** *Is it a nice . . . ?* III, 12; **C'est fou comme... !** *I can't believe how . . . !* III, 7; **Comme entrée, je voudrais . . .** *As an appetizer I would like . . . ,* III, 1; **Comme ci, comme ça.** *So-so.* I, 1; **Qu'est-ce que tu fais comme sport?** *What sports do you play?* I, 4; **Qu'est-ce que vous avez comme boissons?** *What do you have to drink?* I, 5; **Qu'est-ce que vous avez comme... ?** *What kind of . . . do you have?* I, 5; **Tu as vu comme... ?** *Did you see how . . . ?* III, 7; **C'est... comme tout!** *It's as . . . as anything!* III, 2

**commencer** *to begin, to start,* I, 9; **C'est lui/elle qui a commencé!** *He/She started it!* III, 6; **Ça commence à quelle heure?** *What time does it start?* II, 11; **Comment est-ce que ça commence?** *How does it start?* III, 9

**comment** *what,* I, 0;*how,* II, 5; **(Comment) ça va?** *How's it going?* I, 1; **C'est comment?** *What's it like?* II, 4; **C'était comment?** *How was it?* II, 6; III, 9; **Comment est-ce qu'on fait... ?** *How do you make . . . ?* III, 11; **Comment est-ce qu'on fait?** *How should we work this out?* III, 6; **Comment on dit... ?** *How do you say . . . ?* III, 11; **Comment tu as trouvé ça?** *How did you like it?* III, 9; **Comment tu trouves ça?** *What do you think of that/it?* I, 2 ; **Comment tu trouves... ?** *What do you think of . . . ?* I, 2; **Elle est comment?** *What is she like?* I, 7; **Il est comment?** *What is he like?* I, 7; **Ils/Elles sont comment?** *What are they like?* I, 7; **Tu t'appelles comment?** *What is your name?* I, 0; **Comment on va à... ?** *How do you get to . . .?* III, 2

**la commode** *chest of drawers,* II, 2

**commun: prendre les transports en commun** *to take public transportation,* III, 3

le comportement *behavior,* III, 7

**compréhensif (compréhensive)** *understanding,* III, 6

**comprendre** *to understand,* II, 5; **J'ai du mal à comprendre.** *I have a hard time understanding.* II, 5

les comprimés (m.) *tablets,* III, 7

**le comptable** *accountant ,* III, 5

**compter: Je compte...** *I'm planning on . . . ,* III, 5; **Qu'est-ce que tu comptes faire?** *What do you plan to do?* III, 5

**les concerts** (m.) *concerts,* I, 1

**la condition: se mettre en condition** *to get into shape,* II, 7
**conduire** *to drive,* III, 2; **conduire une voiture** *to drive a car,* II, 8; **Cette route vous conduira au centre-ville.** *This road will lead you into the center of town.* III, 2
**la confiance: Fais-moi confiance.** *Trust me.* III, 4
**la confiserie** *candy shop,* II, 3
**la confiture** *jam,* I, 8
**connais: J'en connais une bonne.** *I've got a good one.* III, 10; **Je ne connais pas.** *I'm not familiar with them (him/her).* II, 11; **Tu connais la dernière?** *Have you heard the latest?* III, 10; **Tu connais la nouvelle?** *Did you hear the latest?* II, 9; **Tu connais...** *Are you familiar with . . . ?* II, 11
**connaisse: Tu es le/la... le/la plus... que je connaisse.** *You're the . . . -est . . . I know.* III, 10
**conseiller: Qu'est-ce que tu me conseilles?** *What do you advise me to do?* I, 9 **Qu'est-ce que vous me conseillez?** *What do you recommend?* III, 1
les conseils (m.) *advice,* III, 4
**consommer: consommer trop de sucre** *to eat too much sugar,* II, 7
**continuer: Vous continuez cette rue jusqu'au prochain feu rouge.** *You go down this street to the next light.* I, 12; **Vous continuez tout droit, jusqu'au carrefour.** *Keep going straight ahead up to the intersection.* III, 2
**convaincu: Je suis convaincu(e) que...** *I'm convinced that . . . ,* III, 7
**cool** *cool,* I, 2; **C'est trop cool!** *That's too cool!* III, 12; **Il/Elle est cool, ton/ta...** *Your . . . is cool.* II, 2
**le coquillage** *shell,* III, 10
**le corail** *coral,* III, 10
**la corne** *horn,* III, 7
corriger *to correct,* III, 3
**le costume** *man's suit,* III, 4
**le côté: à côté de** *next to,* I, 12; II, 2; **Juste là, à côté de...** *Right there, next to . . . ,* III, 2
la côte *cutlet; chop,* III, 1
**la côtelette de porc pâtes** *porkchop with pasta,* III, 1
**le coton: en coton** *cotton,* I, 10
**le cou: J'ai mal au cou** *My neck hurts.* II, 7
**se coucher** *to go to bed,* II, 4
le coucher de soleil *sunset,* III, 8
**couler: J'ai le nez qui coule.** *I've got a runny nose.* II, 7
**le country** *country,* II, 11; III, 11
le coup de cœur *favorite,* III, 4
**la coupe** *haircut,* III, 4; **une coupe au carré** *square cut,* III, 4
le coupe-vent *windbreaker, jacket,* III, 4
**couper: Tu t'es fait couper les cheveux?** *Did you get your hair cut?* III, 4; **se couper le doigt** *to cut one's finger,* II, 7
**le courage: Courage!** *Hang in there!* II, 5; **Tu en as, du courage.** *You've really got courage.* III, 10
le courrier *mail,* III, 4
**le cours** *course,* I, 2; **cours de développement personnel et social (DPS)** *health,* I, 2; **Tu as quels cours... ?** *What classes do you have . . . ?* I, 2
**la course de fond** *long-distance running,* III, 12
**les courses** (f.) *shopping, errands,* I, 7; **faire les courses** *to do the shopping,* I, 7.
**court(e)** *short (objects),* I, 10; II, 1; **au court-bouillon** *boiled,* III, 11; **les cheveux courts** (m.) *short hair,* III, 4
**le cousin** *male cousin,* I, 7
**la cousine** *female cousin,* I, 7
**coûte: Combien coûte(nt)... ?** *How much is (are). . . ?* II, 3
**le crabe** *crab,* III, 10
cracher *to spit (out),* III, 6
**craquer: Je craque!** *I'm losing it!* II, 7
**la cravate** *a tie,* I, 10
**le crayon** *pencil,* I, 3
**la crème: la crème caramel** *caramel custard,* III, 1; **de la crème solaire** *sunscreen,* III, 7
**la crémerie** *dairy,* II, 3
**crevé: avoir un pneu crevé** *to have a flat tire,* III, 2; **Je suis crevé(e).** *I'm exhausted.* II, 2
**crève: Je crève de faim!** *I'm dying of hunger!* II, 12
**la crevette** *shrimp,* II, 3; III, 10
le cric *car jack,* III, 2
le crocodile *crocodile,* III, 7
**croire: J'arrive pas à y croire!** *I can't believe it.* III, 12; **Crois-moi.** *Believe me.* III, 4; **Je crois que ça vaut mieux.** *I think that's better.* III, 7; **Je crois que...** *I think that . . . ,* II, 9; **Je ne crois pas.** *I don't think so.* II, 9
**les croissants** (m.) *croissants,* II, 3
**le croque-monsieur** *toasted cheese and ham sandwich,* I, 5
**les crudités** (f.): **l'assiette de crudités** *plate of raw vegetables with vinaigrette,* III, 1
**les crustacés** (m.) *shellfish,* III, 11
**la cueillette: faire la cueillette** *to harvest fruits,* III, 8
cueillir *to harvest,* III, 8
**le cuir: en cuir** *leather,* I, 10
cuire *to cook,* III, 11
**la cuisine** *kitchen,* II, 2; **faire la cuisine** *to cook,* III, 3
**cuite: Bien cuite.** *Well done.* III, 1
**le cuivre** *brass, copper,* III, 8
**cultiver: cultiver le blé** *to grow wheat,* III, 8
**le cyclisme** *cycling,* III, 12

# D

**d'abord: D'abord,...** *First, . . . ,* II, 12
**d'accord: D'accord.** *OK.* I, 4; II, 1; **D'accord, si tu... d'abord...** *OK, if you . . . , first.* I, 7; **Je ne suis pas d'accord.** *I don't agree.* I, 7; **Tu es d'accord?** *Is that OK with you?* I, 7
**d'habitude** *usually,* I, 4
le daim: en daim *suede,* III, 4
**la dance** *dance music,* III, 11
**dangereux (dangereuse)** *dangerous,* II, 8
**dans** *in,* I, 6; **C'est dans le nord/le sud/l'est/l'ouest de...** *It's in the northern/southern/eastern/western part of . . . ,* II, 12; **dans l'eau** *in the water,* III, 3; **Qu'est-ce qu'il y a dans... ?** *What's in . . . ?* III, 11
**la danse** *dance,* I, 2
**danser** *to dance,* I, 1; **danser le zouk** *to dance the zouk,* II, 4
**la datte** *date (fruit),* III, 8
le dattier *date palm tree,* III, 8
**de** *of,* I, 0; **de l'** *some,* I, 8; **de la** *some,* I, 8; **De rien.** *You're welcome.* III, 6; **de taille moyenne** *of medium height,* II, 1; **Je n'ai pas de...** *I don't have any . . . ,* I, 3; **Je ne fais pas de...** *I don't play/do . . . ,* I, 4
le débardeur *tank top,* III, 4
**débarrasser la table** *to clear the table,* I, 7
les débouchés (m.) *job prospects,* III, 5
**le début: Au début...** *At the beginning . . . ,* III, 9; **J'y suis allé(e) début...** *I went at the beginning of . . . ,* III, 1
le décalage *gap,* III, 12
**décembre** *December,* I, 4
**les déchets** (m.): **jeter (remporter) les déchets** *to throw away (to take with you) your trash,* II, 12
**déchirer** *to rip,* II, 5
**décider: J'ai du mal à me décider.** *I'm having trouble deciding.* III, 5; **Je n'arrive pas à me décider.** *I can't make up my mind.* III, 1
**les décisions** (f.): **prendre ses propres décisions** *to make up one's own mind,* III, 3
décontracté *relaxed,* III, 4
**Défense de...** *Do not . . . ,* III, 3
le défi *challenge,* III, 12
défoncer *to unwind,* III, 12
se défouler *to let off steam,* III, 12
**dégoûtant** *gross,* I, 5
**déguster** *to taste, enjoy,* II, 4
dehors *outside,* III, 4
**déjà** *already,* I, 9; **... , déjà?** *again,* III, 11; **Il/Elle en a déjà un(e).** *He/She already has one (of them).* II, 3

**le déjeuner** *lunch,* I, 2
**déjeuner** *to have lunch,* I, 9
**délicieux (délicieuse)** *delicious,* I, 5; **C'était délicieux!** *That was delicious!* II, 3
**délirant(e)** *wild,* III, 4
**délirer: Arrête de délirer!** *Stop being so silly!* III, 10; **Tu délires ou quoi?** *Are you crazy or what?* III, 11
**le deltaplane: faire du deltaplane** *to hang glide,* II, 4
**demain** *tomorrow,* I, 2; **A demain.** *See you tomorrow.* I, 1
**demander: demander la permission à tes parents** *to ask your parents' permission,* II, 10; **demander pardon à (quelqu'un)** *to ask (someone's) forgiveness,* II, 10; **Je t'ai pas demandé ton avis.** *I didn't ask your opinion.* III, 10
**se demander: Je me demande...** *I wonder . . . ,* II, 9
démarrer *to start up,* III, 10
**déménager** *to move,* III, 10
la demeure *residence,* III, 10
**demie: et demie** *half past,* I, 6; **demi: et demi** *half past (after midi and minuit),* I, 6
**démodé(e)** *old fashioned,* I, 10
la dentelle *lace,* III, 2
**le/la dentiste** *dentist,* III, 5
**les dents** (f.)**: J'ai mal aux dents** *My teeth hurt.* II, 7
**dépêcher: Tu peux te dépêcher?** *Can you hurry up?* III, 2; **Dépêche-toi!** *Hurry up!* III, 2
**déposer** *to deposit,* I, 12
le dépotoir *dump,* III, 3
**déprimant(e)** *depressing,* II, 11
**déprimé(e)** *depressed,* II, 9
**Depuis...** *Since . . . ,* III, 1
déranger *to bother, disturb,* III, 6; **Ça te dérange si...** *Do you mind if . . . ?* III, 3
dernièrement *recently,* III, 9
**derrière** *behind,* I, 12
**dès que: Dès que je serai là,...** *As soon as I get there, . . . ,* III, 12
**descendre** *to go down,* II, 6
**le désinfectant** *disinfectant,* III, 7
**désirer: Comment désirez-vous votre viande?** *How do you like your meat cooked?* III, 1; **Vous désirez?** *What would you like?* I, 10
**Désolé(e).** *Sorry.* II, 10; **Désolé(e), je suis occupé(e).** *Sorry, I'm busy.* I, 6; **Désolé(e), mais je ne peux pas.** *Sorry, but I can't.* I, 4
**le dessert** *dessert,* II, 3
dessiner *to draw,* III, 4
**le dessin animé** *cartoon,* III, 9
le dessinateur (la dessinatrice) *commercial artist,* III, 5
détoner *to detonate, explode,* III, 4
détruire *to destroy,* III, 7
dévalisé *stripped, robbed,* III, 2
**devant** *in front of,* I, 6
**devenir** *to become,* II, 6; **Qu'est-ce que tu deviens?** *What's going on with you?* III, 1
deviner *to guess,* III, 5; **Devine ce que...** *Guess what . . . ,* II, 9; **Devine qui...** *Guess who . . . ,* II, 9; **Tu ne devineras jamais ce qui s'est passé.** *You'll never guess what happened.* II, 9
**les devoirs** (m.) *homework,* I, 2; **J'ai des devoirs à faire.** *I've got homework to do,* I, 5
**devoir** *have to, must,* III, 3; **Ça doit être...** *It must be . . . ,* III, 7; **Il doit y avoir...** *There must be . . . ,* III, 7; **On doit...** *Everyone should . . . ,* II, 7; **Tu crois que je devrais... ?** *Do you think I should . . . ?* III, 7; **Tu devrais aller voir...** *You should go see . . . ,* III, 9; **Tu devrais...** *You should . . . ,* I, 9; **Tu ne devrais pas...** *You shouldn't . . . ,* II, 7
dévoué(e) *dedicated,* III, 5
la diapositive *slide (photograpy),* III, 10
**le dictionnaire** *dictionary,* I, 3
**la différence: Quelle est la différence entre ... et... ?** *What's the difference between . . . and . . . ?* III, 10
**difficile** *difficult,* I, 2
**le dimanche** *on Sundays,* I, 2
**la dinde: l'escalope de dinde purée** *sliced turkey breast with mashed potatoes,* III, 1
**le dîner** *dinner,* I, 8
**dîner** *to have dinner,* I, 9
**dingue** *wild, crazy, funny,* III, 2
**le diplôme: obtenir son diplôme** *to get one's diploma,* III, 5
**dire: dire à (quelqu'un) que...** *to tell (someone) that . . . ,* II, 10; **dire la vérité** *to tell the truth,* III, 3; **J'ai entendu dire que...** *I've heard that . . . ,* III, 10; **Qu'est-ce que ça veut dire,... ?** *What does . . . mean?* III, 11; **Vous pouvez lui dire que j'ai téléphoné?** *Can you tell her/him that I called?* I, 9; **Dis à... que je pense à lui/elle.** *Tell . . . that I'm thinking about him/her,* III, 8; **Dis à... que je vais lui écrire.** *Tell . . . that I'm going to write.* III, 8; **Dis vite!** *Let's hear it!* II, 9; **Dis-lui/-leur que...** *Tell him/her/ them that . . . ,* II, 10; **Oh, dis donc!** *Wow!* III, 7; **... et alors il dit que...** *So he says . . . ,* III, 10; **Ça ne me dit rien.** *That doesn't interest me.* I, 4; II, 1; **Ça te dit d'aller... ?** *What do you think about going . . . ?* II, 4; **Ça te dit de... ?** *Does . . . sound good to you?* II, 1; **Comment on dit... ?** *How do you say . . . ?* III, 11; **écouter ce qu'il/elle dit** *to listen to what he/she says,* II, 10; **Je ne t'ai pas dit?** *Didn't I tell you?* III, 10; **Qui t'a dit ça?** *Who told you that?* III, 10; **Tu l'as dit!** *You said it!* III, 9; **Dites donc, ça vous gênerait de... ?** *Hey, do you think you can . . . ?* III, 8; **On dirait que...** *It looks like . . . ,* III, 11
**se disputer (avec quelqu'un)** *to have an argument (with someone),* II, 9
**le disquaire: chez le disquaire** *at the record store,* I, 12
**le disque compact/le CD** *compact disc/ CD,* I, 3
divers *various,* III, 1
**divorcé(e)** *divorced,* III, 6
**le documentaire** *documentary,* III, 9
**le doigt: se couper le doigt** *to cut one's finger,* II, 7
**Donc,...** *Therefore, . . . ,* II, 9; **Oh, dis donc!** *Wow!* III, 7
**donner: donner à manger aux animaux** *to feed the animals,* II, 6; **Donnez-moi votre...** *Give me your . . . ,* III, 6; **Donnez-moi... , s'il vous plaît.** *Please give me . . .* I, 5
**dormir** *to sleep,* I, 1; **Où est-ce que tu as dormi?** *Where did you stay?* III, 1
**le dos: J'ai mal au dos** *My back hurts.* II, 7
**le doute: Je n'en ai aucun doute.** *I have no doubt of it.* III, 12
**la douzaine: une douzaine de** *a dozen,* I, 8
**le drame** *drama,* III, 9
**le droit: Tu n'as pas le droit de...** *You're not allowed to . . . ,* III, 3
**droite: à droite** *to the right,* I, 12; **à droite de** *to the right of,* II, 2; **sur la droite (gauche)** *on the right (left),* II, 2
**drôle: C'est drôle (amusant).** *It's funny.* II, 11
**dû: J'aurais dû...** *I should have . . . ,* II, 10; **Tu aurais dû...** *You should have . . . ,* II, 10

## E

**l' eau** (f.) *water,* I, 5; **l'eau minérale** *mineral water,* I, 5; **la chute d'eau** *waterfall,* II, 4
échapper *to escape,* III, 7; **On l'a échappé belle!** *That was close!* III, 7
**l' écharpe** (f.) *scarf,* I, 10; II, 1
l' échec (m.) *failure,* III, 8
**éclater: Ça m'éclate.** *I'm wild about it.* III, 11
**l' école** (f.) *school,* I, 1; **faire une école technique** *to go to a technical school,* III, 5
**écossais(e)** *plaid,* III, 4
**écouter: écouter ce qu'il/elle dit** *to listen to what he/she says,* II, 10; **écouter de la musique** *to listen to music,* I, 1; **Ecoutez!** *Listen!* I, 0; **J'écoute que ça.** *That's all I listen to.* III, 11; **Je t'écoute.** *I'm listening.* I, 9; II, 10

l' **écran** (m.) *screen,* III, 9
les **écrevisses** (f.) *crawfish,* III, 11
l' **écrivain** (m.) *writer,* III, 5
l' **écureuil** (m.) *squirrel,* II, 12
l' édition (f.) *publishing,* III, 5
l' **éducation** (f.) **physique et sportive (EPS)** *physical education,* I, 2
l' **effort** (m.): **Encore un effort!** *One more try!* II, 7
**égal: Ça m'est égal.** *Whatever.* II, 8; **Ça m'est vraiment égal.** *It's really all the same to me.* III, 9
l' **église** (f.) *church,* II, 2
égoïste *selfish,* III, 6
**élégant(e)** *elegant, sophisticated,* III, 4
l' **éléphant** (m.) *elephant,* III, 7
l' **élève** (m./f.) *student,* I, 2
**élever** *to raise,* III, 8
éloignés *distant (relatives),* III, 11
**emballé: Ça ne m'a pas emballé(e).** *It didn't do anything for me.* III, 9
**embêtant(e)** *annoying,* I, 7; II, 1
embêter *to pester, annoy,* III, 6; **Et toi, arrête de m'embêter!** *Stop bothering me!* III, 10; **Ça m'embête!** *That bores me!* III, 2; **Ça t'embête de... ?** *Would you mind . . . ?* II, 10
l' **embouteillage** (m.) *traffic jam,* III, 8
**embrasser: Embrasse... pour moi.** *Give . . . a kiss for me.* III, 8; **Je t'embrasse bien fort.** *Hugs and kisses.* III, 8
l' émincé (m.) *slice,* III, 1
l' émission (f.) *program,* III, 9; **l'émission de variétés** *variety show,* III, 9
emmener *to take (a person) with you,* III, 9
empêcher *to prevent, stop,* III, 12
**emporter** *to bring (with you),* II, 12
**emprunter** *borrow,* I, 12
**en** *some, of it, of them, any, none,* I, 8; **en** *to, in (before a feminine noun),* I, 11; **en laine** *wool,* III, 4; **en soie** *silk,* III, 4; **Combien en voulez-vous?** *How many (much) do you want?* II, 3; **En bas.** *Downstairs.* III, 2; **en coton** *cotton,* I, 10; **en cuir** *leather,* I, 10; **en face de** *across from,* II, 2; **En haut.** *Upstairs.* III, 2; **en jean** *denim,* I, 10; **Il/Elle en a déjà un(e).** *He/She already has one (of them).* II, 3; **Je m'en veux de...** *I feel bad for . . . ,* III, 6; **Je n'en peux plus!** *I just can't do any more!* II, 7; **Je n'en veux plus.** *I don't want anymore,* I, 8; **Je ne t'en veux pas.** *No hard feelings.* II, 10; **Je suis parti(e) en...** *I went by . . . ,* III, 1; **Je vais (en) prendre...** *I'll take . . . ,* II, 3; **T'en fais pas.** *Don't worry.* II, 5; **Tu n'as pas l'air en forme.** *You don't seem too well.* II, 7; **Tu ne m'en veux pas?** *No hard feelings?* II, 10; **Vous avez ça en... ?** *Do you have that in . . . ? (size, fabric, color),* I, 10
**encore: Encore de... ?** *More . . . , ?* I, 8; **Encore un effort!** *One more try!* II, 7; **Encore... ?** *Some more . . . ?* II, 3; **Pas encore.** Not yet. III, 1
l' **énergie** (f.) *energy,* III, 3
**énervé(e)** *annoyed,* II, 9
**énerver: Tu m'énerves, à la fin!** *You're bugging me to death!* III, 6
**Enfin,...** *Finally, . . . ,* II, 1
enfoncer *to drive (a nail),* III, 6
**enlever: enlever la neige** *to shovel snow,* III, 3; **se faire enlever ses bagues** *to get one's braces off,* III, 10
**ennuyer** *to bother,* II, 8; **Ça m'ennuie à mourir!** *That bores me to death!* III, 2; **Ça t'ennuie de... ?** *Would you mind . . . ?* II, 10; **Ce qui m'ennuie, c'est...** *What bothers me is . . . ,* II, 4; **On ne s'ennuie pas.** *You're never bored.* II, 11; **Je me suis ennuyé(e) à mourir.** *I was bored to death.* III, 9; **Je me suis ennuyé(e).** *I was bored.* II, 6; **Je ne me suis pas ennuyé une seconde.** *I wasn't bored a second.* III, 9
**ennuyeux (ennuyeuse)** *boring,* II, 6; **C'était ennuyeux.** *It was boring.* I, 5
enregistrer *to record,* III, 9
**Ensuite,...** *Next, . . . ,* II, 1; *Then, . . . ,* II, 12
**entendre: entendre le réveil** *to hear the alarm clock,* II, 5; **Entendu.** *OK.* I, 6; **J'ai entendu dire que...** *I've heard that . . . ,* III, 10
**s'entraîner à...** *to train for (a sport),* II, 7
l' **entraîneur** (m.) *coach,* III, 12
**entre** *between,* I, 12; **Quelle est la différence entre ... et... ?** *What's the difference between . . . and . . . ?* III, 10
l' entrecôte grillée *rib steak,* III, 1
l' **entrée** (f.) *first course,* II, 3; **C'est combien, l'entrée?** *How much is the entrance fee?* II, 6; **Que voulez-vous comme entrée?** *What sort of appetizer would you like?,* III, 1; **Comme entrée, j'aimerais...** *For an appetizer, I would like . . .* III, 1; **A l'entrée de...** *At the entrance to . . . ,* III, 2
**entrer** *to enter,* II, 6; **entrer à l'université** *to enter the university,* III, 5
l' **enveloppe** (f.) *envelope,* I, 12
**envie: J'ai envie de...** *I feel like . . . ,* I, 11; **Non, je n'ai pas très envie.** *No, I don't feel like it.* II, 7; **Tu as envie de... ?** *Do you feel like . . . ?* II, 1
**envoyer: envoyer des lettres** *to send letters,* I, 12; **envoyer les invitations** *to send the invitations,* II, 10; **Pourriez-vous m'envoyer des renseignements sur... ?** *Could you send me information on . . . ?* III, 5
**épater: Alors, là, tu m'épates!** *I'm really impressed!* III, 10
l' **épée** (f.) *an epee/a sword,* III, 12
**épicé(e)** *spicy,* III, 11
l' **épicerie** (f.) *grocery store,* I, 12
les **épices** (f.) *spices,* III, 11
les **épinards** (m.) *spinach,* III, 11
épouser *to marry,* III, 6
**épouvantable: avoir une journée épouvantable** *to have a horrible day,* II, 5; **C'était épouvantable.** *It was horrible.* I, 9; **J'ai passé une journée épouvantable!** *I had a terrible day!* II, 5
l' épreuve (f.) *event (sports),* III, 12
l' équipe (f.) *a team,* III, 12
l' **équitation** (f.) *equestrian events,* III, 12; **faire de l'équitation** *to go horseback riding,* I, 1
l' **escalope** (f.) **de dinde purée** *sliced turkey breast with mashed potatoes,* III, 1
les **escargots** (m.) *snails,* I, 1; II, 3
l' **escrime** (f.) *fencing,* III, 12
l' **espadon** (m.) *swordfish,* III, 10
l' **Espagne** (f.) *Spain,* III, 12
l' **espagnol** (m.) *Spanish (language),* I, 2
les espèces (f.) *species,* III, 7
l' essayage (m.) *fitting,* III, 4
**essayer: Je peux essayer... ?** *Can I try on . . . ?* I, 10; **Je peux l'(les) essayer?** *Can I try it (them) on ?* I, 10; **Essaie...** *Try . . . ,* III, 1
l' **essence** (f.) *gas,* III, 2
**essentiel: Il est essentiel que...** *It's essential to . . . ,* III, 7
l' **est** (m): **dans l'est** *in the east,* II, 4; **C'est à l'est de...** *It's to the east of . . . ,* II, 12
**Est-ce que** *(Introduces a yes-or-no question),* I, 4; **(Est-ce que) je peux... ?** *May I . . . , ?* I, 7
l' **étage** (m.): **Au premier étage.** *On the second floor.* III, 2
les **étagères** (f.) *shelves,* II, 2
les **Etats-Unis** (m.) *United States,* III, 12
l' **été** (m.) *summer,* I, 4; **en été** *in the summer,* I, 4
**éteindre** *to turn off/out,* III, 3
l' **étoile de mer** (f.) *starfish,* III, 10
**étonné(e)** *surprised,* II, 9
**étonner: Ça m'étonnerait que...** *I'd be surprised if . . . ,* III, 7; **Ça m'étonnerait!** *That would surprise me.* II, 6; III, 10
**étouffée: à l'étouffée** *steamed,* III, 11
**être** *to be,* I, 7; **être collé(e)** *to have detention,* II, 5; **être en train de (+ infinitive)** *to be in the process of (doing something),* II, 9
l' **étude** (f.) *study hall,* I, 2; **arrêter ses études** *to stop one's studies,* III, 5

**étudier** *to study,* I, 1
les événements (m.) *events,* III, 10
**Evidemment.** *Obviously.* II, 9
éviter *to avoid,* III, 3; **Evite d'aller voir...** *Avoid seeing. . . ,* III, 9; **Evite de...** *Avoid . . . ,* II, 7
les **examens** (m.) *tests,* I, 1
**excellent(e)** *excellent,* I, 5; **Oui, excellent.** *Yes, excellent.* I, 9; II, 2
**s'excuser** *to apologize,* II, 10; **Excuse-moi.** *Forgive me.* II, 10; **Excuse-toi.** *Apologize.* II, 10; **Je m'excuse de...** *I'm sorry for . . . ,* III, 6
l' **exercice** (m.): **faire de l'exercice** *to exercise,* II, 7
exigeant *demanding,* III, 5
**expliquer: expliquer ce qui s'est passé (à quelqu'un)** *to explain what happened (to someone),* II, 10; **Explique-lui/-leur.** *Explain to him/her/them.* II, 10
**exprès: Tu le fais exprès?** *Are you doing that on purpose?* III, 6

# F

**face: en face de** *across from,* I, 12; II, 12
**fâché(e)** *angry,* II, 9
**facile** *easy,* I, 2
la **faim: avoir faim** *to be hungry,* I, 5; **Je n'ai plus faim.** *I'm not hungry anymore.* II, 3; **Si, j'ai très faim!** *Yes, I'm very hungry.* II, 2; **Vous n'avez pas/Tu n'as pas faim?** *Aren't you hungry?* II, 2
**faire** *to do, to make, to play,* I, 4; **faire + infinitive** *to have done,* III, 4; **se faire enlever ses bagues** *to get one's braces off,* III, 10; **se faire percer les oreilles** *to have one's ears pierced,* III, 10; **se faire mal à ...** *to hurt one's . . . ,* II, 7; III, 10; **faire la tête** *to sulk,* II, 9; **faire le plein** *to fill it up,* III, 2; **faire les préparatifs** *to get ready,* II, 10; **Tu vas t'y faire.** *You'll get used to it.* II, 8; **fais: A ton avis, qu'est-ce que je fais?** *In your opinion, what do I do?* I, 9; **Est-ce que tu fais... ?** *Do you play/do . . . ?* I, 4; **Fais-toi une raison.** *Make the best of it.* II, 8; **Ne t'en fais pas!** *Don't worry!* I, 9; **Faites/Fais comme chez vous (toi).** *Make yourself at home.* II, 2; **Mais, qu'est-ce que tu fais?** *What are you doing?* III, 2; **Ne t'en fais pas.** *Don't worry.* I, 11; **Qu'est-ce que tu fais comme sport?** *What sports do you play?* II, 1; **Qu'est-ce que tu fais pour t'amuser?** *What do you do to have fun?* I, 4; **Qu'est-ce que tu fais quand... ?** *What do you do when . . . ?* I, 4; **Ça fait combien?** *How much does that make?* II, 3; **Ça fait très bien.** *That looks good.* III, 4; **Ça fait vraiment...** *That looks really . . . ,* III, 4; **Ça fait...** *It's been . . . ,* III, 1; **Ça ne fait rien.** *It doesn't matter.* II, 10; **Comment est-ce qu'on fait?** *How should we work this out?* III, 6; **D'abord, j'ai fait...** *First, I did . . . ,* I, 9; **Il fait beau.** *It's nice weather.* I, 4; **Il fait frais.** *It's cool.* I, 4; **Il fait froid.** *It's cold.* I, 4; **Il fait chaud.** *It's hot.* I, 4; **Qu'est-ce qu'on fait?** *What should we do?* II, 1; **Faites/Fais comme chez vous/toi.** *Make yourself at home.* II, 2; **Faites gaffe!** *Look out!* III, 7
**fameux (fameuse): pas fameux** *not so great,* I, 5
fantaisiste *eccentric, whimsical,* III, 5
**farci (à)** *stuffed (with),* III, 11
la **farine** *flour,* I, 8
**fastoche: C'est fastoche, ça!** *That's so easy!* III, 10
**fatigant: C'était fatigant!** *It was tiring!* II, 2
**fatigué(e): Je suis fatigué(e)** *I'm tired.* II, 12; **Pas trop fatigué(e)?** *(You're) not too tired?* II, 2
**faudrait: Il faudrait que tu...** *You should . . . ,* III, 5; **Il faudrait que...** *You ought to . . . ,* III, 7
**faut: Il faut mieux travailler en classe.** *You have to do better in class.* II, 5; **Il faut que... d'abord.** *First, you have to . . . ,* III, 3; **Il me faut...** *I need . . . ,* I, 3; **Il ne faut pas...** *One should not . . . ,* III, 3; **Qu'est-ce qu'il te faut pour... ?** *What do you need for . . . ? (informal),* I, 3
la **faute: C'est de ma faute.** *It's my fault.* II, 10
**Félicitations!** *Congratulations!* II, 3
la **femme** *wife,* III, 6
la **femme d'affaires** *businesswoman,* III, 5
la **fenêtre** *window,* I, 0
**fermer: Ferme-la!** *Shut up!* III, 6; **A quelle heure est-ce que vous fermez?** *When do you close?* II, 6; **Fermez la porte.** *Close the door.* I, 0
**féroce** *ferocious,* III, 7
la **fête: Bonne fête de Hanoukka!** *Happy Hanukkah!* II, 3; **Bonne fête!** *Happy holiday! (Happy saint's day!),* II, 3
le **feu: Il n'y a pas le feu.** *Where's the fire?* III, 2
la **feuille: une feuille de papier** *a sheet of paper,* I, 0; **ramasser les feuilles** *to rake leaves,* III, 3
feuilleter *to leaf through ,* III, 2
le **feuilleton** *soap opera,* III, 9
**février** *February,* I, 4
**se fiancer** *to get engaged,* III, 10
**ficher: Je m'en fiche.** *I don't give a darn.* III, 9; **Fiche-moi la paix!** *Leave me alone!* III, 6; **Tu te fiches de moi?** *Are you kidding me?* III, 9
fier (fière) *proud,* III, 10; **Tu peux être fier (fière) de toi.** *You should be proud of yourself.* II, 5
la fièvre jaune *yellow fever,* III, 7
la **figue** *fig,* III, 8
**figurer: Figure-toi que...** *Can you imagine that . . . ,* III, 10
le **filet de sole riz champignons** *filet of sole with rice and mushrooms,* III, 1
le **film: le film classique** *classic movie,* II, 11; **le film comique** *comedy,* II, 11; **le film d'action** *action movie,* II, 11; **le film d'aventures** *adventure movie,* II, 11; **le film d'horreur** *horror movie,* II, 11; **le film de science-fiction** *science-fiction movie,* II, 11; **le film policier** *detective or mystery movie,* II, 11; **le film étranger** *foreign film,* III, 9; **le film historique** *historical movie,* III, 9; **le film de guerre** *war movie,* III, 9; **le film d'espionnage** *spy movie,* III, 9; **voir un film** *to see a movie,* I, 6; **Qu'est-ce qu'il y a comme bon film en ce moment?** *What good movies are out now?* III, 9; **Qu'est-ce que tu as vu comme bons films?** *What good movies have you seen?* III, 9
la **fin: A la fin...** *At the end . . . ,* III, 9; **C'est insupportable, à la fin!** *I won't put up with this!* III, 8; **Tu m'énerves, à la fin!** *You're bugging me to death!* III, 6
**Finalement...** *Finally . . . ,* II, 4
**fixer: fixer la date** *to choose the date,* II, 10
le flamant *flamingo,* III, 7
la **flèche** *arrow,* III, 12
le fleuret *foil (sword),* III, 12
le **fleuriste** *florist's shop,* II, 3
les **fleurs** (f.) *flowers,* II, 3
la **flûte** *flute,* III, 11
la **fois: Ça va pour cette fois.** *OK, just this once.* III, 3; **une fois par semaine** *once a week,* I, 4
**foncé(e)** *dark,* III, 4
le fonceur (la fonceuse) *a "go-getter," an ambitious person,* III, 12
le **fond: Au fond.** *Towards the back.* III, 2
le fond de teint *foundation,* III, 4
le **foot(ball)** *soccer,* I, 1; **le football américain** *football,* I, 4
la **forêt: en forêt** *to the forest,* I, 11; **la forêt tropicale** *tropical rainforest,* II, 4
la **forme: Tu n'as pas l'air en forme.** *You don't seem too well.* II, 7; **forme tunique** *tunic style,* III, 4
**formidable: C'était formidable!** *It was great!* I, 11

**fort(e)** *strong,* I, 7; II, 1; **Ce n'est pas mon fort.** *It's not my strong point.* II, 5; **Je t'embrasse bien fort.** *Hugs and kisses.* III, 8
**fortiche: Tu es fortiche.** *You're really strong.* III, 10
**fou (folle)** *crazy, funny,* III, 2; **C'est fou comme... !** *I can't believe how . . . !* III, 7
fouiller *to rummage around,* III, 6
la fougère *fern,* III, 10
le foulard *scarf,* II, 3; III, 4
**la foule** *crowd,* III, 8
**se fouler: se fouler la cheville** *to sprain one's ankle,* II, 7
**la fourmi** *ant,* III, 7
la fourrure *fur,* III, 7
les frais (m.) *fees,* III, 5
**frais: Il fait frais.** *It's cool.* I, 4
**les fraises** (f.) *strawberries,* I, 8
**le franc** *(the French monetary unit),* I, 3
**le français** *French (language),* I, 1
**la frange** *bangs,* III, 4
**le frappeur** *the batter (in baseball),* III, 12
**les freins** (m.) *the brakes,* III, 2
**le frère** *brother,* I, 7
frire *to fry,* III, 11
**frisé: les cheveux frisés** (m.) *curly hair,* III, 4
**frit(e)** *fried,* III, 11
**les frites** (f.) *French fries,* I, 1
**froid: Il fait froid.** *It's cold.* I, 4
**le fromage** *cheese,* I, 5; II, 3; **fromage de chèvre** *goat cheese,* III, 1
**la frousse: J'ai la frousse!** *I'm scared to death!* III, 7
**les fruits de mer** (m.) *seafood,* **II, 3**
**fumer** *to smoke,* III, 3
**furieux (furieuse)** *furious,* II, 9
la fusée *rocket,* III, 2
futé: pas futé(e) *not with it,* III, 6

# G

**gaffe: Faites gaffe!** *Look out!* III, 7
**gagner** *to win,* I, 9; *to earn,* I, 9
**le gant** *glove,* III, 4; **Ça te va comme un gant.** *That fits you like a glove.* III, 4; **les gants** (m.) *a pair of gloves,* II, 1; III, 4
**garder ta petite sœur** *to look after your little sister,* I, 7
le gardien *warden, caretaker,* III, 7
**la gare** *train station ,* II, 2
le gaspillage *waste,* III, 3
**gaspiller** *to waste,* III, 3
**le gâteau** *cake,* I, 8
**gauche: à gauche** *to the left,* I, 12; **à gauche de** *to the left of,* II, 2
la gazelle *gazelle,* III, 7
**gêné(e)** *embarrassed,* II, 9
**gêner: Dites donc, ça vous gênerait de... ?** *Hey, do you think you can . . . ?* III, 8; **Non mais, surtout, ne vous gênez pas!** *Well just go right ahead!* III, 8
**génial (e)** *great,* I, 2; II, 2
**le genre: J'aime bien ce genre de...** *I like this type of . . . ,* III, 4
**les gens** (m.) *people,* III, 8
**gentil (gentille)** *nice,* I, 7; II, 1; **C'est gentil.** *That's nice of you.* III, 6; **C'est gentil de votre/ta part.** *That's so nice of you.* II, 2
**gentillet: gentillet, sans plus** *cute (but that's all) ,* II, 11
**la géographie** *geography,* I, 2
**la géométrie** *geometry,* I, 2
la gestion *management,* III, 5
**le gilet** *vest,* III, 4
la girafe *giraffe,* III, 7
**la glace** *ice cream,* I, 1; **faire du patin à glace** *to ice-skate,* I, 4
le glas *toll, knell,* III, 8
le gnon *blow,* III, 3
le gnou *gnu,* III, 7
**le golf** *golf,* I, 4; **jouer au golf** *to play golf,* I, 4
**le gombo** *gumbo,* III, 11; **les gombos** *okra,* I, 8
**la gomme** *eraser,* I, 3
gommer *to erase,* III, 4
**la gorge: J'ai mal à la gorge** *I have a sore throat.* II, 7
le gorille *gorilla,* III, 7
**la gourde** *canteen,* III, 7
**gourmand(e)** *someone who loves to eat,* II, 1
le goût *taste,* III, 4; **de mauvais goût** *in poor taste,* III, 2
**le goûter** *afternoon snack,* I, 8
**les goyaves** (f.) *guavas,* I, 8
**grand(e)** *tall, big,* I, 7; II, 1; **moins grand(e) que** *smaller than . . . ,* II, 4; **plus grand(e) que** *bigger than . . . ,* II, 4
**grand-chose: Ce n'est pas grand-chose.** *It's nothing special.* II, 3; **Pas grand-chose.** *Not much.* I, 6
**la grand-mère** *grandmother,* I, 7
**le grand-père** *grandfather,* I, 7
**grandir** *to grow,* I, 10
la grange *barn,* III, 12
le graphisme *graphic arts,* III, 5
**le gratte-ciel** *skyscraper,* III, 8
**grave: C'est pas grave.** *It's not serious.* II, 5
la gregue *a coffeepot (Cajun),* III, 11
**grignoter: grignoter entre les repas** *snacking between meals,* II, 7
grimper *to climb,* III, 3
**la grippe: J'ai la grippe.** *I've got the flu.* II, 7
**gris(e)** *grey,* I, 3
le grognement *growling,* III, 7
**gros (grosse)** *fat,* I, 7; **Grosses bises.** *Hugs and kisses.* III, 8
**grossir** *to gain weight,* I, 10
**grouiller: Grouille-toi!** *Get a move on!* III, 2
**le groupe** *(music) group,* II, 11
le grumeau *lump,* III, 11
**la Guadeloupe** *Guadeloupe,* III, 12
**le guépard** *cheetah,* III, 7
**guidée: une visite guidée** *a guided tour,* II, 6
**la guitare** *guitar,* III, 11
**la gymnastique** *gymnastics,* III, 12; **faire de la gymnastique** *to do gymnastics,* II, 7

# H

habile *skillful,* III, 5
**s'habiller** *to get dressed,* II, 4
**l' habitude** (f.)**: d'habitude** *usually,* I, 4
**Haïti** (m.) (no article) *Haiti,* III, 12
**les haltères** (m.) *barbells,* III, 12
**l' haltérophilie** (f.) *weightlifting,* III, 12
***les hamburgers** (m.) *hamburgers,* I, 1
*le hareng herring, III, 1
***les haricots** (m.) *beans,* I, 8; **haricots verts** *green beans,* I, 8
***haut: En haut.** *Upstairs.* III, 2
***les hauts talons** (m.) *high heels,* III, 4
**l' herbe** (f.) *grass,* III, 7
**hésiter: Euh... J'hésite.** *Oh, I'm not sure.* I, 10; **J'hésite entre... et...** *I can't decide between . . . and . . . ,* III, 1
**l' heure** (f.): I, 2; **A quelle heure?** *At what time?* I, 6; **A tout à l'heure!** *See you later!* I, 1; **Tu as... à quelle heure?** *At what time do you have . . . ?* I, 2; **à... heures** *at . . . o'clock,* I, 2; **à... heures quarante-cinq** *at . . . forty-five,* I, 2; **à... heures quinze** *at . . . fifteen,* I, 2; **à... heures trente** *at . . . thirty,* I, 2
**Heureusement,...** *Fortunately, . . . ,* II, 9
**heureux: Très heureux (heureuse).** *Pleased to meet you.* I, 7
**l' hippocampe** (m.) *seahorse,* III, 10
**l' hippopotame** (m.) *hippopotamus,* III, 7
*se hisser *to haul oneself up,* III, 10
**l' histoire** (f.) *history,* I, 2; **C'est l'histoire de...** *It's the story of . . . ,* II, 11; III, 9; **C'est une belle histoire.** *It's a great story.* II, 11; **C'est une histoire passionnante.** *It's an exciting story.* II, 11; **Est-ce que tu connais l'histoire de... ?** *Do you know the one about . . . ?* **10; Il n'y a pas d'histoire.** *It has no plot.* II, 11; **l'histoire d'amour** *love story,* III, 9
**l' hiver** *winter,* I, 4; **en hiver** *in the winter,* I, 4
***le hockey** *hockey,* I, 4
***le homard** *lobster,* III, 10
**l' homme** (m.) **d'affaires** *businessman,* III, 5
*la honte: Oh la honte! *How embarrassing!* III, 11
**l' horreur** (f.)**: C'est l'horreur!** *This is just horrible!* III, 8

**horrible** *terrible,* I, 10
*hors *outside,* III, 12
*les **hors-d'œuvre** (m.) *hors d'œuvre,* III, 11
*le **hot-dog** *hot dog,* I, 5
l' **hôtel** (m.): **A l'hôtel.** *In a hotel.* III, 1
l' **huile** (f.) *the oil,* III, 2; **mettre de l'huile dans le moteur** *to put oil in the motor,* III, 2
les **huîtres** (f.) *oysters,* II, 3; III, 11
l' **humeur** (f): **de mauvaise humeur** *in a bad mood,* II, 9; **de bonne humeur** *in a good mood,* II, 9
l' hyène (f.) *hyena,* III, 7
**hyper-cool** *super cool,* III, 4

# I

**ici: Ici,... tandis que...** *Here, . . . whereas . . .* III, 8
l' **idée** (f.): **Bonne idée!** *Good idea!* II, 3; **C'est une bonne (excellente) idée.** *That's a good (excellent) idea.,* II, 1; **Je n'en ai aucune idée.** *I have no idea.* III, 5; **Tu as une idée de cadeau pour... ?** *Have you got a gift idea for. . . ?* II, 3
l' **île** (f.) *island,* II, 4
l' **image** (f.) *the picture,* III, 9
l' **immeuble** (m.) *building,* III, 8
**impatient(e): Je suis vraiment impatient(e) de... !** *I can hardly wait to . . . !* III, 12; *I'm really anxious to . . . !* III, 2
l' **imperméable** (m.) *raincoat,* II, 1
**important: Il est très important que...** *It's very important to . . . ,* III, 7
**importer: du n'importe quoi** *worthless,* II, 11; **N'importe quoi!** *That's ridiculous!* II, 6; *Yeah, right!* III, 10; **Peu importe.** *It doesn't matter.* III, 9
**impossible: C'est impossible.** *It's impossible.* II, 10
l' **impression** (f.): **J'ai l'impression que...** *I have the impression that . . . ,* III, 11
impressionner *to impress,* III, 10
imprimé(e) *printed,* III, 4
**inadmissible: C'est inadmissible.** *That's not acceptable.* II, 5
**incroyable** *incredible,* II, 6; **C'était incroyable!** *It was amazing/ unbelievably bad!* II, 5; **Ce qui est incroyable, c'est...** *What's incredible is . . . ,* III, 11
les indications (f.) *directions,* III, 2
**infiniment: Merci infiniment** *Thank you so much.* III, 6
l' **infirmier** (m.), **l'infirmière** (f.) *nurse,* III, 5
les **informations** (f.) *the news,* III, 9
l' **informatique** (f.) *computer science,* I, 2
l' **ingénieur** (m.) *engineer,* III, 5
**inquiet (inquiète)** *worried,* II, 9
s'inquiéter: **Ne t'inquiète pas!** *Don't worry!* III, 6
s'inscrire *to enroll,* III, 5
l' instant (m.): **Un instant, s'il vous plaît.** *One moment, please.* III, 1
l' **instituteur** (m.), **l'institutrice** (f.) *elementary school teacher,* III, 5
**insupportable: C'est insupportable, à la fin!** *I won't put up with this!* III, 8
**intelligent(e)** *smart,* I, 7; II, 1
l' **intention** (f.): **J'ai l'intention de...** *I intend to . . . ,* I, 11; III, 5; **Qu'est-ce que tu as l'intention de faire?** *What do you intend to do?* III, 5
l' interdiction (f.) *ban,* III, 3; **Interdiction de...** *. . . is not allowed,* III, 3
**interdit: Il est interdit de...** *It's forbidden to . . . ,* III, 3
**intéressant** *interesting,* I, 2; **Ce qui est intéressant/incroyable, c'est...** *What's interesting/incredible is . . . ,* III, 11
l' **intérêt** (m.): **Ça n'a aucun intérêt.** *It's not interesting.* III, 9
l' **interro** (f.) *quiz,* I, 9
les **invitations** (f.): **envoyer les invitations** *to send the invitations,* II, 10
**isolé(e)** *isolated,* II, 8
l' **Italie** (f.) *Italy,* III, 12

# J

**jamais: ne... jamais** *never,* I, 4; **Je n'ai jamais vu un(e) aussi...** *I've never seen such a . . . ,* III, 7
le **jambalaya** *jambalaya,* III, 11
la **jambe: J'ai mal à la jambe** *My leg hurts.* II, 7
le **jambon** *ham,* I, 5; II, 3
**janvier** *January,* I, 4
le **Japon** *Japan,* III, 12
le **jardin** *yard,* II, 2
**jaune** *yellow,* I, 3
le **jazz** *jazz,* II, 11; III, 11
le **jean** *(a pair of) jeans,* I, 3; II, 1; **en jean** *denim,* I, 10
**jeter: jeter les déchets** *to throw away your trash,* II, 12; **jeter des ordures** *to throw trash,* III, 3
le **jeu télévisé** *game show,* III, 9
le **jeudi** *on Thursdays,* I, 2
**jeune** *young,* I, 7; II, 1
la jeunesse *youth,* III, 5; **l'auberge** (f.) **de jeunesse** *youth hostel,* II, 2
les **jeux** (m.): **jouer à des jeux vidéo** *to play video games,* I, 4
le **jogging: faire du jogging** *to jog,* I, 4
**jouer** *to play,* I, 4; **jouer à...** *to play . . . ,* I, 4; **Qu'est-ce qu'on joue comme film?** *What films are playing?* II, 11; **On joue...** *. . . is showing.* II, 11
le **jour: C'est pas mon jour!** *It's just not my day!* II, 5
le/la **journaliste** *journalist,* III, 5
la **journée: avoir une journée épouvantable** *to have a horrible day,* II, 5; **Comment s'est passée ta journée (hier)?** *How was your day (yesterday)?* II, 5; **Quelle journée!** *What a bad day!* II, 5; **Quelle journée formidable!** *What a great day!* II, 5
**joyeux (joyeuse)** *cheerful,* III, 6; **Joyeux (Bon) anniversaire!** *Happy birthday!* II, 3; **Joyeux Noël!** *Merry Christmas!* II, 3
le **judo** *judo,* III, 12
le juge *judge,* III, 5
**juillet** *July,* I, 4
**juin** *June,* I, 4
les **jumeaux (-elles)** *twins,* III, 6
les **jumelles** (f.) *binoculars,* III, 7
la **jupe** *skirt,* I, 10
le **jus: le jus d'orange** *orange juice,* I, 5; **le jus de pomme** *apple juice,* I, 5
**jusqu'à: Vous allez tout droit jusqu'à...** *You go straight ahead until you get to . . . ,* 12
**juste: C'est pas juste.** *It's not fair.* III, 12; **Juste là, à côté de...** *Right there, next to . . . ,* III, 2

# K

le **kilo: un kilo de** *a kilogram of,* I, 8
le klaxon *car horn,* III, 8

# L

-**là** *there (noun suffix),* I, 3; **(Est-ce que)... est là, s'il vous plaît?** *Is . . . , there, please?* I, 9; **Là, c'est...** *Here (There) is . . . ,* II, 2; **C'est comment, la vie là-bas?** *What's life like there?* III, 12; **Là-bas, le garçon qui...** *Over there, the boy who . . . ,* III, 4
**lâcher: Lâche-moi, tu veux?** *Will you give me a break?* III, 10
**laisser: Je peux laisser un message?** *Can I leave a message?* I, 9
la laine: en laine *wool,* III, 4
le **lait** *milk,* I, 8; II, 3
la **lampe** *lamp,* II, 2; **la lampe de poche** *flashlight,* II, 12
le **lancer du disque** *the discus throw,* III, 12
le **lanceur** *the pitcher (baseball),* III, 12
**Laquelle?** *Which one?* III, 4
**large** *baggy,* I, 10
**largement: On a largement le temps!** *We've got plenty of time!* III, 2
le **latin** *Latin,* I, 2
**laver: laver la voiture** *to wash the car,* I, 7; **laver les vitres** (f.) *to wash the windows,* III, 3; **se laver** *to wash oneself,* II, 4;
les **légumes** (m.) *vegetables,* II, 7
**Lequel?** *Which one?* III, 4
**Lesquels/Lesquelles?** *Which ones?* III, 4

**la lessive: faire la lessive** *to do the laundry,* III, 3
**se lever** *to get up,* II, 4
**lever: Levez la main!** *Raise your hand!* I, 0; **Levez-vous!** *Stand up!* I, 0
**la librairie** *bookstore,* I, 12
**libre: Je suis quand même libre, non?** *I'm free, aren't I?* III, 3
**la limonade** *lemon soda,* I, 5
**le lion** *lion,* III, 7
**lire** *to read,* I, 1
**le lit** *bed,* II, 2; **faire son lit** *to make one's bed,* III, 3
**le litre: un litre de** *a liter of,* I, 8
**la livre: une livre de** *a pound of,* I, 8
**le livre** *book,* I, 3; **le livre de poésie** *book of poetry,* II, 11
**loin: loin de** *far from,* I, 12
**long** *long,* II, 1; **les cheveux longs** (m.) *long hair,* III, 4; **trop long** *too long* , II, 11
**longtemps: Ça fait longtemps qu'on ne s'est pas vu(e)s.** *It's been a long time since we've seen each other.* III, 1; **Ça ne va pas prendre longtemps!** *It's not going to take long!* III, 2
lorsque *when,* III, 3
**la lotion anti-moustique(s)** *mosquito repellent,* III, 7
loufoque *wild, crazy,* III, 2
**le loup** *wolf,* II, 12
**lourd(e)** *heavy,* III, 7; **C'est lourd.** *It's dull.* III, 9
luire *to gleam,* III, 10
**les lumières** (f.) *lights,* III, 3
**le lundi** *on Mondays,* I, 2
**les lunettes de soleil** (f.) *sunglasses,* I, 10
**la lutte** *wrestling,* III, 12
**le lycée** *high school,* II, 2

## M

**madame (Mme)** *ma'am; Mrs,* I, 1; **Madame!** *Waitress!* I, 5; **Monsieur/Madame (to start a business letter)** *Sir/Madam,* III, 5
**mademoiselle (Mlle)** *miss; Miss,* I, 1; **Mademoiselle!** *Waitress!* I, 5
**les magasins** (m.) *stores,* I, 1; **faire les magasins** *to go shopping,* I, 1
**le magazine** *magazine,* I, 3; **magazine télévisé** *magazine show,* III, 9
**le magnétoscope** *videocassette recorder, VCR,* I, 0; III, 9
**magnifique** *beautiful,* II, 6
**mai** *May,* I, 4
**maigrir** *to lose weight,* I, 10
maigrichon *scrawny, skinny,* III, 2
**le maillot de bain** *a bathing suit,* I, 10
**la main** *hand,* I, 0; **J'ai mal à la main** *My hand hurts.* II, 7
**mais** *but,* I, 1; **Non mais, tu t'es pas regardé(e)!** *If you could see how you look!* III, 10
**le maïs** *corn,* I, 8
**la Maison des jeunes et de la culture (MJC)** *recreation center,* I, 6
**mal: mal à l'aise** *uncomfortable,* II, 9; **Il n'y a pas de mal.** *No harm done.* II, 10; **J'ai du mal à me décider.** *I'm having trouble deciding.* III, 5; **J'ai mal dormi.** *I didn't sleep well.* II, 7; **J'ai mal partout!** *I hurt all over!* II, 7; **J'ai mal...** *My . . . hurts.* II, 7; **J'ai trouvé ça pas mal.** *It was not bad*. III, 9; **Pas mal.** *Not bad.* I, 1; *all right,* II, 6; **se faire mal à...** *to hurt one's . . . ,* II, 7; III, 10; **mal élevé(e)** *rude,* III, 8
**malade: Je suis malade.** *I'm sick.* II, 7; **tomber malade** *to get sick,* III, 10
la malédiction *curse,* III, 8
**le malentendu: un petit malentendu** *a little misunderstanding,* II, 10
**Malheureusement,...** *Unfortunately, . . . ,* II, 9
malicieusement *mischievously,* III, 10
les manches (f.): à manches courtes/ longues *short/long-sleeved,* III, 4
**manger** *to eat,* I, 6; II, 7; **donner à manger aux animaux** *to feed the animals,* II, 6; **manger mieux** *to eat better,* III, 3
**les mangues** (f.) *mangoes,* I, 8
manier *to handle,* III, 5
le mannequin *model,* III, 5
**manquer: C'est à ne pas manquer!** *Don't miss it!* III, 9; **... me manque.** *I miss . . . (singular subject),* II, 8; **... me manquent.** *I miss . . . (plural subject),* II, 8; **Ce qui me manque, c'est...** *What I miss is . . . ,* II, 8
**le manteau** *coat,* I, 10
le maquillage *makeup,* III, 4
se maquiller *to put on makeup,* III, 4
**le maquis** *popular Ivorian outdoor restaurant,* II, 8
le marais *marsh, swamp,* III, 11
**la marche: rater une marche** *to miss a step,* II, 5
**le mardi** *on Tuesdays,* I, 2
**le mari** *husband,* III, 6
**marié(e)** *married,* III, 6
**se marier** *to get married,* III, 5
**le Maroc** *Morocco,* III, 12
**la maroquinerie** *leather-goods shop,* II, 3
**marrant(e)** *funny,* III, 2
**marre: J'en ai vraiment marre!** *I'm sick of this!* III, 12; **Je commence à en avoir marre!** *I've just about had it!* III, 8
**marron** *brown,* I, 3; II, 1
**mars** *March,* I, 4
**le masque** *mask,* II, 8; III, 12
m'as-tu-vu: être m'as-tu-vu *to be a show off,* III, 7
**le match: regarder un match** *to watch a game (on TV),* I, 6; **voir un match** *to see a game (in person),* I, 6
**les maths** (f.) *math,* I, 1
**les matières grasses** (f.) *fat,* II, 7
**le matin** *in the morning,* I, 2
**mauvais(e): de mauvais goût** *in poor taste,* III, 2; **avoir une mauvaise note** *to get a bad grade,* II, 5; **de mauvaise humeur** *in a bad mood,* II, 9
**le mec: C'est l'histoire d'un mec qui...** *It's about a guy who . . . ,* III, 10
**le mécanicien (la mécanicienne)** *mechanic,* III, 5
**méchant(e)** *mean,* I, 7; II, 1
**le médecin** *doctor,* III, 5
**les médicaments** (m.) *medicine,* I, 12
**la méduse** *jellyfish,* III, 10
**Méfiez-vous!** *Be careful!* III, 7
**meilleur(e): C'est meilleur que...** *It's better than . . . ,* II, 7; **C'est moi le/la meilleur(e).** *I'm the best.* III, 10; **Tu es vraiment le/la meilleur(e).** *You're really the best.* III, 10; **Meilleurs vœux!** *Best wishes!* II, 3
mélanger *to mix,* III, 1
**mêler** *to mix,* III, 11; **Mêle-toi de tes oignons!** *Mind your own business!* III, 6
**même: C'est toujours la même chose!** *It's always the same!* III, 6; **Toujours la même chose!** *Same old thing!* III, 1
**le ménage: faire le ménage** *to do housework,* I, 1; II, 10
mener *to lead,* III, 2
mentir *to lie,* III, 6
le menu *fixed-price menu,* III, 1
le menuisier *carpenter,* III, 5
**la mer** *sea,* II, 4; **au bord de la mer** *to/at the coast,* I, 11
**Merci.** *Thank you,* I, 3; II, 2; **Merci bien/infiniment/mille fois.** *Thank you so much.* III, 6; **Merci, ça va.** *No thank you, I've had enough.* II, 3; **Non, merci.** *No, thank you.* I, 8
**le mercredi** *on Wednesdays,* I, 2
**la mère** *mother,* I, 7
**la météo** *the weather report,* III, 9
le métier *job, occupation,* III, 5; **choisir un métier** *to choose a career,* III, 5
le métissage *crossbreeding,* III, 4
**le métro: au métro...** *at the . . . metro stop,* I, 6; **en métro** *by subway,* I, 12
le metteur en scène *director,* III, 9
**mettre** *to put, to put on, to wear,* I, 10; **Je ne sais pas quoi mettre pour...** *I don't know what to wear for . . .*; *mettre: mets: Qu'est-ce que je mets? What shall I wear?* I, 10; **mettre la table** *to set the table,* III, 3; **se mettre en condition** *to get into shape,* II, 7; **Mettez-vous à l'aise.** *Make yourself comfortable.* III, 6
se mettre à *to start,* III, 1

**meurs: Je meurs de faim (soif)!** *Yes, I'm dying of hunger (thirst)!* II, 2
le **Mexique** *Mexico,* III, 12
le **micro (le microphone)** *the mike, the microphone,* III, 11
**midi** *noon,* I, 6
**mieux: C'est moi qui... le mieux.** *I . . . the best.* III, 10; **Ça va aller mieux!** *It's going to get better!* I, 9; **J'aime mieux...** *I prefer . . . ,* II, 1; **manger mieux** *to eat better,* III, 3; **Tu ferais mieux de...** *You would do better to . . . ,* III, 5
**mignon(ne)** *cute,* I, 7; II, 1
mijoter *to simmer,* III, 11
**militaire: faire son service militaire** *to do one's military service,* III, 5
le **mille-feuille** *layered pastry,* II, 3
le millénaire *millenium, thousand-year-old,* III, 4
**mince** *slender,* I, 7
la **mini-jupe** *miniskirt,* III, 4
**minuit** *midnight,* I, 6
la **minute: Tu as une minute?** *Do you have a minute?* I, 9; II, 10
les mocassins (m.) *loafers,* III, 4
**moche: Je le/la/les trouve moche(s).** *I think it's (they're) really tacky.* I, 10
la **mode: à la mode** *in style,* I, 10
**moi** *me,* I, 2
**moins: La vie était plus... moins...** *Life was more . . . , less . . . ,* II, 8; **moins cinq** *five to,* I, 6; **moins de... que** *fewer . . . than . . . ,* III, 8; **moins grand(e) que** *smaller than . . . ,* II, 4; **moins le quart** *quarter to,* I, 6; **moins... que...** *less . . . than . . . ,* III, 8; **Plus ou moins.** *More or less.* II, 6
la moisson *harvest,* III, 1
le **moment: A ce moment-là...** *At that point . . . ,* II, 9; III, 9; **Un moment, s'il vous plaît.** *One moment, please.* I, 5
**monsieur** (M.) *sir; Mr.* I, 1; **Monsieur!** *Waiter!* I, 5; **Monsieur/Madame (to start a business letter)** *Sir/Madame,* III, 5
la **montagne: à la montagne** *to/at the mountains,* I, 11; **faire du vélo de montagne** *to go mountain-bike riding,* II, 12; **les montagnes russes** *the roller coaster,* II, 6
**monter** *to go up,* II, 6; **monter dans une tour** *to go up in a tower,* II, 6
la **montre** *watch,* I, 3
**montrer** *to show,* I, 9
se moquer de *to tease, make fun of,* III, 10
le **morceau: un morceau de** *a piece of,* I, 8
**mort(e)** *dead,* III, 6
**mortel(le)** *deadly boring,* II, 6; III, 2
la **mosquée** *mosque,* II, 8
la motivation *incentive,* III, 5
**Mouais.** *Yeah.* II, 6
la **mouche** *fly,* III, 7
la **mouffette** *skunk,* II, 12
**mourir** *to die,* II, 6; **Ça m'ennuie à mourir!** *That bores me to death!* III, 2; **Je me suis ennuyé(e) à mourir.** *I was bored to death.* III, 9
la **moustache** *mustache,* III, 4
le **moustique** *mosquito,* II, 4
le **mouton** *sheep,* III, 8
**moyenne: de taille moyenne** *of medium height,* II, 1
la **musculation: faire de la musculation** *to lift weights,* II, 7
le museau *muzzle, snout,* III, 1
le **musée** *museum,* I, 6; II, 2
le musicien (la musicienne) *musician,* II, 11
la **musique** *music,* I, 2; **la musique cajun** *Cajun music,* III, 11; **la musique classique** *classical music,* II, 11; III, 11; **écouter de la musique** *to listen to music,* I, 1; **Qu'est-ce que tu aimes comme musique?** *What music do you like?* II, 1
musulman *Muslim,* III, 8
**mutiler: mutiler les arbres** *to deface the trees,* II, 12

## N

**nager** *to swim,* I, 1
**naître** *to be born,* II, 6
la **natation** *swimming,* III, 12; **faire de la natation** *to swim,* I, 4
la **natte** *braid,* III, 4
**nautique: faire du ski nautique** *to water ski,* I, 4
le **navet: C'est un navet.** *It stinks.* II, 11; *It's trash.* III, 9
**ne: ne... pas** *not,* I, 1; **ne... jamais** *never,* I, 4; **ne... pas encore** *not yet,* I, 9; **ne... aucun(e)** *no . . . ,* III, 9; **ne... ni... ni...** *neither . . . nor . . . ,* III, 9; **ne... nulle part** *nowhere,* III, 9; **ne... personne** *no one,* III, 9; **ne... rien** *nothing,* III, 9; **ne... que** *only,* III, 9; **Tu n'as qu'à...** *All you have to do is . . . ,* II, 7
**nécessaire: Il est nécessaire que...** *It's necessary to . . . ,* III, 7
néfaste *harmful,* III, 8
la **neige: enlever la neige** *to shovel snow,* III, 3; **Il neige.** *It's snowing.* I, 4
**nettoyer: nettoyer la salle de bains** *to clean the bathroom,* III, 3; **nettoyer le pare-brise** *to clean the windshield,* III, 2; **nettoyer le parquet** *to clean the floor,* III, 3
**neuf: Quoi de neuf?** *What's new?* III, 1
le **neveu** *nephew,* III, 6
le **nez: J'ai le nez qui coule.** *I've got a runny nose.* II, 7
la **nièce** *niece,* III, 6
**Noël: Joyeux Noël!** *Merry Christmas!* II, 3
**noir(e)** *black,* I, 3; II, 1
les **noix de coco** (f.) *coconuts,* I, 8
**non** *no,* I, 1; **Moi non plus.** *Neither do I.* I, 2; **Moi, non.** *I don't.* I, 2; **Non, pas trop.** *No, not too much.* I, 2
le **nord: dans le nord** *in the north,* II, 4; **C'est au nord de...** *It's to the north of . . . ,* II, 12
**normal: C'est tout à fait normal.** *You don't have to thank me.* III, 6
la **note: avoir une mauvaise note** *to get a bad grade,* II, 5
la nouille *noodle,* III, 1
**se nourrir: bien se nourrir** *eat well,* II, 7; **nourrir les animaux** *to feed the animals,* II, 12
**nouveau (nouvelle)** *new,* II, 2
**novembre** *November,* I, 4
**nul (nulle)** *useless,* I, 2; *worthless,* II, 8; **C'est nul.** *It's no good.* III, 9; **Qu'est-ce que je peux être nul(le)!** *I just can't do anything right!* III, 12

## O

**obtenir: obtenir son diplôme** *to get one's diploma,* III, 5
**occupé: C'est occupé.** *It's busy.* I, 9; **Désolé(e), je suis occupé(e).** *Sorry, I'm busy.* I, 6
s'occuper de *to take care of,* III, 8
**octobre** *October,* I, 4
l' **œil** (m.) (pl. les yeux) *eye,* II, 1; **Mon œil!** *Yeah, right!* II, 6; *No way!* III, 10
les **œufs** (m.) *eggs,* I, 8; II, 3
l' **office de tourisme** (m.) *tourist information office,* II, 2
**offrir (à quelqu'un)** *to give (to someone),* II, 10; **Qu'est-ce que je peux vous offrir?** *What can I offer you?* III, 6; **Qu'est-ce que je pourrais offrir à... ?** *What could I give to . . . ?* II, 3; **Tu pourrais lui/leur offrir...** *You could give him/her . . . ,* II, 3; **Offre-lui/leur...** *Give him/her/them . . . ,* II, 3
**oh: Oh là là!** *Oh no!* II, 5; *Wow!* III, 10; **Oh dis donc!** *Wow,* III, 9
l' **oiseau** (m.) *bird,* III, 7
les **okras** (m.) *okra,* III, 11
l' **olive** (f.) *olive,* III, 8
l' olivier (m.) *olive tree,* III, 8
l' ombre à paupières (f.) *eyeshadow,* III, 4
**on: On... ?** *How about . . . ?* I, 4; **On pourrait...** *We could . . . ,* II, 1
l' **oncle** (m.) *uncle,* I, 7
l' onglet (m.) *prime cut of beef,* III, 1
opprimer *to oppress,* III, 8
**orange** (inv.) *orange,* I, 3
les **oranges** (f.) *oranges,* I, 8
l' **ordinateur** (m.) *computer,* I, 3

**les ordures** (f.): **jeter des ordures** *to throw trash,* III, 3
**les oreilles** (f.): **J'ai mal aux oreilles** *My ears hurt.* II, 7
**original: C'est original.** *That's unique.* II, 3
**l' orignal** (m.) *moose,* II, 12
l' orthographe *spelling,* III, 2
**où: D'où vient le mot... ?** *Where does the word . . . come from?* III, 11; **Où ça?** *Where?* I, 6; **Où est-ce que tu vas aller... ?** *Where are you going to go . . . ?* I, 11; **Où est... s'il vous plaît?** *Where is . . . , please?* II, 2; **Où se trouve... ?** *Where is . . . ?* II, 4; **Tu es allé(e) où?** *Where did you go?* I, 9; **Tu es d'où?** *Where are you from?* III, 12; **Vous pourriez me dire où il y a... ?** *Could you tell me where I could find . . . ?* III, 2
**Ouah!** *Wow!* III, 7
**oublier** *to forget,* I, 9; **N'oublie pas de...** *Don't forget to . . .* I, 8; II, 1; **Oublie-le/-la/-les!** *Forget him/her/them!* I, 9; II, 10; **Je n'ai rien oublié.** *I didn't forget anything.* I, 11; **Tu n'as pas oublié... ?** *You didn't forget . . . ?* I, 11
**l' ouest** (m.): **dans l'ouest** *in the west,* II, 4; **C'est à l'ouest de...** *It's to the west of . . . ,* II, 12
**ouf: Ouf! On a eu chaud!** *Whew! That was a real scare!* III, 7
**oui** *yes,* I, 1
**l' ours** (m.) *bear,* II, 12
**l' ouvrier (l'ouvrière)** *worker,* III, 5
**ouvrir: A quelle heure est-ce que vous ouvrez?** *When do you open?* II, 6; **Ouvrez vos livres à la page...** *Open your books to page . . . ,* I, 0

## P

**la page** *page,* I, 0
**le pagne** *piece of Ivorian cloth,* II, 8
pailleté *sequined,* III, 10
**le pain** *bread,* I, 8; II, 3; **pain au chocolat** *croissant with a chocolate filling,* II, 3
**la paix: Fiche-moi la paix!** *Leave me alone!* III, 6
la palmeraie *palm grove,* III, 8
**le palmier** *palm tree,* II, 4
le paludisme *malaria,* III, 7
**le panier** (m.) *basket,* II, 12
**la panique: Pas de panique!** *Don't panic!* III, 7
**panne: tomber en panne** *to break down,* II, 9; **tomber en panne d'essence** *(to run out of gas),* III, 2
le panneau *sign,* III, 2; **Vous allez voir un panneau qui indique l'entrée de l'autoroute.** *You'll see a sign that points out the freeway entrance.* III, 2
**les pansements** (m.) *bandages,* III, 7
**le pantalon** *a pair of pants,* I, 10
**les papayes** (f.) *papayas,* I, 8
**la papeterie** *stationery store,* I, 12
**le papier** *paper,* I, 0; III, 3
**le papillon** *butterfly,* III, 7
**le paquet: un paquet de** *a carton/box of,* I, 8
**par: Par là, au bout du couloir.** *Over there, at the end of the hallway.* III, 2; par terre *on the ground,* III, 3
**le parc** *park,* I, 6; II, 2; **visiter un parc d'attractions** *to visit an amusement park,* II, 6
**parce que: Ce n'est pas parce que tout le monde... que tu dois le faire.** *Just because everyone else . . . doesn't mean you have to.* III, 3
**Pardon** *Pardon me,* I, 3; **demander pardon à (quelqu'un)** *to ask (someone's) forgiveness,* II, 10; **Pardon, madame.** *Excuse me, ma'am.* I, 12; **Pardon, mademoiselle. Où est... , s'il vous plaît?** *Excuse me, miss. Where is . . . Please?* I, 12; **Pardon, monsieur. Je cherche... , s'il vous plaît.** *Excuse me, sir. I'm looking for . . . , please.* I, 12; **Pardonne-moi de...** *Pardon me for . . . ,* III, 6
**pardonner à (quelqu'un)** *to forgive (someone),* II, 10
**le pare-brise: nettoyer le pare-brise** *to clean the windshield,* III, 2
**pareil: Tout le monde fait pareil.** *Everybody does it.* III, 3
**parfait: C'est parfait.** *It's perfect.* I, 10
**parier: Je parie que...** *I bet that . . . ,* II, 9
**parler: (Est-ce que) je peux parler à... ?** *Could I speak to . . . ?* I, 9; **Je peux te parler?** *Can I talk to you?* I, 9; **parler au téléphone** *to talk on the phone,* I, 1; **Tu parles!** *No way!* III, 9; **Ça parle de...** *It's about . . . ,* II, 11; **De quoi ça parle?** *What's it about?* II, 11; **Ne parle pas si fort.** *Don't speak so loudly.* III, 9; **Parle-lui/-leur.** *Talk to him/her/them.* II, 10
**le parquet: nettoyer le parquet** *to clean the floor,* III, 3
**la part: C'est vraiment très gentil de votre part.** *That's very nice of you.* III, 6
**partager: partager ses affaires** *to share,* III, 3; **partager son véhicule** *to share one's vehicle,* III, 3
particulière *private,* III, 8
**partir** *to leave,* I, 11; II, 6; **Tu ne peux pas partir sans...** *You can't leave without . . . ,* 11; **Je suis parti(e) en...** *I went by . . . ,* III, 1; **Non, je suis parti(e)...** *No, I went away for . . . ;* **Tu es parti(e) comment?** *How did you get there?* III, 1
**partout: J'ai mal partout!** *I hurt all over!* II, 7
**pas: (Il n'y a) pas de quoi.** *It's nothing.* III, 6; **Pas du tout.** *Not at all.* II, 10; III, 9; **Pas mal.** *Not bad.* I, 1; **Pas mauvais** *Not bad,* I, 9; **Pas question!** *Out of the question!* I, 7; *No way!,* II, 1; **Pas super** *not so hot,* I, 2; **Pas terrible.** *Not so great.* I, 1
**le passage pour piétons** *pedestrian crossing,* III, 8
**le passeport** *passport,* I, 11; II, 1
**passer: Tu pourrais passer à... ?** *Could you go by . . . ?* I, 12; **Vous passez devant...** *You'll pass . . . ,* 12; **Ça passe à...** *It's playing at . . . ,* II, 11; **Ça passe où?** *Where is that playing?* II, 11; **Ça se passe...** *It takes place . . . ,* III, 9; **Qu'est-ce qui se passe?** *What's going on?* II, 5; **Ça s'est bien passé?** *Did it go well?* I, 9; **Ça s'est très bien passé!** *It went really well!* II, 5; **Comment ça s'est passé?** *How did it go?* II, 5; **expliquer ce qui s'est passé (à quelqu'un)** *to explain what happened (to someone),* II, 10; **J'ai passé une journée épouvantable!** *I had a terrible day!* II, 5; **Qu'est-ce qui s'est passé?** *What happened?* I, 9; **Tu as passé un bon week-end?** *Did you have a good weekend?* I, 9
**passionnant(e):** *fascinating,* I, 2; **C'est une histoire passionnante.** *It's an exciting story.* II, 11
**le pâté** *paté,* II, 3
**les pâtes** (f.) *pasta,* II, 7
**patient: Sois patient(e)!** *Be patient!* III, 2
**le patin: faire du patin à glace** *to ice-skate,* I, 4
**la pâtisserie** *pastry shop,* I, 12; II, 3
**le pattes d'eph** *bell-bottoms,* III, 4
**les pattes** (f.) *sideburns,* III, 4
les paupières (f.) *the eyelids,* III, 4
**pauvre: Pauvre vieille!** *You poor thing!* II, 5
payer *to pay,* III, 4; **Oh, tu sais, je ne l'ai pas payé(e) cher.** *Oh, it wasn't expensive.* III, 4
le paysage *scenery, landscape,* III, 10
la peau *skin,* III, 7
**la pêche: aller à la pêche** *to go fishing,* II, 4
**pêcher** *to fish,* III, 8
**les pêches** (f.) *peaches,* I, 8
**les pêcheurs: village de pêcheurs** *fishing village,* II, 4
**pédestre: faire une randonnée pédestre** *to go for a hike,* II, 12
**la peine: Ce n'est pas la peine.** *It's not worth it.* III, 7
**la pellicule** *roll of film,* III, 7
**la pelouse: tondre la pelouse** *to mow the lawn,* III, 3
peluche *plush,* III, 11

**pendant: Pour (aller à)... vous suivez la... pendant à peu près... kilomètres.** *To get to . . . , follow . . . for about . . . kilometers.* III, 2

le **pendentif** *pendant,* III, 4

**pénible** *a pain in the neck,* I, 7; *a pain,* II, 1

**penser** *to think,* I, 11; **J'ai pensé à tout.** *I've thought of everything.* I, 11; **Je ne pense pas que...** *I don't think that . . . ,* III, 7; **Je pense...** *I think I'll . . . ,* III, 5; **Pense à prendre...** *Remember to take . . . ,* II, 1; **Pense aux autres.** *Think about other people.* III, 3; **Qu'en penses-tu?** *What do you think of it?* III, 4; **Qu'est-ce que tu penses de... ?** *What do you think of . . . ?* III, 4; *What do you say about . . . ?* III, 11; **Qu'est-ce que tu penses faire?** *What do you think you'll do?* III, 5

**perdre** *to lose,* II, 5; **perdre du poids** *to lose weight,* III, 10; **se perdre** *to get lost,* II, 9

le **père** *father,* I, 7

la **permanente** *perm,* III, 4

le **permis: passer son permis de conduire** *to get one's driver's license,* III, 5

la **permission: demander la permission à tes parents** *to ask your parents' permission,* II, 10

**petit(e)** *short (height),* I, 7; II, 1; *small,* I, 10; II, 1; **petit déjeuner** *breakfast,* I, 8; **le petit-fils** *grandson,* III, 6; **la petite-fille** *granddaughter,* III, 6; **Quand il/elle était petit(e),...** *When he/she was little, . . . ,* II, 8; **Quand j'étais petit(e),...** *When I was little, . . . ,* II, 8

les **petits pois** (m.) *peas,* I, 8

**peu: Peu importe.** *It doesn't matter.* III, 9; **Un peu.** *A little.* II, 2

la **peur: J'ai peur (de la, du, des)...** *I'm scared (of) . . . ,* II, 12; **J'ai peur que...** *I'm afraid that . . . ,* III, 7; **J'ai très peur de...** *I'm very afraid of . . . ,* III, 7; **N'ayez pas peur.** *Don't be afraid.* III, 7

**peut-être** *maybe,* II, 3; **Peut-être que...** *Maybe . . . ,* II, 9; III, 5; **Tu as peut-être raison.** *Maybe you're right.* II, 9

la **pharmacie** *drugstore,* I, 12

le/la **pharmacien(ne)** *pharmacist,* III, 5

les **photos** (f.): **faire des photos** *to take pictures,* I, 4

la **physique** *physics,* I, 2

le **piano** *piano,* III, 11

la **pièce** *room (of a house),* II, 2; **voir une pièce** *to see a play,* I, 6

le **pied: à pied** *on foot,* I, 12; **C'est le pied!** *Cool! Neat!* III, 7; **C'est vraiment le pied!** *That's really neat!* III, 12; **J'ai mal aux pieds** *My feet hurt.* II, 7

la **pieuvre** *octopus,* III, 10

le **pilote** *pilot,* III, 5

les pinces (f.): **à pinces** *pleated,* III, 4

le **pique-nique: faire un pique-nique** *to have a picnic,* I, 6; II, 6

la piqûre *shot,* III, 7

la **piscine** *swimming pool,* I, 6; II, 2

la **pizza** *pizza,* I, 1

la **place: la place de stationnement** *parking place,* III, 8; **A ta place,...** *If I were in your place, . . . ,* III, 8

la **plage** *beach,* I, 1; II, 4

**plaire: Tu vas te plaire ici.** *You're going to like it here.* II, 8; **Ça me plairait beaucoup.** *I'd like that a lot.* III, 6; **Ça te plairait de...** *Would you like to . . . ?* III, 6; **Ce qui me plairait, c'est de...** *What I would like is to . . . ,* III, 5; **Il/Elle me plaît, mais il/elle est cher.** *I like it, but it's expensive.* I, 10; **Il/Elle te/vous plaît?** *Do you like it?* I, 10; **Ce qui me plaît, c'est...** *What I like is . . . ,* II, 4; **Ce qui ne me plaît pas, c'est...** *What I don't care for is . . . ,* II, 4; **s'il vous/te plaît** *please,* I, 3; **Un... s'il vous plaît.** *A . . . , please.* II, 6

plaisanter *to joke,* III, 10; **Tu plaisantes!** *You're joking!* II, 6

**plaisir: Avec plaisir.** *With pleasure.* II, 10; **Ça me fait plaisir de vous voir.** *I'm happy to see you.* III, 6; **Je ne dis pas ça pour te faire plaisir.** *And I'm not just saying that.* III, 4; **Oui, avec plaisir.** *Yes, with pleasure.* I, 8

la **planche: faire de la planche à voile** *to go windsurfing,* I, 11; II, 4

**planter: planter un arbre** *to plant a tree,* III, 3; **planter la voiture** *to wreck the car,* III, 10;

le **plastique** *plastic,* III, 3

les **plats** (m.) *main dishes,* III, 1; **le plat principal** *main course,* II, 3

**plein: C'est plein de rebondissements.** *It's full of plot twists.* II, 11; **faire le plein** *to fill it up,* III, 2

pleurer *to cry,* III, 1

**Pleurnicheur (-euse)!** *Crybaby!* III, 6

**pleut: Il pleut.** *It's raining.* I, 4

le **plombier** *plumber,* III, 5

la **plongée: faire de la plongée avec un tuba** *to snorkel,* II, 4; **faire de la plongée sous-marine** *to go scuba diving,* II, 4

le **plongeoir** *diving board,* III, 12

le **plongeon acrobatique** *diving,* III, 12

**plonger** *to dive,* III, 12

**plu** (pp. of plaire): **Ça m'a beaucoup plu.** *I liked it a lot.* III, 9; **Ça t'a plu?** *Did you like it?* II, 6

**plu** (pp. of pleuvoir): **Il a plu tout le temps.** *It rained the whole time.* III, 1

**plus: Je n'en peux plus!** *I just can't do any more!* II, 7; **Je n'en veux plus.** *I don't want anymore,* I, 8; **Je ne sais plus ce que je veux.** *I don't know what I want anymore.* III, 5; **plus tard** *later,* III, 5; **La vie était plus...** *Life was more . . . ,* II, 8; **Moi non plus.** *Neither do I.* I, 2; **Non, merci. Je n'ai plus faim.** *No thanks. I'm not hungry anymore.* I, 8; **plus de... que** *more . . . than . . . ,* III, 8; **plus grand(e) que** *bigger than . . . ,* II, 4; **Plus ou moins.** *More or less.* II, 6; **Tu es le/la... le/la plus... que je connaisse.** *You're the . . . -est . . . I know.* III, 10

**plutôt** *rather,* II, 9

les **pneus** (m.) *tires,* III, 2; **avoir un pneu crevé** *to have a flat tire,* III, 2

le **po-boy** *po-boy sandwich,* III, 11

la poêle *pan,* III, 11

le **poids: perdre du poids** *to lose weight,* III, 10

le **point d'eau** *watering hole,* III, 7; **A point.** *Medium rare.* III, 1; **Quel est le point commun entre... ?** *What do . . . and . . . have in common?* 10

les poireaux (m.) *leeks,* III, 1

les **poires** (f.) *pears,* I, 8

les **pois** (m.): **les petits pois** (m.) *peas,* I, 8; **à pois** *polka-dot,* III, 4

le **poisson** *fish,* I, 7; II, 3

la **poissonnerie** *fish shop,* II, 3

le poivron *pepper,* III, 1

**poli(e)** *polite,* III, 3

la **pollution** *pollution,* III, 8

le polo *polo shirt,* III, 4

les **pommes** (f.) *apples,* I, 8; **les pommes de terre** (f.) *potatoes,* I, 8; **les pommes mousseline** (f.) *mashed potatoes,* III, 1

les **pompes** (f.): **faire des pompes** *to do push-ups,* II, 7

le **pompiste (la pompiste)** *gas station attendant,* III, 2

le **pop** *popular, mainstream music,* II, 11

le **porc** *pork,* I, 8; III, 11; **la côtelette de porc pâtes** *porkchop with pasta,* III, 1

la **porte** *door,* I, 0

**porter** *to wear,* I, 10

le **portefeuille** *wallet,* I, 3; II, 3

**possible: Pas possible!** *No way!* II, 6; **C'est pas possible!** *No way!* III, 12; **Ce n'est pas possible.** *That's not possible.* II, 9; **C'est possible.** *That's possible.* II, 9; **Il est possible que...** *It's possible that . . . ,* III, 5; **Si c'était possible,...** *If it were possible, . . . ,* III, 8; **Vous serait-il possible de... ?** *Would it be possible for you to . . . ?* III, 5

la **poste** *post office,* I, 12; II, 12

le **poster** *poster,* I, 3; II, 2

le potage *soup,* III, 1

la **poterie** *pottery,* II, 8; III, 8

la potiche *oriental vase,* III, 9
**la poubelle** *trashcan,* I, 7; **sortir la poubelle** *to take out the trash,* I, 7
le pouce *inch,* III, 11
**le pouding au pain** *bread pudding,* III, 11
**la poule** *chicken,* III, 8
**le poulet** *chicken (meat),* I, 8; II, 3; **le poulet haricots verts** *roasted chicken with green beans,* III, 1
**pour: Qu'est-ce qu'il te faut pour... ?** *What do you need for . . . ? (informal),* I, 3; **Qu'est-ce que tu fais pour t'amuser?** *What do you do to have fun?* I, 4
**pourquoi: Pourquoi est-ce que tu ne mets pas... ?** *Why don't you wear . . . ?* , I, 10; **Pourquoi pas?** *Why not?* I, 6; **Pourquoi tu ne... pas?** *Why don't you . . . ?* I, 9; II, 7
pousser *to grow,* III, 3
pourtant *nevertheless, yet,* III, 7
**la poussière: faire la poussière** *to dust,* III, 3
**la poutre** *the balance beam,* III, 12
**pouvoir** *to be able to, can,* I, 8; **Il se peut que...** *It might be that . . . ,* III, 5; **On peut...** *We can . . . ,* II, 4; **Je pourrais avoir... ?** *May I have some . . . ?* II, 3; **Tu pourrais... ?** *Could you . . . ?* II, 10; **Tu pourrais passer à... ?** *Could you go by . . . ?* I, 12; **On pourrait...** *We could . . . ,* II, 1; **On pourrait sûrement...** *We'd be able to . . . for sure.* III, 7; **Vous pourriez/tu pourrais me passer...** *Would you pass . . . ,* II, 3; **Vous pourriez me dire où il y a... ?** *Could you tell me where I could find . . . ?* III, 2
**préférer: Ce que je préfère, c'est...** *What I prefer is . . . ,* II, 4; **Je préfère** *I prefer,* II, 1
**préféré: Quel est ton... préféré(e)?** *What is your favorite . . . ?* II, 1; **Qui est ton... préféré(e)?** *Who is your favorite . . . ?* II, 1
**le premier étage** *second floor,* II, 2
**prendre** *to take or to have (food or drink),* I, 5; **prendre rendez-vous (avec quelqu'un)** *to make a date (with someone),* II, 9; **Ça ne va pas prendre longtemps!** *It's not going to take long!* III, 2; **Je vais (en) prendre...** *I'll take . . . ,* II, 3; **Je vais prendre... , s'il vous plaît.** *I'm going to have . . . , please.* I, 5; **Pense à prendre...** *Remember to take . . . ,* II, 1; **prendre les transports en commun** *to take public transportation,* III, 3; **prendre ses propres décisions** *to make up one's own mind,* III, 3; **prendre des leçons de conduite** *to take driving lessons,* III, 10; **Tu devrais prendre...** *You should have . . . ,* III, 1; **Vous avez décidé de prendre... ?** *Have you decided to have . . . ?* I, 10; **Je prendrais bien...** *I'd like some . . . ,* III, 6; **Prends...** *Have . . . ,* I, 5; *Get . . . ,* I, 8; *Take . . . ,* II, 1; **C'est toujours moi qui prends!** *I'm always the one who gets blamed!* III, 6; **Je le/la/les prends.** *I'll take it/them.* I, 10; **Je prends... , s'il vous plaît.** *I'll have . . . , please.* I, 5; **Tu me prends la tête!** *You're driving me crazy!* III, 6; **Tu prends... ?** *Will you have . . . , ?* I, 8; *Are you having . . . ?* I, 11; **Prenez..** *Take . . . ,* II, 2; **Non mais, vous vous prenez pour qui?** *Who do you think you are?* III, 8; **Prenez une feuille de papier.** *Take out a sheet of paper.* I, 0; **Vous le/la/les prenez?** *Are you going to take it/them?* I, 10; **Vous prenez?** *What are you having?* I, 5; **Vous prenez... ?** *Will you have . . . , ?* I, 8; **Prenez la rue... puis traversez la rue...** *You take . . . Street, then cross . . . Street,* I, 12
**les préparatifs** (m.)**: faire les préparatifs** *to get ready,* II, 10
**préparer: préparer les amuse-gueule** *to make party snacks,* II, 10
**près: près de** *close to,* I, 12; *near,* II, 2
**présenter: Je te/vous présente...** *I'd like you to meet . . . ,* I, 7
**presque: Tu y es presque!** *You're almost there!* II, 7; **Tu y es (On y est) presque!** *You're (we're) almost there!* II, 12
**pressé(e)** *in a hurry,* III, 8
**la pression: la pression des pneus** *the tire pressure,* III, 2
prêt(e) *ready,* III, 2
prévoyant *provident,* III, 5
**prévu: Je n'ai rien de prévu.** *I don't have any plans.* I, 11
**prier: Entrez, je vous en prie.** *Come in, please.* III, 6; **Je vous en prie.** *You're very welcome.* III, 6; **Je vous prie d'agréer, Monsieur/Madame, l'expression de mes sentiments distingués.** *Very truly yours, . . . ,* III, 5
**la prière: Prière de ne pas...** *Please do not . . . ,* III, 3
**le printemps** *spring,* I, 4; **au printemps** *in the spring,* I, 4
**privé: être privé(e) de sortie** *to be "grounded",* II, 9
**le problème: J'ai un petit problème.** *I've got a problem.* I, 9; **Pas de problème.** *No problem.* II, 10
**prochain: Vous continuez cette rue jusqu'au prochain feu rouge.** *You go down this street to the next light.* I, 12
produire *to produce,* III, 11
**le prof(esseur)** *high school/college teacher,* I, 2; III, 5
**le programme télé** *TV guide/listing,* III, 9
le programmeur (la programmeuse) *computer programmer,* III, 5
**la proie** *prey,* III, 7
**les projets** (m.)**: Tu as des projets?** *Do you have plans?* III, 5
**la promenade: faire une promenade** *to go for a walk,* I, 6
**promener: promener le chien** *to walk the dog,* I, 7; **se promener** *to go for a walk,* II, 4
les pronostics (m.) *predictions,* III, 12
**propos: A propos,...** *By the way, . . . ,* II, 9
**propre** *clean,* II, 8; **prendre ses propres décisions** *to make up one's own mind,* III, 3
**prudemment: conduire prudemment** *to drive safely,* III, 3
**prudent(e)** *careful, aware,* III, 3; **Il serait plus prudent de...** *It would be wise to . . . ,* III, 7
**pu** (pp. of pouvoir)**: J'aurais pu...** *I could have . . . ,* II, 10; **Tu aurais pu...** *You could have . . . ,* II, 10
**la publicité** *commercial,* III, 9
**puis: Puis,...** *Then, . . . ,* II, 1; **Puis, tournez à gauche dans...** *Then, turn left on . . . ,* II, 2; **Vous prenez la rue... puis la rue...** *You take . . . Street, then . . . Street,* I, 12
le puits *well,* III, 8
**le pull** *sweater,* II, 1
**le pull(-over)** *pullover,* I, 3; II, 1
punir *to punish,* III, 6

# Q

**qu'est-ce que: Qu'est-ce que vous avez comme spécialités?** *What kind of . . . do you have?* III, 1; **Mais, qu'est-ce que tu fais?** *What are you doing?* III, 2; **Qu'est ce que tu as?** *What's wrong?* , II, 7; **Qu'est-ce qu'il y a... ?** *What is there . . . ?* II, 4; **Qu'est-ce qu'il y a?** *What's wrong?* II, 10; **Qu'est-ce qu'il y a dans...** *What's in . . . ?* III, 11; **Qu'est-ce qu'on fait?** *What should we do?* II, 1; **Qu'est-ce qu'on peut faire?** *What can we do?* II, 4; **Qu'est-ce que c'est,... ?** *What is . . . ?* III, 1; **Qu'est-ce que c'est... !** *That is so . . . !* III, 2; **Qu'est-ce que c'est?** *What's that?* III, 11; **Qu'est-ce que j'aimerais... !** *I'd really like to . . . !* III, 8; **Qu'est-ce que je peux faire?** *What can I do?* I, 9; II, 10; **Qu'est-ce que tu aimes faire?** *What do you like to do?* II, 1; **Qu'est-ce que tu as fait... ?** *What did you do . . . ?* I, 9; **Qu'est-ce que tu fais quand... ?** *What do you do when . . . ?* I, 4; **Qu'est-ce que tu fais... ?** *What do you do . . . ? I,* 4; **Qu'est-ce que tu**

vas faire... ? *What are you going to do . . . ?* I, 6; **Qu'est-ce que vous avez comme boissons?** *What do you have to drink?* I, 5; **Qu'est-ce que vous avez comme... ?** *What kind of . . . do you have?* I, 5
**Qu'est-ce qui: Qu'est-ce qui s'est passé?** *What happened?* I, 9; **Qu'est-ce qui se passe?** *What's going on?* II, 5; **Qu'est-ce qui t'arrive?** *What's wrong?* II, 5
**le quai: Du quai...** *From platform . . . ,* II, 6; **De quel quai... ?** *From which platform . . . ?* II, 6
**quand: Quand (ça)?** *When?* I, 6; **Quand je verrai...** *When I see . . . ,* III, 12; **Quand est-ce que tu y es allé(e)?** *When did you go?* III, 1
**le quart: et quart** *quarter past,* I, 6; **moins le quart** *quarter to,* I, 6
**quel(s): Quel(s)...** *Which . . . ,* III, 4; **Quel week-end!** *What a bad weekend!* II, 5; **Quel est ton... préféré(e)?** *What is your favorite . . . ?* II, 1; **Tu as quel âge?** *How old are you?* I, 1; **Tu as quels cours... ?** *What classes do you have . . . ?* I, 2
**quelle(s): Quelle(s)...** *Which . . . ,* III, 4; **Quelle journée!** *What a bad day!* II, 5; **Tu as... à quelle heure?** *At what time do you have . . . ?* I, 2
**quelque chose: J'ai quelque chose à faire.** *I have something else to do.* II, 10; **Je cherche quelque chose pour...** *I'm looking for something for . . . ,* I, 10; **Quelque chose ne va pas?** *Is something wrong?* II, 7
**quelquefois** *sometimes,* I, 4
**la question: Pas question!** *Out of the question!* I, 7; *No way!,* II, 1
**la queue de cheval** *pony tail,* III, 4
**qui: Avec qui?** *With whom?* I, 6; **Qui est ton... préféré(e)?** *Who is your favorite . . . ?* II, 1
**quitter: quitter sa famille** *to leave one's family,* III, 5; **Ne quittez pas.** *Hold on.* I, 9
**quoi: (Il n'y a) pas de quoi.** *It's nothing.* III, 6; **..., quoi.** *. . . , you know.* II, 9; **De quoi ça parle?** *What's it about?* III, 9; **Je ne sais pas quoi faire.** *I don't know what to do.* II, 10; **Je ne sais pas quoi mettre pour...** *I don't know what to wear for . . . ,* I, 10; **N'importe quoi!** *That's ridiculous!* II, 6; **Tu as quoi... ?** *What do you have . . . ?* I, 2

# R

**raconter: Raconte!** *Tell me!* II, 5; III, 10; **Qu'est-ce que ça raconte?** *What's the story?* II, 11
**la radio** *radio,* I, 3
**raide: les cheveux raides** (m.) *straight hair,* III, 4
le raifort *horseradish,* III, 1
**le raisin** *grapes,* I, 8; **les raisins secs** (m.) *raisins,* III, 11
**la raison: Ce n'est pas une raison.** *That's not a reason.* III, 3; **Fais-toi une raison.** *Make the best of it.* II, 8; **Tu as raison...** *You're right . . . ,* II, 3; III, 9
ramasser *to pick up,* III, 3; **ramasser les feuilles** *to rake leaves,* III, 3
**les rames** (f.) *oars,* III, 12
**la randonnée: faire de la randonnée** *to go hiking,* I, 11; **faire une randonnée en raquettes** *to go snow-shoeing,* II, 12; **faire une randonnée en skis** *to go cross-country skiing,* II, 12; **faire une randonnée pédestre** *to go for a hike,* II, 12
**ranger: ranger ta chambre** *to pick up your room,* I, 7
**le rap** *rap,* II, 11; III, 11
**râpé: les carottes râpées** *grated carrots with vinaigrette dressing,* III, 1
**raplapla: Je suis tout(e) raplapla.** *I'm "wiped" out.* II, 7
rappeler *to remind,* III, 3; se rappeler *to remember,* III, 6; **Vous pouvez rappeler plus tard?** *Can you call back later?* I, 9
**rapporter: Rapporte-moi...** *Bring me back . . . ,* I, 8; **Tu me rapportes... ?** *Will you bring me . . . , ?* I, 8
**Rapporteur (-euse)!** *Tattletale!* III, 6
les rapports (m.) *relationship,* III, 6
**les raquettes** (f.): **faire une randonnée en raquettes** *to go snow-shoeing,* II, 12
**ras: J'en ai ras le bol!** *I've had it!* III, 8
**rasant(e)** *boring,* III, 2; **C'est rasant!** *That's boring!* III, 2
**se raser** *to shave,* III, 4
rassurer *to reassure,* III, 4
**rater: rater le bus** *to miss the bus,* I, 9; II, 5; **rater un examen** *to fail a test,* I, 9; **rater une marche** *to miss a step,* II, 5; **Tu en rates pas une, toi!** *You're batting a thousand!* III, 10
**le raton laveur** *raccoon,* II, 12
**les rayures** (f.): **à rayures** *striped,* III, 4
la réalisation *production,* III, 9
**les rebondissements** (m.): **C'est plein de rebondissements.** *It's full of plot twists.* II, 11
**recevoir: recevoir le bulletin trimestriel** *to receive one's report card,* II, 5
**recommander: Je te le recommande.** *I recommend it.* II, 11; **Je te recommande...** *I recommend . . . ,* III, 9
**recommencer: Ne recommence pas.** *Don't do it again.* II, 5
**réconcilier: se réconcilier avec (quelqu'un)** *to make up (with someone),* II, 10
reconnaître *to recognize,* III, 1
**la récréation** *break,* I, 2
**recycler** *to recycle,* III, 3
rédiger *to write (a paper),* III, 3
**regarder: regarder la télé** *to watch TV,* I, 1; **regarder un match** *to watch a game (on TV),* I, 6; **Non mais, tu t'es pas regardé(e)!** *If you could see how you look!* III, 10; **Non, merci, je regarde.** *No, thanks, I'm just looking.* I, 10; **Tiens! Regarde un peu!** *Hey! Check it out!* III, 7
**le reggae** *reggae music,* II, 11
**le régime: suivre un régime trop strict** *follow a diet that's too strict.* II, 7
**la règle** *ruler,* I, 3
**regretter: Je regrette.** *Sorry,* I, 3; **Je regrette, mais je n'ai pas le temps.** *I'm sorry, but I don't have time.* I, 8; **Je regrette...** *I miss . . . ,* II, 8
rejoindre *to join,* III, 11
**relax** *relaxing,* II, 8
**la religieuse** *cream puff pastry,* II, 3
remarquer *to notice,* III, 6
**remercier: Je vous remercie.** *Thank you.* III, 6
**rémoulade: le céleri rémoulade** *grated celery root with mayonnaise and vinaigrette ,* III, 1
remplir *to fill out, fill in,* III, 3
la rémunération *payment,* III, 5
**le renard** *fox,* II, 12
**rencontrer** *to meet,* I, 9; II, 9
**le rendez-vous: Rendez-vous...** *We'll meet . . .* I, 6; **A quelle heure est-ce qu'on se donne rendez-vous?** *What time are we meeting?* III, 6; **avoir (prendre) rendez-vous (avec quelqu'un)** *to have (make) a date (with someone),* II, 9; **C'est gentil, mais j'ai un rendez-vous.** *That's nice of you, but I've got an appointment.* III, 6
**rendre** *to return something,* I, 12; **rendre les examens** *to return tests,* II, 5
la renommée *fame,* III, 1
renoncer *to give up,* III, 1
**les renseignements** (m.): **Pourriez-vous m'envoyer des renseignements sur... ?** *Could you send me information on . . . ?* III, 5
**rentrer** *to go back (home),* II, 6
renverser *to turn over,* III, 6
**le repas: sauter un repas** *to skip a meal,* II, 7
**le repassage: faire le repassage** *to do the ironing,* III, 3
**répéter** *to rehearse, to practice,* I, 9; **Répétez!** *Repeat!* I, 0
**répondre** *to answer,* I, 9; **Ça ne répond pas.** *There's no answer.* I, 9
le répondeur *answering machine,* III, 7
**la réponse: En réponse à votre lettre**

du... *In response to your letter of . . . ,* III, 5
le **reportage sportif** *sportscast,* III, 9
la **République centrafricaine** *Central African Republic,* III, 12
la **République de Côte d'Ivoire** *the Republic of Côte d'Ivoire,* III, 12
le **requin** *shark,* III, 10
le **réservoir** *the gas tank,* III, 2
résoudre *to resolve,* III, 9
**respecter: respecter la nature** *to respect nature,* II, 12; **respecter ses profs et ses parents** *to respect one's teachers and one's parents,* III, 3
les **responsabilités** (f.): **avoir des responsabilités** *to have responsibilities,* II, 8
**responsable** *responsible,* III, 3
ressentir *to feel,* III, 8
ressortir: faire ressortir *to highlight,* III, 4
le **restaurant** *restaurant,* I, 6
la restauration *food service; catering,* III, 5
**rester** *to stay,* II, 6; **Est-ce que tu es resté(e) ici?** *Did you stay here?* III, 1; **Oui, je suis resté(e) ici tout le temps.** *Yes, I stayed here the whole time.* III, 1
le résumé *summary,* III, 9
le **rétablissement: Bon rétablissement!** *Get well soon!* II, 3
**retirer: retirer de l'argent** (m.) *to withdraw money,* I, 12
**retourner** *to return,* II, 6
**rétro** (inv.) *old-fashioned,* I, 10
les retrouvailles (f.) *reunion,* III, 1
**retrouver: On se retrouve...** *We'll meet . . .* I, 6; **Où est-ce qu'on se retrouve?** *Where are we meeting?* III, 6
**réussir son bac** *to pass one's baccalaureat exam,* III, 5
la revanche: en revanche *on the other hand,* III, 12; une revanche à prendre *to get revenge on somebody,* III, 12
rêvasser *to daydream,* III, 3
le **rêve: Mon rêve, c'est de...** *My dream is to . . . ,* III, 5
le **réveil: entendre le réveil** *to hear the alarm clock,* II, 5
**réveiller: Réveille-toi un peu!** *Get with it!* III, 10
**revenir** *to come back,* II, 6; **Je n'en reviens pas.** *I don't believe it.* III, 10
**revoir: Je suis content(e) de te revoir.** *I'm glad to see you again.* III, 1; **Quand est-ce qu'on se revoit?** *When are we getting together?* III, 6
le **rez-de-chaussée** *first (ground) floor,* II, 2; III, 2
le **rhinocéros** *rhinoceros,* III, 7
le **rhume: J'ai un rhume.** *I've got a cold.* II, 7
**rien: Ça ne fait rien.** *It doesn't matter.* II, 10; **Ça ne me dit rien.** *That doesn't interest me.* I, 4; **De rien.** *You're welcome.* III, 6; **Je n'ai rien oublié.** *I didn't forget anything.* I, 11; **Rien (de spécial).** *Nothing (special).* I, 6; III, 1
**rigoler: Tu rigoles!** *You're joking!* III, 9
**rigolo(te)** *funny, hysterical,* III, 2
**ringard(e)** *corny,* III, 4
**rire: Ça m'a bien fait rire.** *It made me laugh.* III, 9
la **rivière** *river,* III, 7
le **riz** *rice,* I, 8
la **robe** *a dress,* I, 10
le robinet *the faucet,* III, 3
le **rocher** *rock,* III, 10
le **rock** *rock music,* II, 11; III, 11
le rognon *kidney,* III, 1
la roideur *stiffness, rigidity,* III, 4
le **roller: faire du roller en ligne** *to in-line skate,* I, 4
le **roman** *novel ,* I, 3; **roman d'amour** *romance novel,* II, 11; **roman de science-fiction** *science-fiction novel,* II, 11; **roman policier (le polar)** *detective or mystery novel,* II, 11
**rose** *pink,* I, 3
le **rôti de bœuf** roast beef, II, 3
la **roue: la grande roue** *the ferris wheel,* II, 6
**rouge** *red,* I, 3
le rouge à lèvres *lipstick,* III, 4
la **route: Bonne route!** *Have a good (car) trip! ,* II, 3; **Cette route vous conduira au centre-ville.** *This road will lead you into the center of town.* III, 2; **La route pour... s'il vous plaît?** *Could you tell me how to get to . . . ,* III, 2
**roux (rousse)** *redheaded,* I, 7
**russe: les montagnes russes** *the roller coaster,* II, 6
la **Russie** *Russia,* III, 12

## S

le **sable** *sand,* II, 4
le **sac (à dos)** *bag; backpack,* I, 3; **sac (à main)** *purse,* II, 3; III, 4
le **sac de couchage** *sleeping bag,* II, 12
**Saignante.** *Rare.* III, 1
la **salade** *salad, lettuce,* I, 8
**sale** *dirty,* II, 8
**salé(e)** *salty,* III, 11
les saletés (f.) *trash, junk,* III, 3
la **salle: la salle à manger** *dining room,* II, 2; **la salle de bains** *bathroom,* II, 2
le **salon** *living room,* II, 2
**saluer: Salue... de ma part.** *Tell . . . hi for me.* III, 8
**Salut!** *Hi! or Goodbye!* I, 1
le **samedi** *on Saturdays,* I, 2
les **sandales** (f.) *sandals,* I, 10
le sandre *pike perch,* III, 1
le **sandwich** *sandwich,* I, 5
sanguine *the color of blood,* III, 10
les **saucisses** (f.) *sausages,* III, 11
le **saucisson** *salami,* I, 5; II, 3
le **saut à la perche** *pole vault,* III, 12
le **saut en longueur** *long jump,* III, 12
**sauter: sauter un repas** *to skip a meal,* II, 7; **Ce qui saute aux yeux, c'est...** *What catches your eye is . . . ,* III, 11
la **savane** *savannah,* III, 7
**savoir: Je voudrais savoir...** *I would like to know . . . ?* III, 5; **Je n'en sais rien.** *I have no idea.* I, 11; **Je ne sais pas quoi faire.** *I don't know what to do.* II, 10; **Je ne sais pas.** *I don't know.* I, 10; **Je ne sais pas trop.** *I really don't know.* III, 5; **Je sais que...** *I know that . . . ,* III, 7; **Qu'est-ce que tu en sais?** *What do you know about it?* III, 10; **Tu sais ce que tu veux faire?** *Do you know what you want to do?* III, 5; **Tu sais où sont...** *Do you know where . . . are?* III, 2; **Tu sais qui... ?** *Do you know who . . . ?* II, 9; **Tu savais que... ?** *Did you know that . . . ?* III, 10; **Pardon, vous savez où se trouve...** *Excuse me, could you tell me where . . . is?* III, 2
le **saxophone** *saxophone,* III, 11
le scénario *screenplay,* III, 9
les **sciences** (f.) **naturelles** *natural science ,* I, 2
la **seconde: Une seconde, s'il vous plaît.** *One second, please.* I, 9
le **secrétaire (la secrétaire)** *secretary,* III, 5
le **sel** *salt,* II, 7
la **semaine: une fois par semaine** *once a week,* I, 4
**sembler: Il me semble que...** *It seems to me that . . . ,* III, 11
le **Sénégal** *Senegal,* III, 12
**sensas (sensationnel)** *fantastic,* I, 10; *sensational!* II, 6
sensible *sensitive,* III, 6
les **sentiers** (m.): **suivre les sentiers balisés** *to follow the marked trails,* II, 12
les **sentiments** (m.): **Je vous prie d'agréer, Monsieur/Madame, l'expression de mes sentiments distingués.** *Very truly yours, . . . ,* III, 5
**septembre** *September,* I, 4
la **série** *series,* III, 9
**sérieux (-euse)** *conservative,* III, 4
le **serpent** *snake,* III, 7
**serré(e)** *tight,* I, 10
le **serveur (la serveuse)** *server,* III, 5
**service: A votre service.** *At your service; You're welcome,* I, 3; **(Est-ce que) tu pourrais me rendre un petit service?** *Could you do me a favor?* I, 8

**servir: Je vous sers quelque chose?** *Can I offer you something?* III, 6

**seul(e): J'y suis allé(e) seul(e)...** *I went alone . . .*, III, 1; **Je ne suis pas le/la seul(e) à...** *I'm not the only person who . . .*, III, 3

**seulement: Si seulement je pouvais,...** *If I could only, . . .*, III, 8

**le shampooing** *(a) shampoo (in a salon)*, III, 4

**le short** *(a pair of) shorts*, I, 3

**si: Si...** *If . . .*, III, 5; **Moi, si.** *I do.* I, 2; **Si c'était moi,...** *If it were me, . . .*, III, 8; **Si c'était possible,...** *If it were possible, . . .*, III, 8; **Si j'étais toi,...** *If I were you, . . .*, III, 8; **Si on achetait... ?** *How about buying . . . ?* II, 8; **Si on allait... ?** *How about going . . . ?* II, 4; **Si on jouait... ?** *How about playing . . . ?* II, 8; **Si on visitait... ?** *How about visiting . . . ?* II, 8; **Si tu veux, on peut...** *If you like, we can . . .*, II, 1

**la sieste: faire la sieste** *to take a nap*, II, 8

**signaler: Je vous signale que...** *I'm warning you that . . .*, III, 7

**simple** *simple*, II, 8

**le singe** *monkey*, III, 7

**sinistre** *awful*, II, 6; *deadly boring*, III, 12

le ski *skiing*, I, 1; **faire du ski** *to ski*, I, 4; **faire du ski nautique** *to water-ski*, I, 4; **faire une randonnée en skis** *to go cross-country skiing*, II, 12

**sobre** *plain*, III, 4

sociable *outgoing*, III, 6

**la sœur** *sister*, I, 7

**la soif: avoir soif** *to be thirsty*, I, 5; **Je n'ai plus soif.** *I'm not thirsty anymore.* II, 3; **J'ai très soif!** *I'm very thirsty.* II, 2; **Vous n'avez pas/Tu n'as pas soif?** *Aren't you thirsty?* II, 2

soigner *to take care of*, III, 6

**le soir** *evening; in the evening*, I, 4; **Pas ce soir.** *Not tonight.* I, 7

**sois: Sois patient(e)!** *Be patient!* III, 2

le soldat *soldier*, III, 5

**le son** *sound*, III, 9; **Monte le son.** *Turn up the volume.* III, 9

le sondage *poll*, III, 1

le songe *dream*, III, 2

la sonorité *tone*, III, 11

**la sortie** *dismissal*, I, 2; **être privé(e) de sortie** *to be "grounded"*, II, 9

**sortir** *to go out*, II, 6; **sortir avec les copains** *to go out with friends*, I, 1; **sortir la poubelle** *to take out the trash*, I, 7; **sortir le chien** *to take out the dog*, III, 3

**les soucis** (m.): **avoir des soucis** *to have worries*, II, 8

le souhait *wish, desire*, III, 8

soumettre *to submit*, III, 1

**les soupes** (f.) *soups*, III, 11

souple *soft*, III, 4

les sourcils (m.) *eyebrows*, III, 4

sourire *to smile*, III, 7

**sous-marine: faire de la plongée sous-marine** *to scuba dive*, II, 4

**souvent** *often*, I, 4

**se souvenir: Si je me souviens bien,...** *If I remember correctly, . . . ?* III, 11

**spécial: Rien de spécial.** *Nothing special.* I, 6

**le spectacle: assister à un spectacle son et lumière** *to attend a sound and light show*, II, 6

**le sport** *sports*, I, 1; *gym (class)*, I, 2; **faire du sport** *to play sports*, I, 1; **Qu'est-ce que tu fais comme sport?** *What sports do you play?* I, 4

**le stade** *stadium*, I, 6

le stage *training period, training course*, III, 5

**la station: la station de métro** *metro station*, III, 8; **la station-service** *a gas station*, III, 2

**le steak-frites** *steak and French fries*, I, 5; III, 1

**le style: C'est tout à fait ton style.** *It looks great on you!* I, 10; **Ce n'est pas son style.** *That's not his/her style.* II, 3

**le stylo** *pen*, I, 3

**le sud: dans le sud** *in the south*, II, 4; **C'est au sud de...** *It's to the south of . . .*, II, 12

**suffit: Ça suffit!** *That's enough!* III, 6

**la Suisse** *Switzerland*, III, 12

**la suite: C'est tout de suite à...** *It's right there on the . . .*, I, 12; **J'y vais tout de suite.** *I'll go right away.* I, 8; **Suite à notre conversation téléphonique,...** *Following our telephone conversation, . . .*, III, 5; **tout de suite** *right away*, I, 6

**suivre: suivre les sentiers balisés** *to follow the marked trails*, II, 12; **suivre un régime trop strict** *to follow a diet that's too strict.* II, 7; **Pour (aller à)... vous suivez la... pendant à peu près... kilomètres.** *To get to . . ., follow . . . for about . . . kilometers.* III, 2

**super** (adj.) *super*, I, 2; (adv.) *really, ultra-*, II, 9; **Super!** *Great!* I, 1; *Super!* III, 12; **pas super** *not so hot*, I, 2; **le super** *regular leaded gasoline*, III, 2; **le super sans plomb** *unleaded gasoline*, III, 2

**superbe** *great*, II, 6

**sûr: Bien sûr.** *Of course.* II, 10; **Bien sûr.** *Of course.* **Ça, c'est sûr.** *That's for sure.* III, 11; **Je (ne) suis (pas) sûr(e) que...** *I'm (not) sure that . . .*, III, 7

**sur: sur la droite (gauche)** *on the right (left)*, II, 2

**sûrement: On pourrait sûrement...** *We'd be able to . . . for sure.* III, 7; **Sûrement pas!** *Definitely not!* II, 6

**surtout** *especially*, I, 1; **Ne va surtout pas voir...** *Really, don't go see . . .*, III, 9; **Non mais, surtout, ne vous gênez pas!** *Well just go right ahead!* III, 8

susciter *to provoke, arouse*, III, 12

**le suspense: Il y a du suspense.** *It's suspenseful.* II, 11

**le sweat(-shirt)** *sweatshirt*, I, 3; II, 1

**sympa** (abbrev. of sympathique) (inv.) *nice*, I, 7; II, 1

**le synthé (synthétiseur)** *synthesizer*, III, 11

## T

**le tableau** *blackboard*, I, 0; *chart*, III, 6

tacheté *spotted*, III, 7

la taille *the waist*, III, 4

**le taille-crayon** *pencil sharpener*, I, 3

**taire: Vous pourriez vous taire, s'il vous plaît?** *Could you please be quiet?* III, 9; **Tais-toi!** *Be quiet!* III, 9

**le tam-tam** *an African drum*, II, 8

**tandis que: Ici,... tandis que...** *Here . . ., whereas . . .*, III, 8

**tant: Tant pis pour toi!** *Tough!* III, 6

tant que *as long as*, III, 1

**la tante** *aunt*, I, 7

**tape-à-l'œil** *gaudy*, III, 4

taper *to beat*, III, 3

**le tapis** *rug*, II, 2; III, 8

**taquiner** *to tease*, II, 8

**tard** *late*, II, 4; **plus tard** *later*, III, 5

**tarder: Il me tarde de...** *I can't wait to . . .*, III, 12

**la tarte** *pie*, I, 8; **la tarte aux pommes** *apple tart*, II, 3; **les tartes aux fruits** *fruit pies/tarts*, III, 1

**la tartine** *bread, butter, and jam*, II, 3

**le tas: J'ai des tas de choses à faire.** *I have lots of things to do.* I, 5

le taux *rate*, III, 1

**le taxi: en taxi** *by taxi*, I, 12

**Tchao!** *Bye!* I, 1

**le technicien (la technicienne)** *technician*, III, 5

**le tee-shirt** *T-shirt*, I, 3; II, 1

**teint: les cheveux teints** (m.) *dyed hair*, III, 4

**la télécommande** *remote*, III, 9

**le téléphone: parler au téléphone** *to talk on the phone*, I, 1

**téléphoner à (quelqu'un)** *to call (someone)*, II, 10; **Téléphone-lui/-leur!** *Call him/her/them!* I, 9

**le téléviseur** *television set*, III, 9

**la télévision** *television*, I, 3; **regarder la télé(vision)** *to watch TV*, I, 1

**tellement: C'était tellement différent?** *Was it really so different?*

II, 8; **Pas tellement.** *Not too much.* I, 4

**le temps: de temps en temps** *from time to time,* I, 4; **Je suis désolé(e), mais je n'ai pas le temps.** *Sorry, but I don't have time.* I, 12; **Il a fait un temps...** *The weather was . . .* III, 1; **On a largement le temps!** *We've got plenty of time!* III, 2; **On n'a pas le temps!** *We don't have time!* III, 2; **Quel temps est-ce qu'il a fait?** *What was the weather like?* III, 1

**tenir: Tenez.** *Here you are.* II, 3; **Tiens.** *Here you are.* II, 3; **Je tiens à...** *I really want to . . . ,* III, 5; **Tiens! Regarde un peu!** *Hey! Check it out!* III, 7

**le tennis** *tennis,* I, 4

**la tente** *tent,* II, 12

**la tenue** *outfit,* III, 12

**terminer: Comment ça se termine?** *How does it end?* III, 9

**le terrain de camping** *campground,* II, 2

**la terre: par terre** *on the ground,* III, 3

**terrible: Pas terrible.** *Not so great.* I, 1; **C'était pas terrible.** *It wasn't so great.* III, 1

**la tête: faire la tête** *to sulk,* II, 9; **J'ai mal à la tête** *My head hurts.* II, 7; **Tu me prends la tête!** *You're driving me crazy!* III, 6

**le théâtre** *theater,* I, 6; II, 12; **faire du théâtre** *to do drama,* I, 4

le thon *tuna,* III, 1

**les tickets** (m.): **Trois tickets, s'il vous plaît.** *Three (entrance) tickets, please.* II, 6

**le timbre** *stamp,* I, 12

**timide** *shy,* I, 7

**le tir à l'arc** *archery,* III, 12

**tirer** *to pull, to shoot,* III, 6, 12

le tisserin *a type of African bird,* III, 7

**le tissu** *fabric, cloth,* II, 8

la toile: en toile *linen,* III, 4

**les toilettes (les W.-C.)** (f.) *toilet, restroom,* II, 2

**tolérant(e)** *tolerant,* III, 3

**les tomates** (f.) *tomatoes,* I, 8

**tomber** *to fall,* II, 5; **Après..., vous allez tomber sur...** *After . . . , you'll come across . . . ,* III, 2; **tomber amoureux(-euse) (de quelqu'un)** *to fall in love (with someone),* II, 9; **tomber en panne** *to break down,* II, 9; **tomber en panne d'essence** *to run out of gas,* III, 2; **tomber malade** *to get sick,* III, 10

**tondre: tondre la pelouse** *to mow the lawn,* III, 3

**la torche** *flashlight,* III, 7

**tort: Tu as tort.** *You're wrong.* III, 9; **Tu as tort de...** *You're wrong to . . . ,* III, 3

**la tortue** *turtle,* III, 10

**tôt** *early,* II, 4

**toujours: toujours...** *still . . . ?* III, 11; **C'est toujours la même chose!** *It's always the same!* III, 6; **Toujours la même chose!** *Same old thing!* III, 1

**la tour** *tower,* II, 6

**le tour: faire un tour sur la grande roue** *to take a ride on the ferris wheel,* II, 6; **faire un tour sur les montagnes russes** *to take a ride on the roller coaster,* II, 6

**tourner: Puis, tournez à gauche dans/sur...** *Then, turn left on . . . ,* II, 2; **Vous tournez...** *You turn . . . ,* 12

**tout à fait: Tout à fait!** *Absolutely!* III, 9; **C'est tout à fait normal.** *You don't have to thank me.* III, 6; **C'est tout à fait toi.** *That's really you.* III, 4

**tout le monde: Ça arrive à tout le monde.** *It happens to everybody.* III, 6; **Ça peut arriver à tout le monde.** *It could happen to anyone.* III, 10; **Ce n'est pas parce que tout le monde... que tu dois le faire.** *Just because everyone else . . . doesn't mean you have to.* III, 3; **Tout le monde fait pareil.** *Everybody does it.* III, 3

**tout: A tout à l'heure!** *See you later!* I, 1; **Allez (continuez) tout droit.** *Go (keep going) straight ahead.* II, 2; **C'est... comme tout!** *It's as . . . as can be!* III, 2; **J'ai pensé à tout.** *I've thought of everything.* I, 11; **Je n'ai pas du tout aimé.** *I didn't like it at all.* III, 9; **Pas du tout.** *Not at all.* I, 4; II, 10; III, 9; **Il/Elle ne va pas du tout avec...** *It doesn't go at all with . . .* **Tout a été de travers!** *Everything went wrong!* II, 5; **Tout me tente.** *Everything looks tempting.* III, 1; **Tout à fait!** *Absolutely!* III, 9; **C'est tout à fait ton style.** *It looks great on you!* I, 10; **tout de suite** *right away,* I, 6; **C'est tout de suite à...** *It's right there on the . . . ,* 12; **J'y vais tout de suite.** *I'll go right away.* I, 8; **Vous allez tout droit jusqu'à...** *You go straight ahead until you get to . . . ,* 12

le trac: Tu as le trac? *Are you nervous?* III, 12

**le train: en train** *by train,* I, 12; **être en train de** *to be in the process of (doing something),* II, 9

**traire: traire les vaches** (f.) *to milk the cows,* III, 8

**traiter: Il/Elle m'a traité(e) de... !** *He/She called me a . . . !* III, 6

**la tranche: une tranche de** *a slice of,* I, 8

**tranquille** *calm,* II, 8

**le travail: trouver un travail** *to find a job,* III, 5

**travailler** *to work,* I, 9; **Il faut mieux travailler en classe.** *You have to do better in class.* II, 5

**les travaux** (m.) **pratiques** *lab,* I, 2

**travers: Tout a été de travers!** *Everything went wrong!* II, 5

**traverser: Traversez...** *Cross . . . ,* II, 2; **Vous traversez...** *You cross . . . ,* III, 2

**Tricheur (-euse)!** *Cheater!* III, 6

**la trompe** *trunk,* III, 7

**se tromper: A mon avis, tu te trompes.** *In my opinion, you're mistaken.* II, 9; **Si je ne me trompe pas,...** *If I'm not mistaken, . . . ?* III, 11

**la trompette** *trumpet,* III, 11

**trop: C'est trop cher.** *It's too expensive.* II, 3; **Je ne sais pas trop.** *I really don't know.* III, 5; **Non, pas trop.** *No, not too much.* I, 2; **Pas trop bien.** *Not too well.* III, 1

**le trottoir** *sidewalk,* III, 8

le trou *hole,* III, 7

troué *hollowed out,* III, 11

le trouillard *coward, wimp,* III, 7

le troupeau *herd,* III, 7

**la trousse** *pencil case,* I, 3; **la trousse de premiers soins** *first-aid kit,* II, 12

**trouver** *to find,* I, 9; *se trouve... . . . is located . . . ,* II, 12; **Ce que je trouve super, c'est...** *What I think is super is . . . ,* III, 11; **Je le/la/les trouve moche(s).** *I think it's (they're) really tacky.* I, 10; **Je te trouve très bien comme ça.** *I think you look very good like that.* III, 4; **Je trouve qu'il est...** *I think it's . . . ,* III, 4; **Je trouve qu'ils/elles font...** *I think they look . . . ,* III, 4; **Où se trouve... ?** *Where is . . . ?* II, 4; **Comment tu as trouvé ça?** *How did you like it?* III, 9; **J'ai trouvé ça pas mal/amusant.** *It was not bad/funny.* III, 9

**le truc** *thing,* I, 5; **Ce n'est pas mon truc.** *It's not my thing.* II, 7; **Oh, c'est un vieux truc.** *This old thing?* III, 4; **J'ai des tas de trucs à faire.** *I have lots of things to do.* I, 12; **J'ai des trucs à faire.** *I have some things to do.* I, 5

les truffes (f.) *truffles,* III, 1

la truite *trout,* III, 1

tuer *to kill,* III, 7

**la Tunisie** *Tunisia,* III, 12

**typique: Qu'est-ce qui est typique de chez toi?** *What's typical of where you're from?* III, 12

## U

**un** *a; an,* I, 3

**une** *a; an,* I, 3

**utile: Je ne crois pas que ce soit utile.** *I don't think it's worthwhile.* III, 7

## V

**les vacances** (f.) *vacation,* I, 1; **Bonnes vacances!** *Have a good vacation!* I, 11; **C'était comment, tes vacances?** *How was your vacation?* III, 1; **Comment se sont passées tes vacances?** *How was your vacation?* II, 5; **en colonie de vacances** *to/at a summer camp,* I, 11; **en vacances** *on vacation,* I, 4
**vachement** *really,* II, 9
**la vaisselle: faire la vaisselle** *to do the dishes,* I, 7
**la valise** *suitcase,* I, 11
**la vanille: à la vanille** *vanilla,* III, 1
se vanter *to brag,* III, 10; **C'est pas pour me vanter, mais moi...** *I'm not trying to brag, but . . . ,* III, 10
**le vase** *vase,* II, 3
**vaudrait: Il vaudrait mieux que...** *It would be better if . . . ,* III, 5; **Tu penses qu'il vaudrait mieux... ?** *Do you think it'd be better to . . . ?* III, 7
**vaut: Ça ne vaut pas le coup!** *It's not worth it!* III, 9; **Je crois que ça vaut mieux.** *I think that's better.* III, 7
le vautour *vulture,* III, 7
**la végétation tropicale** *tropical vegetation,* III, 7
**le vélo** *biking,* I, 1; **à vélo** *by bike,* I, 12; **faire du vélo** *to bike,* I, 4; **faire du vélo de montagne** *to go mountain-bike riding,* II, 12
**le vélomoteur** *moped,* III, 8
**le vendredi** *on Fridays,* I, 2
**venir** *to come,* II, 6
**le ventre: J'ai mal au ventre** *My stomach hurts.* II, 7
**vérifier** *to check,* III, 2
**véritable: C'était un véritable cauchemar!** *It was a real nightmare!* I, 11
**la vérité: dire la vérité** *to tell the truth,* III, 3
**le verre** *glass,* III, 3
**vers** *about,* I, 6; **Vers...** *About (a certain time) . . . ,* II, 4
versatile *moody,* III, 6
**vert(e)** *green,* I, 3; II, 1
**la veste** *suit jacket, blazer,* I, 10
le/la vétérinaire *veterinarian,* III, 5
**veuf (veuve)** *widowed,* III, 6
**veuillez: Veuillez ne pas...** *Please do not . . . ,* III, 3
**la viande** *meat,* I, 8; III, 11
**la vidange: faire la vidange** *to change the oil,* III, 2
**la vidéo: faire de la vidéo** *to make videos,* I, 4; **jouer à des jeux vidéo** *to play video games,* I, 4
**la vidéocassette** *videotape,* I, 3
**le vidéoclip** *music video,* III, 9
**la vie: C'est comment la vie là-bas?** *What's life like there?* III, 12; **La vie était plus... moins...** *Life was more . . . , less . . . ,* II, 8
**vieux (vieille): Pauvre vieux/vieille!** *You poor thing!* II, 5
vif (vive) *quick (witted),* III, 6
**le village de pêcheurs** *fishing village,* II, 4
**violent: trop violent** *too violent,* II, 11
**violet(te)** *purple,* I, 3
**le violon** *violin,* III, 11
le virage *turn,* III, 12
viser *to aim at, to take aim,* III, 12
**la visite: une visite guidée** *a guided tour,* II, 6
**visiter** *to visit (a place),* I, 9; II, 6
**vite: Dis vite!** *Let's hear it!* II, 9
**les vitres: laver les vitres** (f.) *to wash the windows,* III, 3
**les vitrines** (f): **faire les vitrines** *to window-shop,* I, 6
**vivant(e)** *lively,* II, 4
**vivement: Vivement que... !** *I just can't wait . . . !* III, 12
**les vœux** (m.): **Meilleurs vœux!** *Best wishes!* II, 3
**Voici...** *Here's . . . ,* I, 7
**Voilà.** *Here it is.* II, 3; *Here,* I, 3; **Voilà...** *There's . . . ,* I, 7; III, 12
**la voile: faire de la planche à voile** *to go windsurfing,* I, 11; **faire de la voile** *to go sailing,* I, 11
**voir: Qu'est-ce qu'il y a à voir...** *What is there to see . . . ?* II, 12; **Tu devrais aller voir...** *You should go see . . . ,* III, 9; **Tu vas voir que...** *You'll see that . . . ,* II, 8; **Va voir... c'est génial comme film.** *Go see . . . , it's a great movie.* III, 9; **voir un film** *to see a movie,* I, 6; **voir un match** *to see a game (in person),* I, 6; **voir une pièce** *to see a play,* I, 6; **... tu vois.** *. . . you see.* II, 9; **Ça se voit.** *That's obvious.* II, 9
le voisinage *neighborhood,* III, 11
**la voiture:** *car,* I, 7; **en voiture** *by car,* I, 12; **laver la voiture** *to wash the car,* I, 7; **planter la voiture** *to wreck the car,* III, 10
**le volcan** *volcano,* II, 4
**le volley (-ball)** *volleyball,* I, 4
**vouloir** *to want,* I, 6; **Je m'en veux de...** *I feel bad that . . . ,* III, 6; **Je ne t'en veux pas.** *No hard feelings.* II, 10; **Je veux bien.** *Gladly,* I, 12; *I'd like to.,* II, 1; *I'd really like to.* I, 6; **Non, je ne veux pas.** *No, I don't want to.* II, 8; **Oui, si tu veux.** *Yes, if you want to.* I, 7; **Si tu veux, on peut...** *If you like, we can . . . ,* II, 1; **Tu ne m'en veux pas?** *No hard feelings?* II, 10; **Tu veux bien que je...** *Is it OK with you if . . . ?* III, 3; **Je voudrais acheter...** *I'd like to buy . . . ,* I, 3; **Je voudrais bien...** *I'd really like to . . . ,* 11; **Tu ne voudrais pas... ?** *Wouldn't you like to . . . ?* III, 6
**le voyage: Bon voyage!** *Have a good trip! (by plane, ship),* I, 11; II, 3; **Vous avez/Tu as fait bon voyage?** *Did you have a good trip?* II, 2
**voyager** *to travel,* I, 1
**vrai: C'est pas vrai!** *You're kidding!* II, 6; **C'est vrai?** *Really?* II, 2
**vraiment: Vraiment?** *Really?* II, 2; **C'est vraiment bon!** *It's good!* II, 3; **Il/Elle est vraiment bien, ton/ta...** *Your . . . is really great.* II, 2 ; **Non, pas vraiment.** *No, not really.* I, 11
**vulgaire** *tasteless,* III, 4

## W

**le week-end** *weekend; on weekends,* I, 4; **ce week-end** *this weekend,* I, 6; **Comment s'est passé ton week-end?** *How was your weekend?* II, 5
**le western** *western (movie),* II, 11

## Y

**y** *there,* I, 12; **Allons-y!** *Let's go!* I, 4; **Comment est-ce qu'on y va?** *How can we get there?* I, 12; **Je n'y comprends rien.** *I don't understand anything about it.* II, 5; **N'y va pas!** *Don't go!* III, 9; **On peut y aller...** *We can go there . . . ,* 12; **Qu'est-ce qu'on y...?** *What do you . . . there?* III, 12; **Tu vas t'y faire.** *You'll get used to it.* II, 8
**le yaourt** *yogurt,* I, 8
**les yeux** (m.) *eyes,* II, 1
**Youpi!** *Yippee!* III, 12

## Z

**le Zaïre** *Zaire,* III, 12
**le zèbre** *zebra,* III, 7
**zéro** *a waste of time,* I, 2
**le zoo** *zoo,* I, 6; II, 6
**le zouk: danser le zouk** *to dance the zouk,* II, 4
**Zut!** *Darn!,* I, 3

# ENGLISH-FRENCH VOCABULARY

In this vocabulary, the English definitions of all active French words in the book have been listed, followed by the French. The numbers after each entry refer to the level and chapter where the word or phrase first appears, or where it becomes an active vocabulary word. It is important to use a French word in its correct context. The use of a word can be checked easily by referring to the chapter where it appears.

French words and phrases are presented in the same way as in the French-English vocabulary.

## A

**a** *un, une,* I, 3
**able: We'd be able to . . . for sure.** *On pourrait sûrement...*, III, 7
**about: About (a certain time) . . .** *Vers...*, II, 4; **It's about . . .** *Ça parle de...*, II, 11; III, 9; **It's about . . .** *Il s'agit de...*, III, 9; **It's about a guy who . . .** *C'est l'histoire d'un mec qui...*, III, 10; **What's it about?** *De quoi ça parle?* II, 11; III, 9
**Absolutely!** *Tout à fait!* III, 9
**acceptable: That's not acceptable.** *C'est inadmissible.* II, 5
**accident: to have an accident** *avoir un accident,* II, 9
**accordion** *l'accordéon* (m.), III, 11
**accountant** *comptable,* III, 5
**acne: to have acne** *avoir des boutons,* III, 10
**across: across from** *en face de,* I, 12; II, 2
**action: action movie** *un film d'action,* II, 11
**actor** *l'acteur* (m.), III, 5
**actress** *l'actrice* (f.), III, 5
**adore: I adore...** *J'adore...*, I, 1
**adventure: adventure movie** *un film d'aventure,* II, 11
**advise: What do you advise me to do?** *Qu'est-ce que tu me conseilles?* I, 9
**aerobics: to do aerobics** *faire de l'aérobic,* I, 4; II, 7
**aerosol: to use aerosol sprays** *utiliser des aérosols,* III, 3
**afraid: Don't be afraid.** *N'ayez pas peur.* III, 7; **I'm afraid that . . .** *J'ai peur que...*, III, 7; **I'm very afraid of . . .** *J'ai très peur de...*, III, 7
**African** *africain(e),* II, 11
**after: After that . . .** *Après ça...*, II, 4, 12; **And after that, . . .** *Et après ça...*, I, 9
**afternoon: afternoon off** *l'après-midi libre,* I, 2; **in the afternoon** *l'après-midi,* I, 2
**afterwards: Afterwards, I went out.** *Après, je suis sorti(e),* I, 9; **And afterwards?** *Et après?* I, 9
**again: . . . again** *...déjà,* III, 11; **Don't do it again.** *Ne recommence pas.* II, 5
**agree: I don't agree.** *Je ne suis pas d'accord.* I, 7; **I agree with you.** *Je suis d'accord avec toi.* III, 9
**ahead: Go (keep going) straight ahead.** *Allez (continuez) tout droit,* II, 2; **Well just go right ahead!** *Non mais, surtout, ne vous gênez pas!* III, 8
**air: to put air in the tires** *mettre de l'air dans les pneus,* III, 2
**alarm: to hear the alarm clock** *entendre le réveil,* II, 5
**algebra** *l'algèbre* (f.), I, 2
**Algeria** *l'Algérie* (f.), III, 12
**all: All you have to do is . . .** *Tu n'as qu'à...*, II, 7; **I didn't like it at all.** *Je n'ai pas du tout aimé.* III, 9; **Not at all.** *Pas du tout.* I, 4; II, 10; **I don't like that at all.** *Ça ne me plaît pas du tout.* III, 11; **That's all I listen to.** *Je n'écoute que ça.* III, 11
**all over: I hurt all over!** *J'ai mal partout!* II, 7
**all right** *pas mal,* II, 6
**allergies: I have allergies.** *J'ai des allergies.* II, 7
**allowed: You're not allowed to . . .** *Tu n'as pas le droit de...*, III, 3
**almost: You're (We're) almost there!** *Tu y es (On y est) presque!* II, 12; **You're almost there!** *Tu y es presque!* II, 7
**alone: I went alone . . .** *J'y suis allé(e) seul(e)...*, III, 1; **Leave me alone!** *Fiche-moi la paix!* III, 6
**already** *déjà,* I, 9; **He/She already has one (of them).** *Il/Elle en a déjà un(e).* II, 3
**also** *aussi,* I, 1
**always: I'm always the one who gets blamed!** *C'est toujours moi qui prends!* III, 6; **It's always the same!** *C'est toujours la même chose!* III, 6
**am: I am . . .** *Je suis...*, II, 1
**amazing: It was amazing/unbelievably bad!** *C'était incroyable!* II, 5
**American** *américain(e),* II, 11
**amusement park** *un parc d'attractions,* II, 6
**an** *un, une,* I, 3
**and** *et,* I, 1
**andouille sausage** *l'andouille* (f.), III, 11
**angry** *fâché(e),* II, 9
**ankle: to sprain one's ankle** *se fouler la cheville,* II, 7
**annoyed** *énervé(e),* II, 9
**annoying** *embêtant(e),* I, 7; II, 1
**answer** *répondre,* I, 9; **There's no answer.** *Ça ne répond pas.* I, 9; **. . . and then the other one answers . . .** *... et l'autre lui répond...*, III, 10
**ant** *la fourmi,* III, 7
**anxious: I'm really anxious to . . .** *Je suis vraiment impatient(e) de...*, III, 2
**any (of it)** *en,* I, 8
**any more: I don't want any more.** *Je n'en veux plus.* I, 8; **I just can't do any more!** *Je n'en peux plus!* II, 7, 12
**anymore: I don't know what I want anymore.** *Je ne sais plus ce que je veux.* III, 5; **I'm not hungry (thirsty) anymore.** *Je n'ai plus faim (soif).* II, 3
**anyone: It could happen to anyone.** *Ça peut arriver à tout le monde.* III, 10
**anything: I didn't forget anything.** *Je n'ai rien oublié.* I, 11; **It didn't do anything for me.** *Ça ne m'a pas emballé.* III, 9; **I just can't do anything right!** *Qu'est-ce que je peux être nul(le)!* III, 12
**Anyway, . . .** *Bref,...*, II, 9
**apologize** *s'excuser,* II, 10; **Apologize.** *Excuse-toi.* II, 10
**appetizers** *les entrées* (f.), III, 1; **What would you like for an appetizer?** *Que voulez-vous comme entrée?* III, 1
**apples** *des pommes* (f.), I, 8; **apple juice** *un jus de pomme,* I, 5; **apple tart** *la tarte aux pommes,* II, 3
**appointment: That's nice of you, but I've got an appointment.** *C'est gentil, mais j'ai un rendez-vous.* III, 6
**apprenticeship: to do an apprenticeship** *faire un apprentissage,* III, 5
**April** *avril,* I, 4
**archery** *le tir à l'arc,* III, 12
**architect** *architecte,* III, 5
**are: There is/are . . .** *Il y a...*, II, 12; **They are . . .** *Ils/Elles sont...*, II, 1
**argument: to have an argument (with someone)** *se disputer (avec quelqu'un),* II, 9
**arm** *le bras,* II, 7
**armoire: armoire/wardrobe** *l'armoire* (f.), II, 2
**around** *vers,* I, 6
**arrive** *arriver,* II, 5
**arrow** *la flèche,* III, 12
**art class** *les arts* (m.) *plastiques,* I, 2
**as: as many/as much . . . as . . .** *autant de... que...*, III, 8; **as . . . as . . .** *aussi... que...*, III, 8; **It's as . . . as can be!** *C'est... comme tout!* III, 2
**ask: to ask (someone's) forgiveness** *demander pardon à (quelqu'un),* II, 10; **to ask your parents' permission** *demander la permission à tes parents,* II, 10
**at** *à la, au,* II, 6; **At . . .** *A...*, II, 11; **at . . . fifteen** *à... heures quinze,* I, 2; **at . . . forty-five** *à... heures quarante-cinq,* I, 2; **at my house** *chez moi,* I, 6; **At that point, . . .** *A ce moment-là,...*, II, 9; III, 9; **at the record store** *chez le disquaire,* I, 12; **At what time?** *A quelle heure?* I, 6
**attend: to attend a sound and light show** *assister à un spectacle son et lumière,* II, 6

**attendant: gas station attendant** *le/la pompiste,* III, 2
**August** *août,* I, 4
**aunt** *la tante,* I, 7
**avocados** *des avocats* (m.), I, 8
**Avoid . . .** *Evite de. . . ,* II, 12; **Avoid . . .** *Evite(z) de. . . ,* II, 7; **Avoid seeing . . .** *Evite d'aller voir. . . ,* III, 9
**aware** *prudent(e),* III, 3
**away: No, I went away for . . .** *Non, je suis parti(e). . . ,* III, 1; **Yes, right away.** *Oui, tout de suite.* I, 5
**awful** *sinistre,* II, 6

# B

**back** *le dos,* II, 7; **come back** *revenir,* II, 6; **go back (home)** *rentrer,* II, 6; **Towards the back.** *Au fond.* III, 2
**backpack** *un sac à dos,* I, 3
**bad: I feel bad that . . .** *Je m'en veux de. . . ,* III, 6; **I'm bad in computer science.** *Je suis mauvais(e) en informatique.* II, 5; **It was amazing/unbelievably bad!** *C'était incroyable!* II, 5; **It was not bad/funny.** *J'ai trouvé ça pas mal/amusant.* III, 9; **not bad** *pas mal,* I, 2; **Oh, not bad** *Oh, pas mal.* I, 9; **What a bad day!** *Quelle journée!* II, 5; **What a bad weekend!** *Quel week-end!* II, 5
**bag** *un sac,* I, 3
**baggy** *large(s),* I, 10
**bakery** *la boulangerie,* I, 12; II, 3
**balance: the balance beam** *la poutre,* III, 12
**balcony** *le balcon,* II, 2
**ball** *la balle,* III, 12; *le ballon,* III, 12
**banana tree** *un bananier,* II, 4
**bananas** *des bananes* (f.), I, 8
**bandages** *les pansements* (m.), III, 7
**bangs** *la frange,* III, 4
**bank** *la banque,* I, 12
**baseball** *le base-ball,* III, 12; **to play baseball** *jouer au base-ball,* I, 4
**basketball** *le basket-ball,* I, 4; III, 12; **to play basketball** *jouer au basket(-ball),* I, 4
**baskets** *des paniers* (m.), II, 8; **basket (basketball)** *le panier,* III, 12
**bass (guitar)** *la basse,* III, 11
**bat (baseball)** *le bâton,* III, 12
**bathing suit** *un maillot de bain,* I, 10
**bathroom** *la salle de bains,* II, 2
**batter (baseball)** *le frappeur,* III, 12
**batting: You're batting a thousand!** *Tu en rates pas une, toi!* III, 10
**be** *être,* I, 7; **to be in the process of (doing something)** *être en train de (+ infinitive),* II, 9
**be able to, can** *pouvoir,* I, 8; **Can you . . . ?** *Est-ce que tu peux. . . ?* I, 12; **I can't** *Je ne peux pas.* II, 7
**beach** *la plage,* I, 1
**beans** *des haricots* (m.), I, 8
**bear** *un ours,* II, 12
**beard** *la barbe,* III, 4
**beautiful** *beau (belle),* II, 2; *magnifique,* II, 6
**because: Just because everyone else . . . doesn't mean you have to.** *Ce n'est pas parce que tout le monde. . . que tu dois le faire.* III, 3
**become** *devenir,* II, 6
**bed** *le lit,* II, 2; **to go to bed** *se coucher,* II, 4; **to make one's bed** *faire son lit,* III, 3
**bedroom** *la chambre,* II, 2
**been: It's been . . .** *Ça fait. . . ,* III, 1
**begin, to start** *commencer,* I, 9
**beginning: At the beginning . . .** *Au début. . . ,* III, 9; **I went at the beginning of . . .** *J'y suis allé(e) début. . . ,* III, 1
**behind** *derrière,* I, 12
**Belgium** *la Belgique,* III, 12
**believe: Believe me.** *Crois-moi.* III, 4; **I can't believe how . . . !** *C'est fou comme. . . !* III, 7; **I can't believe it.** *J'arrive pas à y croire!* III, 12; **I don't believe it.** *Je n'en reviens pas.* III, 10
**belt** *la ceinture,* I, 10
**best: All the best to . . .** *Bien des choses à. . . ,* III, 8; **Best wishes!** *Meilleurs vœux!* II, 3; **I . . . the best.** *C'est moi qui. . . le mieux.* III, 10; **I'm the best.** *C'est moi le/la meilleur(e).* III, 10; **Make the best of it.** *Fais-toi une raison.* II, 8; **You're really the best.** *Tu es vraiment le/la meilleur(e).* III, 10
**bet: I bet that . . .** *Je parie que. . . ,* II, 9
**better: It would be better if . . .** *Il vaudrait mieux que. . . ,* III, 5; **It'll get better.** *Ça va aller mieux.* II, 5; **It's better than . . .** *C'est meilleur que. . . ,* II, 7; **It's going to get better!** *Ça va aller mieux!* I, 9; **You have to do better in class.** *Il faut mieux travailler en classe.* II, 5; **You would do well/better to . . .** *Tu ferais bien/mieux de. . . ,* III, 5
**between** *entre,* I, 12
**big** *grand(e),* I, 10; **big (tall)** *grand(e),* II, 1
**bigger: bigger than . . .** *plus grand(e) que,* II, 4; **I've done bigger and better things.** *Oh, j'en ai vu d'autres.* III, 10
**bike** *faire du vélo,* I, 4; **by bike** *à vélo,* I, 12
**biking** *le vélo,* I, 1
**binder: loose-leaf binder** *un classeur,* I, 3
**binoculars** *les jumelles* (f.), III, 7
**biography** *la biographie,* II, 11
**biology** *la biologie,* I, 2
**bird** *l'oiseau* (m.), III, 7
**birthday: Happy birthday!** *Joyeux (Bon) anniversaire!* II, 3
**bisque** *en bisque,* III, 11
**black** *noir(e)(s),* I, 3; **black** *noir,* II, 1; **black hair** *les cheveux noirs,* II, 1
**blackboard** *le tableau,* I, 0; **Go to the blackboard!** *Allez au tableau!,* I, 0
**blamed: I'm always the one who gets blamed!** *C'est toujours moi qui prends!* III, 6
**blazer** *la veste,* I, 10
**blond** *blond(e),* I, 7; **blond hair** *les cheveux blonds,* II, 1
**blue** *bleu(e)(s),* I, 3; *bleu,* II, 1
**blues** *le blues,* II, 11; III, 11
**boat** *le bateau,* I, 12; **by boat** *en bateau,* I, 12
**boiled** *au court-bouillon,* III, 11
**book** *le livre,* I, 0
**bookstore** *la librairie,* I, 12
**boots** *des bottes* (f.), I, 10; **pair of boots** *les bottes* (f.), II, 1
**bored: I was bored:** *Je me suis ennuyé(e).* II, 6 ; III, 1; **I was bored to death.** *Je me suis ennuyé(e) à mourir.* III, 9; **I wasn't bored a second.** *Je ne me suis pas ennuyé une seconde.* III, 9; **You're never bored.** *On ne s'ennuie pas.* II, 11
**bores: That bores me to death!** *Ça m'ennuie à mourir!* III, 2; **That bores me!** *Ça m'embête!* III, 2
**boring** *barbant,* I, 2; *ennuyeux (ennuyeuse),* II, 6, 8; *rasoir,* III, 2; **It was boring.** *C'était ennuyeux.* I, 5; **deadly boring** *mortel(le),* III, 2; **That's boring!** *C'est rasant!* III, 2; **That's so boring!** *Ça me casse les pieds!* III, 2
**born: be born** *naître,* II, 6
**borrow** *emprunter,* I, 12
**bother** *ennuyer,* II, 8; **What bothers me is . . .** *Ce qui m'ennuie, c'est. . . ,* II, 4; **Stop bothering me!** *Et toi, arrête de m'embêter!* III, 10
**bottle: a bottle of** *une bouteille de,* I, 8
**bow (in archery)** *l'arc* (m.), III, 12
**box: a carton/box of** *un paquet de,* I, 8
**boxing** *la boxe,* III, 12
**bracelet** *le bracelet,* I, 3
**braces: to get one's braces off** *se faire enlever ses bagues,* III, 10
**brag: I'm not trying to brag, but . . .** *C'est pas pour me vanter, mais moi. . . ,* III, 10
**braid** *la natte,* III, 4
**brakes** *les freins* (m.), III, 2
**brass, copper** *le cuivre,* III, 8
**brave** *brave,* II, 1
**Brazil** *le Brésil,* III, 12
**Brazilian** (adj.) *brésilien(ne),* III, 12
**bread** *du pain,* I, 8; *le pain,* II, 3
**bread pudding** *le pouding au pain,* III, 11
**break** *la récréation,* I, 2; **Give me a break!** *Oh, ça va, hein!* III, 10; **Will you give me a break?** *Lâche-moi, tu veux?* III, 10; **to break one's . . .** *se casser le/la . . . ,* II, 7; III, 10;
**break down** *tomber en panne,* II, 9; **to break down (run out of gas)** *tomber en panne (d'essence),* III, 2
**break up (with someone)** *casser (avec quelqu'un),* II, 9
**breakfast** *le petit déjeuner,* I, 8
**bring** *apporter,* I, 9; **Bring me back . . .** *Rapporte-moi. . . ,* I, 8; **Please bring me . . .** *Apportez-moi. . . , s'il vous plaît.* I, 5; **to bring (with you)** *emporter,* II, 12; **Will you bring me . . . ?** *Tu me rapportes. . . ?* I, 8
**brother** *le frère,* I, 7
**brown** *marron,* I, 3; II, 1; **light brown hair** *châtain* (inv.) II, 1; **dark brown hair** *les cheveux bruns,* II, 1
**brunette** *brun(e),* I, 7
**brush** (bushes) *la brousse,* III, 7; **to brush one's teeth** *se brosser les dents,* II, 4
**buffalo** *le buffle,* III, 7
**bugging: You're bugging me to death!** *Tu m'énerves, à la fin!* III, 6
**building** *l'immeuble* (m.), III, 8
**bun (hairstyle)** *le chignon,* III, 4
**bus: by bus** *en bus,* I, 12; **bus stop** *l'arrêt* (m.) *de bus,* III, 8
**business: Mind your own business!** *Mêle-toi de tes oignons!* III, 6; **businessman/woman** *homme/femme d'affaires,* III, 5

**busy: I'm very busy.** *Je suis très occupé(e).* II, 10; **It's busy.** *C'est occupé.* I, 9; **Sorry, I'm busy.** *Désolé(e), je suis occupé(e).* I, 6; *Je suis pris(e).* III, 6

**but** *mais,* I, 1

**butcher shop** *la boucherie,* II, 3

**butter** *du beurre,* I, 8; *le beurre,* II, 3

**butterfly** *le papillon,* III, 7

**buy** *acheter,* I, 9

**buy: Buy me . . .** *Achète(-moi)...* , I, 8; **How about buying . . . ?** *Si on achetait... ?* II, 8; **to buy oneself something** *s'acheter quelque chose,* III, 10

**by: By the way, . . .** *A propos,...* , II, 9

**Bye!** *Tchao!* I, 1

# C

**café** *le café,* I, 5

**cafeteria: at the school cafeteria** *à la cantine,* I, 9

**Cajun music** *la musique cajun,* III, 11

**cake** *du gâteau,* I, 8

**calculator** *la calculatrice,* I, 3

**call (someone)** *téléphoner à (quelqu'un),* II, 10; **Call him/her/them!** *Téléphone-lui/-leur!* I, 9; **Can you call back later?** *Vous pouvez rappeler plus tard?* I, 9; **Then I called . . .** *Ensuite, j'ai téléphoné à...* , I, 9; **called: He/She called me a . . . !** *Il/Elle m'a traité(e) de... !* III, 6; **called: What is that called?** *Comment est-ce qu'on appelle ça?* III, 11; **calling: Who's calling?** *Qui est à l'appareil?* I, 9

**calm** *tranquille,* II, 8; **Calm down!** *Calmez-vous!* III, 7; **Calm down.** *Du calme, du calme.* III, 2

**camcorder** *le caméscope,* III, 7

**camel** *le chameau,* III, 8

**camera** *l'appareil-photo* (m.), I, 11; II, 1

**camp: to/at a summer camp** *en colonie de vacances,* I, 11

**campground** *le terrain de camping,* II, 2

**camping: to go camping** *faire du camping,* I, 11; II, 12

**can: a can of** *la boîte de,* I, 8

**can (to be able to):** *pouvoir,* I, 8; **Can I . . . ?** *Je peux... ?* III, 3; **Can I try on . . . ?** *Je peux essayer... ?* I, 10; **Can you . . . ?** *Est-ce que tu peux... ?* I, 12; **I can't.** *Je ne peux pas.* II, 1, 7; **I can't right now.** *Je ne peux pas maintenant.* I, 8; **No, I can't.** *Non, je ne peux pas.* I, 12; **Can I talk to you?** *Je peux te parler?* II, 10; **If you like, we can . . .** *Si tu veux, on peut...* , II, 1; **We can . . .** *On peut...* , II, 4; **What can I do?** *Qu'est-ce que je peux faire?* II, 10; **What can we do?** *Qu'est-ce qu'on peut faire?* II, 4; **You can . . .** *On peut...* , II, 12

**Canada** *le Canada,* III, 12

**canary** *le canari,* I, 7

**candies** *les bonbons* (m), II, 3

**candy shop** *la confiserie,* II, 3

**canoe: to go for a canoe ride** *faire du canotage,* II, 12

**cans** *les boîtes* (f.), III, 3

**canteen** *la gourde,* III, 7

**cap** *la casquette,* I, 10

**capital** *la capitale,* II, 4

**car: by car** *en voiture,* I, 12; **to wash the car** *laver la voiture,* I, 7; **to wreck the car** *planter la voiture,* III, 10

**caramel custard** *la crème caramel,* III, 1

**care:**

**What I don't care for is . . .** *Ce qui ne me plaît pas, c'est...* , II, 4

**career: to choose a career** *choisir un métier,* III, 5

**careful** *prudent(e),* III, 3; **Be careful!** *Méfiez-vous!* III, 7

**carrots** *les carottes* (f.), I, 8; **grated carrots with vinaigrette dressing** *les carottes râpées,* III, 1

**carton: a carton/box of** *un paquet de,* I, 8

**cartoon** *le dessin animé,* III, 9

**cartoon book** *une bande dessinée (une B. D.),* II, 11

**cassette tape** *la cassette,* I, 3

**cat** *le chat,* I, 7

**catches: What catches your eye is . . .** *Ce qui saute aux yeux, c'est...* , III, 11

**cathedral** *la cathédrale,* II, 2

**CD (compact disc)** *un disque compact/un CD,* I, 3

**celery: grated celery root with mayonnaise and vinaigrette** *le céleri rémoulade,* III, 1

**Central African Republic** *la République centrafricaine,* III, 12

**cereal** *des céréales* (f.), II, 3

**certain: I'm (not) certain that . . .** *Je (ne) suis (pas) certain(e) que...* , III, 7

**Certainly.** *Bien sûr.* I, 9

**chair** *la chaise,* I, 0

**channel (TV)** *la chaîne,* III, 9

**charming** *charmant(e),* II, 4

**Cheater!** *Tricheur (-euse)!* III, 6

**check** *vérifier,* III, 2; **check out: Hey! Check it out!** *Tiens! Regarde un peu!* III, 7; **The check please.** *L'addition, s'il vous plaît.* I, 5; **traveler's checks** *les chèques* (m.) *de voyage,* II, 1

**cheese** *le fromage,* I, 5; II, 3; **a selection of cheeses** *l'assiette de fromages,* III, 1; **goat cheese** *fromage de chèvre,* III, 1; **toasted cheese and ham sandwich** *un croque-monsieur,* I, 5

**cheetah** *le guépard,* III, 7

**chemistry** *la chimie,* I, 2

**chest: chest of drawers** *la commode,* II, 2

**chic** *chic,* I, 10

**chicken** *la poule,* II, 3; III, 8

**chicken** *le poulet* I, 8; **chicken meat** *du poulet,* I, 8; **live chickens** *des poules,* I, 8; **roasted chicken with green beans** *le poulet haricots verts,* III, 1

**child: to have a child** *avoir un enfant,* III, 5

**childish** *bébé,* III, 2

**China** *la Chine,* III, 12

**chocolate** *le chocolat,* I, 1; **box of chocolates** *la boîte de chocolats,* II, 3

**choice: If I had a choice, . . .** *Si j'avais le choix,...* , III, 8

**choir** *la chorale,* I, 2

**choose** *choisir,* I, 10; **to choose a career** *choisir un métier,* III, 5; **to choose the date** *fixer la date,* II, 10; **to choose the music** *choisir la musique,* II, 10

**Christmas: Merry Christmas!** *Joyeux Noël!* II, 3

**church** *l'église* (f.), II, 2

**class: What classes do you have . . . ?** *Tu as quels cours... ?* I, 2

**classic** *un (roman) classique,* II, 11; **classic movie** *un film classique,* II, 11

**classical music** *la musique classique,* II, 11; III, 11

**classy** *classe,* III, 4

**clean** *propre,* II, 8

**clean: to clean house** *faire le ménage,* I, 7; **to clean the bathroom** *nettoyer la salle de bains,* III, 3; **to clean the floor** *nettoyer le parquet,* III, 3; **to clean the windshield** *nettoyer le pare-brise,* III, 2

**clear: to clear the table** *débarrasser la table,* I, 7

**close to** *près de,* I, 12

**close: That was close!** *On l'a échappé belle!* III, 7

**close: Close the door!** *Fermez la porte!,* I, 0; **When do you close?** *A quelle heure est-ce que vous fermez?* II, 6

**cloth** *le tissu,* II, 8

**coach** *l'entraîneur* (m.), III, 12

**coast: to/at the coast** *au bord de la mer,* I, 11

**coat** *un manteau,* I, 10

**coconut tree** *un cocotier,* II, 4

**coconuts** *des noix de coco* (f.), I, 8

**coffee** *le café,* I, 5

**cola** *un coca,* I, 5

**cold: I've got a cold.** *J'ai un rhume.* II, 7; **It's cold.** *Il fait froid.* I, 4

**colorful** *coloré(e),* II, 4

**come** *venir,* II, 6; **come across: After . . . , you'll come across . . .** *Après..., vous allez tomber sur...* III, 2; **come back** *revenir,* II, 6; **Come in, please.** *Entrez, je vous en prie.* III, 6; **Come on!** *Allez!* II, 12; **Come on!** *Allez!* II, 7; **Where does the word . . . come from?** *D'où vient le mot... ?* III, 11; **Will you come?** *Tu viens?* I, 6

**comedy** *la comédie,* III, 9; *le film comique,* II, 11

**comfortable:** *Mettez-vous à l'aise.* III, 6

**commercial** *la publicité,* III, 9

**common: What do . . . and . . . have in common?** *Quel est le point commun entre... ?* III, 10

**compact disc/CD** *un disque compact/un CD,* I, 3

**compass** *une boussole,* II, 12

**competition** *la compétition,* III, 12

**computer** *un ordinateur,* I, 3

**computer science** *l'informatique,* I, 2

**concerts** *les concerts* (m.), I, 1

**Congratulations!** *Félicitations!* II, 3; II, 5

**conservative** *sérieux (-euse),* III, 4

**considerate: to be considerate** *être attentionné,* III, 3

**conversation: Following our telephone conversation, . . .** *Suite à notre conversation téléphonique,...* , III, 5

**convinced: I'm convinced that . . .** *Je suis convaincu(e) que...* , III, 7

**cooked: How do you like your meat cooked?** *Comment désirez-vous votre viande?* III, 1

**cool** *cool,* I, 2; **Cool!** *C'est le pied!* III, 7; **It's cool.** *Il fait frais.* I, 4; **super cool** *hyper-cool,* III, 4; **That's too cool!** *C'est trop cool!* III, 12; **very cool** *chouette,* II, 2; **Yes, very cool.** *Oui, très chouette.* I, 9; I, 11; **Your . . . is cool.** *Il/Elle est cool, ton/ta...* , II, 2

**copper** *le cuivre,* III, 8

**coral** *du corail,* III, 10
**corn** *du maïs,* I, 8
**corner: on the corner of** *au coin de,* I, 12
**corny** *ringard(e),* III, 4
**Côte d'Ivoire** *la République de Côte d'Ivoire,* III, 12
**cotton: in cotton** *en coton,* I, 10
**could: Could you . . . ?** *Tu pourrais...?* II, 10; **Could you go by . . . ?** *Tu pourrais passer à... ?* I, 12; **I could have . . .** *J'aurais pu...*, II, 10; **If I could, . . .** *Si seulement je pouvais,...*, III, 8; **We could . . .** *On pourrait...*, II, 1; **You could give him/her (them) . . .** *Tu pourrais lui (leur) offrir...*, II, 3; **You could have . . .** *Tu aurais pu...*, II, 10
**country music** *le country,* II, 11; III, 11
**country: to/at the countryside** *à la campagne,* I, 11
**courage: You've really got courage.** *Tu en as, du courage.* III, 10
**course (school)** *le cours,* I, 2; **(meal) first course** *l'entrée,* II, 3; **main course** *le plat principal,* II, 3; **Of course not.** *Bien sûr que non.* II, 10; **Of course.** *Bien sûr.* I, 3; II, 10; **Of course. They are (He/She is) . . .** *Bien sûr. C'est...*, II, 11; **Yes, of course.** *Oui, bien sûr.* I, 7
**cousin** *le cousin (la cousine)* I, 7
**crab** *le crabe,* III, 10
**crafts: to make crafts** *faire de l'artisanat* (m.), III, 8
**crawfish** *les écrevisses* (f.), III, 11
**crazy (funny)** *fou/folle,* III, 2; **(wild)** *dingue,* III, 2; **Are you crazy or what?** *Tu délires ou quoi?* III, 11; **I'm crazy about that!** *Ça me branche!* III, 2; **What I'm really crazy about is . . .** *Ce qui me branche vraiment, c'est...*, III, 11; **You're driving me crazy!** *Tu me prends la tête!* III, 6
**cream: cream puff pastry** *la religieuse,* II, 3
**credit card** *la carte de crédit,* III, 7
**crew: a crew cut** *les cheveux en brosse* (m.), III, 4
**crocodile** *le crocodile,* III, 7
**croissant** *les croissants* (m.), II, 3; **croissant with a chocolate filling** *le pain au chocolat,* II, 3
**cross-country: to go cross-country skiing** *faire une randonnée en skis,* II, 12
**cross: Cross . . .** *Traversez..,* II, 2; **You cross . . .** *Vous traversez...*, III, 2
**crowd** *la foule,* III, 8
**Crybaby!** *Pleurnicheur (-euse)!* III, 6
**curly: curly hair** *les cheveux frisés* (m.), III, 4
**cut: Oh, cut it out!** *Oh, ça va, hein?* III, 6; **a crew cut** *les cheveux en brosse* (m.), III, 4; **a square cut** *une coupe au carré,* III, 4; **Did you get your hair cut?** *Tu t'es fait couper les cheveux?* III, 4; **to cut one's finger** *se couper le doigt,* II, 7
**cute** *mignon, mignonne,* I, 7; II, 1; **cute, but that's all** *gentillet, sans plus,* II, 11
**cycling** *le cyclisme,* III, 12

# D

**dairy** *la crémerie,* II, 3
**dance** *danser,* I, 1; *la danse,* I, 2; **dance music** *la dance,* III, 11; **to dance the zouk** *danser le zouk,* II, 4
**dangerous** *dangereux (dangereuse),* II, 8
**Darn it!** *Zut!* I, 3; *Zut, alors!* III, 7; *Les boules!* III, 12
**date (fruit)** *la datte,* III, 8
**date: to have (make) a date (with someone)** *avoir (prendre) rendez-vous (avec quelqu'un),* II, 9
**day: I had a terrible day!** *J'ai passé une journée épouvantable!* II, 5; **It's just not my day!** *C'est pas mon jour!* II, 5; **What a bad day!** *Quelle journée!* II, 5
**dead** *mort(e),* III, 6
**deadly: deadly dull** *mortel,* II, 6
**death: I was bored to death.** *Je me suis ennuyé(e) à mourir.* III, 9
**December** *décembre,* I, 4
**decide: I can't decide between . . . and . . .** *J'hésite entre... et...*, III, 1; **Have you decided to take . . . ?** *Vous avez décidé de prendre... ?* I, 10; **I'm having trouble deciding.** *J'ai du mal à me décider.* III, 5
**deface: to deface the trees** *mutiler les arbres,* II, 12
**Definitely not!** *Sûrement pas!* II, 6
**delicatessen** *la charcuterie,* II, 3
**delicious** *délicieux,* I, 5; **That was delicious!** *C'était délicieux!* II, 3
**denim: in denim** *en jean,* I, 10
**dentist** *dentiste* (m.), III, 5
**deposit** *déposer,* I, 12
**depressed** *déprimé(e),* II, 9
**depressing** *déprimant,* II, 11
**dessert** *le dessert,* II, 3; III, 1
**detective: detective or mystery movie** *un film policier,* II, 11; **detective or mystery novel** *un roman policier (un polar),* II, 11
**detention: to have detention** *être collé(e),* II, 5
**dictionary** *le dictionnaire,* I, 3
**did: First, I did . . .** *D'abord, j'ai fait...*, I, 9
**die** *mourir,* II, 6
**diet: to follow a diet that's too strict.** *suivre un régime trop strict,* II, 7
**difference: What's the difference between . . . and . . . ?** *Quelle est la différence entre ... et... ?* III, 10
**different: Was it really so different?** *C'était tellement différent?* II, 8
**dining room** *la salle à manger,* II, 2
**dinner** *le dîner,* I, 8; **to have dinner** *dîner,* I, 9
**diploma: to get one's diploma** *obtenir son diplôme,* III, 5
**dirty** *sale,* II, 8
**discus: the discus throw** *le lancer du disque,* III, 12
**dishes: to do the dishes** *faire la vaisselle,* I, 7
**disinfectant** *le désinfectant,* III, 7
**dismissal (when school gets out)** *la sortie,* I, 2
**dive** *plonger,* III, 12; **diving** *le plongeon acrobatique,* III, 12; **diving board** *le plongeoir,* III, 12
**divorced** *divorcé(e),* III, 6
**do** *faire,* I, 4; **All you have to do is . . .** *Tu n'as qu'à...*, II, 7; III, 5; **Do you know what you want to do?** *Tu sais ce que tu veux faire?* III, 5; **Do you play/do . . . ?** *Est-ce que tu fais... ?* I, 4; **Don't do it again.** *Ne recommence pas.* II, 5; **I do.** *Moi, si.* I, 2; **I don't know what to do.** *Je ne sais pas quoi faire.* II, 10; **I don't play/do . . .** *Je ne fais pas de...*, I, 4; **I have errands to do.** *J'ai des courses à faire.* I, 5; **I just can't do any more!** *Je n'en peux plus!* II, 7; **I play/do . . .** *Je fais...*, I, 4; **In your opinion, what do I do?** *A ton avis, qu'est-ce que je fais?* I, 9; **It didn't do anything for me.** *Ça ne m'a pas emballé(e).* III, 9; **It'll do you good.** *Ça te fera du bien.* II, 7; **to do homework** *faire les devoirs,* I, 7; **to do the dishes** *faire la vaisselle,* I, 7; **What are you going to do . . . ?** *Qu'est-ce que tu vas faire... ?* I, 6; II, 1; *Tu vas faire quoi... ?* I, 6; **What can I do?** *Qu'est-ce que je peux faire?* I, 9; **What can we do?** *Qu'est-ce qu'on peut faire?* II, 4; **What did you do ?** *Qu'est-ce que tu as fait?* I, 9; **What do you advise me to do?** *Qu'est-ce que tu me conseilles?* I, 9; **What do you do (when). . . ?** *Qu'est-ce que tu fais (quand)... , ?* I, 4; **What do you like to do?** *Qu'est-ce que tu aimes faire?* II, 1; **What should we do?** *Qu'est-ce qu'on fait?* II, 1; **What are you doing?** *Mais, qu'est-ce que tu fais?* III, 2
**doctor** *médecin* (m.), III, 5
**documentary** *le documentaire,* III, 9
**dog** *le chien,* I, 7; **to walk the dog** *promener le chien,* I, 7; *sortir le chien,* III, 3
**don't: I don't.** *Moi, non.* I, 2; **What I don't like is . . .** *Ce que je n'aime pas, c'est...*, II, 4; **Why don't you . . . ?** *Pourquoi tu ne... pas... ?* II, 7
**done, made** *fait (faire),* I, 9
**door** *la porte,* I, 0
**doubt: I have no doubt of it.** *Je n'en ai aucun doute.* III, 12
**down: go down** *descendre,* II, 6; **You go down this street to the next light.** *Vous continuez cette rue jusqu'au prochain feu rouge.* I, 12; **downstairs** *en bas,* III, 2
**dozen** *la douzaine de,* I, 8
**drama** *le drame,* III, 9; **to do drama** *faire du théâtre,* I, 4
**drawers: chest of drawers** *la commode,* II, 2
**dream: My dream is to . . .** *Mon rêve, c'est de...*, III, 5
**dress** *la robe,* I, 10; **to get dressed** *s'habiller,* II, 4
**drink** *la boisson,* I, 5; **And to drink?** *Et comme boisson?* III, 1; **What do you have to drink?** *Qu'est-ce que vous avez comme boissons?* I, 5
**drive** *conduire,* III, 2; **to drive a car** *conduire une voiture,* II, 8; **to drive safely** *conduire prudemment,* III, 3
**driver** *chauffeur* (m.), III, 5; **to get one's driver's license** *passer son permis de conduire,* III, 5
**driving: You're driving me crazy!** *Tu me prends la tête!* III, 6; **to take driving lessons** *prendre des leçons de conduite,* III, 10
**drugstore** *la pharmacie,* I, 12
**drum (from Africa)** *un tam-tam,* II, 8; **drum machine** *la boîte à rythmes,* III, 11; **drums** *la batterie,* III, 11
**duck** *un canard,* II, 12
**dull: It's no good/dull.** *C'est nul/lourd.* III, 9
**dust: to dust** *faire la poussière,* III, 3
**dyed: dyed hair** *les cheveux teints* (m.), III, 4

dying: **I'm dying of hunger!** *Je crève de faim!* II, 12; **I'm dying of thirst!** *Je meurs de soif!* II, 12

# E

**early** *tôt,* II, 4
**earrings** *des boucles d'oreilles* (f.), I, 10
**ears** *les oreilles* (f.), II, 7; **to get one's ears pierced** *se faire percer les oreilles,* III, 10
**earth-shattering: It's not earth-shattering.** *Ça casse pas des briques.* II, 11
**east: in the east** *dans l'est,* II, 4; **It's to the east of . . .** *C'est à l'est de...,* II, 12
**eastern: It's in the eastern part of . . .** *C'est dans l'est de...,* II, 12
**easy** *facile,* I, 2; **That's so easy!** *C'est fastoche, ça!* III, 10
**eat** *manger,* I, 6; II, 7; **to eat too much sugar** *consommer trop de sucre,* II, 7; **someone who loves to eat** *gourmand(e),* II, 1; **to eat better** *manger mieux,* III, 3; **to eat well** *bien se nourrir,* II, 7
**eggs** *des œufs* (m.), I, 8; II, 3
**elderly: to help elderly people** *aider les personnes âgées,* III, 3
**elegant** *élégant(e),* III, 4
**elementary school teacher** *instituteur (-trice),* III, 5
**elephant** *l'éléphant* (m.), III, 7
**else: I have something else to do.** *J'ai quelque chose à faire.* II, 10
**embarrassed** *gêné(e),* II, 9
**end: At the end . . .** *À la fin...,* III, 9; **How does it end?** *Comment ça se termine?* III, 9; **I went at the end of (month). . .** *J'y suis allé(e) fin...,* III, 1; **Over there, at the end of the hallway.** *Par là, au bout du couloir.* III, 2
**energy** *l'énergie* (f.), III, 3
**engaged: to get engaged** *se fiancer,* III, 10
**engineer** *ingénieur* (m.), III, 5
**England** *l'Angleterre* (f.), III, 12
**English (language)** *l'anglais* (m.), I, 1
**enjoy** *déguster,* II, 4
**enough: Enough is enough!** *Ça commence à bien faire, hein?* III, 8; **That's enough!** *Ça suffit!* III, 6
**enter** *entrer,* II, 6; **to enter the university** *entrer à l'université,* III, 5
**entrance: At the entrance to . . .** *À l'entrée de...,* III, 2; **How much is the entrance fee?** *C'est combien, l'entrée?* II, 6
**envelope** *l'enveloppe* (f.), I, 12
**epee (sword)** *l'épée* (f.), III, 12
**equestrian events** *l'équitation* (f.), III, 12
**eraser** *la gomme,* I, 3
**especially** *surtout,* I, 1
**essential: It's essential to . . .** *Il est essentiel que...,* III, 7
**evening:** *le soir,* I, 2; **in the evening** *le soir,* I, 2
**everybody: Everybody does it.** *Tout le monde fait pareil.* III, 3; **It happens to everybody.** *Ça arrive à tout le monde.* III, 6
**everyone: Everyone should . . .** *On doit.* II, 7; **Just because everyone else . . . doesn't mean you have to.** *Ce n'est pas parce que tout le monde... que tu dois le faire.* III, 3
**everything: Everything went wrong!** *Tout a été de travers!* II, 5; **I've thought of everything.** *J'ai pensé à tout.* I, 11
**exam** *les examens* (m.), I, 1; **to pass one's baccalaureat exam** *réussir son bac,* III, 5
**excellent** *excellent,* I, 5, 9; II, 2
**exciting: It's an exciting story.** *C'est une histoire passionnante.* II, 11
**excuse: Excuse me.** *Excusez-moi.!* I, 3, 5; **Excuse me, ma'am. . . . , please?** *Pardon, madame. ... , s'il vous plaît?* I, 12; **Excuse me, miss. Where is . . . , please?** *Pardon, mademoiselle. Où est... , s'il vous plaît?* I, 12; **Excuse me, sir. I'm looking for . . . , please.** *Pardon, monsieur. Je cherche... , s'il vous plaît.* I, 12
**exercise** *faire de l'exercice,* II, 7
**exhausted: I'm exhausted.** *Je suis crevé(e),* II, 2
**expensive: It's too expensive.** *C'est trop cher.* II, 3; **Oh, it wasn't expensive.** *Oh, tu sais, je ne l'ai pas payé(e) cher.* III, 4
**explain: Explain to him/her/them.** *Explique-lui/leur.* II, 10; **to explain what happened (to someone)** *expliquer ce qui s'est passé (à quelqu'un),* II, 10
**eye** *l'œil* (m.) (pl. *les yeux*), II, 1

# F

**fabric** *le tissu,* II, 8
**faded** *délavé(e),* III, 4
**fail: to fail a test** *rater un examen,* I, 9
**fair: It's not fair.** *C'est pas juste.* III, 12
**fall** *tomber,* II, 5; **in the fall** *en automne,* I, 4; **to fall in love (with someone)** *tomber amoureux(-euse) (de quelqu'un),* II, 9
**familiar: Are you familiar with . . . ?** *Tu connais...,* II, 11; **I'm not familiar with them (him/her).** *Je ne connais pas.* II, 11
**fantastic** *sensas (sensationnel),* I, 10
**far from** *loin de,* I, 12
**fascinating** *passionnant(e),* I, 2
**fat** (adj.) *gros (grosse),* I, 7; (noun) *les matières grasses* (f.), II, 7
**father** *le père,* I, 7
**fault: It's my fault.** *C'est de ma faute.* II, 10
**favorite: What is your favorite . . . ?** *Quel est ton... préféré(e)?* II, 1; **Who is your favorite . . . ?** *Qui est ton... préféré(e)?* II, 1
**February** *février,* I, 4
**fee: How much is the entrance fee?** *C'est combien, l'entrée?* II, 6
**feed: to feed the animals** *donner à manger aux animaux,* II, 6; *nourrir les animaux,* II, 12
**feel: Do you feel like . . . ?** *Tu as envie de... ?* II, 1; **I don't feel well.** *Je ne me sens pas bien.* II, 7; **I feel bad for . . .** *Je m'en veux de...,* III, 6; **I feel like . . .** *J'ai envie de...,* I, 11; **No, I don't feel like it.** *Non, je n'ai pas très envie.* II, 7
**feelings: No hard feelings.** *Je ne t'en veux pas.* II, 10; **No hard feelings?** *Tu ne m'en veux pas?* II, 10
**fencing** *l'escrime* (f.), III, 12
**ferocious** *féroce,* III, 7
**ferris wheel** *la grande roue,* II, 6
**fewer: fewer . . . than . . .** *moins de... que,* III, 8
**fig** *la figue,* III, 8
**fight** *se bagarrer,* III, 10
**fill: to fill it up** *faire le plein,* III, 2
**film: foreign film** *le film étranger,* III, 9; **roll of film** *la pellicule,* III, 7; **What films are playing?** *Qu'est-ce qu'on joue comme film?* II, 11
**Finally . . .** *Enfin,... ,* II, 1; *Finalement... ,* II, 4
**find** *trouver,* I, 9; **Could you tell me where I could find . .** *Vous pourriez me dire où il y a... ?* III, 2; **to find a job** *trouver un travail,* III, 5
**finish: to finish one's studies** *finir ses études* (f.), III, 5
**Fine.** *Ça va.* I, 1; **Yes, it was fine.** *Oui, ça a été.* I, 9
**fire: Where's the fire?** *Il n'y a pas le feu.* III, 2
**first: First, . . .** *D'abord,... ,* II, 12; **First, I did . . .** *D'abord, j'ai fait... ,* I, 9; **First, I'm going to . . .** *D'abord, je vais... ,* II, 1; **OK, if you . . . first.** *D'accord, si tu... d'abord... ,* I, 7
**first-aid kit** *une trousse de premiers soins,* II, 12; III, 7
**fish** *le poisson,* I, 7; II, 3; *du poisson,* I, 8; *pêcher,* III, 8; **fish shop** *la poissonnerie,* II, 3
**fishing: fishing pole** *une canne à pêche,* II, 12; **fishing village** *un village de pêcheurs,* II, 4; **to go fishing** *aller à la pêche,* II, 4
**fits: That fits you like a glove.** *Ça te va comme un gant.* III, 4
**flashlight** *une lampe de poche,* II, 12; *la torche,* III, 7
**flat: to have a flat tire** *avoir un pneu crevé,* III, 2
**floor: first (ground) floor** *le rez-de-chaussée,* II, 2; **On the ground floor.** *Au rez-de-chaussée.* III, 2; **On the second floor.** *Au premier étage.* III, 2; **second floor** *le premier étage,* II, 2; **to clean the floor** *nettoyer le parquet,* III, 3
**florist's shop** *le fleuriste,* II, 3
**flour** *de la farine,* I, 8
**flu: I've got the flu.** *J'ai la grippe.* II, 7
**flute** *la flûte,* III, 11
**fly** *la mouche,* III, 7
**folk music** *le folk,* II, 11; III, 11
**follow: to follow a diet that's too strict.** *suivre un régime trop strict,* II, 7; **to follow the marked trails** *suivre les sentiers balisés,* II, 12; **To get to . . . , follow . . . for about . . . kilometers.** *Pour (aller à)..., vous suivez la... pendant à peu près... kilomètres.* III, 2
**following: Following our telephone conversation, . . .** *Suite à notre conversation téléphonique,... ,* III, 5
**foot** *le pied,* II, 7; **My foot hurts.** *J'ai mal au pied.* II, 7; **on foot** *à pied,* I, 12
**football: to play football** *jouer au football américain,* I, 4
**for: It's good for you.** *C'est bon pour toi.* II, 7
**forbidden: It's forbidden to . . .** *Il est interdit de... ,* III, 3
**foreign: foreign film** *le film étranger,* III, 9
**forest: to the forest** *en forêt,* I, 11
**forget** *oublier,* I, 9; **Don't forget . . .**

*N'oublie pas...* , II, 1; *N'oublie pas de...* I, 8; **Forget him/her/them!** *Oublie-le/-la/-les!* I, 9; II, 10; **I didn't forget anything.** *Je n'ai rien oublié.* I, 11; **You didn't forget your . . . ?** *Tu n'as pas oublié... ?* I, 11

**forgive (someone)** *pardonner à (quelqu'un),* II, 10; **Forgive me.** *Excuse-moi.* II, 10

**forgiveness: to ask (someone's) forgiveness** *demander pardon à (quelqu'un),* II, 10

**Fortunately, . . .** *Heureusement,...* , II, 9

**fox** *un renard,* II, 12

**frame: photo frame** *le cadre,* II, 3

**franc (the French monetary unit)** *le franc,* I, 3

**free: I'm free, aren't I?** *Je suis libre, non?* III, 3

**freeway: You'll see a sign that points out the freeway entrance.** *Vous allez voir un panneau qui indique l'entrée de l'autoroute.* III, 2

**French (language)** *le français* 1; **French fries** *les frites* (f.), I, 1

**Friday: on Fridays** *le vendredi,* I, 2

**fried** *frit(e),* III, 11

**friends** *les ami(e)s* , I, 1; **to go out with friends** *sortir avec les copains,* I, 1

**from: Do people . . . where you're from?** *On... chez toi?* III, 12; **Do you have/Are there . . . where you're from?** *Vous avez/Il y a des... chez vous?* III, 12; **From platform . . .** *Du quai...* , II, 6; **Where are you from?** *Tu es d'où?* III, 12

**front: in front of** *devant,* I, 6

**fun** *amusant(e),* II, 11; **Did you have fun?** *Tu t'es amusé(e)?* II, 6; *Tu t'es bien amusé(e)?* I, 11; III, 1; **Have fun!** *Amuse-toi bien!* I, 11; **I had a lot of fun.** *Je me suis beaucoup amusé(e).* II, 6; III, 1; **What do you do to have fun?** *Qu'est-ce que tu fais pour t'amuser?* I, 4

**funny** *amusant(e),* I, 7; II, 1; *marrant(e),* III, 2; **funny (crazy)** *fou/folle,* III, 2; **funny (hysterical)** *rigolo(te),* III, 2; **funny (wild)** *dingue,* III, 2; **It's funny.** *C'est drôle (amusant).* II, 11

**furious** *furieux (furieuse),* II, 9

# G

**gain: to gain weight** *grossir,* I, 10

**game (match)** *le match,* III, 12; **game show** *le jeu télévisé,* III, 9; **to watch a game (on TV)** *regarder un match,* I, 6

**gas** *l'essence* (f.), III, 2; **gas station** *une station-service,* III, 2; **the gas tank** *le réservoir,* III, 2

**gaudy** *tape-à-l'œil,* III, 4

**geography** *la géographie,* I, 2

**geometry** *la géométrie,* I, 2

**German (language)** *l'allemand* (m.), I, 2; (adj.)

**Germany** *l'Allemagne* (f.), III, 12

**get: As soon as I get there, . . .** *Dès que je serai là,...* , III, 12; **Get . . .** *Prends...* , I, 8; **Get a move on!** *Grouille-toi!* III, 2; **Get out of here!** *Casse-toi!* III, 6; **Get well soon!** *Bon rétablissement!* II, 3; **Get with it!** *Réveille-toi un peu!* III, 10; **get up** *se lever,* II, 4; **How can I get to . . . ?** *Comment on va à... ?* III, 2; **How can we get there?** *Comment est-ce qu'on y va?* I, 12; **How did you get there?** *Tu es parti(e) comment?* III, 1; **It'll get better.** *Ça va aller mieux.* II, 5; **To get to . . . , follow . . . for about . . . kilometers.** *Pour (aller à)..., vous suivez la... pendant à peu près... kilomètres.* III, 2; **to get a bad grade** *avoir une mauvaise note,* II, 5; **to get an 8 in . . .** *avoir 8 en...* , II, 5; **to get lost** *se perdre,* II, 9; **to get ready** *faire les préparatifs,* II, 10; **You'll get used to it.** *Tu vas t'y faire.* II, 8

**gift** *le cadeau,* I, 11; **gift shop** *la boutique de cadeaux,* II, 3; **Have you got a gift idea for. . . ?** *Tu as une idée de cadeau pour... ?* II, 3

**giraffe** *la girafe,* III, 7

**give: Give . . . a kiss for me.** *Embrasse... pour moi.* III, 8; **Give . . . my regards.** *Fais mes amitiés à...* , III, 8; **Give him/her (them) . . .** *Offre-lui (leur) ...* , II, 3; **Give me your . . .** *Donnez-moi votre...* , III, 6; **Please give me . . .** *Donnez-moi...* , *s'il vous plaît.* I, 5; **to give (to someone)** *offrir (à quelqu'un),* II, 10; **What could I give to . . . ?** *Qu'est-ce que je pourrais offrir à... ?* II, 3; **You could give him/her (them) . . .** *Tu pourrais lui (leur) offrir...* , II, 3

**give up: I give up.** *J'abandonne.* II, 7

**glad: I'm glad to see you again.** *Je suis content(e) de te revoir.* III, 1

**Gladly.** *Je veux bien.* I, 8

**glass** *le verre,* III, 3

**glove** *le gant,* III, 12; **gloves** *les gants* (m.), II, 1; III, 4; **That fits you like a glove.** *Ça te va comme un gant.* III, 4

**go** *aller,* I, 6; **Go to the blackboard!** *Allez au tableau!,* I, 0; **Could you go by . . . ?** *Tu pourrais passer à... ?* I, 12; **Did it go well?** *Ça s'est bien passé?* I, 9; **Don't go!** *N'y va pas!* III, 9; **Go (keep going) straight ahead.** *Allez (continuez) tout droit,* II, 2; **How did it go?** *Comment ça s'est passé?* II, 5; **Let's go . . .** *Allons...* , I, 6; **to go for a walk** *faire une promenade,* I, 6; **We can go there . . .** *On peut y aller...* , I, 12; **Where did you go?** *Tu es allé(e) où?* I, 9; **You go down this street to the next light.** *Vous continuez cette rue jusqu'au prochain feu rouge.* I, 12

**go back (home)** *rentrer,* II, 6

**go down** *descendre,* II, 6

**go out** *sortir,* II, 6; **to go out with friends** *sortir avec les copains,* I, 1

**go up** *monter,* II, 6; **to go up in a tower** *monter dans une tour,* II, 6

**go with: It doesn't go at all with . . .** *Il/Elle ne va pas du tout avec...* , I, 10; **It goes very well with . . .** *Il/Elle va très bien avec...* , I, 10; **I'd like . . . to go with . . .** *J'aimerais... pour aller avec...* , I, 10

**goat** *la chèvre,* III, 8; **goat cheese** *le fromage de chèvre,* III, 1

**going: First, I'm going to . . .** *D'abord, je vais...* , II, 1; **How about going . . . ?** *Si on allait... ?* II, 4; **How's it going?** *(Comment) ça va?* I, 1; **I'm going . . .** *Je vais...* , I, 6; **I'm going to . . .** *Je vais...* , I, 11; **I'm going to have . . . , please.** *Je vais prendre... , s'il vous plaît.* I, 5; **What are you going to do . . . ?** *Qu'est-ce que tu vas faire... ?* I, 6; II, 1; **What do you think about going . . . ?** *Ça te dit d'aller... ?* II, 4; **What's going on?** *Qu'est-ce qui se passe?* II, 5; **What's going on with you?** *Qu'est-ce que tu deviens?* III, 1; **Where are you going to go . . . ?** *Où est-ce que tu vas aller... ?* I, 11; **You're going to like it here.** *Tu vas te plaire ici.* II, 8

**golf** *le golf,* I, 4; **to play golf** *jouer au golf,* I, 4

**good** *bon,* I, 5; **Did you have a good . . . ?** *Tu as passé un bon... ?* I, 11; **Did you have a good trip?** *Vous avez (Tu as) fait bon voyage?* II, 2; **Good idea!** *Bonne idée!* II, 3; **I've got a good one.** *J'en connais une bonne.* III, 10; **It'll do you good.** *Ça te fera du bien.* II, 7; **It's good for you.** *C'est bon pour toi.* II, 7; **It's good!** *C'est vraiment bon!* II, 3; **not very good** *pas bon,* I, 5; **That's a good (excellent) idea.** *C'est une bonne (excellente) idée.* II, 1; **That's a good one!** *Elle est bien bonne!* III, 10; **Yes, very good.** *Oui, très bon.* I, 9; **You're really strong/good at that.** *Tu es fortiche/calé(e).* III, 10

**Goodbye!** *Au revoir!* I, 1; *Salut!* I, 1

**goofing: You can't be goofing off in class!** *Il ne faut pas faire le clown en classe!*II, 5

**got (to have to): All you've got to do is . . .** *Tu n'as qu'à...* , III, 5; **No. You've got . . . to . . .** *Non, tu as... à...* , I, 7

**grade: to get a bad grade** *avoir une mauvaise note,* II, 5

**granddaughter** *la petite-fille,* III, 6

**grandfather** *le grand-père,* I, 7

**grandmother** *la grand-mère,* I, 7

**grandson** *le petit-fils,* III, 6

**grapes** *du raisin,* I, 8

**grass** *l'herbe* (f.), III, 7

**great** *génial(e),* I, 2; II, 2; *superbe,* II, 6; **Great!** *Super!* I, 1; *Génial!* III, 12; **Isn't it great!** *Ce que c'est bien!* III, 2; **It was great!** *C'était formidable!* I, 11; *C'était chouette!* III, 1; **It wasn't so great.** *C'était pas terrible.* III, 1; **It would be great if . . .** *Ça serait chouette si...* , III, 8; **Not so great.** *Pas terrible.* I, 1; **What a great day!** *Quelle journée formidable!* II, 5; **What a great weekend!** *Quel week-end formidable!* II, 5; **Your . . . is really great.** *Il/Elle est vraiment bien, ton/ta...* , II, 2

**great-grandfather** *l'arrière-grand-père* (m.), III, 6

**great-grandmother** *l'arrière-grand-mère,* (f.), III, 6

**green** *vert(e)(s),* I, 3; II, 1; **green beans** *les haricots verts* (m.), I, 8

**grey** *gris(e)(s),* I, 3

**grocery store** *l'épicerie* (f.), I, 12

**gross** *dégoûtant,* I, 5

**ground: on the ground** *par terre,* III, 3; **On the ground floor.** *Au rez-de-chaussée.* III, 2

**grounded: to be "grounded"** *être privé(e) de sortie,* II, 9

**group** *un groupe,* II, 11

**grow** *grandir,* I, 10

**to grow wheat** *cultiver le blé,* III, 8

**Guadeloupe** *la Guadeloupe,* III, 12

**guavas** *des goyaves* (f.), I, 8

**guess: Guess what . . .** *Devine ce que...* , II, 9; **Guess who . . .** *Devine qui...* , II, 9; **You'll never guess what happened.**

*Tu ne devineras jamais ce qui s'est passé.* II, 9
**guide: TV guide/listing** *le programme télé,* III, 9
**guided: to take a guided tour** *faire une visite guidée,* II, 6
**guitar** *la guitare,* III, 11
**gumbo** *le gombo,* III, 11
**guy: It's about a guy who . . .** *C'est l'histoire d'un mec qui... ,* III, 10
**gym** *le sport,* I, 2
**gymnastics** *la gymnastique,* III, 12; **to do gymnastics** *faire de la gymnastique,* II, 7

# H

**had: I've really had it!** *J'en ai ras le bol!* III, 8; **I've had it up to here!** *J'en ai jusque là!* III, 8; **I've just about had it!** *Je commence à en avoir marre!* III, 8
**hair** *les cheveux* (m.), II, 1; **black hair** *les cheveux noirs,* II, 1; **blond hair** *les cheveux blonds,* II, 1; **dark brown hair** *les cheveux bruns,* II, 1; **curly hair** *les cheveux frisés,* III, 4; **dyed hair** *les cheveux teints,* III, 4; **hair stylist** *un coiffeur (une coiffeuse),* III, 4; **long hair** *les cheveux longs,* II, 1; III, 4; **red hair** *les cheveux roux,* II, 1; **short hair** *les cheveux courts,* II, 1; III, 4; **straight hair** *les cheveux raides,* III, 4
**haircut** *la coupe,* III, 4
**Haiti** *Haïti* (m.), III, 12
**half: half past** *et demie,* I, 6; **half past (after midi and minuit)** *et demi,* I, 6
**ham** *le jambon,* I, 5; II, 3; **toasted cheese and ham sandwich** *un croque-monsieur,* I, 5
**hamburgers** *les hamburgers* (m.), I, 1
**hand** *la main,* I, 0; II, 7
**handsome** *beau,* II, 1
**hang: Hang in there!** *Courage!* II, 5
**hang glide** *faire du deltaplane,* II, 4
**Hanukkah: Happy Hanukkah!** *Bonne fête de Hanoukka!* II, 3
**happen: It could happen to anyone.** *Ça peut arriver à tout le monde.* III, 10
**happened: What happened?** *Qu'est-ce qui s'est passé?* I, 9; **to explain what happened (to someone)** *expliquer ce qui s'est passé (à quelqu'un),* II, 10; **What happened?** *Qu'est-ce qui s'est passé?* I, 9; **You'll never guess what happened.** *Tu ne devineras jamais ce qui s'est passé.* II, 9
**happens: It happens to everybody.** *Ça arrive à tout le monde.* III, 6
**happy: Happy birthday!** *Joyeux (Bon) anniversaire!* II, 3; **Happy Hanukkah!** *Bonne fête de Hanoukka!* II, 3; **Happy holiday! (Happy saint's day!)** *Bonne fête!* II, 3; **Happy New Year!** *Bonne année!* II, 3; **I'm happy to see you.** *Ça me fait plaisir de vous voir.* III, 6
**hard** *difficile,* I, 2; **No hard feelings.** *Je ne t'en veux pas.* II, 10; **No hard feelings?** *Tu ne m'en veux pas?* II, 10
**harm: No harm done.** *Il n'y a pas de mal.* II, 10
**harvest: to harvest fruits** *faire la cueillette,* III, 8
**has: He/She has . . .** *Il/Elle a... ,* II, 1
**hat** *un chapeau,* I, 10
**have** *avoir,* I, 2; **have fun** *s'amuser,* II, 4; **At what time do you have . . . ?** *Tu as... à quelle heure?* I, 2; **Do you have . . . ?** *Tu as... ?* I, 3; **Do you have . . . ?** *Vous avez... ?* I, 2; **Do you have that in . . . ? (size, fabric, color)** *Vous avez ça en... ?* I, 10; **Have . . .** *Prends... ,* I, 5; **Have a good (car) trip!** *Bonne route!* II, 3; **Have a good trip! (by plane, ship)** *Bon voyage!* II, 3; **He/She has . . .** *Il/Elle a... ,* II, 1; **I don't have . . .** *Je n'ai pas de... ,* I, 3; **I have some things to do.** *J'ai des trucs à faire.* I, 5; **I have...** *J'ai... ,* I, 2; II, 1; **I'll have . . . , please.** *Je prends... , s'il vous plaît.* I, 5; **I'm going to have . . . , please.** *Je vais prendre... , s'il vous plaît.* I, 5; **May I have some . . . ?** *Je pourrais avoir... ?* II, 3; **They have . . .** *Ils/Elles ont... ,* II, 1; **to have an accident** *avoir un accident,* II, 9; **to have an argument (with someone)** *se disputer (avec quelqu'un),* II, 9; **to have done** *faire + infinitive,* III, 4; **to take or to have (food or drink)** *prendre,* I, 5; **to have a child** *avoir un enfant,* III, 5; **We have . . .** *Nous avons... ,* I, 2; **What classes do you have . . . ?** *Tu as quels cours... ?* I, 2; **What do you have . . . ?** *Tu as quoi... ?* I, 2; **What kind of . . . do you have?** *Qu'est-ce que vous avez comme... ?* I, 5 L1; **Will you have . . . ?** *Tu prends... ?* I, 8; *Vous prenez ... ?* I, 8; **Would you have . . . ?** *Vous auriez... ?* III, 6; **Yes, do you have . . . ?** *Oui, vous avez... ?* I, 10; **Why don't you have . . . ?** *Pourquoi tu ne prends pas... ?* III, 1
**have to: All you have to do is . . .** *Tu n'as qu'à... ,* II, 7; **First you have to . . .** *Il faut que... d'abord.* III, 3; **You have to do better in class.** *Il faut mieux travailler en classe.* II, 5; **You have to . . .** Tu dois... , III, 3
**having: What are you having?** *Vous prenez?* I, 5
**head** *la tête,* II, 7
**health** *le cours de développement personnel et social (DPS),* I, 2
**hear: Did you hear the latest?** *Tu connais la nouvelle?* II, 9; **Let's hear it!** *Dis vite!* II, 9; **to hear the alarm clock** *entendre le réveil,* II, 5
**heard: Have you heard the latest?** *Tu connais la dernière?* III, 10; **I've heard that . . .** *J'ai entendu dire que... ,* III, 10
**heavy** *lourd(e),* III, 7
**height: of medium height** *de taille moyenne,* II, 1
**Hello** *Bonjour* 1; **Hello? (on the phone)** *Allô?* I, 9
**helmet** *le casque,* III, 12
**help** *aider,* II, 8
**Can you help me?** *Tu peux m'aider?* II, 10; **May I help you?** *(Est-ce que) je peux vous aider?* I, 10; **to help elderly people** *aider les personnes âgées,* III, 3
**her** *la,* I, 9; **her** *son/sa/ses,* I, 7; *lui,* I, 9
**here: Here.** *Voilà.* I, 3; **Here's . . .** *Voici...* I, 7; **Here (There) is . . .** *Là, c'est... ,* II, 2; **Here . . . , whereas . . .** *Ici,... tandis que... ,* III, 8; **Here it is.** *Voilà.* II, 3; **Here you are.** *Tenez (tiens).* II, 3
**Hey! Check it out!** *Tiens! Regarde un peu!* III, 7; **Hey, do you think you can . . . ?** *Dites donc, ça vous gênerait de... ?* III, 8
**Hi!** *Salut!* I, 1; **Tell . . . hi for me.** *Salue... de ma part.* III, 8
**hideous** *affreux (-euse),* III, 4
**high heels** *les hauts talons* (m.), III, 4
**high school** *le lycée,* II, 2; **high school/college teacher** *professeur,* III, 5
**hike: to go for a hike** *faire une randonnée pédestre,* II, 12
**hiking: to go hiking** *faire de la randonnée,* I, 11
**him** *le,* I, 9; *lui,* I, 9
**hippopotamus** *l'hippopotame* (m.), III, 7
**his** *son/sa/ses,* I, 7
**historical: historical movie** *le film historique,* III, 9
**history** *l'histoire* (f.), I, 2
**hockey: to play hockey** *jouer au hockey,* I, 4
**Hold on.** *Ne quittez pas.* I, 9
**holiday: Happy holiday! (Happy saint's day!)** *Bonne fête!* II, 3
**home: Make yourself at home.** *Faites (Fais) comme chez vous (toi),* II, 2; **Welcome to my home (our home)** *Bienvenue chez moi (chez nous),* II, 2
**homework** *les devoirs* (m.), I, 2; **I've got homework to do.** *J'ai des devoirs à faire.* I, 5; **to do homework** *faire ses devoirs,* I, 7
**horn** *une corne,* III, 7
**horrible: It was horrible.** *C'était épouvantable.* I, 9; **This is just horrible!** *C'est l'horreur!* III, 8; **to have a horrible day** *avoir une journée épouvantable,* II, 5
**horror movie** *le film d'horreur,* II, 11
**hors d'œuvre** *les hors-d'œuvre,* III, 11
**horseback: to go horseback riding** *faire de l'équitation,* I, 1
**hose** *un collant,* I, 10
**hostel: youth hostel** *l'auberge de jeunesse (f.),* II, 2
**hot: hot chocolate** *un chocolat,* I, 5; **hot dog** *un hot-dog,* I, 5; **It's hot.** *Il fait chaud.* I, 4; **not so hot** *pas super,* I, 2
**house: at my** *chez moi,* I, 6; **Is this . . . 's house?** *Je suis bien chez... ?* I, 9; **to clean house** *faire le ménage,* I, 7; **to/at . . . 's** *chez... ,* I, 11
**housework: to do housework** *faire le ménage,* I, 1; II, 10
**how: Could you tell me how to get to . . . ?** *La route pour..., s'il vous plaît?* III, 2; **Did you see how . . . ?** *Tu as vu comme... ?* III, 7; **How about . . . ?** *On... ?* I, 4; **How about buying . . . ?** *Si on achetait... ?* II, 8; **How about going . . . ?** *Si on allait... ?* II, 4; **How about playing . . . ?** *Si on jouait... ?* II, 8; **How about playing baseball?** *On joue au base-ball?* I, 5; **How about skiing?** *On fait du ski?* I, 5; **How about that!** *Ça alors!* III, 7; **How about visiting . . . ?** *Si on visitait... ?* II, 8; **How can I get to . . . ?** *Comment on va à... ?* III, 2; **How did it go?** *Comment ça s'est passé?* II, 5; **How do you like it?** *Comment tu trouves ça?* I, 5; **How do you say . . .?** *Comment on dit... ?* III, 11; **How many (much) do you want?** *Combien en voulez-vous?* II, 3; **How much does that make?** *Ça fait combien?* II, 3; **How much is (are). . . ?** *Combien coûte(nt)... ?* II, 3; **How much is . . . ?**

*C'est combien,... ?* I, 5; **How much is it?** *C'est combien?* I, 3; *Ça fait combien?* I, 10; **How much is it, please?** *Ça fait combien, s'il vous plaît?* I, 5; **How old are you?** *Tu as quel âge?* I, 1; **How was it?** *C'était comment?* II, 6; **How was your day (yesterday)?** *Comment s'est passée ta journée (hier)?* II, 5; **How was your vacation?** *Comment se sont passées tes vacances?* II, 5; **How was your weekend?** *Comment s'est passé ton week-end?* II, 5; **How's it going?** *(Comment) ça va?* I, 1; **How . . . !** *Qu'est-ce que... !* III, 6

**hugs: Hugs and kisses.** *Grosses bises.* III, 8; *Je t'embrasse bien fort.* III, 8

**hunger: I'm dying of hunger!** *Je crève de faim!* II, 12; **Yes, I'm dying of hunger!** *Si, je meurs de faim!* II, 2

**hungry: to be hungry** *avoir faim,* I, 5; **Aren't you hungry?** *Vous n'avez pas (Tu n'as pas) faim?* II, 2; **I'm not hungry anymore.** *Je n'ai plus faim.* II, 3; **No thanks. I'm not hungry anymore.** *Non, merci. Je n'ai plus faim.* I, 8; **Yes, I'm very hungry** *Si, j'ai très faim!* II, 2

**hurry: Can you hurry up?** *Tu peux te dépêcher?* III, 2; **Hurry up!** *Dépêche-toi!* III, 2; **people in a hurry** *les gens pressés,* III, 8

**hurt: I hurt all over!** *J'ai mal partout!* II, 7; **My . . . hurts.** *J'ai mal...* , II, 7; **to hurt one's . . .** *se faire mal à ...* , II, 7; III, 10

**husband** *le mari,* III, 6

**hysterical (funny)** *rigolo(te),* III, 2

## I

**I** *je,* I, 0

**I'd: I'd like to buy . . .** *Je voudrais acheter...* , I, 3

**ice: to ice-skate** *faire du patin à glace,* I, 4

**ice cream** *la glace,* I, 1

**idea: Good idea.** *Bonne idée.* I, 4; II, 3; **That's a good (excellent) idea.** *C'est une bonne (excellente) idée.* II, 1; **I have no idea.** *Je n'en sais rien.* I, 11; *Je n'en ai aucune idée.* III, 5; **No idea.** *Aucune idée.* II, 9

**if: If . . .** *Si...* , III, 5; **If I could, . . .** *Si seulement je pouvais,...* , III, 8; **If I had a choice, . . .** *Si j'avais le choix,...* , III, 8; **If I were in your place, . . .** *A ta place,...* , III, 8; **If I were you, . . .** *Si j'étais toi,...* , III, 8; **If it were me, . . .** *Si c'était moi,...* , III, 8; **OK, if you . . . first.** *D'accord, si tu... d'abord.* I, 7; **Yes, if . . .** *Oui, si...* , III, 3

**imagine: Can you imagine that . . .** *Figure-toi que...* , III, 10

**impolite: impolite people** *les gens* (m.) *mal élevés,* III, 8

**important: It's very important to . . .** *Il est très important que...* , III, 7

**impossible: It's impossible.** *C'est impossible.* II, 10

**impressed: I'm really impressed!** *Alors, là, tu m'épates!* III, 10

**impression: I have the impression that . . .** *J'ai l'impression que...* , III, 11

**in** *dans,* I, 6; **. . . is (are) in it.** *C'est avec...* , II, 11; **in (a city or place)** *à,* I, 11; **in** (before a feminine noun) *en,* I, 11; **in** (before a masculine noun) *au,* I, 11; **in** (before a plural noun) *aux,* I, 11; **In a hotel.** *A l'hôtel.* III, 1; **in front of** *devant,* I, 6; **in order to** *afin de,* I, 7; **in the afternoon** *l'après-midi,* I, 2; **in the evening** *le soir,* I, 2; **in the morning** *le matin,* I, 2; **in the water** *dans l'eau,* III, 3; **The girl in the/with the . . .** *La fille au...* , III, 4; **What's in . . .?** *Qu'est-ce qu'il y a dans... ?* III, 11; **Who's in it?** *C'est avec qui?* II, 11

**incredible** *incroyable,* II, 6

**indifference: (expression of indifference)** *Bof!* I, 1; II, 8

**information: Could you send me information on . . . ?** *Pourriez-vous m'envoyer des renseignements sur... ?* III, 5

**insect repellent** *de la lotion anti-moustiques,* II, 12

**intend: I intend to . . .** *J'ai l'intention de...* , I, 11; III, 5; **What do you intend to do?** *Qu'est-ce que tu as l'intention de faire?* III, 5

**interest: That doesn't interest me.** *Ça ne me dit rien.* I, 4; II, 1

**interested: Would you be interested in . . . ?** *Ça t'intéresse de...* , III, 6

**interesting** *intéressant,* I, 2; **It's not interesting.** *Ça n'a aucun intérêt.* III, 9

**into: Are you into . . .?** *Ça te branche,... ?* III, 11; **I'm not into that.** *Ça ne me branche pas.* III, 11

**invite: Invite him/her/them.** *Invite-le/la/les.* II, 10

**ironing: to do the ironing** *faire le repassage,* III, 3

**is: He/She is . . .** *Il/Elle est...* , II, 1; **There is/are . . .** *Il y a...* , II, 12

**island** *l'île* (f.), II, 4

**isn't: Isn't it great!** *Ce que c'est bien!* III, 2

**isolated** *isolé(e),* II, 8

**it** *le, la,* I, 9

**it's: It's . . .** *C'est...* , I, 2; II, 11; **It's . . . francs.** *Ça fait... francs.* I, 5

**Italy** *l'Italie* (f.), III, 12

## J

**jacket** *le blouson,* I, 10; **ski jacket** *l'anorak* (m.), II, 1

**jam** *de la confiture,* I, 8

**jambalaya** *le jambalaya,* III, 11

**January** *janvier,* I, 4

**Japan** *le Japon,* III, 12

**jazz** *le jazz,* II, 11; III, 11

**jeans: pair of jeans** *un jean,* I, 3; II, 1

**jellyfish** *la méduse,* III, 10

**jewelry** *les bijoux* (m.), III, 8

**job: to find a job** *trouver un travail,* III, 5

**jog** *faire du jogging,* I, 4

**joke: What a stupid joke!** *Elle est nulle, ta blague!* III, 10

**joking: You're joking!** *Tu plaisantes!* II, 6; *Tu rigoles!* III, 9

**journalist** *journaliste,* III, 5

**judo** *le judo,* III, 12

**July** *juillet,* I, 4

**June** *juin,* I, 4

**kidding: Are you kidding me?** *Tu te fiches de moi?* III, 9; **You're kidding!** *C'est pas vrai!* II, 6

**kilogram: a kilogram of** *un kilo de,* I, 8

**kind: That's kind of you.** *Vous êtes bien aimable.* III, 6; **What kind of . . . do you have?** *Qu'est-ce que vous avez comme... ?* I, 5, III, 1

**kiss: Give . . . a kiss for me.** *Embrasse... pour moi.* III, 8

**kisses: Hugs and kisses.** *Je t'embrasse bien fort.* III, 8; **Kisses to . . .** *Bisous à...* , III, 8

**kitchen** *la cuisine,* II, 2

**know: Did you know that . . . ?** *Tu savais que... ?* III, 10; **Do you know the one about . . . ?** *Est-ce que tu connais l'histoire de... ?* III, 10; **Do you know what . . . ?** *Tu sais ce que... ?* II, 9; **Do you know who . . . ?** *Tu sais qui... ?* II, 9; **I don't know what to do.** *Je ne sais pas quoi faire.* II, 10; **I don't know.** *Je ne sais pas.* I, 10; **I know that . . .** *Je sais que...* , III, 7; **I really don't know.** *Je ne sais pas trop.* III, 5; **I would like to know . . .** *Je voudrais savoir...* , III, 5; **What do you know about it?** *Qu'est-ce que tu en sais?* III, 10; **You're the . . . -est . . . I know.** *Tu es le/la... le/la plus... que je connaisse.* III, 10

## L

**lab** *les travaux* (m.) *pratiques,* I, 2

**lamp** *la lampe,* II, 2

**late** *tard,* II, 4

**later: Can you call back later?** *Vous pouvez rappeler plus tard?* I, 9; **See you later!** *A tout à l'heure!* I, 1

**latest: Did you hear the latest?** *Tu connais la nouvelle?* II, 9; **Have you heard the latest?** *Tu connais la dernière?* III, 10

**Latin** *le latin,* I, 2

**laugh: It really made me laugh.** *Ça m'a bien fait rire.* III, 9

**laundry: to do the laundry** *faire la lessive,* III, 3

**lawn: to mow the lawn** *tondre la pelouse,* III, 3

**lawyer** *avocat(e),* III, 5

**lead: This road will lead you into the center of town.** *Cette route vous conduira au centre-ville.* , III, 2

**leather: leather-goods shop** *la maroquinerie,* II, 3; **in leather** *en cuir,* I, 10

**leave** *partir,* I, 11; II, 6; **Can I leave a message?** *Je peux laisser un message?* I, 9; **Leave me alone!** *Fiche-moi la paix!* III, 6; **to leave one's family** *quitter sa famille,* III, 5; **You can't leave without . . .** *Tu ne peux pas partir sans...* , I, 11

**left: to the left** *à gauche,* I, 12; **to the left of** *à gauche de,* II, 2

**leg** *la jambe,* II, 7

**leggings** *un caleçon,* III, 4

**lemon soda** *la limonade,* I, 5

**less: less . . . than . . .** *moins... que...* , III, 8; **Life was more . . . , less . . .** *La vie était plus... , moins...* , II, 8; **More or less.** *Plus ou moins.* II, 6

**let's:** Let's go . . . *Allons...*, I, 6; **Let's go!** *Allons-y!* I, 4; **Let's hear it!** *Dis vite!* II, 9
**letter:** to send letters *envoyer des lettres,* I, 12
**library** *la bibliothèque,* I, 6; II, 2
**license:** to get one's driver's license *passer son permis de conduire,* III, 5
**life:** Life was more . . . , less . . . *La vie était plus... moins...* , II, 8
**lift:** to lift weights *faire de la musculation,* II, 7
**lights** *les lumières* (f.), III, 3
**like** *aimer,* I, 1; **Did you like it?** *Ça t'a plu?* II, 6; **Do you like . . . ?** *Tu aimes... ?* I, 1; **Do you like it?** *Il/Elle te/vous plaît?* I, 10; **Do you like this . . . ?** *Il/Elle te plaît,... ?* III, 4; **How did you like it?** *Comment tu as trouvé ça?* III, 9; **How do you like . . . ?** *Comment tu trouves... ?* I, 10; **How do you like it?** *Comment tu trouves ça?* I, 5; **I like it a lot.** *Il/Elle me plaît beaucoup.* III, 4; **I (really) like . . .** *Moi, j'aime (bien)...* , I, 1; **I didn't like it at all.** *Je n'ai pas du tout aimé.* III, 9; **Don't you like . . . ?** *Tu n'aimes pas... ?* III, 4; **I don't like...** *Je n'aime pas...* , I, 1; II, 1; **I like . . .** *J'aime bien...* , II, 1; **I like it, but it's expensive.** *Il/Elle me plaît, mais il/elle est cher.* I, 10; **I like this type of . . .** *J'aime bien ce genre de...* , III, 4; **I'd like . . .** *J'aimerais...* , III, 3; *Je voudrais...* , I, 3; II, 6; **I'd like some.** *J'en veux bien.* I, 8; **I'd like . . . to go with . . .** *J'aimerais... pour aller avec...* , I, 10; **I'd like some . . .** *Je prendrais bien...* , III, 6; **I'd like that a lot.** *Ça me plairait beaucoup.* III, 6; **I'd like to.** *Je veux bien.* II, 1; **I'd really like . . .** *J'aimerais bien...* , III, 5; **I'd really like to . . .** *Je voudrais bien...* , I, 11; **I'd really like to . . . !** *Qu'est-ce que j'aimerais... !* III, 8; **I'd really like to.** *Je veux bien.* I, 6; **If you like, we can . . .** *Si tu veux, on peut...* , II, 1; **Is it like here?** *C'est pareil qu'ici?* III, 12; **It looks like . . .** *On dirait que...* , III, 11; **It wasn't like this.** *Ce n'était pas comme ça.* III, 8; **The teacher doesn't like me.** *Le prof ne m'aime pas.* II, 5; **They look like . . .** *Ils ont l'air de...* , III, 11; **What are they like?** *Ils sont comment?* I, 7; **What do you like to do?** *Qu'est-ce que tu aimes faire?* II, 1; **What I don't like is . . .** *Ce que je n'aime pas, c'est...* , II, 4; **What I like is . . .** *Ce que j'aime bien, c'est...* , II, 4; *Ce qui me plaît, c'est...* , II, 4; **What I like/love is . . .** *Ce que j'adore/j'aime, c'est...* , III, 11; **What I would like is to . . .** *Ce qui me plairait, c'est de...* , III, 5; **What is he like?** *Il est comment?* I, 7; **What is she like?** *Elle est comment?* I, 7; **What music do you like?** *Qu'est-ce que tu aimes comme musique?* II, 1; **What was it like?** *C'était comment?* II, 8; **What would you like?** *Vous désirez?* I, 10; **What's life like there?** *C'est comment la vie là-bas?* III, 12; **Would you like to . . .?** *Ça te plairait de...* , III, 6; **Wouldn't you like to . . . ?** *Tu ne voudrais pas... ?* III, 6; **You're going to like it here.** *Tu vas te plaire ici.* II, 8
**liked:** I liked it a lot. *Ça m'a beaucoup plu.* III, 9; **I really liked it.** *Ça m'a beaucoup plu.* II, 6
**lion** *le lion,* III, 7
**listen:** Listen! *Ecoutez!,* I, 0; **to listen to music** *écouter de la musique,* I, 1; **to listen to what he/she says** *écouter ce qu'il/elle dit,* II, 10
**listening:** I'm listening. *Je t'écoute.* I, 9; II, 10
**listing:** TV guide/listing *le programme télé,* III, 9
**liter:** a liter of *un litre de,* I, 8
**little:** When he/she was little, . . . *Quand il/elle était petit(e),...* , II, 8; **When I was little, . . .** *Quand j'étais petit(e),...* , II, 8; **Yes, a little.** *Si, un peu,* II, 2
**lively** *vivant(e),* II, 4; *animé(e),* II, 8
**living room** *le salon,* II, 2
**lobster** *le homard,* III, 10
**located:** . . . is located . . . *... se trouve...* , II, 12; **Where is . . . located?** *Où se trouve...* , II, 12
**long** *long,* II, 11; **long-distance running** *la course de fond,* III, 12; **long-sleeved** *à manches longues,* III, 4; **It's been a long time since we've seen each other.** *Ça fait longtemps qu'on ne s'est pas vu(e)s.* III, 1; **It's not going to take long!** *Ça ne va pas prendre longtemps!* III, 2; **long hair** *les cheveux longs* (m.), II, 1; III, 4; **the long jump** *le saut en longueur,* III, 12
**look:** I think they look . . . *Je trouve qu'ils/elles font...* , III, 4; **I think you look very good like that.** *Je te trouve très bien comme ça.* III, 4; **If you could see how you look!** *Non mais, tu t'es pas regardé(e)!* III, 10; **Look at the map!** *Regardez la carte!,* I, 0; **Look out!** *Faites gaffe!* III, 7; **Look, here's (there's) (it's) . . .** *Regarde, voilà...* , I, 12; **That doesn't look good on you.** *Ça ne te (vous) va pas du tout.* I, 10; **That looks good.** *Ça fait très bien.* III, 4; **That looks really . . .** *Ça fait vraiment...* , III, 4; **They look like . . .** *Ils ont l'air de...* , III, 11; **to look after** *garder,* III, 3; **to look after your little sister** *garder ta petite sœur,* I, 7; **to look for** *chercher,* I, 9; **You look really . . . in that!** *Que tu es... avec ça!* III, 4
**looking:** I'm looking for something for . . . *Je cherche quelque chose pour...* , I, 10; **No, thanks, I'm just looking.** *Non, merci, je regarde.* I, 10
**looks:** It looks great on you! *C'est tout à fait ton style.* I, 10; **It looks like . . .** *On dirait que...* , III, 11
**lose** *perdre,* II, 5; III, 12; **to lose weight** *maigrir,* I, 10; *perdre du poids,* III, 10
**losing:** I'm losing it! *Je craque!* II, 7
**lost:** to get lost *se perdre,* II, 9
**lot:** A lot. *Beaucoup.* I, 4; **I had a lot of fun.** *Je me suis beaucoup amusé(e).* II, 6; **I liked it a lot.** *Ça m'a beaucoup plu.* III, 9; **I'd like that a lot.** *Ça me plairait beaucoup.* III, 6
**lots:** I have lots of things to do. *J'ai des tas de choses à faire.* I, 5
**loudly:** Don't speak so loudly. *Ne parle pas si fort.* III, 9
**love:** I love . . . *J'adore...* , II, 1; **love: Are you in love or what?** *Tu es amoureux (-euse) ou quoi?* III, 10; **in love** *amoureux (amoureuse),* II, 9; **to fall in love (with someone)** *tomber amoureux(-euse) (de quelqu'un),* II, 9; **What I like/love is . . .** *Ce que j'adore/j'aime, c'est...* , III, 11
**luck:** Good luck! *Bonne chance!* I, 11; **Tough luck!** *C'est pas de chance, ça!* II, 5
**lucky:** We were lucky! *On a eu de la chance!* III, 7
**lunch** *le déjeuner,* I, 2; **to have lunch** *déjeuner,* I, 9

# M

**ma'am** *madame (Mme),* I, 1
**madam** *madame,* III, 5
**made** *fait (faire),* I, 9
**magazine** *un magazine,* I, 3; **magazine show** *le magazine télévisé,* III, 9
**main dishes** *les plats* (m.), III, 1
**make** *faire,* I, 4; **How do you make . . .?** *Comment est-ce qu'on fait... ?* III, 11; **How much does that make?** *Ça fait combien?* II, 3; **Make the best of it.** *Fais-toi une raison.* II, 8; **to have (make) a date (with someone)** *avoir (prendre) rendez-vous (avec quelqu'un),* II, 9; **to make one's bed** *faire son lit,* III, 3
**make up:** to make up (with someone) *se réconcilier avec (quelqu'un),* II, 10; **to make up one's own mind** *prendre ses propres décisions,* III, 3
**mall** *le centre commercial,* I, 6
**mangoes** *des mangues* (f.), I, 8
**many:** as many/as much . . . as . . . *autant de... que...* , III, 8; **How many (much) do you want?** *Combien en voulez-vous?* II, 3
**map** *la carte,* I, 0
**March** *mars,* I, 4
**married** *marié(e),* III, 6; **to get married** *se marier,* III, 5
**mask** *le masque,* II, 8; III, 12
**match (game)** *le match,* III, 12
**matches** *les allumettes,* II, 12; **That matches . . .** *C'est assorti à...* , III, 4
**math** *les maths* (f.), I, 1
**matter:** It doesn't matter. *Ça ne fait rien.* II, 10; *Peu importe.* III, 9
**May** *mai,* I, 4
**may:** May I . . . ? *(Est-ce que) je peux... ?* I, 7; **May I have some . . . ?** *Je pourrais avoir... ?* II, 3; **May I help you?** *(Est-ce que) je peux vous aider?* I, 10
**maybe** *peut-être,* II, 3; **Maybe . . .** *Peut-être que...* , II, 9; III, 5; **Maybe you're right.** *Tu as peut-être raison.* II, 9
**me** *moi,* I, 2
**meal** *un repas,* II, 7
**mean** *méchant(e),* I, 7; II, 1; **What does . . . mean?** *Qu'est-ce que ça veut dire,... ?* III, 11
**meat** *la viande,* I, 8; III, 11
**mechanic** *mécanicien(ne),* III, 5
**medicine** *des médicaments* (m.), I, 12
**medium:** of medium height *de taille moyenne,* II, 1; **Medium rare.** *A point.* III, 1
**meet** *rencontrer,* I, 9; II, 9; **I'd like you to meet . . .** *Je te (vous) présente...* , I, 7; **Pleased to meet you.** *Très heureux (heureuse).* I, 7; **We'll meet . . .** *On se retrouve...* , I, 6; **We'll meet . . .** *Rendez-vous...* , I, 6

**meeting:** What time are we meeting? *A quelle heure est-ce qu'on se donne rendez-vous?* III, 6; **Where are we meeting?** *Où est-ce qu'on se retrouve?* III, 6
**menu:** The menu, please. *La carte, s'il vous plaît.* I, 5
**merry:** Merry Christmas! *Joyeux Noël!* II, 3
**message:** Can I leave a message? *Je peux laisser un message?* I, 9
**metro:** at the . . . metro stop *au métro...*, I, 6; **metro station** *la station de métro,* III, 8
**Mexico** *le Mexique,* III, 12
**microphone** *le microphone,* III, 11
**midnight** *minuit,* I, 6
**might:** It might be that . . . *Il se peut que...*, III, 5
**mike (microphone)** *le micro,* III, 11
**military:** to do one's military service *faire son service militaire,* III, 5
**milk** *du lait,* I, 8; II, 3; **to milk the cows** *traire les vaches* (f.), III, 8
**mind:** Are you out of your mind?! *Ça va pas, non?!* III, 8; **Do you mind if . . . ?** *Ça te dérange si... ?,* III, 3; **I can't make up my mind.** *Je n'arrive pas à me décider.* III, 1; **Mind your own business!** *Mêle-toi de tes oignons!* III, 6; **to make up one's own mind** *prendre ses propres décisions,* III, 3; **Would you mind . . . ?** *Ça t'embête de... ?* II, 10; *Ça t'ennuie de... ?* II, 10
**mineral water** *l'eau minérale,* I, 5
**miniskirt** *la mini-jupe,* III, 4
**minute:** Do you have a minute? *Tu as une minute?* I, 9; II, 10
**miss, Miss** *mademoiselle (Mlle),* I, 1
**miss:** Don't miss it! *C'est à ne pas manquer!* III, 9; **I miss . . .** *Je regrette...*, II, 8; **(plural subject)** *... me manquent.* II, 8; **(singular subject)** *... me manque.* II, 8; **to miss a step** *rater une marche,* II, 5; **to miss the bus** *rater le bus,* I, 9; **to miss the bus** *rater le bus,* II, 5; **What I miss is . . .** *Ce qui me manque, c'est...*, II, 8
**mistaken:** If I'm not mistaken, . . . *Si je ne me trompe pas,...*, III, 11; **In my opinion, you're mistaken.** *A mon avis, tu te trompes.* II, 9
**misunderstanding:** a little misunderstanding *un petit malentendu,* II, 10
**moment:** One moment, please. *Un moment, s'il vous plaît.* I, 5
**Monday:** on Mondays *le lundi,* I, 2
**money** *de l'argent,* I, 11
**monkey** *le singe,* III, 7
**mood:** in a bad mood *de mauvaise humeur,* II, 9; **in a good mood** *de bonne humeur,* II, 9
**moose** *un orignal,* II, 12
**moped** *le vélomoteur,* III, 8
**more:** More . . . ? *Encore de... ?* I, 8; **Some more . . . ?** *Encore... ?* II, 3; **I just can't do any more!** *Je n'en peux plus!* II, 7; **Life was more . . . , less . . .** *La vie était plus... moins...*, II, 8; **more . . . than . . .** *plus de... que,* III, 8; **more . . . than . . .** *plus... que...*, III, 8; **More or less.** *Plus ou moins.* II, 6; **One more try!** *Encore un effort!* II, 7
**morning:** in the morning *le matin,* I, 2
**Morocco** *le Maroc,* III, 12
**mosque** *une mosquée,* II, 8
**mosquito** *un moustique,* II, 4; **mosquito repellent** *de la lotion anti-moustique,* III, 7
**mother** *la mère,* I, 7
**mountain:** to go mountain-bike riding *faire du vélo de montagne,* II, 12; **to/at the mountains** *à la montagne,* I, 11
**move** *déménager,* III, 10; **Don't move.** *Ne bougez pas.* III, 7; **Get a move on!** *Grouille-toi!* III, 2
**movie** *le film,* I, 6; **the movies** *le cinéma,* I, 1; **movie theater** *le cinéma,* I, 6; **historical movie** *le film historique,* III, 9; **war movie** *le film de guerre,* III, 9; **What good movies are out?** *Qu'est-ce qu'il y a comme bons films en ce moment?* III, 9; **What good movies have you seen?** *Qu'est-ce que tu as vu comme bon film?* III, 9
**mow:** to mow the lawn *tondre la pelouse,* III, 3
**Mr.** *monsieur (M.),* I, 1
**Mrs.** *madame (Mme),* I, 1
**much:** as many/as much . . . as . . . *autant de... que...*, III, 8; **How much is (are) . . . ?** *Combien coûte(nt)... ?* II, 3; **How much is . . . ?** *C'est combien,... ?* I, 5; **How much is it, please?** *Ça fait combien, s'il vous plaît?* I, 5; **How much is it?** *C'est combien?* I, 3; **How much is the entrance fee?** *C'est combien, l'entrée?* II, 6; **No, not too much.** *Non, pas trop.* I, 2; **Not much.** *Pas grand-chose.* I, 6; **Not too much.** *Pas tellement.* I, 4; **Not very much.** *Pas beaucoup.* I, 4; **Yes, very much.** *Oui, beaucoup.* I, 2; **I don't like that very much.** *Je n'aime pas tellement ça.* III, 11
**museum** *le musée,* I, 6; II, 2
**mushrooms** *les champignons* (m.), I, 8; III, 11
**music** *la musique,* I, 2; **(music) group** *un groupe,* II, 11; **classical music** *la musique classique,* II, 11; **music video** *le vidéoclip,* III, 9; **What music do you like?** *Qu'est-ce que tu aimes comme musique?* II, 1
**musical comedy** *une comédie musicale,* III, 9
**musician** *musicien(ne),* II, 11
**must:** It must be . . . *Ça doit être...*, III, 7; **There must be . . .** *Il doit y avoir...*, III, 7
**mustache** *la moustache,* III, 4
**my** *mon/ma/mes,* I, 7; **It's just not my day!** *C'est pas mon jour!* II, 5
**mystery:** detective or mystery movie *un film policier,* II, 11

# N

**name:** His/Her name is... *Il/Elle s'appelle...*, I, 1; **My name is...** *Je m'appelle...*, I, 1; **What's your name?** *Tu t'appelles comment?* I, 1
**nap:** to take a nap *faire la sieste,* II, 8
**natural science** *les sciences* (f.) *naturelles,* I, 2
**near** *près de,* II, 2
**Neat!** *C'est le pied!* III, 7; **That's really neat!** *C'est vraiment le pied!* III, 12
**necessary:** It's necessary that . . . *Il est nécessaire que...*, III, 7
**neck** *le cou,* II, 7
**necklace** *le collier,* III, 4
**need:** I need . . . *Il me faut...*, I, 3, 10; *J'ai besoin de...*, I, 8; **What do you need for . . . ?** *Qu'est-ce qu'il vous (te) faut pour... ?* I, 3, 8; **What do you need?** *De quoi est-ce que tu as besoin?; Qu'est-ce qu'il te faut?* I, 8
**neither:** Neither do I. *Moi non plus.* I, 2; III, 9
**nephew** *le neveu,* III, 6
**never** *ne... jamais,* I, 4
**new** *nouveau (nouvelle),* II, 2; **Happy New Year!** *Bonne année!* II, 3; **What's new?** *Quoi de neuf?* III, 1
**news** *les informations* (f.), III, 9
**next:** Next, . . . *Ensuite, ...* II, 1; **next to** *à côté de,* I, 12; II, 2; **Right there, next to . . .** *Juste là, à côté de...*, III, 2
**nice** *gentil (gentille),* I, 7; II, 1; *sympa,* II, 1; **It's nice weather.** *Il fait beau.* I, 4; **That would be nice.** *Ce serait sympa.* III, 6; **That's nice of you.** *C'est gentil (à vous).* II, 2; III, 6; **That's so nice of you.** *C'est gentil de votre (ta) part,* II, 2; **That's very nice of you.** *C'est vraiment très gentil de votre part.* III, 6
**niece** *la nièce,* III, 6
**Niger** *le Niger,* III, 12
**nightmare:** It was a real nightmare! *C'était un véritable cauchemar!* I, 11
**no** *non,* I, 1; **No . . . ing** *Défense de...*, III, 3; **It's no good.** *C'est nul* III, 9; **No way!** *C'est pas possible!* III, 12; *Mon œil!* III, 10; *Pas question!* II, 1; *Tu parles!* III, 9
**noise** *le bruit,* III, 8; **Could you make less noise?** *Tu pourrais faire moins de bruit?* III, 9; **to make noise** *faire du bruit,* III, 3
**noisy** *bruyant(e),* II, 8
**none (of it)** *en,* I, 8
**noon** *midi,* I, 6
**north:** in the north *dans le nord,,* II, 4; **It's to the north of . . .** *C'est au nord de...*, II, 12
**northern:** It's in the northern part of . . . *C'est dans le nord de...*, II, 12
**nose:** I've got a runny nose. *J'ai le nez qui coule.* II, 7
**not** *ne... pas,* I, 1; **. . . is not allowed** *Interdiction de...*, III, 3; **Definitely not!** *Sûrement pas!* II, 6; **It was not bad.** *J'ai trouvé ça pas mal,* ,III, 9; **It's not good to . . .** *Ce n'est pas bien de...*, III, 3; **Not at all.** *Pas du tout.* I, 4; II, 10; III, 9; **Oh, not bad.** *Oh, pas mal.* I, 9; **not so great** *pas fameux,* I, 5; **not very good** *pas bon,* I, 5; **not yet** *ne... pas encore,* I, 9; **One should not . . .** *Il ne faut pas...*, III, 3; **Please do not . . .** *Prière de ne pas...*,; *Veuillez ne pas...*, III, 3; **You'd do better not to . . .** *Tu ferais mieux de ne pas...*, III, 3
**notebook** *le cahier,* I, 0
**nothing:** It's nothing special. *Ce n'est pas grand-chose.* II, 3; **It's nothing.** *(Il n'y a) pas de quoi.* III, 6; **Nothing (special).** *Rien (de spécial).* I, 6; III, 1
**novel** *un roman,* I, 3
**November** *novembre,* I, 4
**nurse** *infirmier(-ière),* III, 5

# O

**oars** *les rames* (f.), III, 12
**obvious:** That's obvious. *Ça se voit.* II, 9
**obviously** *évidemment,* II, 9

**o'clock: at . . . o'clock** *à... heures,* I, 2
**October** *octobre,* I, 4
**octopus** *la pieuvre,* III, 10
**of** *de,* I, 0; **Of course not.** *Bien sûr que non.* II, 10; **Of course.** *Bien sûr.* I, 3; II, 10; **of it** *en,* I, 8; **of them** *en,* I, 8
**off: afternoon off** *l'après-midi libre,* I, 2
**offer: Can I offer you something?** *Je vous sers quelque chose?* III, 6; **What can I offer you?** *Qu'est-ce que je peux vous offrir?* III, 6
**often** *souvent,* I, 4
**oh: Oh no!** *Oh là là!* II, 5
**oil** *l'huile* (f.), III, 2; **to put oil in the motor** *mettre de l'huile dans le moteur,* III, 2; **to check the oil** *vérifier l'huile,* III, 2; **to change the oil** *faire la vidange,* III, 2
**OK.** *assez bien,* II, 6; *D'accord.* I, 4; *Entendu.* I, 2; **Well, OK.** *Bon, d'accord.* I, 8; **Is it OK with you if . . . ?** *Tu veux bien que je... ?,* III, 3; **Is that OK with you?** *Tu es d'accord?* I, 7
**okra** *des okras* (m.), III, 11; *du gombo,* I, 8
**old-fashioned** *démodé(e),* I, 10
**old: How old are you?** *Tu as quel âge?* I, 1; **I am . . . years old.** *J'ai... ans.* I, 1; **This old thing?** *Oh, c'est un vieux truc.* III, 4; **to be . . . years old** *avoir... ans,* II, 1; **When I was . . . years old, . . .** *Quand j'avais... ans,...* , II, 8
**older** *âgé(e),* I, 7
**oldest: the oldest child** *l'aîné(e),* III, 6
**olive** *l'olive* (f.), III, 8
**on: Can I try on . . . ?** *Je peux essayer... ?* I, 10; **on foot** *à pied,* I, 12; **on Fridays** *le vendredi,* I, 2; **on (day of the week) . . . s** *le + (day of the week),* I, 2
**on the right (left)** *sur la droite (gauche),* II, 2
**once: OK, just this once.** *Ça va pour cette fois.* III, 3; **once a week** *une fois par semaine,* I, 4
**one-way: a one-way ticket** *un aller simple,* II, 6
**one: He/She already has one (of them).** *Il/Elle en a déjà un(e).* II, 3; **That one.** *Celui-là/Celle-là,* III, 4; **The one . . .** *Celui du...* , III, 4; **Which one?** *Lequel/Laquelle?* III, 4; **Which ones?** *Lesquels/Lesquelles?* III, 4
**only: I'm not the only one who . . .** *Je ne suis pas le/la seul(e) à...* , III, 3
**open: Open your books to page . . .** *Ouvrez vos livres à la page...,* I, 0; **When do you open?** *A quelle heure est-ce que vous ouvrez?* II, 6
**opinion: I didn't ask your opinion.** *Je t'ai pas demandé ton avis.* III, 10; **In my opinion, . . .** *A mon avis,...* , II, 9; **In my opinion, it's safer.** *A mon avis, c'est plus sûr.* III, 7; **In my opinion, you're mistaken.** *A mon avis, tu te trompes.* II, 9; **In your opinion, what do I do?** *A ton avis, qu'est-ce que je fais?* I, 9; **In your opinion, what should I do?** *A ton avis, qu'est-ce que je dois faire?* II, 10
**orange (color)** *orange,* I, 3; **orange juice** *un jus d'orange,* I, 5; **oranges** *des oranges* (f.), I, 8
**ordinary: That's ordinary.** *C'est banal.* II, 3
**other: Think about other people.** *Pense aux autres.* III, 3
**ought: You ought to . . .** *Il faudrait que tu...,* III, 5
**our** *notre, nos,* I, 7
**out: to go out** *sortir,* II, 6; **Out of the question!** *Pas question!* I, 7
**outfit** *la tenue,* III, 12
**over there: Over there, the boy who . . .** *Là-bas, le garçon qui...* , III, 4
**oysters** *les huîtres* (f.), II, 3; III, 11

# P

**page** *la page,* I, 0
**pain: a pain (in the neck)** *pénible,* I, 7; II, 1; **You're such a pain!** *Tu es vraiment casse-pieds!* III, 6
**pair: a pair of jeans** *un jean,* I, 3; II, 1; **of shorts** *un short,* I, 3; **of boots** *les bottes* (f.), II, 1; **of gloves** *les gants* (m.), II, 1; **of pants** *un pantalon,* I, 10; **of sneakers** *les baskets* (f.), II, 1
**palm tree** *un palmier,* II, 4
**panic: Don't panic!** *Pas de panique!* III, 7
**pantyhose** *un collant,* III, 4
**papayas** *des papayes* (f.), I, 8
**paper** *le papier,* I, 0; III, 3; **sheets of paper** *des feuilles* (f.) *de papier,* I, 3
**parallel: the uneven parallel bars** *les barres asymétriques* (f.), III, 12
**pardon: Pardon me.** *Pardon,* I, 3; **Pardon me for . . .** *Pardonne-moi de...* , III, 6
**park** *le parc,* I, 6; II, 2
**parking place** *la place de stationnement,* III, 8
**party: to give a party** *faire une boum,* II, 10
**pass: to pass one's baccalaureat exam** *réussir son bac,* III, 5; **Would you pass . . .?** *Vous pourriez (tu pourrais) me passer... ?,* II, 3; **You'll pass . . .** *Vous passez devant...* , I, 12
**passport** *le passeport,* I, 11; II, 1; III, 7
**pasta** *des pâtes (f.),* II, 7
**pastry** *la pâtisserie,* I, 12; **pastry shop** *la pâtisserie,* I, 12; II, 3
**paté** *le pâté,* II, 3
**patient: Be patient!** *Sois patient(e)!* III, 2
**peaches** *des pêches* (f.), I, 8
**pears** *des poires* (f.), I, 8
**peas** *des petits pois* (m.), I, 8
**pedestrian: pedestrian crossing** *le passage pour piétons,* III, 8
**pen** *le stylo,* I, 0
**pencil** *un crayon,* I, 3; **pencil case** *la trousse,* I, 3; **pencil sharpener** *un taille-crayon,* I, 3
**pendant** *le pendentif,* III, 4
**people: people in a hurry** *les gens pressés,* III, 8
**perfect: It's perfect.** *C'est parfait.* I, 10
**perm** *la permanente,* III, 4
**permission: to ask your parents' permission** *demander la permission à tes parents,* II, 10
**pharmacist** *pharmacien(ne),* III, 5
**phone: Phone him/her/them.** *Téléphone-lui/-leur.* II, 10; **to talk on the phone** *parler au téléphone,* I, 1
**photo: photo frame** *le cadre,* II, 3
**physical education** *l'éducation* (f.) *physique et sportive (EPS),* I, 2
**physics** *la physique,* I, 2
**piano** *le piano,* III, 11
**pick** *choisir,* I, 10; **to pick up your room** *ranger ta chambre,* I, 7
**picnic: to have a picnic** *faire un pique-nique,* I, 6; II, 6
**picture** *l'image* (f.), III, 9; **to take pictures** *faire des photos,* I, 4
**pie** *de la tarte,* I, 8; **fruit pies/tarts** *les tartes aux fruits,* III, 1
**piece: a piece of** *un morceau de,* I, 8
**pilot** *pilote,* III, 5
**pineapple** *des ananas* (m.), I, 8; *un ananas,* II, 4
**pink** *rose,* I, 3
**pitcher (baseball)** *le lanceur,* III, 12
**pizza** *la pizza,* I, 1
**plaid** *écossais(e),* III, 4
**plain** *sobre,* III, 4
**plan: What do you plan to do?** *Qu'est-ce que tu comptes faire?* III, 5
**plane: plane ticket** *un billet d'avion,* I, 11; **by plane** *en avion,* I, 12
**planning: I'm planning on . . .** *Je compte...* , III, 5
**plans: Do you have plans?** *Tu as des projets?* III, 5; **I don't have any plans.** *Je n'ai rien de prévu.* I, 11
**plant: to plant a tree** *planter un arbre,* III, 3
**plastic** *le plastique,* III, 3
**plate: plate of pâté, ham, and cold sausage** *l'assiette de charcuterie,* III, 1
**platform: From platform . . .** *Du quai...* , II, 6; **From which platform . . . ?** *De quel quai... ?* II, 6
**play** *faire, jouer,* I, 4; **Do you play/do . . . ?** *Est-ce que tu fais... ?* I, 4; **How about playing . . . ?** *Si on jouait... ?* II, 8; **I don't play/do . . .** *Je ne fais pas de...* , I, 4; **I play . . .** *Je joue...* , I, 4; **I play/do . . .** *Je fais...* , I, 4; **to play baseball** *jouer au base-ball,* I, 4; **to play basketball** *jouer au basket(-ball),* I, 4; **to play football** *jouer au football américain,* I, 4; **to play golf** *jouer au golf,* I, 4; **to play hockey** *jouer au hockey,* I, 4; **to play soccer** *jouer au foot(ball),* I, 4; **to play sports** *faire du sport,* I, 1; **to play tennis** *jouer au tennis,* I, 4; **to play volleyball** *jouer au volley(-ball),* I, 4; **What sports do you play?** *Qu'est-ce que tu fais comme sport?* I, 4; II, 1
**playing: It's playing at . . .** *Ça passe à...* , II, 11; **What films are playing?** *Qu'est-ce qu'on joue comme film?* II, 11; **Where is that playing?** *Ça passe où?* II, 11
**please** *s'il vous (te) plaît,* I, 3; **A . . . , please.** *Un(e)... s'il vous plaît.* II, 6; **Pleased to meet you.** *Très heureux (heureuse).* I, 7
**pleasure: Yes, with pleasure.** *Oui, avec plaisir.* I, 8; *Avec plaisir.* II, 10
**pleated** *à pinces,* III, 4
**plenty: We've got plenty of time!** *On a largement le temps!* III, 2
**plot: It has no plot.** *Il n'y a pas d'histoire.* II, 11; **It's full of plot twists.** *C'est plein de rebondissements.* II, 11
**plumber** *plombier* (m.), III, 5
**po-boy sandwich** *le po-boy,* III, 11
**poetry: book of poetry** *un livre de poésie,* II, 11
**point: At that point . . .** *A ce moment-là...* , II, 9; III, 9; **It's not my strong point.** *Ce n'est pas mon fort.* II, 5

**pole: the pole vault** *le saut à la perche,* III, 12
**polite** *poli(e),* III, 3
**polka-dot** *à pois,* III, 4
**pollution** *la pollution,* III, 8
**pony tail** *une queue de cheval,* III, 4
**pool** *la piscine,* II, 2
**poor: You poor thing!** *Pauvre vieux (vieille)!* II, 5
**pop: popular, mainstream music** *le pop,* II, 11
**pork** *du porc,* I, 8; III, 11; **porkchop with pasta** *la côtelette de porc pâtes,* III, 1
**possible: If it were possible, . . .** *Si c'était possible,...* , III, 8; **It's possible that . . .** *Il est possible que...* , III, 5; **That's not possible.** *Ce n'est pas possible.* II, 9; **That's possible.** *C'est possible.* II, 9; **Would it be possible for you to . . . ?** *Vous serait-il possible de... ?* III, 5
**post office** *la poste,* I, 12; II, 2
**poster** *le poster,* I, 0, 3; II, 2
**potatoes** *des pommes de terre* (f.), I, 8
**pottery** *la poterie,* II, 8; III, 8
**pound: a pound of** *une livre de,* I, 8
**practice** *répéter,* I, 9
**prefer: Do you prefer . . . or . . . ?** *Tu aimes mieux... ou... ?* I, 10; **I prefer** *Je préfère,* II, 1, 7, 8; *J'aime mieux...* , I, 1; II, 1; **What I prefer is . . .** *Ce que je préfère, c'est...* , II, 4
**pressure: tire pressure** *la pression des pneus* (m.), III, 2
**prey** *la proie,* III, 7
**problem: I've got a problem.** *J'ai un (petit) problème.* I, 9; II, 10; **No problem.** *Pas de problème.* II, 10
**process: to be in the process of (doing something)** *être en train de (+ infinitive),* II, 9
**public: to take public transportation** *prendre les transports en commun,* III, 3
**pudding: bread pudding** *le pouding au pain,* III, 11
**pullover (sweater)** *un pull-over,* I, 3
**purple** *violet(te),* I, 3
**purpose: Are you doing that on purpose?** *Tu le fais exprès?* III, 6
**purse** *le sac à main,* II, 3
**push-ups: to do push-ups** *faire des pompes,* II, 7
**put** *mettre,* I, 10; **put on (clothing)** *mettre,* I, 10; **put up: I won't put up with this!** *C'est insupportable, à la fin!* III, 8

## Q

**quarter: quarter past** *et quart,* I, 6; **quarter to** *moins le quart,* I, 6
**question: Out of the question!** *Pas question!* I, 7
**quiet: Be quiet!** *Tais-toi!* III, 9; **Could you please be quiet?** *Vous pourriez vous taire, s'il vous plaît?* III, 9
**quiz** *l'interro* (f.), I, 9

## R

**raccoon** *le raton laveur,* II, 12
**radio** *la radio,* I, 3
**rain: It's raining.** *Il pleut.* I, 4
**raincoat** *l'imperméable* (m.), II, 1
**rained: It rained the whole time.** *Il a plu tout le temps.* III, 1
**rainforest: tropical rainforest** *la forêt tropicale,* II, 4; III, 7
**raise** *élever,* III, 8; **Raise your hand!** *Levez la main!,* I, 0
**raisins** *les raisins secs,* III, 11
**rake: to rake leaves** *ramasser les feuilles,* III, 3
**rap** *le rap,* II, 11; III, 11
**Rare.** *Saignante.* III, 1
**rather** *plutôt,* II, 9; **No, I'd rather. . .** *Non, je préfère...* , II, 1
**read** *lire,* I, 1; **read** (pp.) *lu* (pp. of lire), I, 9
**ready: to get ready** *faire les préparatifs,* II, 10
**really** *vachement,* II, 9; **really . . .** *bien...* , III, 11; **Really.** *Je t'assure.* III, 4; **Really?** *C'est vrai? (Vraiment?),* II, 2; **I (really) like...** *Moi, j'aime (bien)...* , I, 1; **I really don't know.** *Je ne sais pas trop.* III, 5; **I really liked it.** *Ça m'a beaucoup plu.* II, 6; **I'd really like . . .** *J'aimerais bien...* , III, 5; **I'd really like to . . .** *Je voudrais bien...* , I, 11; **I'd really like to.** *Je veux bien.* I, 6; **No, not really.** *Non, pas vraiment.* I, 11; **That looks really . . .** *Ça fait vraiment...* , III, 4; **That's really you.** *C'est tout à fait toi.* III, 4; **Was it really so different?** *C'était tellement différent?* II, 8; **Your . . . is really great.** *Il/Elle est vraiment bien, ton/ta...* , II, 2
**reason: That's no reason.** *Ce n'est pas une raison.* III, 3
**receive: to receive one's report card** *recevoir le bulletin trimestriel,* II, 5
**recommend: I recommend . . .** *Je te recommande...* , III, 9; **I recommend it.** *Je te le recommande.* II, 11; **What do you recommend?** *Qu'est-ce que vous me conseillez?* III, 1
**record: at the record store** *chez le disquaire,* I, 12
**recorder: videocassette recorder** *le magnétoscope,* III, 9
**recreation center** *la Maison des jeunes et de la culture (MJC),* I, 6
**recycle** *recycler,* III, 3
**red** *rouge,* I, 3; **red hair** *les cheveux roux,* II, 1; **redheaded** *roux (rousse),* I, 7
**regards: Give . . . my regards.** *Fais mes amitiés à...* , III, 8
**reggae music** *le reggae,* II, 11
**regular: regular leaded (gasoline)** *super,* III, 2
**rehearse** *répéter,* I, 9
**relaxing** *relax,* II, 8
**remember: If I remember correctly, . . .** *Si je me souviens bien,...* , III, 11; **Remember to take . . .** *Pense à prendre...* , II, 1
**remote (control)** *la télécommande,* III, 9
**repeat: Repeat!** *Répétez!,* I, 0
**report card: to receive one's report card** *recevoir le bulletin trimestriel,* II, 5
**respect: to respect nature** *respecter la nature,* II, 12; **to respect one's teachers and one's parents** *respecter ses profs et ses parents,* III, 3
**response: In response to your letter of . . .** *En réponse à votre lettre du...* , III, 5
**responsibilities: to have responsibilities** *avoir des responsabilités,* II, 8
**responsible** *responsable,* III, 3
**restaurant** *le restaurant,* I, 6
**restroom:** *les toilettes (les W.-C.),* II, 2
**return** *retourner,* II, 6; **to return something** *rendre,* I, 12; **to return tests** *rendre les examens,* II, 5
**rhinoceros** *le rhinocéros,* III, 7
**rice** *du riz,* I, 8
**ride: to take a ride on the ferris wheel** *faire un tour sur la grande roue,* II, 6; **to take a ride on the roller coaster** *faire un tour sur les montagnes russes,* II, 6
**ridiculous: That's ridiculous!** *N'importe quoi!* II, 6
**riding: to go horseback riding** *faire de l'équitation,* I, 1
**right: I can't right now.** *Je ne peux pas maintenant.* I, 8; **I'll go right away.** *J'y vais tout de suite.* I, 8; **It's right there on the . . .** *C'est tout de suite à...* , I, 12; **on the right** *sur la droite,* II, 2; **right away** *tout de suite,* I, 6; **to the right** *à droite,* I, 12; **to the right of** *à droite de,* II, 2; **Yeah, right!** *Mon œil!* II, 6; *N'importe quoi!* III, 10; **You're right.** *Tu as raison.* II, 3; III, 9; **I just can't do anything right!** *Qu'est-ce que je peux être nul(le)!* III, 12
**ring: the rings (in gymnastics)** *les anneaux* (m.), III, 12
**rip** *déchirer,* II, 5
**river** *la rivière,* III, 7
**roast beef** *le rôti de bœuf,* III, 3
**rock (music)** *le rock,* II, 11; III, 11
**rocks** *les rochers* (m.), III, 10
**roll: roll of film** *la pellicule,* III, 7
**roller coaster** *les montagnes russes,* II, 6
**romance novel** *un roman d'amour,* II, 11
**romantic: romantic movie** *une histoire (f.) d'amour,* II, 11
**room (of a house)** *la pièce,* II, 2; **to pick up your room** *ranger ta chambre,* I, 7
**round-trip: a round-trip ticket** *un aller-retour,* II, 6
**rowing** *l'aviron* (m.), III, 12
**rug** *le tapis,* II, 2; III, 8
**ruler** *la règle,* I, 3
**running: long-distance running** *la course de fond,* III, 12
**runny: I've got a runny nose.** *J'ai le nez qui coule.* II, 7
**Russia** *la Russie,* III, 12

## S

**safely: to drive safely** *conduire prudemment,* III, 3
**safer: In my opinion, it's safer.** *A mon avis, c'est plus sûr.* III, 7
**said: You said it!** *Tu l'as dit!* III, 9
**sailing: to go sailing** *faire de la voile,* I, 11; *faire du bateau,* I, 11
**salad** *la salade verte,* III, 1; **salad, lettuce** *de la salade,* I, 8
**salami** *le saucisson,* I, 5; II, 3
**salesperson** *vendeur(-euse),* III, 5
**salt** *le sel,* II, 7
**salty** *salé(e),* III, 11
**same: It's always the same!** *C'est toujours la même chose!* III, 6; **It's really all the same to me.** *Ça m'est vraiment égal.* III, 9; **Same old thing!** *Toujours la même chose!* III, 1

**sand** *le sable,* II, 4
**sandals** *des sandales* (f.), I, 10
**sandwich** *un sandwich,* I, 5
**Saturday: on Saturdays** *le samedi,* I, 2
**sausages** *les saucisses* (f.), III, 11
**savannah** *la savane,* III, 7
**saxophone** *le saxophone,* III, 11
**say: How do you say . . .?** *Comment on dit... ?* III, 11; **What do you say about . . . ?** *Qu'est-ce que tu penses de... ?* III, 11
**saying: I'm not just saying that.** *Je ne dis pas ça pour te faire plaisir.* III, 4
**says: So he says . . .** *... et alors, il dit que...* , III, 10
**scare: Wow! That was a real scare!** *Ouf! On a eu chaud!* III, 7
**scared: I'm scared (of) . . .** *J'ai peur (de la, du, des)...* , II, 12; **I'm scared to death!** *J'ai la frousse!* III, 7
**scarf** *l'écharpe* (f.), I, 10; II, 1; *le foulard,* II, 3
**school** *l'école* (f.), I, 1; **high school** *le lycée,* II, 2
**science fiction: science-fiction novel** *un roman de science-fiction,* II, 11; **science-fiction movie** *un film de science-fiction,* II, 11
**score: to score . . . points** *marquer... points,* III, 12
**screen** *l'écran* (m.), III, 9
**scuba dive: to go scuba diving** *faire de la plongée sous-marine,* II, 4
**sea** *la mer,* II, 4
**seahorse** *l'hippocampe* (m.), III, 10
**seaweed** *l'algue* (f.), III, 10
**second: One second, please.** *Une seconde, s'il vous plaît.* I, 9
**secretary** *secrétaire,* III, 5
**see: Go see . . . it's a great movie.** *Va voir..., c'est génial comme film.* III, 9; **Really, don't go see . . .** *Ne va surtout pas voir...* , III, 9; **See you later!** *A tout à l'heure!* I, 1; **See you soon.** *A bientôt.* I, 1; **See you tomorrow.** *A demain.* I, 1; **to see a game (in person)** *voir un match,* I, 6; **to see a movie** *voir un film,* I, 6; **to see a play** *voir une pièce,* I, 6; **What is there to see . . . ?** *Qu'est-ce qu'il y a à voir...* , II, 12; **When I see . . .** *Quand je verrai...* , III, 12; **You should go see . . .** *Tu devrais aller voir...* , III, 9; **You'll see that . . .** *Tu vas voir que...* , II, 8
**seem: to seem . . .** *avoir l'air...* , II, 9; **You don't seem too well.** *Tu n'as pas l'air en forme.* II, 7
**seemed: She seemed . . .** *Elle avait l'air...* , II, 12
**seems: It seems to me that . . .** *Il me semble que...* , III, 11
**seen** (pp.) *vu* (pp. of voir), I, 9; **If you could have seen . . . !** *Si tu avais vu...* , III, 10
**selection: Have you made your selection?** *Vous avez choisi?* III, 1
**send: to send letters** *envoyer des lettres,* I, 12; **to send the invitations** *envoyer les invitations,* II, 10
**Senegal** *le Sénégal,* III, 12
**sensational!** *sensas,* II, 6
**September** *septembre,* I, 4
**series** *la série,* III, 9
**serious: It's not serious.** *C'est pas grave.* II, 5
**server** *serveur (-euse),* III, 5
**service: At your service; You're welcome.** *A votre service.* I, 3
**set: to set the table** *mettre la table,* III, 3
**shall: Shall we go to the café?** *On va au café?* I, 5
**shampoo: a shampoo** *un shampooing,* III, 4
**shape: to get into shape** *se mettre en condition,* II, 7
**share** *partager ses affaires,* III, 3; **to share one's vehicle** *partager son véhicule,* III, 3
**shark** *le requin,* III, 10
**shave** *se raser,* III, 4
**sheep** *le mouton,* III, 8
**sheet: a sheet of paper** *la feuille de papier,* I, 0
**shell** *le coquillage,* III, 10
**shellfish** *les crustacés* (m.), III, 11
**shelves** *les étagères,* II, 2
**Shh!** *Chut!* III, 9
**shirt (men's)** *la chemise,* I, 10; **(women's)** *le chemisier,* I, 10
**shoes** *les chaussures* (f.), I, 10
**shoot** *tirer,* III, 12
**shop: to window-shop** *faire les vitrines,* I, 6
**shopping** *les courses* (f.), I, 7; **to do the shopping** *faire les courses,* I, 7; **to go shopping** *faire les magasins,* I, 1; **Can you do the shopping?** *Tu peux aller faire les courses?* I, 8
**short (objects)** *court(e),* I, 10; **short (height)** *petit(e),* I, 7; II, 1; **short hair** *les cheveux courts* (m.), II, 1; III, 4
**shorts: (a pair of) shorts** *un short,* I, 3
**should: Do you think I should . . . ?** *Tu crois que je devrais... ?* III, 7; **Everyone should . . .** *On doit.* II, 7; **I should have . . .** *J'aurais dû...* , II, 10; **In your opinion, what should I do?** *A ton avis, qu'est-ce que je dois faire?* II, 10; **What do you think I should do?** *Qu'est-ce que tu me conseilles?* II, 10; **What should I . . . ?** *Qu'est-ce que je dois...* , II, 1; **What should I do?** *Qu'est-ce que je dois faire?* II, 12; **What should we do?** *Qu'est-ce qu'on fait?* II, 1; **You should . . .** *Il faudrait que tu...* , III, 5; **You should . . .** *Tu devrais...* , I, 9; II, 7; **You should be proud of yourself.** *Tu peux être fier (fière) de toi.* II, 5; **You should go see . . .** *Tu devrais aller voir...* , III, 9; **You should have . . .** (food or drink) *Tu devrais prendre...* , III, 1; (ought to have) *Tu aurais dû...* , II, 10
**shouldn't: You shouldn't . . .** *Tu ne devrais pas...* , II, 7; *Tu ne dois pas...* , III, 3; **One should not . . .** *Il ne faut pas...* , III, 3
**shovel: to shovel snow** *enlever la neige,* III, 3
**show** *montrer,* I, 9; **game show** *le jeu télévisé,* III, 9; **magazine show** *le magazine télévisé,* III, 9; **sound and light show** *un spectacle son et lumière,* II, 6
**showing: . . . is showing.** *On joue...* , II, 11
**shrimp** *la crevette,* II, 3; III, 10
**Shut up!** *Ferme-la!* III, 6
**shy** *timide,* I, 7
**sick: I'm sick of this!** *J'en ai vraiment marre!* III, 12; **I'm sick to my stomach.** *J'ai mal au cœur.* II, 7; **I'm sick.** *Je suis malade.* II, 7
**sideburns** *des pattes* (f.), III, 4
**sidewalk** *le trottoir,* III, 8
**silk** *en soie,* III, 4
**silly: Stop being so silly!** *Arrête de délirer!* III, 10; **to do silly things** *faire des bêtises,* II, 8
**simple** *simple,* II, 8
**Since . . .** *Depuis...* , III, 1
**sing** *chanter,* I, 9
**singer** *une chanteuse (un chanteur),* II, 11
**singing** *le chant,* III, 11
**single** *célibataire,* III, 6
**sir** *monsieur (M.),* I, 1; III, 5
**sister** *la sœur,* I, 7
**sit-ups: to do sit-ups** *faire des abdominaux,* II, 7
**sit: Sit down.** *Asseyez-vous.* III, 6
**skate: to ice-skate** *faire du patin à glace,* I, 4; **to in-line skate** *faire du roller en ligne,* I, 4
**ski** *faire du ski,* I, 4; **ski jacket** *l'anorak* (m.), II, 1; **to water ski** *faire du ski nautique,* I, 4
**skiing** *le ski,* I, 1
**skip: Don't skip . . .** *Ne saute pas...* , II, 7
**skipping: skipping a meal** *sauter un repas,* II, 7
**skirt** *la jupe,* I, 10
**skunk** *une mouffette,* II, 12
**skyscraper** *le gratte-ciel,* III, 8
**sleep** *dormir,* I, 1; **I didn't sleep well.** *J'ai mal dormi.* II, 7
**sleeping bag** *un sac de couchage,* II, 12
**slender** *mince,* I, 7
**slice: a slice of** *la tranche de,* I, 8
**small** *petit(e)(s),* I, 10; II, 1
**smaller: smaller than . . .** *moins grand(e) que,* II, 4
**smart** *intelligent(e),* I, 7; II, 1
**smoke** *fumer,* III, 3
**snack: afternoon snack** *le goûter,* I, 8; **to make party snacks** *préparer les amuse-gueule,* II, 10
**snacking: snacking between meals** *grignoter entre les repas,* II, 7
**snails** *les escargots* (m.), I, 1; II, 3
**snake** *le serpent,* III, 7
**sneakers** *des baskets* (f.), I, 3; **pair of sneakers** *les baskets* (f.), II, 1
**snorkel** *faire de la plongée avec un tuba,* II, 4
**snowing: It's snowing.** *Il neige.* I, 4
**snow-shoeing: to go snow-shoeing** *faire une randonnée en raquettes,* II, 12
**so: So . . .** *Alors,...* , II, 9; **so-so** *comme ci, comme ça,* I, 1; II, 6; **not so great** *pas fameux,* I, 5; **That is so . . . !** *Qu'est-ce que c'est... !* III, 2
**soap opera** *le feuilleton,* III, 9
**soccer** *le football,* I, 1; **to play soccer** *jouer au foot(ball),* I, 4
**socks** *les chaussettes* (f.), I, 10
**sole: filet of sole with rice and mushrooms** *le filet de sole riz champignons,* III, 1
**some** *des,* I, 3; ; *du, de la, de l', des, en,* I, 8; **I'd like some.** *J'en veux bien.* I, 8; **Some more . . . ?** *Encore... ?* II, 3
**sometimes** *quelquefois,* I, 4
**song** *la chanson,* II, 11
**soon: As soon as I get there, . . .** *Dès que je serai là,...* , III, 12; **See you soon.** *A bientôt.* I, 1
**sophisticated** *élégant(e),* III, 4

**sorry: Sorry.** *Désolé(e).* II, 10; *Je regrette.* I, 3; **I'm sorry.** *Désolé(e).* II, 10; **I'm sorry for . . .** *Je m'excuse de...*, III, 6
**sort of** *assez,* II, 9
**sound** *le son,* III, 9; **Does . . . sound good to you?** *Ça te dit de... ?* II, 1; **sound and light show** *un spectacle son et lumière,* II, 6
**soups** *les soupes* (f.), III, 11
**south: in the south** *dans le sud,* II, 4; **It's to the south of . . .** *C'est au sud de...*, II, 12; **South Africa** *l'Afrique* (f.) *du sud,* III, 12; **South African** (adj.) *sud-africain(e),* III, 12
**southern: It's in the southern part of . . .** *C'est dans le sud de...*, II, 12
**Spain** *l'Espagne* (f.), III, 12
**Spanish (language)** *l'espagnol* (m.), I, 2
**speak: Could I speak to . . . ?** *(Est-ce que) je peux parler à... ?* I, 9
**special: It's nothing special.** *Ce n'est pas grand-chose.* II, 3; **Nothing (special).** *Rien (de spécial).* I, 6; III, 1
**spices** *les épices* (f.), III, 11
**spicy** *épicé(e),* III, 11
**spider** *l'araignée* (f.), III, 7
**spinach** *les épinards* (m.), III, 11
**sports** *le sport,* I, 1; **to play sports** *faire du sport,* I, 1; **What sports do you play?** *Qu'est-ce que tu fais comme sport?* I, 4; II, 1
**sportscast** *le reportage sportif,* III, 9
**sprain: to sprain one's ankle** *se fouler la cheville,* II, 7; III, 10
**spring: in the spring** *au printemps,* I, 4
**spy flick** *le film d'espionnage,* III, 9
**squirrel** *un écureuil,* II, 12
**stadium** *le stade,* I, 6
**stamp** *un timbre,* I, 12
**stand: Stand up!** *Levez-vous!,* I, 0
**starfish** *l'étoile* (f.) *de mer,* III, 10
**start** *commencer,* I, 9; **How does it start?** *Comment est-ce que ça commence?* III, 9; **What time does it start?** *Ça commence à quelle heure?* II, 11
**started: He/She started it!** *C'est lui/elle qui a commencé!* III, 6
**stationery store** *la papeterie,* I, 12
**stay** *rester,* II, 6; **Did you stay here?** *Est-ce que tu es resté(e) ici?* III, 1; **Where did you stay?** *Où est-ce que tu as dormi?* III, 1
**stayed: Yes, I stayed here the whole time.** *Oui, je suis resté(e) ici tout le temps.* III, 1
**steak** *le bifteck,* I, 8; II, 3; **steak and French fries** *le steak-frites,* I, 5; III, 1
**steamed** *à la vapeur,* III, 11
**step: to miss a step** *rater une marche,* II, 5
**stereo** *la chaîne stéréo,* II, 2
**still . . .** *toujours...*, III, 11
**stinks: It stinks.** *C'est un navet,* II, 11
**stomach** *le ventre,* II, 7; **I'm sick to my stomach.** *J'ai mal au cœur.* II, 7
**stop: Stop!** *Arrête!* III, 6; **at the . . . metro stop** *au métro...*, I, 6; **to stop one's studies** *arrêter ses études,* III, 5
**stores** *les magasins* (m.), I, 1
**story: It's a great story.** *C'est une belle histoire.* II, 11; **It's the story of . . .** *C'est l'histoire de...*, II, 11; III, 9; **What's the story?** *Qu'est-ce que ça raconte?* II, 11
**straight: straight hair** *les cheveux raides* (m.), III, 4
**straight ahead: Go (keep going) straight ahead.** *Allez (continuez) tout droit,* II, 2; **Keep going straight ahead up to the intersection.** *Vous continuez tout droit, jusqu'au carrefour.*, III, 2; **You go straight ahead until you get to . . .** *Vous allez tout droit jusqu'à...*, I, 12
**strawberries** *les fraises* (f.), I, 8
**street: You go down this street to the next light.** *Vous continuez cette rue jusqu'au prochain feu rouge.* I, 12; **You take . . . Street, then cross . . . Street.** *Prenez la rue..., puis prenez la rue...*, I, 12
**strict: to follow a diet that's too strict.** *suivre un régime trop strict,* II, 7
**striped** *à rayures,* III, 4
**strong** *fort(e),* I, 7; II, 1; **It's not my strong point.** *Ce n'est pas mon fort.* II, 5; **You're really strong/good at that.** *Tu es fortiche/calé(e).* III, 10
**student** *l'élève* (m./f.), I, 2
**studies: to stop one's studies** *arrêter ses études,* III, 5
**study** *étudier,* I, 1; **study hall** *l'étude,* I, 2
**stuffed (with)** *farci (à),* III, 11
**stupid** *bête,* II, 1; **(childish)** *bébé,* III, 2; **What a stupid joke!** *Elle est nulle, ta blague!* III, 10; **You're so stupid!** *Tu es bête comme tes pieds!* III, 6; **That looks really stupid!** *Ça fait vraiment cloche!* III, 4
**style: in style** *à la mode,* I, 10; **style of the Forties or Fifties** *rétro,* I, 10; **That's not his/her style.** *Ce n'est pas son style.* II, 3
**subway: by subway** *en métro,* I, 12
**such: I've never seen such a . . .** *Je n'ai jamais vu un(e) aussi...*, III, 7
**sugar: sugarcane fields** *des champs de canne à sucre,* II, 4
**suit: man's suit** *le costume,* III, 4; **suit jacket** *la veste,* I, 10; **Does it suit me?** *Ça me va?* I, 10
**suitcase** *la valise,* I, 11
**suits: That suits you really well.** *Ça te (vous) va très bien.* I, 10
**sulk** *faire la tête,* II, 9
**summer: in the summer** *en été,* I, 4
**Sunday: on Sundays** *le dimanche,* I, 2
**sunglasses** *des lunettes* (f.) *de soleil,* I, 10
**sunscreen** *de la crème solaire,* III, 7
**super** (adj.) *super,* I, 2; **Super!** *Super!* III, 1; **super cool** *hyper-cool,* III, 4; **What I think is super is . . .** *Ce que je trouve super, c'est...*, III, 11
**sure: I'm not sure.** *J'hésite.* I, 11; **I'm (not) sure that . . .** *Je (ne) suis (pas) sûr(e) que...*, III, 7; **Oh, I'm not sure.** *Euh... J'hésite.* I, 10; **That's for sure.** *Ça, c'est sûr.* III, 11; **We'd be able to . . . for sure.** *On pourrait sûrement...*, III, 7
**surprise: That would surprise me.** *Ça m'étonnerait!* II, 6; III, 10
**surprised** *étonné(e),* II, 9; **I'd be surprised if . . .** *Ça m'étonnerait que...*, III, 7
**suspenseful: It's suspenseful.** *Il y a du suspense.* II, 11
**sweater** *le cardigan,* I, 10; *le pull,* II, 1
**sweatshirt** *le sweat-shirt,* I, 3; *le sweat,* II, 1
**swim** *faire de la natation,* I, 4; *nager,* I, 1
**swimming** *la natation,* III, 12; **to go swimming** *se baigner,* II, 4; **swimming pool** *la piscine,* I, 6
**Switzerland** *la Suisse,* III, 12
**sword** *l'épée* (f.), III, 12
**swordfish** *l'espadon* (m.), III, 10
**synthesizer** *le synthé (le synthétiseur),* III, 11

# T

**T-shirt** *le tee-shirt,* I, 3; II, 1
**table: to clear the table** *débarrasser la table,* I, 7
**tacky: I think it's (they're) really tacky.** *Je le/la/les trouve moche(s).* I, 10
**tailor** *tailleur (-euse),* III, 5
**take: Are you going to take it/them?** *Vous le/la/les prenez?* I, 10; **Have you decided to take . . . ?** *Vous avez décidé de prendre... ?* I, 10; **I'll take . . .** *Je vais (en) prendre...*, II, 3; **I'll take . . . (of them).** *Je vais en prendre...*, II, 3; **I'll take it/them.** *Je le/la/les prends.* I, 10; **It's not going to take long!** *Ça ne va pas prendre longtemps!* III, 2; **Remember to take . . .** *Pense à prendre...*, II, 1; **Take . . .** *Prends...*, II, 1; *Prenez..*, II, 2; **to take or to have (food or drink)** *prendre,* I, 5; **to take pictures** *faire des photos,* I, 4; **We can take . . .** *On peut prendre...*, I, 12; **You take . . . Street, then cross . . . Street.** *Prenez la rue..., puis traversez la rue...*, I, 12
**take out: Take out a sheet of paper.** *Prenez une feuille de papier.,* I, 0; **to take out the trash** *sortir la poubelle,* I, 7
**takes place: It takes place . . .** *Ça se passe...*, III, 9
**taking: Are you taking . . . ?** *Tu prends... ?* I, 11
**talk: Can I talk to you?** *Je peux te parler?* I, 9; II, 10; **Talk to him/her/them.** *Parle-lui/leur.* II, 10; **to talk on the phone** *parler au téléphone,* I, 1
**tall** *grand(e),* I, 7; II, 1
**tank: the gas tank** *le réservoir,* III, 2
**tart: apple tart** *la tarte aux pommes,* II, 3; **fruit pies/tarts** *les tartes aux fruits,* III, 1
**taste** *déguster,* II, 4; **in poor taste** *de mauvais goût,* III, 2
**tasteless** *vulgaire,* III, 4
**Tattletale!** *Rapporteur (-euse)!* III, 6
**taxi: by taxi** *en taxi,* I, 12
**teacher** *le professeur,* I, 0
**team** *l'équipe* (f.), III, 12
**tease** *taquiner,* II, 8
**technical: to go to a technical school** *faire une école technique,* III, 5
**technician** *technicien(ne),* III, 5
**teeth** *les dents* (f.), II, 7
**television** *la télévision,* I, 0; **television set** *le téléviseur,* III, 9
**tell: Can you tell her/him that I called?** *Vous pouvez lui dire que j'ai téléphoné?* I, 9; **Didn't I tell you?** *Je ne t'ai pas dit?* III, 10; **Tell . . . hi for me.** *Salue... de ma part.* III, 8; **Tell . . . that I'm going to write.** *Dis à... que je vais lui écrire.* III, 8; **Tell . . . that I'm thinking about him/her** *Dis à... que je pense à lui/elle.* III, 8; **Tell him/her/them that . . .** *Dis-lui/-leur que...*, II, 10; **Tell me!** *Raconte!* II, 5; III, 10; **to tell (someone) that . . .**

*dire à (quelqu'un) que...*, II, 10; **to tell the truth** *dire la vérité*, III, 3
**tempting: Everything looks tempting.** *Tout me tente.* III, 1
**tennis: to play tennis** *jouer au tennis*, I, 4
**tent** *une tente*, II, 12
**terrible** *horrible*, I, 10; **I had a terrible day!** *J'ai passé une journée épouvantable!* II, 5; **This is terrible!** *Quelle angoisse!* III, 12;
**Terrific!** *Bravo!* II, 5
**tests** *les examens* (m.), I, 1
**than: bigger than . . .** *plus grand(e) que*, II, 4; **fewer . . . than . . .** *moins de... que*, III, 8; **It's better than . . .** *C'est meilleur que...*, II, 7; **less . . . than . . .** *moins... que...*, III, 8; **more . . . than . . .** *plus de... que*, III, 8; *plus... que...*, III, 8; **smaller than . . .** *moins grand(e) que*, II, 4
**thank you: Thank you.** *Merci.* I, 3; II, 2; *Je vous remercie.* III, 6; **Thank you so much.** *Merci bien/infiniment/mille fois.* III, 6; **Yes, thank you.** *Oui, s'il vous (te) plaît.* I, 8; **No, thank you.** *Non, merci.* I, 8; **No thank you, I've had enough.** *Merci, ça va.* II, 3
**thank: You don't have to thank me.** *C'est tout à fait normal.* III, 6
**thanks: No thanks. I'm not hungry anymore.** *Non, merci. Je n'ai plus faim.* I, 8
**that** *ce, cet, cette*, I, 3; **That is so . . . !** *Qu'est-ce que c'est... !* III, 2; **This/That is . . .** *Ça, c'est...*, I, 12; **That is, . . .** *C'est-à-dire que...*, II, 9
**theater** *le théâtre*, I, 6; II, 2
**their** *leur/leurs*, I, 7
**them** *les, leur*, I, 9
**then: Then, . . .** *Ensuite,...*, II, 12; *Puis,...*, II, 1; **And then?** *Et alors?* III, 10; **Then I called . . .** *Ensuite, j'ai téléphoné à...*, I, 9
**there** *-là (noun suffix)*, I, 3; *y*, I, 12; **Here (There) is . . .** *Là, c'est...*, II, 2; **Is . . . there, please?** *(Est-ce que)... est là, s'il vous plaît?* I, 9; **Over there, at the end of the hallway.** *Par là, au bout du couloir.* III, 2; **Right there, next to . . .** *Juste là, à côté de...*, III, 2; **There is . . .** *Il y a...*, II, 2; **There's . . .** *Voilà...*, I, 7; **What do you . . . there?** *Qu'est-ce qu'on y...?* III, 12; **You're almost there!** *Tu y es presque!* II, 7;
**Therefore, . . .** *Donc,...*, II, 9
**these** *ces*, I, 3; **These/Those are . . .** *Ce sont...*, I, 7
**thing: It's not my thing.** *Ce n'est pas mon truc.* II, 7; **This old thing?** *Oh, c'est un vieux truc.* III, 4
**things: I have lots of things to do.** *J'ai des tas de choses à faire.* I, 5; **I have some things to do.** *J'ai des trucs à faire.* I, 5
**think: Do you think I should . . . ?** *Tu crois que je devrais... ?* III, 7; **Do you think it'd be better to . . . ?** *Tu penses qu'il vaudrait mieux... ?* III, 7; **Do you think so?** *Tu trouves?* II, 2; **Hey, do you think you can . . . ?** *Dites donc, ça vous gênerait de... ?* III, 8; **I don't think so.** *Je ne crois pas.* II, 9; **I don't think that . . .** *Je ne pense pas que...*, III, 7; **I think I'll . . .** *Je pense...*, III, 5; **I think it's . . .** *Je trouve qu'il est...*, III, 4; **I think it's/they're . . .** *Je le/la/les trouve...*, I, 10; **I think that . . .** *Je crois que...*, II, 9; **I think that's better.** *Je crois que ça vaut mieux.* III, 7; **What do you think about going . . . ?** *Ça te dit d'aller... ?* II, 4; **What do you think I should do?** *Qu'est-ce que tu me conseilles?* II, 10; **What do you think of . . . ?** *Comment tu trouves... ?* I, 2; *Qu'est-ce que tu penses de... ?* III, 4; **What do you think of it?** *Qu'en penses-tu?* III, 4; **What do you think of that/it?** *Comment tu trouves ça?* I, 2; **What do you think you'll do?** *Qu'est-ce que tu penses faire?* III, 5; **Who do you think you are?** *Non mais, vous vous prenez pour qui?* III, 8
**thirst: I'm dying of thirst!** *Je meurs de soif!* II, 12; **Yes, I'm dying of thirst!** *Si, je meurs de soif!* II, 2
**thirsty: to be thirsty** *avoir soif*, I, 5; **Aren't you thirsty?** *Vous n'avez pas (Tu n'as pas) soif?* II, 2; **I'm not thirsty anymore.** *Je n'ai plus soif*, II, 3
**this** *ce, cet, cette*, I, 3; **This is . . .** *C'est...*, I, 7; *Ça, c'est...*, II, 2; **This/That is . . .** *Ça, c'est...*, I, 12
**those** *ces*, I, 3; **Those.** *Ceux-là/Celles-là*, III, 4; **Those are . . .** *Ce sont...*, I, 7
**thought: I've thought of everything.** *J'ai pensé à tout.* I, 11
**throat** *la gorge*, II, 7
**throw: to throw away your trash** *jeter les déchets*, II, 12; **to throw the ball** *lancer le ballon*, III, 12; **to throw trash** *jeter des ordures*, III, 3
**Thursday: on Thursdays** *le jeudi*, I, 2
**ticket: plane ticket** *un billet d'avion*, I, 11; II, 1; **Three (entrance) tickets, please.** *Trois tickets, s'il vous plaît.* II, 6; **train ticket** *un billet de train*, I, 11
**tie** *la cravate*, I, 10; III, 4
**tied: to be tied** *être à égalité*, III, 12
**tight** *serré(e)(s)*, I, 10
**tights** *un collant*, III, 4
**time: a waste of time** *zéro*, I, 2; **At what time do you have . . . ?** *Tu as... à quelle heure?* I, 2; **At what time?** *A quelle heure?* I, 6; **from time to time** *de temps en temps*, I, 4; **I don't have time.** *Je n'ai pas le temps.* II, 10; **I'm sorry, but I don't have time.** *Je regrette, mais je n'ai pas le temps.* I, 8; **Sorry, but I don't have time.** *Je suis désolé(e), mais je n'ai pas le temps.* I, 12; **We don't have time!** *On n'a pas le temps!* III, 2; **What time does it start?** *Ça commence à quelle heure?* II, 11; **What time does the train (the bus) for . . . leave?** *A quelle heure est-ce que le train (le car) pour... part?* II, 6
**tire** *le pneu*, III, 2; **tire pressure** *la pression des pneus* (m.), III, 2; **to have a flat tire** *avoir un pneu crevé*, III, 2
**tired: I'm tired .** *Je suis fatigué(e)*, II, 12; **(You're) not too tired?** *Pas trop fatigué(e)?* II, 2
**tiring: It was tiring!** *C'était fatigant!* II, 2
**to** *à la*, I, 6; **(a city or place)** *à*, I, 11; (before a feminine noun) *en*, I, 11; (before a masculine noun) *au*, I, 11; (before a plural noun) *aux*, I, 11; **five to** *moins cinq*, I, 6
**today** *aujourd'hui*, I, 2
**together: When are we getting together?** *Quand est-ce qu'on se revoit?* III, 6
**toilet** *les toilettes (les W.-C.)*, II, 2
**told: Who told you that?** *Qui t'a dit ça?* III, 10
**tolerant** *tolérant(e)*, III, 3
**tomato: tomato salad** *la salade de tomates*, III, 1; **tomatoes** *des tomates* (f.), I, 8
**tomorrow** *demain*, I, 2; **See you tomorrow.** *A demain.* I, 1
**tonight: Not tonight.** *Pas ce soir.* I, 7
**too: It's too expensive.** *C'est trop cher.* II, 3; **Me too.** *Moi aussi.* I, 2; III, 9; **No, it's too expensive.** *Non, c'est trop cher.* I, 10; **No, not too much.** *Non, pas trop.* I, 2; **Not too much.** *Pas tellement.* I, 4; **too violent** *trop violent*, II, 11
**took** *pris* (pp. of prendre), I, 9
**Tough!** *Tant pis pour toi!* III, 6; **Tough luck!** *C'est pas de chance, ça!* II, 5
**tour: to take a guided tour** *faire une visite guidée*, II, 6; **to tour some châteaux** *faire un circuit des châteaux*, II, 6
**tourist: tourist information office** *l'office de tourisme*, II, 2
**towards: Towards the back.** *Au fond.* III, 2
**tower: to go up in a tower** *monter dans une tour*, II, 6
**track and field** *l'athlétisme*, III, 12; **to do track and field** *faire de l'athlétisme*, I, 4
**traffic jam** *l'embouteillage* (m.), III, 8
**trails: to follow the marked trails** *suivre les sentiers balisés*, II, 12
**train** *s'entraîner*, III, 12; **train for (a sport)** *s'entraîner à...*, II, 7
**train (locomotive): by train** *en train*, I, 12; **train station** *la gare*, II, 2; **train ticket** *un billet de train*, I, 11
**trash: It's trash.** *C'est un navet.* III, 9; **to take out the trash** *sortir la poubelle*, I, 7; **to throw trash** *jeter des ordures*, III, 3
**trashcan** *la poubelle*, I, 7
**travel** *voyager*, I, 1
**tree** *l'arbre* (m.), III, 7
**trip: Did you have a good trip?** *Vous avez (Tu as) fait bon voyage?* II, 2; **Have a good (car) trip!** *Bonne route!* II, 3; **Have a good trip! (by plane, ship)** *Bon voyage!* I, 11; II, 3
**tropical rainforest** *la forêt tropicale*, II, 4
**trouble: I'm having trouble deciding.** *J'ai du mal à me décider.* III, 5
**truly: Very truly yours, . . .** *Je vous prie d'agréer, Monsieur/Madame, l'expression de mes sentiments distingués.* III, 5
**trumpet** *la trompette*, III, 11
**trunk** *la trompe*, III, 7
**trust: Trust me.** *Fais-moi confiance.* III, 4
**truth: to tell the truth** *dire la vérité*, III, 3
**try: Try . . .** *Essaie...*, III, 1; **Can I try it (them) on ?** *Je peux l'(les) essayer?* I, 10; **One more try!** *Encore un effort!* II, 7
**Tuesdays: on Tuesdays** *le mardi*, I, 2
**Tunisia** *la Tunisie*, III, 12

**turkey: sliced turkey breast with mashed potatoes** *l'escalope de dinde purée*, III, 1
**turn: Then, turn left on . . .** *Puis, tournez à gauche dans/sur...*, II, 2; **to turn off/**

**out** *éteindre,* III, 3; **You turn . . .** *Vous tournez...* , I, 12
**turn down: Turn down the volume.** *Baisse le son.* III, 9
**turn up: Turn up the volume.** *Monte le son.* III, 9
**turtle** *la tortue,* III, 10
**turtleneck sweater** *le col roulé,* III, 4
**TV: TV guide/listing** *le programme télé,* III, 9; **to watch TV** *regarder la télé(vision),* I, 1
**twins** *les jumeaux(-elles),* III, 6
**twists: It's full of plot twists.** *C'est plein de rebondissements.* II, 11
**type: I like this type of . . .** *J'aime bien ce genre de...* , III, 4
**typical: What's typical of where you're from?** *Qu'est-ce qui est typique de chez toi?* III, 12

# U

**ultra-** (adv.) *super,* I, 2
**uncle** *l'oncle* (m.), I, 7
**uncomfortable** *mal à l'aise,* II, 9
**understanding: I have a hard time understanding.** *J'ai du mal à comprendre.* II, 5
**unemployed: to be unemployed** *être au chômage,* III, 5
**Unfortunately, . . .** *Malheureusement,...* , II, 9
**unique: That's unique.** *C'est original.* II, 3
**United States** *les Etats-Unis* (m.), III, 12
**unleaded (gasoline)** *super sans plomb,* III, 2
**unlucky: I'm so unlucky.** *J'ai vraiment pas de chance.* III, 12
**up: to go up** *monter,* II, 6
**up to: I've had it up to here!** *J'en ai ras le bol!* III, 8
**Upstairs.** *En haut.* III, 2
**used: You'll get used to it.** *Tu vas t'y faire.* II, 8
**useless** *nul,* I, 2
**usually** *d'habitude,* I, 4

# V

**V-necked** *à col en V,* III, 4
**vacation** *les vacances* (f.), I, 1; **Have a good vacation!** *Bonnes vacances!* I, 11; **How was your vacation?** *C'était comment, tes vacances?* III, 1; **on vacation** *en vacances,* I, 4
**vacuum: to vacuum** *passer l'aspirateur,* III, 3
**variety show** *l'émission* (f.) *de variétés,* III, 9
**vase** *le vase,* II, 3
**VCR (videocassette recorder)** *le magnétoscope,* I, 0
**vegetables** *des légumes,* II, 7
**vegetables: plate of raw vegetables with vinaigrette** *l'assiette de crudités,* III, 1
**vegetation: tropical vegetation** *la végétation tropicale,* III, 7
**very: not very good** *pas bon,* I, 5; **very cool** *chouette,* II, 2; **Yes, very much.** *Oui, beaucoup.* I, 2
**vest** *le gilet,* III, 4
**video: music video** *le vidéoclip,* III, 9; **to make videos** *faire de la vidéo,* I, 4; **to play video games** *jouer à des jeux vidéo,* I, 4
**videocassette** *la cassette vidéo,* III, 9; **videocassette recorder, VCR** *le magnétoscope,* I, 0; III, 9
**videotape** *la vidéocassette,* I, 3
**village: fishing village** *un village de pêcheurs,* II, 4
**violent** *violent,* II, 11
**violin** *le violon,* III, 11
**visit (a place)** *visiter,* I, 9; II, 6
**visiting: How about visiting . . . ?** *Si on visitait... ?* II, 8
**volcano** *le volcan,* II, 4
**volleyball: to play volleyball** *jouer au volley(-ball),* I, 4

# W

**wait: I can hardly wait to . . . !** *Je suis vraiment impatient(e) de... !* III, 12; **I can't wait to . . .** *Il me tarde de...* , III, 12; **I just can't wait . . . !** *Vivement que... !* III, 12
**wait for** *attendre,* I, 9
**waiter** *le serveur,* III, 5; **Waiter!** *Monsieur!* I, 5
**waitress** *la serveuse,* III, 5; **Waitress!** *Madame!* I, 5; *Mademoiselle!* I, 5
**walk: to go for a walk** *faire une promenade,* I, 6; *se promener,* II, 4; **to walk the dog** *promener le chien,* I, 7; *sortir le chien,* III, 3
**wallet** *le portefeuille,* I, 3; II, 3
**want** *vouloir,* I, 6; **Do you know what you want to do?** *Tu sais ce que tu veux faire?* III, 5; **Do you want . . . ?** *Vous voulez (tu veux)... ?* I, 6, II, 3; **I don't know what I want anymore.** *Je ne sais plus ce que je veux.* III, 5; **I really want to . . .** *Je tiens à...* , III, 5; **If you want.** *Si tu veux.* I, 12; **No, I don't want to.** *Non, je ne veux pas.* II, 8; **Yes, if you want to.** *Oui, si tu veux.* I, 7
**war movie** *le film de guerre,* III, 9
**wardrobe: armoire/wardrobe** *l'armoire* (f.), II, 2
**warning: I'm warning you that . . .** *Je vous signale que...* , III, 7
**was: He was . . .** *Il était...* , II, 12; **How was it?** *C'était comment?* III, 9; **I was . . .** *J'étais...* , II, 12; **It was . . .** *C'était...* , II, 6; **It was amazing/unbelievably bad!** *C'était incroyable!* II, 5; **There was/were . . .** *Il y avait...* , II, 12
**wash: to wash oneself** *se laver,* II, 4; **to wash the car** *laver la voiture,* I, 7; **to wash the windows** *laver les vitres,* III, 3
**waste** *gaspiller,* III, 3; **a waste of time** *zéro,* I, 2
**watch** *la montre,* I, 3
**watch: to watch a game (on TV)** *regarder un match,* I, 6; **to watch TV** *regarder la télé(vision),* I, 1; **Watch out for . . . !** *Attention à... !* III, 7
**water** *l'eau* (f.), I, 5; **mineral water** *l'eau minérale,* I, 5; **to water ski** *faire du ski nautique,* I, 4; **to water the garden** *arroser le jardin,* III, 3; **Water, please.** *De l'eau, sil vous plaît.* III, 1
**waterfall** *une chute d'eau,* II, 4
**watering hole** *le point d'eau,* III, 7
**way: a one-way ticket** *un aller simple,* II, 6; **By the way, . . .** *A propos,...* , II, 9; **No way!** *C'est pas possible!* III, 12; *Mon œil!* III, 10; *Pas possible!* II, 6; *Pas question!* II, 1; *Tu parles!* III, 9
**wear** *mettre, porter,* I, 10; **I don't know what to wear for . . .** *Je ne sais pas quoi mettre pour...* , I, 10; **Wear . . .** *Mets...* , I, 10; **What shall I wear?** *Qu'est-ce que je mets?* I, 10; **Why don't you wear . . . ?** *Pourquoi est-ce que tu ne mets pas... ?* I, 10
**weather: The weather was great.** *Il a fait un temps magnifique* , III, 1; **weather report** *la météo,* III, 9; **What was the weather like?** *Quel temps est-ce qu'il a fait?* III, 1
**Wednesday: on Wednesdays** *le mercredi,* I, 2
**weekend: Did you have a good weekend?** *Tu as passé un bon week-end?* I, 9; **on weekends** *le week-end,* I, 4; **this weekend** *ce week-end,* I, 6; **What a bad weekend!** *Quel week-end!* II, 5
**weight: to lose weight** *maigrir,* I, 10; *perdre du poids,* III, 10
**weights** *les haltères* (m.), III, 12
**weightlifting** *l'haltérophilie* (f.), III, 12
**welcome: At your service; You're welcome.** *A votre service.* I, 3; **Welcome to my home (our home)** *Bienvenue chez moi (chez nous),* II, 2; **You're very welcome.** *Je vous en prie.* III, 6; **You're welcome.** *De rien.* III, 6
**well: Did it go well?** *Ça s'est bien passé?* I, 9; **It didn't go well.** *Ça ne s'est pas bien passé.* III, 1; **Get well soon!** *Bon rétablissement!* II, 3; **I don't feel well.** *Je ne me sens pas bien.* II, 7; **It went really well!** *Ça s'est très bien passé!* II, 5; **Very well.** *Très bien.* I, 1; **Well done!** *Chapeau!* II, 5; **well done** (meat) *bien cuite.* III, 1; **You don't seem too well.** *Tu n'as pas l'air en forme.* II, 7; **You would do well to . . .** *Tu ferais bien de...* , II, 7; **You would do well/better to . . .** *Tu ferais bien/mieux de...* , III, 5; **Not too well.** *Pas trop bien.* III, 1
**went: Afterwards, I went out.** *Après, je suis sorti(e).* I, 9; **I went . . .** *Je suis allé(e)...* , I, 9; **I went by . . .** *Je suis parti(e) en...* , III, 1; **It went really well!** *Ça s'est très bien passé!* II, 5
**were: If I were in your place, . . .** *A ta place,...* , III, 8; **If I were you, . . .** *Si j'étais toi,...* , III, 8; **If it were me, . . .** *Si c'était moi,...* , III, 8; **If it were possible, . . .** *Si c'était possible,...* , III, 8; **There was/were . . .** *Il y avait...* , II, 12; **There were . . .** *Il y avait de...* , III, 9
**west: in the west** *dans l'ouest,* II, 4; **It's to the west of . . .** *C'est à l'ouest de...* , II, 12
**western: western (film)** *un western,* II, 11; III, 9; **It's in the western part of . . .** *C'est dans l'ouest de...* , II, 12
**what** *comment,* I, 0; **What's interesting/incredible is . . .** *Ce qui est intéressant/incroyable, c'est...* , III, 11; **I don't know what to do.** *Je ne sais pas quoi faire.* II, 10; **What are you doing?** *Mais, qu'est-ce que tu fais?* III, 2; **What are you going to do . . . ?** *Qu'est-ce que*

*tu vas faire... ?* I, 6; *Tu vas faire quoi... ?* I, 6; **What bothers me is . . .** *Ce qui m'ennuie, c'est...* , II, 4; **What can we do?** *Qu'est-ce qu'on peut faire?* II, 4; **What catches your eye is . . .** *Ce qui saute aux yeux, c'est...* , III, 11; **What do you have to drink?** *Qu'est-ce que vous avez comme boissons?* I, 5; **What do you need for . . . ?** (formal) *Qu'est-ce qu'il vous faut pour... ?* (informal) *Qu'est-ce qu'il te faut pour... ?* I, 3; **What do you think of . . . ?** *Comment tu trouves... ?* I, 2; **What do you think of that/it?** *Comment tu trouves ça?* I, 2; **What I don't like is . . .** *Ce que je n'aime pas, c'est...* , II, 4; **What I like is . . .** *Ce qui me plaît, c'est...* , II, 4; **What is . . . ?** *Qu'est-ce que c'est,... ?* III, 1; **What is that called?** *Comment est-ce qu'on appelle ça?* III, 11; **What is there . . . ?** *Qu'est-ce qu'il y a... ?* II, 4; **What is your name?** *Tu t'appelles comment?* I, 0; **What kind of . . . do you have?** *Qu'est-ce que vous avez comme... ?* I, 5; **What's going on?** *Qu'est-ce qui se passe?* II, 5; **What's his/her name?** *Il/Elle s'appelle comment?* I, 1; **What's it like?** *C'est comment?* II, 4; **What's that?** *Qu'est-ce que c'est?* III, 11; **What's wrong?** *Qu'est-ce qui t'arrive?* II, 5

**whatever: Whatever.** *Ça m'est égal.* II, 8

**when: When?** *Quand (ça)?* I, 6; **When do you open (close)?** *A quelle heure est-ce que vous ouvrez (fermez)?* II, 6; **When did you go there?** *Quand est-ce que tu y es ellé(e)?* III,1

**where: Where?** *Où ça?* I, 6; **Do you know where . . . are?** *Tu sais où sont...* , III, 2; **Excuse me, could you tell me where . . . is?** *Pardon, vous savez où se trouve... ?*; **Where did you go?** *Tu es allé(e) où?* I, 9; **Where is . . . , please?** *Où est..., s'il vous plaît?* II, 2; **Where is . . . ?** *Où se trouve... ?* II, 4; **Where is . . . located?** *Où se trouve...* , II, 12; **Where's the fire?** *Il n'y a pas le feu.* III, 2;

**whereas: Here . . . whereas . . .** *Ici,... tandis que...* , III, 8

**which: Which . . .** *Quel(s)/Quelle(s)...* , III, 4; **From which platform . . . ?** *De quel quai... ?* II, 6; **Which one?** *Lequel/Laquelle?* III, 4; **Which ones?** *Lesquels/Lesquelles?* III, 4

**white** *blanc(he),* I, 3

**who: The woman/girl/one who . . .** *Celle qui...* , III, 4; **Who's calling?** *Qui est à l'appareil?* I, 9

**whom: With whom?** *Avec qui?* I, 6

**why: Why don't you . . . ?** *Pourquoi tu ne... pas?* I, 9; II, 7; **Why not?** *Pourquoi pas?* I, 6

**widowed** *veuf (veuve),* III, 6

**wife** *la femme,* III, 6

**wild** *délirant(e),* III, 4; **(crazy, funny)** *dingue,* III, 2; **I'm wild about it.** *Ça m'éclate.* III, 11

**win** *gagner,* I, 9; III, 12

**window** *la fenêtre,* I, 0; **to window-shop** *faire les vitrines,* I, 6; **to wash the windows** *laver les vitres,* III, 3

**windshield: to clean the windshield** *nettoyer le pare-brise,* III, 2

**windsurf** *faire de la planche à voile,* I, 11, II, 4

**winter: in the winter** *en hiver,* I, 4

**wiped out: I'm wiped out.** *Je suis tout(e) raplapla.* II, 7

**wise: It would be wise to . . .** *Il serait plus prudent de...* , III, 7

**wishes: Best wishes!** *Meilleurs vœux!* II, 3

**with: With . . .** *Chez...* , III, 1; **I went with . . .** *J'y suis allé(e) avec...* , III, 1; **The girl in the/with the . . .** *La fille au...* , III, 4; **The man/guy/one with . . .** *Celui avec...* , III, 4; **with me** *avec moi,* I, 6; **With whom?** *Avec qui?* I, 6

**withdraw: to withdraw money** *retirer de l'argent* (m.), I, 12

**without: You can't leave without . . .** *Tu ne peux pas partir sans...* , I, 11

**wolf** *un loup,* II, 12

**wonder: I wonder . . .** *Je me demande...* , II, 9; III, 5

**wool** *en laine,* III, 4

**word: Where does the word . . . come from?** *D'où vient le mot... ?* III, 11

**work** *travailler,* I, 9

**work out: How should we work this out?** *Comment est-ce qu'on fait?* III, 6

**worker** *ouvrier(-ière),* III, 5

**worried** *inquiet (inquiète),* II, 9

**worries: to have worries** *avoir des soucis,* II, 8

**worry: Don't worry!** *Ne t'en fais pas!* I, 9; II, 5; *Ne vous en faites pas!* III, 7; **Don't worry about it!** *Ne t'inquiète pas.* III, 6

**worth: It's not worth it!** *Ça ne vaut pas le coup!* III, 9; *Ce n'est pas la peine.* III, 7

**worthless** *n'importe quoi,* II, 11; *nul (nulle),* II, 8

**worthwhile: I don't think it's worthwhile.** *Je ne crois pas que ce soit utile.* III, 7

**would: It would be great if . . .** *Ça serait chouette si...* , III, 8; **That would be nice.** *Ce serait sympa.* III, 6; **What would you do?** *Qu'est-ce que tu ferais, toi?* II, 10; **would like: I'd like to buy . . .** *Je voudrais acheter...* , I, 3; **Would you mind . . . ?** *Ça t'embête de... ?* II, 10; *Ça t'ennuie de... ?* II, 10; **Would you pass . . .** *Vous pourriez (tu pourrais) me passer...* , II, 3; **Yes, I would.** *Oui, je veux bien.* II, 3; **You would do well to . . .** *Tu ferais bien de...* , II, 7;

**Wow!** *Oh, dis donc!* III, 7; *Ouah!* III, 7; **Wow! That was a real scare!** *Ouf! On a eu chaud!* III, 7

**wreck: to wreck the car** *planter la voiture,* III, 10

**wrestling** *la lutte,* III, 12

**write: Write him/her/them.** *Ecris-lui/leur.* II, 10

**writer** *un écrivain,* III, 5

**wrong: Everything went wrong!** *Tout a été de travers!* II, 5; **Is something wrong?** *Quelque chose ne va pas?* II, 7; **Something's wrong.** *Ça n'a pas l'air d'aller.* II, 5; **What's wrong?** *Qu'est-ce qui t'arrive?* II, 5; *Qu'est ce que tu as?* II, 7; *Qu'est-ce qu'il y a?* II, 10; **You're wrong to . . .** *Tu as tort de...* , III, 3; **You're wrong.** *Tu as tort.* III, 9

**yard** *le jardin,* II, 2

**yeah: Yeah.** *Mouais.* II, 6; **Oh yeah? Yeah, right!** *Mon œil!* II, 6

**year: I am . . . years old.** *J'ai... ans.* I, 1; **When I was . . . years old, . . .** *Quand j'avais... ans,...* , II, 8

**yellow** *jaune,* I, 3

**yes** *oui,* I, 1

**yet: not yet** *ne... pas encore,* I, 9; **No, not yet.** *Non, pas encore.* III, 10

**Yippee!** *Youpi!* III, 12

**yogurt** *du yaourt,* I, 8

**you** *tu, vous,* I, 0; **And you?** *Et toi?* I, 1; **. . . you know.** *... quoi.* II, 9; **. . . you see.** *... tu vois.* II, 9

**young** *jeune,* I, 7; II, 1

**younger: the younger child** *le/la cadet(te),* III, 6

**youngest: the youngest child** *le/la benjamin(e),* III, 6

**your** *ton/ta/tes,* I, 7; *votre/vos,* I, 7

**yours: Very truly yours, . . .** *Je vous prie d'agréer, Monsieur/Madame, l'expression de mes sentiments distingués.* III, 5

**Zaire** *le Zaïre,* III, 12

**zebra** *le zèbre,* III, 7

**zoo** *le zoo,* I, 6; II, 6

# GRAMMAR INDEX

## ACKNOWLEDGMENTS (continued from page ii)

***The Center for Louisiana Studies, University of Southwestern Louisiana:*** "Hé, Américain!" by Jean Arceneaux, "Leçon du bon français!" by Dégât, "Parlez en Anglais?" by Frère Moreau, and "Le Gombo de Cadiens" by Isabelle Têche from *Acadie Tropicale.* Copyright © 1983 by the University of Southwestern Louisiana.

***Centre Belge de la Bande Dessinée:*** Logo, hours of operation, photograph of entry room, photograph of rocketship, and two photographs of library from the *Centre Belge de la Bande Dessinée.*

***Comité Français d'Education pour la Santé:*** Sticker, "Fumer, c'est pas ma nature!" Published and distributed by the Comité Français d'Education pour la Santé, 2, rue Auguste Comte, 92170, Vanves, France.

***Département de l'intérieur, de l'environnement et des affaires régionales:*** "250 litres par personne et par jour." "Aidez-nous à protéger les eaux!," and from "Faire le bon geste" from *Voyage au bout de l'eau.*

***Direction de l'Espace Rural et de la Forêt, ministère de l'agriculture et de la pêche République Française:*** Text from *Protégez la forêt.*

***Dwight's Cajun Bar-B-Que:*** Advertisement, "Dwight's Cajun Bar-B-Que," from *Le Menu Français,* Volume I.

***Editions Aventures et Voyages:*** Text and captions from "Zapping" from *Super,* no. 78, October 1994. Copyright © 1994 by Editions Aventures et Voyages.

***Editions Bauer:*** From "Vanessa, Hélène, Charlotte, Shannen... Exploite leurs combines" from *Bravo Girl,* no. 56, April 25–May 8, 1994. Copyright © 1994 by Editions Bauer.

***Editions Denoël:*** "Il faut être raisonnable" from *Les vacances du Petit Nicolas* by Sempé and Goscinny. Copyright © 1962 by Editions Denoël.

***Editions Gallimard:*** From *La cause des femmes* by Gisèle Halimi. Copyright © 1973 by Editions Grasset & Fasquelle.

***Editions L'Harmattan:*** French text only from *O'gaya* by Isabelle and Henri Cadoré, illustrations by Bernadette Coléno. Copyright © 1991 by Editions L'Harmattan.

***Editorial Melhoramentos, São Paulo:*** "Tortoise and the Leopard" from *African American Tales* by Rogério Andrade Barbosa, illustrations by Ciça Fittipaldi. Copyright © 1987 by Rogério Andrade Barbosa and Comp. Melhoramentos de São Paulo, Indústrias de Papel. English translation copyright © 1993 by Volcano Press, Inc.

***Fondation Carzou Manosque:*** Ticket, "Alpes de Haute-Provence."

***Grand Théâtre de Bordeaux:*** Classified advertisement, "Concours de Recrutement," from *Libération,* Monday, March 21, 1994.

***Hachette Livre:*** "La petite maison," "Le clou de Djeha," et "Les trois femmes du roi" from *Contes et histoires du Maghreb* by Jean-Paul Tauvel. Copyright © 1975 by Hachette Livre. From "La cuisine cajun" from "La Louisiane" from *Le guide du routard: Etats-Unis 1993/94.* Copyright © 1993 by Hachette Livre (Littérature Générale: Guides de Voyages). "La mosquée de la kasbah," from "La place Jemaa-el-Fna," "Le minaret de la Koutoubia," "Le palais de la Bahia," from "Les souks," "Les tombeaux saadiens," and front cover from *Le guide du routard: Maroc 1994–95.* Copyright © 1994 by Hachette Livre (Littérature Générale: Guides de Voyages).

***Hôtel Bristol: L'Auberge:*** Adaptation of the L'Auberge menu.

***Impact Médecin:*** Classified advertisement, "Maquettiste réf 001, Secrétaire de rédaction réf 002, Correcteur réf 003," from *Libération,* Monday, July 18, 1994.

***INSEE:*** Table, "Les vacances des 14/19 ans" from *Insee,* 1990, partially updated 1991.

***JACANA:*** Photographs from pages 40, 41, 43, 50, and 51 from *Images Doc,* no. 25, January 1991.

***J.C. Penney Company, Inc.:*** Photograph on page 135 from catalog, Vol. C-94, *Celebrate Summer* by J.C. Penney. Copyright © 1994 by J.C. Penney Company. Inc. Photograph of vest from *1995 Fall/Winter* catalog. Copyright © 1995 by J.C. Penney Company, Inc.

***Journal L'Alsace:*** "A la soupe les potaches" from *L'Alsace,* April 11–13, 1993. Copyright © 1993 by Journal L'Alsace.

***J.S.I.:*** Tables, "Les divergences garçons-filles," "Parmi les choses suivantes, qu'est-ce qui vous paraît le plus important lorsqu'on a un emploi?," "Pensez-vous que dans les prochaines années il y a de grands risques que vous soyez chômeur?," "Pour un jeune comme vous, diriez-vous que pour trouver un emploi aujourd'hui, il vaut mieux:," and "Quand vous pensez au premier emploi pour un jeune comme vous, diriez-vous:," from *La Tribune Desfossés,* Monday, March 14, 1994. Copyright © 1994 by J.S.I.

***Christian Lacroix:*** From "Bazar de Christian Lacroix: Automne-Hiver 1994–1995," from "Christian Lacroix Collection Haute-Couture: Automne-Hiver 1994/95," from "Christian Lacroix Prêt-à-Porter: Automne-Hiver 1994/1995," and four illustrations by Christian Lacroix.

***Lafayette Convention & Visitors Commission:*** From "Calendrier des événements," from "La paroisse de Lafayette," "La paroisse de Saint Martin," and map of Acadiana from *Acadiana, c'est magnifique.*

***La Fête de Lafayette:*** Advertisement, "La Fête de Lafayette," from *Le Menu Français,* Volume 1.

***La Maison de Campagne:*** Advertisement, "La Maison de Campagne, Lafayette," from *Le Menu Français,* Volume 1.

***La Source Quelle:*** Seven photographs, "le body/le pantalon," "Le tailleur entièrement doublé," "le tee-shirt depuis/le caleçon depuis," "le gilet depuis," "la robe depuis," "le pendentif," and "le sac," with descriptions from *La Source Quelle,* Spring-Summer 1994.

***La Tribune Desfossés:*** Title, "Sondage: les jeunes pour un travail à tout prix," from *La Tribune Desfossés,* March 14, 1994, page 16.

***La Visite des Calanques:*** Cover of *Promenade en mer: la visite des calanques.*

***le soleil:*** Text from "De nouveaux professionnels sur le marché" from *le soleil,* July 20, 1993, vol. 24, no. 6936. Copyright © 1993 by le soleil. All rights reserved. *le soleil* is a Senegalese daily newspaper.

***Les productions La Fête:*** Four photographs, Scene 83, and synopsis and production information from *FIERRO... L'été des secrets,* produced by Rock Demers, directed by André Melançon, from a story by Rodolfo Otero, screenplay by André Melançon and Geneviève Lefebvre, stills by Jean Demers. *FIERRO... L'été des secrets* is number 8 in the collection, *Tales for All.* Produced by Productions La Fête, 225 Roy Street East, Suite 203, Montreal, Quebec, Canada H2W 1M5.

***Les Restaurants du Cœur:*** Classified advertisement, "Bénévoles (H/F)" from *Libération,* Monday, March 14, 1994.

***Les III Balzac 2:*** Ticket for Les III Balzac 2.

***Librairie Gründ:*** "Le cimetière des éléphants" from *Légendes et contes: Contes africains* by Vladislav Stanovsk, translated into French by Dagmar Doppia. Copyright © 1992 by Aventinum, Prague; French translation copyright © 1992 by Librairie Gründ.

***L'Officiel des Spectacles:*** From "Ami africain (L')", from "Adventures d'un homme invisible (Les)," from "Famille Pierrafeu (La)," from "Henry V," and from "Patriotes (Les)," from "films en exclusivité" from *L'Officiel des Spectacles,* no. 2488, August 31–September 6, 1994. Copyright © 1994 by L'Officiel des Spectacles.

***L'Union des écrivaines et écrivains québécois:*** Text and photograph from "La protection de l'environnement: ça regarde aussi les jeunes" by Francine Gagnon, photographs by Joseph Labbate from *Vidéo-Presse,* vol. XIX, no. 5, January 1990. Copyright © 1990 by UNEQ.

***Madame au Foyer:*** From "Les femmes dans le monde" by Monique Roy from *Madame,* September 1994. Copyright © 1994 by Madame au Foyer.

***Michelin Travel Publications:*** From Map No. 970, "Europe," 1994 edition, Permission No. 94–460. Copyright © 1994 by Michelin. From Map No. 409, "Belgique, Luxembourg, Belgium," 1994 edition, Permission No. 94–460. Copyright © 1994 by Michelin.

***Moulinsart:*** Covers of *Coke en stock, L'oreille cassée,* and *Tintin au Tibet* from *Les aventures de Tintin* series by Hergé. Copyright © by Casterman.

***Musée de la Dentelle:*** Advertisement, "Musée de la Dentelle: Marche-en-Famenne," from *Guides des attractions touristiques & musées: Belgique.*

***Musée Rodin:*** Ticket, "Musée Rodin: Entrée-6F."

*Office Municipal du Tourisme de Cassis et des Calanques:* Cover of *Cassis : Plan de Cassis et des Calanques.*

*Office National du Tourisme Tunisien:* Photographs and text from pages 6, 10, 15, 16, 18, 34–36, 38, and 47 from *Tunisie amie: Tunisie. Le pays proche.*

*Opéra de Paris:* Ticket, "Béjart: Ballet de Lausanne," March 21, 1990.

*Parc Astérix, S.A.:* Classified advertisement, "Communication," from *Libération,* March 14, 1994.

*Parc de Récréation Mont Mosan:* Advertisement, "Parc de Récréation Mont Mosan," from *Guide des attractions touristiques & musées, Belgique.*

*Pelican:* Recipes, "Beignets de Banane" and "Crevettes et Jambon Jambalaya," from *Recettes Préférées de la Nouvelle-Orléans* by Suzanne Ormond, Mary E. Irvine, and Denyse Cantin. Copyright © 1979 by Suzanne Ormond, Mary E. Irvine, and Denyse Cantin.

*Liliane Phung:* Photographs from "Mannequins d'un jour : Liliane, une vraie beauté asiatique" from *OK! Podium,* no. 34, May 2–15, 1994.

*Poor Boy's Riverside Inn:* Advertisement, "Poor Boy's Riverside Inn: Sert la meilleure cuisine cajun depuis 1932," from *Le Menu Français,* Volume 1.

*Poupart Bakery, Inc.:* Advertisement, "Poupart Bakery, Inc.: 'La Boulangerie Française de Lafayette'," from *Le Menu Français,* Volume 1.

*Prisma Presse:* From "Barcelone 92 — La semaine de tous les records" by Sylvie Breton and Valérie Huck from *Télé Loisirs,* no. 335, August 1–7, 1992. Copyright © 1992 by Prisma Presse.

*Randol's Seafood & Restaurant:* Photographs and text from brochure, *Randol's Seafood & Restaurant: Lafayette, LA.*

*Réunion des Musées Nationaux:* Ticket, "Musées Nationaux: Entrée Tarif Réduit-12F."

*Rhino Records, Inc.:* Lyrics from "Cajun Telephone Stomp" by Michael L. Doucet and lyrics from "Le Chanky-Chank Français" by Michael L. Doucet from *Cajun Conga* by BeauSoleil. Copyright © 1991 by RNA Records, a Division of Rhino Records Inc. French lyrics from "Chez Denouse McGee" and "Freeman's Zydeco" from *L'Echo* by BeauSoleil. Published by Orange Skies Music/Do-Say Music BMI.

*Scoop:* From "Mannequins d'un jour: Liliane, une vraie beauté asiatique" from *OK! Podium,* no. 34, May 2–15, 1994. Copyright © 1994 by COGEDIPRESSE.

*Didier Sorelli:* Cover and illustrations by Didier Sorelli from *Protégez la forêt.*

*Swiss Council for Accident Prevention, Berne, Switzerland:* From "Equipement adéquat" and front cover from *Faire des randonnées en montagne, sûrement!*

*SYGMA:* Photograph of Vanessa Paradis by Bettina Rheims and photograph of Hélène Rolles by Jacques Bourget.

*Trois Suisses:* Photographs from pp. 28 ("la jupe droite"), 163 (pants), and 265 ("les gants"), photograph and description, "La chemise," p. 507; photograph and description, "La chemise à rayures," p. 496; photograph and description, "Le gilet sans manches 'Stop ou encore'," p. 72; photograph and description, "Le pull Lambswool double fil," p. 70; and photograph and description, "Les bottes drapées," p. 263 from *3 Suisses,* Autumn/Winter '92–'93.

*TV 7 Jours:* Cover, text from "Les Feuilletons" by Benoît Breton, and television listing from "Samedi, 10 Septembre" from *TV 7 Jours,* September 10–16, 1992. Copyright © 1992 by TV 7 Jours.

*TV10 Angers:* Classified advertisement, "TV10 Angers recherche pour ses émissions en direct animateurs (trices)..." from *Libération,* Monday, March 14, 1994.

*UNEQ:* From "Chantal Petitclerc: Un exemple de courage" by Pierre Latreille from *Vidéo Presse,* vol. XXII, no. 5, January 1993. Copyright © 1993 by Editions Paulines Inc. From "Cloutier: Spécialiste de la brasse" by Pierre Latreille from *Vidéo-Presse,* vol. XXIV, no. 2, October 1994. Copyright © 1994 by Editions Paulines Inc.

*Winstub au Cygne:* Adaptation of menu, "Le Cygne."

*WWF® - World Wide Fund for Nature:* From *Sauvegarder la nature, c'est assurer l'avenir de l'homme.*

*WWF Suisse:* "Je désire devenir membre du WWF" from *Les Îles,* vol. 14, no. 3, September 1981.

## PHOTOGRAPHY CREDITS

Abbreviations used: (t) top, (c) center, (b) bottom, (l) left, (r) right, (bckgd) background, (bdr) border.

**FRONT COVER:** (tl), Robert Frerck/Panoramic Images; (tr), Daniel J. Schaefer; (b), C. Hergé/Casterman SA. **BACK COVER:** (tl), Deitrich Photography; (tr), SuperStock.

**FRONT AND BACK COVER COLLAGE:** HRW Photo by Andrew Yates.

**CHAPTER OPENER PHOTOGRAPHS:** HRW Photos by Scott Van Osdol.

**TABLE OF CONTENTS:** Page ix(tr), HRW Photo by May Polycarpe; ix(bl), Brian Seed/Tony Stone Images; v(t), David R. Frazier Photolibrary; v(cr), Emmanuel Rongiéras D'Usseau; vi(t), HRW Photo by Patrice Maurin-Berthier; vi(b), HRW Photo by Patrice Maurin-Berthier; vii(tl), HRW Photo by Patrice Maurin-Berthier; viii(tl), Michael Newman/PhotoEdit; viii(tr), Blaine Harrington; viii(br), Robert Fried; x(tl), Jean Whitney/Tony Stone Images; x(tr), Robert Frerck/Odyssey; xi(t), HRW Photo by Patrice Maurin-Berthier; xi(b), Adventure Photo; xii(tl), SuperStock; xii(tr), HRW Photo by Sam Dudgeon; xiii(tr), HRW Photo by May Polycarpe; xiii(bl), Wolfgang Kaehler; xiv(tl), Mauricio Handler/The Wildlife Collection; xiv(tr), Karl I. Wallin/FPG International; xv(tl), Dick Dietrich/Dietrich Photography; xv(b), Bob Krist/Leo de Wys, Inc.; xvi(tl), P. Rondeau/AllSport; xvi(cr), Mitchell B. Reibel/Sports Photo Masters.

**UNIT ONE:** Page xxiv–1, Phil Cantor/SuperStock; 2(tl), (bl), SuperStock; 2(cr), Blaine Harrington; 3(tl), Gary Cralle; 3(br), W. Gontscharff/SuperStock; 3(cr), SuperStock; 3(cl), P. and G. Bowater/Image Bank. **CHAPTER ONE:** Page 4(c), P.J. Sharpe/SuperStock; 5(t), David R. Frazier/Photolibrary; 5(b), Robert Fried; 6(tr), Jean-Marc Truchet/Tony Stone Worldwide; 6(c), Barry Iverson/Woodfin Camp & Associates; 6(b), Adina Tovy/Photo 20-20; 7(t), Rick Lee/SuperStock; 7(cl), David R. Frazier Photolibrary; 7(cr), F. Bouillot/Marco Polo/Photo Take; 7(bl), Leo de Wys/Bas van Beek; 7(b), Ph, Halle/Marco Polo/Photo Take; 12(l), M. Blanchard/Marco Polo/Photo Take; 12(c), David R. Frazier/Photolibrary; 14(tr), Emmanuel Rongiéras D'Usseau; 15(c), Catherine Ursillo/Photo Researchers; 16(l), HRW Photo by Marty Granger/Edge Productions; 16(r), HRW Photo by Louis Boireau; 16(c), HRW Photo by Marty Granger/Edge Productions. **CHAPTER TWO:** Page 28(b), Pierre Berger/Photo Researchers; 29-32(all), HRW Photo by Patrice Maurin-Berthier; 34(tc), F. Bouillot/Marco Polo/Photo Take; 34(cl), David Young-Wolf/PhotoEdit; 40(l), HRW Photo by Marty Granger/Edge Productions; 40(r), HRW Photo by Louis Boireau; 40(c), HRW Photo by Marty Granger/Edge Productions; 44(tl), HRW photo by Sam Dudgeon; 44(tc), Victor Englebert; 44(tr), Color Day Productions/The Image Bank; 44(cl), Messerschmdt/FPG; 44(c), John Darling/Tony Stone Worldwide; 44(cr), F. Bouillot/Marco Polo/Photo Take; 45(l), J. Wishnetsky/Comstock; 45(r), Victor Englebert; 45(cl), F. Bouillot/Marco Polo/Photo Take; 45(cr), Richard Pasley; 54(b), 55(t), Blaine Harrington; 55(b), HRW Photo by Patrice Maurin-Berthier. **CHAPTER THREE:** Page 56(cl), Blaine Harrington; 56(c), 56(cr), Mark Antman/Harbrace Photo; 56(br), Blaine Harrington; 57(cr), HRW Photo by May Polycarpe; 58(l), Michelle Bridwell/Frontera Fotos; 58(r), HRW Photo; 58(cl), Blaine Harrington; 58(cr), HRW Photo by Patrice Maurin-Berthier; 65-66, Blaine Harrington; 67(tr), (tc), (l), (r), (cl), (cr), (c), Daniel J. Schaefer; 67(tl), HRW Photo by Russell Dian; 68(l), HRW Photo by Louis Boireau; 68(r), (c), HRW Photo by Marty Granger/Edge Productions. **CHAPTER FOUR:** Page 80(b), Robert Fried; 81(t), HRW Photo by Patrice Maurin-Berthier; 81(b), Carol Simowitz; 90(tl), Peter Menzel/HBJ Photo; 90(tr), Charles Graham/Leo de Wys, Inc.; 91(l), 91(r), 91(c), HRW Photo by Marty Granger/Edge Productions; 92(l), Michael Newman/PhotoEdit; 92(r), Shirley Richards/SuperStock; 93(tl), Cathlyn Melloan/Tony Stone Images; 93(tr), Daniel J. Schaefer; 93(bl), Tony Freeman/PhotoEdit; 93(bc), Photo 20/20; 93(br), HRW Photo by Patrice Maurin-Berthier.

**UNIT TWO:** Page 106–107, Gill Copeland/Nawrocki Stock Photo, Inc; 108(tl), J. Deselliers/SuperStock; 108(tr), R. Campillo/The Stock Market, Inc.; 108(br), 109(tr), Gill Copeland/Nawrocki Stock Photo, Inc.; 109(cl), Charles G. Summers/Ron Kimball Stock Agency; 109(br), Dave G. Houser; 109(c) Rita Summers/Ron Kimball Stock Agency; 109(tl) Cliche. **CHAPTER FIVE:** Page

110(c), Brian Seed/Tony Stone Images; 111(t), Steven Ferry; 111(b), HRW Photo by May Polycarpe; 112(t), G. Giansanti/Sygma; 112(c), Jason Lauré; 112(b), Thierry Prat/Sygma; 113(t), Marcus Rose/Panos Pictures; 113(c), Thierry Prat/Sygma; 113(b), HRW Photo by May Polycarpe; 114(tl), G. Giansanti/Sygma; 114(tr), HRW Photo by May Polycarpe; 114(cl), Marcus Rose/Panos Pictures; 114(cr), Thierry Prat/Sygma; 115(tl), Brian Seed/Tony Stone Images; 115(tc), SuperStock; 115(tr), Dave G. Houser; 115(cl), Holton Collection/SuperStock; 115(c), SuperStock; 115(cr), Dave G. Houser; 119(cl), HRW Photo by Daniel Aubrey; 119(cr), HRW Photo by May Polycarpe; 120(t), (bl), Thierry Prat/Sygma; 120(bc), (br), HRW Photo by Louis Boireau; 122(l), (r), (c), HRW Photo by Marty Granger/Edge Productions; 123(tl), Stephen McCarroll/Coronado Publishers' photo; 123(tr), HRW Photo by Russell Dian; 123(cl), (cr), Jeremy Hartley/Panos Pictures; 123(bl), HRW Photo by Russell Dian; 123(br), HRW Photo by May Polycarpe. **CHAPTER SIX:** Page 136(c), HRW Photo by Patrice Maurin-Berthier;137(t), Jean Whitney/Tony Stone Images; 137(bl), HRW Photo by John Langford; 137(br), HRW Photo by Patrice Maurin-Berthier; 138(t), Robert Frerck/Odyssey; 138(c), (cr), Elaine Little/World Photo Images; 138(bl), Robert Frerck/Odyssey; 139(t), Noboru Komine/Photo Researchers, Inc.; 139(c), HRW Photo by Mark Antman; 145(l), HRW Photo by Louis Boireau; 145(r), (c), HRW Photo by Marty Granger/Edge Productions; 146(tc), (tr), (t), Elaine Little/World Photo Images; 148(tl), S.A. Kaluzny; 148(tr), Robert Frerck/Tony Stone Images; 148(cl), Altitude/Peter Arnold, Inc.; 148(cr), John Beatty/Tony Stone Images; 151(tr), Erwin C. "Budd" Nielsen; 158(cl), (c), SuperStock; (br), Panos Pictures; (b), Peter Schmidt/SuperStock; (bckgd), Blaine Harrington. **CHAPTER SEVEN:** Page 162(b), Victor Englebert; 163(t), HRW Photo by Patrice Maurin-Berthier; 163(b), Adventure Photo; 164(t), (bl), (br), (cl), HRW Photo by Patrice Maurin-Berthier; 165(c), HRW Photo by Sam Dudgeon; 165(cr), HRW Photo by Patrice Maurin-Berthier; 167(tl), SuperStock; 167(tr), Victor Englebert; 167(cl), Magrus Rosshagen/Panos Pictures; 167(cr), Jason Lauré; 173(l), (r), (c), HRW Photo by Marty Granger/Edge Productions; 173(t), Rick Ridgeway/Adventure Photo; 174(cl), A. Mercieca/SuperStock; 174(cr), Four By Five; 175(tl), Anne Kaiser/SuperStock; 175(cr), E.R. Degginger/Bruce Coleman, Inc.; 176(all), SuperStock; 185(tc), Anup Manj Shah/Animals, Animals; 185(tr), George Merillon/Gamma Liaison; 185(cl), Victor Englebert; 185(c), John Giustina/The Wildlife Collection; 185(cr), Ron Levy; 186(tl), HRW Photo by Sam Dudgeon. **CHAPTER EIGHT:** Page 188(cl), Steve Vidler/SuperStock; 188(cr), Ric Ergenbright; 189(t), HRW Photo by Sam Dudgeon; 189(b), Elaine Little/World Photo Images; 190(cl), SuperStock; 190(cr), Dave Bartruff; 190(bl), Guido Cozzi/Bruce Coleman, Inc.; 190(br), Steve Vidler/Leo deWys, Inc.; 191(t), Ric Ergenbright; 191(cr), Nik Wheeler; 191(br), HRW Photo by Sam Dudgeon; 193(tl), Nik Wheeler; 193(tr), John Elk III/Bruce Coleman, Inc; 193(cl), Jason Lauré; 193(c), Ric Ergenbright; 193(cr), Klaus D. Francke/Peter Arnold, Inc.; Ric Ergenbright; 195(br), HRW Photo by Russell Dian; 195(c), Naomi Duguid/Asia Access; 195(trc), (tr), (cr), (bl), (blc), Ric Ergenbright; 195(cl), Elaine Little/World Photo Images; 195 (blr), Daniel J. Schaefer; 195(tlc), Massimo Borchi/Bruce Coleman, Inc.; 195(tl), A. Ramey/Unicorn Stock Photos; 198(b), Klaus D. Francke/Peter Arnold, Inc.; 199(l), (r), (c), HRW Photo by Marty Granger/Edge Productions; 200(t), (bl), Elaine Little/World Photo Images; 200(cl), Nik Wheeler; 201(t), S. Fiore/SuperStock; 201(bl), Panos Pictures; 201(cr), Nik Wheeler; 201 (cl) Richard Hutchings; 205(bc), J. Moline/Photo Researchers, Inc.; 205(br), Nik Wheeler.

**UNIT THREE:** Page 214–215, S. Poulin/SuperStock; 216(tr), Kunio Owaki/SuperStock; 216(cl), Les Riess; 216(b), Marc Romanelli/The Image Bank; 217(tl), Max and Bea Hunn; 217(tr), E. Faure/SuperStock; 217(cr), Robert Fried; 217(bl), D. Donne Bryant/DDB Stock Photo. **CHAPTER NINE:** Page 218(b), Wolfgang Kaehler; 219(t), HRW Photo by Patrice Maurin-Berthier; 219(b), HRW Photo by May Polycarpe; 220(tc), (cl), (cr), (bl), HRW Photo by Sam Dudgeon; 220(c), Archive Photos; 221(t), SuperStock; 221(cr), (br), HRW Photo by Sam Dudgeon; 223(tl), Robert Fried; 223(tc), Malak/SuperStock; 223(tr), S. Poulin/SuperStock; 223(cl), Robert Fried; 223(cr), Wolfgang Kaehler; 228(c), HRW Photo by Sam Dudgeon; 229(l), (r), (c), HRW Photo by Marty Granger/Edge Productions; 230(t), Ciné Plus; 230(c), HRW Photo by Sam Dudgeon; 230(cr), PhotoEdit; 230(b), Rivera Collection/SuperStock; 231(tl),(cr), (bl), Ciné Plus; 231(c), HRW Photo by Russell Dian; 241(cl), Barry King/Gamma-Liaison; 241(cr), John Harrington/Black Star; 241(bl), Barry King/Gamma-Liaison; 241(br), Ron Davis/Shooting Star. **CHAPTER TEN:** Page 244(l), Mauricio Handler/The Wildlife Collection; 244(r), Chris Huss/The Wildlife Collection; 245(t), (b), HRW Photo by Patrice Maurin-Berthier; 246(t), (cr), (bl), Steven Ferry; 246(br), Karl I. Wallin/FPG International; 247(tr), B. Crew/SuperStock; 247(cl), (cr), (bl), Steven Ferry; 249(tl), (tc), (cr), Robert Fried; 249(tr), Wolfgang Kaehler; 249(cl), Robert Rattner; 254(b), Steven Ferry; 255(l), (r), HRW Photo by Marty Granger/Edge Productions; 255(c), HRW Photo by Louis Boireau; 256(tl), (cl), (br), Steven Ferry; 256(tr), Ron Chapple/FPG International; 256(c), McCarten/PhotoEdit; 256(bl), Al Tielemans/Duomo Photography; 257, 262, Caribbean Tourism Organization. **CHAPTER ELEVEN:** Page 270(c), C. Harris/SuperStock; 271(t), D. Donne Bryant/DDB Stock Photo; 271(b), Les Riess; 272(l), D. Donne Bryant/DDB Stock Photo; 272(r), Daniel J. Schaefer; 273(tl), Bob Krist/Leo de Wys, Inc.; 273(tr), D. Donne Bryant/DDB Stock Photo; 273(c), (cr), Daniel J. Schaefer; 273(bl), (tc), D. Donne Bryant/DDB Stock Photo; 275(tr), Les Riess; 275(tr), (cl), D. Donne Bryant/DDB Stock Agency; 275(cr), Dick Dietrich/Dietrich Photography; 280(b), Kunio Owaki/The Stock Market; 281(cr), Daniel J. Schaefer; 282(l), Les Riess; 282(r), (c), HRW Photo by Marty Granger/Edge Productions; 284 (all), Daniel J. Schaefer; 287(c), Mark E. Gibson; 287(cr), Daniel J. Schaefer; 287(cr), (bl), Les Riess; 287(bc), D. Donne Bryant/DDB Stock Photo; 287(br), Farrell Grehan/FPG International. **CHAPTER TWELVE:** Page 296(c), P. Rondeau/AllSport; 297(t), HRW Photo by Patrice Maurin-Berthier; 297(c), Lori Adamski Peek/Sports Photo Masters, Inc.; 297(b), HRW Photo by Sam Dudgeon; 298-299 (bckgd), Dave Black/Sports Photo Masters, Inc.; 298(tl), Mitchell B. Reibel/Sports Photo Masters; 298(cl), Focus on Sports; 298(b), David Madison; 299(tr), HRW Photo by Sam Dudgeon; 299(cr), David Madison; 299(br), Focus on Sports; 306(both), Daniel J. Schaefer; 307(tl), (cl), (cr), Robert Fried; 307(tr); Frederic Chehu/AllSport; 307(bl), Daniel J. Schaefer; 308(clc), Owen Franken; 308(blr), HRW Photo by Herman Emmett; 308(blc), Marc French/Panos Pictures; 308(bl), Jeremy Hartley/Panos Pictures; 308(ccr), (trc), Robert Fried; 308(br), Wolfgang Kaehler; 308(cl), Sean Sprague/Panos Pictures; 308(tr), HRW Photo by Aubrey; 308(tl), (tlc), HRW Photo by May Polycarpe; 309(b), HRW Photo by Sam Dudgeon; 310(l), (r), HRW Photo by Marty Granger/Edge Productions; 310(c), HRW Photo by Louis Boireau; 311(b), Focus on Sports; 312-314(bckgd), HRW Photo; 317(cr), Duomo; 317(tlc), (crc), Focus on Sports; 317(clc), Steven E. Sutton/Duomo; 317(cl), Frederic Chehu/AllSport; 317(tr), Simon Bruty/AllSport; 317(trc), Yann Guichaoua/AllSport; 317(tl), S. Botterill/AllSport.

## ILLUSTRATION AND CARTOGRAPHY CREDITS

**Barth, Gwenneth:** 62, 63, 94

**Baur, Gilles Marie:** 10, 178, 283, 309

**Bouchard, Jocelyne:** 13, 26, 117, 119, 134, 141, 146, 151, 194, 195, 196, 224, 226, 311

**Bylo, Andrew:** 116, 202, 252, 258

**Cooper, Holly:** i, v, ix

**Corsini, Tisha:** 168

**Foissy, Jean Pierre:** 37, 41, 62, 69, 142, 152, 260, 278

**Fouillet, Pierre:** 86, 88, 96, 212

**Garnier, Pascal:** 35, 36, 203

**Geisler, Greg:** xiii

**Gojon, Agnes:** 85, 87, 97

**LeDuc, Bernard:** 256, 302

**Maryland Cartographic:** xx, xxi, xxii, xxiii, 6, 7, 30, 34, 45

**Massicotti, Alain:** 301

**Nigro, Lisa:** xiii

**Pinet, Pascal:** 88

**Roberts, Bruce:** 9, 11, 60, 178, 198, 225, 228, 277, 294, 305

**Rochart, Sylvie:** 85, 88, 94, 95, 149, 203, 277

**Stanley, Anne:** 33, 43, 196, 250, 308

**Willis, Julian:** 59, 61, 70, 170, 177